李退溪의 實行儒學

權五鳳 著

學士院

李退溪의
實踐儒學

閔 斗 基 著

考 士 院

權五鳳 博士의 定年退任序

權五鳳 敎授가 今年 2월 말 浦項工科大學校 敎養學部에서 定年으로 現職에서 물러나게 되었다. 이 기회에 그는 그동안 여기 저기 발표한 論文과 硏究餘錄을 모아 책으로 엮어 再刊하기로 하고 나더러 序文을 쓰라는 것이다. 다 같이 학문을 해왔다고는 하나, 우리는 서로 專攻이 다르고 더구나 나는 退溪學에 관하여는 초보적 지식조차 없는 사람이다. 그런 내가 현재 우리 나라 退溪學界에서 손꼽히는 權 박사의 著書에 서문을 쓴다는 것은 말이 안된다. 一言之下에 拒絶했으나 원래 權 박사는 고집이 대단하여 한두번의 거절로 그냥 돌아설 사람이 아니다. 결국 '絶交의 脅迫'까지 당하고 窮餘之策으로 序文 대신 定年退任序를 쓰기로 하였다.

權五鳳 박사는 平生을 敎育과 學問에 바친 전형적인 선비다. 初年에는 國文學과 漢學을 공부하다가, 中年에 退溪學을 전공하게 되었다. 그러다가 日本에 있는 東京韓國學校에서 敎鞭을 잡게 되자 이를 기회로 日本 國立筑波(쓰꾸바)大學 東洋哲學系 硏究室에 들어갔다. 이와 함께 그의 연구활동은 더 한층 심도있게 되어 마침내 同大學에서 文學博士 學位를 취득하고 錦衣還國하였다. 때마침 포항공대 창립을 준비하고 있던 친구 故 金浩吉 博士의 招聘으로 이 대학 교양학부 교수에 취임하였다. 이때를 계기로 그동안 多年에 걸쳐 蓄積되어온 그의 학문과 교양이 활짝 눈부시게 開花結實하기 시작하였다.

草創期의 浦項工大에서 權 박사는 全人敎育을 통하여 世界 一流의 科學과 技術人材를 길러낸다는 金浩吉 總長의 교육목표의 실현을 위하여 敎養學部 國語國文 과정을 창의성있게 組織·編成하였다. 그는 당시 국내 어느 理工系 대학에서도 볼 수 없었던

漢文과 儒學思想 敎科를 개설하여 이 나라 젊은 이공학도들의 우리 傳統文化와 倫理에 대한 지식과 이해를 높이는 데 힘썼다.

이와 동시에 權 박사는 자신의 왕성한 연구활동을 시작하였다. 그 시초로 1988년에 『예던길』, 89년에 『退溪의 燕居와 思想形成』을 내놓았다. 前者는 오랫동안 퇴계의 학문과 생애를 연구해온 그가 자신의 해박한 지식을 종합하여 格調 높은 문장으로 엮어낸 退溪先生 一代記이다. 後者는 전문적으로 퇴계의 학문과 사상의 형성과정을 그의 일상생활, 특히 住居와 莊屋營建에 年次的으로 결부시켜 독창적으로 分析 解明하여 退溪硏究에서 새로운 경지를 개척하였다. 또 그 해 權 박사는 다년간에 걸쳐 編述해 오던 『退溪家年表』를 완성하였다. 이는 退溪歿後 4백 수십 년간에 발간된 數種의 年譜와 年表를 철저히 改訂 補充하기 위하여 방대한 문헌과 자료를 섭렵하여 광범하고 周密한 考證을 거쳐 이룩한 거의 완벽한 것으로 국내외 퇴계연구자들의 필수적인 연구의 具가 될 것이다.

1991년 權 박사는 日文으로 『李退溪家書의 總合的 硏究』라는 획기적인 大著를 발표하였다. 이는 그의 박사학위 논문을 대폭적으로 수정 보완한 것으로 무려 900面이 훨씬 넘는 분량이다. 退溪家書라 함은 退溪가 親外 子女姪孫과 姻戚族들에게 보낸 書札을 말하는 것인데, 權 박사는 이를 '居家律身', '治家經濟' 등 5개 항목에 맞추어 분석함으로써 퇴계의 학문과 인간상을 포괄적으로 묘사하였다. 뒤이어 92년에는 『退溪詩大全』을 완성하였다. 이는 퇴계의 詩 2천여 수를 연대적으로 再分類 배열하고 한 수, 한 수에 정확한 註釋을 붙인 것이다. 이 중에는 과거 어느 詩集이나 文集에도 수록되지 않고 世間에 알려지지 않았던 것을 權 박사 자신이 오랜 기간의 연구와 현지 답사를 통하여 새로 발굴・수집한 것이 많이 포함되어 문자 그대로 退溪詩의 集大成이다.

1994년에 權 박사는 포항공대 敎養學部長職을 맡게 되었으며,

건강은 그리 좋지 못하게 되었다. 그런 상황에서도 연구와 저술활동은 여전히 계속하여 『예던길』을 현대 청소년 독자를 위하여 평이하게 改稿하여 『가을 하늘 밝은 달처럼』이란 새 題名으로 再刊하였다. 또 退溪선생의 여러 日記 중 현존하나 미공개인 手稿本을 처음으로 발굴하고 散帙된 것은 선생의 詩文이나 기타 기록을 면밀히 고증하여 마침내 全貌를 재구성하는데 성공하여 이를 합쳐서 『退溪先生 日記會成』으로 발표하였다. 그러나 저지난 연말에 접어들면서 갑자기 건강이 악화된데 겹쳐 복잡한 대학직무가 가중되어 급기야 지난 新年初에는 장기간 입원하여 대수술까지 받게 되어 주위를 놀라게 하였다. 그러나 선비의 강직한 성격의 소유자인 그는 강한 克己心과 氣力으로 大患을 극복하고 건강을 되찾았다.

또 한 가지 놀라운 일이 있었다. 그는 퇴계의 모든 詩文을 전면적으로 再編하는 사업의 일환으로 『退溪詩大全』 발간에 이어 퇴계가 평생동안 수많은 門人, 親知, 家族들에게 보낸 방대한 書信과 簡札을 受信人別로 年次的 재분류 편찬하는 작업을 시작하였다. 어렵고 막대한 시간이 소요되는 이 작업을 그는 공무에 지치고 病魔에 시달리면서도 可謂 초인적인 인내와 노력으로 기어코 완성하고야 만 것이다. 도대체 선비의 검소한 克己 생활과 疾患으로 몹시 수척한 權 박사의 五尺短軀 그 어느 곳에 이와 같은 학문에 대한 불타는 정열, 불굴의 의지, 不休의 노력의 원천이 숨어있는지 알 길이 없다. 이 책에 收錄된 論文과 手錄들은 그의 이 같은 不撤晝夜의 연구활동 중에서 寸暇를 아끼면서 집필한 것이라 더욱 소중한 것이다.

權五鳳 博士 이야기를 할 때 빼놓지 못하는 것이 博約會이다. 박약회는 당초 權 박사가 故 金浩吉 總長과 함께 만든 陶山書院 學契였다. 우리 古來의 美風良俗과 倫理道德이 땅에 떨어진 세태를 개탄한 두 사람은 '尊賢養士'의 우리 나라 儒林의 자랑스러운

전통을 부활 진작함으로써 국가와 사회의 기강을 바로 잡는데 기여하겠다는 理想과 抱負로 조직한 것이다. 金 총장은 會長으로 앞에 나서고, 權 박사는 각지의 친구와 동지를 규합하는 조직활동을 주도하였다. 그 결과로 오늘 박약회는 京鄕各地에 수천명의 회원을 자랑하게 되었고 대회마다 1천 수백 명이 참가하여 성황을 이룬다. 이 모든 것은 故 金 會長의 인망과 학덕과 아울러 權 박사의 求道者的 정열과 헌신적 노력이 없고서는 불가능한 일이었다.

근 10 년 동안 나는 權 박사와 朝夕으로 相從하여 왔다. 나 역시 그와 같이 故 金 總長의 권유로 전후 50 년에 가까운 해외생활을 청산하고 귀국하여 포항공대에 부임하였다. 金 총장의 소개로 初面 인사를 나누고 보니 우리는 고향이 서로 인접하여 地緣·人緣으로 볼 때 비록 초면이나 生面不知라고 할 수는 없는 터였다. 그때부터 비단 한 직장의 동료로서 뿐만 아니라, 鄕黨의 儕輩로서 문자 그대로 一面如舊가 되었다. 그는 故國의 時俗과 物情에 뒤떨어지고 생소하게 된 나를 한 가지에서 열 가지에 이르기까지 깨우쳐 주고 이끌어 주었다. 나는 權 박사를 통해 내 고향과 내 조국을 다시 알게 되었다. 바로 이와 같은 그와의 情分 때문에 나는 변변치 못한 이 글을 쓰는 것이다. 비록 교수로서 現職에서는 물러나지만 학자와 선비로서의 그 활동은 계속될 것이다. 權 박사가 건강을 완전히 회복하고 앞으로 우리 나라 학계와 사회를 위하여 더욱 많고 훌륭한 일을 할 것을 기대하고 확신한다.

1996년 1월 31일

金基赫 識

刊 行 辭

　1996年 2月 29日은 五鳳의 敎育公職의 勤務 定年이다. 修學期엔 父祖의 保育과 師長의 薰陶를 恩重 泰山으로 입었고, 40수 년간 학교 동료의 愛憐을 입어 무사히 이 날을 맞을 수 있었다. 悔尤와 안도, 감사와 報施의 회포로서 天惠의 덕을 자축한다.
　청년기 때는 국문학, 한문학, 신라사와 조선시대의 교육사 등등 文·史硏究를 종용 받았으나 교육에만 專心하다가, 40대에 이르러 10수 년의 退溪先生傳記 초고작업을 바꾸어, 日本 國立 筑波大學 東洋哲學系에 들어가 硏究 끝에 博士學位를 받게 되었다. 쉰 줄에 대학에서 강의하였으나 敎不敎, 學不學의 自愧를 금할 길 없고, 著述에 정진하다가 所厚者薄하여 親不親, 和不和의 四器僋이 되어버렸다.
　40여 년 교단에서 수업하였으나 만족스런 강의 한 시간을 못하였다. 강의는 기록할 길 없어 懷藏으로 덮어놓고 쓴 논문을 이 한 권으로 묶어 悔悟의 資로 삼으려 한다. 退職記念文集이 아니고 浦項工大 在職 9년간에 쓴 退溪學 관계 논문을 편집한 책이다. 主題는 다르나 서로 관련이 있는 내용이라 중복되는 것이 있다. 여러 揭載 논문집에서 취택하였기 때문에 體系가 서지 않는다.
　국내외에서 발표하고 專門紙에 실었던 논문은 그 分野의 學者들만 읽게 되어 있다. 退溪先生의 생활과 학문은 聖者的 儒家 人格을 完成하기 위한 體行이라 그 후손은 물론 모든 국민이 교양서로서 읽을 만하다. 논문에 따라서는 專攻學者가 읽어주기를 바랬는데도 게재 논문집이 廣布가 아니되어 學界에 알려지지 않고 死藏하는 경우도 있었다. 拙文을 한데 묶어서 同學諸賢의 斧正을 받으려는 것이 著者의 한낱 顚望이다.

先生의 學은 서간에 있고, 核心은 聖學十圖이다. 이 서간을 書成年次順으로 改編集成한 후 先生學의 中核을 論究하려고 〈退溪의 哲學思想 定立과 그 展開過程 分析〉을 3년간 진행하여 그 大意를 정리하고, 聖學十圖의 製進過程과 學風을 一新하여 正學으로 바꿔 놓으려 한 先生의 큰 뜻(聖學十圖 箚進)을 밝히고, 敬哲學으로 人道를 恢復시키려던 그 학문의 目標(治人 : 治國平天下 → 社會改革)를 구명하고 있던 차에 癈疾에 걸려 95년 1학기는 강의와 연구를 중단해야만 했다. 이제 이 哲學論文을 完成하지 못한 채 책을 刊行하게 되었다. 核心과 脈이 없는 論著가 되고 말았다.

이 때문에 처음 작정한 책의 題字 『退溪學要綱』은 버려야 했다. 退溪學節要 ── 그의 生活과 實踐哲學 ──, 退溪儒學의 正傳, 退溪儒學의 本義 등으로 두 달 동안 改廢가 거듭되었다. 제14차 퇴계학 국제학술회의가 〈儒學・退溪學과 未來社會〉란 주제로 中國 北京大學에서 10월 말부터 11월 초까지 열렸다. 마지막이 될지도 모르는 學術會議에 求藥과 국내외의 친구도 만나고 鬪病 겸해 病軀로 참가하였다. 燕山大酒店 923호 실에서 劉明鍾 博士와 同宿하게 되었고, 天津 南開大學에 客員教授로 가 있으면서 藥과 편지를 陸續 보내준 李完栽 博士와 이틀밤을 研討할 好機를 가졌다. 册題 『退溪의 實踐儒學』은 하룻밤을 지내고 『退溪의 實行儒學』으로 歸著하였다. 先生의 躬行, 力行, 體行한 日用處事와 學行을 명백하게 들어내고, 理念과 意識을 附會할 언어는 피하기로 하였다. 退溪學 연구에 權威가 있는 두 교수가 儒學 本邦의 수도 北京에서 拙著의 題號를 정해 주는 영광을 입었다.

그럼에도 불구하고 한 가닥 섭섭한 것은 西厓 柳成龍 선생으로부터 聖學十圖 板刻本 頒帙을 받은 明나라 吳京의 蹤迹을 끝내 찾지 못하고 온 것과 十圖論文을 完稿하지 못한 채 이 책을 印刊하기에 이른 일이다. 퇴직 후에도 退溪學徒로서 꼭 써야 할 哲學 논문이다. 病魔를 쫓은 뒤 成遂하고 싶은 과제이다.

끝으로 이 책에 실은 논문의 집필 계기를 마련해 준 제위에게 감사하며, 定年退任序를 써 준 撫松 金基赫 博士, 校正을 보아준 申衡錫 君의 수고와 完兒의 勘誤精讀, 이 책의 制作을 맡은 學士院 張世珍 사장과 편집진 여러분에게 마음 깊이 고마움을 새겨 기념한다.

                1995年 乙亥 至月 初吉
                        著者 識

재판 간행사(再版刊行辭)

3월말에 초판 500부를 발행하였더니 5개월이 못되어 출판사가 재판을 하겠다고 서둘렀다. 대학교와 도산서원 서점 등지에서 책을 보내달라고 조른다면서 재판 승낙을 책(責)하는가 하면, 바로 저자한테 편지를 띄워 극성스럽게 책을 달라는 분도 있었다. 몇 개월을 두고 망설였다. 전문서적형인데다가 한자가 많이 섞여있어 대중성이 없을 것 같았는데 독자가 많고, 도서관에 비치하기 위해 찾는 대학이 여럿 있다니 퇴계학(退溪學) 연구에 고무되는 바 없지않아 재판을 결심하였다.

교직 정년(定年)을 맞추느라 서둘러 인쇄해 버려 오자가 여러 군데 있어 미안하고 부끄럽기 짝이 없었는데 재판을 기하여 바로 잡을 수 있어서 여간 다행스럽지 않다. 차제에 모두 색출 교정되어야 하는데 빠뜨릴까 저어롭다.

다른 책(退溪書集成)을 만들며 혼자 거질(巨帙)의 색인에 골몰하느라 여력이 없어 이번에도 색인은 붙이지 못한다. 대신에 졸저(拙著) 일본어판 《이퇴계가서의 총합적 연구》의 부록편 〈도산학안, 문과동방록, 호당수계록, 사숙제자록(私淑諸子錄)〉을 붙여서 퇴계학연원의 연구자료로 제공한다.

도산급문제현록은 성씨 한글 자모음순으로 배열하여 같은 성은 생년순, 출생연도 미상은 이름 자모음순으로 벌였다. 급문수업 후 편 제자록은 선생에게 배운 사실이 명확한 분을 五鳳이 추록한 문인록이다. 사숙제자록은 숙유 석학의 추천도 참고하고 사숙한 사실을 깊이 연구해서 지속적으로 추록해 나갈 작정이다. 선생 후손과 재전제자(再傳弟子)까지는 보류하고 한 평생 사숙하면서 선생학을 전저 계개(專著繼開)하였거나 사숙 사실의 지서(誌序)가 있는 도산연원을 대상으로 하고 있다.

수요없는 공급은 경제논리가 성립안된다. 이 책이 선생학행의 일단면이지만 이를 통하여 선생의 사회개혁과 인도(人道)회복의 성자적(聖者的) 바람이 인간성 매몰, 비문화적 생태, 자존을 포기하고 동물화하는 비겁과 전통문화를 저질평준화시키면서 낡은 서양사상에 의식화되고 몰가정·개인향락지상으로 타락한 오늘의 한국적 비윤리도덕상을 깨닫고 반성하는 데 일조가 된다면 더 이상의 기쁨이 없겠다. 판을 거듭하게 될 경우는 어린 소년들이 읽을 선생의 전기를 쓸 작정이다. 독자·제현의 기탄 없는 질정(叱正)을 고대한다.

1997年 3·1절
저자 씀

卷頭釋明

이 책은 여기 저기 발표한 論文을 추려서 엮었으므로 책 體制에서 曲法된 것이 많다. 本文을 읽기에 앞서 《일러두기》로 다음 事項을 밝혀 양해를 얻고자 한다.

1. 글 실은 책과 발표한 그 학회 목적에 맞추어서 쓴 글이므로 文體가 통일되지 않고 形式도 各色이나 편집하면서 수정하지 않고 가능한 한 그대로 두었다.
   ○ 國漢文 혼용과 괄호 안에 한자표기, 호칭과 존칭(예 : 퇴계, 퇴계선생), 學術語와 記號 등의 불통일
   ○ 脚注의 서식, 脚注의 引用文 체제의 多樣, 引用 부호 등

2. 論文 발표 및 揭載 소개

論文(目錄)	發表紙·會·册	年度	刊行處
退溪의 生涯와 思想形成	한국인의 재발견	1992,3	문예진흥원, 文化部
聖賢自期한 學問目的 : 退溪의 家業과 思想形成	제12회 퇴계학국제회의(소련 모스크바)	1990	국제퇴계학회
循明과 擴充	제13회 퇴계학국제회의(獨逸괴팅겐대학)	1992	국제퇴계학회
燕居와 思想形成	單行本 《退溪의 燕居와 思想形成》	1989	浦項工科大學 (명진기획)
私敎育의 現代的意義	慶尙北道 敎育行政學硏究제2호	1991	初等行政敎育硏究會
平等思想實現과 褒純의 弟子職篤行	退溪學報(제77집)	1993	퇴계학연구원
子弟觀과 家人敎育	退溪學硏究(제1집)	1987	檀國大學校부설 퇴계연구소
月瀾臺講學과 從師學道	月瀾志(單行本)	1993	大譜社

論文(目錄)	發表紙・會・册	年度	刊行處
朝鮮使行을 통한 日本江戶幕府의 韓國 儒學 受容	金世漢敎授定年退職記念論叢	1991	論文集刊行委員會
退溪 儒學이 日本國民性과 文化에 끼친 영향	大學 自體 硏究 課題(報告書)	1993	浦項工科大學校
聖學十圖의 中國頒傳	韓國의 哲學(제17집)	1989	慶北大學校 退溪硏究所
尙州地方의 退溪淵源家	博約(제1집)	1991	博約會
榮州・豐基地方의 退溪淵源家	博約(제3집)	1994	博約會
退溪의 所傳日記와 形態 退溪의 日記總錄	單行本 《退溪先生 日記會成》 退溪學報 제78, 79집	1994 1993	創知社 퇴계학연구원
癸巳南行錄이 갖는 退溪의 平生事的 意義. 癸巳西行錄	退溪學硏究(제5집) 儒敎文化硏究(제9집)	1991 1992	檀大부설退溪연구소 儒敎文化硏究會
日錄과 日記의 比較新探	退溪學 硏究(제8집)	1994	檀國大學校부설 退溪연구소
退溪先生에 관한 傳言說話 考論	제4회 韓日退溪學國際學會・退溪學釜山消息 19호	1990	退溪學釜山硏究院
變禮에 관한 退溪先生의 禮講	제5회 博約會, 退溪學報(제61집)	1989	퇴계학 연구원
退溪夢遊詩의 現存性과 特徵	金炯秀博士 回甲記念論文集	1992	論文集刊行委員會
退溪詩大全의 發凡	退溪詩大全(專著)	1992	浦項工科大學校 (驪江出版社)
退溪書簡의 集成大意	退溪書集成(專著)	1996	浦項工科大學校 (大譜社)
遺蹟地踏尋과 자료조사	退溪學界 消息(25호~42호)	1987	퇴계학연구원
「消魂橋・鴈影峽・棧雲臺・蠹冷臺」探索과 詩碑建立	遺蹟地踏尋報告書	1987	퇴계학연구원
舞鶴山 鼻岩의 詩址表蹟記	釜山退溪學消息 36호, 博約 2호	1993	부산퇴계연구원
月瀾七臺表蹟記	月瀾志	1993	紀蹟碑建立委員會

目　次

權五鳳 博士의 定年退任序 ……… 文學博士 金基赫(浦項工大 待遇教授)… 3
刊　行　辭 ……………………………………………………… 著者 … 7
卷頭釋明 ………………………………………………………………… 11

第1篇　退溪의 生涯와 思想形成

第1章　退溪의 生涯 槪觀
　第1節　退溪의 생애 ………………………………………………… 17
　第2節　退溪의 교육과 철학 ……………………………………… 32
　第3節　退溪가 後世에 끼친 영향 ………………………………… 38

第2章　家學과 思想形成
　第1節　聖賢自期한 學問目的 ……………………………………… 56
　第2節　循明과 擴充 ………………………………………………… 65

第3章　燕居와 思想 形成 …………………………………………… 77

第2篇　退溪의 平等思想과 教育改革

第1章　私教育의 現代的 意義 ……………………………………… 111
第2章　平等思想 實現과 裵純의 弟子職 篤行 …………………… 126
第3章　子弟觀과 家人教育 ………………………………………… 161

第3篇　退溪學의 淵源과 弘道

第1章　月瀾臺 講學과 從師學道 …………………………………… 193
第2章　朝鮮使行을 통한 江戸幕府의 韓國儒學 수용 …………… 202

第3章　退溪儒學이 日本 국민성과 文化에 끼친 영향 ……………232
　第4章　聖學十圖의 中國頒傳 ……………………………………244
　第5章　嶺南地域의 退溪學 淵源攷 ……………………………261
　　第1節　尙州地方의 退溪學 淵源家 …………………………261
　　第2節　榮州 豊基地方의 退溪學 淵源家 ……………………270

第4篇　《百世之師》評傳의 日記와 紀行錄
　第1章　退溪의 所傳日記와 그 형태 …………………………285
　　第1節　日記의 會成作業 ………………………………………285
　　第2節　所傳日記와 그 형태 …………………………………290
　　第3節　日記原文과 槪要 ………………………………………295
　第2章　癸巳南行錄이 갖는 退溪 平生事的 意義 ………………299
　第3章　日錄과 日記의 比較新探 …………………………………326

第5篇　退溪學 연구의 方法論
　第1章　退溪先生에 관한 傳言說話 考論 ………………………355
　第2章　變禮에 관한 退溪先生의 禮講 …………………………374
　第3章　退溪 夢遊詩의 現存性과 特徵 …………………………382
　第4章　退溪詩大全의 發凡 ………………………………………425
　第5章　退溪書簡을 集成한 大意 …………………………………454

第6篇　遺蹟調査와 資料探索 報告
　第1　遺躅地 踏尋과 資料調査 ……………………………………473
　　1. 陶山 近隣地域 ………………………………………………473
　　2. 小白山下와 南道地方 ………………………………………481
　　3. 湖西錄 …………………………………………………………491
　第2　消魂橋, 鴈影峽, 棧雲臺, 蠱冷臺 探索과 詩碑 建立 ……500

第3　舞鶴山 鼻巖의 詩址 表蹟記 ……………………………508
　第4　月瀾七臺 表蹟 ………………………………………518
　　1. 發起文 ……………………………………………………518
　　2. 推進委員會 通文 …………………………………………519
　　3. 記蹟碑文 …………………………………………………520

第7篇　退溪學 硏究 論著 序・跋文

　第1　『李退溪家書の總合的 硏究』……………………………523
　　　序(高橋 進 博士), 自序, 後識, 英文要約(金基赫 博士) ……523
　第2　退溪의 生活實事『예던길』 ……………………………539
　　1. 序(金浩吉), 自述後敍 ……………………………………539
　　2. 退溪先生一代記『가을하늘 밝은 달』의 自序 ……………543
　第3　『退溪의 燕居와 思想形成』의 自序 ……………………546
　第4　『退溪家年表』의 序 ……………………………………548
　第5　『退溪詩大全』 …………………………………………551
　　1. 序(李家源 博士) …………………………………………551
　　2. 自述, 後識 ………………………………………………552
　第6　第一書堂 敎育志『月瀾志』의 序(李龍九 委員長)………554
　第7　『退溪先生 日記會成』의 編刊辭 ………………………555
　第8　『退溪書集成』의 刊行辭 ………………………………557
　第9　宋本『退陶書節要』의 刊行辭 …………………………559

第8篇　陶山學案

　第1　前編:陶山及門諸賢錄……………………………………561
　第2　後編:及門受業자로서 諸子錄에 빠진 門徒 ……………589
　第3　同榜・修契錄 …………………………………………593
　　1. 文科同榜錄 ………………………………………………593
　　2. 湖堂修契錄 ………………………………………………595

第4 私淑諸子錄 …………………………………………… 597
　1. 國內篇 …………………………………………………… 597
　2. 國外篇 …………………………………………………… 601

※ 著者 略歷 ………………………………………………… 602

第1篇 退溪의 生涯와 思想形成

第1章 退溪의 生涯 槪觀

第1節 퇴계의 생애

1. 어디서 태어났나

퇴계는 1501년 11월 25일 경상북도 안동시 도산면 온혜리 현 노송정 종택(老松亭 宗宅) 태실(胎室)에서 탄생했다. 아버지는 진사 이식(李埴)이고, 어머니는 의성 김씨와 춘천 박씨(春川朴氏) 두 분이다. 전모 김씨는 잠·하·신담 부인(潛·河·辛聃夫人) 등 2남 1녀를 두고 별세하였고, 재취로 입문한 박씨가 서린·의·해·증·황(瑞麟;일찍 죽음, 漪·瀩·澄·滉) 등 5형제를 낳았는데, 퇴계는 그 막내이다.

2. 어떻게 성장했나

아버지는 진사에 합격한 해에 퇴계를 두었으나, 서당을 지어 교육을 해 보려던 뜻을 펴지 못한 채, 퇴계가 난 지 7개 월 만인 이듬해 6월에 병으로 세상을 떠났다. 퇴계의 어머니는 전처에서 난 자녀와 친생자를 차별않고 부도(婦道)를 지키면서 자애로이 길렀다.

　퇴계가 "나에게 있어 영향을 가장 많이 준 분은 어머니"라 할만큼 어머니는 "과부의 자식은 몇 백배 더 조신해야 한다"는 엄한 가법(家法)을 세워 자녀를 교육하였고, 농사와 양잠으로 생계를 꾸려가며 가정을 일으켰다.

퇴계는 이렇듯 아버지의 사랑을 못받고 불행하게 편모 슬하에서 자라면서 어머니로부터 전해 들은 아버지의 못다 이룬 교육에 대한 꿈을 가슴에 새겼고, 그의 천성이 남다르다고 "출신하여 벼슬 길에 나가더라도 현감 한 고을만 하라"는 어머니의 가르침을 꼭 지키리라는 신조를 가지고 처신하였다.

퇴계의 가문 진성 이씨(眞城李氏)에는 선대부터 학문을 쌓아 덕을 기르고 입신양면하되, 소나무의 굳은 절개를 본받아 대의와 명분에 어긋나는 일을 하지 말라는 가교(家敎)가 있었다.

진보(청송군 진보면) 현리(縣吏)였던 시조 이석(李碩)은 예의와 공덕이 커서 생원시에 급제하였고, 2대 자수(子脩)는 홍건적을 친 충훈으로 공신에 올라 송안군(松安君)에 봉해졌다. 3대 운후(云侯)는 중훈대부(中訓大夫)가 되고, 부인 권씨는 가법으로 "입신양명하여 조상을 빛내어 효도할 것"을 가르쳤다. 4대인 퇴계의 증조부 정(禎)은 영변성을 쌓고 변방을 지켜 공신 [원종훈(原從勳)]이 되었으며, 노송(老松 : 뚝향나무)[1]을 옮겨 심어 대대로 솔의 절개를 본받도록 가르쳤다.

그 사이 진보에서 안동시 풍산면 마애, 와룡면 두루[周村]로 옮겼으나, 퇴계의 조부는 예안 땅 부포(浮浦)로 이사했다가 도산면 온혜에 정착해서 노송을 분식(分植)해 솔의 고절(固節)을 숭상하면서 용두산 용수사(龍頭山 龍壽寺)를 가숙(家塾)으로 삼고 가학(家學)을 일으켰다. 퇴계의 조부 계양(繼陽)이 진사에 급제하였고 아들 형제의 입신출세를 위하여 갖은 정성을 기울여 가정교육을 하였다. 그 결과 퇴계의 아버지도 진사가 되었고, 숙부 우[堣, 호·송재(松齋)]는 최초로 문과에 급제하고 감사와 참판 벼슬을 하였다.

---

1) 안동시 와룡면 주촌리 경류정 종택에는 600 년 수령의 이 나무가 천연기념물 314호로 지정되어 보호받고 있음.

송재공은 부친의 가학을 이어 조카와 사위를 청량산(淸凉山)과 근처 절간으로 보내어 여러 대를 이어 온 가교를 계승하였다. 특히, 퇴계는 아버지가 온혜 윗마을에 심어 가꾼 송림(松林)을 보면서 절개를 가꾸었고, 부친의 유지(遺志)인 교육 사업과 어머니로부터 받은 엄한 규율을 몸에 익히고 뜻을 세우면서 성장하였다. 훌륭한 자손을 얻기 위한 조상 누대의 공들인 음덕과 그 조상의 뜻을 한평생 받들어 노력한 결과, 퇴계가 있게 된 것이다.

3. 누구에게 배웠나

퇴계가 성장한 가정 환경은 훌륭한 교육적 배경이었으며, 그를 가르친 스승은 조상이라 할 수 있다.

여섯 살 때, 셋째 형과 넷째 형은 진주목사로 가 있던 숙부를 따라 월아산 청곡사(月牙山 靑谷寺)에서 공부했지만, 퇴계는 어려서 이웃에 사는 노인에게 천자문을 배워야 했다. 12살 때 병으로 휴직하고 집에 와 있던 숙부에게 『논어』를 배웠다.

〈학이 제6(學而 第六)〉에서 공자가 말한 "젊은이들은 집에 들어오면 부모에게 효도하고 밖에 나가서는 이웃 사람을 공경하며, 행동을 조심하고 신의를 지키며, 널리 여러 사람과 사귀되 어진 이와 가까이 할 것이다. 이런 일들을 행하고 남은 힘이 있으면 비로소 글을 배운다"를 익히고 나서, '사람의 자식으로서 마땅히 해야 할 도리가 바로 여기 있구나'하고 깨달았다 한다.

또, 「자장 편(子張篇)」을 배울 때 '이(理)'를 보고는 "모든 사물에 마땅히 그리 해야 할 '시(是 : 바른 도리와 옳은 일)'를 '이(理)'라 합니까?"하고 물었다. 그 때, 숙부가 "너의 학문은 이만하면 문리는 다 깨쳤다"고 기뻐하고, 형님은 돌아가셨어도 이 아들을 두셨기 때문에 죽은 것이 아니라며 안심하였다 한다.

퇴계는 숙부에게 이렇게 『논어』를 배운 후, 누구에게도 더 배운 일이 없다. 13세와 15세 때에는 형과 사촌 자형을 따라 청량산에 가서 함께 독서를 할만큼 성장하였고, 16세 때에는 사촌 동생〔壽苓〕과 친구〔姜翰, 權敏義〕를 데리고 천등산 봉정사(天燈山 鳳停寺)에 들어가서 독학할 정도로 학문이 숙달하였다. 제 1회 퇴계학 국제학술상을 받은 퇴계시 연구의 권위자인 대만의 왕수(王甦) 교수는, 송나라 시인이 즐겨 쓰던 비안입군(飛鴈入群)의 변격(變格)을 퇴계는 15세 때 지은 〈게·石蟹〉라는 시에서 이미 쓰고 있었다고 감탄하였다.

퇴계는 한 해 전인 14세 때에 농암 이현보(聾巖 李賢輔)의 사랑채 명농당(明農堂)에 가서 농암의 시에 화답하였는데, 주인의 귀거(歸去)하는 모습과 산골에 드나드는 구름과 방 벽의 귀거래도를 대비시켜 그림처럼 읊었다. 그의 문의(文義) 통달과 시작(詩作) 능력은 그 때 이미 곁에 스승을 필요로 하지 않았다.

17세 때에는 안동부사로 재임 중이던 숙부가 별세하여 물을 곳도 없었다. 18, 19세에 읊은 시, 영주(榮州)에서의 의학 강습, 20세 전후에 침식을 잊고 고질병이 생기도록 용수사에서 홀로 주역 공부를 한 행적 등은 그가 선생 없이 홀로 공부했던 불행한 수학과정을 말해 주는 것이다.

그 때문에 퇴계는 글자 한 자도 놓치지 않고 자기 힘으로 연구하게 되었고, 비록 옛 성현의 글이라도 의심을 가지고 파고들어 재해석하는 학문방법을 개척하게 되었다. 그러나 하버드대학 뚜 웨이밍교수는 "경전 읽는 방법을 송나라 주자(朱子)의 방법을 계승하였다고 하지만 실은 숙부한테서 전수 받았고, 논증과 주석은 주자의 방법을 응용했다"고 하였다.

4. 포부와 평생사업

퇴계는 학문하는 목적을 입신양명에서 성현군자(聖賢君子)가 되는데 두었다. 유학 강령대로 수기치인(修己治人 : 자기 인격을 완성하고 남을 교화함)에 치중하여 위기지학(爲己之學)과 군자유(君子儒)를 닦았다. 그는 공자 이래 성현군자의 모든 가르침을 실험·실행하여 생활하기에 힘썼을 뿐 아니라, 불가(佛家)와 도가(道家)의 공부도 몸소 경험해서 허구(虛構 : 이단과 사설)와 정론(正論)을 판단하였다. 참동계(參同契) 수련과 선(禪)의 고행 및 활인심(活人心)도 연구·도입하였다. 심경(心經)의 신봉, 경의(敬義)의 견지, 알면 행하고[知行並進] 자연 법칙과 인간 생활의 조화를 이뤄야 한다는 사상[天人合一觀]은 그의 유학의 특징이라 할 수 있다. 퇴계의 학문은 실천도학[實踐道學 : 實學]이며, 생활 그 자체가 학문인 것이다[고반 남언기(考槃 南彦記)에게 준 잠명과 천산재 이함형(天山齋 李咸亨)에게 준 편지]. 성현의 가르침을 실행해 보고 얻은 결론으로 논리를 세웠고[立言], 도덕과 정의를 바로 세우는 일[敎化]을 평생 사업으로 삼았다.

조선조 건국 혁명 이래로 정변(政變)과 사화(士禍)가 수 없이 거듭되더니, 퇴계 때에 와서 극에 달했다. 간쟁과 아첨, 불의와 모함, 탐관과 살육은 모두 탐욕 때문에 일어났으며, 남을 누르고 저만 잘 살아보겠다는 이기심 때문에 인애 사상(仁愛思想)이나 위인(爲人) 정신은 사라져 버렸다. 선비가 정학(正學)은 뒷전이고, 과거(科擧)하여 벼슬에 나아가 세도를 잡기 위해서 아까운 시간을 허비하여 책을 읽었다. 퇴계는 병든 사회와 비뚤어진 학문관의 치료 방법으로서 '성학(聖學)'과 '사단(四端)'과 '이(理)'를 천명(闡明)했다. 국민을 계도(啓導)하기 위해서 청렴결백한 공직자상을 실행해 보였고, 교육을 통하여 사회 개혁의 역군을 기르는 힘겨운 사교육(私敎育) 사업도 추진하였다.

그는 26세 때 한평생의 사업 포부를 밝혔으며 [山居詩 : 莫道山居無一事 平生志願更難量], 급제한 후로는 나아가 깨끗한 공도관(公道觀)을 가지고 행정에 참여하였다. 46세 때에는 교육의 길로 나서겠다고 선언하였고 [山翁笑問溪翁事 只要躬耕代舌耕], 50세 바로 전에 어머니의 가르침에 따라 지방관을 그만 두고 토계(土溪)로 와 정착하여, 다음 해에 아버지의 유업도 이룩하고 자신의 사업에도 몰두하고자 계상서당

(溪上書堂)을 세워 경향에서 모여드는 후학을 가르치기 시작했다. 퇴계는 〈유탄(有嘆)〉시를 읊어서 그의 할 일을 분명하게 밝혔다.

　　　이 세상에 어느 제일 가는 도학자 나타나서
　　　학문 받칠 센 기둥 되어 천고의 성인 가르침을 이어 줄꼬.
　　　모름지기 맛 없는 게 도리어 맛있는 줄 알았는데,
　　　근심을 않으려 해도 오히려 근심이 더 크기만 하네.

　　　〈두구생략〉

　　　애달파라 내 나이 쉰인데도 의지해 돌아갈 곳 없으니,
　　　저 옛날 물러나 큰 일을 이룩한 그분들을 따르리라.

　퇴계는 또 〈청명날 계상서당에서 두 마리를 읊음〉이란 시의 둘째 마리 결구(結句)에서

　　　과거의 잘못을 깁고 미래의 희망에 부응하라고 가르친
　　　옛 성현의 지극한 교훈을 따라 나는 이제부터 주자를
　　　스승으로 모시고 도(道)를 이으리라.

　　　補過希前垂至戒　　令人長憶紫陽翁

하고, 스승과 도의 승계를 결심했다. 문인들이 찾아와서 위로하자 26년 전 옛 다짐을 회고하면서,

　　　동해보다 더한 근심 넓고 넓어 잴 수 없다.

　　　因事廿六年前事　　東海添愁浩莫量

하고, 사회 개혁의 의욕을 은연중 꿋꿋하게 피력하였다.
　"착한 사람을 많이 만드는 일은 천지의 기강을 바르게 좇는 일이라 [高蹈非吾事 居然在鄕里 所願善人多 是乃天地紀]."할 만큼 그의 굳은 신념(50세 때에 읊음)에는 변함이 없었고, 모략과 시기와 간계가 끊이지 않았지만, 도산서당 교육을 합쳐 20년간의 교육 사업은 이루어졌다.

-어떻게 생활했나

주자는 공자 이래 유학을 집대성한 분이라 하고, 퇴계는 더 나아가 주자 유학까지를 재집대성한 분이라고 한다. 일본의 유학자는 공자를 알려면 주자를 알아야 하고, 주자를 이해하려면 퇴계를 이해하여야 한다면서 주자 이후 제1인자는 퇴계라고 숭앙하였다. 유럽의 어느 학자는 퇴계학 국제회의에서 공자유학을 제1유학, 주자의 신유학(성리학)을 제2유학, 퇴계의 실행 유학을 제3유학이라고 하였다. 다시 말하면 퇴계의 생활을 통해서 주자의 이론을 알 수 있고, 거슬러 올라가 공자의 인의 사상도 그 실현 방법을 이해하게 된다는 것이다.

그런 의미에서 어려운 철학 이론을 풀이하기보다는 퇴계의 실생활을 살펴보는 것이 이해하기 쉬울 것 같다.

-사람차별 안하는 인애(仁愛) 생활

퇴계의 손자 안도(安道)가 성균관에 유학하고 있을 때였다. 안도의 아들 창양(昌陽)을 덕원(德原) 외조부 임지에서 낳아 서울에서 키우는데, 어머니의 유도가 끊겨 영양실조가 되고 잔병을 앓았다. 안도는 시골에서 유모를 보내 달라고 하여 딸을 갓 낳은 유모가 아기를 두고 상경하기로 주선하고 있었다. 이 사실을 안 퇴계는 "내 자식을 살리기 위해 남의 자식을 죽이는 일은 차마 할 수 없는 일[殺人子 以活己子 仁人所不忍事]이며, 몇 달을 밥물로 키우면 두 아이를 다 살릴 수 있다"고 손자를 달래어 중지시켰다(퇴계의 가서). 퇴계의 증손자 창양은 증조부 퇴계를 뵙지도 못하고 영양실조로 1570년 5월 23일에 죽었다. 자기 혈육은 잃고 종의 여식은 살려 낸 것이다. 기대승(奇大升)에게 보낸 편지에서 퇴계는 인(仁)을 실천하는데 겪은 고통을 적었다.

도산서당에 찾아오는 아이, 노비, 아전, 관리, 노인 할 것 없이 모두 방 밖에 나가 맞이하고 그렇게 전송하며, 어떤 사람이든 꼭 일어나서 절을 하고 만났다. 노소 귀천의 신분에 차이를 두지 않았다.

제자가 "신분의 차이가 없습니까?" 하고 묻자, 퇴계는 "주자는 차이가 있다[各在當人之身]고 말했으나, 오늘날 어른보다는 아이가, 배운 사람보다는 안 배운 사람이, 지위가 높은 사람보다는 낮은 사람이 오히려 예절이 있고 착하니, 나는 착한 사람을 기준으로 모든 사람을 공경한다[一切敬之]"고 답하였다.

순흥 고을의 대장장이 배순(裵純)은 상민(常民)이다. 퇴계가 소수서원에서 글을 가르치는데, 연장을 납품하고는 마루 곁에 몸을 감추어 몰래 청강(聽講)하였다. 그것을 안 퇴계는 순(純)이 어머니를 효심으로 모시고 사람 자질도 괜찮아 불러다 함께 가르쳤다. 몇 달 후 퇴계는 풍기군수를 그만 뒀지만, 순은 선생의 철상(鐵像)을 만들어 모시고 글공부를 하였다. 20여 년간 그렇게 섬기다가 퇴계가 별세하자 철상을 모셔놓고 3년간 복을 입었다. 뒷날 이준(李埈) 군수는 군민의 여론을 받들어 배순의 정려비를 세웠는데, 비각은 영주시 순흥면 그가 살았던 배점리[裵店里, 순의 이름이 배점(裵漸)으로도 전함] 동구 밖 과수원에 서 있다. 1992년 봄에는 그 무덤을 찾아 가토를 하였고, 정려각도 배점 국민학교로 이전하여 도지정 문화재 279호로 지정하였다.

김근공은 서자(庶子)지만 퇴계에게 배웠다. 그는 자질이 괜찮고 학식도 정밀하고 깊었다. 용수사에 입산시켜 그를 가르치면서 학행을 본받으라고 다른 절에서 공부하고 있는 손자 안도를 함께 있게 하였다.

어느 날 서당 앞을 지나가는 사람이 말에서 내리지 않자 시중들고 있던 정일(靜一)이 잡아다가 꾸짖으려 하는 것을 "한 폭 그림을 만들어 줘 고마운 사람을 그래서는 안 된다"고 오히려 정일을 나무랐다.

서울에서 공청에 출근할 때에는 사람이 메는 초헌(軺軒)을 타지 않고 말을 빌려 탔으며, 시골에서 청량산에 갈 때에는 종이 수고한다고 말을 타지 않고 소를 타고 다녔다.

퇴계는 인재(天生一代人材)는 하늘이 내리는 것이므로 차별하지 않고 써야 한다고 생각했다. 역동서원을 이룩한 뒤 향중 사람의 모임에서는 나이 차례로 앉도록 향좌법(鄕坐法)을 제정해 시행했다. 이러한 일들은, 평등 애인사상이 바탕에 깔려 있었기 때문에 가능했다. 이것이 퇴계 실행유교(實行儒敎)의 특징인 동시에 그의 높은 덕행인 것이다.

－남에게 폐 안 끼치는 개결(介潔)한 생활

서울 서소문에 살 때의 일이었다. 이웃집 밤나무 가지가 퇴계의 집 담장 너머까지 뻗어 가을이면 알밤이 많이 떨어졌다. 심부름하는 아이가 몰래 주워 먹을까 봐, 퇴계는 새벽 일찍 일어나 밤을 주워서 담 너머로 던져 보냈다. 율곡 이이(李珥)가 이 일을 적어 두었고, 『선조수정실록(宣祖修正實錄)』에는 더 자세히 기록하여 놓았다.

시골에서 서울로, 서울에서 시골로 내왕할 때 전송이나 환영잔치를 베푼 적이 없었고, 사직하고 떠날 때에는 대궐에서 나와 곧바로 배를 타고 한강을 건너 봉은사(奉恩寺)에서 자고 떠나거나 동호에 있는 친구 송기수(宋麒壽)의 몽뢰정(夢賚亭)에 들러 묵었다. 고봉 기대승(高峰 奇大升)은 선생이 떠난다는 소문을 듣고 댁으로 갔다가 매화분만 쓸쓸히 방 안에 남아 있는 것을 보고 밤새도록 찾아 이튿날에야 동호에서 만나 함께 배를 타고 전송했고, 정존재 이담(靜存齋 李湛)은 배로 광나루까지 가서 작별했으며, 송강 정철(松江 鄭澈)은 늦어 강가에서 손을 흔들어 전송했다고 한다.

퇴계는 어머니가 별세한 후 생일날을 효성과 경건으로 보냈다. 남의 환갑을 축하한 적도 없을 뿐 아니라, 자신의 환갑에도 며느리에게 생일상을 못 차리게 한 것은 지금까지도 유명하다.

며느리가 시집 올 때 종을 데려오지 못하게 하였다. 종을 데리고 올려면 신행은 못하겠노라고 아들을 시켜 전한 편지가 지금도 남아 있다.

대부(大夫)가 되면 새 장복(章服：관복)을 입어야 하므로 친구인 송강 조사수(松岡 趙士秀)가 한 벌 마련해 보냈으나, 퇴계는 그것을 돌려 주고 낡은 옷을 빌려 입었다.

중국 사신을 맞이하는 접반사(接伴使) 임명을 받고 상경할 때 흰 옷이 없어 걱정하고 있다는 말을 듣고, 예안현감이 새 옷 한벌을 지어 보냈다. 퇴계는 그 옷이 관물로 마련한 것이라고 되돌려 주고, 낡은 도포를 빨아서 기워 입고 서울로 올라갔다.

66세 때에는 공조판서에 임명되었으나 병으로 상경하지 못하고 예천에 머물다가, 전의(殿醫) 연담수(延聃壽)의 진찰과 약을 받고 되돌아오게 되었다. 안동을 지나 예안 집으로 가야 하는데, 안동부사·판관·찰방·풍산현감 등이 판서로 임명된 퇴계를 접대하러 나오려 하였다. 퇴계는 공무에 지장을 주어서는 안 된다고 피해서 봉정사(鳳停寺: 신라 때 지은 절로 현존하는 고찰 중에서는 한국 최고의 목조건물)에 들어가 요양하였다. 아들 준(寯)은 그 때 찰방(안동의 안기찰방)으로 있었으므로 절에 가서 시병하려 하였다. 그러나 찰방은 왕의 사신을 모셔야 하기 때문에 잠시도 역에서 떠나서는 안 되므로 공무에나 충실하고, 사사로운 정의에 끌려서는 안된다고 오지 못하게 하였다. 아들이 하인을 절에 보내어 시탕(侍湯)하려 해도 관청 사람을 사사로운 일에 부릴 수 없다고 보내지 못하게 했다.

경상감사는 퇴계를 사찰하고 민정을 순찰하기 위해 자주 도산에 찾아왔다. 감사 행차 때문에 예안현감과 하인들이 너무 수고를 많이 한다고, 감사가 지나가는 길 근처의 절에 미리 가서 머물다가 만났다. 처가에서 물려받은 영주의 농장에서 생산한 곡식을 가져와 식량을 하게 되면 나르는 하인이 고생한다면서, 저장해 두거나 베로 바꾸어 사용했다.

단양군수직을 물러날 때에는 수석 두 개만을 가져왔고, 군청(관아) 밭에서 생산한 삼(麻)은 군수의 소유라면서 떠날 때 죽령(竹嶺)까지 하인이 지고 온 것을 꾸짖어 군에서 쓰라며 되돌려 보냈다.

풍기군수직을 버리고 집에 와 있으니 새로 만든 궤에다 책을 넣어 하인이 지고 왔다. 책은 자기 것이지만 궤는 풍기 고을의 것이라고 이내 되돌려 보냈다.

봉화현감으로 있는 아들이 선물로 받은 감(柿) 한 접을 보내왔다. 퇴계는 원님이 사사로운 일까지 정을 쓰기 시작하면 써야 할 곳이 삼가래처럼 많아서 흙을 파 대어도 모자랄 것이라면서 되돌려 고을을 위해 쓰도록 하였다. 봉화의 노인들이 퇴계에게 은어를 보냈다. 퇴계는 그곳 사람은 원님이나 섬길 일이지 성주의 가족까지 돌보는 것은 불의(不義)라 지적하고, "봉화가 나의 입과 배를 더럽히려 한다"는 말과 고을을 잘못 다스리고 있다는 꾸중을 편지로 써서 회송해 버렸다.

조카 사위 민시원(閔蓍元)이 억울한 누명으로 자기 집 종이 예천 관청에 잡혀갔다고 그곳 군수에게 방면을 부탁해 달라 하였다. 자기 눈으로 종의 행위를 보지 못한 이상 시비를 어떻게 분간할 수 있느냐고 나무란 뒤, 예천군수는 현명하므로 유·무죄를 분명히 가려낼 터이니 관을 믿으라 안심시키고 청탁을 물리쳤다.

퇴계는 세곡(稅穀)을 바칠 때 문중이 같은 날 함께 다른 사람보다 먼저 바치도록 지도하였다. 관리가 가문 해에도 평년과 같이 결복(結卜:세곡을 매기는 일)하여서 생계가 어렵게 되었지만 나라 살림을 생각해서 그대로 납부토록 명하였다.

퇴계 자신이 공직에 있을 때 남이 부임하기 꺼리는 고성(高城), 정선(旌善), 흡곡(歙谷), 청송(靑松) 같은 고을을 택했지만 뜻대로 되지 않았다. 가문의 수하 사람들도 전근이나 취직에 관한 청탁은 절대 하지 못하도록 했다.

제용감(濟用監) 봉사로 근무하는 아들이 부정 행위에 휘말려 난처한 지경에 이른 일이 있었다. 가산을 팔아서 빨리 변제하도록 엄히 꾸짖었을 뿐 아니라, 그 관청에서 빠져 나가려고 청탁했지만 아들의 청을 들어 주지 않았다. "내가 꺼리는 직장은 남도 가기 싫어 한다. 나로 인하여 남에게 폐를 끼쳐서야 되겠느냐?"하고는, 천명(天命)을 기다려 분수를 지키며 참고 견디라 하였다.

아들이 의령 외가에 갔다가 사촌 매부가 근무하는 고성(固城)에 들를까봐 사전에 말렸다. 공무로 근무하는 지친(知親)을 찾아가면 자연히 관에 누를 끼치게 되므로, 유가(儒家)의 자제는 결신조행(潔身操行 : 몸을 깨끗이 하고 행동을 조심함)하여 남에게 폐스러운 일을 하지 않아야 한다고 엄히 가르쳤다.

퇴계는 남의 물건을 받고 안 받는 것에 대한 엄격한 규범을 가지고 있었고, 제자와 가인도 지키게 하였다. 이 사수지도(辭受之道)는 불의의 물건, 양이 많은 것, 청탁이 있어 주는 것, 되갚을 수 없는 것, 출처가 분명하지 않은 것, 주인이 분명하지 않은 것, 관이나 남에게 폐를 끼치는 것, 제삿날에 가지고 온 육류 따위는 받지 않은 것을 이르는데, 퇴계는 철저히 시행하였다.

─합리적인 예설과 실천

성호 이익(星湖 李瀷)은 퇴계의 예는 예의 지침이며 상례(喪禮)에 있어서는 가장 합리적이고 제일인자라 받들고 정리해서 예설유편(禮說類編)을 엮었다. 예는 인간 생활의 질서이며 유학의 가치 규범이고 법도이다. 그는 모든 사람에게 어느 시대든지 통용될 수 있는 법[天下萬世通行之法]이라야 예가 될 수 있다고 하였다. 예를 모르면 속례(俗禮 : 조상이 시행해 온 옛 법)를 따라야 하고, 성인(聖人) 아닌 사람은 예를 만들 능력이 없고, 제도에 얽매이기보다는 인간 위주여야 하고, 시대가 변하면 시왕지례(時王之禮 : 당시의 국법, 즉 오늘의 의례준칙 같은 것)를 따라야 하고, 때와 재물과 분수와 처지에 맞아야 하고[三宜], 검소하고 원칙에 맞게 시행해야 한다고 가르쳤다.

중국 예법이 여자를 낮추어 죽은 아내를 '망실(亡室)'이라 한 것을 퇴계는 '고실(故室)'로 바로잡았고, 계모(繼母)를 홀대한 옛법을 버리고 아들에게 적모(嫡母) 상을 치른 후 산소 아래서 시묘(侍墓)도 살게 했다. 죽은 가장(夫)을 따라 죽으려 하는 질부(姪婦 : 조카의 아내)를 말려서 열(烈)보다는 살아 어버이에 효도하도록 했고, 상중에 병든 아들과 조카를 종권(從權 : 일시 상주질을 중지하여 건강을 회복하는 것)시켜 고기를 먹게 했다. 생일 제사를 지내면 힘에 벅차 기제사(忌祭祀)

도 못 지내게 된다고 당시의 풍속을 바꾸어 버렸고, 제물을 많이 담으면 물건이 많이 든다고 쌓지 못하게 했으며, 부모 합설 제사는 가례에 어긋난다며 단설(單設:제삿날 그 분 제물만을 차림)하게, 초상에는 문상객에게 술 대신 차(茶)를 내놓게, 제사 음식의 음복(飮福)은 남과 나누어 먹지 않고 제관만 먹게, 아무리 죽은 부모가 좋아한 음식이라도 (살아있을 때 지위의 높고 낮음에 따라 아들이 따르기 어려움) 일정한 제물만을 쓰게, 진설도에 있더라도 철이 아니면 다 구해 쓰지 못하므로 세 가지(三色) 시과(時果)로써 제사를 지내게 하였다.

손녀를 출가시킬 때에 세속을 따르지 않고 그 철에 입을 옷만을 베와 무명으로 짓게 하고[床花 世俗 不必盡從 世習], 중국의 혼례법을 뜯어 고쳐 홀기(笏記)를 새로 만들어 시행했다. 오늘날 '전통혼례'라 부르는 예식은 퇴계가 개정한 법인데, 조정 중신들이 들고 일어나 말이 많았으나 국왕이 퇴계의 예가 우리 실정에 맞는 예라며 어명으로 시행케 했다. 혼수함을 종(남)을 시켜 보내면 불결하고 세도를 부리는 패례(悖禮)라고 신랑의 형제들을 시켜보내되 양가 부모가 의논해 하라고 하였다.

퇴계는 흔히 있는 일이 아닌 까다로운 의절에 대해 물어 오면 자기 뜻대로 판단하지 않고 옛 성현의 말을 찾고 연구한 후 그 근거를 대서 시행케 했다. 선경후종(先輕後重:부자를 매장할 때에는 아들을 먼저 묻고, 아버지는 나중에 묻음)과 후우경(後虞輕:제사는 아버지를 먼저 지내고, 아들은 나중에 지냄)의 절차는 증자가 공자에게 물어 시행한 법인데, 퇴계가 찾아 내어서 보급하였다.

퇴계가 벼슬 때문에 객지에 가 있을 때는 제삿날에 지방을 써 붙여 놓고 배례하였으며, 귀한 음식이 생기면 변하는 것은 부모님의 지방을 써 붙이고 배례한 후에 먹었고, 마른 것은 두었다가 제사에 쓰도록 큰댁에 보냈다. 그러나 이러한 일을 남에게는 절대로 권하지 않았다. 왜 그렇게 하느냐고 제자들이 물으면 자기가 선생으로 사숙하는 주자가 그리 했으므로 자기는 따르지만 다른 사람에게 그렇게 하도록 권할 수는 없다고 하였다. 사람에 따라 성의와 경우가 다르다는 판단 때문이었다.

퇴계는 유가의 예를 우리 나라에서 처음으로 제정한 선구자였으나, 제자 김취려(金就礪)가 예서를 편찬해 주도록 부탁했을 때에는 학문과 덕이 없는 사람은 할 수 없는 일이라고 거절하였다.

─덕업상권(德業相勸)과 환난상휼(患難相恤)의 생활

퇴계는 1일 2식의 생활을 했다. 유가 사상에 몸을 기르기 위해서는 소식하고, 마음을 기르기 위해서는 말을 적게 한다는 규범이 있다. 퇴계는 이것을 꼭 지켰다. 그러나 낮에 손님이 오면 반드시 점심을 내왔고, 제자들이 집에 올 때에는 주안상을 차려 대접해 보냈다.

문인 월천 조목(月川 趙穆)은 청빈해도 벼슬을 하지 않고 학문에만 힘쓰려 했다. 설에 떡국을 만들 쌀이 없음을 알고 보내 주었고, 집이 없는 양곡 이국량(暘谷 李國樑)에게는 아들 준을 처가살이시키고 자기집 지산와사(芝山蝸舍)에 들어가 살게 하였다.

모내기 철임에도 가물어 모를 내지 못하고 있었다. 개울물을 막아 대면 상계(上溪)의 자기 집 앞 논에는 모내기가 가능했다. 그러나 아랫마을 바드렛들은 여름에 비가 오면 무논이 되므로 밭곡식을 대파(代播)할 수가 없었다. 퇴계는 이녘 논을 밭으로 만들어서 조를 심고 산골 물은 내려보내 바드렛들에 모를 내도록 도왔다.

서울서 관직에 있을 때 봉록을 받으면 이웃과 친척에 나누어 주고 영주 곡식을 날라다 양식을 하였다. 아들과 조카들이 서울에 와서 글을 배울 때에는 시골 식량을 가져다 먹었다. 음식과 채소가 생기거나 문방구(지·필·묵)와 부채가 들어오면 이웃 노인과 형님·누님·형수에게 나누어 드리고, 지·필·묵은 절에서 공부하는 자질(子姪)들과 제자에게 나누어 쓰게 했다.

부모를 오래 모시지 못한 퇴계는 형과 형수를 어버이처럼 모셨다. 농사짓는 하인의 수고를 덜기 위하여 목화 농사를 줄였고, 그들이 부친 전답(田畓)에서 생산한 곡식은 그들과 반반씩 나누어 가졌다.

향약(鄕約)을 만들기 위한 시행(試行)의 뜻도 있었지만 길흉사(吉凶事 : 혼인, 초상, 과거 축하 등)를 돕기 위하여 온계(溫溪 : 퇴계의 친척이 사는 마을) 동족계(우리나라 화수회 종친회의 시초)를 만들어서 시행하였다.

문인 성재 금란수(惺齋 琴蘭秀)가 본받아 부포리(浮浦里) 동계를 만들었고, 제자들이 퇴계에게 배워 여러 곳에서 시행하였다. 나중에는 동규(洞規)까지 제정해서 향토 교화에 파급하였고 훗날 예안의 향립약조(鄕立約條 : 향약인데 여씨향약과 달리 예안의 실정에 맞추었음)를 만드는 기초로 삼았다. 이것이 우리 나라 지방자치의 원형이다.

퇴계의 창의성과 주도 면밀한 계획성은 동계와 향약에 잘 나타나 있다. 그의 대동·화애정신은 상부상조하고 풍속교화하는 향촌 생활에서 실현되었다.

퇴계는 남의 선행과 미담을 들으면 칭찬하고 이야기가 끊이지 않지만 남의 흉이나 악담을 하면 말문을 닫고 들으려 하지도 않았다. 동해변에 침범해 온 왜적을 무명의 박세창(朴世彰)이 용감히 싸워 물리치고 전사했다. 경주 집경전 참봉(集慶殿參奉)으로 가 있는 아들과 조카 영(甯)을 시켜 그 문중의 이름있는 사람이나 관청에 알려서 그의 어진 행실을 기릴 수 있도록 하라고 부탁했다. 정의롭고 충성스런 일을 한 사람은 이름을 빛내야 한다고 가르쳤다. 그대로 두면 살신성인(殺身成仁)한 대의가 묻혀 버려 공적을 헛되이 한다고 안타까워하였다. 나쁜 일을 미워하고 어진 사람을 창선(彰善)하는 덕업상권하는 성품은 이렇게 나타났다.

第 2 節　退溪의 교육과 철학

1. 어떻게 교육시켰나

퇴계의 교육을 요약해서 가장 잘 평가한 학자로는 다산 정약용(茶山 丁若鏞)을 들 수 있다. 그는 이렇게 집약해서 말했다.

> 일일이 실행을 통해서 많은 인재를 길렀으며 누구든 어떤 부문이든 가르쳐 모두 대도(大道)에 이르게 했다. 중도에 폐하는 사람이 없이 끝까지 가르쳤으며 학문을 닦아 선생의 뒤를 잇게 했다. 퇴계 선생의 가르침을 읽으면 손뼉치고 춤추고 싶으며 감격해서 눈물이 나온다. 도가 천지간에 가득차 있으니 선생의 덕은 높고 크기만 하다.

퇴계의 교육 목표는 실천도학과 착한 사람 만들어 인간의 도덕과 사회의 기강을 세우는 데 있었다. 사후에 시호(諡號)를 내리려고 국왕이 행장을 짓게 했지만, 교육·철학과 생활과 공적이 워낙 크고 넓어 누구도 그것을 다 서술할 수 없어 그만 두었다. 하는 수 없이 율곡 이이(栗谷 李珥)가 지은 유사(遺事)를 참고하고 어전회의에서 행적을 논한 끝에 문순공(文純公)이란 시호를 내렸다.

율곡 이이는 퇴계가 죽은 후에 제문을 지어 선생의 가르침과 이끌어 준 덕이 컸음에도 제자로서의 직분을 다 못했다고 슬퍼했다.

> 국가와 민족을 이끌어 주실 분, 어버이처럼 믿었던 어른이 그만 돌아가셨습니다. 산천은 무너진 듯하고 세상은 빛을 잃었습니다. 〈중간 생략〉 소자(小子)가 학문의 길을 잃고 갈 길을 몰라 방황하기를 사나운 말처럼 날뛰며 헤맸습니다. 바른 길에 들어선 것은 실로 선생님께서 계발해 주신 덕택이었습니다. 처음에 약속한 뜻을 이루지 못해 보람없이 되고 말았습니다. 제자 노릇도 옳게 다 못하였는데, 한스럽게 하늘이 그만 도리에 밝고 덕 높은 위인을 모셔가고 말았습니다.

퇴계는 과거 중심에서 학문 중심으로, 지식 위주에서 생활 위주로, 공리(功利)의 위인지학(爲人之學)에서 덕행의 위기지학(爲己之學)으로, 개인의 이해보다 집단의 화애(和愛)로, 권위와 체면보다 예양(禮讓)과 합리성을 강조해서 가르쳤다.

그는 계상서당(溪上書堂)에서 사교육(私敎育)을 하면서 10년 동안 전래의 교과 과정(과거를 하는 데 필요한 과목)을 개편하여 성리학의 통록(通錄)과 절요(節要), 개론(槪論 : 자성론), 잠명집(箴銘集 : 고경중마방), 계몽(啓蒙 : 역학)의 전의, 강해(講解 : 소학, 통서), 주석서(注釋書 : 심경, 사서, 삼경) 등 새로운 교과서를 손수 저술하여 도산서당(陶山書堂) 교육을 시작하였다.

퇴계에게 수학한 제자가 많은 것도 이렇게 폭넓고 심오한 교육 내용 때문이다. 다른 선생에게 배워서 벼슬길에 오른 사람, 지위가 높고 나이가 많은 사람이 배우러 온 것도 다 새로운 학문 세계와 이제까지 접근하지 못한 새로운 이론을 배우기 위해서였던 것이다.

퇴계는 한때 성균관 대사성으로서 사학(四學)의 유생과 교육자들에게 나라가 학교를 만들어 교육하는 목적에 대하여 지도한 일이 있었다. 퇴폐한 공교육(公敎育)으로서는 개혁의 가망이 없자 인간성 회복과 윤리 도덕을 바로잡기 위해서 서당 교육을 펴 나갔다. 어진 옛 선배를 받들어 섬기고 인재도 양성하기 위해 서원을 증설하고 권장·확대해 나갔다(영천 임고서원, 성주 영봉서원, 영주 이산서원, 대구 화암서원, 함양 남계서원, 강릉 구산서원, 예안 역동서원, 경주 서악서원). 청나라 때 중국이 신주국보(神州國寶) 제1호로 공정(公定)한 「성학십도(聖學十圖)」는 선조에게 성학(聖學)을 가르쳐 바른 정치를 할 목적도 있었지만, 국가의 교육과 학문을 옳은 길로 개혁하려는 목표가 더 컸다. 십도의 간행 과정에서 퇴계의 의도가 잘 드러나지만 "내가 나라를 위하는 일이 오직 이 일에 있다"고 율곡 이이에게 밝힌 말로도 그의 교육 의지를 분명히 알 수 있다.

2. 선생에게 배운 사람들

퇴계가 21세부터 70세까지 경향(京鄕)에서 가르친 사람은 삼백 수십 명이라지만 정확한 수는 알 수 없다. 필자는 1992년 봄까지 근거가 분명한 25명을 더 찾았고, 2년 전에는 곽황(郭赾 : 예안현감을 지냄)의 실기를 입수한 끝에 그도 문인임을 알았다. 후세에 퇴계를 사숙하고 학문을 전승한 분들까지 포함한다면 그 수는 엄청나게 많다. 외국의 퇴계학맥까지 합하면 그 범위는 더욱 넓어진다.

퇴계에게 배운 사람들을 학문에 전념한 사람, 관계로 나가 문달(聞達)한 사람, 도학(道學 : 성인이 되는 학문과 실천)과 교육에 현달(顯達)한 사람 등으로 정확히 분류하기가 어렵고 경솔하게 단정할 일도 아니다. 입문(入門)한 곳과 출입 연대를 알 수 있는 분들을 대강 정리하면 다음과 같이 나눌 수 있다.

○ 온혜 지산와사에서는 조목(月川 趙穆), 구봉령(栢潭 具鳳齡).

○ 서울 경저(京邸)에서는 정지운(秋巒 鄭之雲), 기대승(高峯 奇大升), 성혼(牛溪 成渾), 류희춘(眉岩 柳希春), 박순(思庵 朴淳), 이담(静存 李湛), 류근(西坰 柳根), 노수신(穌齋 盧守愼), 송언신(壺峯 宋言愼), 심의겸(巽菴 沈義謙), 심희수(一松 沈喜壽), 김효원(省庵 金孝元), 윤두수(梧陰 尹斗壽), 윤근수(月汀 尹根壽), 김극일(藥峯 金克一), 정탁(藥圃 鄭琢), 김우옹(東岡 金宇顒), 정지연(南峯 鄭芝衍), 홍가신(晩全 洪可臣), 홍성민(拙翁 洪聖民), 허엽(草堂 許曄) 3부자.

○ 양진암에서는 정이청(竹舍 鄭以淸), 노경린(四印堂 盧慶麟).

○ 소수서원에서는 금란수(惺齋 琴蘭秀), 황준량(錦溪 黃俊良), 김팔원(芝山 金八元), 조광익(聚遠堂 曺光益), 이선승(李善承), 이극승(李克承)

○ 한서암에서는 권호문(松巖 權好文), 이국량(暘谷 李國樑), 민응기(景退齋 閔應祺), 금보(梅軒 琴輔), 금응훈(勉進齋 琴應壎).

○ 계상서당에서는 권대기(忍齋 權大器), 김수일(龜峰 金守一)·김

명일(雲巖 金明一)·김성일(鶴峯 金誠一) 형제, 권문해(草澗 權文海), 이이(栗谷 李珥), 이덕홍(艮齋 李德弘), 김취려(潛齋 金就礪), 류운룡(謙庵 柳雲龍), 이요신(栗谷 李堯臣) 등 20여 명.

○ 도산서당에서는 권동보(靑岩 權東輔), 권춘란(晦谷 權春蘭), 김명원(省庵 金命元), 김부인(山南 金富仁), 김부필(後彫堂 金富弼), 김륵(栢巖 金玏), 김우굉(開巖 金宇宏), 남언경(東岡 南彦經), 남치리(賁趾 南致利), 류성룡(西厓 柳成龍), 문위세(楓庵 文緯世), 박승임(嘯皐 朴承任), 배삼익(臨淵齋 裵三益), 오운(竹牖 吳澐), 우성전(秋淵 禹性傳), 이정(龜巖 李楨), 이숙량(梅巖 李叔樑), 이양원(鷺渚 李陽元), 이호민(五峯 李好閔), 이함형(天山齋 李咸亨), 정곤수(栢谷 鄭崑壽), 정구(寒岡 鄭逑), 정유일(文峯 鄭惟一), 정윤희(顧庵 丁胤禧), 조진(聾隱 趙振), 조호익(芝山 曺好益) 등 입문 연도를 확실히 아는 사람만 해도 128명이고, 불명한 사람이 또 그만큼 더 있다.

조선 중기의 성리학, 예학, 천문, 수리학(數理學), 문학, 예술인과 정치·외교관, 임란의 구국 공신들이 제제(濟濟)하게 퇴계문하에서 나왔다. 이밖에 퇴계가 가학으로 가르친 가문 사람 50명이 더 있다.

후세에 퇴계를 사숙하고 학문을 승계한 유명한 사람으로 정곤(盎齋 鄭焜), 송명기(梅軒 宋命基), 이유장(孤山 李惟樟), 정시한(愚潭 丁時翰), 이현일(葛菴 李玄逸), 권두경(蒼雪齋 權斗經), 권상일(淸臺 權相一), 이익(星湖 李瀷), 이상정(大山 李象靖), 안정복(順庵 安鼎福), 정약용(茶山 丁若鏞)등이 있는데, 이들은 이기론(理氣論), 예설, 언행록, 절요(節要), 발휘(發揮), 수어(粹語), 사숙록(私淑錄) 등의 책을 써서 퇴계학을 천명(闡明)하였고, 한편 근대 실학으로도 발전시켰다.

3. 철학과 나아가고 물러남

퇴계의 이기론(理氣論)과 천명관(天命觀), 경사상(敬思想)은 오랫동안 연구 해설해 왔지만, 자연법칙인 진리를 깨닫게 하여 인간 생활을 올바르게 이끌고자 했던 그의 철학(학문 정신)을 이해 못하고, 원론적인 이법(理法) 그 자체 해석에만 치중하여 이론이 더욱 어렵게 되고 말이 많게 되고 말았다.

하늘, 상제(上帝), 천명(天命)이라고 표현되는 대자연의 질서(天道, 源頭, 법칙으로도 나타냄)를 곧 '이(理)'로 보았다. 자연법칙은 이지러지지 않고[天道常], 산(山)처럼 모든 것을 인자하게 포용하고[仁], 공평하게 모두를 살리며[義], 사시의 질서[禮]에 따라 지혜로운 물같이 그 나름의 분수를 지키는[智] 융합(融合)의 덕을 갖추고 있다.

이러한 법칙[天道] 속에 자연의 한 부분으로 태어난 인간은 비상(非常)한 기질을 지녀서[氣質之稟], 순리의 바른 이법[是]을 어기고 때로는 성질[七情]을 부려 자연에게서 입은 공덕을 저버리는 경우가 많다. 이렇게 되면 인간 서로 간의 도리[人道:紀綱]가 파괴되어 평화를 유지해 나갈 길이 없게 된다.

퇴계는 이를 두려워했고 사회가 그렇게 되었으므로 자연 질서인 '이(理)'를 깨우치려 애를 썼다. 정성을 다하여 사물을 처리하며, 인간 상호간에 조심하고[畏天] 서로를 공경하며[敬天] 대자연의 덕을 감사[事天]해야 한다고 주장하였다.

천 즉 리(天卽理), 천인합일(天人合一), 천인상응(天人相應), 요산요수(樂山樂水) 사상과 이기론(理氣論), 사단칠정론(四端七情論), 성학십도(聖學十圖) 제진 등은 국민은 물론 임금까지 깨우쳐서 나라의 기강과 도덕을 회복하고 생활을 바로잡기 위한 인성 회복의 운동이었고, 그가 한평생 하고자 한 사업이요 행동 철학이었다.

퇴계는 벼슬길인 공직에 나아가서 그의 철학을 실제에 옮겼다. 특히 사양과 예의염치(禮儀廉恥)를 시범으로 보였다. 140여 직종에 임명되었으나 일흔 아홉 번을 사퇴하였다. 30 회는 수리되었지만, 49 회는 뜻에 없는 근무를 하였다. 대사성·대제학·판서·우찬성·판부사 같은 아주 높은 지위까지 올랐지만 어머니의 교훈을 지키려 애썼고, "무능하면 물러가고 직책이 없으면 서울에서 떠나야 한다"는 주장을 하고 또 실행에 옮겨 시범하였다.

  그는 처음부터 물러나기만 한 것은 아니다. 일단 그 직책을 얻으면 책임과 소신껏 일을 하였다. 문무(文武)를 겸비한 국방책, 침범한 왜적을 용서하고 수교를 해야 한다는 외교정책 걸물절 왜사소(乞勿絶倭使疏:일본학자는 이 때 퇴계의 주장을 받아들였다면 임진왜란은 미리 막을 수도 있었다고 주장한다), 왕도를 깨우친 무진 육조소, 파면을 당하면서도 궁중의 기강을 바로 세운 진언, 십도를 올려 나라의 교학(教學)을 개혁한 일, 군수로 나가서는 수리 시설을 하여 농업을 진흥시켰고, 단양에서는 팔경(八景)을 지정하여 자연을 가꾸었으며, 우리나라 처음으로 산수를 기록하여 치산과 등산하는 법도 등을 남겼다. 충청, 경기, 강원에 어사로 나가서는 탐관오리를 잡아내고, 흉년으로 굶주리는 백성을 구제하였다. 중국 사신을 맞아서는 행패를 막았고, 문장과 글씨로 중국 예부를 감탄시켰다. 궁궐의 기문과 상량문, 현판 글씨, 외교문서 쓰기 등 글과 글씨로 문병(文柄)을 맡아 나라의 권위를 세웠고 어려운 직무도 충실히 해냈다.

第3節 退溪가 후세에 끼친 영향

1. 退溪가 지은 책

퇴계는 당시까지 가장 많이 저술을 한 분이다. 전문적 저서로는 『주자서절요』, 『송계원명이학통록』, 『자성록』, 『계몽전의』, 『통서강해』, 『사서석의』, 『삼경석의』, 『심경후론』, 『성학십도』, 『성현도학연원』, 『독해설해』, 『성리제가해초』, 『예설강해』, 『도산십이곡』, 『이락연원록신증』, 『고경중마방』 등이 있고, 일기는 손수 쓴 것 4년분 외에 이름이 전하는 것만도 9종이나 된다. 시는 제목을 아는 것이 3,560수, 편지는 3천 수백편이 문집에 전하고, 그밖에 여러 종류의 긴 글이 문집에 298편 실려 있다.

퇴계학을 연구하는 많은 학자들이 오랜 세월동안 열심히 연구하고 있지만 퇴계의 저술을 다 읽은 이는 없을 것이다. 워낙 방대하여 읽을 시간도 없지만 아직 다 찾아내지 못하고 있는 실정이다. 특히 일기와 국문 편지는 거의 행방을 알 수 없고 그의 수학(數學)에 관한 글과 『계몽전의』는 어려워서 잘 해득하지 못한다.

2. 退溪가 끼친 영향

가정 및 사회의 윤리기강이 회복되어 효와 충이 성행되었으며 민풍이 순후해졌고, 공직자가 공사를 분별할 수 있게 되었다. 예의염치를 알고 벼슬을 사양하며, 부모를 모시기 위해 고향으로 돌아갔다. 성리학과 예학을 발전시켰고 학자들이 연구에 열을 올려 저술이 갑자기 왕성하여졌다. 류성룡을 통해 이단(異端)을 물리치자 중국에서도 도(道), 불(佛)에서 정학(正學) 쪽으로 힘을 기울였다. 문도들이 뒤를 이어

교육에 힘쓴 결과 인물의 전성기를 이루어 놓았다. 혼례와 제례가 간소 규범화되고 관과 민이 폐를 끼치는 일이 줄어들었다. 퇴계가 내심으로 기약한 평생지원(平生志願)인 인간성회복(인재양성)과 사회개혁(도덕사회와 공도가 바로 선 군왕정치)이 마침내 이루어진 것이다.

퇴계유학을 일본이 받아들여 무(武)에서 문(文)의 정치로 발전시켰고, 폐를 안 끼치는 국민생활 규범과 양반적 의식개혁이 이루어졌으며 정좌법(靜坐法) 등으로 국민 기본 습관까지도 바꾸어 놓았다.

오늘날 퇴계의 학문 연구는 유학의 종주국인 중국이 가장 활발하다. 퇴계의 실천 유학인 경철학을 퇴계학 또는 신실학이라 부르고, 국제 퇴계학회를 조직하였다. 일본, 미국, 독일, 대만, 중국, 홍콩, 소련, 한국이 퇴계학 국제학술 대회를 가졌고, 1992년 8월에는 '퇴계의 자연관'을 주제로 독일 쾨팅겐대학에서(독일은 2회째) 13회 대회를 가졌고, 제14회 국제대회는 중국 북경대학에서 1995년 10월 29일 부터 11월 1일까지 4일 간에 걸쳐 개최하였다. 세계 각국에 연구소와 분회가 설치되어 있고 대학에 한국학을 개설하여 퇴계학 강좌를 둔 나라도 있다. 한국에도 3 개 대학에 연구소가 있고, 3 곳에 연구원, 6 개의 지회가 있으며 일본에는 3 개의 연구회가 있다.

이렇듯 퇴계학을 수용하고 숭앙하는 데에는 까닭이 있다. 오늘날 개인주의와 물질 문명의 파탄을 구제하고, 환경을 보존하며, 천인(天人)이 합일하여 자연과 인간이 서로 인애(仁愛)하며, 세계가 일체 평등하고 더불어 평화롭게 살아가기 위해서는 퇴계학이 널리 보급되어야 한다는 사실을 동·서양의 철학자들이 오랫동안 연구하여 얻은 결론이기 때문이다.

3. 퇴계연원의 구국 충절

퇴계의 교학(敎學), 국방·평화외교의 실천철학은 왜란을 극복해 주었고 근대 독립운동에로 연면하게 이어내렸다. 도산학안(陶山學案)과 집안 사람을 이은 그 후손들은 국내외에서 끈질기게 국권회복 운동을 일으켰다.

　퇴계가 45세 때인 1545년 7월에 올린 「일본국 사신의 강화수교 간청을 물리치지 말라-청걸물절왜사소(請乞勿絕倭使疏)」는 남왜(南倭) 북호(北胡)의 침입을 예견하여 사전 방비책으로 건의한 외교·국방 정책의 큰 논문이었다. 덕(德)을 지닌 강자(強者)의 대의, 교린(交隣)의 목적과 방법, 국방외교의 안목을 조리정연하게 설명하였다. 그 때 나라 살림을 마음대로 한 권신들은 들은 채 않고 폐기해버리고 두 달 후에 퇴계를 파면(罷免)하였다.

　서애 류성룡은 소(疏)를 요약해 연보에 실어 두었고 도산문학(陶山門學)은 퇴계의 계고(誡誥)를 유언으로 전수하였다. 왜란이 일어나자 문도와 그들 아들과 문인, 집안 사람들은 외교·정치·의병·국왕의 호종(扈從)에 나아가 도탄에 빠진 국난을 구해 놓았다. 그 면면의 활동 내용은 여기 자상하게 쓸 계제가 아니므로 생략하고 서훈(敍勳)한 녹권(錄券)과 의병일기와 실기(實記) 등에서 찾아 기록해 둔다. 무훈을 세워 선무원종 공신 일등록(一等錄)에 든 이는 김륵(金玏), 김면(金沔), 김명원(金命元), 김성일(金誠一), 김수(金睟), 류근(柳根), 류성룡(柳成龍), 서성(徐渻), 송언신(宋言愼), 우성전(禹性傳), 윤근수(尹根壽), 이호민(李好閔), 정경세(鄭經世), 정곤수(鄭崑壽), 정탁(鄭琢), 조호익(曺好益), 허성(許筬), 허균(許筠), 홍가신(洪可臣) 등이다. 이등(二等) 공신에는 김용(金涌:퇴계의 둘째 손서), 김취려(金就礪), 김택룡(金澤龍), 성안의(成安義:손자의 사돈), 신지제(申之悌), 안제(安霽), 이달(李達), 이봉춘(李逢春), 이성중(李誠中), 이영도(李詠道:퇴계의 셋째 손자), 이형남(李亨男), 정구(鄭逑) 등이 녹훈되었고, 삼등녹권에는 금난수(琴蘭秀), 김기(金圻), 남색(南漑), 배용길(裵龍吉·문인 裵三益의 아들), 이요신(李堯臣·충무공 이순신의 중형) 등이 서훈되어 있다.

　선조를 전란 중에 호종한 공신에도 정곤수(호성 一등), 류성룡(호성 二등), 윤두수(二등), 윤근수(二등), 이호민(二등), 류근(二등), 정탁(三등)을 위시해서 이성중, 이덕홍(李德弘) 등이 있고 이순인(李純仁)과 홍훈(洪渾)은 전란 중에 동궁을 모셨다.

녹권에는 그 이름이 보이지 않지만 의병으로 창의하여 왜군을 무찌른 인물에는 권춘란(權春蘭·김윤명과 의거), 금은(琴檃·창의), 김륭(金隆·의거격문을 쓰고 참전), 김사원(金士元·倡義 整齊將), 김윤명(金允明·창의기병), 김해(金垓·예안의병장, 摠大將·鄕兵日記를 남김), 문위세(文緯世·호남의병장), 백현룡(白見龍·창의 기병), 손흥경(孫興慶, 김사원과 동시의거), 오운(吳澐·의령의병장), 윤단중(尹端中·成王址 막하), 이순(李淳·星州 召募將), 이유(李愈·예천의병장), 이정회(李庭檜·周村 慶流亭 주손, 임란 출정. 난중에 쓴 松澗日記가 있음), 이정백(李庭栢·안동의병장), 이종도(李宗道·온혜 老松亭 주손 義兵副將), 황응규(黃應奎·풍기향병대장) 등이 있다.

원훈(元勳) 선무공신(宣武功臣) 1·2등에도 도산연원에서 대충(大忠) 두 장군이 나왔다. 충무공 이순신(忠武公 李舜臣: 선무 一등공신 3인중 제1인)은 류성룡의 천거로 바다에서 국운을 회생시켰는데 그 둘째 형 이요신(李堯臣)은 계상서당 때 입문한 제자이다. 맏형 이희신(李羲臣)과 아우 이우신(李禹臣)도 참전하여 원종 三등공신에 책록되었다. 영천성(永川城)을 수복하여 왜군의 목을 죄어 육지에서 국운을 회복한 신령 의병장 충의공 권응수(忠毅公 權應銖: 선무 二등공신 5인 중 제2인)는 김성일의 임명으로 의병대장 지휘통수권을 받아 그의 군략(軍略) 기정지법(奇正之法)을 발휘하여 대공을 세웠다. 그의 아우 응전(應銓: 원종二등), 응평(應平: 원종一등), 응생(應生: 원종三등) 3형제와 6종반 등 가인 23인도 함께 출정하여 원종 공신녹권에 책록되었다.

병자호란 때는 김집(金潗·학봉 김성일의 아들)을 위시해 많은 사람이 의거하였다.

이 의기와 충절은 명성왕후 시해와 일본에게 나라를 병탄당한 후 의

거(義擧)와 항일 독립운동으로 이어내렸다. 진두(陣頭)에 선 지사(志士)와 장수(將帥)에는 퇴계 학연(學淵)의 거유(鉅儒)가 많다. 지면관계로 그중 몇 분 지도자와 우선 일곱 문중을 들어 소개한다.

퇴계의 11, 2, 3대손과 연비연사(聯臂連査) 관계로 학연·혈연·사우(師友)로 맺은 거가적(擧家的) 구국투쟁 세력은 하나의 큰 맥을 형성했다. 이만도(李晩燾 : 호·響山, 관·승지, 단식 순절, 퇴계의 셋째 손자 詠道 후손, 下溪派)와 이만규(李晩煃 : 호·柳川, 관·교리, 항일운동 지도와 파리장서 운동) 형제는 항일 독립운동에 불을 당긴 선봉이었다. 학봉(鶴峯) 종손 김흥락(金興洛 : 호·西山, 관·승지)은 퇴계 11대손 이만억(李晩億 : 草草堂 李泰淳의 손자)의 사위로서 문하의 수많은 제자들(權世淵, 李相龍, 李中業, 金東三, 權相翊, 宋浚弼, 李承熙, 金大洛, 金元植, 金璉煥 등)에게 독립 운동을 가르치고 몸소 의병활동(안동 甲午의병과 함창 태봉전투, 안동관찰부를 공격한 乙未의병, 안동 丙申의병)을 지휘하였다. 권세연(權世淵 : 號·星臺, 忠定公 冲齋 權橃의 12대손이며 퇴계유업을 집성·보전한 계문사숙의 수문인 蒼雪齋 斗經의 7대주손)은 창의(倡義)하여 병신(丙申) 안동창의대장으로 의병을 총지휘하였고, 향산(響山)의 처질 권상익(權相翊 : 號·晴山, 省齋, 冲齋의 13대손이고 퇴계문인 靑巖 東輔의 12대손)은 외계(外系 : 외사촌 李中業, 진외족숙 李相龍)와 사우(師友)가 연결하여 독립운동을 주도하였다.

친·외·처가 50호를 이끌고 전재산을 정리하여 중국 동북부로 망명하여 학교를 세워 독립군을 양성하고 임시정부 수립을 주도한 초대 국무령(國務領)인 안동 법흥(法興) 임청각(臨淸閣) 주인 이상룡(李相龍 : 相羲, 호·石洲)은 서산 김흥락의 수제자이다. 그와 파리장서 운동을 주도한 이중업(李中業 : 호·起巖, 響山의 아들)과는 동서간이니 내앞(川前)의 운천 김용(雲川 金涌 : 퇴계의 손서이자 문인 龜峯 金守一의 아들)의 자손 도사 진린(鎭麟)의 사위이다. 석주의 며느리(濬衡의 부인)는 퇴계 자손 중 원촌파(遠村派 : 퇴계 셋째 손자 후)의 대사간(大司諫) 목재 이만유(穆齋 李晩由)의 딸이고, 손부(大用의 부인)는 범산 허형(凡山 許蘅)의 딸이라 사돈 관계이다.

협동학교를 세워 인재를 기르며 항일한 김병식(金秉植, 관·참봉)은 청계 진(靑溪 璡)의 종손(宗孫)이니, 계문(溪門) 5형제가의 주인이다. 국민대표회의 의장 김동삼(金東三 : 肯植, 호·一松)도 내앞(川前) 운천의 후손이며, 하계(下溪) 이원일(李源一 : 호·少槿, 李晩杰의 증손)과는 독립운동 동지이자 사돈간이니 소근의 따님이 일송의 며느리이다.

류인식(柳寅植 : 호·東山)은 학봉의 생질인 기봉 류복기(岐峰 柳復起 : 퇴계의 재전 제자, 임란 때 진주성 수복참가)의 후손이고, 의인파(宜仁派 : 퇴계 둘째 손사 純道 후) 이만홍(李晩弘 : 東山文集에는 弘을 晦로 썼음)의 사위이다.

의병, 군자모금, 중국 노령으로 망명 투쟁을 한 선산 임은(善山 林隱)의 허훈(許薰 : 호·舫山), 허겸(許蒹 : 호·性山) 허위(許蔿 : 호·旺山) 형제는 퇴계 종파(맏손자 安道의 후)의 이휘수(李彙壽 : 퇴계 10대손)의 외손자이고, 오적자살(五賊刺殺), 의병, 망명활동을 한 허형(許蘅 : 호·凡山)은 이휘수의 손서이니 이만유(李晩綏 : 호·惠山, 관·목사)의 사위가 되며 육사 이원록(陸史 李源祿, 源三·活)의 외조부이다.

이와 같이 지도적 중심인물은 비록 성씨는 다르지만 교육은 가학으로, 혼인은 혈맥을 잇고, 사우는 독립동지로 묶어서 전 친족이 거가적으로 활약할 수 있었던 것이다. 여기 부인들의 내조가 바깥분들(시아버지, 부군, 아들까지)의 독립활동에 큰 받침이 되어 있다는 사실은 높이 평가되어야 하고 표장이 있어야 한다. 독립운동과 의병에 관한 자세한 서술은 별고(別稿)에 미루고, 각 성씨 계열별로 독립유공 서훈 표상자를 중심으로 정리해 둔다.

一. 〈安東權氏 : 退溪淵源 酉谷·道村·枝谷〉

성 명(호)	독 립 운 동	연 원 관 계
權世淵(星臺)	丙申 安東倡義大將	退溪의 문인인 靑巖 權東輔의 11대손, 蒼雪齋 斗經의 7대주손임. 5대조모가 퇴계 6대종손 李守謙의 딸. 외조부는 金在翼이고 西山 金興洛의 문인이며 石洲 李相龍의 외숙부.
權玉淵(素虛齋)	의병장	靑巖 權東輔의 11대손. 官·正言, 侍讀, 校理, 定齋 柳致明의 문인.
權載昊	의병	權世淵 휘하의 중군장, 靑巖 10대손.
權相翊(晴山·省齋)	의병, 파리장서운동 경북유림단 사건	靑巖의 12대손. 증조모가 퇴계 9대손 李大淳(둘째 손자 純道 후)의 딸, 6대조모는 퇴계 7대손 李世震(세째 손자 詠道 후)의 딸, 향산 李晚燾가 그의 고모부, 李中業의 외사촌이고 진외가는 法興이며 西山의 문인.
權相文(耕齋, 海蒼)	파리장서, 경북유림단	官·密陽府使, 慶州府尹, 平安御史. 靑巖의 12대손
權相元(静山)	파리장서, 경북유림단	相翊의 三從兄, 相文의 四從弟.
權命燮(春樊)	파리장서, 경북유림단	相翊의 門弟子.
權昺燮	파리장서, 경북유림단	世淵의 손자.
權麟煥	己未 3.1운동(乃城보통학교 재학시)	荷塘 斗寅(靑巖 東輔의 玄孫) 후.
權 埻	己未 3.1운동	靑巖의 14대손.
權泰英	己未 3.1운동	靑巖의 12대손, 松巖 采의 후.
權 坰	己未 3.1운동	靑巖의 14대손.
權鎬基	己未 3.1운동	靑巖의 14대손.
權景燮	무정부주의 자유해방 운동	世淵의 손자, 靑巖의 13대손, 昺燮의 弟.
權相經(石堂)	독립군자금	冲齋의 13대손, 喆淵의 子.
權啓煥	신흥군관학교 출신 (독립군)	반민특위경북책임자, 玉峯 暲의 12대손, 퇴계문인 松窩 暗의 종후손.
權準義(啓象, 友巖)	광복단자금조달(300석지기토지), 7年구형, 1年刑 복역 대한광복회(총사령관朴尙鎭)고문	學統:退溪 ┌鶴峯-敬堂-葛庵┐ -屛谷(權榘)- 　　　　 └西厓-拙齋 ┘ 　　　　 ┌養眞堂(柳泳) 　　　　 ├兵判(柳澋) 　　　　 └臨汝齋(柳㳽)

성 명(호)	독 립 운 동	연 원 관 계
權在中	'日本人의 종노릇(宦吏)을 하지말라' 문중을 지도 만주망명, 신흥무관학교 졸업, 모란성 포대장	系代 : 屛谷의 6대손(屛谷셋째아들 樹谷緖의 5대주손).
權準興	군자금(100석지기대금) 연출, 2년구형 1년 복역	友巖의 재종질, 樹谷緖의 5대손
權寧植	군자금(300석지기대금) 연출, 3년구형 1년 복역	友巖의 재종질, 樹谷緖의 6대손.
權東逵	경술국치 후 上海망명	樹谷緖의 6대손.
權五高(莫難)	純宗(융희황제)의 국장 계기로 비밀운동 전개, 6년예심끝에 5년징역 서대문형무소에서 옥사. 공산청년동맹에 가담해 독립운동	屛谷의 둘째아들 巢谷 緝의 7대손.
權五尙	純宗국장 때 비라 살포 책임, 징역 1년형, 병보석 후 고문으로 죽음, 社會葬.	友巖의 손자, 연희전문 재학중 공산청년동맹 가담. 의사 李東鳳의 처남
權五昌	경술국치 후 中國망명, 독립단에 가입하여 소대장으로 長鼓峯전투에서 전사.	友巖의 종손.
權五雲	中央高普 재학중 火曜會員으로 활약, 1년형, 병보석되었으나 고문여독으로 5일만에 죽음.	友巖의 손자(元興學術講學會 수료).
權五稷(一波)	純宗 국장 때 민중운동 전개하러 귀국, 즉시체포, 10년 징역언도 복역 중 해방, 월북함.	五高의 아우(元興學術講學會 수료)
權在悼	안동농림 재학중 柳時昇교사와 동시 투옥.	五昌의 아들, 柳時昇 교사는 안동농림에서 비밀결사 독립운동 지도.

二. 〈義城金氏:川前, 金溪 退溪門人 後孫〉

성 명(호)	독 립 운 동	연 원 관 계
金秉植	안동협동학교(川前)교장	榮峯 金克一의 12대 종손.
金厚秉	국내 항일독립군 모금	榮峯의 12대손.
金徵魯	기미 3.1 운동	榮峯의 13대손.
金東三(一松)	중국 東三省 활약, 국민대표회의 의장, 협동학교설립	龜峯 金守一의 아들이고 退溪의 손서인 雲川 金涌의 10대손.
金大洛(白下)	중국동북부독립군 활동	雲川 金涌의 10대손.
金政植	〃 (길림성)	雲川 金涌의 11대손.
金章植	〃 (길림성)	雲川 金涌의 11대손.
金東滿	〃 (길림성)	雲川 金涌의 10대손.
金成魯	신흥군관학교(독립군) 西路軍政署	雲川 金涌의 12대손.
金聲魯	독립군 신흥군관학교	雲川 金涌의 12대손.
金興洛(西山)	當世儒宗, 義兵蜂起, 大將(甲午, 乙未, 丙申) 양성한 독립운동가 중 敍勳者 60여명	鶴峯 金誠一의 11대 종손. 퇴계 9대손인 草草堂의 증손서, 즉 晩億의 사위.
金繪洛	義兵砲大將, 銃殺	西山의 從弟.
金華植	독립운동, 중국 길림성	학봉의 12대손.
金翊模(瀁模)	파리장서 운동, 義兵	학봉의 12대손.
金元植	기미 3·1운동. 西路軍政署, 統義府, 正義府, 上海 韓人反帝同盟에서 活躍.	학봉의 12대손.
金應植	義兵	학봉의 12대손.
金秉東(字·仲涵)	義兵, 慶尙道財務總長	학봉의 12대손.
金賢東	李康秊 義兵陣(안동·문경·봉화전투)	학봉의 12대손.
金世東	군자금 모금	학봉의 12대손.
金龍煥	군자금(종가와 서원 전답 20여만평 헌납), 의용단(휘하 敍勳者 8명). 協東學校 설립. 廣東學校 교장(청년 200명 양성)	西山 金興洛의 손자.

第1章 退溪의 生涯 槪觀   47

성 명(호)	독 립 운 동	연 원 관 계
金璉煥	독립군자금 모집	鶴峯의 13대손 金翊模의 아들.
金奎憲	李康秊 의병진(안동 문경·봉화전투) 참가	鶴峯의 14대손.
金永椿	광복군	龜峰 17代孫.

〈義城金氏:退溪淵源, 奉化 海底, 星州 沙月, 龜尾〉

성 명(호)	독 립 운 동	연 원 관 계
金建永	파리장서	退溪門人 開巖 金宇宏의 11代孫 官·參奉
金順永	파리장서	開巖 金宇宏의 11代孫, 官·參奉(孝陵)
金昌禹	파리장서	開巖 金宇宏의 13代 宗孫.
金賓植	군자금모금	開巖 金宇宏의 12代孫.
金鴻基	군자금모금	開巖 金宇宏의 14代孫.
金昌百	군자금모금	開巖 金宇宏의 13代孫.
金昌根	군자금모금	開巖 金宇宏의 13代孫.
金德基	군자금모금	開巖 金宇宏의 14代孫.
金昌曄	학생운동	開巖 金宇宏의 13代孫.
金正鎭	학생운동	開巖 金宇宏의 15代孫, 金鴻基의 아들(生存)
金昌淑(心山)	파리장서운동, 임시정부 의정원 부의장, 경북유림단, 성균관대학, 유도회창설, 동관장·회장.	退溪의 門人 東岡 金宇顒의 13代宗孫, 本生家는 海底(開巖金宇宏의 13代孫).
金道和(拓庵)	丙申義兵大將	學統:退溪-鶴峯-敬堂-葛菴-大山-龜窩(金垓:拓庵의 曾祖).
金河洛(海雲堂)	明成皇后 시해후 利川에서 의거, 忠淸 慶尙 一帶에서 義兵活動, 盈德에서 自決	
金永周	義兵, 殉國	南慈賢의 夫(遺腹子·星三, 孫子 時福-報勳次官)
南慈賢	기미 3·1운동, 中國亡命, 두번斷指血書 獨立호소, 日憲에 被逮, 斷食투쟁, 유복자에게 三大유언, 忠孝烈을 다함.	金永周의 夫人, 金義士가 戰亡하자 雪怨하기 위해 義擧함.

三. 〈豊山柳氏:河回・洛東, 退溪門人 後孫〉

성 명(호)	독 립 운 동	연 원 관 계
柳道發(晦隱)	庚戌 國恥 후 絶穀 殉節, 社會葬하고 銘旌에 義士라 함.	退溪의 門人인 西厓 柳成龍의 10代孫인 高原郡守 進徽의 아들. 溪堂 疇睦의 門人.
柳臣榮(霞殷, 石竿)	閔妃弑害 후 義兵 加盟, 光武皇帝 崩御소식을 듣고 飮毒自盡함.	晦隱 道發의 아들. 石湖 道性의 門人.
柳佑國	軍資金 調達, 白儂李東廈가 경영하던 大邱의 河海旅館에서 日人의 毒藥投入으로 變死함.	西厓의 12代孫, 洛坡 厚祚의 玄孫, 溪堂은 그의 曾祖父이고, 退溪 11代孫 龍山 李晩寅의 外孫子이며 또 12代孫 李中華의 사위이다. 현 退溪 宗孫 東恩의 外叔父.
柳元佑	軍資金 調達	佑國의 三從.
柳時萬	光復會會員, 臨政資金 調達(數三百石지기 土地代出捐;蔚山松亭의 朴尙鎭 義士와 연결)	退溪의 門人인 謙菴 柳雲龍의 13代 宗孫, 官・秘書丞.
柳時泰(后庵)	義烈團	謙菴의 13代孫.
柳時彦	義烈團	西厓의 13代孫.
柳時昇	安東農林學校教師로 있으면서 上海臨政指令받아 活躍, 被逮.	西厓의 13代孫.
柳秉夏	義裂團	謙菴의 14代孫.

四. 〈全州柳氏:退溪淵源, 安東 水谷, 朴谷, 大坪, 三山〉

성 명(호)	독 립 운 동	연 원 관 계
柳昌植(晚山)	乙未事變후 清凉山에서 李中業,李相龍,柳寅植 등과 倡義, 協東學校校監)	東山의 從兄이고 三山 宗孫임. 西坡의 姪이며 岐峯의 12代孫.
柳丙鎬	을미창의, 악전고투 10여년 서대문감옥 교수형	岐峯의 10代孫.
柳時淵(星南)	乙未事變 후 丙申義兵 倡起 義兵將, 대구옥중 교수형	岐峯의 11代孫.

第1章 退溪의 生涯 槪觀 49

성 명(호)	독 립 운 동	연 원 관 계
柳必永(西坡)	파리장서, 乙未義擧	定齋門人, 東山의 父親. 岐峯 11代孫이고 三山 正源의 5代孫
柳悳永(德永)	募義穀 被銃死	岐峯의 11代孫, 百拙庵 稷의 9代孫.
柳寅植(東山)	乙未事變이 일어나자 淸凉山에서 李中業, 李相龍, 柳昌植 등과 倡義, 協東學校初代校長, 大韓協會창설, 中國亡命하여 耕學社, 新興武官學校 設立 主力, 朝鮮敎育協會, 朝鮮勞動共濟會, 朝鮮民主大學期成會조직〈中央委會〉, 新韓會創立(安東支會長)	西坡柳必永의 長男, 퇴계 둘째 손자 純道 후 晩弘의 사위, 拓庵 金道和 門人 社會葬. 岐峯의 12代孫, 三山의 6代孫.
柳林(旦洲)	임시정부 국무위원	協東學校卒業, 岐峯의 11代孫.
柳東爀	己未3.1운동, 징역1년, 대구형무소 옥중사	岐峯의 12代孫.
柳東煥(立軒)	己未 3.1운동, 형 1년 복역	岐峯의 12代孫.
柳東鵬	己未 3.1운동, 일경혹형 불복, 挺身謀事 피체, 형 3년 복역	岐峯의 12代孫.
柳敎熙(一醒)	己未 3.1운동, 형 6년 복역	岐峯의 13代孫
柳東暢(岐隱)	己未 3.1운동, 형 2년 복역	岐峯의 12代孫.
柳晩秀(東壽: 渭南)	己未 3.1운동, 형 3년 복역	岐峯의 12代孫.
柳淵福(愼窩)	己未 3.1운동, 군자금 모금	岐峯의 10代孫.
柳淵悳(淵德: 槐軒)	己未 3.1운동, 露領에서 抗日투쟁.	岐峯의 11代孫, 淵和의 四寸.
柳淵成	己未 3.1운동, 7년 복역 옥중사	岐峯의 11代孫.

성 명(호)	독 립 운 동	연 원 관 계
柳琮植(宗植)	己未 3.1운동, 형3년 복역	岐峯의 12代孫.
柳春欽(晩隱)	己未 3.1운동, 형2년 6월	岐峯의 10代孫.
柳淵泰	己未 3.1운동, 형3년 복역	岐峯의 11代孫.
柳東洙	己未 3.1운동, 형6년 복역	岐峯의 12代孫.
柳璣永	己未 3.1운동, 중국에 있음. 형 2년 복역	岐峯의 11代孫.
柳止鎬(洗山)	乙未의병	定齋 柳致明의 아들, 학봉 11대 종손 西山 金興洛의 妹壻. 岐峯의 10代孫.
柳致得(致德)	己未 3.1운동 형 1년 복역	岐峯의 10代孫.
柳致馥(東馥)	己未 3.1운동, 형1년 복역	岐峯의 12代孫.
柳淵益(良範)	己未 3. 1운동 형 1년 복역	岐峯의 11代孫.
柳鼎熙(鮮原齋)	抗倭, 2년형 8개월 복역	岐峯의 13代 大宗孫.
柳冕熙(野虎)	6.10만세운동主役(中央高普在學中, 옥사	東山의 조카, 岐峯의 13代孫. 三山7代孫.
柳淵博(水村)	파리장서	柳止鎬의 아들, 西山의 생질. 岐峯 11代孫.
柳淵和	己未 3.1운동 소련 망명, 소만국경에서 전가족 동사	協東學校卒業, 3년형 복역. 岐峯의 11代孫.
柳仲鎬(重鎬)	山南義士	岐峯의 11代孫.
柳東範(基東)	중국에서 독립운동 三義士 중 一人. 倭警 살해후 被擊死	岐峯의 12代孫.
柳景發(晩植)	己未 3.1 운동	岐峯의 12代孫.
柳淵琦	己未 3.1운동 형1년 복역	岐峯의 11代孫.
柳康鎬	義擧不切. 獄中自決	岐峯의 10代孫.
柳睦熙	抗日鬪士, 自決	岐峯의 13代孫.
柳東蒼(一蒼)	己未 3·1운동	岐峯의 12代孫. 定齋의 曾孫.
柳敬欽	露領에서 抗日운동	岐峯의 10代孫.

五. 〈眞城李氏:退溪先生 子孫과 門中後孫〉

성 명(호)	독 립 운 동	연 원 관 계
李晩燾(響山)	순절	퇴계 11대손, 霞溪 李家淳의 손자, 大司成 李彙濬의 아들.
李晩煃(柳川)	파리장서, 구국운동 지도	위와 같음
李仁和	황후피해 후 의병	李長浩의 아들.
李中業(起巖)	파리장서, 군자금	響山의 아들, 石洲 李相龍과 동서, 金龍煥의 장인, 省齋 權相翊의 고종.
李中斌	己未 3.1운동	李晩一의 아들, 퇴계 12대손.
李中元	己未 3.1운동	李晩達의 아들, 퇴계 12대손.
李中彦	순절(국치후)	正言. 李晩佑의 아들.
李用鎬	己未 3.1 운동	李中儀의 아들, 퇴계의 13대손.
李穆鎬(鶴山)	중국 東三省 활약	李中均의 아들, 퇴계의 13대손.
李棟欽	경북 유림단	響山의 손자, 퇴계의 13대손.
李洸鎬	己未 3.1 운동	李中益의 아들, 퇴계의 13대손.
李寧鎬	己未 3.1 운동	李中揆의 아들, 퇴계의 13대손.
李壽鎬	己未 3.1운동	李中延의 아들, 퇴계의 13대손.
李烈鎬(一儂)	군자금 모금, 己未3.1 운동, 水雲敎徒의 獨立 祈禱 주도	言勿臺 李晩正의 손자, 퇴계의 13대손.
李齡鎬(石田)	己未 3.1운동	老山 李中寅의 아들. 퇴계의 13대손.
李雲鎬(春岡)	신간회	李中燮의 아들, 퇴계의 13대손.
李孟鎬	己未 3.1운동	李中大의 아들, 퇴계의 13대손.
李丕鎬	己未 3.1운동	李中善의 아들, 퇴계의 13대손.
李極鎬	己未 3.1운동	李中信의 아들, 퇴계의 13대손.
李棕鎬	경북 유림단	響山의 손자. 퇴계의 13대손.
李埋鎬	新幹會	李中垈의 아들, 퇴계의 13대손.
李先鎬	6.10만세 (中央高普 학생대표)	李中進의 아들, 퇴계의 13대손.
李源一(少槿)	중국 東三省 활약	李綱鎬의 아들, 金東三의 사돈.
李源祺(一荷)	조선은행 폭탄사건	亞隱 李家鎬의 아들, 許蔿의 외손자.
李源祿(陸史)	조선은행 폭탄사건.	一荷의 弟
李源裕(源一)	조선은행 폭탄사건	陸史의 弟
李發鎬	중국동북지방 독립운동	李中棋의 아들. 퇴계의 13대손.
李源博	의병중대장	言勿臺 李晩正의 曾孫, 퇴계의 14대손.

성 명(호)	독 립 운 동	연 원 관 계
李源永	己未 3.1운동	翠澗齋 李晩器의 증손자, 퇴계의 14대손.
李炳麟	己未 3.1운동	李基和의 아들.
李東鳳	己未 3.1운동	李源直의 아들, 퇴계의 14대손.
李東學	광복군	李命教의 아들.
李東厦(白農)	중국 東三省 활략	
李芯坤(竹浦)	의병	李翊綱의 아들.
李晦林	己未 3.1운동	李誠教의 아들.
李京植	조선은행폭탄사건	
李丙禧	독립운동으로 공장파업 주동, 40년 북경망명. 의열단 군자금모금과 연락, 북경감옥 수감(陸史의 건너방) 44.1.11 출옥 陸史公의 시신수습	李京植의 따님

六.〈固城李氏:退溪淵源. 安東 法興 臨淸閣〉

성 명(호)	독 립 운 동	연 원 관 계
李相龍(相羲: 호·石洲)	임정 초대국무령(1925. 9. 24), 친족을 인솔하고 망명하여 독립군 양성. 新興武官학교 설치, 扶民團조직. 西路軍政署, 大韓統義府, 경학사 설립. 대한협통군부 조직, 協東학교 설립.	西山 金興洛의 甥孫(妹壻 李鍾泰의 손자이고 제자. 都事 金鎭麟의 사위. 起巖 李中業의 동서. 星臺 權世淵의 생질. 凡山 許蔿과 사돈.
李相東(龍羲: 호·晩眞)	중국 東三省 망명 己未 3.1운동.	石洲의 아우.
李鳳羲(啓東: 호·尺西)	己未 3.1운동. 독립군. 新興강습소 교장	石洲의 아우.
李承和(호·談翁)	己未 3.1운동. 西路軍政署	石洲의 종숙 鍾晋의 아들.
李濬衡(호·東邱)	己未 3.1운동 독립군	石洲의 아들. 李晩由의 사위(夫人 生存).
李衡國(호·滄海)	己未 3.1운동. 중국 東三省 망명	李相東의 아들.

第1章 退溪의 生涯 槪觀 53

성 명(호)	독 립 운 동	연 원 관 계
李運衡(호·白光)	己未 3.1운동, 군자금	李相東의 아들.
李光民(文衡)	己未 3.1운동, 獨立軍, 正義府	李鳳羲의 아들, 石洲의 비서역. 川前 金萬植의 사위.
李光國(仁衡)	己未 3.1운동	李鳳羲의 아들(在中國).
李炳華(大用)	己未 3.1운동, 統義府	李濬衡의 아들. 石洲의 손자.
李鍾韶	己未 3.1운동	凡山의 손서, 一蒼 許拔의 사위.
李承復	己未 3.1운동(大邱刑務所 복역)	

七.〈金海許氏:退溪淵源. 善山 林隱〉

성 명(호)	독 립 운 동	연 원 관 계
許蔿(舫山)	義兵(靑松의병장) 군자금	퇴계 10대손 李彙壽의 외손자.
許荇(魯·性山)	義兵, 남북만주와 노령에서 활동. 扶民團 초대단장	舫山의 弟.
許蕙(旺山)	皇后시해 후 창의, 경기의병장, 교수형	舫山의 弟
許荐(凡山)	義兵협찬. 五賊자살사건. 渡滿활동	惠山 李晚綏의 사위. 舫山의 四寸이고 妻姪壻임. 石洲 李相龍과 사돈간.
許芯(是山)	義兵. 中國동북부에서 활약	凡山의 弟.
許壆	連川의병. 中國망명 노령에서 무기조달	旺山의 아들.
許鍾(重山)	義烈團	舫山의 손자.
許拔(一蒼)	義兵. 南滿 대표. 군자금	凡山의 둘째 아들. 李大用의 장인.
許珪(一軒)	義兵. 光復團, 임시정부자금	凡山의 셋째 아들.
許亨植(克)	유격대장, 제3로군 총참모장	是山 許芯의 아들.
許燂(海黎)	의병운동. 討五賊文	林岡公 후손.

이상은 1995년까지 정부가 표창한 인물을 중심으로 정리한 것이다. 아직까지 서훈 신청을 했다가 자료미비로 표상받지 못한 지사도 있다. 또 러시아 중국, 북한에 간 후 자손의 내왕이 끊겨 서훈을 상신하지 못한 이도 수 없이 많다. 국민으로서 응당 해야 할 일을 한 것인데 사후(死後)에 시끄럽게 들추지 말아야 한다고 유언해서 감추고 있는 집도 있다. 그래서 서산(西山) 조손(祖孫)은 1994년까지 숨겨왔으나 정부가 밝혀 표장하였다.

퇴계 13대 종손 하정(霞汀) 이충호(李忠鎬)와 원대(圓臺) 이원태(李源台) 부자 같은 경우도 그러한 예다. 하정은 예안에서 사람들을 인솔해 이른 새벽 안동에 도착하여 만세운동을 주도했고, 원대는 대종교도가 되어 독립운동을 지도하고 군자금 모집과 연락을 맡았지만 독립운동을 내세우지 않았다. 하정은 일본 경찰이 거금의 현상금까지 걸어 체포하려는 것을 전국 유림이 들고 일어나 그 부당함을 항의해 풀렸으나 숨어서 항일을 계속했고, 왜경은 그들 주구(走狗)를 시켜 종택 동가(東家 : 이웃한 書庫도 함께)와 1715년(肅宗 乙未)에 창설재 권두경(蒼雪齋 權斗經)이 지은 추월한수정(秋月寒水亭)을 불태워 버렸다. 현 추월한수정은 70년전(1926년 丙寅)에 전국 유림대표 400여 문중이 상주 도남서원(尙州 道南書院)에서 복원을 결의하고 자금을 대어 다시 세웠고(이때의 陶山書院長은 靈山의 辛廷植 參奉이었음), 종택은 그 3년 후인 1929년(己巳)에 진성이씨 문중이 힘을 모아 재건하였다. 왜경(倭警)은 종가와 정자를 소각해 놓고 2만 원을 가지고 와서 위장보상하려 했으나 거절하고 받지 않았다.(이 돈은 안동 모학교 건립자금으로 쓰였다고 전한다.)

끝으로 1987년 7월 도산서원 박약재에서 발기 조직하여 인간성 회복(人間性 恢復 : 明明德)과 사회개혁 운동을 벌이고 있는 박약회 사업도 퇴계실천유학(實踐儒學)의 구현발휘를 목적하고 있음을 이 회를 창립한 필자가 이에 명확히 밝혀 놓는다.

4. 退溪에 대한 연구 과제

　농암 이현보(聾巖 李賢輔) 선생은 퇴계가 과거에 합격하여 서울로 갈 때, "내 아들이 합격한 것은 요행이지만, 경호(景浩 : 퇴계의 자)의 출신은 실로 시대의 소망에 합치하는 일이다. 나라에 큰 이익이 되게 할 것이니, 경사스럽고 큰 다행이다" 하였다. 오늘날 우리는 농암의 이 말뜻이 어디 있었는지 이해할 듯하면서도 퇴계의 실체를 다 헤아릴 수가 없다.

　퇴계는 '어떤 사람이다, 무엇을 했다, 우리에게 무엇을 가르치고 있다'고 간단하게 말하기도 어렵고, 결론은 연구를 더 기다려야 한다. 개인이나 국민으로서 바르게 살아가는 모범을 보였고, 그 방법을 가르쳤음에는 틀림 없다. 그는 충신이요, 효자요, 교육가요, 학자요, 행정 관료요, 외교·정치철학자요, 의사요, 수리과학자요, 서화예술가요, 시인이며 문장가요, 생활기록가요, 저술가, 여행가·등산가요, 수도자요, 미래학자요, 철저한 생활반성자요, 평등·민본·위민(爲民)하는 지도자요, 행동주의 사상가요, 사회를 개혁해 보려고 앞장선 선구자였다.

　구체적인 그 업적과 예화를 다 쓰지 못했으나, 위에 열거한 퇴계의 전 분야가 고루 연구되고 뚜렷이 밝혀져야 바른 모습의 퇴계 실상이 부각될 수 있을 것이다. 퇴계는 그 자신만큼 공부하고 연구하는 후학을 기다리고 있는 것이다.

第2章 家學과 思想形成

第1節 聖賢自期한 學問目的

I

　退溪家에는 학문을 家門의 사업(家傳之事業)으로 이어오고 있었다. 이를 '家學'이라 하거니와 퇴계가의 가학에는 a) 학문하는 일, b) 先世의 遺業傳承, c) 子孫을 교육하는 일, d) 科擧하고 出仕하는 일, e) 門徒를 모아 교육하는 일 등이 포함되어 있다. 이 사업들은 퇴계의 祖父代부터 家塾을 두고 一形態를 갖추어 적극적으로 추진되었는데 이것이 子與孫에게 이어진 家業이다.

　일반적으로 퇴계의 生長歷과 교육의 배경을 논할 때는 퇴계의 年譜와 志銘 등 기록을 분석고찰하는 것이 通例였다. 그리고 퇴계 본인에게만 초점을 맞추어 그의 학문의 배경과 철학사상 내지는 行蹟을 조명하였다. 그러므로 퇴계 가문에는 선대에 어떠한 가학과 퇴계 같은 인물이 나오기까지의 교육 문화적 요인이나 광범위한 인간환경에 관해서는 아직 깊이 연구되지 못하고 있다.

　그러나 퇴계 본인이 撰述해 놓은 祖與父 兩世의 行錄을 검사하고 퇴계 자신이 承襲 實行한 사실들의 具案的인 동기를 파악한 후 퇴계가 家人(子姪孫)에게 실시한 家敎를 검토하면 퇴계가의 가학과 사상형성은 쉽게 추출할 수 있다. 그 여럿 중에서 몇 가지를 요약하여 이에 보고하고자 한다.

II

　퇴계가에는 퇴계의 조부인 李繼陽(字·達甫, 號·老松亭, 1424~1488)으로부터 의도적인 가정 設敎가 있었고, 교육 의지를 담은 言志詩로써 권학하는 것이 그 첫째 형태이다.

　老松亭은 住居가 있는 溫溪(경상북도 안동시 도산면 온혜리)에서 4.5km쯤 떨어진 龍頭山 龍壽寺를 家敎處로 정하여 자제 형제를 교육시켰다. 이 龍壽寺는 이후 퇴계가의 家庭學塾이 되었고 퇴계의 부친 李埴(字·器之, 1473~1502)과 叔父 李堣(字·明仲, 號·松齋, 1468~1517)는 부친의 庭訓과 교육 목적을 循行하여, 형은 小科에 합격하였고, 아우는 소과를 거쳐 大科에 합격하여 監司와 參判의 관직에 올랐으며, 퇴계가를 開門하는데 기초를 닦았다.

　노송정의 정훈이요 교육의 언지시를 퇴계는 조부의 '事蹟'에다 다음과 같이 써 두었다.

　　先君께서 젊으실적 숙부와 더불어 용두산의 용수사에서 공부하실 때 조부께서 시를 지어 보냈었다.

　　세월이 빨라서 어느덧 한 해가 또 저문데
　　절문 앞에는 백설이 가득 덮였으리라
　　추운 절간에서 힘 다해 공부하는 밤낮 너희들 생각
　　큰 한 꿈 이루어주기를 글방 곁에 맴돈다.

　　節序駸駸歲暮天　　雪山深擁寺門前
　　念渠苦業寒窓下　　淸夢時時到榻邊

　그리고 '사적'에는 그의 조부가 자손교육을 가업으로 삼았던 사실을 다음과 같이 적고 있다.

　　조부는 性品이 怡靜 閑遠하여 세상에 나아갈 일에는 힘쓰지 아니하고 농사나 지으며, 때로는 낚시나 하는데 樂을 붙이고 살면서 자손교육을 業으로 하다가 세상을 마칠 뜻만 있었다.

公性恬静閑遠　不務進取　以耕釣爲樂　敎子孫爲業　有終焉之志

　퇴계가 기록해 둔 이 '事蹟' 글은 곧 老松亭 李繼陽이 家敎한 履歷과 교육의지 및 가학의 創設을 명확히 들어낸 대목이라 할 수 있다.
　다음 대에 와서는 퇴계 부친이 퇴계가 나던 이듬 해에 별세하자 숙부인 松齋가 子姪의 보호는 물론 선대의 貽謀를 繼承하여 역시 용수사를 가숙으로 삼고 設敎하여 전보다 훨씬 顯達한 인물을 길렀고 가문을 暢達시켰다.
　松齋의 代에 이르러 퇴계 형제인 潛, 河, 漪, 瀣, 澄, 滉(退溪)과 從弟 壽苓과 함께 從妹夫 曺孝淵, 吳彦毅까지도 용수사와 淸凉山에 同榻 修學하였다. 그래서 四兄 李瀣(字·景明, 號·溫溪, 1496-1550)는 大·小科에 합격하여 大司諫·大司憲·監司의 관직에 올랐고, 퇴계가 배출되었다.
　송재는 子姪을 용수사에 보내어 同塾시키면서 부친의 가학을 이어받았고, 한걸음 나아가서 청량산에 자질과 壻君을 보내어 修學케 했다.
　송재가 자질을 용수사에 입사시켜서 권학한 시는 다음과 같다.

　　　　푸른산 둘러 있고 눈이 다락을 때리는 곳
　　　　절간 깊은 곳에서 기름을 태우며
　　　　삼다(三多 : 看多, 做多, 商量多)를 三冬의 富로 삼아
　　　　한 이치를 좇아 일관하여 구하라
　　　　누가 경서 공부를 출세하는 도구라 말하는가
　　　　쉬지 않고 닦는 것이 입신양명하는 길인데
　　　　옛부터 착한 일은 일찍부터 힘쓰라 했지
　　　　과거볼 날 앞에 왔으니 세월도 빠르도다.

　　　　碧嶺爲屛雪打樓　　佛幢深處可焚油
　　　　三多足使三冬富　　一理當從一貫求
　　　　經術誰言靑紫具　　藏修須作立揚謀
　　　　古來業白俱要早　　槐市前頭歲月遒

학문의 方法論과 立身揚名을 도모한 데 주목을 끈다. 선대의 遺志인

學問, 科擧, 宦業까지를 勤切하게 부탁하고 있다.

　송재가 청량산으로 자질을 보내면서 읊은 시에는 자신이 이룬 가업과 학문승계를 확인코자 하는 적극적인 敎誨가 나타나 있다.

　　　놀았던 자취들이 눈에 아직 삼삼하여
　　　너희 보내며 시 열 마리를 읊는 것은
　　　이번 가서 공부한 걸 모름지기 적어와서
　　　광주리 속 나의 것과 견주고자 함이로다.

　　　遊蹤猶入眼森森　　送爾空成十絶吟
　　　此去須修遊錄返　　篚中重欲較前尋

　이 시는 후일 퇴계가 追慕하고 지어서 자질손의 가교로 삼았고, 가학을 실습시켰으며, 숙부의 시에 발문을 붙여 懸板으로 새겨 가학의 指標로 했다.

　다음에 퇴계가 계승한 가교의 一端을 살펴보기로 한다.

　퇴계는 조부와 숙부의 가학을 이어받아 용수사에 공부하고 있는 (1566년 丙寅 11월) 손자 安道에게 조부와 숙부의 韻으로 시를 읊어 권학하면서 詩序文에다 가학이 이로부터 유래하였음을 깨닫고 공부하라고 가르쳤다.

　　　해 저문 저 山房 너희들을 생각하며
　　　학업에 勤苦하란 선조 말씀 추모한다.
　　　두 시를 거듭 외면 무궁한 끼친 뜻에
　　　밤 깊은 베갯머리에도 꿈은 절로 깨이리
　　　　　〈조부의 시를 차운함〉

　　　念爾山房臘雪天　　業成勤苦庶追前
　　　二詩三復無窮意　　一枕更闌夢覺邊

　　　젊을 때 용수사를 우리집 글집 삼아
　　　몇 차례나 관솔불로 등잔을 대신턴고
　　　가훈의 그날 경계 말씀을 잊지를 말고

이치의 근원을 지금 더욱 탐구하여
늙은 나의 이 마음 너희가 이어받아
올바로 사귀어 원대한 꾀 지니어라
눈 덮인 산문에 인기척이 사라질 제
한 치의 광음이라도 함께 아껴 쓰려므나
〈숙부의 시를 차운함〉

少年龍社擬書樓　幾把松明代爇油
家訓未忘當一戒　理源仍昧至今求
老情靳汝承遺澤　忠告資朋尙遠謀
門擁雪山人寂寂　好將同惜寸陰遒

 이렇게 퇴계가의 용수사 가문 설교는 학문을 일으키려한 가학의 시작이었다. 가문 設學의 시기가 이로부터 온 것이라고 퇴계는 분명히 밝혔고 선대가 자손을 訓戒하는 시로써 교육하였다.
 따라서 노송정 시는 期望이 원대한 가학의 淵源이 되었으며, 송재는 이를 계승하여 다음 대로 잇는 역할을 하였고 그 부친의 소원을 성취시킨 것이 되었다. 또 퇴계는 부조 양대의 丁寧懇到한 훈계를 拳拳히 이어받아 遺澤 遠謀를 더욱 확충발전시키고 가학의 學風을 반석같이 확립하였다.

Ⅲ

 퇴계가에는 퇴계의 증조부 李禎으로부터 植松 慕節한 行蹟이 있는데 우선 퇴계가 30대부터 30년간 소나무를 심고 시에다 읊어놓은 사적부터 열거해 본다.
 퇴계가 34歲(1543, 甲午)때에는 靑紅에 시샘하지 아니하고 節操의 本性을 지켜가며 華奢한 桃李의 芳容媚態를 아랑곳하지 않고, 幽穴에 潛育하여 그 뿌리를 깊이 내리고 겨울의 서리와 눈을 견뎌내면서 인간에게 刻苦하는 가르침을 주는 소나무를 '詠松'이란 제목으로 읊었다.
 46세(1546, 丙午)에는 東巖에 養眞庵을 開堂하고 소나무를 심어서 시를 읊었으며, 豊基郡守로 재임한 49세(1549, 己酉) 때에는 紹修書院의 냇가에 翠寒臺라 하는 臺를 쌓고 솔과 대를 심은 뒤에 歲寒松栢의 高節을 읊었다. 또 順興 東軒에는 손수 솔과 대를 심고 시를 읊었는데 후세 사람들은 이것을 '先生竹, 先生松'이라 하였다.

또 50세(1550, 庚戌)때에는 寒樓庵을 지어 溪上에 定居하면서 정원을 만들고 다섯 가지 高節 草木을 심었다. 주위에 소나무가 많이 있었음에도 솔을 옮겨 심고서 시 '種松'을 이렇게 읊었다.

　　나뭇꾼은 쑥(다북쑥)과 같이 천하게 여기지만
　　나는 계수나무처럼 아끼는도다
　　푸른 하늘 숫구쳐 자라기를 바라며
　　바람 서리 어떠하건 무릅쓰고 견뎌다오.

　　樵夫賤如蓬　　山翁惜如桂
　　得待昂青霄　　風霜幾凌厲

바로 이듬 해(1551, 辛亥)에는 溪上書堂을 짓고 朱夫子의 道를 따르겠다는 千古負擔의 의지를 밝히면서 시 '有嘆'을 읊었고, 六友園을 만들어 솔을 비롯한 五友를 심고서는 다음 시를 읊었다.

　　신선놀이 하노라니 베개 꿈 이루고
　　주역을 읽으려고 창을 열어 두었노라
　　천 섬이나 많은 녹을 맨손으로 취할건가
　　여섯 벗 예 있으니 내 마음 후련하오

　　已著游仙枕　　還開讀易窓
　　千鍾非手搏　　六友是心降

8년 후(1559, 己未)에 퇴계는 焚黃祭를 지내려고 귀향하여 온혜리 못 미쳐 紅亭子의 巖石위에 대를 만들어 소나무를 심고 松石臺라 命名하였으며 경향을 왕래할 때에 족친과의 送迎處로 삼았다. 또 2년 뒤 (1561, 辛酉)에는 陶山書堂을 낙성하여 始居하였는데 鄭惟一(字·子

中, 號·文峯, 1533~1576)의 '閑居二十詠'에 和答하면서 節友壇에 심은 소나무를 '種松'이라 題하고 '宿盟'을 表白하였다.

이렇듯 퇴계가 솔을 심고 시를 읊은 그 사상은 어디서 緣由한 것일까. 필자는 퇴계의 가학을 고찰하는 과정에서 그 선대에 연원하였음을 발견하였다.

퇴계가 撰한 숙부 松齋公의 墓碣識에 다음과 같은 사실이 기록되어 있다.

> 온계 위에 先人이 손수 심은 소나무 숲이 있는데 부군은 그 곁에 집을 짓고 사시니 고향을 생각하고 어른들을 추모하는 생각을 감추었다. 인하여 스스로 호를 지어 松齋라 하셨다.
> (溫溪之有 先人手植松林 府君就其傍 築室居之 以寓桑梓之感 因自號謂 松齋)

퇴계의 부친이 솔을 심어 松林을 造成하였고 숙부는 고향을 생각하면서 先代를 추모하는 뜻으로 그 곁에 집을 짓고 살면서 松齋라 호한 깊은 뜻을 알 수가 있다. 퇴계가의 父親代에 이미 愛松 慕節하고 思鄕 追先하는 가도가 정립되었다는 사실을 확인할 수 있으며, 퇴계의 부친이 아니고 조부의 手植이라 하더라도 그 연원은 분명하다.

老松亭代로 거슬러 올라가면 퇴계의 成長歷과 함께 식송모절의 根柢는 더 깊음을 이해하게 된다. 퇴계의 조부는 그 부친으로부터 萬年松 한 그루를 받아 퇴계가 태어난 故宅 즉 오늘의 老松亭 宗宅에 심었다. 이 노송나무는 1850년경(宗孫 李燦和 在世時)에 枯死하였으나, 후손이 정성을 쏟아 보호하여 長松翠陰을 이루었고, 14대를 이어 追慕 種松하는 전통을 가르쳤다.

퇴계 조부는 노송정이라 號하였거니와(후손이 宗宅 堂號를 老松亭으로 奉薦하고 因하여 李繼陽의 호로 삼았다는 설이 있음) 후손들은 송재와 퇴계의 뜻을 받들고 世世綿綿 祖業을 崇奉하며 歲寒松栢之後彫의 節槪를 가르치는 家學으로 정착한 것이다.

그런데 소나무를 사랑하는 根柢는 또 한 代를 더 거슬러 올라가야 찾을 수 있다. 퇴계 증조부 李禎은 善山府使를 역임하였는데 赴任 前에는 寧邊判官으로 근무하였다. 재임 중 藥山城을 開廣할 때 府使 曹備衡을 도와 築城을 감독하고 공을 쌓았다. 그 공적으로 선산부사로 전근하였는데 떠날 때 藥山松 三株를 가지고 와서 본댁과 사위 및 季子에게 각각 나눠 심게 하였다. 한 그루는 周村 본댁에 심었고(현재 慶流亭에 보존되고 있으며 100여 명이 나무 아래 앉을 수 있는 기품있는 뚝향나무, 일명 萬年松), 한 그루는 선산부 재임중에 盆栽하여 玩賞하다가 이임시에 壻君 朴謹孫에게 주어 땅에 심게 하였으며(임진왜란을 겪으면서 枯死하고 不傳), 한 그루를 季子인 李繼陽에게 주어서 온혜에 開基할 때 뜰에 심도록 하였다. 이 사실은 퇴계가의 愛松이 퇴계의 증조부인 李禎으로부터 발원하였음을 말해 주는 것이다.

퇴계는 나면서부터 증조부의 만년송을 보면서 자랐고, 조부와 아버지의 사상을 성장과 더불어 가꾸어 왔다. 후일 증조부의 사적에다 적었고 시를 읊어 후손이 조상의 뜻을 받들어 門戶를 保持하고 積善과 仁厚를 바르게 깨닫도록 깨우쳤다. 또 자수로 식송을 하면서 盟誓를 하고 조상의 의지와 행위를 그대로 이어받아 가학을 발휘하여 전승하였다.

퇴계의 이 가학은 代代承承해서 11대손 晩寅(字・君宅, 號・龍山, 1834-1897)은 胄孫 李兢淵에게 老松記를 지어주면서 "善山公이 노송나무를 심은 때가 우리 李氏가 여기에 뿌리 내리던 때"이므로 선조의 사상과 유업을 받들고 지켜 더럽히지 말자고 다음과 같이 서로 勸勉하였다.

　　아아! 공은 젊으실 적부터 큰 뜻을 가졌으므로 음사 벼슬에서만 항상 맴돌고 있어 그 포부를 다 펴지 못하였으나 삼대 째에 大賢이 나서 우리 나라 천년의 행운이 되었으니, 공은 우리 이씨의 근본이었다. 〈중략〉 솔이란 차가운 계절의 지조가 있는 것이다. 지금 바야흐로 해가 차가워졌는지라 군과 나는 아무리 가난하더라도 의리를 잃지 말고 늦은 후의 절개를 지키기를 더욱 힘써 조상의 본분을 더럽히지 말아야 조금은 이 솔에 대해서 부끄럼이 없을 것이다. 우리는 마땅히 서로 더불어 함께 힘써야 할 것이다.

Ⅳ

　퇴계의 가학 연원과 사상의 형성에 관한 根據 資料는 이 밖에도 많다. 퇴계가 學詩하고 言志하며 많은 시를 남긴 그 뿌리와 溪上과 陶山에 精舍를 지어 교육한 위대한 업적, 치가의 법도, 婢僕의 愛恤, 賞適하는 道 등 그 실례는 허다하다. 이에 대해서는 본고의 元論文에 언급하였으나 제한상 줄이기로 하고 '퇴계의 가학과 사상형성'이 上梓되면 諸彦의 叱正을 받을 수 있으리라 생각한다.

　이상 가학과 植松慕節의 두 예를 들어 논하거니와 퇴계의 사상 형성은 첫째 선대의 유업을 승계하는 孝에서 출발하여 齊家를 通한 新民으로 이어졌으며 결과적으로 학문을 성취하고 門戶를 昌盛케 하였다.

　둘째는 眞城 李氏 全門에 가학을 보급하였고 그 학풍이 禮安과 隣邑은 물론 敎導의 범위가 전국적으로 擴散되었다.

　셋째 퇴계 사상 형성은 조상에 뿌리를 두고 있으며 가정이라는 기본 단위집단이 철저한 가학의 성공을 거두었다는 사실을 말할 수 있다.

　넷째 퇴계의 가학 사상은 선대의 입신양명이라는 가교 목표에서 탈피하여 聖學이라는 더 큰 목표로 창조 발전하였다. 전술한 예화에서는 퇴계가 실천한 가교를 모두 논증하지 아니하였으나 修身十訓을 통해 立志를 聖賢自期하도록 교육하였음을 밝혀 둔다.

第 2 節   순명(循明)과 확충(擴充)

退溪는 至誠으로 부모와 先師의 가르침을 따랐고 순수한 생활로써 具現 發揮하였다. 이를 退溪의 循明이라 하고자 한다. 퇴계는 부모의 유업과 誼謨를 충실하게 실천 계승했을 뿐 아니라, 국가 사회까지 확충 발전 시켰다. 퇴계의 이 立身行道를 倫理論의 '四端의 擴而充之'[1] 개념에서 援用하여 擴充이라 표현코자 한다.

본 논문은 『退溪의 家學과 思想形成』論 중에서 「家學의 淵源」에 속하는 일부분이다. 퇴계가 父母의 志行과 家敎를 어떻게 循明하고 擴充했는가를 줄여서 설명하기로 한다.

2. 부모의 志行과 家敎

퇴계의 아버지 李埴(1463~1502)은 小科 進士試에 합격한 선비다. 病弱하여 40세에 卒했으나 뜻이 돈독하고 학문을 좋아한 사람이다. 퇴계는 나서 7개 월 만에 아버지가 卒하여 얼굴을 모르고 가르침도 받은 일이 없다. 어머니와 숙부를 통하여 아버지의 뜻(志)과 사업(行)을 전해 들었다.

퇴계는 아버지의 行狀草에서 아버지가 학문을 좋아하여 精進한 일과 書堂을 지어 거처하면서 후학을 가르치고자 한 사업과 여러 아들 중에서 자기가 하고자 한 사업을 이어주도록 바랐던 사실들을 다음과 같이 적어 놓았다.

아버지께서는 남다른 자질이 있었고 학문을 좋아하였다. 뜻이 돈독

---

1) 孟子. 公孫丑上 : 凡有四端於我者 知能擴而充之. 朱子. 游藝齋銘 : 秀惡爾汝勉充兮

하고 힘써 정진하기를 목마른 사람이 물을 찾듯 공부하셨다.[2]

　마을(溫溪) 남쪽에 한 명소가 있으니 靈芝山 뒷 기슭이다…… 그 곳을 지정해 두고 친한 분에게 말씀하시기를 '내가 끝내 세상을 만나지 못한다면 여기에 書室을 지어 거처하면서 공부하려는 생도를 모아 글을 가르쳐 주고 싶은 것이 저버릴 수 없는 내 뜻이다.[3]

　선군은 평일에 여러번 탄식해 말씀하시기를 '여러 아들 중에 내 뜻을 따르고 내 업을 이을 자가 있으면 내가 비록 해 놓은 일은 없다 하더라도 한이 없겠다' 하셨다 한다.[4]

　퇴계 자신이 기록한 아버지의 〈嗜學→築室聚徒授業＝諸子中 能遵吾志 繼吾業者〉를 그는 純粹力行하고 나아가 확충시켰다.

　퇴계의 어머니 春川朴氏는 前母(아버지의 初娶夫人 義城金氏)가 2남 1녀를 낳고 卒하자 後妻로 시집와서 5 형제를 낳아 4 형제를 성장시켰는데, 퇴계는 그 6 형제 중 맨 끝이다. 퇴계는 그의 母親像을 아버지의 행장초와 墓碣識에서 다음과 같이 그려 놓았다.

　어머니께서 홀로 40여 년 동안 고생스럽게 자녀를 길렀고 혼인 때를 놓치지 않았다. 자식의 공부 뒷바라지에 힘을 써서 학업을 성취시키고 법도를 가르쳤다. 〈중략〉 나처럼 못난 아들에 대해서는 어머니께서 慈情에 넘치는 知鑑으로 처음부터 어리석음을 조심하셔서 세상에 쓰이지 못할 것을 예측하시고 낮은 벼슬에 그치라고 늘 훈계하셨으나, (나는) 헛된 이름에 얽혀 이제껏 전전하고 있었으니 본래 뜻한 바에 못 미쳤고 유훈을 받들지 못함이 너무 지나쳤다.[5]

---

2) 先君 小與弟 參判公壎俱有異質 善爲學 篤志精勵 勤劬如飢渴「行狀草」
3) 所居之南 有一丘 卽靈芝山之後趾…… 指以謂所親曰 苟余終不遇於世 當就此築室以處 聚徒授業 亦可以不貿吾志矣「行狀草」
4) 先君 平日屢嘆曰 吾諸子中 有能遵吾志 繼吾業者 吾雖不做 無恨矣
5) 先妣夫人 寡居四十餘年 劬勞長育 不失婚嫁 尤務於資給遠邇 必欲其成就學業 納之義方 〈中略〉至如滉無所肖似 以先妣慈鑑 輾轉至此 誠非本圖所及 而失奉訓 甚矣「先府君行狀」

부인의 성품은 착하고 순하였다. 우리 선군에게 시집와서 계실이 되셨다. 선군은 篤志好古하여 經史를 탐독하고 또 과거에 힘쓰느라 가사를 돌볼 수 없었다. 부인께서는 시어머니를 섬기는데 恭謹하셨고, 봉제사를 지극한 효심으로 받들었다. 근검으로 閨堂을 다스리고, 수하사람을 엄하게 대하였으며, 婢僕에게는 은의를 배푸셨다. 집안 사람을 거느림에는 자기 스스로 알아서 하도록 신뢰하였다. 길삼 방적과 음식 供饋 일로 밤낮 쉴 틈이 없었다. 내가 나던 해에 선군이 진사가 되셨으니, 이듬해 6월에 병환으로 돌아가셨다…… 아들은 많은데 일찍 혼자되어 장차 문호를 지탱 못할까 무척 상심하셨다.…… 부녀자가 먼 후일을 도모하기 어려운 데도 이를 잘 견디어 옛 가업을 유지해 내었다.…원근에 취학시켜서는 매양 훈계하시기를 문예를 잘 하려고만 힘쓰지 말고 더욱 몸을 지켜 행동을 조심함이 더 중요하다고 힘쓰라 가르쳤다.… 말씀하시기를 '세상 사람들은 항상 과부의 자식은 교육이 없다고 흉을 보는데 너희는 남보다 백배 더 공부하지 않으면 이러한 나무람을 어찌 면할 수 있겠느냐'고 하셨다. 뒷날 두 아들이 과거하고 벼슬길에 올랐는데도 부인은 영달과 진취를 기뻐하지 않고 늘 병든 세상을 조심하셨고, 비록 문자를 배우지 않았지만, 평소 선군의 庭訓과 여러분이 서로 강습하는 것을 듣고 깨닫는 바가 있어서 의리를 깨우쳐 주기도 하고 사정도 밝혀 주셨다. 선비와 군자들의 지식과 사려까지 지녔으나, 마음 속에 머금고 밖으로 나타내는 일이 없었으며, 항상 안온하고 겸손을 지켰다.[6]

퇴계의 어머니는 과부의 몸으로도 가난을 이기며, 農蠶으로써 家訓을 지탱하였고 閨門法度를 세워 門戶와 가업을 이었다. 所生子와 親生子 구별 아니하고 훌륭히 길렀으며, 부군의 유업을 아들에게 전수시켰다. 困境과 치가를 婦德으로 克服 成就하였고, 자신의 信念과 先代의 기대(誼謨)를 분명하게 내세워 교육하였다. 그래서 퇴계가 '나에게 있어 가장 영향이 컸던 분은 어머니시라' 할만큼 어머니 박씨는 그의 家敎 循行과 人道發明의 準則的 人間像이었다.

퇴계는 한평생 어머니의 뜻을 따랐고(循行) 생활해서 실천 도덕을 밝혔으며(發明), 先聖賢의 啓迪을 공부해서 어머니가 걱정한 병든 세

---

6) 母夫人 朴氏 墓識

상을 바로잡은 일(擴充)에 生涯를 바쳤다.

3. 循明과 擴充의 實狀

퇴계의 순명과 확충은 別著「퇴계의 가학과 사상형성」[※]에서 詳論하고 있다. 여기서는 그 실례 몇 가지를 드는데 그친다.

(1) 아버지의「築室 聚徒授業」을 실현 확충

퇴계는 한평생 교육을 통해서 인간성 회복과 사회개선, 교육과 학풍의 개혁을 성취했다. 이를 위해서 私邸·京居·書院·書堂 등 그 처소를 가리지 않고 교육을 했다. 養眞庵·寒樓庵·溪上書堂·陶山書堂을 조성해서 찾아온 제자를 가르친 것은 바로 아버지가 하고 싶어 하던 일을 하였고, 또 어느 아들인가 해주기를 바라던 '집지어서 배우러 오는 생도를 가르치는 일'의 循行이며, 頹敗한 公敎育을 私敎育인 書堂敎育으로 개신하여 인간성과 도덕을 회복하는 것은 人道의 發明이라 할 수 있다. 溪上書堂을 지어서 교육한 1551부터 1570년까지의 20 년간에 이룩한 그의 교육, 업적은 여기서 논할 바 아니므로 피하거니와 퇴계는 아버지의 유업을 기필 성취했을 뿐 아니라, 국가의 교육 향방과 학풍을 바로잡는 데까지 확충시켜 놓았다.

(2) 어머니의 誼謨와 퇴계의 循行 擴充

퇴계의 어머니가 가르치고 성취해 주기를 바란 것과 퇴계가 發奮 遂行하여 어머니의 기대 이상으로 확충한 퇴계의 行迹은 매우 많다. 그 중에서 스물 세 가지만 들어서 표로 대비해 보기로 한다.

母夫人의 가르침	退溪의 실천
• 학업을 성취하고 법도	• 聖賢 自期하여 體行窮理하고서 東方 儒宗이 되다

[※] 稿本으로 있고 아직 未登梓이다.

母夫人의 가르침	退溪의 실천
를 배우라. (學業成就 納之義方)	• 많은 著述로 儒學을 集大成하다. • 聖學을 위는 王으로부터 아래는 모든 학자에게 교육과 정치를 통하여 펴다. • 聖學十圖를 지어 유학을 체계화하였고 중국에 正學으로서 逆流入시켰으며(1569년), 日本의 政教를 개신하다. • '퇴계선생'과 '문순공' '이자' '부자'로서 국민의 사표가 되고 숭앙을 받다.
• 어리석고 둔체하므로 세상에 쓰이지 못한다. (愚滯難行於世)	• 退溪는 平生 자신을 愚拙, 駑劣, 愚怪, 性拙, 愚惑, 孤陋, 庸妄하다고 일컫다. 病을 지녔기 때문에 病廢人이라고도 하다. 국왕이 賢人으로 대우했을 때는 五不宜를 陳啓하고 辭退하다.
• 조그만 벼슬로 그치라 (小官知止) ○ 현감 한 자리만 하고 그만두라.〈言行通錄〉	• 名利를 回避하다. 御前에서 立社는 本意 아니라 하다. 140여 회의 任命을 받고 79회 사퇴하였다. • 參判 이상의 벼슬은 극력 辭讓하였고 僻地의 郡守 하나를 하려다가 丹陽, 豊基郡에 이르러 棄官하고 罰을 받다. 母夫人 生時에 縣監하지 못한 것을 恨歎하다. • 老後에 가서 벼슬이 높아 母夫人에게 불효했다고 자주 弟子들에게 말하다. • 從一品인 右贊成을 拜命하고도 先代의 贈職을 上申하지 않다. • 況先妣戒余 要無過一縣監 不承先教 今至於此 推恩非先妣之意 是以未敢也'[7]
• 부인의 성품은 순하고	• 後世에 門人들이 퇴계의 性品을 논하기를 선생은 成德君子라고 하다.[8]

---

7) 拙著,『退溪의 生活實事(예던길)』, pp. 260~284 '出仕와 進退' 참조
8) 同上, p.117 '(2) 郎闈의 자질' 참조

母夫人의 가르침	退溪의 실천
착하였다. (禀質徽婉)	天資穎悟 神彩精明 性幼端慤 不喜狎弄… 聰明 正直 孝悌忠信 精純溫粹 不露圭角 氣知而毅 辭婉而直…淸而不激 介而不矯〈月川 趙穆: 言行總錄에서〉 性度溫醇 粹然如玉〈栗谷 李珥: 遺事에서〉 • 新婦를 揀擇할 때 인성이 유순한 규수를 찾다.
• 시어머니 모시기를 공손히 하다. (謹於事姑)	• 子婦와 孫婦에게 母親의 家法을 전하여 본받게 하다. • 스스로 母親과 叔父母에게 孝誠으로 모시고 妻父母를 잘 받들다. 편찮은 丈母文氏의 치료에 힘쓰다. 풍산가일의 처부모 死後에는 4대 제사를 받들고 처부모 장례와 비석세우는 일까지 손수 다 하다.
• 봉제사에 효성을 다하다. (誠於奉先)	• 모든 제사에 예와 정성을 다하다. 기제, 묘사, 사당 고유 때에 제물을 보내고 사당 수호에 主孫을 도우는데 힘을 다하다. (門人이 쓴 言行手錄, 溪山記善錄, 實記에 상세히 기록되어 있다.)[9] • 선영 수호, 재사 건축, 비석 세우기 등을 生時에 모두 끝내다.
• 살림살이 근검하게 하다. (勤儉以治內)	• 검소하고 준절한 생활을 하다. 청백리에 천거되다. 恬淡寡慾과 取義捨利가 信條였다.[10]
• 수하 사람을 엄하게 대하다. (其待下嚴)	• 가정 교육을 엄하게 하다. 잘못한 사실을 고치지 않으면 두 번 다시 내 얼굴을 못 볼 것이라고 꾸짖다. 范文正의 戒婦之法을 인용해서 집안 여러 부인을 엄하게 가르치다. • 시집오는 자부에게 종을 못 데리고 오게 하다.[11]

---

9) 退溪先生 言行通錄
10) 前揭 拙著, pp. 96~103 참조
11) 同上　　 pp. 61~69 참조

母夫人의 가르침	退溪의 실천
	• 어머니가 점을 치지 않았으니 어머니의 가법을 지키라 하다. 선대에 하지 않는 일을 못하게 가르치다.
• 비복은 은의로써 거느리다. (而有惠婢)	• 종의 여식을 구하기 위해 그 어미를 유모로 서울에 보내지 않았다. 젖을 못먹은 증손자는 끝내 영양실조로 살리지 못하였다. • 달아난 종을 관가에 알리지 않게 하고 말로써 엄히 타이르게 하다. • 소득이 그에게 안 돌아가는 일은 시키지 않았다. • 노비가 힘겹다고 먼 곳의 곡식을 날라오지 못하게 하고 관노들이 수고한다고 찾아오는 감사를 길목에 나가서 맞았다. • 아내 없는 종을 장가 보내려고 아들과 함께 노심초사 하였다.[12]
• 집안 사람 스스로가 알아서 하도록 신뢰하였다. (御人人自以有賴)	• 유가 자제 교육으로 愼口言行을 강조하다. • 온계동계를 입안해서 자발적, 자주적으로 길흉사를 돕고 치르게 하다. • 修身十訓을 정해서 스스로 진취케 하고 권학문을 써 주어 각자 깨닫고 힘쓰게 하다. • 자제의 과거 공부, 손자의 學舍 이동도 자유롭게 두었으나 교우와 인물교제는 그 인물에 대하여 장점을 소개해 주다.
• 아들이 많지만 일찍 과부가 되어 문호를 유지하지 못할까 크게 근심하였으나 모두 가취해 성취하다. (痛念多男而早寡 將不克持門戶 婚嫁成就)	• 형의 遺子를 합쳐 30인의 子姪孫과 연비 친척들까지 가르쳐 모두 大成시키다. 친족 교육에서는 특히 孝行, 友愛, 夫婦之道, 居處, 恤孤事長의 法度와 言行, 學問, 出仕居官 등을 훈계하고, 성현의 가르침을 실천토록 하다. 家人 50수 명에게 준 家書는 1300여 편이 되는데 거의 교육에 관한 사연이다. • 6형제의 자손을 성취시키고 治家, 敎育에 힘을 써서 退溪家 전체를 名門家로 만들다.[13]

---

12) 前揭 拙著 pp. 358~359참조.
13) 前揭 拙著, pp.153~209. 「退溪의 子弟觀」『退溪學 硏究』, pp.279~305, (단국대학교 퇴계학연구소) 1987 참조

母夫人의 가르침	退溪의 실천
• 삼년상 집상과 제사 받드는 일에 힘쓰다. (喪三年畢以祀事)	• 儒家禮가 아직 완전히 정착되지 못했을 때 聖賢의 禮를 연구하여 立言하다. 관리와 학자의 問目에 많이 답해 가르치고, 스스로 朱子의 禮論을 合理的으로 고쳐가며 많이 실천하다. • 문하에는 寒岡 鄭逑, 鶴峯 金誠一, 文峯 鄭惟一, 聾隱 趙振 등 禮에 밝은 제자가 많이 나왔다. • 星湖 李瀷은 퇴계의 禮說이 가장 합리적이라 하고 禮說類編을 편찬하다. • 筆者가 엮은 禮論類集은 喪葬祭禮가 대부분을 차지하는데 이것은 거의 문인의 질문에 답한 퇴계의 심오한 이론이다.[14]
• 본댁을 맏아들에게 상속하고 이웃에 집을 지어 분가해 오가며 거처하고 살림을 살다. (家嗣築室 共旁而居之)	• 伯氏(潛)의 아들 寅이 早卒하고 無子하여 仲氏(河)의 아들 完의 長子 宗道로써 嗣后케 한 후, 宗宅入住, 奉祭祀, 祠廟守護, 墓田 장만, 농지매입 등등 힘을 다 기울여 오늘날의 老松亭 宗家를 이루어 놓다.[15]
• 농사와 누에치기를 부지런히 하다 (益修稼穡 蠶桑之務)	• 在京 出仕 중에도 농사 일을 지도하다. 씨앗 개종,, 무, 생강씨 사서 보내기, 목화씨 뿌리는 방법, 水利, 打作, 旱災, 水災 대책 등 직접 농사일을 편지로써 가르치다. • 糞田, 耕地, 除草, 木花 농사일도 가르치다. 勤農者와 信實한 사람에게 農監을 시키다. 榮州의 경작은 朴賢逢, 宜寧의 토지는 李末에게 맡겨 營農하다. 누에를 칠 때는 孤山의 재사에서 거처하다.[16]

---

14) 필자가 退溪의 書簡 중에서 門徒들에게 答한 問目을 모아 분류 편집한 것이다.(未刊行)
15) 李德弘 撰,「溪山記善錄」; 每得新物 必送于宗家 俾薦于廟
   禹性傳 撰,「言行手錄」; 凡宗家祭享 必以物助之
   金誠一 撰,「實記」; 宗子不能其生爲恨 墓傍適有賣田者 頗膏沃門族爭欲買占 先生立約 必宗子買之(下略)
16) 前揭 拙著, pp.102~103 '2. 營農과 治産'참조

母夫人의 가르침	退溪의 실천
• 먼 훗날을 잘 생각해서 도모하기 어려운 일을 능히 해 내어서 구업(舊業)을 실패하지 않다. (甲乙之際 賊斂酷急 人多破産 能圖難慮遠 不失舊業)	• 곡식을 소비해가며 땅을 사려는 것을 말리다. 많은 食率을 위해서 흉년에 대비하여 식량을 비축하다. • 榮州의 곡식을 처분하지 말게 하고 후일을 대비시키다.(손님이 많이 올 것이므로 곡식이 있어야 한다고 준비케 하였는데 이는 문도의 운집을 예측하고 대비한 것이다.) • 예안현에 세곡을 남 먼저 대고 온계 친족은 모두 같은 날에 납세케 하며 부과한 조세는 불평을 못하게 했다.[17]
• 자제들이 자라자 가난을 벗어나게 자산을 나누어 주다. (及諸子漸長則 又拔資給)	• 生時에 자산을 나누어 준 것은 별로 없다. 어려운 경우를 당하면 물품을 주어 구휼하였다. • 둘째 아들을 의령에 보내어 농사를 짓게 하다. 조카·손자·외손들이 학문을 하는데 필요한 붓·종이 같은 것을 대어 주다. • 제자인 月川에겐 명절에, 질서인 閔蓍元에게는 춘궁기에 곡식을 주어 구휼하다. • 아들은 처가살이(烏川처가)를 시키면서도 조카 寅의 사위 李國樑에게 권씨부인과 신접살이하던 芝山蝸舍를 주어 살게 하다.[18]
• 원근에 보내어 취학시키고 훈계하다. (令就學遠邇)	• 子·姪·孫을 遠近 山寺 또는 居接과 京館에 보내어 공부시키다. 손자와 손서를 외가인 烏川 琴氏宅에 보내어 독서케 하다. • 훌륭한 朋資를 가려 同榻交遊케 하고 京鄕의 志士名人에게 보내어 그 德行을 본받게 하다. 조카를 서울에 불러 직접 가르치다.
• 문예에만 힘쓰지 말고 조신근행을 더 중요시하여 훈계하다.	• 과거 공부보다 聖學에 힘들여 교육하다. 敬義夾持와 居敬窮理, 存心養性에 平生을 바치다. 그리해도 大提學을 지냈고 詩文과 畵筆은 名

---

17) 前揭. 拙著, pp.239~240 '3 遵法垂範' 참조
18) 拙著, 『退溪의 燕居와 思想形成』, pp.20~22 '(1) 出世 準備와 草廬藏身' 참조

母夫人의 가르침	退溪의 실천
(每加訓戒 蓋不惟文藝 是事 尤以持身謹行爲重)	人으로 推重받다. 李星湖는 東方夫子, 李子라 하였고 金河西는 32세의 퇴계를 夫子라 하다.[19]
• 물질을 만날 때 비유를 들어가며 처사하는 법을 간절히 경계해 가르치다. (遇物說譬 因事爲教 未嘗不丁寧警切)	• 物品의 辭受之道가 엄격하였다. 不義의 물건, 주는 이유가 분명하지 않은 것, 갚지 못할 물건, 과다한 양, 所自出이 불분명한 물건, 官의 물건 등은 받지 않았다. • 가족이라도 받은 물건에 대해서는 상응할만한 것이 못되더라도 반드시 물건으로 갚았다. 생긴 물건은 이웃과 兄·姉·嫂氏·宗家에 나누어 드리고 귀한 음식은 지방을 써서 조상에게 고하고 먹었다. • 官界에 있는 家人들이 보낸 물건은 출처를 따져서 되돌려 보내다. • 정성(예물)으로 받은 물건은 답례로 꼭 편지를 써서 회사하다. • 물건을 담아온 그릇은 물건을 담아 꼭 답례로 보내다. • 청렴으로 公道를 지켜 民官弊를 없애기에 평생 노력하여 국민의 칭송을 받는 師表가 되다. 取義捨利의 家道를 세우다. • 國家紀綱을 세우려고 腐敗를 剔抉하다.[20]
• 과부 자식은 배우지 못했다고 흉을 보므로 백배 공부하라고 가르치다 (寡婦之子不教 汝輩百倍其功)	• 16세에는 鳳停寺에서 공부하고, 그밖에 여러 寺庵에 入山하여 공부하다. • 15세의 淸凉山 공부, 17세 이후의 龍壽寺 精進 등으로 학문의 길에 들어서다. • 20세 전후는 너무 공부해서 痼疾을 얻다.

---

19) 李瀷 編,「李子粹語」, 序文 및 安鼎福 撰,「李子粹語」跋文 참조
   河西先生年譜, 癸巳二十四歲條 참조
   前揭 拙著, pp339~369 '退溪의 吾事成就' 참조
20) 同上, pp. 46~60, pp.103~107, pp.223~242. pp.294~300 참조

母夫人의 가르침	退溪의 실천
	• 成均館 遊學, 讀書堂 入堂의 勉強, 在京中의 學問講討, 月瀾寺, 養眞庵, 溪上書堂, 陶山 玩樂齋 등에서 남이 따르지 못하는 靜居와 窮理, 思索과 저술을 하여 남의 몇 百倍되는 工夫를 쌓다. 그리하여 東方理學之祖가 되고 朱子이후 第一人者, 第三儒學이라는 退溪學을 성립시키기에 이르다.
• 두 아들이 과거하고 벼슬길에 올라도 기뻐하지 아니하고 늘 병든 세상을 걱정하다. (後見二子決科登仕 則夫人以榮進爲喜 而常以世患爲憂)	• 成均館 士風의 浮薄함을 보고 한탄한 후 돌아오다. • 鄕試를 치르고 野人이 되려 하다. • 두 번 罷職을 겪고 한 번 棄官퇴거하다. • 權奸 戚謀에 시달렸으며, 王子와 善人을 謀殺하는 것을 말리지 못하여 한탄하고 물러나다. • 四兄인 溫溪가 죽음을 당하자 더욱 隱居를 결심하다. • 근 80회를 辭退하고, 善人을 만드려고 陶山에 물러나 敎學에 힘쓰다. • 중앙의 國學을 바로 잡으려고 論文으로 師生을 敎喩하다. • 벼슬이 올라 갈수록 사퇴에 더 힘을 쓰다. • 晚年에 '憂中有樂, 樂中有憂' '我思古人 實獲我心'이라는 自銘을 남기다.[21]
• 항상 안온하고 겸손하였다.(恒守靜挹)	• 敬哲學으로 대표되는 그의 철학사상은 實踐哲學이었고 실행에서 얻은 結論이다. • 동방의 유학을 敬哲學으로 체계화하여 세계적 대사상가가 되다. • 그의 燕居生活은 靜挹을 실천한 道學生活의 全過程이었다.[22] 그렇게 살아서 人性을 회복하고 16세기의 학문세계와 사회를 개혁하였다.

---

21) 同上 全篇에 評述되어 있음.
22) 일본의 高橋 進 교수는 「退溪의 敬哲學」이라는 著書에서 이를 밝히고 있으며, 그밖의 국내외 학자가 논저를 통하여 평가하고 있다.
23) 趙穆 : 「言行總錄」 平生無書不讀 而不雜以浮華虛誕之文 無理不窮 而必歸於道德仁議之實 敎人循循有序 而於大本大原處 亦必指示無隱
    李珥 : 「遺事」 辭之明達 學者信服焉 先生爲世儒宗

4. 퇴계는 부모의 뜻을 좇아 학문하고 실천하여 마침내 그 仁道의 源頭와 理訣을 더욱 발명하고 확충해 놓았다. 그는 光明正大하고 순수한 실천도학자였다. 平天下를 志向한 정치철학자이며, 성학과 인성회복에 목표를 둔 교육자(敎人循循有序)로서 나라의 紀綱과 仁義를 바로잡으려고(必歸於道德仁義) 노력한 社會改革者(滌世陋習)였다. 퇴계의 저술에는 거짓과 虛張이 없다.[23]

退溪는 父母의 志·訓을 받들어 門戶를 일으키고 子職을 다했다. 그의 循明과 擴充은 孝, 悌, 慈의 完成이었다.

오늘날 인류가 안고 있는 온갖 病廢도 퇴계의 부모같은 知鑑으로 자녀를 교육하고 모든 아들들 또한 퇴계를 龜鑑으로 孝順 循明하면 도덕과 인간 질서는 회복될 수 있다고 자신한다.

第3章 燕居와 思想形成

一. 序　言

　　退溪의 주거는 舍, 莊, 庄, 庵, 齋, 堂, 草屋으로 붙여진 堂號가 말해 주듯 造成과 移居變化가 많았다. 그 때문에 計活이 곤궁하여 四兄 溫溪에게 심려를 끼쳤고 도움도 입었다.

　　退溪는 주거에 관하여 학문과 평생사업(志願, 吾事, 吾業)을 도모하는데 있어 매우 소중한 요소가 된다고 인식하고 있었다. 퇴계가 燕居 중에 存養 省察한 興感과 詠嘆, 志懷와 書事는 주로 시를 통하여 表白하였다. 따라서 이들 莊屋의 조성과 遷居는 그의 철학사상을 형성하는 要因이 되었고, 한편으로는 그가 철학과 사상을 居敬躬行하는 方便으로 다시 말하면 전개과정으로서 새 장옥을 조성하기도 하였다.

　　퇴계학에 있어서 퇴계의 住와 詩作의 遺緖에 관한 究明과 遺跡 保存(竹嶺 消魂橋 詩碑와 溪上書堂址 遺蹟碑 建立 같은 事業)[1]은 연구의 기본자료 확보라는 중요성 때문에도 당연히 일차 연구문제로서 해결해야 할 과제이다. 장옥 변천과 같은 연구가 아직 이루어지지 않는 상태에서 연구된 결과는 정확한 주거 사실이 밝혀지면 부문에 따라서는 이왕의 선행 연구 결과가 烏有化하기도 하고 때로는 대수정을 가해야 할 경우도 적지 않을 것이다.

　　따라서 장옥 변천의 규명은 퇴계 생애의 시기 구분과 함께 타연구에

---

[1] 竹嶺消魂橋詩碑 : 1987. 7. 20 필자의 답심발굴보고. 비 건립 (11. 30)
　　溪上書堂址遺蹟婢 : 1986. 8. 20. 필자 탐색보고, 1988. 7. 28 비건립

미칠 영향으로 보아서나 퇴계 사상의 형성·전개과정을 밝히는 의미에 서도 기본적인 연구이며 최우선적으로 시도해야 할 의의있는 작업 이다.

장옥 變遷史가 명료하게 밝혀지지 않은 단계에서 퇴계시를 해석 인용하거나, 서당교육과 日用處事를 운위한다든지 철학사상 全貌를 논하는 것은 큰 모순과 誤謬를 범하기 쉽고 위험한 결론을 내리게도 된다. 溪上書堂을 '시냇가 언덕(溪上)에 있는 書堂'으로 글자풀이를 해서 같은 陶山書堂으로 敦定 理解하고, 퇴계 서쪽의 시냇가에 寒栖庵이 있었다는 이유로 溪莊, 溪庄, 溪堂, 溪齋를 모두 한서암 별칭으로 추정한 지금까지의 모든 통례가 바로 이러한 사실을 말하고 있는 것이다.

퇴계가 엄격하게 구별해서 지칭한 莊, 庄, 庵, 堂, 齋, 草屋은 그것이 각각 따로 있었음에도 불구하고 이제까지 이를 구명하려 하지 아니하였다. '溪字'에다가 집의 뜻(義)이 통하는 글자를 형편에 따라서 적당하게 붙여 사용했을 것으로 가벼이 처리해 버린 데 문제가 있다. 莊＝庄＝堂＝齋＝草屋＝菴(庵)을 斷定하여 시냇가의 집 한서암으로 유추하였기 때문에 생긴 과오는 엄청나다.

栗谷 李珥는 도산서당에 앉아보지도 않았는데 거기 와서 퇴계에게 토론하였다고 쓴 책이 있다. 또 도산서당을 건축하기 이미 10여 년이나 앞서 계상서당에서 퇴계가 서당교육을 시작한 것이 엄연한 사실임에도 불구하고 계상서당이란 건물이 오늘날 남아있지 않고 퇴계의 20여 년 서당교육 중에서 전반기 10여 년(1551~1560)간의 교육 업적을 깎아 한국교육사에서 지워 없애는 것은 중대한 과오가 아닐 수 없다.

또 溪齋, 溪莊, 溪堂을 '시냇가의 집'으로 一視同然해 버리면 다른 집에서 산 燕居 생활과 지은 시를 모두 한서암에서 이룬 생활과 시로 잘못 이해하게 되는 것이다. 이렇게 되면 琴公(輔：號·梅軒, 應壎：號·勉進齋)의 寒栖 隣廬와 鄭公(惟一：號·文峯)의 隣廬 起居와 養眞庵에서의 사상형성과 계당에서의 栗谷의 求道故事와 퇴계가 六友의 일원이 된 자연 融會와 周濂溪의 淸淨思想을 받아 들인 方塘 조성과 淨友

塘의 확대 등 退溪의 사상 형성과정에서 핵심적인 십수년 부분을 영원히 인멸해 버리게 된다.

본연구는 퇴계가 소년기부터 기거하고 성인이 되어 손수 조성하여 천거한 장옥들을 밝히면서 그 때마다 읊은 시를 주자료로 하고 관계있는 인물과 답사한 유촉지 내용을 비교하여 퇴계의 철학사상 형성과정을 구명하려 했다.

二. 莊屋 造成과 遷居의 槪略

年譜上에 실려있는 장옥 관계기록은 養眞菴 築造와 寒栖菴 構築, 그리고 陶山書堂 得地에 관한 내용 뿐이다.

이 밖에 문인들의 三遷 기록이 있으나 그것도 年譜의 내용을 벗어나지 못한다. 그리고 현대의 연구결과도 퇴계의 주거에 관해서는 연보를 典據로 하여 東巖의 養眞菴, 溪上의 寒栖菴, 陶山의 書堂과 隴雲精舍를 설명하는 정도에 그친다.

필자도 論著 『李退溪家書の總合的 研究』에서 퇴계가 住에 관하여 중요시하고 생활한 내용은 논급하였으나 장옥에 관해서는 구체적으로 문제를 다루지 못했다. 挽近 2년여 退溪詩・書의 改編과 索引作業을 착수하고 시를 분류 분석하면서 관련 遺蹟地를 답사하다가 장옥과 移居에 대한 일부를 파악하기에 이르렀다. 그 결과를 1987년 7월 1일에 도산서원에 博約會(陶山書院 學稧)를 발기하는 자리에서 연구 중간 보고를 하였고, 1988年刊『退溪先生의 生活實事 '예던길'』에서 장옥 일부를 소개하였다.

이제 그 전모를 파악하였기 때문에 大要를 개괄하고 표로 나타내어 논문의 요지를 밝힘과 아울러 논문의 각론을 읽는데 참고코자 한다.

莊屋과 詩作 및 重要 行迹

莊 屋 *표는 寓舍	時 期 나이	重要 記事	關 聯 詩 題 ※ ( )안의 數字는 나이와 月日
生家 〔老松亭〕 ＊淸涼山 (13·15세) ＊鳳停寺 (16세)	1～20 16 春 19	2歲 6月 父贊成公 卒, 叔父에게(松齋公) 論語 배움 鳳停寺에서 讀書 榮川(지금 榮豊)에서 肄業	●石蟹(15) ●丙申七月晦日與兄同宿西齋時 余將往宜寧感令離合之故用蘇子由消遙堂詩韻(36. 7 /晦) ●野池 ●詠懷
＊龍壽寺 (12·20세)	20	周易硏究(龍壽寺)	
(分 家) 〔不 明〕	21～25 23	初娶(許氏夫人) 入太學·留京	
三栢堂 〔溫溪兄舍〕	26～30 27 〃 秋 28 春 30	許氏夫人 卒, 末岩 石峯에 장례 進士·生員試合格 進士會試合格 再娶(權氏夫人)	西齋(高齋蕭灑碧山傍…26)
芝山蝸舍 〔善補堂〕 뒤에 暘谷堂 (李國樑)이라 함 ＊京廬	31～45 32 33 春 〃 夏 〃 秋七月	上京, 文科初試居第二 南遊;宜寧, 晋州, 咸安, 昆陽 太學에 入學 歸鄕 鄕試에 응시, 居一	●芝山蝸舍 2首中 앞의 1首는 西齋詩임(31) ●次金惇敍所和李庇遠傍字韻律詩의 小敍(51) ◎金河西詩曰:夫子嶺之秀 李杜文章王趙筆(33) ●早朝到明禮坊家家兄入仕大年歸雙里門獨坐賦此 ●次昆陽魚灌圃得江東洲道院十六絶 ●宜寧寓宅東軒 ●梅花詩 ●將東歸對月吟懷 ●夢中得一聯覺而足之幷序 〈南行錄 109首, 西行錄 39首 총 148首〉

莊　　屋 *표는 寓舍	時　期 나　이	重 要 記 事	關 聯 詩 題 ※(　)안의 數字는 나이과 月日
* 西小門京邸	34～35 34 ～43	3月及第 4月出身	● 足夢中作(山後村：春晚山中別有花)(42) ● 三月病中言志(43) ● 有送金厚之修撰乞暇歸覲(43)
養眞庵 〔溪莊〕	46～49 46	● 菜圃 ● 十一勝景觀勝 ● 權氏夫人 卒(柏枝山으로 返葬)	● 溪莊偶書　● 東巖言志 ● 晨至溪莊偶記東坡途中詩用其韻　● 修溪 ● 溪村即事　● 修泉　● 梳髮
* 京邸	47	● 還京(8～12月) ● 宋公婚約(宜寧)	
* 丹陽公館	48	● 丹陽郡守로 赴任 ● 宋公 卒	
* 豊基公館	49	● 豊基郡守로 移任	
寒棲庵 〔溪庄, 退溪草屋 精習堂, 溪舍〕	50～70 50·2月	● 退溪　● 寒棲 ● 造苑 五種植 　(松,竹,梅,菊,瓜) ※ 張應旋代爲郡守 ◉ 詩句；爲人性癖愛雲煙, 矗矗泠泠更酷憐	● 溪居雜興　● 寒棲病後書事 ● 移草屋於溪西名曰寒棲庵 ● 移構草屋於退溪之西名曰寒棲庵 ● 和陶集移居韻 ● 移竹次邵康節高竹八首 ● 偶讀宋潛溪靜室詩次韻示兒子 ● 和陶集飮酒二十首 ● 李先生聾巖來臨寒棲 ● 退溪草屋喜黃錦溪來訪　庚戌罷郡歸鄉後 ● 溪庄喜黃錦溪惠訪追寄

莊　　屋 ＊표는 寓舍	時　期 나　이	重要記事	關　聯　詩　題 ※（　）안의 數字는 나이과 月日
〔溪齋〕 寒栖庵 이웃 花岩臺 곁에 琴公이 지은 집		●琴應壎과 琴輔 가 茅屋을 지어 서 日用躬行과 學問을 受業 ●鄭惟一도 入舍함	●溪齋(琴生結茅棟 在我南溪曲) ●題贈琴士任溪齋(嘆君辛苦築隣廬) ●溪齋寄鄭子中(茅齋深處石溪寒)
溪上書堂 〔溪堂草堂, 溪窩〕 ●無溫房 ●石牀 ●蒲席 ●一間집	51	居鄉, 移居書堂 造六友園 入門諸子 　趙・具・金・權公	淸明溪上書堂二首 撤寒栖移構小堂於溪北次老杜韻 ●聾巖先生來臨溪堂(溪西茅屋憶前年 溪北今年又卜遷) ●溪堂偶興十絶 松竹梅菊蓮已爲六友 ●辛亥早春趙秀才士敬訪余退溪語及具上舍景瑞金秀才秀卿所和權景受六十絶幷景瑞五律余懇欲見之士敬歸卽寄示因次韻遣懷溪堂草創無溫房景瑞冒險夜歸
	52	居鄉(1,2,3月)	●溪堂前方塘微雨後作 ●答黃仲擧「山間不知燈」節繁華事 聾坐溪窩
	53	居京	
	54	〃	
	55	居鄉(1,2月)	
	56	〃	●立秋日溪堂書事三首(小屋欹斜風雨餘 石牀蒲席自淸虛)
	57	〃 ●陶山書堂工事始役	●有嘆
	58	●入門李公(珥) 上京(9月)	●李秀才珥字叔獻 見訪溪上雨留三日(外七首)
	59	居京(1,2月)	
	60	陶山書堂 落成(11月)	

第 3 章 燕居와 思想形成　83

莊　　屋 ＊표는 寓舍	時期 나이	重要記事	關　聯　詩　題 ※(　)안의 數字는 나이와 月日
陶山書堂 〔山堂, 陶舍, 山舍, 精舍, 陶社, 陶庵, 精廬〕	61	陶山教育開始	●陶山雜詠(61) ●陶山記(61)
	63		●陶山言志(63) ●自嘆・端居
	64		●林居十五詠
	65		●山居四時吟 ●山堂夜起 ●鄭子中同泛濯纓潭用九曲詩韻
	66		●陶山暮春偶吟 ●陶山訪梅・代梅花答
	67	居京(6,7月)	●得見存齋中興洞佳句秋思難禁 　吟和見意奉呈一笑　●次韻謝 　存齋餉菊
	68	上京(7月)	●漢城寓舍盆梅贈答 ●奉謝奇明彦惠尾扇
	69	歸鄕(3月)	●奉和奇明彦頻夢韻 ●次奇明彦贈金而精二首 ●月夜示子中景瑞子强子精而精 ●次韻寄李宏仲 ●寄題權章仲栖城山二首 ●次韻金道盛三絶 ●湖南卞成溫秀才來訪留數日而 　去贈別五絶 ●贈慶州府尹李剛而 ●贈別禹景善正字之關西 ●而得寓精舍四絶見投今和其三 ●追寄李伯春按使三首 ●次韻金士純踏雪乘月登天淵臺 　五絶 ●秋日獨至陶舍篋中得趙士敬 　詩次韻遣懷

莊　　屋 ＊표는 寓舍	時　期 나　이	重 要 記 事	關　聯　詩　題 ※(　)안의 數字는 나이와 月日
	70	易簀(12月)	• 趙士敬以集慶殿祠官來謝東歸贈別三首 • 彥遇來訪溪上歷陶社云 • 巖栖讀啓蒙示諸君二首 • 易東書院示諸君三首

三. 燕居와 詩에 나타난 思想 形成

　　퇴계는 '聖賢自期'를 修身十訓의 첫머리에 두어 立志의 根本으로 삼았으니 기거에 있어서도 목표를 孔子의 燕居에 두었으리라는 것은 疑心의 여지가 없다.

　　孔子의 燕居는 '申申如 夭夭如'에 있었다. 중국의 현대 유학자 陳立夫는 申申과 夭夭를 舒適과 愉快라고 註釋하였다. 이 해석에 따른다면 퇴계의 莊屋造成과 遷居目的도 容態의 舒適과 神色의 愉快에 있었을 것이다. 퇴계가 窮窘을 극복하면서 새로 집을 옮겨 짓고 이거한 까닭은 그의 철학을 생활에서 실현하고 이상을 실제화하기 위해서였다.

　　莊屋造成과 移居에 관련 있는 퇴계시는 이와 같은 내용을 많이 담고 있다. 住의 舒適과 함께 학문하는 유쾌감이나 志願을 읊은 시가 특히 많다. 시제에 '言志'라고 밝히지 않는 시 중에서도 언지형의 시는 얼마든지 있다. 이들 언지시가 주로 住에 擬託하고 있음이 특징으로 나타난다. 따라서 퇴계시와 언지는 그의 철학사상 형성과 전개과정을 연구하는데 있어 가장 직접적인 자료가 된다.

1. 出生本家인 老松亭에서의 弱冠 看太虛

퇴계가 출생후 혼인하고 분가할 때까지(1501~1520) 20 년간 기거한 집은 老松亭 生家이다. 이 동안 수학을 위해서 밖에 나가 우거한 곳은 龍壽寺와 淸凉山의 寺庵과 鳳停寺들이었다. 이 때 함께 수학한 사람은 주로 형제 종반이었고, 16세 때에 종제 李壽苓과 姜翰 權敏義들이었다.

15세 때에 읊은 '石蟹'의 배경이 溫溪村과 龍頭山과 淸凉山가운데 어디인지를 알 수 없으나 蟹와 게집을 시에 등장시키고 있다. 게의 집으로써 인간의 주를 察機 洞徹하였고 나아가 인간과 우주의 존재로 인식한 세계관을 그려내었다. 15세 소년인 퇴계가 자아와 우주를 발견한 심상이다. 퇴계는 이 때 이미 矮小한 집에서도 '自有家'의 廣漠한 우주를 설정할 수 있었고, 인간과 江湖를 서로 대치 자재할 수 있는 세계관이 확립되어 있었다. '산중의 보잘 것 없는 한 줌 생애' 라고 게(蟹)에다가 의탁하였지만 그것은 퇴계 자신의 존재가 헛되지 아니할 것임을 굳게 다짐한 입지의 통고다.

     負石穿沙自有家　　前行却走足偏多
     生涯一掬山泉裏　　不問江湖水幾何　〈石蟹：15歲作〉

이로부터 3 년 뒤 18세 청년인 퇴계는 물 속으로 돌과 모래를 집으로 덮어 쓴 게의 세계에서 벗어나서 연못과 하늘이 통하는 우주로 세계를 확대시켰다.

     露草夭夭繞水涯　　小塘淸活淨無沙
     雲飛鳥過元相管　　只怕時時燕蹴波　〈野池－云遊春詠 野塘：18歲作〉

이제 퇴계의 세계인 집은 상하 좌우가 확 트인 廣闊無邊한 空空漠漠의 太虛로 전개 發揮하였다. 퇴계의 집은 이렇게 확대되지만 마음은 오히려 정적과 淸澄을 즐기는 심정으로 가라앉았다.

퇴계가 18세 때에는 아직 주자의 시를 읽지 못했다. 19세 때에 가서야 性理大全 首末(太極圖說과 洪範皇極) 두 권을 입수하여 대전 끝권에 실린 시부의 주자시를 접하게 된다. 전집을 만나기 1년 전에 이미 퇴계의 마음의 거울 속에 주자와 같은 池塘의 정적이 비쳤던 것은 퇴계의 철학 형성이 자각적이고 주체적이며 독자적인 궁리와 晝夜不寐의 做工에서 획득된 결과라 하겠다. '斯文亂賊'으로 몰릴까 봐 늘 주자에 의하여 퇴계 철학이 형성된 것으로 풀이되었지만 적어도 18세의 퇴계에게는 이러한 관계가 성립되지 않는다. 물론 集注 같은 해의에서 주자와 만난 것이 사실이긴 해도 그것은 학문방법이었지 성리학을 정면으로 상대하지는 못했다고 추측된다.

19세의 退溪詩 '詠懷'에는 주자의 영향이 분명히 드러나 보인다. 大全詩部의 朱子詩〈觀書有感〉을 읽었을 것이기 때문이다. 시를 가지고 퇴계와 주자를 비교해 보자.

半畝方塘一鑑開	獨愛林廬萬卷書
天光雲影共徘徊	一般心事十年餘
問渠那得如許淸	邇來似如源頭會
爲有源頭活水來	都把吾心看太虛
〈朱子詩〉	〈退溪詩〉

퇴계는 숲속의 집(林廬: 생가)에서 萬卷書를 애독하면서 한결 같은 마음으로 10여 년 동안 한 가지 문제를 생각해오다가 그제야 源頭를 理會하게 되었다. 주자의 이 시를 읽고 '天光雲影'의 觀察에 있어서도 적지 아니 影響을 입은 것 같다. 훗날 50세 때는 光影塘을 만들었고 60세 이후로는 陶山에서「天光雲影」의 徘徊를 觀照하려고 臺를 쌓았다.

19세 때의 퇴계는 주자의 '源頭活水'를 理會하는 외에 새롭고도 중요한 사상형성을 보인다. 이 해에 읽은 성리대전은 首末 두 권 뿐이었기 때문에 張載(1020~1070)의 西銘과 正蒙이나 邵雍(1011~1077)의 黃極經世書를 접할 기회가 없었다. 그럼에도 불구하고 퇴계의 위의 시에는 張橫渠의 '太虛'(空空漠漠한 空間)와 '내마음 태극으로 했다'는 康節의 '吾心'을 다 把持하고 있는 것이다. 이러한 사실은 곧 퇴계가 존재의 근본을 주체적으로 인식하고 있었다는 사상 형성의 한 근거가 된다.

이미 朱子·張子·邵子의 사상을 이해한 퇴계는 20세 때에 가서 고질이 생길 줄도 모르고 日夜 不輟不寐로 易學工夫에 들어갔다. 외부로부터의 가르침에 만족하지 아니하고 내부로부터 성리를 자득 각오하며 체인에 들어섰다.

2. 山人 自處한 三栢堂 志願

퇴계가 21세에 허씨부인과 혼인하고 분가한 후 26세까지 기거했을 그 집은 알 수 없다. 장남 寯이 탄생했고, 23세 때는 성균관에 유학을 가는 동안 처자만을 남겨 놓았을 그 집은 기록을 얻지 못하여 밝히지 못한다.

분가한 三栢堂에서 모부인을 모시고 있던 온계(李瀣 1496~1550)는 1526년(丙戌)에 성균관에 유학을 가면서 처자를 데리고 상경했다. 이때 퇴계는 형의 뒤를 이어 모부인의 侍養을 위해서 三栢堂 兄舍로 입사하였다.

이러한 사실은 그로부터 26년 후 퇴계가 계상서당에 있을 때, 자신이 읊은 傍字韻律詩(宗宅 老松亭과 芝山蝸舍詩)를 문인 李國樑과 金富倫이 차운한 시를 읽고서 다시 차운하여 읊은 溪上書堂 傍字韻律詩의 前註에 소상히 밝힌 기록으로 알아낼 수가 있었다.

　　往在丙戌歲 家兄遊泮宮 余侍親在兄舍 嘗於西齋吟一律 高齋蕭洒碧山傍 云云 以寄兄 兄亦和之

　　지난 丙戌年(1526)에 형님께서 성균관에 유학하셔서 내가 형님댁에 들어가 어머님을 모셨다. 그때 '西齋'란 율시 한 마리를 읊었는데 '고재는 쓸쓸하게 푸른산 결에 있는데……' 운운이다. 형님에게 이 시를 보냈더니 형님께서 시를 지어 화답하였다.

26세 때의 이 시는 젊은 時節의 퇴계의 抱負를 밝힌 志願의 言志詩

이다. 小科도 아직 하기 전인 퇴계가 自信을 가지고 人生設計와 平生 事業을 선언하였다.

    高齋蕭洒碧山傍 祗有圖書萬軸藏
    東澗遶門西澗合 南山接翠北山長
    白雲夜宿留簷濕 淸月時來滿室凉
    莫道山居無一事 平生志願更難量

이 시의 첫 구는 형사인 삼백당에서 바라본 樹谷 西壠의 白虎嶝 기슭에 있는 생가 老松亭을 읊었고, 제2구는 그 집에 소장된 萬卷書와 詩書軸을 설명하고 있다. 제3구는 溫惠洞의 동서간류가 합치는 데서 동문이 형성됨을 그렸고, 제4구는 搴芝와 靈芝 두 남북 산맥이 푸르게 뻗친 모습을 그림으로써 온혜 마을 形局을 사실적으로 묘사하였다. 5, 6구에서는 아름다운 이 곳을 밤이 되면 白雲과 밝은 달이 와서 자고 비추는 仙景을 나타냈으며, 마지막 7,8구에서는 자기가 지금은 山人이지만 평생에 꼭 이룩하고 싶은 큰 포부가 있음을 읊었다. 이 시는 言志라 하지는 않았지만 보통시가 아니고 志願을 다진 言志詩이다. 또 생애의 시간적 구분을 명쾌하게 지은 약속이며 인생설계를 과감히 밝힌 宣言狀이다.

 住와 관련된 퇴계시 가운데는 그의 철학의 특징 중의 하나인 知行並進이 이 같은 언지시 안에 담겨 있음을 본다.

 이 지원을 발표한 이듬해에 퇴계는 喪配의 고통을 겪으면서도 소과를 전부 치뤄낸다. 進士 初覆試와 生員試를 끝내고 포부의 성공을 위하여 지난의 곤경을 극복한다.

 모부인을 侍養하려고 슬하에 나아갔다가 1년만에 喪妻를 하여, 출생 1개월 미만의 둘째아들 寀 때문에 편히 모시려던 모부인을 더욱 괴롭히게 되었다. 이리하여 퇴계는 養育의 方便으로 乳母를 겸해서 治産할 後夫人을 맞아들이지 않을 수 없게 되었다. 그야말로 奉養과 育兒와 廚事를 해결하기 위한 窮餘之策이었다. 이러한 역경 속에서도 그는 세운 뜻을 司馬試에서 성취하였다. 바로 1년전에 세운 지원을 이룩해 놓은 것이다.

3. 蝸舍 藏身과 詩作 紀行

(1) 출세 준비의 草廬 藏身

27세 때 상처한 퇴계는 3년만인 1530년(庚寅)에 權氏夫人을 맞아 續絃하였다. 지산 기슭에 舍屋을 신축하고 이듬해(1531, 辛卯)에 재취부인과 입주하였다. 삼백당에서는 모부인을 모시고 乳兒 寀를 후부인이 기르고 퇴계는 朝夕省親의 日課를 충실히 하였다. 이 해 6월에는 후부인한테서 셋째 아들 寂이 태어났다. 삼백당의 가족은 모부인과 아들을 합쳐 5명이 되었다. 蝸舍의 내외와 7인 가족인 퇴계는 이 紛雜한 計活 속에서도 욕망을 성취하기 위하여 흔들리지 않았다. 32세 때에 이어 33세 때도 상경하여 세정을 살피고 성균관에 강학하였다. 河西 金麟厚를 만난 것도 이때이고 灌圃 魚得江의 초청을 받은 것도 蝸舍 時節이었다.

짧은 기간의 西行과 남도여행에서 많은 詩作을 시도했고 大科를 모두 치른 것도 와사에 거주할 때이다. 와사의 燕居와 南·西 紀行 詩作과 南·北 周遊에서 모색한 가능성의 확신은 그의 철학을 현실에 시험하는데 큰 용기가 되었다.

이러한 용기를 가꾸고 출세의 준비를 한 것이 바로 지산와사이다.

지산와사에 관해서는 부정확한 口傳故事가 있으므로 이 기회에 바로 잡아 두기로 한다. 택지를 '賜谷'이라 하고 누가 살았던 賜谷堂에 온계가 분가 입주해 있다가 성균관에 유학한 뒤 그 집으로 퇴계가 입사했다는 통설이 있는데, 이는 文典 근거가 없는 속설로서 삼백당 고사를 잘못 알고 전한 混同說話이다. 필자가 구명하기 전까지는 거의 이렇게 믿고 있었다.

賜谷堂이란 李國樑(字·庇遠, 號·賜谷)이 이 집에 기거할 때 붙인

이름이다. 暘谷이 새집을 지으려 하나 형편이 어려운 것을 보고 퇴계가 그를 와사에 들어가 살도록 讓與한 것이다. 시간적으로 도착된 설화이다. 퇴계 시의 前註를 미처 발견하지 못했기 때문이다.

온계와 지산와사가 무관하다는 근거는 퇴계의 와사시 1,2구 '卜築芝山斷麓傍 形如蝸角祗身藏'으로도 확실하거니와 前示 傍子韻律詩 序의

辛卯 余有小築於芝山之麓 又用傍字韻 以紀事 自始至今 已二十有六年 其間存沒悲歡 無所不有 而余移三徑於退溪

내가 辛卯年(1531)에 芝山 기슭에다가 조그만 집을 지은 일이 있다. 또 傍字韻을 써서 그 일을 적었다. 벌써 26 년의 세월이 지났다. 그동안 슬픔과 기쁨 등 사람의 存沒이 숱하게 있었다. 나는 세번 옮겨 퇴계에서 살고 있다.

라고 한 이 퇴계 自序 詩註는 퇴계가 지산에 始居했다는 움직일 수 없는 論據가 된다.

暘谷에게 蝸舍를 물려 준 典據도 위의 詩註에 있는데

'庇遠不以芝築爲隘 就而居之

가 곧 그것이다.

또 삼백당에서 읊은 西齋詩와 蝸舍詩가 '지산와사'시 1·2수에 합쳐 문집에 編載된 까닭은 이러하다.

又得 余前後兩律詩 粘置齋壁 昨惇敍聞遠往訪 則和其韻示之 惇敍亦次韻 幷携以見示 攬今追昔 不勝感嘆 爲之奉和 以呈庇遠 兼示二君云

또 지은 시〈高齋詩에 이어 지은 蝸舍詩〉가 있는데 내가 전후에 지은 두 율시를 한데 써서 蝸舍의 벽에 붙여 두었더니, 어제 金富倫과 琴蘭秀가 그집을 찾아갔을 때 庇遠이 내 시를 차운하여 지은 시를 보여주더라는군. 이때 金富倫도 그 운으로 시를 짓고 庇遠의 시와 함께 가지고 와서 보여준다. 지금에 와서 옛날 그 때 일을 되돌아보니 감회를 이길 수 없구나. 이제 그 운으로 화답하여 庇遠에게도 보내고 金·琴 兩君에게 보인다.

퇴계가 시의 주에서 밝혀두었듯이 李國樑이 기거한 와사의 벽에는 題材가 다른 퇴계의 두 律詩가 붙어 있었다. 이 시를 읽고 暘谷이 차운하였고, 와사를 방문한 金富倫이 앞의 세 시를 읽고 또 차운하였으며, 김부륜에게 詩作 이야기를 듣고 그들의 次韻詩를 퇴계가 읽은 후 그 때의 거처인 계상서당을 傍字韻으로 또다시 읊게 된 것이다.

퇴계가 계상서당에 始居한 것이 51세 때이므로 그로부터 26년전은 바로 삼백당에서 지원을 읊은 병술년이 된다.

결국 와사의 벽에 방자시 두 수가 나란히 붙어 있었기 때문에 이들 모두를 지산와사시로 간주하게 된 것이다.

```
卜築芝山斷麓傍    形如蝸角祇身藏
北臨墟落心非適    南挹烟霞趣自長
但得朝昏宜遠近    那因向背辨炎凉
已成看月看山計    此外何須更較量    〈芝山蝸舍〉
```

이 시에는 퇴계의 生涯一掬의 세계관과 일관된 林廬 舒適의 생활철학이 명확히 드러나 있다.

15세 때 '負石穿沙하니 自有家라'한 心象과 31세 때 '形如蝸角에서라도 祇身藏할 수 있다'는 思想은 脉을 같이 한다. 인간이 자연을 파괴치 아니하고 겸손하게 그 一極小部를 점유해야 하고, 宇宙의 一掬에 불과한 人間存在이긴 하나 天地의 合德에 감사하며, 林間 草廬에서라도 몸을 가꿀(藏身) 수 있다는 자신으로 항상 자연과 融會하고 畏敬하는 사상이 확립된 것을 보여주고 있다.

퇴계는 이 집에서 대과 초·복시에 급제한 뒤 입주 4년만에 宦路에 발을 들여놓아 中央 官僚로서 진출을 하였다. 그는 看山看月하는 三徑의 야인 생활만을 즐긴 것이 아니었다. 청운의 지원을 품고 크게 내닫기 위해 氣運을 蘊蓄하노라 움츠렸을 뿐이다. 그 꿈이 어느 정도였던가는 그로부터 26년 뒤에 계상서당에서 읊은 방자운률시를 읽어 보면 이해가 된다.

'因思卄六年前事　東海添愁浩莫量'

26년 전 일을 도리켜 생각해 보니
동해보다 더한 근심 헤기 어려워라

　퇴계의 26년 전 지원이 얼마나 광대하였으며 그 내용이 구체적으로 어떤 것이었는지 밝히고 있지는 않으나, 그 꿈을 실현키 위하여 약 30년간 어떻게 노력했으리라는 것은 충분히 상상할 수 있을 것 같다.

(2) 南·西 紀行과 灌圃와의 道契

　芝山蝸舍에서 1년을 보낸 퇴계는 다음해 상경하여 文科 初試 別擧에 합격하고 돌아온다. 回程에는 路邊의 村家에서 도적을 만나지만 凝然不動한 동작 때문에 일행이 그의 德器와 膽略이 남다르다는 사실을 발견한다.

　이 해의 서행길은 과거를 위한 행차였지만 士林의 學風과 政界의 動向을 아는데 더 유익하였다. 퇴계로서는 외계로 나가느냐 三徑의 野人으로서 학문에만 전력하느냐 실로 중대한 기로였던 것이다. 일단 초시에 합격한 후 귀향하여 동요된 마음을 수습하기로 하였다. 그러나 留京과 成均館 游學은 별로 마음에 없었다. 이러한 때 昆陽郡守 灌圃 魚得江으로부터 초청을 받았다.

　1533년 봄 퇴계는 昆陽을 가기 위하여 처가 마을 宜寧에 들러 어른들을 뵙고 咸安·晋陽을 거쳐 곤양으로 가는 남행을 한다. 이 남행은 詩作行이 됐고 단기간에 많은 시를 읊어 南行錄에 묶었다. 필자는 1989년 2월 14일부터 3월 12일에 걸쳐 퇴계의 남행 전역을 일일이 답사하고 鼻岩과 法輪寺址도 찾아내었으며 답사 보고를 여러 지면을 이용하여 발표하였다.

　곤양에서 어관포를 만나 시를 화답하고, 관포가 興海에 이어 昆陽 僻地官衙에서도 교육과 牧民을 한 것을 보고 퇴계는 새로운 결심을 하게 된다. 南行을 마친 퇴계는 그 여름에 재차 상경하여 성균관에 유학한다. 魚灌圃와의 만남은 실로 退溪 行蹟에 있어 결정적인 契期가 된다.

성균관에 유학한 것은 23세 때에 이어 두번째의 유학이나 당시의 士風은 浮薄하여 실망만을 안겨주었다. 많은 儒生들 중에서 오직 한사람 河西 金麟厚만이 유학에 관심이 있었다. 두 사람은 뜻과 도의가 서로 契合하여 知己가 되었고 학문을 講磨했으며 세상을 논하였다. 富貴를 浮雲같이 생각하고 虛舟같이 處世하려는 퇴계의 사상에 河西가 공명하고 따랐다. 남행에서 灌圃를 만난 것이 奇緣이라면 서행에서 河西를 얻은 것은 큰 惠遇였고 부박한 세상에도 眞人이 있음을 안 후 퇴계는 고독을 달랠 수가 있었다. 특히 퇴계는 道를 아는 河西한테서 '夫子' 라는 칭송의 시 '夫子嶺之秀 李杜文章 王趙筆'을 받았고 30세 초에 문장과 글씨가 명인의 경지에 달해 있음도 평가받았다.

퇴계는 여름에 성균관에 들어갔으나 하서 외에는 儒者다운 사람을 만나지 못하고 獨愛林廬의 일념에서 초가을에는 귀향하고 만다. 京試에서 得을 보기보다는 지방시를 치루어 실력이나 시험하는 것이 옳다고 생각하여 慶尙道 鄕試에 赴擧하여 第一位로 명성을 떨쳤다.

이해 남행에서 퇴계가 109 수나 되는 많은 시를 읊었는데, 그 중 '宜寧寓宅東軒韻'과 '梅花詩', '過泉谷寺', '次魚得江東洲道院十六絶'은 퇴계의 철학형성과 詩作譜에 있어서 중요한 의미를 갖고 있다.

또, 壬辰·癸巳 兩年間에 읊은 西行錄 詩(39 수, 남행록과 합하면 모두 148 수) 중에서도 目的 實現을 위한 意志 表白이란 관점에서 본다면 '早朝到明禮坊家家兄入仕大年歸雙里門獨坐賦此'는 매우 의미 심장한 시사를 하고 있다고 하겠다.

이제 南, 西 紀行에서 읊은 시를 가지고 보다 구체적으로 퇴계의 심상을 살펴보기로 한다.

먼저 西行錄의 '早朝到明禮坊家家兄入仕…' 詩를 음미하기로 하자.

劍珮鏘鏘滿曉聽　　微垣臣入五雲局

小齋惟有圖書靜　　還似當年舊院庭

細雨今朝欲濕泥　　南風時復舞槐枝
我來獨自關門坐　　爲賦思君一首詩

風雲漠漠困淵沈　　世事終難愜素心
從此不如歸舊隱　　白雲深處聽溪音

　이 시는 서울에서 떠나고자 아침 일찍 형님 溫溪에게 작별을 고하려고 갔으나 형은 벌써 출근한 뒤였고 거기 있을 줄 알았던 大年(從弟 壽芩의 字)마저 雙里門으로 돌아간 뒤였다. 퇴계는 혼자서 시를 읊고 돌아갈 마음을 굳혔다.

　附點한 各絶의 轉結句를 보면 작지만 蝸角 草屋과, 溫惠의 각 院庭과, 白雲深處의 仙景과, 거기 남겨 놓고 온 가족이 그리워 돌아가야 했음을 알 수 있다. '爲賦思君一首詩'는 바로 이러한 심경을 나타낸 것이라 하겠다. 그 가운데에서도 돌아가고자한 뜻을 더욱 굳힌 것은 素心을 이룰 수 없도록 하는 곤하고 漠漠한 世態 風情이었다.

　퇴계는 그 소심을 억제하고 고향으로 돌아가게 되었지만 그의 감정과 發奮은 시가 되어 나타난다. 이때의 심경과 심기 전환을 퇴계는 '寓目興懷하면 輒癢吟諷이 不絶於口'라고 토로해 두었다. 표연히 떠나는 그의 남행길은 詩仙 行脚과 같은 발걸음이었다. 이보다 앞서 퇴계는 蝸舍의 善補堂에서 온계를 모시고 金關西廂의 玉局을 두들기는 詩仙 꿈을 꾸었고 靈芝山人이라 號할만큼 翠屛 淸臺에 돌아온 것을 自足하였다.

一帶茶煙隔翠屛　　淸臺花發夢魂煢
何人院落深如許　　一笑渾如到玉局
　　　　　　　　　　〈足夢中作：遺集 卷三 外篇 葉21～22〉

곤양으로 가는 도중에 月牙山 靑谷寺에 들려

金山道上晚逢雨　　　青谷寺前寒瀉泉
　　　爲是雪泥鴻跡處　　　存亡離合一潸然

을 읊고 형제간 存亡離合의 聚散을 눈물로 시름하지만 어관포를 만나 새로운 전기를 얻는다.

　관포와 道合의 會心을 즐겼고 시를 화답하면서 吟技와 興嗜를 마음껏 나타내보여 관포로부터 絶世名人의 詩能力을 인정받았다. 관포에게는 東洲道院詩의 차운을 부탁받았을 뿐 아니라(滉見先生於昆陽 先生示以此令和之 滉不敢辭), 그로부터 25年 뒤에 그의 詩集의 跋文을 써야 할 관계를 그때 맺게 되었다.

　퇴계는 관포가 흥해에서 동주도원을 베푼 취의를 동조하였으며, 곤양에서도 그대로 옮겨 실시하라고 권할 정도로 서로 교학에 뜻을 같이 하는 사이가 되었다(今先生來茌于昆 昆之閑僻 不減於興 則道院之稱 移之於昆 豈不可也 未審先生 以爲何如).

　또 퇴계와 관포는 시를 唱和하여 詩仙으로서 밀접한 交誼를 맺었다. 이러한 사실은 퇴계가 읊은 '不願天仙作地仙' '能得詩仙瘴海頭' '方丈羣仙知得未 此邦風采倍華鮮' 등의 시구가 설명해 주고 있다. 이때의 퇴계의 南游는 관포와의 道義交際 뿐 아니라 親梅의 結椽과 함께 梅花詩人으로서 출발하는 계기도 되었다.

　퇴계는 곤양에 가기 전에 宜寧 白岩村에서 처음으로 春梅와 落梅詩를 읊었다. '宜寧寓居東軒韻'으로 落梅를 상심하였고, '매화시'에서는 매화의 높은 情韻과 氣品을 禮讚하였다. 곤양에서는 관포의 시를 읽고 관사에 매화를 심어서 관가를 교화의 집으로도 쓰면서 爲己之學을 할 수 있다는 處世 無妙處의 用工을 발견하였다. 이 사실은 퇴계가 다음 진로를 택하는데 있어 획기적인 動因이 되는 것이다.

　퇴계는 다음 시로서 그 사실을 표현해 놓았다.

　　　心煩野事爲塵事　　　機靜官家即道家
　　　目擊可能無妙處　　　爲令官閣種梅花　　　公在興海亦種梅子官舍

관포와 퇴계, 퇴계와 매화 관계를 형성한 33세의 南遊는 그 간의 藏身과 사회진출을 목전에 두고 있는 시인이요. 도학자인 퇴계에게 적지 않는 소득을 주었다. 在苙 閑僻의 治者觀과 도학의 실천 가능성에 자신을 얻은 퇴계는 오히려 관포에게 동주도원 사업을 곤양에서도 계속하도록 권유할만큼 牧民觀과 爲學 思想이 확립되었다.

(3) 及第 出身과 退歸 決斷

퇴계가 시인이고 牧民官인 어관포를 만나 治敎 兩面에 겸전하고 있는 것을 보고 힘을 얻어서 이 해 여름에는 다시 성균관에 들어갔다. 그러나 작금의 世路風雲은 草野에서 기른 포부를 펼 수 있는 때가 아니었다. 霜鍔 같은 爭功의 士風이 퇴계를 다시 嶺外로 물러서도록 정신을 逼迫하는 것이었다. 그리하여 달을 보며 시를 읊어 귀향을 결심했고 鄕試에 赴擧하기 위해 七月에 낙향을 단행하였다.

퇴계가 그 때 心懷를 읊은 '將東歸對月吟懷'는 世態와 퇴계 행적을 고찰하는데 있어서 더할 수 없이 소중한 昭明 자료가 된다.

世路悠悠昨又今　　風雲奇氣鬱沈沈
薑鹽各抱圖南志　　草野誰無拱北心
嶺外白雲歸意促　　月中丹桂到頭臨
年來豈有如霜鍔　　高擬年功秀士林　〈將赴嶺南鄕試〉[1]

서울에 올라가 뜻을 실현해보려고 초야에서 포부를 가꾸어왔지만, 막상 상경하여 世流 風情에 접하고는 회의와 실망이 커서 귀향하고 말았으나 그 허탈감이 전혀 없었던 것은 아니었다. 이러한 때 모부인과 형님들의 격려는 퇴계에게 심기 전환에 큰 힘이 되었고, 孝順(親父母·事師長)에 철저한 퇴계가 어른들의 말씀을 거역할 리도 없었다.

또 퇴계가 선현들이 출사 퇴귀의 과정을 통하여 의지를 도모하고 있었던 사실을 알고 있는 터라 굳이 科第를 피해야 할 이유가 없었다.

---

[1] 이 때 嶺南道試에 應科하여 일등으로 합격하였다.

기왕 초시에 응한 이상 治人하는데 필요한 최소한 급제 정도는 거쳐야 한다고 마음을 고쳐 먹었다. 言行通錄에 퇴계의 自述이 있으나 여기서는 생략한다.

퇴계는 가을의 경상도 향시에 응시하여 일등에 參榜하였고, 이듬해 1534년 3월에는 복시에 응시하여 급제하였다.

그뒤 퇴계는 30대 말기에 母夫人喪 祥期 3년간을 제외하고 承文院, 成均館, 弘文館, 司諫院, 司憲府, 戶曹, 刑曹, 侍講院, 議政府 등의 官衙에서 근무하면서 末端의 九品에서부터 시작하여 從三品까지의 직책을 성실히 수행하고 淸官 公道의 모범을 보였다. 때로는 경연에서 왕에게 국사를 바로잡아 규모를 세우고 외척의 擅橫을 막으며 궁중 경비를 撙節히 써서 저축을 강화하라고 날카롭게 陳啓도 하였다. 왕과 중신의 신임을 받아 충청·강원·경기의 救荒 檢察 御史로 차출되어 悖政汚吏를 다스리고 荒政을 바로 잡으며 국왕의 愛民至治를 펴는데 심력을 다 기울였다.

퇴계는 출사 7년만에 榮官을 즐기지 않는 고결한 관료로서, 쉬지 않고 학문을 탐구하는 학자로서, 理路 整然한 경륜가로서 인정을 받기에 이르렀다. 특히 홍문관 교리 때 晦齋 李彦迪(副提學), 東皐 李浚慶(直提學), 雙翠軒 權轍(校理)과 함께 共疏[2]한 一綱(致中和) 九目疏(宮禁 不可不禁, 紀綱 不可不正, 人材 不可不辨, 祭祀 不可不謹, 民隱 不可不恤, 敎化 不可不明, 奢侈 不可不禁, 刑獄 不可不愼, 諫諍 不可不納)는 정책 이론으로서 時政 機務를 개혁하는 중요한 정책이기도 하였다.

이 동안 퇴계는 최장기간 漢陽에 머물러 있었고 40대 초년에 진입하게 되었다. 퇴계가 41세 3월에 賜暇讀書의 광영을 입어 東湖 讀書堂에 選入되고 文學之士로서 독서에 정진하고자 했으나 왕은 그에게 오랜 말미를 주지 않았다. 불과 1개월 시간 밖에 얻지 못하고 마음에도

---

[2] 弘文館上疏.

없는 憲府와 玉堂 생활을 해야 했다. 그리고 건강이 좋지 못한데다 43세 때는 三道 어사로 차출되어 지방출장의 격무에 시달리게 되었다. 출사해서 8년간 복무한 관직을 회고 반성하고 퇴계는 새로운 진로와 욕망을 실현할 수 있는 방향을 모색했다. 이때의 퇴계는 육체적으로 피로해 있었고, 정신적으로도 극도로 지쳐서 진정할 수 있는 시간과 정양할 수 있는 곳이 필요하였다. 그러므로 그의 마음은 늘 고향에 가 있었다.

'足夢中作'시는 바로 퇴계의 이러한 心像을 설명해 준다.

   霞明洞裏初無路 春晚山中別有花
   偶去眞成搜異境 餘齡還欲寄仙家

이 시는 壬寅年(1542) 2월 20일 밤에 예안 산수간을 찾는 꿈을 꾸고, 꿈 속에 읊은 '春晚山中別有花'를 완성한 시이다.

퇴계는 자주 夜夢과 욕구의 꿈을 移入 連結하여 생활로 발전시키는데 이 때도 '余不知是何境 而是何祥耶'하고 상서로운 현실 문제가 미래에 닥칠 것을 기대하였다.

43세가 되자 2월에 병으로 사직을 하게 된다. 그 동안 있는 힘을 다하여 충실히 근무했으나 병환이 심상치 않자 더 이상 仕路에서는 뜻을 펼 수 없을 것을 알고, 3월에 '病中言志' 시를 읊으며 30대를 일기로 仕路를 매듭짓고 전원에 돌아가 평생사업을 이루려 한다.

   向來樗散質[3] 平生丘壑期
   悵望靑山廓 目送○[4]雲歸

이 해 8월 휴가를 얻어 觀親가는 河西 金麟厚를 보내면서 '有送金厚之修撰乞暇觀親'을 읊고 퇴계도 政街를 떠날 것을 결심하게 되었다. 이 시에는 하서와 뜻이 맞았다는 사실과 자신의 立社 本旨가 부귀에

---

3) '樗散質'이란 무능하여 아무 쓸 데가 없는 사람을 말한다.
4) ○은 缺字. '白'字이었을 것이다.

있지 않음을 분명하게 밝혀두려 하고 있다.

   我昔與子遊泮宮 一言道合欣相得
   君知處世如虛舟 我信散材同樗櫟

   富貴於我等浮雲 偶然得之非吾求
   秋風蕭蕭吹漢水 海山千里君先去

그 두 달 뒤 퇴계는 成均館司成의 발령을 받고도 성묘하러 간다고 말미를 얻어 귀향한 후 11월에 禮賓寺副正으로 소환했으나 부임하지 아니하였다.

이보다 후일에 퇴계가 南冥 曺植에게 보낸 서간에서

  정력은 늙고 병들었으며 학문을 전공할 수 없어서, 욕망을 성취시키기에는 금후 도저히 불가능하기 때문에 癸卯年(43세)부터 退休의 뜻을 굳혔고, 그 뒤 잦은 召還에는 할 수 없이 응했지만 朝廷에 오래 머물어 있지 않았다.

고 하였다.

40대초에 들어선 퇴계는 몸을 無用의 樗櫟으로 봐서 政務에 자신을 잃었고, 浮雲 같은 부귀에 戀戀할 것도 아니므로 학문을 성취시키기 위하여 은혜에 돌아가기로 결단을 내린 것이다. 이 때까지의 퇴계의 거처는 漢陽 西小門 私邸였으나 고향 집은 지산와사 그대로 있었다.

4. 東巖 養眞庵에서의 病休와 頤神

40대의 불혹에 들어선 퇴계는 10수 년간 관계에서 국왕을 받들며 나라와 국민을 위해 충성을 다하여 일했다. 권력과 세도에 욕심을 가진 부류들의 無所不爲의 專橫을 견제하며 때로는 다른 사람이 감히 입 밖에 내지 못하는 정책을 啓陳하기도 하였다. 사회정의와 도덕심보다 奸黨의 譎計가 세상을 뒤덮은 때에 인도의 이론을 지키느라 정신은 극도로 지쳐버렸다. 격무에 지친 몸은 養身이 급했고, 涸濁한 세파에 시달린 素心은 산수간에 의지하여 頤神과 양진을 아니하면 안되었다.

그러면 퇴계가 출사한 후 양진암 휴양에 들어가기까지의 그 시대의 政情과 퇴계가 국정에 참여하여 이바지한 주요 사실을 정리하여 왜 쉬어야 하고 교육쪽으로 방향을 바꾸어야 했던가 살펴보기로 한다.

연도 (연령)	퇴계의 활약(月)	정치 정세(月)
1534 (34) 甲午	○文科 及第 出身(3) ○承政院權知副正字와 藝文館 檢閱 및 春秋館 記事官을 兼任選補 金安老가 막아서 承文院副正字만으로 바뀜. ○文臣들의 廷試(耆英會圖排律十韻)에서 일등을 함.	○金安老와 許沆이 辛卯年間의 時政記를 수정함. ● 李璋 杖流·金安老 徐祉敍用 ● 金安老 禮判·金安老와 臺諫을 論啓함. ● 沈貞 賜死·金安老를 大提學으로 任命함. ○文定王后가 경원대군을 낳음. ○李荇이 謫所에서 죽음(10) ○韓老元 領議政, 金安老 右議政이 됨.
1535 (35) 乙未	○護送官이 되어 東萊까지 倭人을 護送함.	○洪遇을 杖刑 후 귀양 보냄. ○陳宇를 죽이고 張玉 等을 流配함. ○金安老가 左議政이 됨.
1536 (36) 丙申	○成均館典籍 兼 中學教授(6) ○戶曹正郎(9)	○勸善戒惡의 書를 纂修·諺解시킴.
1537 (37) 丁酉	○母夫人 別世, 居喪(10) ○母夫人 葬禮(12) ○6품에서 승진한 후 외직으로 나가서 母夫人을 편하게 모시	○鄭光弼을 귀양보냄. ○尹元老, 尹元衡 兄弟를 流配. ○金安老 賜死. 그 일당을 몰아냄.

연도 (연령)	퇴계의 활약(月)	정치 정세(月)
	고자 했으나 當路者가 막아서 뜻을 못이루고 서울에서 奔喪함.	○日本國王 使臣이 와서 通信使를 청하였으나 불허함. ○都城內의 巫家와 새 절을 撤毁시킴.
1538 (38) 戊戌	○母夫人 服喪	○己卯士禍 때의 죄인을 敍用함. ○星州史庫를 全燒함. ○鄭光弼이 流配地에서 죽음.
1539 (39) 己亥	○祥期가 끝남.(12) ○弘文館修撰知製教 兼 經筵檢討官(溫溪가 春秋官에 兼職으로 있었기 때문에 記事官은 혐의스럽다고 피함.)	○崔世珍이 皇極經世說을 撰進함. ○權撥을 明에 보내어 宗系의 改正을 奏請시킴. ○李彦迪이 一綱十目疏를 올림[5]
1540 (40) 庚子	◎司憲府持平—經筵에서 刑政과 宮中宴樂撤廢를 陳啓함. • 旱魃을 이유로 죄인을 放免하고 형을 가벼이해서는 안된다고 진계함. • 궁중의 饌羞를 줄이고 宴樂을 철폐하라고 진계함. ○刑曹正郎으로 옮김. ○앞서 陳啓한 刑政과 宴樂 撤廢 문제로 成世昌, 李浚慶과 함께 罷職됨. ○刑曹正郎으로 복직(9) ○弘文館 校理로 승진(10)	○金安國 大提學이 됨. ○歷代 實錄을 謄寫하여 星州史庫에 봉안함. ○중국에 가는 사람들에게 銀을 못 가지고 가게 함.
1541 (41) 辛丑	◎經筵에서 牛疫과 災異를 막기 위해서 天人相應의 理를 바탕으로 誠을 다할 것이며 人心을 和合시키라고 진계함.(3)	○몰래 銀을 숨겨 나가는 자에게 死刑을 감하는 법 개정. ○불을 밝히고 강도질하는 무리가 도성 아래 횡행함.

---

5) 晦齋先生의 一綱十目疏『晦齋先生年譜』:己亥 49歲 11月條
　一綱:人主之心術. 十目의 一. 嚴家政, 二. 養國本, 三. 正朝廷, 四. 愼用舍, 五. 順天道, 六. 正人心, 七. 廣言路, 八. 戒侈欲, 九. 修軍政, 十. 審機微.

연도 (연령)	퇴계의 활약(月)	정치 정세(月)
	◎弘文館 同僚(副提學 李彦迪, 直提學 李浚慶, 應教 柳辰仝 校理 權轍)와 一綱九目疏를 올림.6) 〈聖學本末을 시정에 반영하라고 極陳進啓함(4). ○義州에 외교 문서 처리와 點馬할 일로 출장감.(6) ○돌아오는 길에 摘奸의 명을 받아 다시 의주로 감. ○經筵 開講을 위하여 摘奸을 그만 두고 급히 상경하라고 명함. 경기지방에 災傷御史로 나감.(9) ○司憲府持平(11) ○병으로 사직을 원함─成均館典籍과 刑曹正郎을 명함.(12)	○婚姻奢侈를 금단하는 節目을 정함. ○周世鵬이 豐基郡守가 됨.
1542 (42) 壬寅	○2월 20일밤 꿈에 고향 산수간을 소요함. ◎'일대의 興隆은 일대의 規模에 있고 外戚으로 인하여 나라가 망한 예가 많았다'고 경연에서 陳啓함.(3) ◎議政府檢詳에 올라 충청도의 각 고을의 救荒과 摘奸을 하기 위한 어사로 나감. ◎'三年救災穀儲蓄策'을 陳啓함. ○災傷御史의 御旨를 받아 강원도로 출사함. ○御史所任을 마치고 복명함. 국왕의 宣醞을 하사받음.(9)	○日本銀 一萬五千兩을 무역함. ○周世鵬, 順興 白雲洞에 安珦의 祠廟를 건립함. ○溫溪가 慶尙道 賑恤敬差官으로 出使함. ○大司憲 李彦迪이 箚子로 至誠格天之道를 陳啓함.

---

6) 一綱九目疏:一綱은 致中和이며 九目은
  一. 宮禁不可不嚴, 二. 紀綱不加不正, 三. 人材不加不辨, 四. 祭祀不加不謹, 五. 民隱不加不恤, 六. 敎化不加不明, 七. 刑獄不加不愼, 八. 奢侈不加不禁, 九. 諫諍不加不納『中宗實錄』卷95, 36年 辛丑 4月 初2日 戊午條.

연도 (연령)	퇴계의 활약(月)	정치 정세(月)
1543 (43) 癸卯	○朱子全書의 교정을 啓請함. ○病으로 사직을 원함.(2) ○司諫院 司諫으로 임명했으나 병으로 사직함.(8) ○成均館司成이 되었으나 귀향하여 성묘하고 머뭄.(10) ○禮賓寺副正을 제수했으나 부임치 않으려는 뜻을 굳힘. ○司憲府掌令의 임명을 받음.	○金安國이 죽음(1) ○大司諫 具壽聃이 大尹과 小尹의 당이 생겼다고 진계함.(2) ○東宮이 全燒됨.
1544 (44) 甲辰	○弘文館校理로 환경함.(2) ○병으로 사직.(6) ○명나라에 보내는 부고와 請諡表 지음. 表辭와 서법이 절묘하다고 賞嘆을 받음. ●조정에서 말을 하사함. ○부친의 묘비를 세움.	○下三道의 有罪人을 뽑아서 변방에 보냄. ○中宗이 昇遐함.(11) ○倭船이 蛇梁鎭에 入冠함. ○日本國의 王使 以外의 倭人一切를 拒絶키로 함. ○加德鎭에 성을 쌓음.
1545 (45) 乙巳	○병으로 홍문관에 불참함. 遠接使 從事官을 병으로 李湛과 바꿈. ○왕명으로 陵誌를 지어 올림. 中宗의 輓辭를 지음. 發引 때 大祝官, 卒哭 때 大祝官(仁宗 陪行)(2) ○河西 金麟厚가 내방함.(4) ◎7월, 交隣하자는 日本 使臣의 上疏를 拒絶하지 말라는 『請乞勿絶倭使疏』(2192자) 올림.(7) ◎尹元老를 치죄하라고 朴光佑, 柳希春, 李元祿, 朴承任 등과 함께 청계함.(7, 8) ○7월 18일 弘文館職을 사직, 네번만에 8월 18일 해면됨.	○趙光祖의 官職을 追復함.(6) ○仁宗昇遐〈尹任의 생질〉(7) ○慶原大君(峘)(明宗)이 왕위에 오름〈尹元衡의 생질〉. ○王大妃가 攝政하고 院相을 둠. ○尹元老를 海南에 부처함. ○尹任을 賜死함〈乙巳士禍〉(8) ○'請乞勿絶倭使疏'를 함께 올리자고 했으나 동료들이 해를 두려워 모두 피함.

연도 (연령)	퇴계의 활약(月)	정치 정세(月)
	◎弘文館 典翰을 拜命함.(9) 사화가 심하여 鳳城君을 蔚珍에 流配, 구명에 힘쓰다가 안되어 病辭함. ○李芑의 계청으로 削奪官職 후, 李元祿과 林百齡이 李芑에게 부당성을 논하여 직첩 환급.(10) ○12월 2일 장인 權磌 別世. 아들 寯은 烏川 贅居함.	
1546 (46) 丙午	○1월 22일 장인 權磌을 仙原에 장례함(墓碑文 自作 自書). ○병 때문에 상경을 중지하고 草谷(榮州) 農庄에 머뭄.(4) ○龍壽寺로 들어감.(4) ○해직됨.(5) ○7월 2일 권씨부인 京邸에서 별세함. ○召命不赴(8) ○11絶景을 探勝함.(가을에 부인 葬禮)	○尹元老가 동생 元衡과 권력을 다투다가 파면됨.(2) ○尹元老를 위리안치함.(3) ○兩司가 尹任 등 남은 무리를 논죄함.
1547 (47) 丁未	○1월 23일 丈母 별세함. ○月瀾臺 寓留:七臺三曲 詩作.(3) ○월란대에서 心經을 공부함. ○武夷九曲櫂歌次韻. ○安東府使 不赴.(7) ○弘文館應教로 상경(8) ◎入侍朝講 '三統之義' 進言(9) ◎經筵朝講 '用人論' ○三冬을 쉼(휴가), 귀향. ○장모를 仙原에 장례. ○鄭惟吉, 李鐸, 李元祿 來訪.(12) ○人物教育論 '사람은 各己 才能이 있음'을 강조함.	○院相을 그만 둠.(2) ○對馬島에 許和하여 約條를 개정함. ○獷賊이 都城안에 횡행함. ○壁書의 獄 일어남.-鳳城君 岏과 宋麟壽를 賜死함.(9) ○尹任 등의 推案을 撰修시킴.(10) ○尹元老를 賜死함.(12)

위의 표에 보인 바와 같이 퇴계는 1534년에 출사를 시작한 후 양진암을 조성하여 病休하기까지 14년간 주요 정책 11가지를 직접 경연의 자리에서 국왕에게 진언하거나 箚子와 疏狀을 통하여 진계하였으며, 三道에 어사로 나가 悖官을 治罪케 하고 荒政을 바로잡고 恤民을 救濟하였다.

남쪽은 東萊에서부터 북쪽은 義州에 이르기까지 출장을 다니며 왕명을 받들어 임무를 수행하였다. 內治 외교면에서 그의 힘이 미치지 않은 곳이 없었다. 罷官도 두려워하지 않고 궁중 법도를 바로잡고자 진계하였으며, 감히 거론키 어려운 用人論과 三統之義도 啓陳하였다. 憲官과 刑官으로 있을 때는 법과 대의를 바로 세우고자 애썼고, 사화의 渦中에서도 德治와 紀綱 回復을 忠諫하였다. 日本과의 외교에 있어서는 미래의 국운을 예견하여 정계의 반대에도 불구하고 혼자서 장문의 소를 올려 절교하지 못하도록 상계하였다.

퇴계는 두 번이나 파직의 수난을 겪은 위에 病魔에 시달리면서 南奔西走하는 격무 때문에 심신이 극도로 지쳐 있었다.

이러한 가운데 賢臣들은 유배와 誅戮을 당하여 사라지고 凶黨 戚奸들이 國權을 專橫하는 판국이라 정계에서 벗어나 학문과 교육을 통하여 난세를 新民코자 하였다. 퇴계의 이 新民 事業은 뒷날 國家를 再造하는 대업을 맡아 성취한 인물을 통하여 그 공이 나타났다.

퇴계가 1546년 1월에 장인 權磧公의 장례를 지내려고 귀향했다가 병이 더하여 상경치 못하고 고향에서 정양하다가 7월에 권씨부인의 상을 당하자 返葬한 후 그대로 머물고 있었다. 祥期가 끝나는 이듬해 7월까지 향촌에 머물렀지만, 이 동안 그는 사업계획을 세웠고 생애의 진로방향을 완전히 바꾸어 놓았다.

부인을 靈芝山麓에 장례한 후 근처의 東巖을 의지해서 양진암을 造成하고 頤神에 들어갔다. 溪莊이라고도 하는 이 庵에 기거하고 자연과 더불어 생활하면서 읊은 시에서 그의 志趣와 欲望이 확연히 나타나 있다.. 퇴계의 중년기 사상 형성은 이러한 쉼과 지나온 歷逕의 반성에서 이루어진 것이다.

퇴계는 從姉壻 吳彦毅에게 보낸 시에서 양진암을 開庵한 뜻을 이렇게 표현하고 있다.

   草草開庵號養眞 依山臨水足頤神
   故人千里如相識 書面先題兩字新
        〈養眞庵得吳仁遠書有養眞字因寄一節〉

또 퇴계는 동암에 기약하기를 일시 병으로 쉬기는 하되 결코 은퇴하는 眞休가 아니라 하였다. 학문에 생애를 擬托할 뿐 정녕 詩僧의 도를 취하는 것이 아니라고 다음과 같이 읊었다.

   新卜東偏巨麓頭 縱橫巖石總成幽
   煙雲沓靄山間老 溪澗彎環野際流
   萬卷生涯欣有托 一犁心事歎猶求
   丁寧莫向詩僧道 不是眞休是病休

그리고 퇴계는 또 한 편의 '東巖言志'라는 시에서 기이한 古岩을 얻어 幽居하고 있노라니 힘을 損耗하며 논란하는 일도 없고 天開眞樂과 優遊思索을 마음껏 할 수 있어 만족하다고 하였다.

   剔蔚搜奇得古巖 幽居從此更非凡
   休論費力開堂宇 且待成陰植檜杉
   已著幻輿安用畫 可藏商浩不應饞
   天開眞樂無涯地 築室優游思莫緘
    〈邵康節詩：築此巖邊小書室 樂吾眞樂無涯地：東巖言志〉

이 뿐만 아니라 퇴계는 이 양진암에서 할 일을 '耕'字韻으로 읊고 마음을 굳혔다. 詩題 '晨至溪莊偶記東坡新城途中詩用其韻二首'가 말해 주듯이 새벽에 溪莊(養眞庵)까지 가서 蘇東坡의 '新城途中'의 시운으로 시를 읊었는데 두 시의 끝구에 그 의지가 잘 나타나 있다.

山翁笑問溪翁事　　只要躬耕代舌耕

은 첫마리의 결구인데 '산중의 어떤 늙은이가 웃으면서 퇴계의 할 일이 무엇이냐고 묻기에 몸소 밭가는 일도 중요하겠지만 나는 혀로서 대신 갈려하오'라고 대답하였다는 것이다. 山翁이 새벽에 나와 퇴계를 만났는지 퇴계가 산옹이 되어 自問自答하였는지는 알 수 없으나, 퇴계의 사업이 代舌耕이라는 것은 분명하고 혀로 밭갈이한다는 것은 곧 남을 가르치는 교육사업임에 틀림이 없다.

그리고 다음의 제2수에서는 王恩을 저버려서는 안될 줄 알지만 병중이라서 돌아와 혀로 밭갈이하는 것이 가장 적합하다고 읊었다.

聖主洪恩知不棄　　只緣多病合歸耕

이 뒤에 퇴계가 읊은 '偶書·卽事·偶成' 등 시를 보면 20 년간 획득하고자 한 일을 두고도 아직 草廬를 이룩하지 못했으나 素志에 어긋남이 없었는데, 이제 계장에 卜棲하게 되었으니 먼저 조그마한 菜圃를 만들어 蔬菜를 가꾸며 靑山을 문호로 하고, 碧澗에 흐르는 맑은 물로는 노래하는 뜨락으로 삼겠다 하였다.

　　爲卜幽棲地　　先栽小圃蔬
　　靑山當對戶　　碧澗擬鳴除
　　卄載方爲社　　三椽尙未廬
　　但無違素志　　貧窶我焉如　　〈溪莊偶書〉

퇴계는 卜地한 溪村에서 평화로운 광경을 보고 野人된 興趣에 겨워 그림같은 風致를 시에 담기도 하였다. 닭과 개가 아이들과 함께 들판에서 뛰노는 모습, 대문이 반만큼 열린 숲속의 조용한 집, 밤사이 내린 비로 항아리에 가득 찬 물위에 구름이 떠가는 모습들은 淸淨과 극치를 이룬 풍광이었다. 뽕잎을 다 먹은 누에는 섶에 올라갔고, 제비가 집을 다 짓자 보리도 익었으며, 벌이 새끼를 많이 쳐서 겨울엔 벌통을 더 늘려야 하는 것에서도 퇴계는 시흥을 느껴 '溪村卽事'를 읊었다.

禾麻鷄犬共兒孫　　碧樹陰中半掩門
昨夜龍公行雨過　　曉盆淸戴白雲痕

桑葉稀時蠶上簇　　燕巢成後麥登場
近來屢作蜂王室　　贏得天寒割蜜房　〈溪村卽事 二首〉

　이러한 동암 일대가 퇴계는 養眞하는데 쾌적한 듯 六言詩로 읊어서 마음이 평안하여 약이 된다고 하였다(閒臥安心是藥). 또 야인으로 돌아와서 簡單容易하게 茅屋을 지어서 들어앉으니 병도 한층 가벼워지며 오는 손님 맞아 냇가에 자리를 깔고 놀다가 흥에 겨우면 등산도 하는 게 더할 수 없는 즐거움이라고 만족해 하였다.

野人茅屋簡易　　溪翁病枕輕安
客至臨流展席　　興來著屐登山　〈偶成六言:別集 卷一葉26〉

　그러나 퇴계는 자연경관에 자족하고만 있지 않았다. 愚公과 같이 정성을 다하면 못 이룰 일이 없다고 兎溪 시냇바닥에 빽빽하게 흩어져 있는 亂石을 정리한 후 시냇물이 평평히 흐르도록 修溪도 하였다(造劫溪中亂石稠 我求還盡看平流). 퇴계가 보고자 한 시내는 平流溪였다. 그래서 잔잔히 흐르는 溪川으로 바꾸어 놓고 溪・我 一體가 된 후에 雅號를 '退溪'라 하였다.

　샘을 쳐서 맑은 물을 마셨다. 누구든지 샘을 가끔 쳐서 식수를 맑게 하려고 힘쓴다. 퇴계의 修泉은 샘을 치는 일에 그치지 않았다. 盤銘의 "苟日新이어든 日日新하고 又日新"은 목욕하는 데 머물지 않는다. 그 마음을 나날이 세탁한다. 修泉도 이와 같이 修道의 과정이었으며 格物致知하는 수련이었다.

　퇴계는 시로 읊었다. 어제 샘을 쳤을 때는 청결했는데 다음날 아침에는 해금이 앉아 더러워졌다. 샘을 맑게 하는 것은 사람의 성력에 매여 있다. 맑은 물을 마시려면 하루도 修泉(마음을 세탁하는 일)을 멈춰서는 안된다고 읊었다.

양진암 곁에 새 우물을 팠을 것이다. 그리고 진흙(泥滓)을 퍼내고
해금을 앉혀 물을 맑도록 하였을 것이다. 이러한 생활의 일단도 퇴계
에게는 日日新하는 洗心의 修行이었다.

퇴계의 東岩 양진은 성현의 심법과 道體의 本然을 直觀 省察한 것
이다.

다음 '觀物'詩에서

   天理生生未可名 幽居觀物樂襟靈[7)]
   請君來看東流水 晝夜如斯不暫停

退溪水가 晝夜 不息 동쪽으로 흘러 낙동강에 들어가는 것을 보고 孔
子의 川上嘆[8)]의 이치를 觀省한 것이다.

퇴계는 이 왕래 불식과 物生 不窮을 理會 得道하였을 뿐만 아니라
님(사물을 관조하고 靈感과 襟抱를 함께 즐길 수 있는 인물)을 청하
여 함께 보고 싶어 하였다(請君來看東流水).

이 때에 후일(1557년) 이율곡의 장인이 된 盧慶麟이 과거 전 31세의
젊은이로서 퇴계를 찾아왔다. 참으로 기쁘지 않을 수 없었다. 盧公은
퇴계에게 林居意趣를 묻고 門弟가 되었다. 퇴계는 盧公에게 崔冲의 儒
學誦說을 자네로 하여금 잇도록 해야겠다면서 執弟의 교훈과 더불어

  자네가 찾아왔으므로 내가 맑게 天眞을 披豁하겠네. 지금부터 시대를
 맑게 하는 隴畝人이 될 것이며, 韓退之 같이 除貧 送窮을 할 까닭도 없
 고, 邵康節처럼 고요한 임간에서 杯盤으로 즐기는 樂 또한 좋으니 人間
 萬事는 모두 易에다 맡겨두고 한 평생 가는 곳마다 自我의 觀으로 살아
 갈 것이다.

라 하고 심중의 깊은 뜻을 밝혔다. 1555년에 盧公은 星州侯로 부임

---

7) 襟靈: 襟懷, 마음 속에 생각하는 것, 가슴 속.
 〔韓休의 蘇題文集序: 藻暢襟靈, 導揚隱伏〕
 〔白居易의 故京兆元少郡集序: 撫行之貞端, 襟靈之曠淡〕
8) 論語・子罕: 子在川上曰 逝者如斯夫 不舍晝夜

하였고, 2년 뒤에는 海州本第에서 따님을 李栗谷(22歲)에게 下嫁시켰으며, 성주재임 중에는 星州 迎鳳에다가 서원을 창건하였는데(1558년 始役~1560년 준공) 퇴계에게 位次를 물어 시행했고 記文도 받았다.

  46,7세 때 양진암에서의 퇴계 생활은 病休이었지 眞休가 아니라는 것, 장차 敎育事業(舌耕)을 하리라는 것, 格物 致知를 위하여 정지 없는 治功을 할 것이라는 것, 양진의 결과 天理를 발견하고 觀物을 통하여 襟靈을 즐기게 되었으며, 후일 造苑과 掘池의 端初인 菜圃와 修溪 修泉을 시작하는 등 퇴계의 생애와 사상 형성과정에 있어서 매우 중요하고도 의미 깊은 시간이었다.

  부인을 동암 건너 柏枝山에 장례하고 祥期中 산하에서 歸臥 病休한 일도 意味 深長한 行迹으로 보인다.

※ 寒捿庵, 溪上書堂, 陶山書堂의 造成과 生活은 別著 『退溪의 燕居와 思想形成』을 참고하기 바란다.

第2篇 退溪의 平等思想과 敎育改革

第1章 私敎育의 現代的 意義

　李佑成 박사는 퇴계의 서원 운동이 私敎育으로서 부패한 公敎育을 개혁하는 한 운동이었다고 논하였다. 李 박사의 이 所論은 오랜 세월이 흘러도 바꿀 생각이 없는 것 같고, 최근에는 부산에서 한 강연에서 5% 밖에 안 되는 지도 계층인 사대부가의 자제들만을 바르게 가르쳐 놓으면 그들의 계도로 국가 기강과 예절·도덕·대의가 바로잡힐 것이라 가정하고 교육하여 성공하였다고 했다. 가르치는 대상을 사대부가의 자제들로 한정했다는 것 외에는 전적으로 본인도 동감이다.
　퇴계가 벼슬에는 뜻이 별로 없고 교육에 왜 평생을 바쳤을까, 높은 관직에 있으면 공교육에 더 힘을 들일 수도 있고, 관작이 높으면 왕의 신망과 절대 권력에 힘입어 사회개혁을 하기 쉬웠을 텐데 位와 勢는 오히려 버리고 피하였다. 향교·四部 學堂·성균관 등 지방과 중앙에 교육기관이 嚴存하는데 서당을 지어서 생도를 가르치고 서원 운동을 펴서 사교육을 넓혔다. 이것은 공교육을 불신하고 사교육을 편 셈이니, 제도권 교육에서 벗어나 사립 교육 기관을 창설하여 교육 내용을 바꾸어서 교육할 목적이 있었음을 의미한다.
　퇴계의 관직 사퇴와 山林 隱居에 대해서는 異論이 百出한다. 野人이 되어 교육을 하는 것을 주자의 모방이니, 정쟁을 피한 救命逃生이니, 현실을 외면하고 산 속에 들어가 학문과 정치를 양립시키는 사림의 새

풍조를 만들었다는 등 구구 각색이다. 종래의 이와 같은 결론은 퇴계 본인의 저작과 문인의 기록과 王朝實錄 등 증거나 역사적 문헌을 성실히 연구하지도 읽지도 아니한 채 내린 무책임한 결론이다.

浩瀚한 퇴계의 저술은 아직 다 公刊되지 못하였고 오늘에 이르기까지 그것을 전부 읽은 사람이 있었는지도 의문이다. 따라서 퇴계의 自著와 공론도 다 보고 듣지 못하고 무엇을, 왜, 어떻게 했다고 한 평은 신빙성과 과학성이 없는 허황한 논평이다. 극히 일부의 자료만을 보고 이것이 '退溪' 라고 논한 것을 믿어서는 안 된다. 더러는 偏狹하고 객관성이 적은 私를 그대로 흘려서 학문하는 사람이나 관심있는 독자에게 累를 끼치고 어리둥절하게 하는 경우가 있다.

퇴계에 대한 연구는 1970년대에 들어와서 본격적으로 시작하여 20년이란 세월이 지났으나, 아직 초입 단계에 불과하다. 퇴계가 저작한 모든 典籍을 다 公刊하지를 못했고 이를 한데 모아 정비하려면 세월이 창창하다.

1990년대 말에 들어와서 겨우 문집의 叢刊과 雜著의 總集이 이루어졌다. 그러나 가장 귀중한 일기는 그 原典의 행방을 찾을 수 없다. 갑인일록에 이어 임인, 계묘, 갑진일기는 1992년에 찾아서 『退溪先生日記會成』의 부록에 그 원전을 영인하여 공개하였다. 일기전반에 걸쳐 본인이 정리논구하여 총집은 하였으나 원문을 다 찾아내기는 요원한 세월이 걸릴 형편이다. 『연보』와 『年譜補遺』에다가 2배 이상을 보태어 엮은 연표는 전전년에 본인에 의하여 간행됐고, 저작보(著作譜)의 초고도 이제 겨우 완성을 보았으나 퇴계 연구의 자료 총집마저 이루어 놓지 못한 형편인데, 퇴계가 무엇을 하였고, 어떤 인물이며, 그의 사상과 철학이 어떠하다고 단정해 버리는 것은 先學이나 동학이 한 말을 끌어대어 이리저리 굴려서 논하는 것이므로 差錯도 적지 아니하다.

퇴계란 인물을 간단히 말할 수 없는 까닭은 그 尨大한 저작을 다 읽는데 많은 시간이 걸리고 그 위에 어려워서 뚫어내지 못하기 때문에 쉽사리 연구에 접근할 수가 없다. 거기다가 지극히 소중한 日錄 같은

秘藏 자료는 어디 숨어 있는지 세상에 나오지 않고 있다. 공간된 자료도 연구를 할 수 있게 정리되어 있지 않기 때문에 체계적인 연구는 아직 요원하다. 그 예를 한 가지만 들기로 한다.

퇴계시는 3000 수가 넘는데 그 원전이 1992년 말까지도 類編이나 吟成年代別로 재편하지 못했고, 인명과 지명과 시제의 색인이 안 되어 인물은 적혀 있어도 누구인지, 우리 나라 지명이 씌었어도 오늘의 어디인지, 시의 제작 동기와 시기가 구명되어 있지 않아서 그 시의 배경을 알지 못하여 퇴계의 생애와 사상 형성이나 전개 과정을 밝히는데 크게 도움을 주지 못하고 있었다. 國譯한 시집이 몇 종류 있기는 한데, 33세 이전의 젊은 시기에 읊은 시는 공간되지 않아서 가장 중요한 철학형성 배경이나 대과 이전의 수학 과정과 志願을 밝히는데 크게 도움을 주지 못하고 있었다. 그래서 퇴계의 문학을 연구하는데 그치고만 있었다. 1992년말 본인이 退溪詩大全을 편집간행하여 연구자료로 제공하고는 있으나 아직 시분야를 가지고 퇴계철학과 생활을 연구한 논문은 보이지 않는다.

이러한 연구 여건 하에서 퇴계를 논한다는 것은 극히 위험한 抽象的 편견에 치우치리라 조심하면서 퇴계의 사교육의 의의에 대해서 생각해 보고자 한다.

이야기의 순서를 몇 가지 정해 놓고 진행해야 할 것 같다. ①퇴계가 교육에 집착하게 된 동기는 어디서 왔을까? ②퇴계가 '나는 교육을 하겠다'고 다짐한 일이 있는가? ③의지를 일관되게 실천한 증거는 있는가? ④왜 사교육에 전념했으며, 교육 개혁을 위해서 실행에 옮긴 내용에는 어떤 것들이 있는가? ⑤교육 개혁의 궁극적 의미는 무엇인가?

첫째, 퇴계가 교육에 집착하게 된 동기는 그의 생장 배경과 효의 완성에 있었다고 본인은 말하고 싶다.

퇴계는 나서 7개월이 못되어 부친이 별세하였다. 퇴계는 6세에 이웃집 노인한테서 천자문을 배웠고 12세 때 숙부 松齋 李堣公한테 『論語』를 배운 것 밖에는 책을 펴놓고 누구한테도 배운 적이 없다.

13·15세 때는 종형제 남매가 청량산에 가서 공부했고, 16세 때는 친구들과 봉정사에서, 19세 때는 영주 의원에 가서 강습을 받았고, 19·20세 때는 용수사에서 홀로 주역 연구에 몰두했다. 29세 때는 이벽오(李碧梧·文樑) 등과 聖泉寺에서 공부한 일이 있고, 성균관 유학은 23세 때와 33세 때 2개월씩 하였다.

퇴계는 이와 같이 불운하게 독학 자습을 한 것이 오히려 학문 방법을 개발하는데 덕이 되었다. 절에 들어가 침식을 잊으며 스승없이 공부해서 평생 고질병인 위병을 얻었다. 심할 때는 吐血까지 한 重患者가 되었지만 그 불행과 불운의 역경이 도리어 독창적 교학 방법을 창출하게 되었다. 聖人을 막론하고 누구의 해석이나 주장이라도 실험과 體行을 통하여 경험하지 아니하고는 신용않는 철저한 분석법으로 자립하였다. 段說文과 玉篇, 辭書를 통한 확인 없이는 毫釐의 남의 힘도 빌리지 않았다. 선생에게 배웠더라면 그 선생을 믿고 또 그 이론에만 추종했다면 독창과 개발의 지혜는 열리지 않았을지 모른다. 퇴계의 불행과 역경은 오히려 대학자로 만드는 계기가 되었다. 선생이 없으니 한 자 한 자를 制字 원리부터 파고 들어야 했고 모든 글자의 용법을 철저하게 궁리해서 통달해야만 했다. 중국에서 들여온 어떤 책이든지 퇴계의 손에 들어오면 오착이 수정되고 辨釋과 叙跋이 붙었다. 朱子의 『易學啓蒙』을 퇴계가 바로 잡아 『계몽전의』를 지은 것이나 심경후론, 연평답문 후발을 쓰고 원문의 착오를 수정한 것이 그 예이다.

스승 없이 고생한 자기 경험 때문에 그는 후생을 가르칠 의욕이 더 간절했을 것이다. 계몽의 경우도 그렇지만 중국 선배학자들의 여러 저술에 잘못을 발견하고는 그것을 바로잡아 가르치고 싶었을 것이다. 새로 밝힌 사실은 누구에게든 전수해야 한다. 고금을 통해서 人之常情이고 학자에 있어서는 더욱 그렇다. 스승을 못 구해 방황하는 불행한 사람과 또 집안 형제의 아들은 물론, 친척의 子姪壻甥도 모아 바른 것을 가르쳐 놓고 싶었던 것이다. 이것을 첫째 동기로 본다.

퇴계가 기록해 둔 "先府君行狀草"에 의하면 그가 교육을 하지 않으면 일생 미편하게 지내야 했고 서당을 만들어서 교육해야 할 부친의 遺志와 遺業이 있었다.

　　辛酉始中進士 所居之南 有一丘 卽靈芝山之後趾 雙溪合流于前 雲山環繞 可爲盤旋之所 指以所親曰 苟余終不遇於世 當就此築室以處 聚徒授業 亦可以不負吾志矣 其明年壬戌六月十三日 不幸遭疾 卒于正寢 享年四十

　　퇴계가 자라면서 부친이 書堂(築室)을 만들어 글을 가르쳐 주셨더라면 하는 생각에 부친을 얼마나 그렸을지 상상하기에 족하다. 또 그것을 이루지 못하고 돌아가신 부친의 유업은 자기가 가르침을 받는 대신에 끼친 사업을 계승함으로써 가르침을 받는 일로 대신된다. 또 부친을 그리는 乘化作用은 집을 지어 제자를 가르침으로써 양대 의지를 貫通하는 것이고 나아가 평생을 살아가는 보람도 될 것이다.

　　오늘에도 우리는 부친의 유한을 풀고자 평생을 孝思로 대업을 성취한 사람을 볼 수 있고, 자기의 어린 시절을 생각해서 육영 사업에 평생 모은 재산을 바치는 예를 많이 본다. 퇴계가 손수 쓴 行狀草 내용은 부족함 없이 성취하였기에 쓰는데 주저하지 않았을 것이다. 이것을 확실한 근거로 보는 또 하나의 이유로는 부친이 송림을 만들어 慕松하는 가업을 계승한 일이다. 퇴계는 新基를 잡거나, 臺를 만들거나, 기거하는 곳 근처에는 꼭꼭 솔을 심었는데 이 모두가 脈을 같이 하는 유업 승계이다.

　　퇴계가 교육을 하고 서당을 세워 교육한 것은 중국 사람들의 모방이 아니고 자주적인 가업 승계와 바른 학문을 전수하기 위한 遠志大業이었다.

　　둘째, 行狀草의 기록만으로 믿으려 하지 않을지도 모른다. 그러면 퇴계 자신이 '나는 교육을 하리라'는 말을 들어 보기로 하자.

　　퇴계가 46세 때 3월에 豊山 枝谷의 장인(權磧:號 四樂亭, 權柱의 맏아들, 燕山 甲子士禍 때 權柱는 평해에 유배되었다가 賜死되고 四樂亭은 巨濟島에서 위리안치 당했다. 中宗反正으로 祿用功臣이 되어 풀린 후 관직에 있다가 아우 權磧이 安塘사건에 몰려 杖殺을 달할 때 四

樂亭은 禮安으로 유배되어 9년이 된 해에 퇴계한테 정신이 박약한 따님을 맡겼다)의 장례를 지내려 귀향했다가 병환으로 즉시 귀임 못해 요양하고 있던 중 7월 초에 再娶 權氏夫人이 서울 西小門에서 혼자 갑자기 별세하여 8월에 運柩 草殯을 한 이듬해에 장사를 지냈는데 퇴계는 부인의 服이 끝나는 이듬 해(1547년) 8월까지 東岩 곁에 養眞庵을 짓고 幽居하면서 霞洞에서 시작하여 洛東江을 거슬러 淸凉山까지 十一勝景과 七臺三曲을 觀勝 命名하고 시를 읊었다. 그 때 퇴계가 「晨至溪莊偶記東坡新城途中詩用其韻」과 「東岩言志」 시를 읊었는데 자신의 사업을 분명한 다짐으로 밝혀 놓았다.

퇴계는 서울의 권씨 부인이 죽고 난 뒤부터 仕路에서 돌아와 성현의 가르침을 교육하겠다고 시로써 역할을 설정하고 국가에 봉사할 방향을 확정지었다. 의심할 여지가 없는 퇴계 본인의 의사 표명이다.

셋째, 이러한 의지는 언제부터 밝혔으며 그것을 일관성 있게 행동화 했던가 하는 문제이다. 퇴계가 26세 때에 읊은 '山居'란 시가 있다.

아직 이 때는 小科도 하기 전인데 "산 속에서 사는 사람이라고 할 일 없다 말을 마오, 한 평생 하고자 하는 일 측량하기 어렵노라"고 大志를 表白한 시이다. 이 志願에 주목할 필요가 있다. 지원을 이해하기 위해서는 그 후 26년을 기다려 봐야 해답을 얻을 수 있는데, 51세 때 계상서당에서 읊은 시로서 그 동안에 일관되게 노력한 행적과 心事를 파악할 수 있다.

퇴계는 1549년에 豊基郡守직을 물러나와 50세에 霞洞, 竹谷(대골)로 옮기면서 주거지를 찾다가 退溪水 윗쪽 개울 서쪽에 寒棲庵을 짓고 定居하였다. 당호는 靜習堂이라 하고 宋潛의 靜居逸趣와 陶淵明의 幽居, 邵雍과 秦나라 廣陵 사람 邵平의 節義 등을 숭앙하면서 居敬窮理와 存省修業을 하였다. 臨省臺에 올라 '臨流日有省을 하였고 光影塘을 만들어 天光雲影의 天理를 探究하였다.

이 때 퇴계는 많은 시를 읊었는데 한결 같이 사상과 林居 抱負를 밝히고 있다. 그 가운데 교육에의 의욕과 국가관 및 자기에게 부여된

천명을 자임하고 사업을 구상하였다.

   小少聞聖訓 學優乃登仕 偶爲名所累 輾轉徒失已
   龍鍾猶强顔 竊獨爲探恥 高蹈非吾事 居然在鄕里
   所願善人多 是乃天地紀 四時調玉燭 萬物各止止
   畢志林壑中 吾君如怙恃

           〈和陶集飮酒二十首 和韻中〉
'高蹈는 非吾事이니 居然 在鄕里하여, 所願 善人多함이 是乃 天地紀이 니라,'

 이것은 퇴계의 역할 자담이요 의지 실현의 목표이며 사업의 가치이다. 퇴계는 寒栖庵 定居 후 제자를 많이 맞자 삼간 草屋이 좁고 수용할 수 없어서 하는 수 없이 草堂골(지금까지 전해 온 이름)에다가 단간 茅屋을 지어 溪上書堂이라 이름을 붙이고 본격적인 강의를 시작하였는데 1551년 1월 초였다. 六友園을 만들어 松·竹·梅·菊·蓮을 심어 벗하고 자신을 포함해서 六友라 하였다. 方塘을 팠으나 집의 규모는 無溫突에 石牀을 놓고 蒲石을 깔았다. 바람이 세게 부는 날엔 넘어질 듯, 비가 많이 오는 날에는 책을 적시는 서당이었다. 이 집을 溪堂이라고 약칭했는데 養眞庵(溪莊)에서도 海州에서 盧慶麟이 와 講質하였지만 여기는 서울에서 金就礪, 李國弼, 牙山에서 李堯臣(忠武公 李舜臣의 仲兄), 坡州에서 李栗谷(珥) 등이 와 수업하였다.

 퇴계가 溪堂 設講을 하면서 밝힌 그의 교육과 학문에 대한 목적은 〈有嘆〉이란 시에 드러나 있다.

   今世何人第一流 脊梁硬鐵擔千秋
   須知少味還多味 若道無愁轉有愁
   謝透利關緣事洛 胡名物漬爲從涪
   自憐半百無歸仰 依舊人間寂寂儔

 이 시는 퇴계가 程子로부터 朱子에 이르기까지 儒道를 전수한 歸隱 學者들의 행적과 道統의 방법까지를 集約해서 읊은 시이다. 七絶 一首이지만 이 시는 51세 이후의 儒道興起, 人性恢復, 學風改善, 敎育革新,

哲學完成, 道德回復을 위하여 스스로 나설 뜻을 명료하게 밝혀 놓고 있다.

辛亥년 1월에는 溪上書堂으로 옮겨서 杜甫의 '淸明' 詩韻으로 「淸明 溪上書堂二首」를 읊었는데 그 끝구에

   補過希前垂至戒 令人長憶紫陽翁

  지난 날의 잘못을 보완하고 앞날의 희망에 副應하도록 가르친 선현들의 지극한 垂戒에 따라서 나는 이제부터 紫陽朱夫子를 길이 스승으로 모셔 도를 이으리다.

하고 맹세하였다.

계상서당에서 이렇듯 서약하고 교육을 하고 있던 어느날 제자들이 앞에 제시한 山居詩를 暘谷堂(芝山蝸舍)에서 보고 차운해 가지고 와서 퇴계에게 所從來를 물었는데 그 때 소회를 읊은 시가 다음 시이다.

   舍舊遷新此水傍 君尋巢拙謂堪藏
   蘷蚿本不知多少 鳧鶴寧須較短長
   萬卷芳塵吾有慕 一瓢眞樂子非凉
   因思廿六年前事 東海添愁浩莫量

이상의 시를 열거해 놓고 보면 퇴계가 가진 사업이 무엇이고 일관되게 추진할 일이 무엇인지 알 수 있다. 벼슬은 그만 두는데 노력을 했고, 舌耕은 躬耕하기로, 所願은 善人을 많이 하는데 목표를 두었음을 알 수 있다. 이와 같이 퇴계의 시는 생활의 기록이요, 사상 전개의 언지의 點綴이다.

그 동안 퇴계는 많은 교육을 해 왔다. 37세(정유, 1537) 때 모친상을 당했을 때도 상중에 찾아 온 月川 趙穆을 가르쳤고, 40대에 독서당에 있을 때는 조카 李宓과 재경 중의 동료 자제를 가르쳤으며, 46, 7세 때는 養眞庵과 月瀾庵에서 黃俊良, 盧慶麟과 이웃 汾川·烏川·川沙 등 근동에서 온 수재들을 맞아 강학하였다.

49세 때는 풍기 白雲洞書院에서 본격적인 서원 교육을 하였다. 小白山 이남 각처에서 학도가 운집했고 사대부가의 출신이 아닌 冶工 褒純까지 버리지 않고 지도하여 평등사상을 서원교육에 실현하였고 철상과 旌閭碑의 미담을 교육사에 남겼다. 교육과 興學에 의욕을 크게 펼친 때였다.

소수서원 교육은 政·敎 兩立의 갈등에서 공교육의 제도권 교육에 정면으로 대립하는 사교육의 어려움 때문에 공직자로서 어려움이 많았으나 관직을 버리고 소신껏 교육의 길에 나선 것이었다.

넷째, 퇴계의 사교육에 대한 집념과 교육 정책을 위한 자취는 무엇으로 증언할 수 있는가?

앞에서 이미 언급한 바도 있지만 無師 獨學으로 약관 시절에 퇴계는 性理學에 전심하여 眞粹를 꿰뚫었다. 17세 이후 20세까지 晝夜不輟 易學 窮理에 精進하여 주역의 정미함을 理會하였다. 특히 19세 때는 源頭活水의 朱子觀物과 張橫渠의 太極을 把持하였다.

19세의 영회시가 바로 通徹한 경지를 말해준다. 주자의 觀書有感二首〉『朱子大全 卷第二 葉10』시와 퇴계의 〈詠懷〉시를 대비해 보면 그 정도를 이해할 수 있다. 두 詩는 〈제3장 燕居와 思想形成 三, 燕居와 詩에 나타난 思想形成〉에 제시되어 있으므로 여기서는 생략한다.

퇴계는 朱子의 源頭를 깨닫고 한 걸음 나아가서 橫渠의 太虛(空空漠漠한 空間)에 대하여 邵康節(雍)보다 앞서 '心'으로 파악하고 있다. 邵子의 시는 읽었을 테지만 張子의 西銘, 正蒙이나 邵子의 皇極經世書는 아직 읽기 전인 때였다. 마음의 존재를 인식한 것이 19세 때 일이므로 日本의 前 廣島大學 敎授 友枝龍太郎 박사 같은 이는 퇴계의 철학 형성이 자각적이고 주체적이라고 평가하였다(「李退溪ーその 生涯と 思想」). 퇴계는 이렇게 철학 사상을 탐구하고 중국의 성리학자의 이론을 파고 들었을 때에 우리 나라의 교육과 학문 목표는 과거를 준비하는 科場 修業에만 집중되고 있었다. 經典을 외우고 해석하는데 주력하였으며, 賦·箚·對, 策의 문장 수련이 위주였다. 소백산 이남에서는

榮州의 居接이 그런 교육을 하였고, 지방 향교와 중앙의 四學이나 성균관에서도 과거 준비 교육이 중심이었다.

퇴계가 24세 때에 三屈連試한 까닭도 원인이 여기에 있었으니 과거 공부를 아니하고 小科에 응시하였기 때문에 실패했다. 23세 때 서울에 가서 성균관에 입학했다가 2개월만에 돌아왔다. 33세의 계사년 4월에 형들의 권유로 상경했다가도 2개월을 못 채우고 四兄 溫溪公에게 작별도 고하지 않은 채 내려왔다. 그 때의 학풍과 유생들의 부박한 처신을 살피기 위해서 한 가지 실화를 들어 보자.

퇴계가 交義를 맺고 講磨한 사람은 9년 연하인 河西 金麟厚였다. 『하서연보』에도 기록해 두고 있지만 두 분은 麗澤之益이 많았다고 하였는데 남들은 두 분을 보고 '顏子가 되려고 저러나' 하고 조롱하였다 한다. 퇴계는 '葵花, 泮宮, 樓上對月, 獨酌' 등의 시로 집권자의 비리와 腐儒들의 생태를 읊고 떠나는데, 河西는 떠나는 퇴계에게 그 인격을 흠모하여 〈夫子嶺之秀〉시를 읊어 餞別하였다.

文章과 筆致는 두고라도 '부자'란 말에 주목해야 한다. 퇴계가 그 200년 후에 星湖 李瀷으로부터 李子(李夫子)란 호칭을 받았고(李子粹語序와 安鼎福의 跋文에서) (1920년대에 이르러서는 중국의 梁啓超로부터 "巍巍李夫子 繼開三百載"라는 聖學十圖의 贊詩를 받았지만 33세의 젊은 시절에 이미 부자란 尊稱을 받았다는 것은 理學 뿐 아니라 그의 行爲의 道德性과 君子的 風度를 인정 받았다는 이야기가 된다. 권세도도 한 유생, 미래의 집권자, 과거를 거쳐 이 나라의 정·교를 맡을 엘리트들과 퇴계는 융합하지 못하고 뛰쳐 나올만큼 도학자가 되어 있었다. 최고 교육기관인 성균관은 수험자격을 받기 위해 거치는 연수원의 구실 밖에 하지 못했음을 이 사실은 증언해 주고 있다. 그러면 성균관에 두 번 입학했다가 다 박차고 나온 퇴계는 무엇을 구상하였을까?

퇴계는 그 뒤 과거를 단념하였고, 모친과 伯仲氏 등의 간곡한 권유로 과거에 응하기는 해도 극히 소극적인 자세를 취했고 立身揚名보다는 본질적인 학문에 더 마음을 쏟았다. 퇴계의 '學問' 목적은 聖賢이 되는데 있었고 知行竝進과 爲己之學으로 君子儒를 완성하는 데 있었다. 퇴계가 성균관에 재차 入學하고 과거에 응한 데는 溫溪의 抑勸도 컸었지만, 灌圃 魚得江이 政·敎를 竝行한 道院에서 한 가닥 가능성을 보였기 때문에 따른 것이다. 33세의 봄에 남행하여 곤양에서 灌圃의 東洲道院十六絶詩를 차운하다가 행정관료로 나가더라도 도학을 베풀 수 있다는 사실을 확인하고 應擧하였으며, 高城, 旌善, 歙谷 등지의 오지 고을을 택하여 부임하고자 자청한 사실에서도 그 깊은 뜻이 나타난다.

퇴계는 세 번 성균관 대사성으로 임명 받아 한 번은 병중이라 사퇴하였고 두 번은 취임하여 교육 개혁에 힘을 기울였다. 퇴계가 四學 儒生과 敎授들에게 보낸 〈諭四學師生文〉은 국가가 학교를 세워 교육하는 본래 목적을 가르쳤고, 頹靡, 浮蕩한 社宦과 不能 不係의 師長들에게 士習을 養正하고 敎化를 鼓舞시키며 淸謹 敎誨하여 學校를 振興시키려는 論旨에 가득차 있다. 국왕의 극진한 有旨를 받아 임했지만 교육 개혁은 끝내 이루어지지 못했고, 결국 병환으로 물러서야만 했다. 퇴계도 국왕도 공무원의 타락상을 바로잡지는 못하였다. 퇴계의 교육 개혁사업인 사교육 전개는 공교육의 이러한 부패타락에서 조명되어야 한다.

퇴계가 51세에 시작한 서당 교육 즉, 溪上書堂 設學은 겨우 살 집을 마련한 시점에 문을 열었다. 배우러 오는 사람 때문에 서당을 急造하지 않으면 안되었다. 그러나 퇴계는 서두르지 않았다. 50대의 10년간을 계당에서 교육하였지만 精舍건물보다는 가르칠 교육 내용에 더 정성을 기울였다. 과거 준비를 시키는 것이 아니므로 참 교육의 내용을 갖추어야 했고, 자신의 힘으로 그것을 편성하지 않으면 안 되었다. 본질적인 교육을 하기 위해서 敎授 要目과 敎材를 작성했다. 퇴계의 名著들―유교의 宗主國에서도 아직까지 편찬하지 못한 대부분의 儒學 寶典은 이 동안에 저술되었다.

젊을 때 힘들여 공부하여 아무도 아직까지 깨치지 못한 周易의 解說書를 우선 만들었다. 주자가 쓴 周易의 해설서『易學啓蒙』을 바로잡아『啓蒙傳疑』를 1557년에 완성했다. 다음으로 朱子의 性理論을 集大成하기 위해서 『朱子書節要』를 편성하고, 그 다음으로 자신의 논문을 정리하여 『自省錄』을 편집하였다. 다음은 儒學史를 通觀할 수 있게 『宋季元明理學通錄』을 通史的 관점에서 엮었다. 新儒學 이전은 경전과 近思錄으로도 강의가 가능하지만 行動變化와 성학에 역점을 두어 유사이래의 선인들의 유명한 箴規를 모아 『古鏡重磨方』을 엮었다. 이것은 사람에 따라 개성에 맞는 수양정진을 시키기 위해서였다. 서당 교육은 사학 교육이므로 오늘날의 學則, 校則과 같은 규칙이 謹嚴細密해야 하기 때문에 白鹿洞規(주자의 私學規例)를 集解하였다. 學規와 교재를 제정하면서 도산서당을 조성하고 향중 교화를 위해서 易東書院을 창건하고 鄕約과 洞約을 起草하여 禮安 땅의 사교육 틀을 완성했다. 도산서당이 준공되기까지 10년동안 면밀한 계획으로 교육 내용과 敎授 要目과 例規를 완비하였다.

퇴계의 저술이 이루어진 시기와 교육 시설을 조성한 시점 및 사업의 단계를 퇴계의 生涯史的 측면에서 조명하지 않으면 大役事는 쉽게 판단되지 않는다. 현재까지는 저작이나 교화, 향토 생활, 출사 등을 片片 管窺하고 있기 때문에 사교육의 의도가 선명하게 파악되지 못하고 있다. 퇴계는 공교육을 불신했기 때문에 혼자 힘으로 예안지방을 교육권으로 설정하고 용감하게 교육개혁을 추진해 나갔던 것이다.

퇴계는 다음 단계로 문인을 통하여 서당 교육을 보급시켰고 서당교육을 권장하면서 學規를 전파하고 교육내용을 일반화해 나갔다. 만년에는 힘있는 문인(지방관장)과 친구의 힘을 빌어 저작물을 간행하였고 지방에서 중앙으로 반질되어갔다. 서당교육 규례는 퇴계가 제정한 伊山書院 院規가 전국 서원의 院規로 준용되었고 서원 儀禮도 도산원규를 본따 시행하였다.

도산서당은 문인의 간청에 의하여 건설되었고 문인이 터를 잡아 지었음을 밝혀 둔다. 1556년 가을 문인이 땅을 봐 두었고 1557년 봄에 퇴계가 나가본 후 조성할 뜻을 굳혔으며, 1559년 서당공사를 시작해서 60년에 낙성하였다. 문인의 기숙사이며 정사인 隴雲精舍는 퇴계 회갑

해인 1561년 辛酉에 준공되었다. 도산 교육은 이 때부터 1570년 9월 終講까지 퇴계의 강의가 계속되었다. 공사는 龍壽寺의 靜一이 맡아 했으며, 그는 승려이면서 퇴계를 모시고 문도들의 廚事도 맡아 했다.

造苑은 건축과 병행하였고, 陶山 雜詠詩(堂, 舍, 齋, 軒, 塘, 社, 泉, 井, 臺, 圃, 門 등의 뜻과 설치 목적을 읊음)는 1560년 庚申에 다 읊었으며 陶山記는 신유년에 지었다.

퇴계가 계상서당 교육과 도산서당 교육을 함에 있어 관으로부터 간섭과 주목이 전혀 없었던 것은 아니다. 斥候, 偵探, 論難이 끊이지 않고 예안현감·경상감사로 하여금 늘 감시하고 검찰하고 있었다.

퇴계의 궁극적 사(서당)교육의 의도는 무엇이며 오늘날 우리에게 시사하는 것이 무엇인지를 살펴보기로 한다.

결론부터 말하자면 궁극 목적은 학문의 방향을 바른 길로 유도하는 데 있었다. 과거 지상주의 교육 풍토를 쇄신하는 것이었다. 이것은 榮州의 과거 준비 학원격인 居接을 醫院과 통합하여 伊山書院으로 창건하여 사교육 본래 목적으로 정궤도에 돌려 놓는데 기여했다. 퇴계가 科擧 止揚, 학문 중심 교육을 위해서 箚進한 聖學十圖는 교육 혁신을 위한 그의 필생사업이었다. 퇴계가 "吾之報國止此而已"라고 스스로 말했듯이 국가에 대한 최대 봉사이자 忠을 다하는 보국이었다.

퇴계는 유학의 理訣과 敬哲學을 십도로 그려서 국왕에게 올리고 經筵에서 강의를 받으라 하고 귀향해 버렸다. 聖學은 개인으로서는 군자와 성인이 되기 위한 학문이고 국왕으로서는 성군이 되는 학문이다. 신유학의 진수를 집대성하여 열폭의 그림으로 체계화한 것이다. 과거 공부만을 한 까닭으로 처음 보고 난해하여 조정 신료 중에서 그것을 해설할 만한 사람이 없었다.

퇴계가 제작한 것은 1568년 겨울이고 관직을 내어놓고 내려간 것은 69년 봄이었다. 宣祖에게만 성학을 가르칠 의도였다면 따뜻한 봄에 몇 달 더 머물면서 직접 강의하거나 성리학에 밝은 몇몇 사람에게 가르쳐 놓고 갔으면 되었다. 그럼에도 불구하고 퇴계는 제진 후에 글씨 잘 쓰는 사람에게 씌어서 병풍을 만들고 늘 보면서 마음을 닦고 공부하라 하였고 경연에서 신하들에게 강의를 받도록 시켰다. 여기 퇴계의 의도가 숨겨져 있다. 在朝官僚는 물론 草野의 선비도 문장학이나 考科와 貢擧를 위한 글공부에서 벗어나 인간 중심의 삶의 학문(퇴계는 이를 실학이라 했다)으로 바꾸어 놓기 위한 것이다. 선조가 홍문관에 강의를 명했으나 퇴계가 아니면 강의를 하기 어렵다고 하였다. 선조는 할 수 없이 십도를 간행하여 40여 관청에 반포하고 공부하게 하였다. 강의는 상당한 시간이 흐른 뒤에 이루어졌다. 퇴계의 학풍 개혁 의도는 이렇게 해서 성공한 것이다. 그로부터 조야의 선비들은 학문다운 학문에 힘을 기울였고, 1600년대의 학풍을 바꾸었으며 한국의 성리학은 꽃을 피우기 시작했다.

1570년 12월 8일에 퇴계가 역책한 후 諡號를 내리고자 해도 行狀을 지을 사람이 없었다. 파격적으로 행장없이 諡號 文純을 내렸다. 율곡이 쓴 유사로 대신했다. 퇴계의 학문을 평가논단할 수 있는 학자가 없었고, 그가 보국한 대업을 行狀으로 表德할 문장가가 없었다. 교육 개혁의 의지는 깊고 멀어서 그후 누대 경연의 교재로 사용되었다. 금장태 교수의 연구에 의하면 1569(선조2)년, 1610(광해군2)년, 1613(광해군5)년, 1623(인조원)년, 1665(숙종6)년, 1755(영조31)년, 1799(정조때)년에 성학십도가 왕명으로 간행되었고, 1746년 영조 22년까지 經筵에서 왕에게 강의하였다.

성학십도는 서애 류성룡이 靑蓮 李後白이 중국 사신으로 갈 때 書狀官으로 함께 가 明나라 유학자 吳京에게 전하였고, 異端으로 만연한 중국학계에 正學으로서 성리학을 고창하여 학풍을 개신시켰다. 중국뿐 아니라 일본에도 학문이 전해져 그들의 민풍과 문예에 개혁을 일으켰다.

오늘날 우리 나라 교육풍토는 퇴계가 일으킨 학풍 개혁 바로 그 전 시기와 흡사하다. 유치원 교육부터 일류 대학교에 집어 넣는 것이 자녀 교육의 최대 목적이다. 각종 학교는 전인교육을 목표로 한다지만 실제 학교 운영은 교육본질에서 거리가 먼 수험 훈련으로 시간을 다

쓴다. 20세기 후반 광복 후 50 년간은 대학 입시와 취직시험 기능 수련으로 세월을 다 보냈다. 교육개혁과 대학 입시제도 개혁을 위해서 많은 국력을 소비해 왔다. 16세기 말엽에 퇴계가 공교육의 폐단을 쇄신하고 사교육으로서 과거 지상 교육을 개혁하고 학풍을 개조한 것은 21세기를 위하여 우리에게 실용적인 철학과 바른 학문 방법을 啓示한 점이 지대하다 하겠다.

第 2 章 平等思想 實現과 裵純의 弟子職 篤行

一. 序言

퇴계의 평등사상은 立朝時에 국왕에게 人材는 하늘이 낳는 것이므로 그 출신을 따지지 않아야 한다는 진계를 비롯해서, 鄕坐法 시행, 여자 종의 자식을 구하려다 증손자 昌陽을 잃은 일, 도산서당 앞을 下馬하지 아니하고 지나가는 사람을 벌하지 못하게 한 일, 서울에서 출근할 때 사람이 끄는 초헌을 타지 아니하고 남의 말을 빌어서 탄 일, 생시에 묘비명을 自作하고 〈退陶晩隱眞城李公之墓〉라 쓰게 한 일들은 『예던길』과 『家書의 總合的 연구』에서 이미 밝힌 바 있다. 이러한 行錄은 史官이 쓴 立朝事蹟이나 門人들이 쓴 언행록과 자술한 가서 등에 전해오고 있다.

본론에서 말하고자 하는 평등사상 실천은 문도의 한 사람이었던 工人 裵純의 행적을 表蹟한 정려비문에 전해오고 있다. 배순은 효자이며, 제자직을 다한 여느 인물에 비하여 그 선행과 덕이 못하지 않았음에도 그의 신분이 천민계급에 속했기 때문에 이제까지 세상에 선양되지 못하였다. 퇴계는 제자의 직업과 신분을 가리지 아니하고 가르쳤지만, 20세기 말인 오늘날까지도 店村의 대장장이를 가르친 까닭으로 평등교육의 위업은 빛을 발하지 못하고 있었다. 가장 존중되는 평등·민주·교육의 인권사상을 퇴계가 가졌을 뿐 아니라 교육을 통해서 실현하였고, 계급의식과 직업관에 대한 그 시대의 강한 편집을 과감하게 물리친 실천 유학의 선구자였으나 괄시하여 전혀 관심을 두려하지 않았다.

평등사상과 인권존중의 실천은 어느 누구의 정책 건의 소장보다 가치로운 업적이다. 말로서는 무슨 일이든 못할 일이 없지만 그것을 실천하기란 지극히 어렵다. "인재는 하늘이 낳는다"는 높은 철학과 사회 개혁의 목적이 없었다면 실천하기가 어려운 일이다. 오늘날에도 직업에 대한 차별과 귀천의식은 별로 씻겨지지 않고 있으며, 교육 현장에서 편애는 사회의 부조리병으로 고질화된 채 고쳐지지 않고 있다. 철저한 신분사회였던 16세기 중엽에 퇴계는 배순 교육을 통하여 교육평등의 이상을 실현하였고 후세에 교훈으로 남겼다.

본론은 배순의 유적을 통해서 퇴계의 평등사상을 고찰하려 하거니와, 이 기회에 필자가 그 동안 살펴온 퇴계의 평등사상의 실현을 개관하고, 배순의 정려비각을 이건 준공함에 있어 각계 각층으로부터 물심 양면으로 많은 협조를 받았기 때문에 그 전말을 보고해야 할 책임도 있어 보고서를 겸해 이 글을 초하는 바이다.

二. 退溪의 平等思想

퇴계는 향촌에서 貴賤과 賢愚를 차별하지 아니하고 禮로서 모든 사람을 敬待하였다. 나이를 더하고 늙어갈수록 벼슬이 높아지고 학문과 명성이 세상의 숭앙을 받을수록 어떤 사람이 찾아오든 모두 계하에까지 내려가서 영접하고 전송했으며, 名利와 時勢를 좇는 사람은 寇盜와 같이 피했고, 지위와 권위보다 사람을 淡泊과 恬靜으로 대하기에 힘썼다.[1]

또 귀천을 가지리 않고 손님이 오면 끼니를 곁들인 주안상을 내어와서 정성을 다하여 대접하였고,[2] 비록 나이 어린 사람이 방문하였을 때라도 꼭 섬돌 아래까지 내려가서 맞이하고 전송하였다.[3] 이는 敬哲學

---

1) 其待人 無貴賤賢愚 無不盡其禮 客至雖微 皆下階迎之 未嘗以老貴而自尊也……視世之相逐於聲利芬華者 如避寇盜 若將焉 其淡泊之守 恬靜之操 一施翕然稱「文峯 鄭惟一의 言行通述」
2) 賓客之來 不問貴賤 必設酒飯 盡其情款 雖家用不足亦然「同 言行通述」
3) 客到 雖年少 必下階迎之 送亦如之 其接客必設酒 又設食物 終日談論 無倦色怡怡也 客來不絶 未嘗或怠「言行通錄·鶴峯錄과 雪月錄」

의 일상화였겠지만, 평등사상을 실행수범하고 향민을 교화해서 시민사회를 개조해보겠다는 실행유학의 실현이었다고 생각된다.

　퇴계의 이 비천 존귀 평등사상은 艮齋 李德弘이 질문하여 얻어낸 〈一切敬之〉라는 평등사상의 기본이념으로 定立되었고, 나아가 당대의 지도이념이 되어 陶山 門學을 통해서 士族에게 확산되어 갔다. 艮齋가 노소귀천을 차별하지 않고 한결 같이 경대하는 것을 보고, "사람을 대하는 법도가 그리하여야 합니까?"하고 물었을 때, 퇴계는 "사람은 그 위인에 따른 대우법이 있어 〈各在當人之身〉이라 하였지만, 그러다가 만에 하나라도 자신의 오만과 소홀함이 나타날지 모르므로 나는 노소와 귀천을 구별하지 아니하고 〈일체경지〉하는 걸세"라 하였다. 퇴계의 이 대답은 높은 사람과 권세와 지위있는 사람에게 실수할까 조심한 것이 아니라, 연소하고 지체 낮은 일반 평민을 경애하는 데 더 마음을 썼다는 뜻이다. 퇴계는 어떤 직업, 어떤 계급, 어떤 연령 층의 사람이든 그 인격과 인권을 평등하게 대우하였다.

　손자인 安道가 德原에서 낳은 아들 昌陽을 데리고 성균관에 유학하고 있을 때다. 창양이 난 지 6개 월만에 권씨가 딸을 孕胎하여 乳道가 끊겼다. 오늘과 같이 우유로 아이를 키우는 시대가 아니었으므로 육아가 매우 힘들었고, 昌陽은 영양실조로 별별 병을 앓았다. 도산 본댁에 유모를 구해 보내도록 부탁하였다. 마침 딸 낳은 여자 종이 있어서 애기를 떼어놓고 상경하도록 내당에서 주선하고 있을 때 퇴계가 그 기미를 알았다. 시어른의 지엄한 치가법도를 알면서도 미리 아뢰지 않았던 것은, 昌陽 출산시 '우리집 경사에 이보다 더 한 일이 없다(家慶莫逾於此'라고 기뻐하였으므로 증손을 위한다면 어떤 일이든 묵인해 주시리라 믿고 나중에 품하려고 한 일이었다.

　퇴계는 엄히 꾸짖고 중지시켰다. 알고는 그대로 있을 수 없었다. 〈殺人子 以活己子 仁人所不忍〉이란 近思錄의 말을 인용하여 편지를 썼다.

몇 달 동안만 밥물로 키우면 이 아이도 키우고 서울 아이도 구할 수 있다. 어린 아이를 떼어놓고 가는 그 어미의 마음은 오죽하겠으며 서울까지 가는 동안에 이 아이는 죽고 말 것이고 유도도 온전할 리 없다. 내 자식을 키우기 위해 남의 자식을 죽일 수는 없다. 어미가 자식 키우는 자정은 금수도 마찬가지인데 학문을 한다는 유가의 체통으로 차마 어찌 이런 일을 할 수 있더냐! 몇 달을 참으면 두 아이를 다 구할 수 있으니 여기 아이가 좀더 자랄 때까지 참고 기다려라. 그때 가서 데리고 가도록 하마.

하고 손자를 타일렀다.

그후 겨울과 봄은 어렵게 넘겼지만 창양은 증조부를 承顏도 하지 못한 채 庚午(1570)년 5월 23일에 죽고 말았다.

퇴계는 그 아픔을 가인에게는 전혀 내색을 비치지 않았으나, 姪壻 閔蓍元과 高峯 奇大升, 潛齋 金就礪 등 여러 문인에게 吐露하였다. 증손자와 종의 딸의 인권을 저울에 달아도 기울지 않게 중히 여겼고, 어미가 자식 키우는 사랑과 천륜은 사람의 귀천에 차별없음을 실행으로 보였다. 인권평등의 사상을 아무리 말과 글로 표현할지라도 실천으로 보여주지 않으면 僞善이고 空理空論이다. 퇴계의 인간평등 사상은 당신 증손자를 잃으면서까지 하인의 딸을 살렸고, 손부의 모성애와 종의 모성애가 평등함을 행동으로 가르쳐 주었다. 莫逾於此의 家慶으로부터 莫逾於此의 家厄으로 바꾸어 버린 퇴계의 평등인권 사상은 이 밖에도 숱한 일화를 남겼다. 崇品位에 있을 때 사람이 끄는 외바퀴 輻軒을 물리친 일, 서당 앞을 말탄 채 지나가는 사람을 잡아다 벌주려 하는 정일에게 '한폭 그림을 꾸며주는 사람에게 무슨 잘못이 있어 그러느냐!' 하고 말린 일, 향촌 평민으로 永眠하고자 벼슬과 '先生'을 쓰지 못하게 미리 지어놓은 〈退溪晚隱眞城李公之墓〉란 墓碑文에 평등으로 살다가 평민으로 돌아간 실천적 평등사상을 충분히 읽을 수 있다.

특히 順興의 冶工 裵純 교육은 사대부 자제에게만 해오던 교육 제도 하에서 교육의 기회 균등화와 교육평등주의를 과감하게 실현해 보인

대혁신이었다. 교육의 기본권이요 인간이 향유할 수 있는 행복 추구의 이상, 즉 앎의 평등화를 선도적으로 길을 열어 놓은 교육개혁이었다. 배순 교육에 관해서는 다음 항에서 자세히 논하기로 한다.

三. 豊基 재임시의 교육과 退歸

(1) 愼齋의 白雲洞 設院과 퇴계가 한 일

1548년 1월 丹陽郡守로 부임한 퇴계가 그 해 10월에 豊基郡守로 이임한 것은 대사헌으로 있던 넷째 형 溫溪가 忠淸監司로 부임해 왔기 때문이다. 아우가 형의 부하로 근무할 수 없는 제도 때문이었다.

여기서는 풍기 치적을 논하려는 것이 아니고 다만 평등교육의 일단을 살피려 한다.

퇴계의 풍기 교육사업은 愼齋 周世鵬과 떼어서 생각할 수 없다. 신재가 창립해 놓은 白雲洞書院과 興學 교육사업을 퇴계는 어떻게 진작시켰으며, 그의 독창적 교육사업은 무엇이었던가를 간단하게 살펴두는 것이 순서일 것 같다.[4] 周愼齋가 풍기군수로 부임한 것은 1541년(辛丑) 7월이었고, 白雲洞 宿水寺에 晦軒 安珦 사당을 지은 것은 이듬해인 1542(壬寅)년이었다. 1541년은 대한재로 큰 흉년이었으며 그 이듬해는 유례가 드문 대기근이었다. 이러한 때에 愼齋는 晦軒이 소시에 독서하였던 숙수사에 사당을 지었으며 서원을 세우려고 절을 헐어 拓址하였다. 1543년(癸卯)에 허물어진 향교를 郡北으로 이건하고, 晦軒 사당 앞에 서원을 짓기 시작하였는데 1544(甲辰)년 10월에 낙성을 보았다. 이 때 愼齋는 많은 원성을 들었다. 향교 이건은 마땅하지만 文成公의 묘당을 짓고 서원을 창건하는 일은 옳지 못하다고 평판하였다. 晦軒은 문묘 종사로 족하고, 향교가 있으므로 서원을 따로 세울 필요

---

4) 愼齋와 退溪의 興學教育論과 인간관계는 다른 기회에 논문을 쓰기로 하고, 여기서는 신재의 서원창설과 퇴계의 교육에 대해서만 논급하기로 한다.

가 없다는 여론이었다. 더욱이 기근이 심한 때이므로 백성의 원성과 餘殘가 클 것이라고 많은 指彈을 받았다. 그러나 周愼齋는 朱子가 南康 재임 1 년간 연이은 기근에도 불구하고 白鹿洞書院을 申修하였으며, 先聖先師祠와 五先生祠를 잇달아 짓고 劉屯田과 壯節亭을 마련한 고사를 들어 기어코 서원 창설의 힘겨운 일을 해내었다.

신재의 사상은 기근을 구제하고 亂急에서 헤쳐나오게 하자면 교육에 힘을 써야 하고, 교육의 목표는 반드시 선배 현인을 존숭하는데 두어야 하며, 선생의 덕을 이어받기 위해서는 묘당을 지어 봉사해야 한다면서 사당과 서원을 세우는 일에 힘을 기울였다.[5]

그 때의 傷災와 기근은 대단하였다. 溫溪 李瀣는 慶尙道의 대기근을 구제하기 위해서 이 사이(1541~1542) 敬差官으로 내려가 북부의 곡식을 거두어 하도를 救荒하였으며 愼齋의 善政을 褒啓하여 進資시키기도 하였다.[6] 1541년에는 퇴계도 경기도의 災傷御史로 나갔으며, 1542년의 봄에는 충청도, 가을에는 강원도의 여섯 고을에 재상어사로 나가 摘奸과 災民救濟의 일로 바빴다. 이렇듯 온나라가 신축년의 대한재로 기근이 심한 때에 愼齋는 그 스스로 晦齋 李彦迪에게 고했듯이 역량을 돌보지 아니하고 敎化를 위하여 晦軒의 사당을 지어 尊賢에 주력하였던 것이다. 그는 어려운 때일수록 교육을 돈독히 하고 인심을 바로 잡아야 한다고 굳게 믿고 있었다.[7]

그 당시 순흥안씨 在朝者는 40여 인이 있었는데, 影幀과 서적을 구해 보냈고 立廟 設院의 일을 많이 도왔다.[8] 주신재가 풍기군에 착임해서 父老와 小民에게 敎諭한 告文은 신임 仁宰의 興學曉諭文으로서

---

5) 竹溪志序 : 愼齋全書 p.315, 1544(甲戌)년 周世鵬 自序
   愼齋年譜 : 愼齋全書 pp.271~273
6) 敬差官 李瀣褒啓進資 時嶺南大饑饉 舻満野 先生勞來安集 全活甚衆 敬差官上其事 謂居官請愼 竭力荒政 爲一道最上 上命進資以奬之「年譜」壬寅 四十八歲條
7) 『武陵集』五, 原集, 張十二, 「上李晦齋」書
8) 『武陵集』五, 原集 18~20張 「與安挺書(名・珽)」, 原集 23~24張「興安牧使 瑋書」, 竹溪志行錄後 張1~5, 附安注書珽書, 與安牧使瑋書, 附安承旨玒答書, 與安挺然書

지금도 위정자들이 본받고 이용할 만한 가치 높은 글이다. 시절은 가물고 흉년이 들어 인심이 흉흉한데 풍년을 들게 하고 천지간에 和氣를 채우는 근본은 父慈子孝하고, 兄友弟恭하고, 夫婦別하고, 長幼序하여 睦睦雍雍해야 한다는 綱常 회복의 큰 敎諭이다. 신재가 풍기에서 曉諭한 이 〈告豊基父老敦諭小民文〉9)을 가지고 추론한다면 그 때의 풍기 순흥은 오륜은 다 무너져버렸고 悖倫的 풍속만이 風靡했었던 지역으로 상상할 수 있다. 告諭民文에서 "자식된 자가 그 어버이를 공경해 모시지 아니하고 아내가 그의 지아비를 敬待하지 아니하고, 아우는 그 형을 업신여겨 따르지 아니하고, 젊은이는 예법대로 어른을 공경하지 아니하고, 천민은 귀족을 존경하지 아니하고 능멸하고 있으므로, 군수가 직접 나서 지도·계몽하는데 끝내 개선되지 못하면 법으로서 다스리겠다(如有爲子而不敬養其親 妻而不敬事其夫 弟而不敬從其兄 少而不敬禮其長 賤而不敬勝其貴者 太守當躬親開導 其終不改 必如法痛繩及已考翼其敦小民俾各自新無怠)"고 하였다. 선초에 端宗의 복위를 꾀하다가 실패한 후 順興이 廢府가 되고부터 文敎 德治는 없어지고 억누르기만 하여 頹廢 卑俗해진 그 지역 민풍을 충분히 상상할 수 있겠다. 특히 賤而不敬勝其貴하고 少而不敬禮其長했으니 晦軒의 후예가 살고 순흥안씨의 貫鄕으로서도 어찌 할 수 없었던 듯하다. 신재가 부임했던 당시는 향교의 大成殿이 도리가 꺾여져서 곧 내려앉게 되었고 동서재는 비가 새었으며 벽은 헐려 바람을 막지 못하였다. 그래서 학궁에 공부하는 학생이 없어졌고 교관은 강학을 놓고 있었다.10) 愼齋가 풍기군수로 오게 됨으로써 비로소 文鄕 復古가 시작되었다. 회헌의 후손 세거지이며 安氏 貫鄕인 이곳은 한평생 晦庵 朱子를 禮敬하고 그 가르침을 전하고자 애쓴 晦軒을 받드는 일로서 사당을 짓고 서원을 세워 교학의

---

9) 武陵集 六, 別集·張 22.
10) 『愼齋年譜』·47歲 辛丑條；五月 除豊基郡守 兼春秋館編修官 先生到郡謁聖廟 廟宇棟折將壓 東西齋舍 上雨傍風 生徒怠散不講 先生大懼 卽捐廩移建

기운을 회복하는 방법으로 興學 교화를 꾀한 것이었다. 신재의 문치 교학 사업은 在朝在鄕의 안씨문중의 절대적인 후원과 호응으로 일이 순조롭게 이루어졌다고 본다. 서원사업과 병행하여 竹溪志 編纂, 書院 享祀 때에 부를 祭樂辭章인 竹溪辭三章(文成公 安珦 廟祭樂章)과 道東曲九章(從祀配享한 文貞公 安輔, 文敬公 安輔 奉祭告辭)을 지어 제례의 기초도 닦았다. 서적은 1544년에 이미 500 권을 소장하게 되었다.[11]

創院 學田 및 장서를 마친 이듬해 乙巳(1545)년엔 5월 이후 中宗의 靖陵 拜哭과 天使 製述官으로 소명되어 풍기 임지를 떠나 있었다. 11월에는 成均館 司成으로 발탁되어 還朝하게 되었다. 실로 백운동 교육의 터를 완벽하게 닦아 두었으나 실제 서원 교육은 실시하지 못한 채 풍기를 떠나야만 했던 것이다.

퇴계가 풍기군수로 부임한 것은 1548년(戊申) 10월이었다. 신재는 그 사이 軍資監正, 弘文館副提學(1546년), 承政院 同副·左副承旨(1547년), 左·右承旨(1548년), 都承旨, 戶曹參判을 거쳐 가을에 黃海道觀察使(1548년 7월)로 가 있을 때다. 백운동에 서원을 창건하고 떠난 지 4 년 뒤에 퇴계가 풍기군수로 온 것이다. 신재의 역사적인 큰 위업은 이임 후 다음 군수와(『豊基郡志』 官案에는 柳敬長 郡守로 적혀 있다) 관찰사의 무관심 때문에 퇴계가 아니었다면 立祠 設院의 대교육 성사가 폐업으로 끝날 뻔했다.

靈城君 申光漢의 『白雲洞紹修書院記』에는 그러한 내력을 자상하게 기록하고 있다.

> 前郡守 臣周世鵬 雅好儒術 爲郡守數年 專務以學敎人 創建書院且爲文成立廟而祀之 以順學者之心而興起焉(中略) 而其所關者郡守 旣不請於朝 觀察使又不以聞 非但聖世作成之美意 鬱而不彰事 不由朝廷 名不載國乘 又難後郡守臣李滉爲此而懼 遂備錄創院之顚末 上書于觀察使 臣沈通源 請以上聞

---

11) 『竹溪』 藏書錄 卷四 ; 白雲洞書院藏書.

願依宋朝白鹿洞故事 賜扁額書册 以昭聖朝崇樂育之盛 觀察使遘以其書 上
聞上命大臣議而允 遂下其事于禮曹判書臣尹漑 請以臣光漢 名其院且記命名
之義 令校書館刊以頒之 加給書册郵以傳之 上皆可之[12]

附点한 文意는 이러하다.

 그 일에 관계되는 군수가 조정에 청원치를 아니하고 관찰사가 또 듣고 보고하지 아니하면, 아무리 어진 임금이 좋은 뜻을 많이 가졌다 하더라도 훌륭한 사업을 빛나게 할 수가 없고, 나라에서 그 일을 도울 수도 없는 터, 그래서 훌륭한 지방관일지라도 그 이름이 국사에 오르지 못한다. 또한 그 사업인들 오래 지속하고 경영될 수 있으랴. 뒤에 부임한 이황 군수가 그 일을 실패할까 안타까이 여겨 서원 창설에 관한 전말과 기록을 모두 갖추어 편지를 써서 沈通源 감사에게 알리면서, 宋나라 때 주자의 白鹿洞 設院 고사를 자세히 밝혔다. 국왕이 들어 받아들일 수 있도록 설명하였으며, 서원의 이름을 지어 편액과 함께 서적도 하사하여서 학문을 숭상하고 교육에 힘쓰고자 하는 임금의 뜻을 충분히 달성할 수 있게 하였다. 관찰사가 그 취지를 써서 아뢰었으므로 왕이 듣고 대신에게 하명하여 그리하도록 허락하였다.

신재의 후임군수(柳敬長)는 신재의 창업을 이어내지 못했다. 퇴계의 彰善好學과 남의 선행을 闡揚하는 덕행을 이로써 명백히 알 수 있거니와 愼齋의 白雲洞 設學 敎育事業은 퇴계가 부임해 옴으로써 관찰사도 이해하게 되었고 조정에도 알려져 사학 교육기구로서 인가를 받기에 이르렀다. 天命이었으며 기이한 인연이었다. 퇴계로 하여금 그 뒤로부터 평생사업의 방향을 결정짓는 중대한 계기도 되었다.

 (2) 退溪의 白雲洞 敎育과 退歸
 퇴계의 풍기 재임시 치적은 다른 기회에 논하기로 하고 교육에 관해서만 쓰기로 한다.

---

12)『愼齋全書』, pp. 352~356. 竹溪志 記 張 1-9

풍기와 榮州(川)는 隣邑이며 영주는 퇴계와 남다른 인연이 있는 고을이다. 당신 처가와 형 온계의 처향이 그곳이고 질녀도 그곳에 시집가 있었다. 뿐만 아니라 19세 때는 榮川 醫院에 가서 의학을 강습받기도 하였다. 榮州는 醫學 敎育 외에도 功令文修業을 전문으로 하는 거점으로 유명한 고장이고 嘯皐 朴承任 같은 이는 문을 열어 생도를 가르친 교육의 명향이었다.

퇴계는 이러한 지역적 특성을 익히 알고 있었기 때문에 행정과 교육에 남다른 뜻을 가지고 임하였다.

姪壻 閔蓍元을 비롯해서 가인이 관문 출입을 못하게 막았고 鄕飮禮나 釋菜禮의 飮福禮에 고을 부로들이 군수의 아들이라고 자제를 청했으나 참석하지 못하게 금하기도 하였다. 가인의 언행을 극히 삼가토록 가르쳤으며 청탁을 일절 배제하여 官紀公道를 肅正한 치적도 남겼다.

서원에서 강학을 함에 있어서는 풍기 출신과 예안, 영주 사람을 구별하지 않고 받아 들였으며, 남의 문하에서 수업하고 있던 학생이 찾아와도 물리치지 않았다. 月川 趙穆, 晦堂 申元祿, 芝山 金八元 같은 이들은 백운동서원에까지 와서 강학을 받았다. 뒷날 伊山書院 設院을 추진한 퇴계의 創院史를 보면 서원교육에 대한 큰 설계는 이 때 이미 작정이 있었던 듯하다. 학계에서 정론이 되고 있는 공교육의 부실을 사교육으로서 바로잡고자 한 퇴계의 교육개혁은 이 때부터 실행단계에 들었던 것이었다. 한국 서원교육의 방향을 설정하고 道學을 講明하는 규모를 정립한 시점이기도 하다.

향사와 서원 학규에서 그 진면모가 들어나 있듯, 한국 교육사상 자주 자립의 서원교육 방법이 창립되는 발단이기도 하다.

그 중에 한 두드러진 예가 귀천을 차별하지 않고 천민인 裵純도 함께 교육한 사실이다. 한국의 서원 교육의 시작에 있어 士族과 서민을 차별 아니하고 평등하게 교육을 받을 수 있게 한 사실에 퇴계의 백운동서원 교육의 특징을 찾을 수 있다. 퇴계가 역동서원을 창건한 후 과거준비 강의를 물리치며, 鄕坐法을 실행하고자 간곡하게 유생을 가르친 일과도 맥을 함께 한다. 이는 퇴계의 평등교육 사상의 실현이며 강한 평등사상의 관철이라고 이해할 수 있다.

퇴계는 풍기군수 재임 1년만에 棄官 退去하였다. 백운동서원에 賜額하고 書冊을 하사하도록 감사가 따라주었고, 조정에서도 전적으로 호응하여 퇴계의 주장은 순조롭게 이루어졌다. 그런데도 퇴계는 물러났다.

온계의 신변을 감돌고 있는 厄運을 예감하고 형제는 벼슬을 그만두고 야인이 되자고 권하기도 하였으며, 관계에서 떠나자고 蠱冷臺에서 의미 심장한 시를 읊은 후 헤어졌지만 온계는 심각하게 느끼지 않았었다. 오히려 온계는 퇴계한테 벼슬을 그만두지 말도록 달래기까지 하였다. 그래도 퇴계는 물러났다. 溫溪가 李芑와 李洪男에게 모함을 당할 것이라는 예감을 가지고 있었지만 아직은 해치지 못하고 있을 때다. 따라서 퇴계가 기관 퇴귀한 직접적인 동기를 형의 官厄과 결부시켜 몸을 움추린 것이라 단정할 근거는 못된다. 퇴귀는 어디까지나 퇴계 자신의 사업과 의지에서 이루어진 것이라고 볼 수밖에 없다. 그 논거는 다음과 같다.

첫째는 행정관이 興學 교화에 힘을 쓴다하더라도 官學인 향교를 중심으로 후원하고 曉諭하는데 그쳐야 한다. 향교에는 엄연히 교관이 있고 공교육이 집행되고 있다. 愼齋는 서원을 창건하고 學田을 마련하고 서책을 모아서도 직접 강학은 하지 않았으며, 文成公 晦軒의 奉祀와 尊賢을 唱導하고 떠났다. 교육 담당자인 교관과 행정 상사인 감사와도 부딪히지 않았다. 그러나 퇴계는 서원에서 잠시나마 한 때 본격적으로 강학을 하였고, 더구나 대장장이까지 함께 가르쳤다. 순흥이 어떤 고을이든가를 생각해보면 직접 사람을 가르친다는 것은 어려운 일이었다. 端宗 復位를 꾀하다가 錦城大君 李瑜가 사사되고 大田 李甫欽 부사가 화를 입은 고을이다. 본질적인 유학교육을 하면 어떤 충절이 또 일어날지 모른다. 將來事가 어떻게 전개될런지 알 수 없는 일이다. 퇴계는 서원교육을 계속할 수 있을까를 숙고하고 심사하였을 것이다. 이 고을 형편에 비추어 서원 교육을 해서는 안되겠다는 결론에 이르렀을 것이다. 서원 교육을 맡은 사람은 洞主나 山長이 해야 하고 遺逸之士가 맡아야 하므로, 행정과 교육을 병행하는 것은 서원을 위해 도리어 해가 된다고 판단했고, 또 겸손하게 자신은 一世의 師表도 아니라고 스스로 自罷한 것이다. 沈通源 監司에게 보낸 편지와 후일 黃錦溪에게 준 시를 읽어보면 자파한 이유와 떠나온 뒤 서원 강학이 계속되지 못한 사실을 알 수 있다.[13]

둘째로 퇴계는 평소 꿈꾸고 있던 〈吾事〉 즉 〈居然在鄕里 所願善人多〉하는 평생사업을 시작하는 계기로 삼은 것이다. 서원을 세워 현인을 모시고 尙德 肆業을 하는 방법도 있지만, 관직에 메이거나 또 어떤 분을 모시고 이 스승을 본받으라고 풍기에서 그 꿈을 실현하기에는 만족할 수 없었기 때문이라 생각된다.

이 점은 50세(경술·1550년), 51세 때의 행적을 살펴보면 명백하게 들어난다.

49세 11월에 돌아온 퇴계는 이듬해에 溪上에 居所를 정하고 寒棲庵을 지어 靜習堂이라 당호를 명명한 후 문인을 받아들였다. 또 이듬해 신해년에는 溪北에 溪上書堂을 지어 본격적인 서당 교육을 시작하였다.

퇴계가 한서암에서 읊은 여러 시에는 그의 의지가 잘 나타나 있지만 溪堂에서 읊은 〈有嘆〉시와 그 밖의 感懷 言志에서 그의 스승을 孔孟程朱로 정하였고 특별히 주자를 스승으로 받들어 뒤따르겠다고 선언하

---

13) ○溪庄喜黃錦溪惠訪追寄；竹溪諸子散如雲 鹵莽堪嗟我不文 却喜朝家新擇守 淸衿齊舊待張君. 張仲紀代余爲守 『別集』 卷一, 張 41 이 詩는 退溪가 退去 後인 庚戌年 作이다.
　　○上沈方佰 通源 書；故事凡書院 必有洞主 或山長爲之師 以掌其敎…擇於遺逸之士 或閒散之員 而其人才德望 實必有出類超群之懿 卓然爲一世師表者 乃可爲之 如不得其人 而徒竊其號 則與令敎授訓導之不職者 無異有志之士 必望望而去之 竊恐反有捐於書院 故今不敢幷以爲請 『文集』 卷九, 張 8

였다. 회헌은 입조시에 누차 흥학과 育人을 주장한 일이 있어서 그 공은 인정할 수 있지만 교육 실적이 없기 때문에 후학에게 一世 師表로 내세워 이 선생의 도학을 따르라고 가르칠 수는 없었다. 愼齋는 文成公傳을 竹溪志에 엮었지만 퇴계는 晦軒에 대하여 감사에게 올린 글에서만 언급했을 따름이다. 아무튼 퇴계는 모부인이 가르친 대로 고을을 살아 보답하였기 때문에 벼슬은 더 이상 필요치 않았고, 47세 때 선언한 〈只要躬耕代舌耕〉을 실행하고자 잠시 서원에서 교육한 경험을 살려 서당을 마련하고 사교육에 전념하기로 생애의 방향을 바꾸는 계기로 삼은 것이 분명하다.

四. 退溪와 裵純의 만남

퇴계 手錄에는 裵公에 관한 기록이 어느 곳에도 보이지 않는다. 다만 門徒錄과 年譜補遺에 보일 뿐이다.

郭嶒(號·丹谷)이 지은 배순전과 李汝馪(號·炊沙)의 師友錄을 비롯해서 『榮州邑誌』나 최근에 만든 『내고향 가꾸기』 같은 데도 배순을 퇴계의 문인이라고 기록해 놓지 않았다. 榮豊地方에서는 '裵忠臣'으로 알려져 있고, 그가 살았던 마을에서는 洞神으로 받들어 모셔 왔다. 지금까지 마을의 수호신으로서 그의 정려비각이 祭神壇으로 보존되어 온 것은 기적이다. 지방 行政官署와 유림이나 학계가 관심을 가지고 있지 않았다는 사실은 동민에 의하여 정려비각이 수호되고 있었다는 점으로서 명백하게 증명된다.

배순은 퇴계가 풍기군수로 있으면서 書院에서 강학을 하였을 그 시기는 알 수 없으나 퇴계로부터 人性을 奬許받고 誘掖을 입었다. 퇴계는 배순의 신분을 차별하지 않고 함께 가르쳤다. 퇴계가 가르친 흔적이 남아 있으므로 해서 평민을 사랑했고 서민의 인권도 존중했으며 평등교육을 실천한 위대한 교육자로서 평가를 받게 되었다. 향좌법 실시와 인재는 하늘이 낳으므로 누구든 배울 권리가 있고, 사람을 쓰는 데 출신을 가리지 말아야 한다고 주장했다는 산 논거가 바로 배순의 정려비로서 오늘에 실상으로 전달된 것이다.

퇴계는 배순을 1년도 채 못 가르쳤으며 배순은 선생이 떠난 후 그의 재간을 다 쏟아 鐵像을 鑄造해 모시고 공부를 계속했다. 20여 년 후 퇴계가 역책했다는 소식을 듣고 삼년 복을 입었으며 철상으로 祀之하였다.

이 같은 내용은 그의 墓誌・碣文・行狀이 있어 밝혀진 것이 아니다. 『문도록』과 『연보보유』에 실린 글과 전설들의 근거는 李炊沙와 郭丹谷이 쓴 傳과 그의 정려비문이라고 생각된다. 배순의 손자가 조부 묘전에 표석을 세울 때 유림 대표인 소수서원 院長 丹谷 郭嶸 進士에게 글을 받아 세운 정려비와 蒼石 李埈 郡守가 지은 贊詩를 인용한 비문이 퇴계와 배순 관계를 설명해 주고 세상에 들어내 주었다. 炊沙와 丹谷이 쓴 전기는 문집에 실려 있었으나 인용된 것을 필자는 일찍이 보지 못하였다.

비문으로서 사제가 만난 사실을 추찰해 보기로 한다.

> 裵純 本興海人 移居于此以死 天性淳謹 平生無妄言 事父母至孝 生盡其養 死謹其祭 秋斂必打租別場以供祭祀 退溪先生終 服三年喪 設鐵像以祀之 純實是忠孝兼全 篤行至善之 人而旌表 頗有漏焉 豈有蒼石仁侯已遞故也 作一絶云 忠孝元來禀自然 人牽外誘喪其天 純忠純孝惟純耳 過此遺墟孰不虔 有四男一女 可謂錫類矣 享年七十八 死之日 天晴而大雨 群鴉畢集于庭 豈非孝感歟 四男石年能繼 丹谷散髮人謹誌

萬曆四十三年五月 立旌門
順治六年三月日 純之孫種 立石于墓 又立此碑
崇禎再乙亥三月日 外七代孫 林晩維 改立[14]

---

14) 榮州市 順興面 裵店里 裵純旌閭閣에 있는 비문이다.

五. 裵純에 관한 기록과 유적

필자가 퇴계의 가인을 찾아내려고 門賢錄을 분석하다가 〈裵漸〉이란 인물을 밝힌 것은 1980년 쯤이었다. 成大 大東文化硏究所에서 간행한 退溪全書 冊四의 309頁 〈陶山門賢錄・卷首, 卷五의 목록〉[15] 맨 끝에 다른 제자보다 한 자 낮추어서 '裵漸' 두 자를 실어 뒀지만 가인을 추출하는 작업이라 본문을 읽지 아니하고 지나쳐 버렸다.

1986년 4월에 귀국하여 土溪 宗宅에 머물면서 李根必 교장과 몇 주간 답사를 하는 동안 문헌을 상고하고 전언고사를 채록하다가 宗宅 光明室에 비장한 연보보유를 읽을 수가 있었다. 이교장은 배공이 철상을 주조한 사실을 알고 있었고 이에 대한 연구를 본인에게 종용하였다. 이 때부터 배공에 대한 탐구가 시작된 것이다.

연보보유의 배공의 사적은 다음과 같다.

> 有裵純者 古順興府冶匠 天性淳謹 平生無妄言 事父母至孝 先生莅郡 日往來白雲院 純頻頻進謁于庭下 愛敬達於面貌 先生爲加獎許誘掖 及歸罷歸 鑄鐵像 朝夕焚香起敬 以寓景慕 聞易簀 服三年 奉鐵像以祀之 後人名其居曰裵店 萬曆癸丑 鄕人立石以旌蒼石 李埈爲郡守 作詩刻之云[16]

이 보유는 廣瀬 李野淳이 宗孫 省流亭 李志淳의 請屬에 의하여 西厓 柳成龍이 찬한 연보에다가 빠진 것과 상세하지 못한 부분을 詩書狀碣

---

15) 陶山及門諸賢錄은 蒼雪 權斗經公이 編成한 溪門諸子錄(100여인)이 최초본이다. 그 뒤 靑壁 李守淵公이 60여 인을 추가하였고, 다음 山後齋 李守恒公이 10여 인을 添加하였다. 廣瀨 李野淳公은 여기에다 수10 인을 追補하여 도합 260여 인이 되었다. 광뢰공의 연보보유에 배순을 기록해 둔 것을 보면 배공이 문도록에 실린 것은 이때부터인 것 같다. 배공이 맨끝에 적힌 문도록은 권4이다. 퇴계전서에 합편한 급문제현록에는 속록 5권에 44인이 추가되어 있다. 연보보유에 기록된 배순의 유적과 제현록의 내용이 서로 다른 점이 있다. 속록을 만들 때 수정한 것으로 믿어진다. 따라서 후대의 기록은 전설과 丹谷集, 炊沙集을 그대로 인용 추록했다고 추측된다.

16) 『退溪先生年譜補遺』上卷 卷之一, 第88面(譜) 以病三辭于監司請解官 不待報而歸 끝에 小字 6항으로 이글을 적었다.

第 2 章 平等思想 實現과 裵純의 弟子職 篤行   141

에 考據하여 찬한 補遺本이다. 그 후 校堪刪注를 거듭했으나 간행에까지는 이르지 못하고 소중하게 보존해온 책이다.

그 뒤 문현록을 정리하여 便覽을 만드는 기회에 필자는 『陶山及門諸賢錄』 卷四에서 배공의 사적을 자세히 읽게 되었다. 『문현록』과 『퇴계연보』를 통해서 세번째 확인하는 배순전이다.

裵漸或云純 古興州居 鐵冶爲業 家近紹修 每先生臨院講學 必拜詭參聽於庭下 日以爲常悅而忘歸 試叩其所得 頗能領解 先生歿 爲服心喪 國恤輒服衰行素至三年 李蒼石埈知府時 爲申使臺旌閭給復 今有閭碑在中村遺址云

이상의 문인록과 보유 기사를 보면 배공의 휘는 純이고 살았던 곳은 소수서원에 가까운 中村 裵店里이었으며, 직업은 冶工이었다. 그는 신분이 미천함에도 학문을 좋아하였고, 퇴계가 白雲院에서 강학할 때 자주 뜰아래에 와서 돌아갈 줄 모르고 즐겨 청강하기에 해득함을 시험해 보았더니 능히 이해하므로 기특하게 여긴 퇴계가 함께 가르쳤다. 퇴계가 풍기군수를 罷歸한 뒤에는 선생의 철상을 주조하여 아침 저녁 분향하면서 景慕 起敬하였다(떠나신 선생을 따라갈 수 없는 신분이라 철상을 모시고 독서 분발했음은 그 처지와 好學性을 더듬어 충분히 想定할 수 있다). 그는 22년후 선생이 역책했다는 부음을 듣고(퇴계가 풍기를 떠난 것은 1549년 11월이고 역책한 것은 1570년 12월 8일이다) 삼년복을 입었으며, 철상을 모셔 봉사하였다. 그가 죽은 뒷날 蒼石 李埈 郡守가 이 곳에 부임해 와서 위에 아뢰어 襃旌토록 하였고 뒷날 향민이 李蒼石의 시를 돌에 새겨 정려하였다.

그는 천성이 純謹하고 평생 망언을 하지 않았으며 부모를 남다르게 효성으로 모셨다. 이러한 인간성과 行儀는 퇴계도 愛許하였을 것이고 향중 사람도 감복하였던 것으로 여겨진다.

그런데 위의 기록들에서 〈國恤服三年〉은 중요한 연구문제로 등장한다. 보유에는 國恤素服三年에 대하여 쓰지 않았고 문현록에서 그 내용을 읽을 수 있다.

앞의 〈四項〉 끝에 옮겨 둔 정려비의 陰記에는 國恤 때 삼년상 복을 입었다는 문면이 전혀 보이지 않는다. 왜 정려비문에는 〈國王三年服喪〉을 쓰지 아니하고 비 앞면에만 〈忠臣百姓裵純之閭 服 宣祖大王三年喪〉이라 썼는지 이 점은 큰 의문으로 남는다. 이 점은 엄밀히 검토하고 규명하여야 할 중요한 문제이다.

연대 미상의 필사본 『榮川邑志』에는 다음과 같이 기록하였다.

> 裵純 水鐵匠人 事父母至孝 忠義亦出天 宣廟賓天服三年 退溪之喪 亦服三年 鐵像以祭事 聞旌閭 其死之日 晴天大雨 群鴉集庭 人皆異之 郭丹谷嶍有詩曰 忠孝元來本自然 人牽外誘喪其天 純忠純孝惟純耳 過此遺墟孰不虔 居梨店[17]

이 『영천읍지』를 草稿한 분으로 알려진 炊沙 李汝馪은 師友錄에다 배순을 이렇게 적고 있다.

> 裵純者 豊基居民也 性好友 睦於親族 前後所遭國喪無不行素 服喪以終三年 人皆知其爲善名 其里曰裵店 年八十服宣廟喪終三年 退溪先生喪亦服三年

비문을 찬한 郭丹谷은 李炊沙와 동시인으로 시를 唱酬한 文友인데 「裵純傳」(379字)을 지어 문집에 남기고 있다. 要抄하면 다음과 같다.

> 裵純 水鐵匠人也 不知何地産也 而徙居于豊 殆三十稔餘 結店于竹溪上流 平章洞口 以冶爲業焉……純舊居宣城之界 退溪先生終服心喪三年 鑄鐵像以祀之 其慕賢之誠至矣 昭敬大王捐國 純又服三年 服闋設禪祭 其愛君之誠至矣……純八十而死 其心如一 則吾知其非假也……純三子八孫甚蕃 豈種德之效歟 吾敢略敍顛末 以獻仁侯 侯之好善誠也 吾意純不至泯滅也 始侯蒼石也 轉報掌陰啓聞于朝旌其閭

이상의 출전에서 서로 상치되는 부분이 적지 않음을 발견하게 된다. 배순에 대해 달리 논고할 필요가 절실하나 후일의 기회로 미루고, 곽

---

17) 『영천지』를 처음 기초한 분은 李汝馪이고 이를 완성한 분은 鶴沙 金應祖라고 전한다.

단곡의 비문과 전기에서 보인 두드러진 이동점으로 碑文은 78세 향수,
자손에 있어 전자는 4남 1녀이고 후자는 3자 8손이라 한 것에 의문을
안 가질 수 없다. 또 동대의 두 분이 쓴 인물록인데 취사는 배공이 80세
에 선조 복상을 했다고 하였으므로 80이상 향수한 것이 된다. 취사는 전
후국상에도 삼년복상을 하였다 했고 단곡은 宣祖 服闋에 禫祭까지 지냈
다고 하였다. 아무튼 배순이 국상 때 삼년복상을 한 사실은 움직일 수
없는 사실이고 국왕에 대한 충성은 찬양할 만하다. 여기서는 우선 배순
의 유적을 중시하여 비문에 대한 고찰을 조금 해두기로 한다.

『읍지』에는 배공을 水鐵(竹嶺 아래 昌樂 위 마을) 匠人이라 하였고
시를 지은 사람을 郭丹谷嶹이라 적었다. 비문을 찬한 사람이 丹谷散髮
人으로 後署되어 있어서 郭丹谷은 裵公 事錄과 직접 깊은 관계에 있
다. 곽공은 『紹修書院任司錄』에 의하면 1608년(宣祖41, 戊申)과 1615
년(光海7, 乙卯)에 紹修書院 院長을 지낸 사람으로 字를 靜甫라 하였
다. 무신년에는 진사, 을묘년엔 참봉이라고 신분을 밝혔다. 시의 주인
과 비문 해석을 하는데 중요한 자료가 된다.

다음은 현재 그 지방에서 배공에 대하여 인식하고 있는 사실을 살펴
보아야 하겠다. 근년에 편간한 『내고장 가꾸기』라는 현대판 향토지의
배순에 관한 기록을 살펴 보자. 인물편 배순 記에는

　　　무쇠를 다루는 장인으로 배점(梨店 ; 지금은 재점)에 살다. 부모에 효
　　도하고, 충의도 뛰어났다. 선조임금이 승하함에 삼년 복을 입었고, 이퇴
　　계의 상사에 또한 삼년복을 입었으며, 무쇠로 퇴계의 상을 부어 제사함
　　에 나라에 알려져 정려하였다. 그가 죽는 날 개인 하늘에서 비가 내렸고,
　　갈가마귀가 무리로 뜰에 모여 사람들이 이상히 여겼다. 丹谷 郭嶹이 그
　　행실을 시로 기렸다.
　　　　忠孝元來本自然　　　人牽外誘喪其天
　　　　純忠純孝惟純耳　　　過此遺墟孰不虔

이다.

　이 기록은 앞의 필사본 『영천지』를 그대로 풀어서 옮겨 놓는데 불

과하고 정려비문은 못 보았던지 도외시하였다. 또 지명 유래편 〈18, 국망봉과 배점 지명의 유래〉에서는 동구 밖에 있었을 때의 정려각 사진과 함께 주요 다음 내용을 적어 놓았다.

 1. 순흥읍에서 3.5km 되는 곳에 600 년 되는 느티나무 三槐亭이 있고, 도로변에 정려각이 있다. 이 정려각은 충신이며 효자인 배순을 洞神으로 모시고 <u>매년 춘추제사를 지낸다.</u>①

 2. <u>500 년전에 여기 와서</u>② 철물점을 차려 물건을 만들어 공급하였고 지극 효성으로 조상을 섬겼다.

 3. <u>당시 소수서원을 창건하는</u>③ 때라 <u>모든 철물을 정성껏 공급하므로</u>④ 상인이나 유림사회에서 칭찬이 자자하여 퇴계선생께서 불러보시고 칭찬하였다.⑤

 4. 퇴계선생이 돌아가심에 쇠로 상을 만들어 놓고 3년복을 입었으며 선조대왕이 붕어하시자 매 삭망에 정성들여 <u>장만한 음식을 들고 뒷산에 올라 궁성을 향해 곡제사를 3 년동안 지냈다. 그 슬픈 소리가 궁안에 들리어 나라에서 정려를 내렸고,</u>⑥ <u>산에 오를 때 밟은 나막신 자국이 아직 남아있고 곡을 한 뒷산을 국망봉이라 하며</u>⑦18) 그 마을을 배점이라 부른다.

 5. 그 다음에 그의 죽을 때의 전설과 후세 사람의 칭예를 기록자가 덧붙여 두었다.

 이제 현지 영풍군의 기록과 도산의 『門賢錄』을 對比 考察하여 배공과 퇴계의 관계를 정리할 차례다.

 첫째 정려각과 비건립에 대하여 살피기로 한다. 비문에 적힌 정려각의 건립연대는 1615년인 광해군 7년 5월이고, 정려각에 비를 세운 것은 1649년 인조 27년 기축이며 배공의 손자 褒種이 묘전에 입석하고 이 비를 세웠다. 그 뒤에 이 비는 개립하였는데 외7대손인 林晩維가 崇禎

---

18) ①~⑦의 ——— 을 그은 부분은 무엇에 근거한 것인지 알 수 없다. 후인의 창작이라 논문에 인용할 가치가 없지만 그곳 풍설과 와전을 독자가 판단하도록 부주해 둔다.

再乙亥(1695)년 3월에 하였다고 비옆면에 새겨두었다. 현재 비는 외7 대손인 임만유가 다시 세웠음을 알 수 있다. 1649년 손자 때와 1695년 7대손 사이를 46년으로 계산한 것은 系代年數를 따져 정확하다고 할 수 없다. 적어도 100여 년의 시간이 있어야 한다. 따라서 측면에 새겨놓은 '崇禎再乙亥'는 큰 착오이다. 따라서 개립시에 원 비문을 개작할만한 능력을 가졌거나 금석문의 事實的 중요성과 정확성에 대한 식견을 가진 이가 했다고는 볼 수 없다. 오늘날에도 개갈할 때는 명문이 지은 비문을 고치지 않고 그대로 다시 새기는 법임을 감안할 때 碑陰記는 단곡의 글을 그대로 썼으리라 믿어진다. 다만 전면의 〈忠臣百姓裵純之閭 服 宣祖大王三年喪〉이 문제가 된다. 배공의 〈國恤三年喪〉과 國望峯에 올라 삼년 곡제를 했다면 진사인 곽진이 비음기에 그 사실을 안 적었을 리 만무한데 왜 그 사실을 적지 않았는지 이해가 되지 않는다. 개립시에 배공을 현창하기 위해서라면 〈國恤三年喪〉을 더 중시해서 적었어야 한다. 비음기에 충절을 기록하지 않고 전면에만 충신 백성이라 하여 문맥 자체도 사리에 맞지 않게 되었다. 백성과 충신은 語弊가 있다. 벼슬을 하지 않은 사람을 臣으로 부를 수는 없다. 조리가 서지 않으므로 연대를 바르게 괴지 못한 허점과 더불어 실수로 볼 수 있는데, '충신'이라 함으로써 지체가 올라간다고 임만유가 생각했을지 모른다. 충신으로 정충되고 나라에서 정충각을 세웠다면 자손과 사림이나 관이 오늘처럼 영주·풍기·순흥 땅에서 저렇듯 비하 侮蔑하고 푸대접하지를 못했을 것이다. 필자는 퇴계와 배순의 사제관계에다 더 무게를 두고 전면에는 충신으로 표창하였다고 추론해 둔다.

둘째 제자직을 다한 배공의 선행은 지워지고 충신으로만 숭배된 점을 批考할 필요가 있다. 비음기에 적힌 〈純忠純孝維純耳〉란 시구 해석에서 비롯한 것으로 여겨진다. "純은 오직 忠에 淳謹하였고 孝에도 純實하였다"하였으므로 忠義를 강하게 부각시켰다고 본다. 나아가 퇴계 몰후 삼년복상한 선행과 철상으로 祀之한 사실에 덧붙여 선조 복 삼년으로 延長 轉移하였을 수도 있다. 이 비가 처음 충신을 表旌한 비냐 제자로서의 독행을 闡揚한 비냐 하는 것은 여전히 문제로 남는다. 표충비라면 묘비도 〈忠臣某〉라 새겼을 텐데 묘비는 〈裵純之墓〉넉자 뿐이다. 왜 충신의 묘표에 8자도 안되게 표기했을까 傳과 師友錄에서 〈國恤三年喪〉을 彰善했지만 배공에게 충신으로서의 叙勳이 있었던 것으로는 믿기 어렵다. 정려는 嘉賞으로 세우게 했을 수도 있다. 국휼에는 모든 국민이 복을 입고 충성과 예를 다해야 한다. 복은 지극하게 입고 제를 지내면 천민의 신분이 사족으로 叙宥된다는 法文을 필자는 禮典에서 보지 못하였다. 임진왜란 때 征倭功臣에는 賤隷도 있었는데 난후에 策功할 때 면천만 하도록 "公私賤口乙良並只免賤爲齊"를 내렸다. 영풍민화에 국망의 유래를 배공에다 댄 것은 너무 무리가 있다. 大田 李甫欽이 端宗을 위하여 올라가 號哭한 후부터 국망봉으로 이름하였고, 일찍이 신재는 풍기군수 때 그 봉에 올라 國望峯 詩를 읊었는데 시의 孤臣은 이대전을 가리킨다.[19]

퇴계도 재임시에 國望峯詩를 3 수를 읊고 있다. 제1수는 愼齋詩를 차운하였다.[20] 퇴계에 대한 복삼년보다 국휼만을 앞세워 배충신으로 부르는데, 그것은 스승에 대한 弟子(賤匠)가 그 職分(忠)을 다한 弟子職(忠義)의 完成으로 바꾸어 기림으로써 裵公의 善行 偉績은 더 빛날 것이다. 韓國 唯一의 平等敎育(思想)實踐과 弟子職을 다한 거룩한 인물의 고장임을 지금부터라도 사실대로 바르게 밝히고 앞날의 敎育道場으로서 또 교육자와 학생의 巡禮地로 삼는데 더 의의가 있다. 불확실한 충신 칭호보다 제자직과 효를 다한 그 행적이 더 높이 평가되어야 한다.

셋째 각 기록의 判讀을 위하여 몇 가지 살피고자 한다.

丹谷 郭嶸이 비문을 지은 때는 분명하지 않으나, 정려각을 세운 萬

---

19) 『武陵集』三, 原四, 愼齋全書 935〔國望峯小白山 ; 國望峯頭望京國 長安不見見龍門 龍門 西畔五雲起 白髮孤新雙淚痕〕
20) 『退溪先生文集』卷一, 張 43〔國望峯三首 中 ; 漠漠煙雲生晩日 龍門不見況脩門 欲知紫 極宸居處 天際遙瞻一抹痕〕

曆43년 乙卯(光海君 7년)에 곽공이 소수서원 원장으로 있었던 것은 任司錄으로 알 수 있다. 원장은 隆老 大儒가 맡는데 裵種이 비를 세운 1646년(仁祖 27년)까지 생존했던가가 의심스럽지만 그 전에 비문을 받아 놓았을 수도 있었기 때문에 단정코 부정할 일은 아니다.

보유에는 萬曆癸丑(1613년 광해5년) 鄕人 立石以旌 蒼石李埈爲郡守 作詩刻之云이라 하였다. 이 때는 鄕人이 정려비를 立石하였으며 그 때의 군수가 李蒼石이었고 군수가 지은 시를 새겼다고 기록하였다. 蒼石과 丹谷은 동시인이고 시를 주고 받기도 하였다.

萬曆 癸丑은 41년이고 현존 비문에 새겨진 萬曆43년(乙卯)과는 또 2년의 差가 생긴다. 비문의 立碑 年條는 그로부터 36년 뒤이고 손자 種이 세웠으며, 글을 지은 인물이 郭丹谷으로 기록되고 있어 영풍지방에서는 시를 지은 文主를 郭㟴으로 믿어왔다. 丹谷은 자작시에서 '散髮'이란 말로 자기를 나타내기도 하였으니 郭丹谷이 撰한 것은 의심할 여지가 없다.

일단 여기서 결론을 맺을 필요가 있다. 현재 전해오고 있는 정려비각과 비문에 기록된 연대 추정이나 인물의 존몰 시기가 분명하지 않아 결론을 내리기가 지극히 어렵다. 자료를 더 얻을 때까지는 일단 결론을 보류해 두기로 한다. 오직 믿을 수 있는 것은 裵純은 孝行이 지극하였고 국왕이 돌아가신 후 남보다 지성껏 國喪 服을 입었다. 퇴계의 문하에 수업한 제자이며 鐵像을 鑄造하여 모셔 받들다가 先生 沒後에 그 철상으로 奉祀하고 삼년복상을 했다는 사실이다. 단곡의 배순전과 취사의 『師友錄』과 『陶山及門諸賢錄』이나 『榮川邑誌』에 기록한 사실들이 배순이란 인물을 규명하는데 중요한 자료이긴 하지만 충신이라던가 누가 세웠느냐를 밝히는 일에만 집착하는 것은 그리 중요한 일이 아니다.

지방의 미천한 서민을 포장하여 정려를 세우는 일에 관장이 허가하지 아니하고 쉽게 성사될 리 만무하다는 점에 유의해야 한다. 필자는 비문의 바른 해석과 시의 작자가 누구인가를 객관적으로 결론짓기 위해서 모든 기록을 가지고 오랜동안 碩儒尊老에게 문의하였으나 아직 결론을 내릴 단계는 아니다. 다만 시는 문맥으로 보아서 李蒼石의 作이라는데 견해의 일치를 보고 있다.

그러나 『蒼石文集』에 그 시가 실려 있지 않기 때문에 심정만 할 수 밖에 없다. 문집 편집 때 서민에 대한 시이므로 수록하지 않았을 수도 있다. 퇴계의 再傳弟子였으므로 祖師의 후임으로 가서 선생의 白雲院教育 成果를 남달리 收拾하였을 것이고, 퇴계가 평소에 天生一世人才이니 無間於貴賤이라 한 平等教育 思想을 누구보다 蒼石은 남달리 軒昂하였을 터이지만 후학이 文籍에 남기지 않았으니 어찌할 도리가 없다. 『丹谷文集』에도 시가 218 편이 실려 있지만 이 시는 보이지 않는다.

六. 배순정려비 이건과 문화재 지정

필자가 배점리의 배공 정려각을 찾은 것은 1987년 7월 19일이었다. 竹嶺 消魂橋의 위치 탐색, 퇴계의 小白山 遊山, 浮石寺, 紹修書院 등지의 詩板 保存確認, 寧越 錦江亭의 詩跡 조사, 강원지방의 어사행로 유적조사를 위해 퇴계학연구회 대구분회의 李東薰 이사장과 李源奭 사무국장이 함께 배점국민학교에 갔었다. 일직교사를 앞세우고 동구 과수원 안에 들어가 땅에 붙은 듯 퇴락한 작은 비각을 찾았다. 대리석에 〈忠臣百姓裵純之閭 服 宣祖大王三年喪〉이라 隸書로 새긴 3척 높이의 비는 음침하고 습기 가득찬 시멘트바닥에 꽂혀 뒷담에 의지하듯 붙어 있었다. 순간 실망하였지만 '裵純'이란 이름을 대하고 설레는 마음을 억누르며 손끝으로 碑음기를 읽고 寫草하였다. 〈退溪先生服三年喪 設鐵像以祀之 忠孝兼全 人而旌表 頗有漏焉 豈有蒼石仁侯已遞故也 作一絶云(詩略)〉을 쓰고는 觀感 興敬! 그 때의 느낌은 다시 되뇌어 표현할 길이 없다. 천우신조가 있었고 先師의 靈導로 성공한 결과라 감사할 뿐이다. 퇴계의 平等愛民思想의 眞蹟이요 제자의 도의를 다한 귀감이 400 년을 견뎌 오늘 그 모습을 들어내 놓고 있는 것이다.

오늘날 교육자는 많아도 스승은 없고 학생은 헤아릴 수 없이 많지만 제자가 없다고 하는 시대에, 민족의 師表와 生三事―한 제자의 표준이 유적을 통하여 그 실체를 들어내 주었다고 생각하니 기쁜 감회 한량없고 慕古의 정감에 발길을 돌릴 수가 없었다. 한국 교육사에 있어서 至寶的 자료인 이 비와 정각을 유지보존해 온 사람은 누구이며 배공의 후손은 어디 살고 있는지가 궁금해졌다. 비문에는 四男 石年의 이름이 적혀 있고 비를 세운 사람은 種이었으므로 묘표를 세울 때 이 비도 세웠을 것이다. 이제 자손을 찾고 묘를 찾는 일이 급하게 되었다. 그 날은 일모가 되어 발길을 돌리고 말았다. 그 마을에 배씨라고는 한 사람도 살지 않았기 때문이다. 그해 여름에 필자는 『퇴계학계소식』에다 踏査記를 쓰고 영주시와 배씨 문중에 수소문했으나 더 이상 진전이 없었다.

그후 필자는 1988년 간행한 『예던길』과 그 이듬해에 발간한 『退溪家年表』, 학위논문인 『李退溪 家書의 總合的 硏究』(1990년 간)에 보유에 실린 글과 비문을 실어서 학계에 소개하였다. 또 『陶門弟子便覽 門徒錄』의 205번 (배씨 4번)에 裵純(漸), 本貫 興海, 居順興, 白雲書院 遊門, 匠人鑄工, 裵店里에 유허비가 있고 退溪鐵像鑄造, 先生像設爲 服心喪三年이라 적어 넣었다.

1992년 1월을 문화부에서는 〈퇴계의 달〉로 지정하고 각종 현창 사업을 하였다. 1월 27일에는 영주에서 강연회를 개최하였는데 필자도 강사의 명을 받아 참가하게 되었다. 경향 각지에서 온 참가자는 전날 26일에 모여 소수서원을 알묘하였다. 회헌 안향, 신재 주세붕, 퇴계 이황 제선생의 유덕을 추모하고, 유물관, 景濂亭, 白雲洞石壁 敬字刻書, 翠寒臺 故事 등을 관람하며 선현의 유지를 추모하고 답심을 마치었다. 본래 계획엔 없었지만 회로에는 배공에 관해서 예비지식이 없는 일행을 모시고 필자 독단으로 배점리까지 들어갔다. 버스에서 내린 일행을 정려비각 앞에 堵列시키려다 흙더미에 묻히게 된 정려각의 정경을 보는 순간 慙慨 暗澹하여 기가 꽉 막혀 버렸다. 일행 중에는 퇴계학

연구원장 安炳周 박사 등을 비롯해서, 퇴계학과 순흥 영풍의 고문화 뿐 아니라 道紹 修儒의 發祥史를 아는 斯文儒士가 많았고, 소수서원의 관리책임자와 地方業儒 인사도 끼어 있었다. 필자가 퇴계와 배순의 관계, 비각을 찾은 이야기들을 대충 설명하면서도 말은 두서를 잃고 있었다. 보존과 이건 모책에만 신경이 쓰였기 때문이다. 힘없는 동민이 수호해오다가 이 지경을 당했는데 장차 누구 힘으로 이건할런지 기가 막혀 차탄과 근심을 늘어놓다가 되돌아 와야만 했다.

小白山 도립공원 관광도로를 개발하노라 마을 입구의 길을 확장하였고, 과수원까지 묵어들어가 비각 담장에는 흙더미가 쌓였으며, 큰 바위들이 그 둘레를 메워서 정려 안에 물이 고여 비신까지 흥건하게 浸濕되고 있었다. 지붕과 도로 높이가 같아서 흙덩이가 기와를 덮을 지경이었다. 노변을 다듬자면 정려는 헐어야 했다. 目不忍見이다. 자손이 없는 조상의 위적은 아무리 보배로와도 이렇게 되는 것인가 생각하니 하늘의 뜻이 야속하기만 하였다. 전 국토를 유흥장으로 만들고 경제에만 치중하더니 竹溪 丹峽에도 속세의 잇속이 넘쳐 儒府 鄒魯之鄕을 이렇듯 변질시켜 놓았다. 놀이를 부추기는 관광 개발사업 때문에 옛 문화를 허무는 관민의 처사가 안타깝고 통탄스러웠다. 선배의 위적을 숭모할 줄 모르는 鄙俚한 대한민국이 되었다. 전인의 유적을 후손에게 고이고이 물려주려 애쓰지 아니하는 滅文化 享樂族에게 돌아갈 보답은 필연적으로 만욕으로 살았다는 후손의 벌이 기다릴 뿐인 것을….

필자는 27일의 강연에서 전날 본 배점 광경을 이야기하고 이건에 대한 제의도 하였다. 점심 시간에 敎育長 金在億 선배와 자리를 함께 하였고 김교육장의 동조를 얻었다. 용기를 얻어 이건 사업에 점화하기로 마음 속에 다짐하였다. 그러나, 비각이 원래 서 있었던 배점국민학교에 장소를 내어주는 일은 김교육장이 맡을 수 있지만 문화재 관리는 군수 소관이라 마음 대로 옮길 수가 없다는 것이었다. 벽에 부딪혔다. 그 벽은 너무 높았다. 대학에 있는 書生으로서는 관청 끈을 달 수도 없고 경북도내의 행정관서에 아는 이가 없어 부탁할 길이 막연하였다.

그 이튿날은 서울에서 퇴계학총서 편간위원회가 있어 상경하였다. 회의 후 배점의 焦眉事를 보고하고 어떻게 교섭해 주도록 부탁하였다. 아무리 서울이라고 하나 위원들은 학자들이고 더구나 유학과 철학을 공부하는 선비들이라 가슴을 조여봐도 냉가슴만 앓을 뿐 행정관리에게 쉽게 줄을 대는 길이 열리는 것은 아니었다.

필자는 그 날 밤차로 돌아오면서 묘술과 별별수를 짜봤지만 허사였다. 참으로 답답하고 암담하였다. 29일은 오전중 무력의 한을 씹다가 오후가 되자 파계하기로 하고 매일신문에 투고할 결심을 굳혔다. 每日新聞社에는 1991년에 朴鍾奉 기자가 수개월동안 「퇴계의 앎과 삶」을 쓴 일이 있다. 박기자와는 그때 자주 만났고 拙著를 빌려간 것으로 해서 친분도 있었다. 설마 거절을 하랴 하는 희망이 부풀었다. 이 보도는 시간적으로 31일까지 효력이 더 있다. 퇴계의 달은 1월말에 끝난다. 마지막날의 보도는 더욱 효과적이다. 29일 오후에 글을 쓰기 시작해서 밤세워 "제자의 모범과 평등교육의 진적(眞蹟)이 매몰(埋没)에 직면"이라 제목을 달고 28 장을 썼다. 앞에서 파계란 말을 썼는데 학문하는 서생은 할말을 논문으로 써야 하고, 책은 짓되 안 팔리더라도 학계에 공헌할 저술을 해야 한다고 배웠기 때문에 그 동안 신문과 잡지에 글쓰는 것을 삼가고 있었다. 그렇지만 이 위기는 視之度外할 수 없는 다급한 상황이다. 위대한 스승의 이력과 이 나라 천고에 드문 제자의 덕행이 영원히 湮滅하게 되어 있다.

30일 오전 대구로 가는 버스 안에서 추고하였다. 문맥이 서지 않고 자신이 읽어도 무슨 말을 하고 있는지 알 수 없는 졸문이었다. 박기자를 만나 원고를 건냈다. 31일판은 이미 짜여져서 2월1일자 신문에나 실을 수밖에 없는 형편이라고 난색을 표하면서도 최선을 다하겠노라고 약속을 했다. 적기를 놓친 허탈감과 연일의 피로 때문에 그 후 며칠은 静居無心으로 보냈다. 그 사이 신문사와 행정당국은 필자의 기대 이상으로 빠르게 움직였고 이건사업으로 전진시켜 놓았다. 奇緣과 奇蹟은 여기에도 있었다. 고맙게도 원고를 받아 본 柳時憲 편집부장이 시일을 놓치지 않으려고 이왕에 짜 둔 지면을 들어내고 표제를 〈裵純 정려비 매몰 위기〉라 붙인 다음, '대장장이 출신의 열렬한 퇴계제자 행적비, 퇴계선생의 평등교육 실천증거 우리 나라 교육사에 기록되어야'라는 副·間題를 달아 특별히 '퇴계의 달 마지막날에'라는 단행 가십까지 붙여서 필자의 글을 간추려 31일자 신문에 실어 주었다. 그 날로 경상북도 문화공보과에서는 신문을 읽고 즉각 영풍군 문화공보실로 연락하여 현지 조사 끝에 이건 조치를 취하라고 지시하였던 것이다. 나중에 안 일이지만 영풍군 공보실장은 필자와 가까운 族姪인데 수일 후 필자의 연구실로 전화를 걸어 그 간의 일을 상세하게 전하면서 왜 직접 연락을 주지 않았느냐고 원망을 하였다.

　그후 영풍군에서는 배점국민학교 교장과 김교육장의 협조를 구하고 이건사업을 입안하여 상부에 보고하였다. 의회의 결의를 거쳐야 하므로 시간이 좀 걸렸지만 600만 원 예산으로 학교의 남쪽 도로변인 三槐亭에 부지를 정하고 비각을 새로 세워서 옮기기로 하였다. 이건사업은 1년이 걸려 1992년 11월 21일에 낙성고유를 하게 되었다.

　그 동안에 애써 준 각계각층의 성의와 노력을 묻어 버릴 수 없기 때문에 간략하나마 이렇게 경과를 보고하는 것이다.

　신문에 배순 관계 보도가 있고 난 후 군에서도 배점을 자주 찾았다. 이건에 대한 기미가 보이자 가장 기뻐한 사람들은 그 곳 동민이었다. 마을의 수호신이 수난을 당하고 수 100년 수호해 온 정려가 매몰에 직면하여도 힘없는 그들은 애만 태우고 있었기 때문이었다. 그 기쁨은 넘쳐 흘러 필자에게도 전해왔다. 2월 14일은 군공보실장 權赫玩이 동민들로부터 정려각에 동제를 지내고 수호에 지성을 다해온다는 배점 村俗文化를 들은 대로 알려주었다. 그 날은 음력으로 정월 11일이었다. 眞城李氏 榮州花樹會 副會長 李載興에게 음력 대보름날 제사에 가서 제속과 유래를 알아봐 주도록 부탁하였다. 그는 제주를 사들고 제복을 갖추어 그 날 저녁에 마을을 찾아 갔다. 이제까지 외인이라고는 임석한 적이 없었는데 퇴계의 傍孫인 화수회 부회장이 왔으므로 그 환대가 대단했던 모양이다.

　동민이 제사를 지내고 배공을 모신 까닭은 이러하다. 배공의 자손은 다 흩어지고 없으나 그 마을에 사는 사람들이(5대를 넘는 집이 없다) 동규와 인습대로 매년 上元節(1월 15일)과 中元節(7월 15일)에 제사를 지내왔다.[21]

　배점리에는 옛날에 金淸州 李丹陽(일명 근말)이라는 두 노파가 살면서 裵店一里의 마을을 개간하였다. 그 두 노파는 자손이 없어 동민에게 땅을 물려주고 죽은 뒤에는 고이 묻어 묘사나 지내 달라고 유언하였다. 지금의 배점 1리의 대지 1000여 평은 모두 그 땅이다. 두 노파의 묘는 지금도 잘 수호되고 있으며, 벌초와 묘사를 걸르지 않고 받들고 있다. 묘사는 음력 10월 20일에 행사한다. 그 날 묘사 후에 동회를 열어 유사를 추대해서 노파의 땅에서 收穀한 稅米中에 백미 53 말을 배정해 祭需를 장만토록 한다. 有司는 궂은 일을 피하고 수개월 동안 齋戒하며 정성을 다하여 장을 보고 제관을 분정하여 제사를 지낸다. 15일 새벽에 제사 후 아침에는 동민이 빠짐없이 모여서 음복을 하면서 정성과 제물을 점검한다. 제사는 정려각 앞에 제수를 차리고 기제례와 같이 三獻으로 獻酌하고 讀告文을 한다. 이 날 음복에 빠지면 꼭 재앙이 있으므로 마을 남녀노소 전원이 모여 경건한 마음으로 조금씩이라도 고루 나누어 음복하고, 배충신(마을에서는 이렇게 부른다)의 음덕을 추모한다. 제기와 고사문은 1981년 7월 배공의 傍後孫 裵周煥, 裵永昶이 와서 장만해 놓은 것을 쓰고 있다.[22]

　李載興이 제사에 참사함으로써 풍습이 洞外로 알려졌고, 洞神化한 배공은 동민과 후손에 의하여 絶祀되지 않았음을 알게 되거니와 대의

---

21) 현재 배점리에 사는 사람은 생업 관계로 여기 와 살지만 모두 명문가 후손들이다. 인삼 재배와 과수업에 종사하는 청년이 많고, 空洞化하는 다른 마을과는 달리 어린이가 많다. 소득도 많아 다른 산촌과는 다르게 모두 유족한 문화생활을 하고 있다.
22) 告祀文은 祭器箱에 발라두고 있다. 머리를 "裵公之神 慕惟裵店閭村已欠……惟公忠孝 海深山高 敢不將於 涓日吉兮 應時生成……下略"神은 靈이라 써야 할 것이다. 필자의 우견에도 사리에 맞지 않은 글이다. 새로 찬해야 할 것이다.

를 지키고 덕행이 있는 선인은 그 옛날 신분이 어떠했건 자손은 돌아오지 않아도 향화가 끊어지지 않는다는 기적이 여기 實相으로 나타나 있다.

2월 17일에는 李載興에게 돌무더기로 변해가는 정려 모습을 촬영해 오고 제사 지내는 모습을 살펴달라고 부탁하였다. 고맙게도 그는 고생을 무릅쓰고 협조해 주었다. 2월 19일은 음력 열여샛날인데, 필자는 배점이야기도 듣고 오랜 세월동안 연락이 끊겨버린 영주의 퇴계 문인가 탐방과 예천지방 답심을 위해서 길을 나섰다. 안동에 들러 博約會 준비를 거든 뒤에 영주에 가서 李載興과 함께 閔應祺公 후손을 찾은 후 여관에서 제사지낸 이야기를 흥미진진하게 듣고 있었다.

배점 이장한테서 전화가 걸려왔다. 李載興은 전화를 끊고 손뼉치며 탄성을 올렸다. 오늘 동민들이 배공묘를 찾다가 묘비를 발견했다면서 동참해달라고 연락하였다. 이튿날 19일에 군공보실장 權赫玩은 직원 한 사람을 데리고 왔고, 李根必교장과 함께 일행 8명이 배점리에 가서 동민 10여 명과 합류하여 넓은 과수원을 지나 뒷산으로 올라갔다.

산허리 과수원 중앙에 이르러 파묘된 자리에서 거의 묻혀버리고 시커멓게 변색된 床石의 앞면 한 부분과 대리석 같이 희뻘건 香爐石을 발견하였다. 봉토는 무너져 밭으로 변했고 둘레에는 10수 년 자란 사과나무가 서 있기 때문에 한참을 서성거리다가 인간무정의 비애를 한탄하면서 비석이 있다는 곳으로 뛰어 올라갔다. 자반 남짓한 돌은 아무렇게나 흔들거리고 있고, 바로 위 후미진 곳에서 낡은 상석이 세로로 처박혀 시커먼 모서리만 들어내놓고 있었다. 무덤은 어디 있었던지 흔적을 찾을 수가 없었다.

비석 전면에는 "通政大夫裵公之墓"라 새겼고, 뒷면에는 「公名乭成 興海後人也 忠臣純之曾孫也 生於丁亥 卒於甲午 葬於先塋同麓丁向之源 公元無子女 故兄子碩堅爲後」〈源은 原의 誤字이다〉라 썼는데 마멸이 심하여 판독하기가 쉽지 않았다.

배순의 묘는 아니었다. 先塋 同麓이라 한 문구로써 그의 증조부묘가 거기 가까이 있었으리라는 것은 짐작할 수 있었다. 계파는 알 수 없지만 裵純-石年-種-흘成-碩堅까지 5대의 이름이 밝혀졌다. 배공의 묘가 아니어서 일행은 일시 실의에 빠졌지만 산비탈로 흩어져 석물 조각과 무덤 흔적을 찾노라 바삐 뛰어 다녔다.

그 때 무슨 영감이 떠올랐던지 홀로 앞서 내려간 李根必 교장이 아까 본 그 파묘근처에서 어서 내려오라고 큰 소리로 필자를 불렀다. 이 교장은 향로석과 石質이 같은 비파편 세 개를 주어 맞춰놓고 흙을 뜯어내면서 이게 '純'자 아니냐고 필자에게 고람하기를 재촉하였다. 그것은 분명한 純·之·墓 세 글자였다. 배자가 가장 마모되었지만 '순'자 위에 뚜렷이 있었다. '충신'인 官爵 같은 글자는 없었다.

일행을 불러서 '裵純之墓'를 함께 확인하였다. 그 무덤 앞에 아직도 굳게 박혀있는 향로석과 정려비석의 석질과 색깔이 모두 같으므로 말 그대로 如合符節이었다. 퇴계의 16대 주손이요 차대의 종손이 될 이교장이 그 비석 조각을 찾은 것이다. 과수원 여기 저기 아무렇게나 뒹굴고 있었지만 글자가 있는 면은 땅에 박혀서 깎이지 않았었다. 어떻게 이 돌조각들이 과수원 주인의 耕墾에 시달리면서도 오늘을 기다려 먼데 흩어지지 않고 무덤 가까이에서 박혀 있었단 말인가! 그 돌이 다른 사람이 아닌 바로 퇴계 다음 대 宗孫될 李校長의 손에 의하여 찾아지는 것일까! 신기하고 靈妙한 기적이다. 인간의 정신과 행위가 신과 통하는 찰나의 신비로운 경지를 필자는 숙연한 마음으로 경험하였다.

정려비문에 '立石于墓하고 又此碑했다'는 그 표석과 답사 6년만에야 드디어 묘를 찾게 되었다. 동제를 지낸 다음날 이건사업이 무르익어가는 시기에 배공의 묘도 찾은 것이다.

동민에게 加土를 부탁하고 금년 과일을 딴 후는 묘 둘레에 심은 세 그루나무도 파옮기도록 당부하고 준비해간 포와 술로 일행은 열립하여 재배 성묘하였다. 참가자들은 푸대접받던 남의 조상을 위로하자는 것이 아니었다. 효를 다했고 목민 육인한 성주에게 충의를 다했고, 제자의 도리를 다한 사학 백운동서원 출신의 賢弟이며 청사에 모범을 남겨 우리에게 君·師·父 三事의 人間道理에 있어 수범을 한 인물이다.

비석을 里長宅으로 옮겨와서 소중하게 갈무리하도록 한 후 일행은 기념촬영을 하고 돌아왔다.

음력 3월 22일에는 배공묘를 가토하였다. 李載興이 山神祝과 加土前墓告由祝과 加土後墓告祝文을 짓고 제수를 장만해 가서 가토예법대로 고한 뒤에 가토 성분을 하였다. 이재홍과 동민의 정성스런 노력은 아무리 찬사를 보내어도 감사와 위로를 다할 수 없다.

정려비문은 6월에 李載興이 拓本하여 보낸 것을 족자로 표구하였다. 몇 장 복사해서 斯文 宿儒인 李源胤, 權五根, 李家源 박사에게 가지고 가서 권위 있는 해석을 받았고, 表具한 초본은 淵民 李家源 박사가 기념관에 소장하려 해서 기증하였다. 7월 22일에 필자는 사학도인 申衡錫과 李載興을 동반해서 비문 전·후·측면과, 墓碑破片, 증손 裵亘成의 비문 앞 뒷면을 모두 탁본해 왔다.

탁본을 하고 온 그날 崇義女子專門大學의 裵泳基 박사가 배점을 다녀 갔다. 그는 배씨성이 지명으로 있는 곳을 찾아 답사하는 길에 영덕군 지품면 고향마을에 들렀다가 매일신문을 읽고 배점을 찾았다 한다. 배점국민학교 權建昊 교장을 만나 필자에 대한 紹介를 받았고 그로부터 전화로 연락하는 연분도 맺었다. 그 동안 필자가 쓴 글과 자료를 보냈더니 그는 裵氏大宗會刊 宗報 제17호(1992년 7월 31일자)에다〈裵純先祖의 旌閭閣과 裵店里來歷〉이라는 글을 써서 투고했고 배교수가 별도로 쓴「裵純(漸) 旌閭閣 踏訪記」도 실어 종보 한 면을 가득 메웠다. 답방기에는 비각중수 보조금으로 300만 원을 지원한다는 사실도 적었다. 배교수는 盆城으로 貫하지만 동조 이본이니 모두 경주배씨라면서 이녘 조상과 같이 숭조에 열성이었다. 대종회 裵命仁 회장과 의논을 하고 흥해배씨종회의 裵壽潤 회장을 움직여 300만 원 보조금을 權校長에게 보냈다.

이건에 당면해서 권교장은 김교육장과 의논하여 들어설 가장 좋은 위치에 30여 평 땅을 내놓았고 낙성식과 고유제의 모든 일을 都監 董

役하였다.

　낙성고유는 현대식으로 테이프를 끊는 형식을 피하고 유가법식대로 고유제를 지냈다. 공사비는 의회에서 통과한 예산에 맞추었으나 정려각과 造景의 규모는 격조가 있다. 종친회의 보조금은 고유제와 경내 조성비로 썼다. 標識板도 그 돈으로 세웠다. 배씨종중의 의견에 따라 〈裵純旌閭閣〉이란 현판도 달았다(배씨종중헌정). 경관은 여느 문화재 못지 않게 바닥에 자갈을 깔았고 죽계 관광객이 이곳에 들러 창석 이 군수가 기린대로 "過此遺墟孰不虔"하도록 시멘트의자를 만들어 쉴 수 있게 하였다. 안내판은 필자가 지은 글을 그대로 게립(揭立)하였는데 215자에 담았기 때문에 유덕을 다 적지를 못하였다. 〈충신〉에 관한 이야기는 확신이 서지 않아서 기록하지 않았다. 사실과 차착이 심할까 두려움을 떨구지 못한다.

裵純 旌閭碑

　裵純은 朝鮮 明宗·宣祖 때 사람으로 本貫은 興海이다. 그는 天性과 孝誠이 지극히 淳謹하였다. 順興府의 鐵工人이지만 學問에 힘쓰므로 退溪先生이 書院에서 儒生과 함께 가르쳤다. 先生이 떠나자 鐵像을 만들어 모시고 공부하다가 죽은 후는 三年服을 입었다. 裵純이 죽은 뒤 李埈군수는 詩를 짓고 郡民이 기려 정려각을 세웠다. 손자 種이 墓表를 세울 때 碑를 세웠더니 먼 훗날 7대 외손 林晩維가 충신백성이라 새겨 다시 세웠다.

　紹修書院의 退溪先生 平民敎育과 裵公이 스승을 받든 이 정려비는 국내 唯一의 소중한 보물이며 교육자료이다.

　1992년 11월 21일 오전 11시에 고유제를 지내 드디어 준공 낙성하였다. 榮豊·安東·奉化·醴泉 隣邑은 물론 서울에서도 여러 손님이 왔었다. 동민과 합하면 200여 명이 되는데 큰 옷(道布와 冠)을 갖추고 온 손님도 20여 명이나 되었다. 초헌은 군수가 해야지만 공무에 바

빠 84세 융노(隆老)인 본동의 權赫民翁, 아헌은 문중대표 裵壽潤 興海君派會長, 종헌은 金基奭 郡公報室長이, 執禮 唱笏은 李載興, 讀告由는 權建昊 교장이 하였으며 爬錄은 게시하지 않았지만 유림의 면면이 陳設, 奉香, 奉爐, 奉爵, 司尊을 맡아 儒所法대로 分定하여 행사하였다.

祭畢에 飮福禮는 학교에서 임시로 만든 강당에서 하였다. 점심을 드는 동안 종친회에서 감사하는 인사와 함께 필자의 경과보고를 겸한 짧은 강연이 있었다. 이날 時到에서 들어온 扶儀는 동민에게 사례금으로 증정되었고, 손님에게는 약소한 行資와 기념 수건으로 회사하였다. 종친회에서는 이후 제사 때 입을 관복 다섯 벌을 마련하라고 자금을 내놓았다.

고유제를 지낸 후 풍기읍에서는 정려비각을 문화재로 지정해 주도록 상신하였다. 연말에 문화재위원인 영남대학교 李樹健 교수가 다녀갔다는 소식을 들었다. 연초에 權建昊 교장이 연하장을 보내면서 "정려각이 지방문화재로 확정되었다는 소식을 군으로부터 들었습니다"하고 적어 보냈다. 道文化藝術課 學藝官 曺翊鉉氏에게 알아보았더니, 1992년 12월 17일에 위원 15 명이 회의를 열어 지방문화재로 지정하도록 결의하였다고 한다. 관보에는 1993년 2월 25일자로 도문화재 279호로 지정되었음을 등록하였다. 이 지면을 통하여 李樹健 교수에게 깊은 감사를 올린다. 배영기교수와 裵氏大宗會, 現地 洞民, 李根必, 權建昊 兩校長, 李載興兄, 榮豊郡守와 議會, 公報室의 전후 실장과 직원, 김교육장, 매일신문사의 기자와 柳時憲部長, 도문화공보과 및 경상북도 문화위원, 문화예술과 제위에게 이 기회를 빌어 심심함 경의를 표하면서 이후에도 수호와 선양에 더 많은 관심을 기울여 주도록 부탁드린다.

七. 結 言

순흥은 고려조 때 忠君, 子孝, 弟恭을 만세에 가르친 공자의 도를 받들어 인재교육과 養賢에 힘쓴 晦軒 安珦의 출신 수학한 고을이다.

이곳에 목민관으로 온 愼齋 周世鵬이 興學 養賢을 목적으로 회헌 사당을 세우고 백운동서원을 창건하였다. 뒤를 이은 군수가 교육과 풍화에 힘을 쓰지 않아 신재의 사업이 진흥되지 못하고 있을 때에 퇴계가 부임하여 감사에게 알리고 조정에 주청케 해서 국왕의 사액과 사학 교육 시설로서 인가를 받게 되었다.

퇴계가 한국의 서원 교육사상 최초인 백운서원 강학에서 유생아닌 서민 배순을 함께 가르침으로써 그의 평등사상이 실현되었고, 교육에 있어 귀천을 차별하지 말아야 한다는 교육균등의 垂憲을 끼쳤다. 감은 보답을 위하여 배순은 그가 가진 성과 예를 다하여 스승의 철상을 조각해 表敬 獨學했고, 스승의 사후에는 삼년상과 제전까지 하였다. 그의 美行을 표적하기 위해서 군수가 시를 짓고 정려하였다.

400여 년이 지난 지금까지 그가 살았던 마을 사람이 洞神으로 받들어 제사하고 유적을 수호하였다. 비록 혈손은 대가 끊겼지만 남에 의하여 그의 덕행은 승계되었다. 그의 정려와 비로 말미암아 존경한 스승의 덕업은 사생의 도가 파멸해 버린 오늘에 이르러 드높게 평가되고 큰 가르침을 준다. 果田으로 변한 그의 幽宅은 다시 封墳으로 솟았고 지금부터는 온 배씨문중이 수호를 하게 되었다. 정려는 있어야 할 가장 좋은 자리로 옮겨졌고 문화재로 지정이 되어 관민이 영구토록 수호 보존하고 그의 도덕을 존모하게 되었다.

필자가 고유문에서 "公의 先蔭遺德을 永世에 顯彰할 수 있게 되었고, 스승의 평등교육의 사도와 師父報恩의 대도는 후세인이 본받아 영원토록 계승할 수 있게 되었다."[23]고 한 말은 비록 표현이 모자라지만 그 동안에 나타난 기적과 낙성 때 모인 인사들의 감응을 구구전파해 갈 줄 확신한다. 퇴계의 교육정신과 배공의 제자직 독행은 교과서

---

23) 낙성고유문은 문화재 안내판이 된 안내문과 함께 배공의 사업을 일단락 짓는 결사와도 같으므로 여기 기록해 둔다.
　국기 4325년 11월 21일 영풍군수(동민 대행)는 삼가 고하나이다. 伏惟 興海裵公은 前韓宣祖朝 때에 이곳 순흥부에 거주하여 부모에게 至孝純謹하시고 퇴계선생의 백운동

에 실려져 모든 교육자와 학생들로 하여금 배울 수 있게 해야 하고, 허물어진 교육정신을 되살리는데 이용하여야 한다.

　　서원 강학 때 獎許를 받아 수업하시더니 선생이 龍歸하시자 철상을 주조하여 조석으로 焚香起敬하고 獨學 敬慕하시다가 선생이 역책하시자 삼년간 철상으로 봉사하여 고금에 없는 제자직을 실천하였습니다. 공의 몰후 효행과 독행을 기려 蒼石 李埈 郡守와 향인이 시와 築閭로 표정하였더니 후일 공의 슈孫 種과 外后孫 林晩維가 비를 세워 보존해 왔습니다. 世代寢遠하고 잇달은 병화로 후손이 이산하여 동민이 수호해오던 바 금반 竹溪 車路 확장공사로 인하여 구려를 이전하게 되었습니다. 이에 경상북도와 유림·언론계의 首倡을 얻어 영풍군과 의회가 주관하고 교육청과 배씨대종회의 협력을 입어 준공을 보게 되었고, 다행히 금년 봄에는 공의 유택도 찾아 동민의 지성으로 가토 성분하였습니다. 이제 공의 先蔭 遺德을 영세에 현창할 수 있도록 문화재로 지정받아 퇴계선생의 교육평등의 높으신 뜻과 함께 공의 生三事一의 갸륵한 志行을 후세인의 귀감이 되게 할 것입니다. 공의 두터운 음덕과 餘慶이 무궁하여 후예가 隆昌하고 나라의 教育正道와 인륜도덕이 시급히 회복될 수 있도록 아울러 기원하는 바입니다. 이로써 이건의 연유를 삼가 고하오니 伏惟 尊靈께서는 洋洋陟降하신 변함 없는 冥佑를 빕니다.　　　（著者 撰）

第3章 子弟觀과 家人 敎育

一. 退溪의 家門觀

오늘날에도 가문이나 門中이라는 말을 널리 쓰고 있다. 私門中이니 大門中이라 하여 그 범위를 구분 지칭하되 대개 같은 씨족 同祖同根의 후손인 친족을 일컫는 말이다. 사전에서는 '家門'은 집안과 문중 또는 집안의 문벌로 풀이하였고, '門中'은 同姓同本의 가까운 집안 또 집안은 가까운 살붙이라고 해석하였다.

이에 비하여 퇴계의 가문관은 그 범위가 훨씬 넓다. 16세기에 있어서의 사회적 통념인지 퇴계의 독특한 齊家觀인지는 알 수 없으나, 퇴계가 治家한 바 가문은 親族은 말할 것 없고 외가와 처가 및 외손까지를 포함시키고 있다. 이것은 퇴계의 제가 영역을 이해하는 데도 중요하지만 가인교육의 대상이나 자제관을 이해하는데 있어서 필요한 전제가 된다.

따라서 퇴계의 가인교육의 대상인 '家人'은 퇴계의 子弟 삼형제와 손자 삼형제에 국한하는 말이 아니고, 친가, 외가, 처가, 외손을 망라한 가문의 모든 子·姪·孫을 總稱하는 말로 이해해야 한다. 퇴계의 가문에 대한 관심은 명문가로 만든다거나, 자제가 많이 登科하여 出世 顯達함으로써 부귀를 누리는 權門 勢道家的 門閥을 형성하는데 있지 않았다. 儒學의 방법론으로서 業儒에 성실한 제가에 있었던 것이다. 퇴계 자신의 수신을 완성한 뒤에 그 다음 단계에 성취해야 할 '家齊'로서 가인을 교육했고, 유학의 목적인 修己治人의 한 과업으로서 가인교육에 힘을 쏟은 것이다. 그렇기 때문에 後嗣나 家業 承繼를 위한 친자 친손의 교육에 그치지 아니하고 범가문 교육에 그 영역을 확대시킨 것이다.

　유가의 제가관은 가문을 능히 제가하게 되면 필연적으로 국가가 강해진다는 데 있다. 가정에서 부부가 和樂하게 지내면 자녀들이 화평을 즐기며 쾌락한 환경에서 성장할 수 있고, 형제자매는 서로 존경하고 사랑하면서 자랄 수 있다. 자녀는 부모의 자애를 흠씬 받을 수 있기 때문에 자연적으로 부모에 대해서도 효도하고 공경하며 承順하게 된다. 사랑하고 孝順하며 뜻(志)을 승계하는 법도를 시각적으로 장기간 체험한다. 가정을 하나의 조직체로 본다면 상하(父子), 좌우(夫婦), 전후(兄弟)의 모든 관계가 균형을 유지하면서 서로 친애하게 될 때 이 한 조직은 틀림없이 단결력이 강하고, 예의와 의리를 철저히 지키는 가운데 조직체의 질서도 정연하게 선다.

　이 때문에 가정교육은 국가 기본조직의 단결력을 기르는 일이며, 사회기강과 인륜을 바로잡는 정치도의의 온상이고, 교육에 있어서 인륜을 실천할 수 있는 터전이 된다. 이 가인교육의 목적과 방법론은 고금을 꿰뚫어 내려오는 유가교육의 정신이요 家齊의 當爲目標였다. 퇴계는 이러한 관점에서 있는 정성을 다 기울였으며, 戚黨의 인간교류와 영향을 고려해서 가문의 범위도 확대했던 것이다.

二. 퇴계의 子弟觀

　'子弟'란 큰 사전에서 ① 남에게 말뜻을 대하여 그 아들의 일컬음(자사=子舍), ② 남의 집안 젊은 사람의 일컬음으로 풀이하고 있다. 소사전 등에서는 '아드님'처럼 남의 아들을 높이거나, 집안의 젊은 사람을 높일 때 쓰는 말이라고 해석해두기도 하였다.

　'퇴계의 자제관'이라 했을 경우의 '자제'는 퇴계가문 중의 손아랫사람 모두를 지칭해야 하겠기에 ②의 정의로 쓰게 되는 것 같다. 이 命題는 핵심이 뚜렷하지 않으므로 필자에게 충분한 융통성이 주어졌으리라 믿고 '퇴계의 가인교육'이라는 제목으로 고쳐서 쓰기로 했다.

'가인'이란 집안 사람을 가리키는데 자제들을 위시하여 閨門內의 부녀들도 이에 포함시켜서 말하게 된다.

퇴계의 가인교육을 살펴본 결과, 아들과 조카, 從姪과 再從姪, 姪壻, 친손과 외손의 차이는 전혀 찾아보기 힘든다. 資質에 따라 교육했으며, 장래성에 대한 기대는 資稟으로 분간했을 뿐이지 달리 원근이 없었다. 아들 寯보다 조카 宓과 宰에게, 손자인 安道에게보다는 종외손인 閔應祺와 權好文에게 더 많은 힘을 기울여 가르쳤다.

퇴계는 자기가 소속한 관청이 아닌 다른 官衙에는 좀처럼 출입하지 아니하였다. 그럼에도 閔應祺의 병을 고치기 위해서는 內醫院을 찾아가 藥方文을 묻고 漢陽에서 약을 지어서 영주로 보내줬다. 갚을 약값이 없어 문중에서 齋舍를 짓기 위해 모아둔 무명베(布木)를 꾸어다 급히 약을 지을 정도로 친손과 외손에 추호의 차별이 없었다.

한양에 상경한 조카들에게 글을 가르쳐 주면서도 아들은 시골에서 올라오지 못하도록 말렸다. 추운 방에서 식량마저 떨어져 조카들도 모두 고향으로 내려가므로 상경한다 해도 홀로 쓸쓸한데 외로와 못견디므로 기다리고 있다가 다른 기회를 타서 從班이 함께 모여 공부하는 것이 좋을 거라고 타일러 만류하기도 하였다.

이러한 이야기는 퇴계가 아들 준에게 보낸 편지에 전한 내용들이다. 친아들보다 조카에게 더 엄격한 교육을 한 사실도 가서에서 많이 찾아 읽을 수 있다.

조카 宰가 鳳停寺(안동시 서후면 천등산)에 가서 공부할 때의 일이다. 叔父(퇴계를 가리킴. 16세 때 李壽苓, 姜翰, 權敏義와 함께 이 절에서 공부하였음)가 절 앞 泉石에 이름을 붙였다는 말을 하여 그 소문이 퍼졌다. 宰는 그 이름을 바위에도 새겼다. 이 사실을 퇴계가 알고 "어리석은 조카가 있어 숙부를 어리석게 만드는구나!" 하고 자탄한 후에 "내 평생 언제 과장한 일이 있더냐?"고 나무랐다. "실없는 말을 함부로 퍼뜨려 남에게 비웃음 당하고 노여움을 사느냐"고 꾸짖었다. 그리고 글씨를 새겨 淸境을 더럽혔으니 당장 새긴 글씨를 지우라고 하였다. 만약 그 글씨를 지우지 않으면 다시는 내 얼굴을 보지 못할 것이라는 엄령을 편지에 써 보냈다. 유명인의 글씨는 자연을 더 빛내 줄 테지만 그렇지 않을 경우에는 도리어 불쾌감을 준다고 믿은 退溪는 宰에게 원상회복을 시켰다.

자제관의 이해를 돕기 위해서 참고로 퇴계의 효도에 대해서 부언해 둔다.

퇴계는 부모에 대한 효성과 처부모에 대한 효행이 조금도 차별이 없었다. 前娶妻家의 장모인 文氏夫人의 병환을 치료하고 筋力을 보존하는데 지극한 정성을 쏟았다. 많은 약을 지어 보냈지만 편지마다 안부를 묻고(아드님에게), 아들에게 외조모를 자주 찾아가 뵙고 문안드리라고 했다.

後娶夫人의 부모에게도 한결 같았다. 장인 權磧公이 禮安에서 귀양살이를 하던 긴 세월 동안(18년간 : 퇴계가 결혼한 후의 8 년간도 포함) 보살펴 드렸고, 귀양에서 풀려 權公이 처가마을 全氏의 迎勝村에서 휴양하고 있을 때도 퇴계는 찾아가 문안하고 위로했다. 장인에게 農桑漁樵로 樂을 삼으라면서 四樂亭 雅號와 號題詩 및 사락정에 관한 또 다른 시들을 여러 수 써드려 慰勞했다. 사락정이 별세하자 퇴계는 관직에서 물러나 안동으로 내려가 장례를 지내고 비문을 自作自書해 세웠다. 친부모와 처부모를 받드는 도리가 조금도 차별이 없었다.

퇴계는 인적환경이 실로 불행한 사람이었다.

부모 형제는 短命이었으며 장인도 士禍와 官厄을 당하여 고생이 많아 장수치 못했다. 형과 사촌은 6 명이 있었지만 다섯째 형님 외에는 모두 일찍 세상을 떠났다. 그래서 퇴계는 자기 6 형제의 자녀, 사촌의 자녀, 누님의 자녀까지 맡아 돌보아야 했다. 게다가 초취 許氏부인은 27세 때, 再娶權氏부인은 45세 때 별세했으므로 내조를 받은 일이나

가모가 해야 할 일은 달리 謀策하지 않으면 안 되었다.

하늘이 퇴계에게 치가의 큰 시련을 겪어보게 한 듯이, 宗統, 宗家保存, 祠堂廟宇 수호와 奉祭祀, 혼인, 출산, 喪葬, 교육, 가인의 건강, 營農, 軍役, 기타 여러가지 가사에 이르기까지 어느 것 하나 퇴계의 책임 아닌 것이 없었다.

잘 하려면 끝없는 家齊의 모든 일을 퇴계는 옛 聖賢이 행한 대로, 가르친대로 體行한 것이다. 손자가 장성해서 혼인하자 四宮制(東西南北宮)의 古禮대로 동가를 마련 거처를 정했고 한양에 출사 중에는 忌祭에 참사치 못할 경우 紙榜을 써 붙이고 拜禮한 것들이 그 실례이다. 이와 같이 힘들고 누구나 다 할 수 없는 일은 자기만 실행했지 남에게 권하지 않았다. 예의 일반화에 무리가 있는 것은 권하거나 가르친 적이 없었다. 문인들의 질문에 "나는 선생(공자나 주자 등)이 가르치고 행하였으므로 실행하네만 남에게 권할 일은 못되네" 하는 퇴계의 응답이 이를 증명해 준다.

가문의 조상이 세워 지켜온 가법·가례·가도를 가인이 승계해가도록 엄하게 가르쳤다. 점이나 굿은 모부인께서 금기한 가법이라고 점장이를 집안에 들이지 못하게 규제하고 卜筮를 단속했었다. 閨堂의 여인 목소리가 담장 밖으로 들리는 것도, 방 밖에서 함부로 겉옷을 벗어 통행인의 눈에 띄어 불쾌감을 주게 하는 것도 엄하게 경계하였다.

퇴계는 옛 성현의 가제이론을 실제에 적용해서 實踐躬行하였다. 가문의 자제교육을 從父猶子의 자애와 義惠로서 책임감을 가지고 철저하게 수행했다. 聖訓에는 거짓이 없다는 신념으로 충실히 따라 행하는 데서도 불행을 극복할 수가 있었다.

三. 退溪의 子弟들

1. 家人 敎育의 대상

퇴계의 증조부 善山府使 李禎은 遇陽(周村派), 興陽(輖川派), 繼陽(溫惠派) 삼형제를 두었다. 이 중 맨끝 분 繼陽이 퇴계의 조부이고 吏曹判書 贈職을 받았다. 號를 老松亭이라 하고 후손이 判書公이라고 호칭한다.

노송정은 埴, 堣 두 아들과 두 딸을 뒀는데 사위는 金萬信, 金伸이다. 맏이 埴이 퇴계의 부친이고, 進士試에 합격했으나 퇴계가 난 후 7달이 못돼 별세했다. 左贊成 증직을 받았기 때문에 찬성공이라 호칭한다. 아우 堣는 퇴계의 숙부이며 대과하여 내직을 두루거쳤고, 江原監司・晋州牧使・安東府使를 역임한 후 참판에 까지 이르렀다. 퇴계는 숙부에게 松齋라는 雅號와 松堂이라는 당호를 敬薦했으며 유자의 도리를 다했다. 또 묘비에는 '松齋先生'이라 새겨 숙부의 학덕을 경앙하였다.

松齋公은 伯氏의 遺子女를 친자같이 교육했다. 진주목사 때에는 어린 조카 형제(潃와 瀣)를 月下山 靑谷寺에 데려가 글을 가르쳤다(퇴계는 이때 나이 6세라 따라 가지 못함).

퇴계도 『논어』를 송재공에게 배웠다. 외어야 하고 釋注를 따져 철저하게 이해하는 讀書法은 엄한 숙부한테 배웠다. 퇴계가 朱子를 처음 대한 것도 叔父宅에 있는 『朱子大全』두 권을 빌어 읽고서부터다. 퇴계의 학문방법 확립은 숙부의 가르침이 기초가 되었다. 퇴계가 평소 문인들에게 한 말로도 알 수 있다.

찬성공과 송재공이 끼친 자녀는 모두 7남 3녀이다. 퇴계 형제는 6남 1녀이고 사촌은 1남 3녀이다. 이 10종반이 또 자녀 40 명을 두었다. 퇴계 7남매의 자녀가 31 명이고, 사촌의 자녀가 9 명이다. 또 이 40 명이 끼친 다음 대의 자녀는 70명인데, 子女姪과 손자를 합하면 120여 명에 달한다. 世譜에 기재된 사람들 가운데는 퇴계 재세시에 나지 않았거나 직접 교육을 받지 못한 이도 있을 것이다. 자제들을 알기 쉽게 系譜를 표로 만들어 참고하고자 한다.

이 계보에서 보이듯 퇴계의 손자대에 이르러 숫자상 자제가 몇이라고 명백히 밝히지 못하였다. 『眞城李氏世譜』에 나타나 있지 않은 辛弘祚, 申遲, 朴世賢, 琴仰聖, 吳守貞, 吳守盈의 자녀수를 파악할 수 없기 때문이다.

다음 譜表는 퇴계의 조부 老松亭 후예만을 수록한 자손록이다. '退溪의 子弟'를 '집안의 젊은 사람'이라는 개념으로 생각한다면 여기에 수록한 외에도 有服親 내에 더 많은 자제가 있다. 그러나 종조부 두 분의 후손들이 퇴계의 가제 영향을 적지 않게 받았으리라 想定도 할 수 있으나 주거 거리와 교통면을 고려하여 여기서는 문도록에 실린 사람만 포함시키고자 한다. 참고로 再從孫까지의 수와 문인의 계보를 밝히면 아래와 같다.

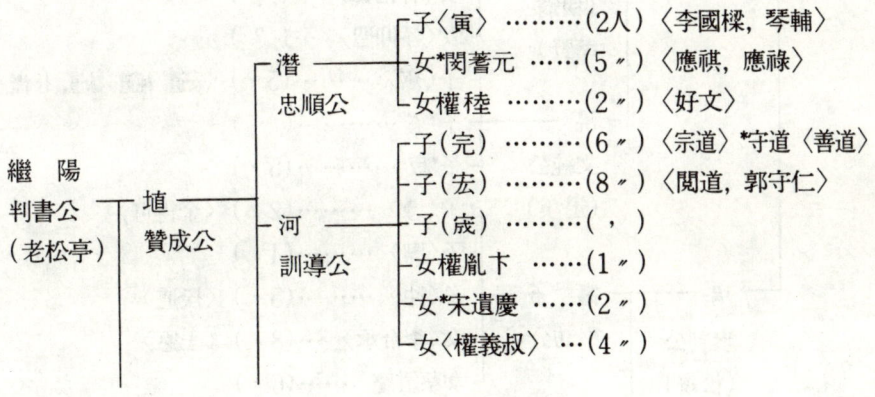

* 이 譜表에서 〈 〉한 이는 陶山門徒錄『陶山及門諸賢錄』에 실린 분이고, *표한 이는 퇴계의 편지를 받았거나 보호와 가르침을 받은 내용이 가서에 나오는 것을 가리킴. 숫자는 그 분의 자녀수를 나타냄.

* 위 系譜에는 出系子를 本生父 아래에 표시함.

168 第2篇 退溪의 平等思想과 教育改革

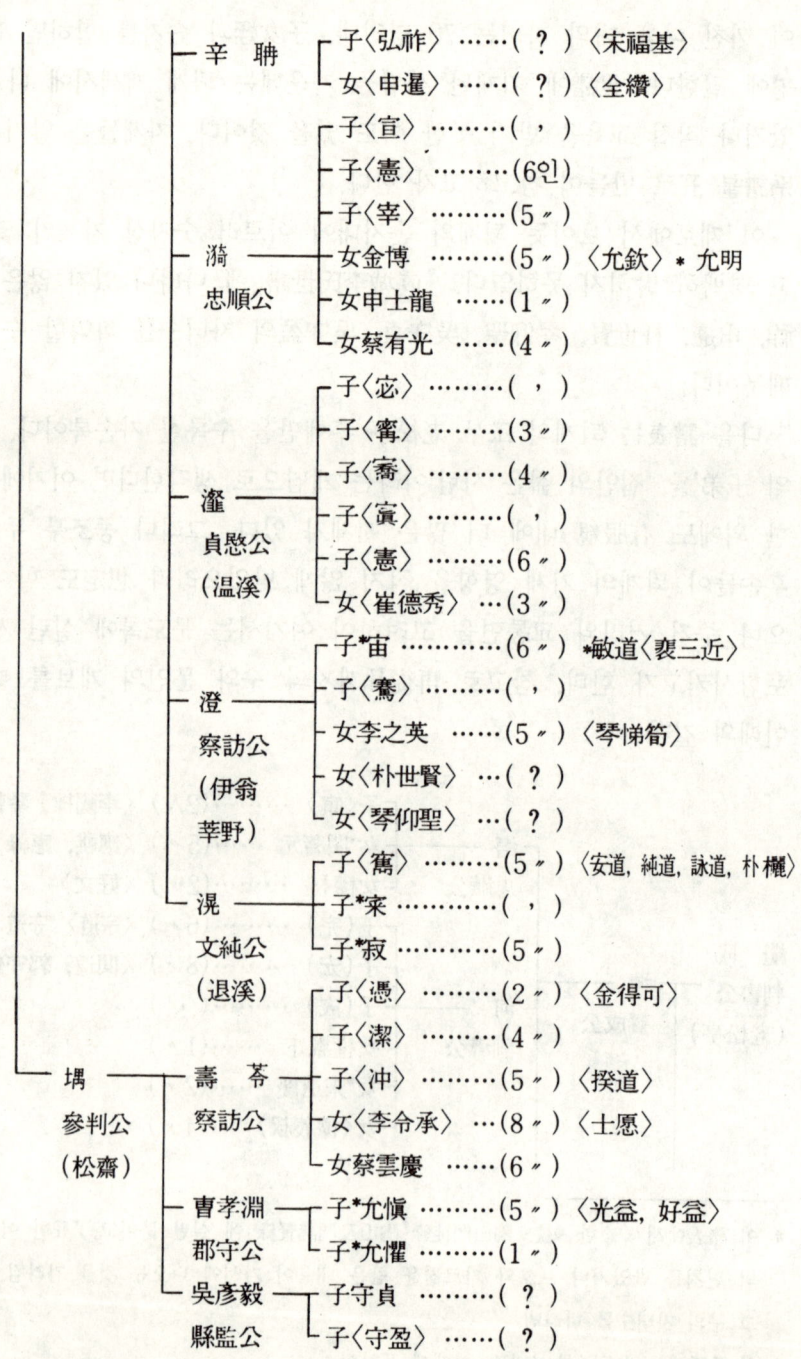

1) 伯·仲派의 子弟數

	男 女	再從(六寸)	再從姪(七寸)	再從孫(八寸)
伯祖 周村派	남	3	7	16
	여	1	1	10
	계	4	8	26
仲祖 輞川派	남	5	12	19
	여	7	6	10
	계	12	18	29
합 계		16	26	55

2) 퇴계의 문인

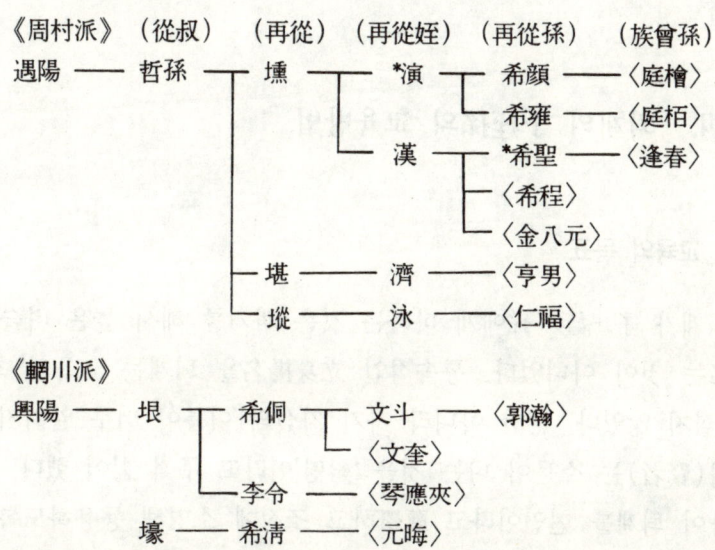

위 표에서 보는 바 문도록에 실린 사람은 13 명인데, 모두 文名이 顯達하였다. 퇴계에게서 배운 학문과 가법을 어떻게 전승했을까 하는 사실은 오늘날 후손의 문중을 살펴보면 추측하고도 남는다.

이제 가계 전모를 파악하였고, 집지한 문인을 系譜別, 촌수별로 문도록과 가서 자료를 통해서 대강을 파악할 수 있게 되었다. 眞城李氏 本孫이 38 명이고, 문객과 외손은 36 명이 된다. 連査間의 13 명은 여기 포함시키지 않는다 하더라도 74 명이 師事와 薰陶를 받았고, 그 밖의 많은 분(180명이상)들이 직접 간접으로 퇴계의 교육을 받았을 것이다.

다시 말하면 퇴계는 堂內의 이 많은 자제들을 맡아서 친자녀와 구별함이 없이 사랑하고 가르쳐, 得姓 七代인 自己代에 이르러 유가들이 추구하는 이상적 제가를 成遂하고자 애썼다. 그 발자취가 가문 자제의 교육과 후손들의 家規, 家性, 家道에 잘 나타나 있다.

그리고, 姻婭親戚의 자제(자·질·손의 妻族, 査家자제의 형제), 門客(婺客)들도 퇴계의 敎育圈 즉 가제의 대상자로서 교육을 받았던 것이다.

四. 퇴계의 子姪孫의 교육방법

1. 교육의 목표

퇴계가 子·姪·孫에게 바라는 것은 과거를 해서 높은 벼슬 자리에 오르는 것이 아니었다. 통속적인 立身揚名을 퇴계는 교육의 최고목표로 삼지 않았다. 뿐만 아니라 자기 자신의 이름이 너무 알려지거나 어질다(賢者)는 소문이 나는 것을 '허명'이라고 무척 싫어 했다. 高峯 奇大升이 퇴계를 현인이라고 薦擧하고 조정에 소명해 등용하도록 宣祖한테 아뢴 소문을 전해 듣고, 퇴계는 奇高峯과 절교하려고 마음을 먹은 일이 있다. 퇴계는 자손들이 이름떨치는 것을 사양케 했고 겸손하게 처신하라 했다. 학문의 목적을 儒者 즉 君子가 되는데 두었다.

퇴계의 母夫人 春川朴氏는

> 너는 성품이 남같지 않으므로 높은 벼슬은 하지를 말고, 縣監이나 한 자리 하려므나.

하고 당부한 바 있다. 이 가르침은 퇴계의 箴規일 뿐 아니라 오래도록

가도로 전승되어 왔다.

　퇴계는 모부인의 貽訓을 평생 지키려고 노력하였다. 퇴계의 家法이 된 承訓踐履를 여기서 잠시 살핀 뒤에 다음 이야기로 나아가도록 한다.

　퇴계는 慶尙道 靑松과 江原道의 高城 같은 僻邑 군수로 나가기를 원했다. 결국 丹陽郡守로 나갔지만 형님 온계공이 충청감사로 부임해오자 避嫌 自制하여 丹陽에서 豊基郡으로 옮겼다. 풍기에서도 瓜滿 전에 사표를 세 번이나 내었다. 감사가 사표를 수리하지 않자 처벌을 각오하고 任地 풍기를 떠나버렸다. 형님은 사표를 내지 말라고 말렸으나 막무가내였다. 竹嶺의 영송 相別處 消魂橋에서 내년 재회를 기약하고도[1] 그만 물러났다. 이 때 퇴계는 편지를 쓸 때마다 '미칠 것만 같다'[2] 라는 말을 자주 썼다.

　江原監司의 物望이 있음을 알고는 친구들을 움직여 끝내 그 政望을 물리쳤다. 監司 자리가 모부인이 시킨 고을 원님보다 너무나 높기 때문이었다. 議政府 右贊成의 명을 받고 그 직에 나아가지도 않았지만 父母位 贈爵을 신청하기를 꺼렸다. 퇴계는 어머니의 神主를 고쳐쓰고 焚黃祭 지내기가 외람스러웠다. 아들이 崇品 지위에 오르는 것을 바라지 않았는데도 너무 벼슬이 높았고, 또 증직을 거듭 받는다는 것은 불효하다고 생각했다. 자제를 잘 두어 부모가 사후에라도 職階가 오르고 敎旨를 받는 것을 영광이다, 효도다 하는 때라 흔히들 원했으며, 좀 심했던 사람은 지금까지도 그 이름에 흉허물을 씻지 못하고 있다.

　퇴계의 효심을 알지 못하는 사람은 "남의 歡心을 사려고 거짓 사양

---

1) 家兄湖西節 受由來鄕 滉時叨守豊郡 送迎于竹嶺……臨別 兄謂滉曰 汝無去郡 明年吾當復來 奉杯於臺上矣. 詩 "鴈影峽中分影日 消魂橋上斷魂時 好登嶺路千盤險 莫負明年再到期."
2) 滉 八九月中 一病殊非偶然 他亦多不堪之勢 故爲必歸之許 方呈辭……答上四兄(續集 內卷 五六葉 十三) 滉爲官事 力病苦留 今則歲將改矣 因冬候多愆 病日增據 筋力頓瘁 氣息憫憫……勞困所致 古云 抑而行之 必發狂疾 殆非虛語也……上四兄(『續集』卷七葉 一).

한다"고 빈정대기도 하였지만, 퇴계는 속마음을 자제들한테 吐露할 뿐 介意치 않았다.

늙어서 퇴계는 어머니의 가르침을 끝까지 따르지 못한 것을 제자들 앞에 자주 후회하였다. 퇴계가 사후에 묘비에다가 벼슬을 적지 못하게 한 것도 다 이런 까닭에서였다. 퇴계는 어머니 가르침을 자제들에게 전하듯 높은 벼슬보다 學問에 專念하기를 원했다.

士者는 몸을 깨끗이 지니고 행실을 操身해야 한다고 '潔身操行'을 강조했다. 자제들이 경향을 출입할 때 늘 주의하는 말이 유가집 자제로서 體統을 잃지 말라고 訓戒하였다.

퇴계는 손자인 안도가 집에서 조부의 가르침을 아니 받고 절에 가서 친구들과 과거 준비 공부를 하고 있을 때에

> 집안에 단 복숭아가 있음에도 버려두고 온 산 속을 헤매면서 쓴 돌배를 찾고 있다.[3]

고 주자의 말을 인용하여서 설득시켰다.

과거 공부를 하느라 문장을 익히고 古文眞寶를 열심히 외우는 것이 그 당시의 世態고 風潮였었다. 그런 퇴계는 과거시험 과목과는 相關하지 않고 經書 등을 많이 講論하였다. 과거가 목적인 사람은 퇴계로부터 떠나갔고, 학문을 위주로 하는 문도와 자제들을 도산서당에 끝까지 머물었다. 그 때 학문을 중시한 분은 비록 벼슬을 살지 않았다하더라도 후세까지 그 학행이 빛나고 자손은 名門聲族으로 昌盛하여 대대로 文翰과 유가 법통을 이어가고 있다.

성학을 배워서 聖賢의 생활 법도를 실천하라고 퇴계는 가르쳤다. 유자의 도와 학문의 길을 걸어가라고 자제들을 지도했다. 성현의 말씀을 듣고 배운 후는 그것을 꼭 생활 속에 躬行하라고 訓戒했다. 성현의 교훈과 덕행을 알고도 행하지 아니하면 그것은 학문한 사람이라 말할 수

---

3) 棄部舐桃樹 巡山摘醋梨

없다고 학자가 爲己之學에 힘쓸 것을 高唱하였다.

2. 교육의 기회

자제들의 교육을 위하여 모든 생활과정을 퇴계는 교육의 契機로 삼았다. 그 많은 예를 다 거론한다는 것은 장황하므로 여기서는 다만 몇가지를 추려 예거해 두고자 한다.

손자 蒙齋의 아명은 蒙阿(또는 阿蒙)라고 불렀다. 10여 세가 되자 兒名으로 부르고만 있을 수 없어 冠禮前에 冠名을 지었다. 安道라고 하였다. 이때 퇴계는 시를 읊어서 명명의 뜻을 알렸다.[4] 또 안도가 장가간 이튿날엔 「醮禮詞」[5]를 지어보내 군자가 부부 사이에 지킬 법도를 가르쳤다.

慶南 宜寧郡 嘉禮面 嘉禮村 처가에서 장인과 妻娚을 이장할 때 출사 재경중이라 아들 寯을 대신 보냈다.

    오늘날도 사고를 당해 가족이 동시에 화를 만날 경우가 있다. 이 때 장례법은 까다로와 자연 논란이 생긴다. 누구를 먼저 입관하고 먼저 하관하며, 어느 제사를 앞에 지내야 도리에 맞는가 등 어려운 문제가 있다.

퇴계는 寯에게 穿壙한 뒤에 屍身을 下棺할 때 先輕後重(아들을 먼저 묻고 난 뒤 아버지를 묻어야 한다)으로 하고, 제사(初虞 또는 平土祭)는 先重後輕(아버지에게 먼저 제사지내고 아들을 나중에 지냄)으로 지내야 이치가 맞다고 가르쳐 보냈다.[6] 또 이 예설은 烏川의 山南

---

4) 孫兒阿蒙命名曰安道 示二絶云 ;「失敎今當大學年 命名爲道若默然 他時見此如裘褐 始信吾非濫託賢」「記誦工夫在幼年 從今格致政宜然 但知學問由專力 莫道難攀古聖賢」.『文集續集』卷二, 十二葉
5) 昨日凡禮 何以爲……夫婦人倫之始 萬福之原 雖至親至密 而亦至正至謹之地 故君子造端乎 夫婦……是以欲正其家 當謹其始……『家書』.
6) 先輕後重과 先重後輕說은 그 당시 禮典에도 없고 朱文公家禮에도 분명치 않았다. 퇴계

金富仁 삼형제의 상례 질문에도 新葬 改葬 때의 '先輕而後重' 이론을 問目으로 가르쳤다.[7] 이상은 예설교육의 두 예화이다.

퇴계는 인간교제와 인권존중에 관한 교육에 있어서도 이렇게 기회를 잘 포착하였다. 金某公은 신분이 庶出이었다. 이 김공이 퇴계를 찾아 배움을 청하였다. 퇴계는 마을에서 조금 떨어진 龍頭山 龍壽寺에다 김공의 처소를 정해 주었다.[8] 그런 후에 다른 산사에서 공부하고 있는 손자 안도에게 편지를 보내어 김공과 함께 기거하면서 공부하도록 주선하였다. 김공은 자질이 훌륭하므로 그 신분 출신에 구애하지 않고 從游交友케 한 것이다(김공은 문도록에 없으나 유명한 학자임. 이름은 밝히지 않겠음).

퇴계가 자제 교육과 가인 관리에 주력한 사실 중에서 특히 愼多言, 戒傲慢은 빼놓을 수 없다. 퇴계의 자제 중 누구든지 성균관(泮宮)에 입학하거나 상경할 때는 반드시 주의를 듣는 말이 다음 예화이다. 손자 안도가 성균관에서 유학하고 있을 때 보낸 편지 사연에는 傲慢해서도 안 된다. 말은 적게 하고 늘 경계하고 경계하여라.[9]는 내용이었다. 이와 유사한 사연은 가서에서 얼마든지 볼 수 있다.

퇴계는 집에서나 밖에서나 항상 자제들의 언행에 관심을 쏟았고 舌禍와 사건 발생의 예방에 노력하였다. 퇴계 스스로도 학문과 남의 선행을 칭찬하는 말 외에는 含黙을 지키며 근신하였지만[10] 자제와 가인

는 많은 연구 끝에 孔子說을 취했고 이를 실제에 적용하여, 그후 우리나라의 習俗으로 굳어졌다.
7) 答金伯榮富仁 可行信 惇叙 問目喪禮共䣊 並有喪 所以先輕而後重者 蓋葬是奪情事 人子之所不忍也 特不得已而爲之故先輕爾 若改葬則 所謂奪情之義 比於新葬者 則個人有間矣 前日問及時 所以謂與並有喪之禮 少異者此也……『退溪先生文集』卷 二十八 葉一
8) 용수사는 퇴계의 부친 형제와 자기 형제 숙질이 가서 공부한 학숙으로 오래 쓴 곳이다.
9) 入泮官……大抵泮中處之甚難 而汝則尤難 言行之間 常常謙謹 毋以不知以知功 須操特勿放勿傲 勿言戒之戒之 『家書』.
10) 不言他人過失 不言時政得失.

에게도 기회 있는대로 말조심을 당부하였다. 퇴계의 생활 신조 중에 養心을 위해서는 黙言해야 한다'는 것이 있다.

퇴계는 문장지도나 예절지도에 있어서 일부러 기회를 마련하는 것이 아니고 수시수처 임기상응적 방법을 썼다. 안도가 조부에게 편지를 쓸 때에 '~입니다'를 '耳'자로 써 보냈다. 이것을 받아 읽고 퇴계는 지나쳐버리지 아니하고 즉각 고쳐 주는 것이었다.

　　　너 편지에서 끝맺는 말을 이자로 많이 쓰는데, 어른 앞에는 이자로 쓰는 것이 부당하니 '의(矣)'자로 써야 한다.[11]

이와 같은 예는 비단 손자에게만 있는 일 아니다. 자질손 누구에게나 그 때 그 때 시정해 가르쳐 주었다.

자제를 위해 특별히 講席을 베풀지 않았다. 문인들이 모이거나 문인의 특강 때에 자제도 참석하여 청강토록 하였다. 안도는 金誠一, 禹性傳에 앞서 淸凉山 滿月庵에 들어가 周易을 읽었고 주자의 啓蒙까지를 畢讀했으나 조부한테 易經 강의를 듣지 못했다. 조부가 문인들의 會講 기회를 기다렸다가 참석하여 답변하라고 가르친 때문이다.

　　書來知移寓滿月庵 此尤一山佳處甚善 但汝於讀易 未知潔靜精微之義 圖書卦畫之原 只看作講席應答之計 爲可：(乙丑 答安道書)

마침 김성일과 우성전 등이 와서 계몽의 강의를 청하였다. 퇴계는 만월암에서 공부하고 있는 손자를 불러 김성일과 우성전의 向學之心을 본받도록 했다.

자제들이 여러 문인들을 보고 분발하는 마음을 자연스럽게 익히도록 이끈 것이 퇴계의 家庭設學의 한 방법이었다.[12]

---

11) 汝書中語畢處 多用耳字 不宜用耳字 矣字可用 知悉(家書).
12) ……金士純 禹景善 今欲讀啓蒙 汝旣讀易啓蒙 不可不讀此時 不可失也……頃者 又 與書言汝讀易 而不知圖書卦畫之原 潔靜精微之義……附讀易亦是一頃大工夫 汝今年入山堅坐 辨一事甚善 吾非以汝讀易 爲非只是頓無向學 憤悱之意 苟用心如此 雖盡誦諸經 不錯一字益於事……「家書, 乙丑 與安道書」

3. 교육의 분담

퇴계가 출사하여 서울에 체류하고 있을 때 아들 寯한테서 반가운 편지를 받았다. 이제 겨우 3살 밖에 되지 않은 안도가 글자를 알아본다는 반가운 소식이었다. 손자의 明敏穎才를 알자 퇴계는 손수 천자문 1권을 써 보냈다.[13] 이 천자문을 가지고 寯은 안도에게 한문을 가르친 것이다.

둘째 손자 純道가 태어났을 때도 퇴계는 서울에서 출사하고 있었다. 입문기 때는 마침 퇴계가 귀향 중이어서 한문의 기초도 가르쳤고, 七臺에서 수련할 때는 데리고 가기도 하였다. 그러나 그 즈음 문도가 운집해 오고 방문객이 엄청나게 늘어서 순도를 항상 곁에만 두고 가르칠 수 없는 형편이었다.

논어를 겨우 한 차례 가르친 후 烏川 외가로 보냈다. 외숙부인 日休堂 琴應夾이 맡아서 글을 가르치게 한 것이다. 이렇게 해서 순도는 妹夫 勿齋 朴檜와 함께 烏川에서 학문의 기초를 닦게 되었다. 순도는 15세 때 돌아와 관례를 치른 후 조부 퇴계에게 계속 학문을 배웠다.

퇴계가의 자제들은 대개 순도와 같이 어릴 때의 입문교육은 그 형편에 따라 누구에게든지 수업하고, 『계몽』과 『심경』『주자대전』이나 庸學을 퇴계에게 배웠다. 가인들을 모아서 강의를 한 적은 거의 없고 원근 문도가 모이면 강석을 특설하여 자제들을 참석시켜 문답케 했다. 퇴계가 출사 중이건, 귀향 중에라도 입산하고 집에 머물지 않을 때는 가인들도 문목으로 학문을 배우곤 하였다. 조카 遠巖 李宷는 중용을 자독하고 문목으로 난해처를 깨치게 되었다. 종외손 松巖 權好文도 등산하는 樂山樂水 이론을 書札 問目으로 배웠다.

---

13) 이 천자문에는 석봉천자문과 다른 몇 글자가 있다. 讀音과 뜻은 적혀 있지 않지만 鮮初의 醉琴軒 朴彭年 千字文과도 다른 몇 글자가 있다. 漢文童蒙教科書 연구에 필요 귀중한 자료이며 서지학상에서도 매우 소중하다.

서당 개설 전후 집이 협소할 때는 자제들을 자주 근처 寺庵으로 보내어 공부하게 했다. 龍壽寺, 淸凉庵, 文殊庵, 月瀾庵, 鳳停寺 등이 자제들의 學問道場이었다.

이런 곳에서는 먼저 배운 손윗 사람이 강론하고 때로는 서당에서 강회가 있으면 모여서 퇴계의 강의를 들었다.

4. 교육의 방법

퇴계의 文章은 朱子文章을 닮아서 읽기도 쉽고 설득력이 있다고 한다. 그래서 직접 면전에서 강론을 듣지 않고도 서간 문목으로서 많이 배울 수 있었던 듯 싶다. 퇴계의 문집에는 1340 편(筆寫本 退溪先生全書와 退陶先生集이 影印刊行되기 전인 1980년까지의 통계임)의 가서가 있고, 그 대부분이 논학이며 질의에 응답한 교육내용이 많다. 퇴계는 서간을 이용하여 교수하였다고 해도 좋으리만큼 門徒와 자제들과 서간 왕래가 많았다.

이제 그 편지받은 내용을 표로 만들어서 자제들과의 서간 왕복 실태를 파악하도록 한다.

퇴계가 가인들에게 보낸 편지 편수와 받은 사람

姓 名	字·號	關 係	參 考	篇數
李 寯	延秀	長子	僉正公	613
李 寀		次子	兄寯과 共覽	2
李 宬	子固·企庵·樂山	長姪	二兄河의 子	37
李 寗	魯卿·漫浪	姪	四兄瀣의 二男	23
李 審	君美·遠巖	〃	〃 三男	19
李 宰	和父	〃	三兄의 三男	2
李 宏	大容	〃	宰와 共覽	1
李 寅	持國	〃	審의 弟	9

姓　名	字·號	關　係	參　　考	篇數
李　寗	汝晦	〃	憲, 憑, 喬와 共覽	1
李　憑	輔卿·晚翠	從姪	叔父의 長孫	33
李　潔	〃	〃	憑의 弟	5
李　冲	思擧	〃	潔의 弟	5
李　寯	孝章·思峯	姪	寗, 憑, 喬, 寅와 共覽	3
李安道	蒙齋	長孫		123
李宗道	士元·芝澗	從孫	完의 長男	7
李守道	介然	〃	宗道의 弟, 宰와 共覽	1
李善道	擇仲	〃	守道의 弟	3
李閎道	静可·遇巖	〃	宏의 長男	2
李文奎	景昭·文谷	再從姪		1
李庭檜	景直·松澗	族會孫(十一寸)		2
李逢春	根晦·鶴川	再從孫	鄭士城과 共覽	1
郭　瀚	大容	門客		1
權景龍	施伯	查下生	孫, 安道의 妻娚	1
權大器	景受·忍齋	門客		4
權好文	章仲·松巖	從外孫		30
琴　輔	士任·梅軒	從孫壻		4
琴應石	景和	查下生	姪 喬의 丈人	4
琴應夾	夾之·日休堂	查下生·門客	子婦의 弟	30
琴應壎	壎之·勉進齋	查下生	〃	3
琴義筍	友卿	〃	悌筍의 兄	8
琴悌筍	恭叔·翠庵	從外孫壻		2
金富仁	伯榮·山南	查下生	子婦 琴氏의 外四寸	10
金富弼	彦遇·後彫堂	〃	〃	63
金富信	可行·養正堂	〃	〃	1
金富儀	愼仲·挹淸亭	〃	〃	39

姓 名	字·號	關 係	參 考	篇數
金富倫	惇叙·雪月堂	〃	〃	18
金允明	·松簡	從外孫		1
金八元	舜擧·芝山	門客		9
柳仲淹	景文,(希范)·巴山	妻姨姪壻	同壻 李元承의 女壻	40
閔蓍元	筮卿	姪壻	伯氏의 壻	46
閔應祺	伯嚮·景退齋	從外孫		2
朴 欑	居中,(天擎)·勿齋	孫壻		13
裵三益	汝友·臨淵齋	査下生	從孫壻 裵三近의 兄	18
宋福基	德久·梅圃	甥姪의 壻		1
宋遺慶		姪壻		5
宋汝能		從外孫		4
申 遌	詣仲	甥姪壻		32
辛弘祚	而慶·伊溪	甥姪		3
吳彦毅	仁遠	從妹夫		12
吳守盈	謙仲·春塘	從甥姪		12
李元承	雲長·青巖	同壻	四樂亭의 三女壻	18
張壽禧	祜翁·果齋	妻姨從	文滄溪의 二女壻 張應臣의 子	1
崔德秀	子粹	姪壻		21
許士廉	公簡·蒙齋	妻娚		1
54人				1339

위와 같이 1300여 편의 서간을 54 명의 자제와 가인들한테 주고 받으면서 교육을 실시하였다.〈편지수는 筆寫本 全書와 退陶集의 出現前인 1987년 현재의 연구 집계임〉

『朱子書節要』(朱書節要라고도 함)는 퇴계가 性理學을 깊이 연구하고 주자이론을 집대성하기 위하여 주자서간을 節要한 것이다. 주자의 簡牘을 중요시했기 때문이다. 서간연구를 통하여 주자학의 핵심을 밝히려는 것이 퇴계의 新儒學 硏究方法이었다. 퇴계는 이를 교재로 교육하였다.

퇴계는 모든 저술에서 서간을 아주 중시했다. 그래서 자신의 서간도 自省錄에 뽑아 엮어서 跋文을 붙이고 그 서간에서 논술한 자기 입론을 특별히 뜻깊게 새기고 소중히 다루었다.

퇴계의 서간을 자료로 하여 자제들에게 한 교육이나 제가 내지는 치국과 평천하에 이르는 철학사상을 구명해내는 것은 퇴계의 학문방법이 시사하듯 매우 합리적이고 적절한 방법이 된다. 퇴계가 서간으로 학론이나 철학과 생활관을 밝혀 놓은 것을 益齋 鄭焜은 李子書節要로, 大山 李象靖은 『退溪書節要』로, 梅軒 宋命基도 『退溪書節要』[14]로 약절(約節)해 두었다. 1985년에 퇴계 가서를 기본 자료로 연구하여 논저한 것이 졸저 『李退溪硏究』이다.

拙著[15]에서는 자제교육은 말할 것 없고, 가제 전반, 생애, 건강의료, 경제, 학문교육, 치국 등에 관하여 퇴계가 의도하고 실행한 평생사업(退溪는 吾事・吾業이라고도 말함)적 측면에서 논구하였다. 치가와 처향, 특히 퇴계의 생활면과 인간상을 이해하는데 다소 도움이 있을 것으로 본다.

아무튼 퇴계의 참모습과 진솔한 생활을 이해하려면 가서를 읽지 않으면 안된다. 서간 3100여 편 중(문집・내・외・별・속・유집에 실린 총서간) 그 절반에 가까운 1340편이 가서다(親家子弟 以外의 가인에게 與答한 서간을 準家書로 처리했음).

이 가서를 분석해 낸 뒤에 얻은 결론은 간단한 심부름에도, 소식왕복에도, 가정 관리와 교육에도 서간이 그 도구로 씌어졌다는 事實이었다.

---

14) 宋命基: 肅宗 6年 生, 字定夫, 號梅軒, 冶城人, 進士, 『退溪書節要』, (7冊), 恕軒 李世珩跋. 1996. 2. 8 筆者가 發掘 10년만에 景印 開刊하였다. (筆者의 景印跋 붙임)
15) 필자의 박사학위논문. 副題: 가서를 통해서 본 퇴계의 인간상과 사상을 『李退溪家書の總合的 硏究』로 제하여 日本 中文出版社에서 刊行하였다.

五. 퇴계의 자제교육의 내용

1. 親孫 敎育

3자 3손이 있으나 모두를 언급하려면 지면이 부족하여 맏손자인 蒙齋公 安道에 관해서만 언급하기로 한다.

퇴계의 慈愛는 엄격하면서도 온후하였다. 한양에 머물면서도 인편으로 엿(飴)을 사 부치고 童靴를 사 보냈다. 안도가 세 살 때는 걷는 모습이 귀엽다고 신을 장만하는 仁慈한 할아버지였다. 子婦 琴氏가 초산 이후 아기 몇을 기르지 못하고 잃자, 퇴계는 자신이 薄福하여 슬하에 자손이 귀하다고 한탄하면서 자부를 위로하였다. 그래서 안도를 낳은 자부에게 꿩을 구해 보내면서 장함을 치하고 기쁨을 감추지 못하였다. 그 뒤 딸을 낳았을 적에는 남녀의 善好보다 자손의 번성과 出産 母子의 건강만을 근심하였다.

퇴계는 평소에 자부나 손부가 정성(식물이나 의복)을 보내면 참빗과 부채나 脂粉을 사서 꼭 답례품을 보내어 回謝하였다. 자부 뿐아니라 질부와 從姪婦의 산후에도 축하편지와 함께 식물로서 기쁨을 전했다.

이토록 자상한 퇴계인지라 어린 손자에게 기울인 정성은 대단하였다. 퇴계가 손자를 양육한 이야기는 글씨와 학문 이야기가 중심이 아니 될 수 없다. 그중 몇 가지 예화로서 전모를 추찰하는 재료로 삼고자 한다.

어린 안도에게는 엿, 신 외에 자주 붓을 사 주었다. 8세 때에는 抄句를 가르쳤다. 孝經을 먼저 가르치고 싶었으나 책을 오천의 누군가 가지고 갔기 때문에 하는 수 없이 소학을 미리 가르쳤다. 12세 때의 안도는 잔글씨(細筆)를 쓰기 버릇했다. 퇴계가 이 소식을 듣고 황모무심대독필(黃毛無心大禿筆)을 사주었다. 세자부터 쓰는 것은 순서가 아니라고 대자부터 연습하도록 아들에게 당부하였다. 13~4세 때는 부친준이 곁에서 가르쳤고 안도는 집안에서 한문 기초공부를 하였다. 15세 이후에는 經傳과 詩賦를 배웠고 製述을 익혔다.

16세에 이르러서 風騷를 떼고 中庸을 외었으며, 騷抄와 대학을 배웠고 文章製述法을 익혔음에도 학문을 專業치 못하였다. 때문에 퇴계는 손자가 勤讀하지 못한다고 무척 근심하였다. 18세가 되자 맹자를 熟讀[16] 하였고 詩傳공부에 들어갔는데 무척 분발하였다. 퇴계는 손자의 自勵를 인정하고 칭찬하기를 아끼지 않았다. 20세에 글씨와 근신에 관하여 큰 교훈을 손자에게 주었다. 안도가 친구 金就礪에게 大字草書로 편지한 것을 보고 亂暴스런 미친 짓이라고 꾸중을 하였다.[17]

이와 같이 퇴계는 성장에 맞게 사랑을 주고 나이에 맞추어 과제를 주었으며 근신하는 법도를 가르쳤다.

2. 傍孫 敎育

門徒錄에 실린 26 명 중 퇴계의 편지를 받은 사람은 18 명이다. 편지가 많은 차례로 적으면 完, 憑, 喬, 寗, 寅, 宗道, 潔, 冲, 騫, 善道, 宰, 閱道, 庭檜, 宏, 憲, 守道, 文奎, 逢春 순이다.

편지는 받았지만 문도록에 그 이름이 없는 사람은 潔과 憲, 守道 3 명이다. 반면 문도록에는 그 이름이 있고, 편지 없는 사람은 寅, 元晦, 宓, 希程, 庭柏, 亨男, 仁福, 憲 등 8 명이다. 이 사람들에 대해서는 문도록에 실린 글로 수업한 내용을 살필 수밖에 없다.

친족 중에 문도가 된 사람은 직접 수업한 사람이 대부분이다. 箴銘을 받거나 이름을 고쳐 짓고 자호를 받으며 질의하여 문목을 받은 사람도 있고, 강의에 참석하여 수강한 사람도 있다.

---

16) 安道輩 近讀中庸 今始大學 製述似得小變 但 不勤讀 此是大患耳(家書『陶山全書』四. p.121 寄寗).
17) 汝 凡事當謹愼 而今見寄而精書 大字亂草 此何意耶 愼勿好爲 矗狂之態……(家書『陶山全書』四. p.288 答安道)

문도록을 근거로 하고 가서의 구체적 내용을 참고로 하여 몇 사람을 소개한다.

李 完 ; 字는 子固, 號를 企庵이라 한다. 石橋에 지은 정자 이름을 퇴계가 樂山이라고 명명했다. 仲氏 河의 장자인데 백씨가 아들이 없어 완으로 하여금 宗統을 잇게 하였다.

家廟의 수호 및 제사 등 퇴계는 종가를 일으키고 지키는데 온 정성을 다하였다. 퇴계는 이 長姪에게 매우 엄격했고 근신·성의·근면 등을 지키도록 지도했다. 공부를 부지런히 하지 않는다고 나무라는가 하면 詩作 교정까지 돌보아 주었다.[18] 완도 숙부에게 典訓과 文辭, 필법은 열심히 배워서 "가업을 승계할 자는 완이니라" 하고 칭찬을 받았다. 성리서 한 질을 주어서 학문에 愼勵케 하였다.

李 憑 ; 字는 輔卿, 號는 晚翠軒이다. 숙부 송재공의 손자이다. 아우 冲과 함께 수업했고, 典訓과 가학을 열심히 공부하여 퇴계의 큰 囑望을 받았다. 빙에게 보낸 편지의 내용에는 松齋扁額, 禮說, 鄕任의 일, 제사, 奠石 등 치가와 奉先에 관한 이야기가 대부분이다. 아들이 없어서 後嗣에 관하여 종숙질이 많이 의논하였고, 퇴계는 숙부에게 입은 은혜를 갚으려는 듯 堂姪의 가사와 숙부를 위하는 일에 정성을 기울였다.

李窯, 李窜, 형제에게는 특별한 애호가 주어졌다. 가서는 형 貞愍公의 喪葬에 관한 내용과 窜의 侍墓中에 병환 치료에 대한 걱정이 많지만, 典訓講義와 과거에 대한 이야기도 다른 사람보다는 월등 많다.

李窯에게는 梅竹幽軒, 李窜에게는 遠巖이라는 號를 지어주었고, 自警箴[19]도 써줘서 학행을 勸勉했다. 두 조카의 질의와 제술도 남달리

---

18) 汝前日 三來字詩 吾更思之 第二來字 改作哉 終來字 改作回 則無病而意好矣(家書 ; 陶山全書 三. p.224 答完)
19) 寶鑑埋塵 非磨寧新 明珠在淵 不探則捐 聖訓之極 我心地則 屛陳爾傍 道存爾常 能思能行 一言猶贏 不思不行 萬言奚施

잘 가르쳐 줬고, 퇴계는 의중의 이야기도 이 두 조카에게는 솔직하게 다 토로하는 것이었다.[20]

喬의 字는 君美 號는 遠巖이다. 퇴계가 家禮, 小學, 詩作法을 가르치고 조카의 시에 答韻[21]도 하였다. 교가 원암(멀암)으로 이사를 할 때는 못내 아쉬워 했고 고향에 되돌아오라고 누누히 당부하였다.

李元晦(字:孟明, 號:東嶽)는 受業하여 詩와 禮를 배웠고, 李文奎(號:文谷)는 侍墓法을 배운 내용이 가서에 전한다.

李宏(字:大容)은 官의 納招事를 잘 밝혀주라는 내용의 편지가 있고, 李宓(자:子昻)은 일찍 夭折했으나 퇴계의 촉망[22]을 받은 조카인데 정민공의 맏아들이다. 한양 狎鷗亭에서 숙부에게 글을 배웠다. 죽은 후 한양에서 발인하여 도산으로 떠날 때는 숙부의 애통해 하는 제문을 받았다.

李寗(字:孝章, 號:思峯)은 상경해서 성균관에 입학하여 공부하라는 권유를 받았고, 李希程(字:伊甫·號:桐岡)은 隴雲精舍에 유학하였으며, 文藝와 行儀가 겸비하였다.

李寘(字:持國)는 22세에 목병으로 조졸했으나 문학에 재능이 있었으며, 특히 부친 정민공 시묘 때에 효성이 지극해서 퇴계의 위문을 받았다.

李宗道(字:士元, 號:芝澗)는 企庵의 아들이고 老松亭의 冑孫이다. 종손으로서 특별한 가호와 가례의 공부, 제사의 도움을 입었다. 학문 수업은 물론 편지쓸 종이까지도 퇴계는 친손자 못지 않게 마련해 보냈다. 논어를 배울 때는 면학시[23]를 받았다.

---

20) 誌銘未撰事 示生所不爲 故不敢破戒 竟至相負 每深慙痛(家書) 婦寺之忠 周任所謂 不能者止 孟子所謂 不職者去 必不如是也『家書』:答喬姪 丁卯
21) '喜汝少年能感發 成人應不墜家聲'이라 읊어서 遠巖公의 詩才와 家聲을 떨칠 것을 豫見하였다.
22) 阿咸要作奇男于 莫爲他人讓一頭『門徒錄』李宓條
23) 聖道如天不易知 廿篇書裏如崇基……『門徒錄』『退溪全書』4. p.397

第3章 子弟觀과 家人 敎育   185

李閱道(字:靜可. 號:遇巖)는 퇴계가 손자들 중에 가장 촉망을 두터이 한 사람이며, 忠信, 謙謹의 常操訓을 끼쳤다. 仙夢臺를 쌓아 퇴계의 시를 얻었다.[24]

李庭檜(字:景直, 號:松澗)는 宗會 族論이 서간에 전하고, 李逢春(字:根晦, 號:鶴川)은 문하에서 강론을 들었으며, 갖고 있는 陶山九曲은 세상에 유포되어서 안 된다고 퇴계가 九曲歌 草稿를 가지고 오게 명령한 편지를 받았다.[25]

李憲은 8세에 입문하여 서법과 學文을 배워 超詣했으며, 李守道는 碑石의 輸送 監護의 명을 받았다. 李善道는 立志와 논어를 질문하여 칭찬받았다.

李庭栢은 退溪가 재주를 시험한 후 장래를 촉망하고 분발케 했으며, 李亨男은 편지가 없지만 문도록에 실려 있다.

李潔은 아이들이 아프거나 도둑을 맞고난 뒤 위로와 보살핌을 입었으며, 克己하는 법을 배웠다. 李冲은 時祭, 紙榜, 齋舍에서 제사지내는 禮式 등에 관해서 자세히 배웠으며, 李仁福은 어릴 때 입문하였고, 배긴 예기 책의 이름을 퇴계가 손수 써 주었다.

李宣은 修業中 病으로 폐업했고, 李憲은 열심히 庭訓을 배워 문학과 학행이 뛰어났다.

李宰는 家門을 지킬 기둥이라고 특별히 엄하게 교육했다. 金富倫과 小白山에 등산하려다가 農節에 하는 것이 좋지 않다는 가르침을 듣고 뒤로 미루었다. 天燈山 鳳停寺에 가 있을 때 친구들과 절 앞의 대와 천석을 즐겼다는 이야기는 앞에 이미 말하였다. 퇴계는 이 조카에게

　　내 평생 언제 과장된 말을 하더냐? 돌에 새긴 글을 당장 지워라. 그

---

24) 松老高臺揷翠虛 白沙靑壁書難如 吾今夜夜憑仙夢 莫恨前時趁賞疎 『門徒錄』 李閱道.
25) 陶山九曲歌는 陶山의 九曲을 읊은 詩인데 弟子들이 退溪의 道德을 노래한 것이라고 한다. 퇴계는 이 九曲歌가 세상에 傳播되면 남의 嘲笑를 받을 것이라고 꾸짖고 받아 없앴다고 한다. 누군가 秘藏하여 전한다는데 아직 발견하지 못했다.

러지 않으면 후일 다시는 내 얼굴을 보지 못하리라(他日, 汝不得來見 我也).

할만큼 엄하게 가르쳤다. 후일 주자가 雲谷記에 인용한 陸機의 詩句 '飛泉漱鳴玉'에 나오는 '鳴玉'을 따서 이 곳 臺이름으로 하였다. 자제의 과실을 엄히 다스려 사회의 웃음과 怨怒를 사지 않으려 애썼다. 사회에 폐를 끼치지 않으려는 퇴계의 가정교육의 일단인데 인물을 보아 큰 가르침을 준 예라 하겠다.

李揆道는 문도록에 인물소개가 있다.

李寅은 20세에 죽은 퇴계의 맏조카이다. 숙부에게 師事했다고 문도록에 실려있다. 李宙는 73세까지 장수한 조카이다. 忠順衛軍番 때문에 퇴계가 무척 고심하였다. 李敏道는 수년 동안 古文眞寶와 史略을 읽었다. 詩書大文을 읽지 않고 잡문을 먼저 읽으면 시간을 낭비한다고 퇴계가 가르쳐 주었다.[26]

산만하나마 차례없이 구체적인 예화를 들었으나, 퇴계가 어떻게 문중 자제들을 교도하고 보살폈는지 그 전모의 대강은 추찰할 수 있을 것이다.

3. 壻甥과 姻戚 子弟 敎育

앞의 '三-1, 가인교육의 대상'에서 '女'(사위들)와 女의 후손으로 적은 사람과 連査間의 자제들을 여기서 언급하려 한다.

문도록에 실린 사람과 서간(준가서로 취급)을 받은 사람을 순서없이 예거하여 넓은 의미의 퇴계 가문을 살펴보기로 한다.

金富仁, 金富弼, 金富儀, 金富信, 金富倫은 친구인 雲巖 金緣과 濯淸

---

26) 此兒數年間 讀古文眞寶史略 皆爲失計 先誦讀詩書大文 而先讀此雜文 浪費日月也『陶山全書』三.p.222. 答完姪書

亭의 아들들이고 자부 琴氏의 외사촌이므로 아들 寯과는 內外從娚妹間이다. 이 다섯 종반에게 퇴계가 주고 받은 與答書는 모두 131 편(與 20, 答 111)이다.

金富仁은 喪禮(先重後經. 改葬 때의 服, 神道尊右 考右妣左, 孤哀之稱, 虞祭와 遷墓하는 法, 墓祭行祀 등)를 질의하여 장문의 답장으로 禮講을 들었다.

金富弼은 5종반 중 받은 서간이 가장 많다. '烏川諸君'한테 한 편지 7 편을 대표(문집에 편집된 체제에 의함)로 받았다. 내용은 서원(易東書院을 가리킴)터를 정하는 문제, 禮安 士人이 학업에 힘쓰지 않아 眞學問도 독실치 못하고, 과거에 闕榜한다는 권학의 말, 鄕黨에서는 敬謹하게 처신해야 하는 문제들이었다. 戚聯과 鄕中 걱정을 대표에게[27] 전한 듯하다. 개인적으로 받은 편지 중에는 9 가지 心經問目[28]이 보인다.

金富信은 건강에 관하여 걱정하는 편지를 받았고, 유학에 立志가 敦篤했으나 단명으로 뜻을 이루지 못했다.

金富儀는 詩作에 관하여 여러 번 문답이 있었고, 璿璣玉衡과 渾天儀의 改造(李德弘이 만든 것을 수정 보완하였음) 및 그 연구를 지명 받았다. 도문 과학자(陶門 科學者)의 한 사람임이 돋보인다. 金富倫은 喪禮에 관하여 많은 지도를 받았다. 퇴계가 白雲書院에서 교육을 시작할 때 학도가 모이지 않아 아들 준과 김공을 불렀다. 雪月이란 號도 퇴계가 성품에 맞게 지었다. 김공의 질의 '義理隱微'에 대해서는 3480자의 長文(문집 10장 182 항) 答書로, '持敬之法'에 대해서는 139 항 2501 자의 긴 해설 편지로 강론을 들었다.

---

27) 鄕黨 父兄家族之所在 不可不敬謹自處 居鄕待人 每守此戒……〈退溪全書, 三 p.57, 答 烏川諸君〉
28) 三十六楣, 天若知也和天稟, 百日之蠟一日之澤, 一串數珠, 敬字上崖, 一捧一條痕一摑一掌血, 血戰相似, 捏合之意, 生死路頭〈退溪全書, 二, pp.58~59, 答金彦遇 問目 心經〉.

宋遺慶은 글씨를 받고 싶어서 종이를 많이 보냈다. 글씨와 함께 황모필과 먹을 얻었다. 아들 汝能과 汝沃은 疑와 賦의 製述法(文의 對條와 文字使用)을 지도받았다. 퇴계가 증손 昌陽을 잃고난 뒤 汝能에게 비통한 慘懷를 보냈다.

辛弘祚는 수업한 내용을 알 수 없으나 퇴계가 親山에 奠石할 때 運石을 감독케 했다. 신공의 사위 宋福基는 처음 嘯皐朴承任에게 師事하다가 퇴계문하로 옮겼다. 克己銘과 救放心齋銘에 識文을 붙인 것을 받았다. 운석 때는 輸石에 조력하라는 지시가 있었다.

申遑은 32 편의 편지를 받은 이로서 퇴계의 심부름을 가장 많이 했고, 관직은 남이 원하지 않은 것을 택할 것이며, 換職(전근을 말함) 청탁을 하지 말라는 교훈을 들었다. 그의 사위 全纘은 心經과 近思錄을 배웠다. 천성이 어진자를 좋아하고 善을 즐겼기 때문에 퇴계한테서 映蓮堂이라는 액서와 題詩[29]를 받았다. 시의 명인으로 알려졌으며 스승에게 화답한 시에 존모의 예가 넘쳐 흐른다.[30]

崔德秀는 한양에서 朝報를 구하여 보내는 일을 맡아 정성껏 했다. 취직하려고 처삼촌에게 청을 들이려 왔다가 뜻을 이루지 못한 일도 있다. 퇴계가 겨울철 눈오는 날 5리나 떨어진 淸吟石까지 나와 전송을 하고 시를 읊어 주었다.

金允欽은 문도록에 이름만 실려 있고, 金允明은 전석 때 운석을 감독하라는 명을 받았다.

閔蓍元은 두 아들이 퇴계의 문인이고, 퇴계한테서 46 편의 편지를 받으면서 가사를 의논한 격의 없는 사이였다. 민공은 종 嚴石이 醴泉郡에 陋名을 쓰고 잡혀가자, 군수한테 放免을 부탁하는 편지 1 장을 써달라고 하였다. 퇴계는 직접 자기 눈으로 보지 아니한 일이라 眞僞를 가릴 수 없다고 거절하고, 예천군수는 명찰한 사람이라 무죄한 사

---

29) 聞道幽居作小塘 花中君子發淸香 可憐植物淸如許 曾對高人映露光.
30) 光霽高懷百世風 淸通生佳植一塘中 洗心洗眼來省處 宛見當時無極翁

람을 죄인으로 만들지 않는다고 안심시켰다. 엄석은 그 뒤에 방면됐고 퇴계의 行誼는 가문의 법도로 존중되었다. 아들 應祺는 수학중 입지를 평가 받았다. 벽에다 敬齋箴을 써 붙여두고 存心養性에 힘을 썼으며, 宰와 함께 가문을 지킬 인물로 중애를 입었다. 동생인 應祿은 문도록에 이름과 '尤叟의 아우'라고만 적혀 있다.

琴應石은 흉년에 친척과 향민을 구제한 선행 때문에 種善亭이라는 편액을 받았다. 아들 형제도 퇴계의 문인인데 형 義筍은 大學, 易學啓蒙, 心經 등을 배웠고 盤銘도 받았다. 아우인 悌筍은 退溪學說을 篤信하고 朱子諸說을 많이 물었다. 格致明誠의 뜻을 깨달아 그 실용에 힘썼으며 '學戒'를 저술했다. 忠信篤敬을 행동의 第一義로 삼았다.

妻娚인 許士廉은 淸凉山에 함께 가서 공부하였고 進士試도 같이 치루었다. 이때 퇴계만 합격하자 妻娚을 분발하라고 위로했으며 지은 시에 퇴계가 次韻하였다. 그의 사위 吳澐은 25세 때 도문에 입문했으나 문학에 힘써 일찍 문명이 發闡했었다.

퇴계의 妻姨從 張壽禧는 榮州 草谷 外家에서 입문하였다. 最樂堂이란 편액을 받았으며, 張公이 伊山書院을 세울 때는 院規와 節目을 퇴계에게 물어 정했다.

朴世賢은 "天命을 기다려 급히 서둘지 않는 것이 가장 좋은 計策이라"는 교훈을 들었다.

琴輔는 宣城三筆의 한 사람인데 일찍이 계상에 草廬를 지어 溪齋라 명명하고 溪上書堂에서 躬行하는 퇴계를 본받았다. 퇴계가 써준 敬齋箴圖를 조석으로 외었다. 琴轍은 兄 輔와 함께 입문하여 論語, 心經, 近思錄, 啓蒙 등을 배웠다. 琴仰聖은 편지는 없지만 문도록에 실려 있다.

琴應夾은 일찍 입문해서 퇴계의 중애를 받았으며 夜氣箴左右銘과 日休堂이란 額書를 얻었다. 아우인 應壎은 일찍 琴輔와 함께 溪上 寒栖庵 가까운 곳에 草幕을 짓고 퇴계의 日用躬行을 빠짐없이 눈여겨 배웠다. 精舍를 지어서 제자들을 가르쳐 달라고 퇴계한테 졸랐다. 도산에 터를 잡고 외내 친구들과 힘을 모아 陶山精舍를 짓도록 간청해서 세

번만에 퇴계의 마음을 돌리는데 성공했다. 도산서당을 짓는 일에 결정적인 작용을 했다. 퇴계한테서 '勉進'이란 두 글자의 齋名을 받았다.

李國樑은 "학문의 길은 날로 진보하지 않으면 퇴보하는 것이고, 操心하는 법은 敬懼하지 않으면 반드시 태만해진다."고 가르쳤다. 朱子詩帖 後叙도 지어 주고, 暘谷의 芝山蝸舍를 주어 살게 했다. 글씨를 잘 써서 宜城三筆에 든다.

權好文은 어릴 때부터 高邁하고 蕭灑한 儒者의 기풍이 있다고 칭찬 들었다. 받았던 많은 편지 가운데서 樂山樂水說, 喪禮問目, 心經問疑의 講說은 특히 유명하다. 權景龍은 손부의 동생인데 문도록에 소개 정도만 실려 있고, 안도에게 한 편지에 권공 이야기가 많다.

權大器는 아들 宇와 부자가 퇴계 문인이다. 宇는 퇴계가 별세한 해에 입문했으나, 爲己之學에 힘써 칭찬을 받았다. 琴輔가 배낀 주역을 퇴계로부터 받았다.

裵三益은 從孫壻 裵三近의 형인데, 집이 어려웠으나 잘 감내하면서 학업에 힘썼다. 心經과 詩傳을 배웠고, 敬齋箴, 夙興夜寐箴과 臨淵齋, 紫陽精舍 등 액서도 받았다. 裵三近은 이름만 문도록에 실려 있다.

曺光益은 13세에 心經을 먼저 배우고 싶었으나, 퇴계는 소학부터 가르쳤다.

曺好益은 15세에 입학했고, 독서를 즐기며 爲己之學에 힘썼다. 집에 온 퇴계에게 대학을 물었고, 도산에 가서는 朱子語類와 近思錄을 배웠다.

吳守盈은 16세에 입문하여 性理淵源講說을 들었다. "敬은 잠깐도 떠날 수 없고 살피고 몸에 지녀 힘써 행해야 한다"고 깨달았다. 퇴계가 이를 칭찬하여 親筆 二程全書를 주었다.

李元承은 聾巖의 손자이고 四樂亭 權磌의 셋째 사위이므로 퇴계와는 동서간이다. 퇴계의 문인 중 器局 큰 인물로 평가 받았다. 烏竹 지팡이와 靑藜杖을 구해 주고, 豊山 佳日 妻家 守護 때문에 서로 많은 협력을 하였다. 퇴계한테서 병서를 받았다. 아들인 士純은 立志가 돈독

했으며, 처음 隴雲精舍로 왔을 때는 正一僧이 외출하고 없어 입학이 지체되었다.

柳仲淹은 동서 이원승의 사위이므로 퇴계에게는 妻姨姪壻가 된다. 志趣와 見識을 높이 평가받았다. 錦溪 黃俊良은 류공을 가리켜 '孔門의 顏子' 같다고 하였다. 퇴계한테 받은 편지가 많고, 誦讀千遍해서 대성하라는 격려도 받았으나 아깝게도 단명이었다.

李令承은 한서암에 가서 학문을 질의했고, 아들 사원도 부형을 따라가서 입문하였다.

權義叔은 일찍이 문하에 입학했다고만 기록되어 있다.

金八元은 본래 周世鵬의 門人이었으나 훗날 퇴계문하에 입문하여 유산록, 선비의 爲學心術, 朱子文抄의 제목 등에 관하여 지도를 받았다. 퇴계와는 아주 친밀한 사이였다.

郭守仁은 문도록에 이름만 올라 있고, 郭瀚은 문도록에 실려 있으며 감사에게 올린 퇴계의 辭狀을 빌어 謄錄하였다. 퇴계는 곽공의 부탁을 듣고 草稿를 깨끗이 배껴서 보냈다. 쥐가 원고를 더럽혔기 때문에 閔應祺에게 시켜서 다시 淨寫하였다고 한다.

이 밖에 문도록에는 없으나 인친간의 인물 가운데는 仕路處世를 많이 깨우쳐 준 權紹(손부의 부친), 세정을 논하고 중심을 서로 토론한 吳彥毅(從姉兄), 과거에 대하여 서로 지도받은 曺允懼, 治家와 禮制며 자제의 行儀規範을 깨우쳐 준 許允廉, 宜寧農監과 가사를 전담했고 軍官就職을 부탁하기도 한 李末(許公庶妹夫)들은 퇴계에게 적지 않게 영향받은 인물들이다. 外系 먼 戚黨人으로는 碧梧 李文樑 8兄弟, 藥峯 金克一 5兄弟, 立巖 柳仲郢 父子(柳雲龍·成龍), 文峯 鄭惟一(8寸戚) 野翁堂 全應房 兄弟(應福, 應斗, 應璧 : 8寸척) 등이 있으나 이 글을 쓸 때에 미처 究明하지 못하였거나 교육관계에 있지 않아서 포함시키지 못하였음을 附記해 놓는다.

V. 敎化의 家統

퇴계는 堂內一家의 자제들만을 養成 嚮導한 것이 아니다. 戚黨까지를 포함해서 가문으로 생각하고 모든 자제들을 그 자질과 성품에 맞추어 한결 같이 儒業 實學하는 학자 즉 生活實踐人이 되게 교육하였다.

도산 문인 모두가 그렇지만 퇴계의 薰陶를 입은 자제 후예는 400여 년을 보냈음에도 어디 사는 누구든간에 선비의 체통과 가법을 잃지 않았고, 오랜 세월 각가지 狂瀾의 세파에도 흔들리지 않고 살아가고 있다.

퇴계의 위대한 교화의 힘이 현대까지도 연면하게 계승되고 있다.

第 3 篇 退溪學의 淵源과 弘道

第 1 章 月瀾臺 講學과 從師學道

一. 先賢의 養心學道

　옛 先儒들 가운데는 性情을 怡養하고 道學을 講明하기 위해 塵界를 피하여 혹은 寺庵에서 혹은 깊은 산중의 絶勝을 찾아 들어가 修養精進 하였다. 어떤 분은 榮達의 길이 있었지만 招隱을 거부하고 學問에만 힘써서 天下의 大儒가 되어 이름을 후세에 남겨 儒家들의 欽慕를 받고, 또 어떤 분은 入山하여 神丹修煉 끝에 丹訣을 지어 丹法의 祖가 되기도 하였다. 朱晦庵 같은 大賢은 孟子의 養氣之法과 道家의 養丹法을 修行한 뒤 先輩와 같은 길에 들어섰으면서도 心法과 氣脈을 儒學의 養心法으로 받아들여 그 闡發과 從師學道에 힘썼으니 우리 나라에서도 隱居 考槃은 學問과 儒風에 至大한 영향을 끼쳤던 것이다.

　退溪先生은 1546년(丙午)부터 權氏夫人 祥期 중 東巖 養眞巖에 幽栖하면서 月瀾寺에 자주 寓居하였다. 1547년(丁未) 3월에는 거기서 朱子의 西林院詩를 和韻해 山林에서 萬古心을 體得하는 법을 정녕 알았다 하였고 "선생을 따라 道를 배울 수 있어 感慨가 깊다"고도 읊었다.

　退溪가 朱子를 스승으로 모시고 그 道學을 實行하여 闡發承繼한 유래를 그 詩를 통하여 證認할 수 있거니와 우리 나라 大儒들은 조정이

내침을 받아 謫閉를 당하고도 先儒의 安心法을 自得하고 治心妙術로 學問을 더 크게 이룩하였다. 文忠公 權陽村은 益山 謫居에서 入學圖說을 지어 經學敎育의 새 方法을 열었고, 文元公 李晦齋는 江界 配所에서 儒敎的 理想國家를 건설하고자 經世致用의 대원칙인 『中庸九經衍義』를 찬술하였으며, 文度公 丁茶山은 康津 謫所에서 經世治道의 牧民要訣의 實學的 巨著를 지어 놓았으니, 이는 苦窮을 修行하고 玄妙의 心法을 얻어서 學道昌明한 예라 할 수 있다.

2. 月瀾臺의 命名과 地誌

(1) 宣城 古誌에 의하면 洛東江이 淸凉山 입구에서 魚呑山 아래까지 흐르는 동안 十四曲 勝景을 이룬다고 하였다. 그 第一曲은 淸凉 西趾 博石川(舊名은 羅大石川)이고, 第二曲은 太祖山 東趾에 있는 景岩潭, 第三曲은 孤山 앞 水深不測의 두 山間, 第四曲은 日洞精舍가 있는 月明潭(옛날 기우제를 지낸 곳), 第五曲은 深潭無底의 霹靂岩 아래 第六曲은 白雲地 앞 江 왼쪽굽이, 第七曲은 신선이 놀았다는 丹砂峽, 第八曲은 敎授 李廣軒(諱·賢佑)과 그 外孫 琴赤巖(諱·悌筍)이 살았던 川沙 앞굽이, 第九曲은 月瀾臺 아래 강 남쪽 물굽이, 第十曲은 聾巖 李先生이 살았던 汾陽 앞 서쪽 굽이, 第十一曲은 趙月川이 살았던 洛東江이 浮羅 마을을 끼고 서쪽으로 흐르는 굽이, 第十二曲은 縣 동쪽 鼻岩이 있는 江 위의 深潭, 第十三曲은 烏川 마을의 江 서쪽 굽이, 第十四曲은 魚呑山이 있는 洛東江 동쪽 굽이를 이른다고 하였다.

(2) 이 十四曲은 그 위치를 상세하게 설명하고 있으나, 陶山九曲으로 다시 정리할 때 除外된 곳도 있고 追加하기도 하였다. 陶山九曲은 淸凉, 孤山, 丹砂, 川沙, 石潭, 汾川, 鼇潭, 月川, 雲岩曲이다. 第一의 博石川은 淸凉曲, 第三은 孤山曲, 第七은 丹砂曲, 第八은 川沙曲, 第九

는 石潭曲, 第十은 汾川曲, 易東村의 鰲潭을 鰲潭曲, 第十一을 月川曲, 第十四를 雲岩曲이라 한다. 第二, 四, 五, 六, 十三曲은 除外되고 鰲潭曲은 第七曲으로 追加되었다.

(3) 이 가운데서 丹砂曲, 川沙曲, 石潭曲은 退溪先生이 1547년 3월 月瀾寺에 寓居하면서 「戲作七臺三曲詩」를 읊을 때 命名하였지만 그 외는 누가 命名하여 그 이름이 정착되었는지 알 수 없으나 武夷九曲을 擬作하여 陶山九曲으로 정했다고 전한다. 門人이 退溪의 道學을 讚美하여 陶曲을 읊었음을 듣고 先生이 世人의 웃음을 산다고 回納해버린 기록이 鶴川集과 退溪先生文集(筆寫本)에 傳한다.

(4) 月瀾七臺는 川沙曲과 石潭曲이 이어지는 江 동편 東翠屛 허리에 위치한다. 현 月瀾精舍가 있는 곳을 月瀾臺라 하는데 옛날에는 절이 있었다. 月瀾寺의 본 이름은 聾巖先生의 詩 '適我投籍公亦閒……西有臨江東月安'의 後注에 의하면 月安寺였다. 누구에 의하여 改名되었는지는 알 수 없다.

七臺의 이름은 三曲과 함께 1547년 3월에 退溪가 命名하였다. 그 이름은 招隱, 月瀾, 考槃, 凝思, 朗詠, 御風, 凌雲臺이다. 臺의 위치는 先生이 松顔 具贊祿公에게 준 편지가 唯一한 자료이다. 霞洞에서 魚箭川의 廣瀨를 건너 동쪽 강변에서 쳐다보면 先生이 說明해 놓은 위치가 瞭然하게 한눈에 들어온다.

  庵近諸臺中 其初入處 第一臺曰招隱 在考槃之左 與考槃相對有長松其上曰凝思 在凝思之左者曰朗詠 在五臺之東中半高處 欲築凌雲臺而未暇也 其最高處曰御風臺 此處亦始未築而平曠加坐 而騁望總六臺 幷月瀾爲七臺也.

  월란암 근처 여러 대 가운데 그 처음 들어가는 곳에 있는 첫번째 대를 초은이라 하니 고반대 왼쪽에 있고, 고반을 상대하는 건너편 위에 큰 소나무가 있는 곳을 응사라 하고, 응사 왼쪽에 있는 것을 낭영이라 하며, 다섯 언덕의 중간 반쯤 높은 곳에는 능운대를 쌓으려 했으나 그럴 겨를이 없었다. 그 가장 높은 곳을 어풍대라 하는데 그곳에도 역시 대를 쌓지 못하였으나 넓고 평퍼짐하여 앉을만 하고 여섯 언덕 모두를 한 눈으로 바라볼 수 있다. 월란대를 아울러 칠대라고 이른다.

三. 月瀾臺와 先賢事蹟

(1) 遊山과 躑躅會

退溪先生의 遊山妙趣는 일찌기 11세(1511·辛未)에 江原監司로 있는 叔父 松齋公이 근친와서 淸吟石에 가 '欲得溪山妙 松門獨自回'를 읊는 것을 보고 얻었던 듯하다. 그 4년 뒤에는 松齋公이 子姪을 淸凉山에 보내어 글을 읽게 하였는데 先生도 함께 갔다. 不問江湖水幾何라는「石蟹」시를 읊어서 物我混融의 宇宙觀을 나타냈으며, 18세 때는「野池」를 읊어 人欲이 自然法則을 방해하는 것을 경계하기도 하였다. 또 24세 때는 龍頭山 龍壽寺에서 여러 벗과 翫月하고 聯作詩를 하였는데, 한평생 學問하겠다고 '百年靑簡業 萬事白鷗盟'이라 읊어 白鷗에게 盟約할 정도로 自然과의 會合境에 이르러 있었고, 26세에는「山居」를 읊어 大志를 나타내 보였으니 '莫道山居無一事 平生志願更難量' 바로 그것이다. 친구와 더불어 山寺에서 공부를 하여도 세월이 흐름을 自然에서 感得하고 目標한 바에 나아가기 위해 自身을 더욱 격려하였으니 29세 때 聖泉寺에서 同榻하던 碧梧 李文樑公에게 읊어 보인 詩가 그런 내용이다. 退溪의 遊山 栖寺는 산놀이와 逍遙가 아니었다는데 다른 意味를 찾을 수 있다.

聾巖 李先生을 모시고 자연을 遊賞하고 遊山吟을 한 것은 年譜와 詩卷에 많이 실려 있다. 36세 때는 愛日堂 後臺에 올랐고, 10년 후는 魚箭川上에서 陪行한 錦溪 黃俊良, 梅巖 李叔樑과 함께 聾巖先生을 마중하여 月瀾臺에 올랐으며, 51세 때에도 두 先生은 遊臺를 하였는데 때는 3, 4,월이었다. 두 先生의 賞花 遊山歷은 이 밖에도 簧石, 蟠桃壇, 靈芝精舍가 있었던 杜妄臺, 霞皐, 溪上書堂 등 20數年 동안 往來

詠歌하면서 二樂 遊賞하였다. 두 先生의 愛丘園과 探勝 風韻은 幽居眞隱의 美號 靈芝山人 訟謔事에서 絶頂을 이룬다. 退溪先生이 再娶하여 芝山 기슭에 蝸舍를 지어 新居를 마련하고「靈芝山人」이라 自號하였더니, 聾巖先生이 引退歸鄕하여 靈芝精舍를 지어 就栖하면서 그 號를 쓰겠다고 賓主의 바꿈을 詩와 書로 酬和하였는데, 두 先生의 頤神 養性과 宿德 高擧는 後生의 興感을 자아내게 한다. 特히 聾巖先生이 退溪先生에게 준 '足下 舊卜于山麓 稱爲主人 而今我先之無乃回賓作主耶 早晚下來當訟而辨之'하라는 書札이나, 聾巖先生이 退溪先生께 江山을 모두 준다고 한「江山全付之簡」은 두 先生이 禮安 山水를 사랑하고 風流를 즐기며 養性養丹한 先後 山主요 神仙이었음을 믿게 한다.

두 先生의 逍遙 遊賞은 陪從하던 後輩들이 불어남에 따라 定期的으로 시행되었고, 철쭉이 만발하는 4월 初에는 躑躅會를 가졌던 것이다. 聾巖先生은 89세 6월에 逝世하였지만 自己 때문에 연기할 수 없노라고 病中에도 月瀾 躑躅之會에 참석하였으니 당시의 斯文 風俗과 高士 淸節을 가히 알만하다. 月瀾 遺蹟은 이렇게 뜻깊은 先賢의 杖屨所이다.

(2) 從師 學道한 講學과 養性

月瀾庵에서 讀書한 분으로는 退溪先生이 최초인 것 같다. 退溪先生은 松齋·聾巖 두 先生과 같이 少時에는 龍壽寺에서 讀書하였으나 31세(辛卯)부터 46세, 47세, 55세, 57세, 65세, 66세 때에는 月瀾寺에 寓居하면서 講學, 詠詩, 驗夢을 하였다. 혼자 오르기도 하고, 月川 趙穆, 坤齋 李命弘, 惺齋 琴蘭秀, 赤巖 琴悌筍, 艮齋 李德弘과 함께 入寺하여 心經과 朱子書 및 經學의 講論을 하였다. 특히 艮齋의 丙寅(1566)년 10월 24일의 記錄에 의하면 스무날께 溪堂에서 記夢詩를 읊고 그것을 實驗하기 위해서 考槃臺의 佛子 土室에 들어가 黙坐 修煉하였고, 御風臺 등 여러 臺에서 學者로서 필요한 涵養과 自然惺惺의 養心妙法을 體驗하기도 하였다.

退溪先生이 47세 丁未(1547)년에 月瀾寺에 들어가 朱子의 西林院詩

를 和韻하여

    從師學道寓禪林   壁上題詩感慨深
    寂寞海東千載後   自憐山月映孤衾

  朱夫子를 스승으로 道 배우려 절간에 들어와
  西林院 詩 벽에 써 붙이고 읽으니 감개가 깊다.
  천년 세월 뒤인 우리나라(스승 없어) 적막하구나!
  선생 비춘 저 달아, 어여삐 여겨 외로운 나를 밝게 비춰나 다오.

朱子를 스승으로 모시고 道學을 배워온 지 실로 20 년만의 自己評價의 修行이었다. 그리하여 弟子에게 主宰惟敬, 勿忘勿助, 修身正心, 忠信篤敬, 整齊嚴肅, 上做工夫, 深潛義理하는 법을 心經과 朱子書로 예를 들어 實現한 바를 가지고 講義하였다. 나중에 先生이 지은 七臺詩는 學道와 깨달음과 의미를 붙여놓은 詩이다.

赤巖과 艮齋는 이 때의 先生 隨行에서 學道한 바가 많았으며, 艮齋는 그 뒤 戊辰년에도 晩翠堂 金士元과 聾隱 趙振과 함께 月瀾庵에서 講討質疑하여 서로 얻은 바가 많았다.

退溪先生과 함께 入寺하지 않았지만 錦溪는 1548년 4월에, 月川은 1560년 4월, 晩翠堂과 聾隱과 天山齋 李咸亨은 1568년 봄에, 蒙齋 李安道와 金極(字·太而)은 1560년 봄에 艮齋는 1568년 봄과 1569년 3월에 각각 月瀾庵에서 讀書하고 感興을 詩로 읊어 두었다.

이렇게 月瀾庵과 七臺는 養性之妙法을 實驗한 곳이고 從師學道와 講學의 유서가 깊었던 陶山學道의 名所이다.

四. 陶山書堂 敎育의 發祥

退溪先生은 1549년 말 豊基郡守를 그만 두고 내려와서 三遷 끝에 1550년 1월 溪上에 定居하였다. 白雲洞書院에서 敎育을 시작하였지만 書院 敎育 담당자가 될 수 없다고 自罷하고 물러났다. 인성회복을 목표에 둔 道學中心의 私敎育을 위해서는 書堂敎育을 해야 하겠기에 溪上에 서당을 짓고 원근에서 찾아온 제자를 가르쳤다. 1551년부터 陶山書堂 문을 열 때까지 10년간을 溪堂에서 교육하였다. 月川, 坤齋, 惺齋 같이 가까운 분은 月瀾寺에 독서하게 하고, 먼 곳에서 온 제자는 溪堂에서 가르치지 않았나 생각된다. 따라서 月瀾寺와 溪堂은 陶山書堂 교육의 發祥地的 의미가 있는 곳이다.

五. 月瀾精舍에 대하여

精舍는 月瀾寺 자리에 지은 집이다. 霞隱 金秉裕公의 「月瀾精舍事實」에 그 始末이 상세해서 여기서는 간단하게 요약해 둔다.

1859(己未)년 7월에 발의를 하여 1860년 4월에 創建하였는데, 沙村 晚翠堂의 八, 九世孫이 이룩한 사업이다. 그 후 40餘年 뒤 1902년에 또 改建하였고 그 뒤 重建과 重修를 거듭하여 오늘에 이르고 있다. 創建 때의 開基告由文은 古溪 李彙寧公이, 上樑文은 雲山 李彙載公이 지었으며, 移建 때의 開基告由文은 穆齋 李晚由公이, 上樑文은 鳳岡 李晚輿公이, 記文은 奇山 金奭裕公과 愼庵 李晚慤公이 각각 지었고, 重建 때의 記文은 汎庵 柳淵楫公이 지었다. 精舍典守節目은 陶山院中에서 決定하였고, 尋眞錄 小序를 보면 精舍重建의 일은 金奭裕, 金在裕, 李晚卨 諸公이 精誠을 다하여 이룩하였다. 現在 精舍는 陶山院中의 公意로 眞城李氏, 沙村 安東金氏의 힘으로 管理 保護되어 왔음을 알 수 있다.

精舍를 創建하고서는 朱子 西林院詩의 知, 心韻으로 禱頌하였고, 重建 후에는 退溪先生의 「寓月瀾僧舍書懷」詩 漁韻으로 贊和하였는데 모두 70餘首가 된다. 退溪, 晚翠 두 先生 후손 뿐 아니라 奉化琴氏, 全州柳氏, 仁同張氏, 潘南朴氏, 延安李氏도 참여하였는데 傳作도 있었던 듯하다. 아무튼 精舍로 改建되었기에 先生 沒後 300餘年까지 寓慕感敬한 분들이 계속 出入할 수 있었으니 큰 다행이었다. 현재 이 精舍는

沙村과 陶山 양 문중이 修契하여 保存에 힘쓰고 있다.

六. 月瀾臺의 紀蹟과 그 意義

筆者가 月瀾臺의 故事에 접한 것은 言行通錄을 分析하여 家書 硏究를 補充할 때였다. 그 뒤 退溪學의 索引的 作業을 시작해서 詩題를 分析하고 本格的으로 踏査에 들어간 1986년 6월에 처음 그 곳을 찾았다. 李源武옹의 인도로 李根必과 함께 精舍 앞에 올라가서 그 곳이 月瀾臺임을 알았으며, 李옹의 說明으로 어렴풋이나마 七臺의 위치를 지점할 수 있었다.

그 후 七臺 관계의 詩文을 彙輯하고 故事를 섭렵하면서 聾巖先生을 비롯한 諸賢을 파악할 수 있게 되었다. 陶山 全景을 한눈에 볼 수 있는 山水 景槪도 絶勝이려니와 거기가 諸賢의 讀書處였기에 더욱 敬慕하였고, 湮滅에 가깝도록 잊혀져가고 있는 현실에는 愴感을 금할 수가 없었다. 退溪先生이 朱子에 從師하여 學道하기로 처음 宣言한 곳이 여기이고 心經과 朱子書(節要하기 이전임)를 高弟들에게 實驗과 實地 涵養을 해 보인 곳도 그 곳이다. 특히 85세 高齡인 聾巖先生을 退溪先生이 모시고 遊山했는가 하면, 철쭉의 賞花會도 만들어 遊賞하기도 한 宣城 鄕士의 고매한 風俗을 알았을 때는 그 後孫들로 하여금 儒風을 오늘에 再現시키고 싶었다. 洛東江댐으로 인하여 之南之北 흩어져가고, 世風은 바뀌어 紀綱이 풀어졌지만, 彝倫을 다시 세우는 것은 陶山學의 發祥地인 이 月瀾七臺에서 그 때의 先賢 後裔들이 앞장 서지 않으면 안된다. 그 후 6년간 苦心하던 끝에 李根必과 의논하여 마침내 七臺 表蹟 發起의 용단을 내렸다.

1992년 2월부터 1년 사이에 好古景賢者들이 修契坐目에 納名하고 誠金을 모으는 한편 紀蹟方法을 講究한 끝에 돌을 세워 表蹟하기로 한 것이다. 그 해 8월에 李家源 博士의 碑銘을 받았고, 山圖를 새기려던 원래의 계획은 바꾸어 筆者가 月瀾志를 編輯하고 李龍九 委員長에게

序文을 받았다. 1993년 3월 28일에는 先賢 後孫 대표와 관계 人士를 招請하여 公式發起人會를 열어서 委員會를 구성하고 工事를 推進하여 5월 2일에 落成을 하게 되었다.

456년 전에 退溪先生은 朱夫子에게 私淑學道하였고, 溪門諸子는 직접 退溪先生에게 受業學道하였으며, 精舍 改建 諸公은 禱頌과 遺趾 守護를 통해서 從師學道를 이었다. 이제 우리는 이 紀蹟을 함으로써 從師學道의 第4世代가 되는 셈이다. 오늘에 紀蹟하는 근본 뜻이 바로 여기에 있음을 分明하게 새겨 둔다. 紀蹟碑와 月瀾志는 湮廢를 막는 施設로서 제구실을 하리라 생각한다. 先賢의 遺蹟을 保存해야 할 책임은 그 後孫에게만 있는 것이 아니다. 斯文 전체의 책무요 文化와 국가를 걱정하는 선비의 소임이다. 한때의 表章이나 記念으로 會合이 끝나서는 안 된다. 先輩들이 月瀾七臺에서 講學하고 養氣養神한 涵養의 道를 이어받아야 하며 從師學道의 儒風이 이어내려야 한다. 그리고서야 紀蹟의 참다운 意義는 發揮될 것이다.

끝으로 그동안 共感과 誠意를 다하여 協贊하고 推進에 勞力을 아끼지 않는 여러분에게 머리숙여 감사를 드린다.

第2章 朝鮮使行을 통한 日本江戶幕府의 韓國儒學 수용
－特히 退溪學과 晦齋 經學의 요청을 중심으로－

1. 서 언

　임진왜란이 끝난 뒤 德川家綱의 대조선정책은 和平克服이란 국제관계의 복구였다.[1] 그래서 朝·日 國交再開를 위하여 기구를 형성하고 機能을 發動하였는데, 宣祖 32년 己亥(1598)에는 對馬島의 宗義智와 柳川調信에게 交涉工作을 시작케 하였다. 그들은 回答兼刷還使의 來聘을 요청하여 마침내 1605년 4월에는 松雲大師와 孫文彧이 함께 대마도에 건너가게 되었고, 5월에는 被擄 1,390 명을 송환하고 국교를 재개하면서 통신사를 파견해주도록 교섭하였다.[2] 江戶막부는 이리하여 조선 국왕과의 抗禮 관계를 바탕으로 대등한 국교를 맺고 통신사의 訪日을 실현시킨 것이다.[3]

　한편 막부는 대마도 領主 宗氏에 대하여 조선과의 무역을 공인해 주고 涉外事務를 맡기는 한편, 기본정책으로 막부체제를 整序化하면서 鎖國과 엄한 海禁정책을 펴나갔다.[4]

---

1) 李元植,「朝鮮通信使와 江戶時代의 文人들」,『日本近畿大學文藝學部論叢』(文學·藝術·文化) 創刊號, 1990. 3, p.69.上段 三宅英利,『近世日朝關係史の研究』p.152, 第二編第一章의「1, 德川家康の朝鮮政策」"家康の和好修交の理由として"의 第一～第四와 以下 著者의 論.
2) 三宅英利 상게서, pp.153,154.
3) 李元植 上揭論文 p.69. 下段
4) 前揭 李元植, 三宅英利 論·著

이런 상황에서도 조선통신사에 대한 관심과 예우는 대단한 것이었다. 통신사가 일본에 도착했을 때 막부를 위시하여 제 藩主(大名)와 町人百姓들은 가는 곳마다 크게 환대하였고, 특히 儒子와 文僧들은 통신사 일행을 응대하고 접촉교류하는 것을 크나큰 영광으로 생각했다.[5] 그것은 교섭 接伴에 선택된 자로서의 영예도 컸지만 동시에 문화 교류의 전위적 사명을 띠고 있어서 활발하게 행동하였고, 통신사 일행과의 筆談을 통하여 詩·文·序·跋과 墨蹟을 얻는 것을 행운으로 여겼다.

다른 한편 조선통신사는 문화상의 우월감을 지니고 선진국으로서의 강한 자부심을 가지게 되었고, 접반자의 獻詩에 唱和하고 〈稟〉에 응답하면서도 쇄국적 태도로 응대하여 간청을 만족스럽게 채워주지 못한 점도 없지 않았다. 때로는 일본에 대한 이해 부족과 실정 파악의 소홀로 준비가 없어서 명백한 대응을 취하지 못한 경우도 있었다.

4대 家綱 장군 때는 문치주의적 정책을 써서 필담에 능한 유자나 문인과 文僧을 뽑아 응접시켰는가 하면 많은 서적을 요청하기도 했다. 그후 차츰 교류의 정도를 증대시키다가 1748년(戊辰)경에는 절정에 달해서 학문 흥륭의 기운이 나타나기 시작하였다. 이러한 일본의 정세를 把握하지 못한 조선의 통신사와 그 수행원은 일본을 관찰하고 환국해서 일본에서 詞訟과 학문은 없고 僧徒만이 문학을 이해하는 정도라고 보고하고 있다.

본고에서는 文化先進國 朝鮮에 대한 일본측의 이해와 江戶幕府의 초기 정권이 조선 유학 및 그 밖의 학문을 希求 수용한 樣相을 고찰하고자 한다. 특히 李退溪의 학문에 관해서는 일부 儒僧과 文士들 뿐 아니라 정권적 차원에서 적극적으로 수용하는 자세를 보였고, 바로 그 시대에 鄭圃隱, 權陽村, 盧穌齋의 학문에 대한 관심은 물론, 李晦齋의 經學은 이미 이 때 일본 학계에 지대한 관심이 쏠려 있었던 사실을 소개하기로 한다.

---

5) 同上 〈三宅英利 著 『近世日朝關係史の 硏究』 p.373.〉

2. 일본문인들의 使行 應待

1) 通信使와 接伴人

李元植 교수가 작성한 조선통신사일람표와 三宅英利의 저서를 기본으로 하고 필자가 소장하고 있는 자료를 참고로 하여 표를 만들어서 우리측 사행과 일본의 접반인을 개관하기로 한다.

이 일람표는 1607(선조 40)년에 시작했던 正使 癡溪 呂祐吉의 丁未 통신사로부터 1811(순조 11)년 정사 竹理 金履喬의 辛未 통신사까지 총12회 사행의 副使, 從事官, 製述官, 書記, 良醫 등 인물을 一瞥할 수 있고, 또 우리측 信使一行이 쓴 槎行錄을 網羅했기 때문에 海槎記錄 전부를 개관할 수가 있다. 한편 상대국 일본측 접반사는 거의 승려로 응접시켰고 信使 留館은 僧侶가 기거하는 寺刹이 주로 이용되었음을 알 수 있다.

漢文筆談과 詩唱能力이 있었던 階層으로는 寺僧, 儒者, 儒醫들이 있었는데 僧徒의 活動이 中心이었으며 우리 信使가 가는 도중에는 때때로 儒者·儒醫가 와서 접대하였음을 唱和集을 통해서 窺知할 수 있다.

대마도에서 시작하여 江戶까지 통신사가 거쳐가는 藩에서는 그 藩의 명예를 걸고 문사를 선발하여 信使를 응접케 하였는데 儒者들이 부자 또는 형제가 함께 와서 酬接한 경우도 있고, 곳에 따라서는 師門이 제자를 데리고와서 신사 일행을 응접한 경우도 있었다.[6]

信使가 방일중에는 3·4개월 중에 1000여 인의 문인과 접촉하여야 했고, 2000여 수의 시를 읊어주기도 했다. 1764(갑신)년에 副使의 서기로 使行에 참가했던 玄川 元重擧가 쓴 那波魯堂「東游篇」의 〈書那波孝卿東游卷後〉에는 다음과 같은 내용이 있다.

---

6) 和韓唱和集에 나오는 若水(入江兼通), 如砥(難波尙英, 觀天)(高井元賢), 琴山(田中名脩), 鳳國子(東名隆春), 南溪(安田常貞), 仲卑(宮崎唯倫) 들은 鳥山(名不明)의 문인들이었고, 中井積善은 그의 제자로 하여금 조선 학사와 만나 시를 唱和할 擬作을 하였다.

第2章 朝鮮使行을 통한 日本江戶幕府의 韓國儒學 수용　　205

年代 西紀/朝鮮/日本 干支	正使	副使	從事官	製述官	書記	良醫	使行錄	按伴僧	本稿關聯의 應接文人	關聯 日本人의 筆談唱和集
1607 宣祖40 慶長12 丁未	呂祐吉 (鷟溪)	慶暹 (七松)	丁好寬 (一蠢)	學官 楊萬世			海槎錄(慶七松)	玄蘇		
1617 光海君9 元和3 丁巳	吳允謙 (楸灘)	朴榟 (雲溪)	李景稷 (石門)				東槎上日錄(吳楸灘) 東槎日記(朴榟) 扶桑錄(李石門)			
1624 仁祖2 寬永元 甲子	鄭岦	姜弘重 (道村)	辛啓榮 (仙石)				東槎錄(姜弘重) 附聞見總錄:日本地圖	規伯玄方		
1636 仁祖14 寬永13 丙子	任絖 (白麓)	金濰 (東溟)	黃㦿 (漫浪)	吏文學官 權伩(菊軒)	玄弘績 文竩		丙子日本日記(任絖) 海槎錄槎上錄(金東溟) 東槎錄(黃漫浪)	玉峰光璘 (東福寺) 棠陰玄召 (東福寺)		
1643 仁祖21 寬永20 癸未	尹順之 (涬溟)	趙絅 (龍洲)	申濡 (竹堂)	讀祝官 朴安期(螺山)			動槎錄(趙龍洲) 海槎錄(申竹堂) 癸未東槎日記	釣天永浩 (建仁寺) 周南眞日 (東福寺)		

年代			正使	副使	從事官	製述官	書記	良醫	使行錄	接伴僧	本稿關聯의 應接文人	關聯 日本人의 筆談唱和集
西紀	朝鮮	日本										
1655	孝宗 6	明曆 元	趙珩 (翠屏)	兪瑒 (秋潭)	南龍翼 (壺谷)	讀祝官 朴明彬 (石湖)	裵䄎 金白禥 朴文源		扶桑日記(趙珩) 扶桑錄(南壺谷) 日本紀行(李東老)	茂源紹柏 (建仁寺) 九岩中達 (建仁寺)		
1682	肅宗 8	天和 2	尹趾完 (東山)	李彦綱 (鷲湖)	朴慶後 (竹菴)	成琬 (翠虛)	林梓 李聃齡 (鵬溟)	鄭斗俊	東槎錄(金指南) 東槎錄(洪禹載)	太虛顯靈 (相國寺) 南宗祖辰 (東福寺)	貝原益軒(林) 鷲峰・山岐闇 齋) 木下順庵 柳川順岡	和韓唱酬集
1711	肅宗 37	正德 元	趙泰億 (平泉)	任守幹 (靖菴)	李邦彦 (南岡)	李礥 (東郭)	洪舜衍(鏡湖) 嚴漢重(龍湖) 南聖重(泛叟)	奇斗文	東槎錄(任守幹) 東槎錄(金顯門)	別宗祖緣 (相國寺) 雲繁永本 (建仁寺)	新井白石 雨森芳洲 松浦霞沼 深見玄岱	槎客通筒集 白石詩草 正德和韓集
1719	肅宗 45	享保 4	洪致中 (北谷)	黃璿 (鷺汀)	李明彦 (雲山)	申維翰(青泉)	張應斗(菊溪) 成夢良(張○軒) 姜栢(耕牧子)	權道	海槎日錄(洪北谷) 海游錄(申青泉) 扶桑紀行(鄭后僑) 扶桑錄(金潝)	月心性湛 (天龍寺) 石蕃龍芿 (東福寺)	池田常貞 (南溪) 瀨尾維賢 (用拙齋)	和韓唱酬集 韓客筆語

第2章 朝鮮使行을 통한 日本江戶幕府의 韓國儒學 수용

年代 西紀 朝鮮 日本	干支	正使	副使	從事官	製述官	書記	良醫	使行錄	接伴僧	木下關關의 應接文人	關聯日本人의 筆談唱和集
1748 英祖23 寬延元 (延享5)	戊辰	洪啓禧 (澹窩)	南泰耆 (竹裏)	曹命采 (蘭谷)	朴敬行 (矩軒)	李鳳煥(濟菴) 柳逅(醉雪) 李命啓(海皐)	趙崇壽 (活菴)	趙使日本時聞目錄 (曹蘭谷) 隨使日錄(洪景海) 日本日記	翠岩承堅 (天龍寺) 玉嶺守瑛 (東福寺)	須賀安貞(玉潤), 須賀誼 安, 石邑, 長 門, 縣孝, 國 南淵兌敏	延享五年韓人卜 鳴海 ノ唱和集 長門 驛唱和
1764 英祖40 明和元 (寶曆14)	甲申	趙曮 (濟谷)	李仁培 (吉菴)	金相翊 (弦菴)	南玉 (秋月)	成大中(龍淵) 元重擧(玄川) 金仁謙(退石)	李佐國	海槎月記 趙濟谷 癸未使行日記(吳大齡) 癸未隨槎錄日本錄槎上 記(成大中) 和國志(元重擧) 日東壯遊歌(金退石)	維天承膽 (相國寺) 桂岩龍芳 (東福寺)	三宅老 (戚如齋)	長門戊辰問槎桑 韓埙篪錄
1811 純祖11 文化8	辛未	金履喬 (竹里)	李勉求 (南霞)	金顯相 (太華)	李顯相 (太華)	金善臣(淸山) 李明五(泊翁)	朴景郁	辛未通信日錄(金履喬) 東槎錄(柳相弼) 島遊錄(金善臣)	月耕文宜 (東福寺) 龍岫同顧 (王龍寺)		鷄林情盟

筑之東 武之西 三四月之間 揖讓一千餘人 酬唱二千篇[7]

2) 일본 문인의 交歡과 文事浮華의 錯覺

당시(17C~19C)의 동아시아 국제교류는 보잘것 없는 형편이었다. 조선이 중국과 교류하는 외에는 일본에 통신사가 가서 중국과 조선의 선진문화(學術)를 전해 주는 정도라고 할 수 있다.

조선의 燕行使로 다녀온 인물 중에 일본통신사로 참가한 외교관은 15 인에 이른다.[8] 鎖國體制下의 德川幕府가 조선통신사로 請聘한 것은 이채로운 일이었으나, 信使를 통한 조선문화 전수와 중국문화를 간접적으로 수용하는 통로가 되었기 때문에 매우 중대한 시책이었던 것이다. 이 시책은 선진문화인 조선문화를 받아들이는 방책이었고, 그래서 조선통신사에 대한 일본문인들의 관심과 기대는 매우 컸으며, 일반국민들도 희망을 걸고 협조하게 되었다.

이미 그들은 秀吉의 임란 출병 때 참전한 무인과 승군을 통하여 조선의 문화재와 기술, 왕궁의 보물들을 보고 갔었다. 뿐만 아니라 많은 典籍을 거두어가서 조선에는 宋版이 바닥이 났다고 그들 스스로가 기록해 둘 정도였고,[9] 승군의 일원으로 참전했던 安國寺의 僧 惠瓊도 서적과 보물을 배로 실어 보냈다고 『日本文化史別錄』〈三. 軍師가 된 僧〉에서 기술해 두고 있다.[10] 唱和集의 필담을 보면 지방의 儒者나 젊은 문인들까지 조선의 인물과 학문에 대하여 벌써 깊이 알고 있었음을 看取할 수 있다.

그들 문인들이 사행 일행을 응접할 때면 政情 탐색은 말할 것 없고

---

7) 李元植, 前揭論文 p.73, 상단
8) 동상, p.70 상, 하단.
9) 동상, p.90 하단. 內藤虎次郎, 『東洋文化史硏究』
10) 동상.

지리, 역사, 풍속, 의약, 저서, 인물, 易學 등에 걸쳐 광범하고도 전문적인 내용을 질의하고 있는 것이다. 전투에 참가한 軍卒의 口傳으로 들었거나 탈취해 간 서적을 통해서 정보를 얻고 있었던 것 같다.

일본의 조선에 대한 이해도가 이러함에도 조선에서 간 信使 중에는 槎行 후에 돌아와서 보고하기를 일본인 중에 文字를 아는 사람은 승려 뿐이고 그들은 文藝와 학문을 숭상하지 않아서 별로 볼 것이 없었다고 전하고 있다. 또 신사를 보낼 때는 製述官과 서기는 특별히 시에 능한 사람을 발탁해 참가시켰다. 일본인의 기록에도 있거니와[11] 우리 측의 기록에도 드러나 있다. 그들은 조선 신사는 시를 짓고 읊는 文事를 좋아한다고 깊이 인식한 까닭으로 누구든지 신사 일행과 만날 때는 使行에게 바칠 시를 미리 지어가지고 와서 通刺 후에는 시를 내놓는다. 그리고는 자작시에 관하여 시평을 써주기를 청하고 또 唱和(答詩)를 간청하였다.[12]

中井積善의 『奠陰集 卷四』 부록 「雜體」에는 甲申年에 信使가 大坂[阪]에 갔을 때에 그의 제자를 모아놓고 韓使를 창화하는 예행 연습을 했다고

  廿五日書堂小飮 戱作韓館唱和 諸子以予擬朝鮮學士 得詩十餘篇 倉卒肆
  筆 固不足觀矣

적어 놓고 있다.[13] 일본 문인들이 쓴 시가 문학적인 경지에 이르지 못하였다고 해서 우리 信使들이 일본에는 학문이 없고 詞文에 무능하다고 貶視하여 그들의 학문에 대한 열정을 등한시한 것은 큰 착각이라 아니할 수 없다.

이러한 사실 판단의 오류가 일본 문인을 분발시켰고 그들로 하여금 중국과 직거래하는 방편과 문화교류의 의욕을 재촉시킨 바 되었고, 쇄

---

11) 동상, p.90, 注 9) 稻垣國三郎, 『中井竹山と草茅危言』大正洋行, 昭和 18년
12) 필자가 소장하고 있는 대부분의 唱和集은 이와 같은 형태로 되어 있다.
13) 前揭 11의 주 9)

국시의 우연한 등장이었지만 네덜란드의 漂着人(和蘭 : 甲比丹의 江戶參入)을 통해서 西歐文明의 일본수입을 더욱 촉진시킨 결과를 가져왔다.

일본인의 朝鮮使節(學者, 文人)에 대한 敬慕의 念은 매우 높았다. 浮華徒輩가 앞을 다투어가며 신사 일행에게 접근하려고 客(留)館 근처에 몰려와서 盛市를 이루었고, 서화를 얻거나 필담을 하여 韓客 文蹟을 받는 것을 복과 행운을 얻는 일이라고 착각하기에 이르렀다. 되지 않은 시·문을 가지고 와서 정부사, 종사관, 서기도 아닌 수행원의 무릎 아래 꿇어 앉아 머리를 조아리고 한 마리 시의 和韻을 받아가기를 애원하였고, 심지어는 信使가 도착하기 100 일전부터 詩作 연습을 거쳐 접근하기도 하였다. 시·서·화 한 편을 얻는 것을 일생일대의 광영으로 여겼으며, 그것을 社에다 모신 것이 오늘날에 이르기까지 使行이 지나간 연도에 神社로 전해오기도 한다.

결과적으로는 승려 외의 백성들에게도 시·문을 배우게 한 文興의 轉機가 되었고 조선의 學問(儒學)을 선망하여 교류를 증대시키는 계기를 만들게 되었다.

3) 海行摠載와 일본인의 唱和集

일본에 갔다가 온 사절의 문인들은 견문한 정보 및 필담한 이야기와 자작시를 槎行錄으로 썼다. 扶桑錄, 東槎錄, 海槎錄, 日記, 聞見記, 槎上錄 등의 이름을 붙였는데 갑신년의 金退石의 日東壯遊歌를 제외하고는 거의 한문으로 되어 있고, 해사록 중에는 己亥通信使 때 제술관으로 수행한 靑泉 申維翰의 『海游錄』이 白眉로 알려져 있다.

이러한 해사록을 망라 집성한 것이 해행총재인데 前揭〈통신사 일람표〉에 실린 이전의 東槎錄도 수록하고 있다. 이 摠載는 국역하여 뒤에 원문을 붙여서 국역해행총재라 이름하여 간행하였다. 우리측 사행의 해사록을 보면 信使들의 詩文과 보고는 적혀 있어도 일본측 接伴者의 질문과 詩文은 상세하게 수록되어 있지 않다. 구체적인 일본인의 관심사와 시문이나 우리 사행들이 그들에게 대응한 내용을 알 수 없다.

使行들 가운데서 누가 일본 접반인 아무와 무슨 이야기를 주고 받았으며, 어떻게 시를 주고 받았으며, 누가 누구의 시나 창화집의 序跋을 지어 주었으며, 조선의 학문과 사정에 대하여 어떤 것에 관하여 어느 정도 알려 주었는가를 알기 위해서는 일본인 문사가 筆寫했거나 간행해 놓은 『창화집』을 읽지 않으면 안 된다.

일본인의 기록을 보면 사행 중에는 고의적으로 질문에 자세히 답하지 않고 얼버무린 것도 있으나, 製述官과 書記, 良醫임에도 상대방이 미리 연구하고 준비해서 따져 묻고 있다는 사실을 전혀 지각치 못하고 응답한 예가 적지 않다. 그러한 내용은 자신이 쓴 사행록에다 기록할 리가 만무하다. 이러한 까닭으로 통신사의 일방적 대응과 수집한 정보나 인상을 기록한 해행총재는 반쪽 사정 밖에 알 수 없다. 한편 일본쪽에서 보아서도 그 사정은 이 경우와 다를 바가 없다. 그것은 자기들 중심으로 기록해 놓았기 때문이다. 그래서 일본 학자도 東洋文化史와 韓日關係史를 연구할 때는 조선 신사가 기록한 사행록을 참고하지 않으면 안 된다. 기실 『近世日朝關係史의 硏究』를 저작한 三宅英利는 海行摠載를 참고하였고 朝鮮王朝實錄까지 탐구하였다.

일본인의 唱酬集, 通簡集, 筆語, 問槎, 和韓集 등의 교류록은 수 없이 많으나, 叢書, 摠集을 간행해 놓지 않았기 때문에 그 전모를 알기에는 어렵다. 그 당시의 한·중 선진문화에 대한 일본인의 동경과 일본문화의 실상을 밝히는 데는 이보다 더 좋은 자료가 없을 터이지만 이러한 연구는 정체 상태이다. 필자가 早稻田 대학에 연구계획서와 자료목록을 작성 제출하고 장기 연구를 시도했었으나 실패에 그쳤다.

17세기의 일본문화 정도와 慕華 先進 文化의 실태를 파악하려면 唱酬集의 수합 연구가 가장 손쉬운 방법이다. 그리고 임란 이후에 있어서 일본인들이 한국의 어떤 분야의 학문을 받아들이려고 관심을 보였던가 하는 것도 이들 자료는 해답을 준다.

4) 일본인의 唱和 筆談

일본인이 쓴 창화집과 필담을 분석하여 그 전모를 소개하는 것은 本稿의 목적이 아니고 그렇게 하고자해도 전술한 바와 같이 總刊이 아직 안되어 무리한 일이다. 여기서는 창화필담이 어떤 식으로 기술되어 있는가를 간단하게 그 실례를 몇 가지 들어 보이는데 그치기로 한다.

○ 僕姓木名希元字善別號十洲又稱舞陽山人乃木蘭皐男也伏呈巴歌一章冀
   賜高和奉呈國信製述官案下   十洲
   大才御命涉層波 帆影如雲此日過 傾蓋譚成風雅會 一篇新曲入笙歌
                                                  〈『韓客筆語』에서〉

                                                    用拙齊 瀨尾維賢
○ ^{館中有先來}_{者用拙問} 君姓名如何 ^{一新}_答 僕姓朴名萬根號一新 ^{用拙}_問 以何職來 ^{一新}_答
   以書記來耳 ^{用拙}_云 君勿欺我 ^{一新}_言 君子言不可欺 ^{時有童子而持糖·來}_{一新頒贈余曹用拙問} 想君
   善詩且示貴筆 ^{一新}_答 甲寅生 ^{用拙}_問 製述官及三書記來以君爲先容未知容乎
   否 ^{一新}_答 學士三書記來後可以容矣 ^{一新時指示}_{晦軒審云} 持筆墨請寫 ^{竟通刺}_{乞錄記}
                                                   〈『韓客筆談』에서〉

○ ^{南溪}_問 余甞閱貴中有如此字或曰是貴邦通俗之文字也 今書所記得數十字
   矣請以楷字示之幸幸
   니록련이 눈거챵사ᄅ미라나히아홉서래아미사오나온병어더늘손ᄭ락
   을 버혀약해섯 쎠머기니병어묘ᄒ니라열ᄌ와눌훙문셰니라
○ ^{菊溪}_譯 李祿年居昌人也年九歲父有惡疾祿年割持出血和藥食^去_聲之其疾即瘳
   白于 國家旌表其閭 ^{云云} 此我國之諺文必讀之而後可知而別有本文十六
   行
   ^{南溪}_問 字數幾許 ^{菊溪}_{答①} 一行十二字 ^{南溪}_{云②} 敢請書其全文而惠之^{菊溪}_{如左}

---

① 菊溪는 北谷 洪致中의 己亥通信使의 서기로 수행한 張應斗이고, ② 南溪은 日人 池田常
   貞의 호이다.

됴션언문
朝鮮諺文
億隱極乙音邑玉應伊
ㄱㄴㄷㄹㅁㅂㅅㅇㅣ
가갸거겨고교구규그기ᄆᆞᄆᆞ　　　　　〈『和韓唱和集』에서〉
(以下 나다라마바사아카타파자차하順으로 가행과 같이 썼다. 菊溪
가 重母音".."를 쓴 것을 비롯해서 "ㅘㅝ"를 예시하였는데 "과궈
놔눠돠둬롸뤄뫄뭐봐붜솨숴와워콰쿼톼퉈퐈풔촤취화훠"는 무엇에 근거
했는지 알 수 없다.

○ 延享戊辰夏五月朝鮮國使者三使來聘五月七日宿于 張城賓館其夜會于
製述官朴仁則書記李聖章③李子文④

通刺

賤姓篠賤名亮賤字士明賤號笠江一曰東美濃州人今客于尾張州公姓明
字號如何

　　　　　　　　　　　　　　　　　　　　　　　製述官 朴敬行

僕姓朴名敬行字仁則號矩軒

　　　　　　　　　　　　　　　　　　　　〈『延享五年韓人トノ唱和集』에서〉

제3절　德川家綱・綱吉 정권의 文治政策과
　　　　한국 유학의 수용

1) 〈寬文의 治〉와 信使의 요청

德川家綱은 삼대 家光將軍의 사후에 어린 나이로 四代 장군에 승계되
었다. 이 시기의 일본 정치정세를 잠깐 살펴보면, 家光에 의하여 幕藩

---

③ 은 濟菴 李鳳煥이고, ④는 海皐 李命啓이다. 이 두 사람은 그 때 서기로 수행하였다.

體制가 확립되었고, 豊臣家 쪽의 大名은 바깥으로 돌리고 德川家 일문의 大名을 안으로 돌려 정착 고정화시켜 갔다. 幕府 法令의 정비, 농민지배강화, 檢地實施, 貨幣整備의 통일, 상품유통기구정비, 都市門閥商人把握, 전국시장통제 등 集權的 封建國家의 체제를 확립하게 되었다.

이런 시기에 10세의 家綱이 승계를 선포하고 장군의 座에 올랐지만 선대의 家光같이 강권을 휘두를 수 없는 형편이었기 때문에 松平信綱, 阿部忠秋 같은 老中이 보좌하게 되었고, 특히 保科正之라는 인물이 幕政에 참가하게 됨으로써 문치정치라 일컫는 〈寬文의 治〉를 실현할 수 있게 되었으나, 이것은 선대의 家光이 幕權確立의 안정을 成遂하였으므로 文治主義的 政策을 펼 생각을 할 수 있게 되었다.[14]

이즈음 조선에서는 明・淸과의 복잡한 국제 문제 때문에 긴장하였고,[15] 경상감사 趙啓遠은 대일 교역 규정을 엄하게 할 것을 建議하기도 하였다. 그러나 對馬島에 갔다가 돌아온 洪喜男이 家綱 襲職의 상황과 일본의 정정 등을 전하자 新幕府에 통신사를 파견할 기운이 조성되었다. 『近世日朝關係史의 硏究』의 저자 三宅英利에 依하면 그로부터 2년 후에 貿易船 33척과 동래부사 任義伯의 보고가 있었다고 조선의 『孝宗實錄』 권 14, 육년 정월 경술조를 인용하였고, 11월에는 신사 요청의 사자가 입항하였음을 밝히고 있다.[16]

2) 주요 儒敎 經典의 요청

이때 信使 요청으로 온 使者는 平成政(樋口彌五左衛門)이었고, 통신사와 함께 요청한 서적은 14 종이었는데 유교 경전이 중심이 되었다. 당시 일본측에서 신사를 요청함에는 여러가지 목적과 기대한 바가 있었는데 謄籠文化의 전수를 겸하여 籠에 쓰는 銘文을 통하여 幕府의 권

---

14) 전게, 三宅英利의 저서, p.316
15) 동상 p.317, 제2항~p.318 제8항
16) 동상 p.318, 제9항~15 제2항

위를 높여 보려는 의도가 깔려 있었고, 통신사를 요청하면서 본격적으로 유교를 전수하려는 것이 국책임을 분명히 나타내었다.

그 때 요청한 14 종의 서적 가운데는 儀禮經傳解, 中庸衍義,[17] 醫巫閭集①, 性理群書, 資治通鑑, 朱子語類, 五經大全, 李退溪集이 들어있었다. 이 중에서 자치통감은 중국의 서적이고 醫巫閭集은 어떤 책인지 불분명하나 賀欽(明·定海人, 字·克恭, 號·醫閭, 成化進士, 戶科給事中의 벼슬을 그만두고 小齋에 들어가서 폐문하고 독서를 한 사람, 明詩記事와 明儒學案에 올라 있음)의 醫閭集이라고 본다면 대부분이 유교의 기본서이다. 중용연의②와 이퇴계집이 이 가운데 포함되어 있다는 사실은 五經大全, 朱子語類, 性理羣書와 함께 그 비중이 높은 데에 큰

---

17) 中庸衍義의 撰著에 대하여

宋나라 朱熹는 中庸輯略(2권)을 찬하였고, 또 中庸或問(1권)을 편하였다. 그리고 中庸集解(3권)를 宋나라 石㮶가 편하였다.

일본의 漢和大辭典(권 1, p.313, 801 中庸조)에서 諸橋轍次는 中庸衍義를 明나라 夏良勝이 찬하였다고 기록하였다. 그러나 인명란 夏良勝條에는 衍義 찬술을 기록하지 않고 있다. 개인의 업적에 기술치 않았다는 것은 의아한 일이다. 동명이인도 없기 때문에 衍義撰述者가 夏良勝이라 하기에는 문제가 있다. 諸橋는 夏良勝 조에 "字·於中, 正德(1506~1516)에 진사한 明나라 南城人"이라 쓰고 있다. 그리고 별다른 저술은 기록하지 않았다.

中國人名辭典의 夏良勝은 다음과 같이 기록 설명하고 있다.

"南城人, 字於中, 正德進士, 官吏部考功員外郞, 以諫南巡杖歸, 嘉靖初復職, 後爲讐家所訐, 再下獄論杖, 戍遼東卒, 甞其部中奏稿, 名曰銓司彙存, 凡議禮疏具在"

위의 인명사전에 적힌 내용으로 보면 夏公은 「銓司彙在」란 輯著를 남겼는데 이 책은 戶部의 奏疏集이고 그안에는 禮疏도 들어있음을 알 수 있다.

漢和大辭典의 夏良勝 條와 같은 인물임이 확실하고 인명사전이 소연하다. 그리고 行歷과 輯著로 봐서 中庸을 衍義할만한 유학자는 아닌 것이 분명하다. 따라서 中庸衍義의 찬자로 보기에는 어렵다.

이에 필자는 諸橋徹次가 李晦齋先生의 中庸(衍義) 九經衍義를 보지 못하였고 근거가 불확실한 자료를 가지고 편한 것이 아닌가 의심하면서, 中庸衍義는 따로 있는 것이 아닌데, 中庸九經衍義를 따로 떼어 생각한 것으로 추측한다.

① 醫巫閭集은 미상이다. 醫巫閭集은 滿洲 遼寧省 北鎭縣 서쪽에 있는 산 이름이다. 醫巫閭란 中國人名辭典에도 없으며 어떤 책을 말하는지 알 수 없다. 醫閭는 賀欽의 號인데 賀醫閭가 지은 문집은 모두 9 권이다. 1~3은 言行錄, 4~7권은 雜文, 8권은 奏議, 9권은 詩集이다. 言行錄은 平易直方하고 奏議는 治理에 通達하다고 높이 평가하고 있다. 退溪先生도 醫閭에 대하여 관심을 가졌었고 撰跋이 있다.

② 晦齋先生이 지은 中庸九經衍義로 본다.

의미를 지닌다.

　일본 막부정권이 요청한 이들 서적을 통해서 추찰할 수 있는 것은 정치이념을 유교적으로 수정하는 것과 禮俗을 개혁하여 보급시키고자 儀禮經典을 청구하였고 선진국의 치적과 文治를 알고 싶어서 資治通監을 구하려 했던 것으로 짐작된다.

　임란 전중에 많은 서적을 약탈해 갔을 터인데도 유교에 대한 주요 전적은 다 알지를 못하였거니와 관심 밖이었던 것 같고, 혹 가지고 간 서적이 있었어도 인쇄기술이 없어서 간행하지 못한 것 같다. 이것은 일본의 그 당시 인쇄 문화의 수준을 명증하는 또 하나의 史實的 의미가 있다.

　후일(1748, 戊辰年) 접반자와 통신사 일행간의 필담을 읽거나, 阿部吉雄 박사①가 쓴 日本刻板李退溪全集의 序文[18]을 보면 李退溪의 文集 약간권과 自省錄 및 西銘考證은 전란 중에 가지고 가서 藤原惺窩, 林

---

18) 阿部吉雄가 쓴 日本刻板 李退溪全集의 서문에서
　　李退溪는 江戶初期부터 그 저서가 전해져서 많은 共鳴者를 내고 높이 평가되고, 그의 저서도 거의 출판되었던 것이다. 日本 近世儒學의 開祖 藤原惺窩는 임진왜란 때의 捕虜 姜沆을 스승으로 또 친구로하여 비로소 유학을 중흥한 사람이거니와 그가 가장 尊信한 책은 李退溪가 跋文을 붙여 간행한 「延平答問」이었고 문인 林羅山에 대해서도 천하 만민을 위하고 萬世를 위해서 이책을 熟讀玩味할 것을 당부하고 전수하였다. 藤原惺窩·林羅山은 또 李退溪著 「天命圖說」을 읽고 자기의 철학설을 깊게 하였으며, 특히 林羅山은 지극히 이퇴계의 학식에 감탄하여 마침내 이 책에 발문을 쓰고 그 간행을 도왔다. 그러나 이퇴계의 가치를 전면적으로 높이 평가하고 선양한 사람은 山崎闇齋(1618~1682)였다. 〈중략, 전술〉闇齋의 학문은 그 근저에 있어서 이퇴계의 학문을 출발점으로 하고 있다. 그의 문류에 이퇴계 존신의 기풍이 전해 내려왔고, 그 중에서도 佐藤直方은 「朝鮮의 李退溪 이후 이 길을 負荷하고자 한 자를 내 일찌기 듣지 못했노라」, 「그 학식의 이른(到)바는 도시 元明 諸儒의 류가 아니로다.」라고 심복하였고, 佐藤派의 稻葉黙齋는 「朱子以來의 一人」 「小成의 朱子」 「朱子의 道統」이라고 존숭하였다. 그리하여 「孔子를 배우려면 朱子를 배우라, 朱子를 배우려면 李退溪를 본으로 하고 案內者로 하라. 그리하여야만 道學의 손잡이를 얻을 수 있다」하였다. 또한 山崎派와는 별도로 熊本에 大塚退野(1677~1750)의 일파가 일어나 山崎學派 以上으로 李退溪를 존신하였다. 〈하략〉
　①평생을 퇴계의 학문을 연구하였고 늙으막에 東京大學에서 退溪學硏究論文으로 문학박사 학위를 받았다. 阿部博士는 東京退溪學硏究會의 第二代 會長(초대는 宇野哲人)을 지냈으며, 일생동안 일본에서 수집한 退溪의 저술을 모아서 日本刻板退溪全集을 간행하였다.

羅山의 부자, 山崎闇齋, 大塚退野들이 읽고 알고 있었던 것 같다. 九經衍義의 편저자가 조선의 누구이며 몇 권으로 되어 있나를 물으면서 아직 보지 못하였다고 한 것을 보면 그 때까지 李晦齋에 대해서는 명료하게 알지를 못한 것 같이 보인다.[19] 그러나 中庸衍義를 요청한 사실은 晦齋 李彦迪의 경학이 이미 일본에 정보가 널리 퍼져 있었던 것으로서 그 의의는 매우 크다. 또 晦齋의 명저인 衍義로는 中庸九經衍義[20]가 있는데 이 때의 일본 유학자들은 中庸九經衍義를 中庸衍義와 九經衍義 둘로 나누어서 각각 별저가 있는 것으로 이해하고 있었던 것 같다.

아무튼 일본의 幕政이 유학적 문치정책을 시작하면서 조선 통신사를 요청하고, 동시에 李退溪文集과 李晦齋의 中庸九經衍義를 희구한 것은 韓國儒學의 日本受容과 더불어 韓·日文化交流史에 중요한 의미를 갖고 있는 것이다.

---

19) 須賀誼安(號·精齋)가 朴矩軒에게 裏한 원문
　　貴邦之書有名曰 九經衍義者 倣西眞氏大學衍義 吾未覩之 今猶存耶何人所編撰 而有幾卷耶 請審示之
　　이 질문을 보면 中庸衍義와 九經衍義는 별책인 줄 알고 있었고, 아홉 경전을 眞西山의 大學衍義와 같이 衍義한 줄 상상하고 있었다. 朴矩軒도 晦齋의 中庸九經衍義에 대해서 소문만 듣고 알고 있었던 듯 내용에 대해서는 언급하지 못하고 晦齋의 찬이라고만 대답하였다. 矩軒도 몰랐을 것이다. 필사본으로 전하여 玉山 獨樂堂에서 소장되다가 衍義原集은 후세에 목판으로 간행한 일이 있다. 그후 서원 淸芬閣에 소장하고 있었는데 1973년에 晦齋全書를 영인출판할 때 求仁錄 다음 大學章句補遺 앞에 넣어 간행하였고 1989년에 다시 복간하였기 때문이다.
20) 中庸九經衍義를 中庸衍義와 九種의 經典을 衍義한 책으로 착각한 사람이 많았던 것 같다. 서문을 보면 晦齋가 謫所인 江界에서도 帝王의 爲治之規模인 爲政之道와 經世之目을 왕에게 강의하여 明君이 되도록 惓惓한 마음으로 이 中庸二十章에 있는 九經을 衍義하였다는 것을 알 수 있다.
　　李佑成박사는 解題에서 "中庸二十章에 나오는 九經(修身·尊賢·親親·敬大臣·子庶民·來百工·柔遠人·懷諸侯)을 부분별로 衍繹 論述하고 別集에서는 따로 體天道·畏天命·戒滿盈 등의 제목으로 구경을 보완해 놓았다. 이 衍義는 修齊治平에 관한 선생의 마지막 大著로서 역시 江界에서 집필한 것이다. (略) 종래 木版으로 간행된 바 있었으나 별집의 일부분은 거기에 들어있지 않다."고 하였다.
　　晦齋先生의 元筆寫本 目次를 그대로 移記하여 撰述한 內容의 大槪를 살피기로 한다.

　　　　中庸九經衍義目錄(十七卷)
　　總論　　爲治之道

3) 退溪學과 晦齋의 일본 수용

일반적으로 퇴계학이 일본으로 전달된 것은 다음과 같은 세 가지 경유를 거쳤으리라는 것이 통설이다.

첫째는 임란 전에 通信副使로 간 鶴峯 金誠一이 그 곳 접반 문인과 儒僧을 만나 師門의 학문을 소개 강론하였다는 설①과, 둘째는 난중에 포로된 睡隱 姜沆②이 京都 大德寺 儒僧 藤原惺窩를 만나 筆談으로 유

修身	總論修身之道, 講學明理之功, 誠意正心之功, 言行威儀之謹.
尊賢	總論尊賢之義, 存好賢之誠, 辨賢邪之實, 審消長之幾, 去讒邪之間, 遠色貨之蠱.
親親	總論親親之義, 盡孝弟之道, 重配匹之際 惇九族之叙.
敬大臣	此下六經闕
	委調燮之職, 致禮遇之隆, 審忠邪之實.
體群臣	明一體之理, 存愛護之誠, 通上下之情, 養謙讓之節, 容直諒之言, 褒節義之臣
子庶民	念稼穡之艱, 憫戌役之苦, 薄賦稅之斂, 省刑罰之施, 明人倫之教, 漸禮樂之化.
來百工	
柔遠人	
懷諸侯	

中庸九經衍義別集目錄(二卷)

體天道	法天道之健, 體天德之大, 修奉天之政, 廣好生之德, 法天行之健, 順天時之令.
畏天命	總論天命之靡常, 盡事天之道, 謹災異之徹
廣聰明	廣陳言之路, 君子以虛受人, 重臺諫之職.
明教化	崇道學以設教, 明人倫以善俗
正禮榮	總論禮榮之理
戒滿盈	總論持守之道, 防逸欲之萌, 崇節儉之美, 戒驕泰之失.

① 鶴峯 金誠一은 부사로 岳麓 許筬은 書狀官으로 橓行하였는데, 두 사람은 퇴계의 문인이었으며, 접반문인과 퇴계에 관하여 논하였다고 전한다.
② 姜沆(字·太初, 號·睡隱, 牛溪 成渾의 문인)은 進士 文科를 거쳐 佐郞에 이르렀다. 丁酉再亂 때 李光庭의 從事官으로 군량조달에 힘쓰다가 南原 함락후 李舜臣 揮下에 합류하여 남행하다가 포로가 되어 일본으로 건너갔다. 四國섬의 松山市 大州海邊에 상륙하여 吉井이란 사람에게 연행되어 大阪을 거쳐 京都 大德寺에 가서 중 須賀原肅(藤原惺窩)을 만나고 퇴계의 학문을 전수했다. 그때의 필담기록은 天理大學에 보존되어 있다. 1600년에 방면 귀국한 후 벼슬을 내렸으나 사양했다.
③ 임술 통신사가 간 1682년은 山崎闇齋가 죽은 해다. 闇齋는 소시에 퇴계의 自省錄을 읽고 感憤興起하여 학문에 힘썼다. 그는 自方自得하여 퇴계의 저술을 널리 구하여 독파하고 주목한 言說은 일일이 인용하여 평가하였다 한다. 〈阿部吉雄〉따라서 山崎가 죽은 1682년 경에는 일본의 문인과 유학자가 조선학자에 대하여 상당히 깊이 알고 있었을 것으로 짐작된다. 그 중의 한사람인 貝原이 退溪와 晦齋를 直呼姓名하지 않고 호를 부른 사실은 그의 崇仰心과 함께 晦·退의 학문이 일본 학계에 높이 존숭되었음을 말해 준다.

학을 강하면서 師門 牛溪 成渾의 스승인 퇴계의 학문과 도덕을 전수했다는 설과, 셋째는 侵攻에 참가한 武人들의 약취로 가지고 간 일부 문집을 통하여 더 정통하게 이해하였을 것이라고 보아왔다.

그러나 1682년 壬戌 通信使 때(肅宗 8, 日本 天和 2년) 우리 사행 일행인 製述官 成琬(號·翠虛), 書記 李聃齡(號·鵬溟), 裨將 洪禹載(號·滄浪)와 만난 貝原益軒의 필담과 1748년의 戊辰 通信使(英祖 24, 日本延享 5년) 때 名古屋에서 製述官 朴敬行(號·矩軒)과 필담을 한 須賀安貞(號·玉潤)등의 기록인 「鳴海驛唱和」를 보면 보다 구체적인 사실을 알아낼 수 있다.

임술 통신사를 응대한 貝原益軒은 조카인 貝原好古와 門人 鶴原時敏도 함께 데리고 와서 李退溪, 權近, 鄭夢周, 盧守愼, 王仁 등(일본이 기록해 놓은 순서와 諱號 그대로 옮겼음)에 대하여 물었다[3]. 그는 시를 창수했을 뿐 아니라 학교 제도와 과거 제도 등에 미치기까지 多歧한 부문에 걸쳐 질문을 하고 있다.[21] 아직 우리 학계에 널리 알려지지 못하고 있는 貝原益軒이므로 이 기회에 간략하게 소개해 놓고자 한다.

어릴 때부터 유학 공부를 한 益軒은 19세 때에 福岡藩主 黑田忠之 아래에서 일을 하였고, 또 九州 長崎에서 醫術을 익힌 藩醫였다. 그는 林鵝峯[4], 山崎闇齋, 木川順庵 같은 퇴계 존신파와도 교유를 가졌던 인물로서 朱子學을 기본으로 陽明學을 가미하여 유교철학을 세운 학자로 알려진 사람이다. 益軒이 임술 통신사를 응대한 곳은 下關이었고 그때 그의 나이는 53세로 전한다. 그는 60세까지 藩內에 漂着해 오는 조선인과 상대했고, 그 때마다 필담으로 조사하는 직무를 맡아 보고 있었다.

---

21) 상게 三宅英利著, pp.373, 374.
   ④ 京都人, 林家의 제2대, 羅山의 제3자, 名은 恕, 字는 子和, 之道, 父에 師事한 幕府 儒家였다. 그의 저서에는 詩經, 書經, 周易, 禮記, 西銘 등의 私考가 있고, 論語, 孟子, 中庸, 大學, 忠經 등을 諺解했다. 이외에 東國通鑑, 鵝峯文集 등 저서가 60여 종에 달한다.

이러한 益軒이 많은 韓人과 접촉함에 그의 학문과 깊은 정보를 끊임없이 수집했으리라는 것은 충분히 상상할 수 있는 일이다. 따라서 益軒이 가지고 있는 조선 유학에 대한 이해는 상당한 경지에 이르렀을 것으로 짐작된다.

그는 교육문제로서 학교의 제도를 물었고, 인재등용과 발탁의 用人法에 관심을 가지고 과거제도를 알고 싶어 하였다. 그가 질의한 인물이나 그 서열이 의미 없는 것이 아니다. 그의 이해와 존숭 흠앙에서 우러난 표현으로 보아서도 잘못이 없을 듯한데, 특히 李彦迪, 李滉으로 直呼 姓名하는 것을 피해서 호를 불렀다. 시대적으로 거명한다면 王仁, 鄭夢周, 權近, 李彦迪, 李滉, 盧守愼 순으로 열거했어야 옳았을 것인데, 李退溪를 맨처음에 들어냈다는 것은 그가 존모하고 있었던 조선의 학자 중에 退溪가 으뜸이었다는 사실을 들어낸 것이고, 그 당시 일본 학자들 사이에서도 중망이 그러하였음을 보여준 것이라 하겠다. 그리고 晦齋는 어떤 경로를 통해서였든지 학문(經學과 德望)이 日本 유학계에 널리 알려져 있었기 때문에 直呼 성명하기가 어려워서 칭호하고 받들어 경앙하였다는 사실은 이로써 추찰이 가능하다.

王仁을 제외하면 모두 한국 유학사상사상에 큰 한 맥을 잇고 획을 그어 둔 大著가 있다. 權陽村은 太極圖說로, 李晦齋는 衍義 등 경학으로 日本에 상당히 알려진 것 같다. 鄭圃隱은 통신사로 최초에 일본을 다녀온 일이 있으며 학문으로서도 전파되어 있었고 盧穌齋도 어떤 경위로서든 간에 日本 학계에 그 학술이 전달되고 있었음을 益軒의 필담 질의로써 확인할 수가 있다.

1645년 乙未 通信使 때에 있었던 서적 요청과 1682년 壬戌 通信使 때의 이 貝原益軒의 질문을 한데 묶어서 추찰해 본다면, 德川幕府시대 초기의 日本은 切迫 肝要하게 한국 유학을 수용하려 애썼다고 이해된다.

退溪의 문집과 晦齋의 中庸九經衍義 같은 문헌과 朱子學의 실천 철학으로 귀결되는데, 그 당시의 일본 학계와 정계에서 가장 큰 관심을 기울여 수용하려한 대상 인물은 회재와 퇴계였음을 알 수 있다.

4. 退溪文集을 痛惜하게 요청한 玉澗과 晦齋의 經學에 대한 精齋의 관심

다음은 1748년 무진 통신사 때의 須賀安貞(玉澗)과 須賀誼安(精齋)의 「鳴海驛唱和」를 살펴보기로 하자.

1748년 戊辰(英祖 24, 延享 5, 家重政權) 통신사에 임란 후 처음으로 德川幕府의 요청에 따라 사행을 한 丁未(1607년)통신사로부터 141년째가 된다.

이때 다녀온 사신의 관찰보고에 의하면

천황은 연호 제도에만 필요하고 관직을 임명하는 권한이 있다. 日本은 軍國立國이고, 江戶城은 매우 견고하여 市街가 整然하고, 법령이 매우 엄했다. 민중에는 詞訟이 없고 문학은 숭상하지 않으며, 僧徒만 文學을 이해하여 使行과 酬唱하기를 원하고 시를 받아서는 『和韓酬唱集』을 엮기를 좋아했다. 幕府가 통신사를 요청해서 건너갔음에도 諸侯에게는 '朝鮮入貢'이라고 거짓 알리고 있으므로 욕되었다.

하고 奏上하였다.

이 귀환 奏上 보고는 日本의 국정이나 민중과 학자들이 조선을 이해하고 있는 정도에 관해서는 지나치게 소홀하였다. '朝鮮入貢'이란 거짓 선전으로 민심을 사면서 통신사에 욕되게 한 것은 정확한 민정 보고였다. 그들은 거짓으로라도 '入貢'이란 修辭로써 흉흉한 민심을 돌려세우려 하였다. 德川家重 장군의 幕政은 안일한 태평성대를 누릴 형편이 아니기 때문이었다. 정권이 들어선 1748년 한 해에 勃興한 百姓一揆(그들은 民亂民擾를 이렇게 표현한다)만 해도 48 건이나 되었다. 이것은 幕政이 年貢(稅穀을 이렇게 썼다) 增徵策을 쓰는데 대한 반대운동이기도 하지만 사실은 막정을 비판하고 나선 세력 때문이었다. 통신사 접대에 대한 일부의 불만도 여기 가세되고 있었다. 현지에 가서 비판 노력이 대두하여 막정을 강력하게 비판하고 있는 것을 목격하였음에도 통신사 일행은 간과해 버리고 그 정황을 보고치 않았다.

이 戊辰 통신사가 5월 7일 尾張城(名古屋) 賓館에 묶고 있을 때 篠亮(號·笠江, 東里), 千邨伯齋(號·華不注), 近藤秀雅(號·朝陽, 別稱·緱氏山人) 등이 와서 응접하였는데, 篠亮은 조선의 朴氏 인물 몇 사람과 高麗音樂의 日本 傳來에 대하여 심도있고 진지하게 질문하였다. 그러나 제술관 朴敬行은 시원스럽고 조리있는 답변을 주지 못하고 어물쩡한 대답으로 얼버무리고 말았다.

篠亮이

> 貴國上世 新羅廣開土王之時 朴堤上者 來于日本其事也 義氣忠烈 載在方策 僕讀之 未嘗不慨然嘆也 公蓋其裔否.

하고 물었을 때 그는 자기와 동파가 아니란 사실만 밝히고 朴堤上에 대하여서는 더 상세하게 언급하지를 못하였다. '新羅廣開土王'이라한 篠(시노)의 말을 '高句麗의 廣開土王'으로 즉시 수정하지 않았다. 후세에 日本 軍閥이 廣開土王碑를 날조해 놓고 오늘날 任那邦領을 주장하면서 韓·日 양국 관계의 고대사를 오도하고 있는 문제와 연관지어 생각할 때, 사행으로 간 외교 사절의 역사 지식이 그 정도 밖에 되지 못했던가 하는 생각도 들어 안타깝다.

통신사 일행이 鳴海驛에 닿았을 때는 橫井特敏(號·瀛洲), 關弘(號·梅庵), 千村潛夫(號·夢澤), 佐藤養浩(號·瀨菴), 元維賓)號·淡淵), 原元相(號·大湫), 榎本夏(號·修竹), 須賀安貞, 須賀誼安들이 와서 접대하였다. 이들 중에서 佐藤瀨菴은 朴敬行에게 한국의 한문 독법을 물었고[1] 그들이 쓴 『唱和集』「玉壺詩稿」와 「崑玉集採」를 내어

---

[1] 貴國 亦有回環顚倒之讀法耶

놓고 논평해 주기를 청하였다[2] 선생문집 몇 권이 있다는 이야기는 들었으나 보지 못하여 〈痛惜〉하다고[3] 말하면서 自省錄과 西名考證은 행우세하고 있어서 자기의 학파에서도 尊尙한다고 하였다.

그는 朴矩軒(敬行의 호)에게 그 밖의 退溪先生의 글을 읽고 싶다면서 퇴계의 저작명을 써 달라고 간청하였다. 그는 조선의 取士之法, 登科選拔, 科場風景, 科名 등에 대해서도 묻고 사람을 취사하는데 있어 도덕과 詞章을 賢良・博學으로 科를 나누어서 취선하느냐고 광범하면서도 구체적인 질문을 하였다.

玉潤은 질문의 서두에 자국의 유학사적 개략을 소개하고 退溪學問의 日本受容과 尊崇敬慕하는 流脈을 논하였는데 이 사실은 동아시아의 유학사 연구에 귀중한 자료가 되므로 여기 그 원문 전부를 옮겨 놓기로 한다.

貴國文教之隆 固所前聞 而今觀感之間 已爲深知 竊惟退溪李先生 出其間 而續紫陽朱先生之緖 使海內之士 靡然景慕者 德之盛也 吾邦往昔 有羅山林先生者 卓越之才 而覃思經書 通於諸子百家之書 於是祖述退溪書集註 偏施之於天下 故士皆識學 判明乎朱先生也 然後 有山崎闇齋淺見絅齋兩先生者 傑出 而研窮討論 以探伊洛之淵源 闡考亭之蘊奧 自稱退溪先生 朶子以後一人而已矣 尊信朱子行狀 輯注而印行之 以廣其傳 吾家學受之 小出絅齋先生乃絅齋先生之徒也 是以及聞稱其邦之士 則一遇之恩 終不下諼 至不顧煩猥而切問之也 聞有退溪先生文集若干卷 未及見之 可不痛惜耶 如自省錄 西銘考證等 則見行于世 吾黨尙之 其他退溪先生之書有記 則切請爲僕見[22]

이 稟文을 보면 玉潤은 해외 退溪學派의 一派裔임을 알 수 있다. 日本에 있어서 藤原惺窩와 林羅山은 두 큰 俊弟이다. 林羅山은 退溪를

---

[2] 弊邦 諸子之作居伴 其中有足可觀者乎 諸見教
[3] 某 대통령이 방일했을 때에 日王이 "痛惜의 念을 禁할 수 없다."고 말한 뜻과는 전혀 의미가 다르다. 玉潤의 "可不痛惜也"는 지극히 안타깝고 한스럽다는 뜻을 표현하고 있다.
22) 日人 筆談錄「鳴海驛唱和」의 〈稟〉玉潤條.

통하여 朱子를 理會한 학자로서 山崎闇齋 같은 首門을 길러서 淺見絅齋, 佐藤直方, 三宅尙齋 등의 유학자를 길러내었다.[①] 玉澗의 가계는 絅齋의 학파이었고 그는 가학으로서 朱子學과 退溪學을 승계한 사람이다. 그런 玉澗이 退溪先生文集 若干卷이 日本에 전래되었다는 소문을 듣고서도 아직 보지 못하여 '可不痛惜'이라 자탄한 것이다. 이미 自省錄과 西銘考證은 본것 같고 그래서 퇴계를 깊이 알았고 존상하였으며 그 때문에 문집이든 그 밖의 퇴계선생의 글을 간절하게 읽고 싶어 했을 것이다.

그날 함께 온 須賀誼安(號·精齋)은 다음 禀質을 朴敬行에게 하였다.

    貴邦之書有名曰 九經衍義者 倣西眞氏大學衍義 吾未覩之 今猶存耶 何人所編撰 而有幾卷耶 請審示之

이에 답하여 朴矩軒은

    九經衍義 卽我邦晦齋先生所撰 而篇帙不甚浩多

라 하였다. 大學衍義에 관해서는 언급하지 않았으나 晦齋先生의 경학이 그 撰述과 인물을 결부시켜 일본인에게 전달된 최초의 일이라 하겠다.

玉澗과 같이 退溪의 문집과 기타서를 통석하게 희구하고, 九經衍義를 보고 싶어서 구하기를 간청한 精齋가 信使를 찾아와 筆談하였다는 것은 日本 儒學의 晦齋 經學이 17세기 중엽 日本儒學界의 가장 큰 관심사이며, 그들이 추구하는 韓日文化交流의 핵심이며, 통신사를 응대하는 유자들의 큰 과제가 되고 있었다는 것을 알 수 있다.

---

① 山崎의 학파는 다음과 같이 이어진다.

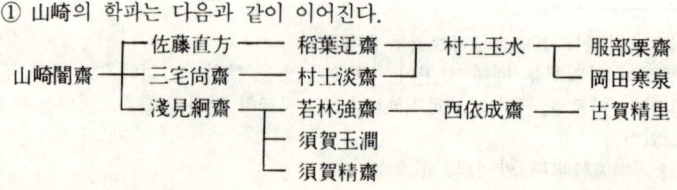

5. 거듭한 使行과 日本의 學問 興隆

통신사가 갈 때마다 연도의 藩主들은 그 영내의 最高文士를 선발하여 사행을 응접시켰다. 선진 문화에 대한 그들의 경모와 전수의 희구는 대단한 것이었다. 우리측 신사의 보고와는 달리 필담한 唱和錄에는 광범하게 학문을 논했고 그 수준도 상당한 데까지 이르렀다. 신사일행을 만나면 절호의 기회로 알고 그들의 지식을 들어내 보이면서 갖고 있었던 모든 의문을 해결하려 노력하였다.

1682년 壬戌 通信使가 갔을 때 接伴한 인물이 시문과 筆談한 내용을 담은 和韓唱酬集을 보면 그 인물과 문답 토론이 매우 廣博함을 알 수 있다. 韓日近世文化交流史 硏究에 참고될 것 같아서 唱和詩는 생략하고 접대자 人名錄을 여기 기록해 놓고자 한다.〈( )안에 적은 것은 호임〉

東福寺(奈良)	辰長老	(祖辰)
	高 氏	(伯順)
京 都	林下見林	(西峰)
江 戸(東京)	林春宗	(鷄峯)
江 戸	林春常	(整宇)
江 戸	南氏	(春庵)
江 戸	坂井白元	(漸軒)
江 戸	人見友元	(鶴山)
江 戸	山田原欽	(復軒)
江 戸	佐佐木古龍	(池菴)
淀	長岡氏	(元甫)
淀	同氏	(山立)
大 坂	山本氏	(洞雲)
大 坂	福住道祐	(梅林)
京 都	熊谷立閑	(了庵)
相國寺	靈長老	(顯靈)
京 都	堀正朴	(蒙窩)

京　都	黑川玄達	(義齋)
京　都	谷川氏	(榮元)
京　都	矯本元長	(益亭)
京　都	三宅堅恕	(誠齋)
相國寺	大方	(玄機)
相國寺	別宗	(玄緣)
京　都		(竺嶺)
江　戶	木下順菴	(貞幹)
大　阪	三宅元孝	(遜宇)
大　阪	三宅道達	(淑愼)
大　阪	淺野新五郎	(梅隱)
大　阪	舟木立敬	(近信)
大　阪		(養專)
京　都	原田氏	(順宣)
京　都	大下寅亮	(菊潭)
京　都	靑木氏	(東菴)
備　前	小原善助	(正義)
大德寺	義諦	(覺印)
京　都	向井小三次	(滄洲)
京　都	星野應奎	(富春)
京　都	田村氏	(三恕)
京　都	柳川順剛	(震澤, 蓬洲)
江　戶	板板爲篤	(晩節齋)

　이들과 통신사 일행과는 대개 시의 창수가 대부분이었지만 柳川順剛은 우리 통신사의 제술관 成琬, 서기 李聃齡(호, 盤谷, 鵬溟, 醉翁, 漢洲居士)에게 문장과 인물을 논하고 唐宋八大家를 비롯하여 고금을 評駁해 달라고 하였다. 그는 해박한 식견을 펴보이면서도

　　　公宏才實學 眼高一世 足以訂千古之是非 願聞公之所取舍

라 하며 자기의 잘못 이해한 바를 바로잡아 주기를 탄원하였다. 양자간의 토론은 매우 진지하여 中國文學史에 깊이 파고 들고 있는데 李盤

谷의 日人평론을 보면 접반한 이들 인물 중에서도 특히 對馬島 사람 小山(이름미상)과 京都의 柳川順剛, 江戶의 人見友元, 林春常은 학계의 추중을 받았던 것 같다.

1711년 辛卯 通信使 때에는 일본의 재정문제로 사행에 이론이 제기되었다. 新井白石, 雨森芳洲, 松浦霞沼, 深見玄岱들이 신사를 응접 교류하였고, 白石은 詩草의 序跋을 정부사①한테 받은 영광을 차지하기도 하였다. 그러나 그는 慢氣가 생겼음인지 신사를 맞은 儀仗의 禮를 비롯하여 儀式, 聘事義績, 應接事議, 國書 王號使用 등에 대한 의식을 제기하였다. 사행 도중에도 분쟁이 생기고 접대 의식에 변화까지 보였으나 정사 趙泰億의 '不可變改之意'로 쉬이 받아들여지지 않았다. 白石이 江戶 관소에 나타나 우리 신사와 종일 필담을 하여 제도 변개를 논했다. 이런 까닭으로 통신사절의 槎行은 위기에까지 갔었지만 조정이 되어 8년 후 吉宗政權 때인 (1719년) 己亥通信使까지 계속되었다. 아무튼 白石의 등장은 일본학계의 자각과 자주의식에 불을 댕긴 셈이었다. 三宅英利는 그의 저서에서 이에 대하여 다음과 같은 평론을 내리고 있다.

  白石의 견해는 대외적으로 체면을 保持한다는 점에서는 이해될 수 있지만 논리의 기초에서는 긍정할 수 없는 점이 있다.

이 三宅의 말은 이제까지 써온 '日本國大君'을 '日本國王'으로 幕府將軍의 호칭을 바꾸라는데 대한 논평이 중심이나 다음에도 통신사가 지속되기를 바란 日本朝野의 뜻을 대변하고 있다 하겠다.

乙亥 통신사의 제술관으로 갔었던 靑泉 申維翰은 그의 『海游錄』에 이제까지와는 달리 학문에 대해서 좀 자상하게 보고하고 있다. 日本性理學을 위시해서 讀字之音, 佛法, 日本人人性, 服喪禮, 訊因之法을 관찰기록하였고, 특히 林家(羅山學 系派) 학통의 인물과 접하여 그들의 시문을 화답하고 그 의지 실현을 간취했던 것이다. 이것은 1600년

---

① 정사는 平泉 趙泰億이고 부사는 靖菴 任守幹이었다.

대 후기 사행을 거쳐 1700년대 초기에는 日本의 性理學이 뿌리를 내리기 시작했고 학문도 다양하게 발전해갔으며, 각 부문에 학자가 관심을 가지고 있었다는 것을 입증해 주는 것이다. 한글 문자에 대하여 池田常貞(호·南溟)이 질문한 것도 그 한 예라고 볼 수 있다. 池田는 정사 北谷 洪致中, 부사 鷺汀 黃璿, 종사관 雲山 李明彦, 제술관 靑泉 申維翰에게 筆墨과 韻書一帙과 指南針一箇 씩을 각각 선사하였다고 『和韓唱和集』 卷上에 기록해 놓고 있다. 또 『韓客筆語』에는 瀬尾維賢(호·用拙齋)이 수행원 西樵 白興銓에게 서적을 인각하는 각목에 관해서 묻고 있다.① 그들은 의복에 대해서도 관심을 가졌는데 菊溪 張應斗가 쓴 巾冠을 보고서 물었으며, 書誌에 대해서도 흥미를 가지고 『東文選』 편찬에 관하여 묻고 있다.

1748년 무진 통신사 때도 篠亮이 『東文選』을 이미 읽고 朴端生이 日本에 갔다가 지은 感懷詩, 朴敬之를 사행으로 보내면서 쓴 權近의 序, 李詹의 日本行錄跋에 대하여 언급하기도 하였다. 그는 조선의 지리에 대해서도 큰 관심을 보였는데 사행 때 지리학에 대하여 논하는 것은 금기사항으로 되어 있음에도 불구하고 鴨綠, 大同, 臨津, 淸津, 淸川, 漢水 6강의 길이와 넓이 등에 대하여 끈덕지게 묻고 있다. 그들은 다방면에 걸쳐 다채로운 시각을 가지고 사행을 통해서 정보를 입수하고자 했다. 이것은 당시 日本의 학문 기운을 들어낸 것으로서 그 기세가 활기차 있음을 뜻한다. 이에 대한 우리 측의 반응은 어떠했던가 다음 한 예로서 그 정황을 판단하기로 하자.

石邑(이름 미상 : ○○草雲)이 良醫官 趙崇壽(호·活庵)에게 種痘法 시행에 대하여 묻고 활암이 응답하였다.

  稟 : 傳聞 中華有種痘之法 貴國有此法在否

---

 ① 西樵의 대답은 다음과 같다.
  多用沙木耳 葉近蒴藋 皮近樺木 差萍白色 我用俗名自作木 又名巨濟木 高麗時多運此木於巨濟郡 刻佛氏八萬大藏經 故仍名焉

答 : 此皆虛誕之說也 不可信也

　의술을 전문으로 하는 사람으로선 참으로 과학적 태도에 벗어난 어처구니 없는 대답을 하였다. 선진문화를 받아들이려 열기에 넘치는 日本人 石邑의 자세에 비기어 본다면 우리쪽 사행은 문화창조에 대한 진취적 정신은 찾아볼 수 없고 倨傲에 가득찬 무기력한 자세였다. 한스러운 일은 그로부터 128 년 후인 1876년에 수신사의 수행원으로 따라 갔다가 돌아온 朴永善은 久我克明의 種痘龜鑑을 보고 놀란다. 3 년 후에 池錫永은 釜山에 있는 濟生醫院에 들러서 種痘法을 배웠고, 그 이듬 해에는 金弘集을 수행하여 日本에 가서 菊池康庵한테 痘苗 製造法을 배워서 귀국하게 되는데, 일본의 石邑이 묻는 말에 일고의 가치도 없다는 듯한 그〈虛誕之說〉로 경멸하지 않고 中國 쪽에다가 관심을 기울여서 搜探하든가 정보라도 구하기에 애썼더라면 그 후의 우리나라 의학 발전은 달라졌을 것이다.

　『桑韓萍梗錄』을 보면 越克敏은 聲韻과 字體, 中國의 史書, 孟子, 資治通鑑(司馬光著), 資治通鑑綱目(朱子撰), 衍義에 대하여 토론하고, 자기는 경제학 쪽으로 관심을 가지고 補竊에 힘쓰고 있다고 하였다.

　앞의 '5'에 본론과는 조금 벗어난 듯 장황하게 日本의 학문 경향에 대해서 쓴 까닭은 德川家治 장군 때의 학문 흥륭의 신진기운을 논하기 위해서다. 1764년 甲申(英祖 40, 寶曆 14) 통신사 때에는 학문에 대한 論議, 詩文贈答, 書畵받기, 書籍疑義 등이 절정에 달한다. 易地聘禮를 들고나와 국교가 희박해지기에 이르렀고, 다음의 辛未 통신사(1811년, 純祖 11, 文化 8)로서 마지막을 기록하게 되지만 갑신 통신사 때는 일본의 민중들이 조선의 先進 韓文化에 대한 동경과 慕華가 얼마나 심했던지 막부에서 통신사 일행에게 백성이 접근하지 못하도록 금지령까지 내리고 말았다. 민중이 몰려와서 조선인의 필적을 받아가려고 아우성을 쳤는데, 그들은 조선인 필적을 가지면 福이 온다고 믿기까지 하였다. 글씨도 書鎭(日本人은 文鎭이라 한다)으로 눌러서 쓴 것보다

다리나 발뒷꿈치로 눌러 쓴 것을 더 좋은 것으로 여겼다. 조선인의 체취가 더 묻은 것을 선호했던 것이다. 이것은 단적으로 조선의 학문을 극도로 숭상한 흥륭의 기운이 나타난 상태라 할 수 있다. 민간에서까지 이러할진데 유학자와 문인, 승려 등 지식층에 있어서야 어떠하였을까를 감히 짐작할 수 있는 일이다.

이러한 결실은 일본의 승려와 문인들이 退溪儒學(그들은 實學이라 함)을 앎으로써 이론에 치우친 朱子學을 깨달았고, 의리에 투철한 退溪의 實踐哲學과 학문에 의해서 인간이 된다는 退溪의 學問方法論과 함께 自然(天)과 인간이 함께 살아야 한다는 敬思想(天人合一)을 얻음으로써 막부의 武政을 文政으로 바꾸어나가는 통신사행의 과정에서 일본 민중의 민족성을 개조한 결과였다고 보아야 하겠다.

通信使를 통한 先進文化의 轉移는 日本을 새로운 國家形態로 前進시킨 것이 되었다.

6. 결 론

일본이 통신사를 요청하면서 李退溪集과 晦齋의 中庸九經衍義 등 14종의 서적을 청원하며 시작한 통신사는 일본의 학문을 흥륭시키고 막을 내리게 되었다.

통신사의 접대와 사행으로 인한 各 藩의 경제적 타격은 幕政의 의도가 어디 있었건 白石의 제도 변개를 건의케 하였으나 결과적으로 한국유학과 다방면의 학술을 수용하여서 그들은 각성하게 된 것이다. 그들의 학문과 문화수준이 어느 정도에 이르고 그로 인해서 인재가 양성되고 유학자에 의하여 학맥이 형성되었기 때문에 진취가 가능한 것이었다.

그 발단은 퇴계의 학문과 敬誠의 哲學을 경모한 日本의 先覺者 儒僧에 의하여 그 기운이 양성되었다고 보아야 한다. 朱子學의 이해도 退

溪의 實踐哲學을 통해서 이루어졌고, 退溪의 哲學을 알고서야 그들은 實學으로 儒學을 발전시킨 것이다. 그러기 위해서는 교육제도를 비롯한 문물이 정비되어야 했던 것이다. 경학을 하지 않고는 교육제도를 주자학이건 퇴계학을 수용 발전시킬 수 없는 것은 자명한 일이었다. 그래서 그들은 회재의 經典衍義가 절실히 필요했고, 간절히 요청되었던 것이다.

결과적으로 李退溪文集 약간권과 自省錄, 西銘考證이 전란 중에 누구의 손에 의해서 전래됨으로써 李退溪를 알았고, 그래서 退溪文集을 구하여 實學으로 폭넓게 수용하고 학문을 발달시키기에 이른 것이다. 李晦齋는 이제까지 일본에 널리 알려지지 않은 것으로 알고 있었으나, 筆談唱和集이나 일본인 학자들의 논총에서 막정 때에 이미 그 명성과 저작이 알려져 있었고, 經典 衍義는 日本의 經學 發達史에 크게 기여했던 것으로 推斷된다.

退溪學의 일본 수용과정과 晦齋의 경학 전수는 앞으로 통신사를 응접한 더 많은 인물을 대상으로 연구하게 되면 종래의 통설과는 다른 더 정확하고 분명한 수용 학파와 전달과정을 밝힐 수 있을 것이다. 또 우리나라의 海槎錄도 日本人의 唱和集을 더 많이 수집해서 대응시키는 비교연구가 필요하며 이러한 기본연구 성과는 한일문화교류사에 있어서 다방면에 기여하리라 생각된다.

第3章 退溪 儒學이 日本 國民性과 文化에 미친 影響

1. 서 론

본 연구는 원래 3 년동안에 완성할 계획으로 시작하였고, 최종 1 년 간은 현지 일본에 가서 체류하면서 수행할 작정이었다. 그러나 현지 출장 연구가 여의치 않아, 제1차년의 연구결과만을 보고하게 됨을 밝혀 둔다. 퇴계학의 일본 전래와 그 과정, 퇴계학의 學系, 근대화에 끼친 영향, 현대의 퇴계 존신과 퇴계학 연구를 간추려 논하고, 이어서 간략하게 일본인의 민족성과 생활에 미친 영향을 고찰하기로 한다.

2. 한국 儒學과 退溪學의 일본전래

일본에 유학이 처음 전래된 것은 3세기 말이며, 불교가 건너간 것은 6세기였다. 백제의 阿直岐는 서기 284년에, 王仁은 천자문과 논어를 가지고 285년에 갔다. 그로부터 228년 후인 서기 513년에는 五經博士 段揚爾가 건너갔고 잇달아 高安茂, 馬丁安, 王柳貴가 건너가 漢文化와 儒學을 전수하였다.[1] 불교가 일본에 건너간 것은 538년인데 백제 聖明王이 불상과 불경을 보내준 것으로 기록되었고, 律師・禪師・比丘尼・造佛工・造寺工이 간 것은 577년이었다.[2] 그로부터 약 130 년을 경과한 서기 700년경에는 釋奠禮를 행하고, 律令을 정하여 大學寮를 설치

---

1) 大江文城 저 『本邦儒學史論攷』 p.6, 1944.
2) 笠原一男 편 『日本史小年表』 pp.4~6, 1990. 法隆寺를 지은 것은 607년이고, 고구려 담징이 건너간 것은 610년이었다.

하였다고 大江文城은 서술하고 있다. 그때 대학에서 학자들에게 가르친 교과서로는 주역·상서·주례·의례·모시·춘추좌씨전·효경·논어를 썼다고 하였으나, 이들 漢籍이 어떤 경로로 누구에 의하여 전래되었다고는 밝히지 아니하고 있다.

그뒤 일본은 宋儒新注書가 전래하여 學士 學僧은 한문을 읽는 讀法 연구에 몰두하게 되어 일본 유학상 큰 변화를 가져왔으나 新注學과 讀法의 加點法에 많은 세월을 거치게 된다.

16세기 江戶시대에 이르러 宋儒新注學에 통일을 보게 되고 惺窩와 羅山은 이에 큰 공적을 남겼다. 특히 藤原惺窩는 四書와 五經에 가점을 하여 수백년래의 형식을 타파하게 된다. 經學 연구의 자유로운 길도 열렸고, 宋代 사상은 물결을 타고 일본에 번져 나갔다. 室町時代는 이렇게 유학연구가 주로 승려에 의하여 이루어졌다.

惺窩는 원래 중 宗蕣이었다. 그는 한국의 姜沆이 필사한 四書·五經에 新注로써 倭點(訓点)을 붙였다. 그리고 그는 日本新注의 原本[3]으로 할 것을 주장하고 訓点本 간행도 계획했다. 뿐만 아니라 姜沆은 古今學術의 득실과 朱子集大成을 찬미하고 惺窩로 하여금 위대한 학자의 자리에 올려 놓았다. 한국의 姜沆을 통하여 朱子集注가 일본에 전하였고, 姜沆의 讀法에 의하여 倭點이 결정된 것이다. 그는 일본 유학에 있어 지대한 공적을 남긴 셈이며, 惺窩로 하여금 新興經學公表의 令達者로 만들어 주고, 新儒學唱道를 하게끔 일본의 사상 생활의 전환기를 만들었다. 林羅山은 惺窩에 사사하고 스승을 이어 德川家康에게 論語集注를 강의하였고, 經學傳統의 독립시대를 열었다.

퇴계학은 재전제자인 姜沆에 의해서 많이 전달되었다고 일본학자들은 보고 있다.[4] 姜沆을 만난 藤原惺窩는 퇴계에 대해서 물었고 퇴계

---

3) 惺窩가 加點한 원본은 전하지 않으나 姜沆이 필사한 四書는 지금도 內閣文庫에 전하고 있다. 孟子는 2책이고 모두 5책이다.

가 深衣를 입었다⁵⁾는 말을 듣고 그도 지어 입었다. 德川家康을 京都에서 처음 만날 때도 심의도복을 입었고, 家康에게 〈漢書〉와 〈十七史詳說〉을 강의할 때도 입었다. 그의 퇴계 존경은 服色을 바꿀 정도였는데 이를 두고 그의 제자인 林羅山은 "日本儒學의 濫觴"이라고까지 표현하였다.⁶⁾

姜沆에 앞서 通商使節로 간 金誠一과 許筬도 한국유학과 스승인 퇴계의 학문을 日本 學僧을 만나 전수하고 왔다는 것이 통설이다.

3. 일본학자의 퇴계학 수용과정

3-1. 임진왜란 때 宗蕣은 姜沆을 만난 후 감화를 받아 유학자 藤原惺窩가 되었고, 退溪가 校訂한 〈延平答問〉을 읽고 心腹을 열었다. 그의 불교사상과 明經家 儒學의 대결 정신은 문인 林羅山에게 전수되어 일본의 근세 신유학으로 발전하게 되고 儒者 職業을 형성하였다.⁷⁾

3-2. 다음으로 나타난 山崎闇齋는 퇴계의 「自省錄」을 읽고 感奮興起하여 학문교육에 自得하였다. 闇齋의 학문 근저는 退溪學問에 의해서 형성 정립되었고, 羅山 학파와는 다른 道學을 창도하였으며, 퇴계의 모든 저작을 읽고 학문과 인격 전체에 관해서 퇴계를 높이 평가하였다. 그의 高弟인 佐藤直方(그 학파)은 퇴계를 崇奉하고 傾倒하였는데 그 유풍이 오늘에 이르기까지 온존 승계되고 있다.

3-3. 熊本에서는 陽明學에서 주자학으로 전향하여 실학의 開祖가 된 大塚退野는 퇴계의 「自省錄」과 『朱子書節要』를 읽고 절요 20권을 필사까지 하였다. 그의 문하에서 愼庵의 제자, 孤山, 横井小楠, 元田東

---

4) 졸저 『李退溪家書の總合的 硏究』 p.788.
5) 퇴계는 중국유학자가 深衣를 입었다는 것을 알고, 溪堂에서 처음 입었으며, 程子冠을 썼다고 艮齋 李德弘이 써 놓고 있다. 深衣는 문인 金就礪가 서울에서 지어 온 것이다.
6) 앞의 『儒學史論攷』 p.90.
7) 阿部吉雄의 「이퇴계의 철학적 수양학과 일본유학」

野 같은 큰 학자가 이어내려 일본 근대화의 주종을 이루었다.

3-4. 이 밖에 山田方谷, 吉村秋陽, 林良齋, 春日潛庵, 池田草庵, 東澤瀉 등의 양명학자와 楠本端山·碩水형제의 주자학자도 모두 퇴계학으로 경도된 사람이다. 이들은 특히 퇴계의 體認(實行)에 감흥을 받아 퇴계학을 수용한 부류이다.

3-5. 일본은 17, 8세기까지 퇴계학을 통신사를 통해서 수용하였다. 文治 정책을 쓴 1650년 초에는 퇴계집을 통신사와 함께 요청하였고, 1740년대 말에는 須賀玉潤이 퇴계집을 보고자 간절히 구했으며, 그밖에 퇴계의 많은 저작을 통신사가 올 때 가져다달라고 간청하였다. 이상을 요약하면 임진왜란 전은 金誠一, 許筬에 의하여, 임란 중에는 서적 竊取舶來에 의하여, 姜沆의 拉致抑留로 京都에서 惺窩의 간접 전수로, 九州의 山崎學派의 퇴계저술을 대함으로써, 관서지방 학자들이 퇴계서를 접하여 전향하게 됨으로써 약간의 시차는 있으나 전후를 이어 수용하게 되었고, 그후 통신사와 함께 德川 막부가 공식적으로 퇴계학을 요청해 수용을 극대화했던 것이다.

4. 일본에 있어서의 퇴계학맥과 학계

상세하게 밝히지 아니하고 주요 학자의 계보를 표로 그려보면 다음과 같이 나타낼 수 있다.

惺窩계의 三宅觀瀾은 관동지방의 水戶(미토)에서 德川光國과 학파를 형성하여 대의명분을 앞세운 국가도덕관을 18세기에 확립하였고, 19세기에는 德川齋昭와 藤田東湖가 그 뒤를 이어서 국가도덕의 실천을 주창하여 일본의 근대화로 이끌어 나갔다.

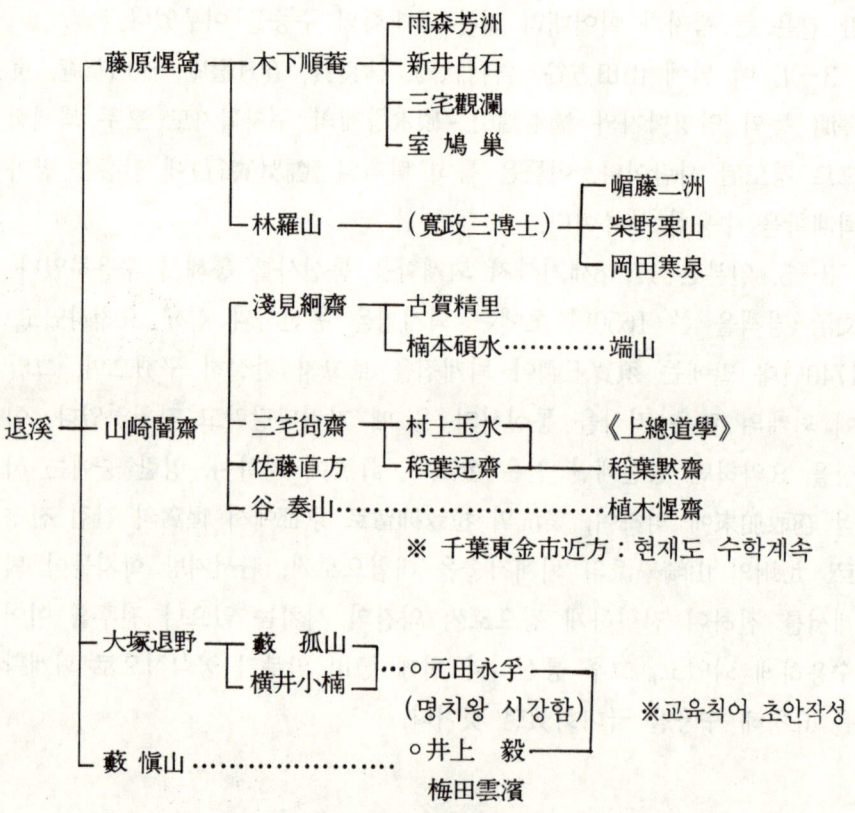

5. 근대화에 끼친 퇴계의 영향

일본의 윤리사상은 유·불 二敎가 한반도에서 건너감으로써 고유 도덕관념을 풍부하게 하였고, 특히 유교의 敎義는 명확한 도덕관념을 양성하고 국민교화에 크게 영향을 끼쳤다고 그들 학자가 말하고 있다.[8] 미토학파, 안사이학파, 양명학파를 불문하고 그들의 윤리설은 고유사상을 변형시켰고, 사회를 교화시키는데 공헌하였던 것이다. 특히 心學一派는 유교교의를 통속화하여 실업가에 보급함으로써 평민도덕의 기준

---

8) 岩橋遵成, 저 『日本倫理思想史』 서문에서 문학박사 井上啓次는 밝히고 있다.

이 되게 하였던 것이다.[9] 德川 막부 초기에는 退溪思想과 修養體認이 일본국민의 性情을 녹여 새로운 모습으로 형성시키는데 비상한 힘을 가졌던 것이다. 첫째로 퇴계의 인격도야와 인간형성을 第一義로 삼은 도학에 공명하였고, 둘째로는 방법으로서의 敬──공경하고 삼가하는 수신의 가르침과 친절하게 설명한 敬의 수양방법──을 그대로 받아들였으며, 셋째로는 깊은 철학을 지니면서도 이를 탐구하고 행실을 돈독히 하며 知와 行을 단련하여야 한다는 일상생활의 지혜를 일본 학자들은 감명하고 수용보급한 것이다. 명치유신 이후 서방의 학술을 수입하여 신문명을 개척하면서도 퇴계학의 감명은 국민 정신으로부터 제외시키지 않았다. 오히려 국민교육에서 유교적 정신을 더 확대시켰던 것이다. 그것이 橫井小楠과 元田永孚 등에 의하여 세워진 明治의 교육방침이다. 전쟁을 거치고, 헌법을 바꾸고, 미국의 일본정신개혁──개인주의 의식부식과 神道붕괴, 皇·民 체제개혁──을 수십 년동안 꾀했음에도 일본인에게 이어온 윤리사상은 유교의 합리적 세계관에서 벗어나지 않고 있다. 그들은 중세까지 미래적인 생활을 희구하는 神佛 본위의 불교적 세계관을 경험하였기 때문에 임란 전에 들어온 기독교리나 明治 초년의 서구풍 공리주의와 실리주의도 거부를 당했다.

구체적인 예로 明治王은 1886년에 서구학술만을 講究하고 있는 東京大學에 가서 수신을 전념하는 國漢文 古典의 강구가 없다면, 修身齊家治國平天下의 政事治世의 도를 아는 國家棟樑이 될 인재를 양성하지 못할 것이라고 元田에게 〈聖諭記〉를 짓게 하였던 것이다. 국한문의 古典을 修身爲主의 학문이라 인정하고 西歐學術과 구별한 점에 유의할 필요가 있다. 학문의 목표를 道와 眞知와 그 실천에 둔 것은 퇴계학의 연원과 깊은 관계가 있다. 전 東京大學 교수였던 阿部吉雄 박사는 오늘날에 있어서도 당연한 의견으로서 별로 진귀한 논리가 되지 못한다고 하였다. 또 일본에서 동양사상의 제일인자로 이름높은 安岡正篤은 역대수

---

9) 岩橋遵成, 저 『日本倫理思想史』 同上.

상과 주요 재계 인물을 이끌어 온 재야 석학자이다.[10] 그는 양명학자 이면서도 가장 退溪를 존숭하는 인물이다. 그의 저서는 東京의 큰 서점에는 꼭 코너를 두고 있었고, 그가 이끌어온 懷德會와 成人敎學硏修會, 論語普及會는 지금도 큰 세력을 가지고 수양과 강독회를 이어가고 있으며, 일본퇴계학 연구회를 창설시켰고, 그의 장서는 사후에 단국대학교 퇴계도서관에 기증되고 있다. 일본의 윤리사상과 지도자를 리드하는 정신적 주류는 佐藤直方, 稻葉默齋의 학파를 이어온 退溪學의 尊信者들이다.

6. 현대의 퇴계학 존신과 연구

默齋는 퇴계를 孔門의 顔子와 같은 분이기 때문에 業垂後世한다고 하였다. 그는 孔子를 배우려면 朱子를 배우고 朱子를 배우려면 퇴계를 안내자로 하라고 하였다. 그래야 진리를 파악하는 기초를 굳힐 수 있다고 했다.

日本 東京에서 그리 멀지 않은 千葉縣 成東과 東金에 가면 지금도 월 1회의 정기 강회가 있다. 또 冬至日에는 특히 直方이 지은 冬至文을 읽고 있다. 이글에는 "李退溪 이후 아직 이 도를 이어갈 인물을 듣지 못했노라"라고 한 구절이 있다. 이 강회는 默齋의 부친 迂齋가 개설한 朱子書節要 강회인 독서회 겸 수양회이다. 그 옛날에는 매일 아침 일찌기 일어나서 퇴계의 朱書節要를 한 장 또는 한 節을 읽고 1일과 15일에는 예복을 갖추고 절요의 서문과 발문을 玩讀하고 매달 定日에는 의문점을 가지고 와서 논하였다. 퇴계의 수양학은 일본 수도 가까이에서 자기를 반성하고 수양하는 실천학문으로서 연면히 이어왔다. 현재 도산서원에서 초하루 보름날 분양하는 행사와 대조적이다.

필자도 理事로 참가한 일이 있지만 千葉에는 退溪學 연구회가 있다.

---

10) 神渡良平, 『安岡正篤の世界』

여전히 그 명맥을 이어가는 셈이다. 東京お茶の水 湯島 聖堂에서는 논어강독회를 매 일요일마다 갖는데 여기 日本 退溪學 硏究會가 있고, 그 창립에는 安岡正篤, 阿部吉雄, 字野哲人, 精一부자를 비롯하여 현재 생존해 있는 윤리학자, 양명학자, 주자학자, 중국학자, 동양사학자 수십명이 참여하고 있다. 또 九州의 熊本에도 故 友枝龍太郞와 岡田武彥 박사가 창립한 퇴계학 연구회가 있는데 九州大學, 廣島大學 등 관서지방의 교수 수십 명이 참가하고 있다.

일본에서 퇴계학 연구가 얼마나 활발했던가 하는 것은 퇴계학의 기본서를 간행한 사실로서 그 실상을 살필 수도 있다. 이미 江戶時代에 9 종을 발간한 2 종류가 있다. 특히 퇴계가 後論을 쓴 心經附注(퇴계가 오자를 수정함), 延平答問, 天命圖說, 朱子行狀(퇴계집주), 朱子書節要, 易學啓蒙傳疑, 聖學十圖, 西銘考證講義, 李退溪書抄(村士玉水가 퇴계의 서간에서 초하여 편함), 七先生遺像贊(퇴계글씨) 등이 그것이다.

이들 책은 근년에 와서 阿部吉雄 박사가 5 종을 더 찾아 14 종을 묶어서 日本版『李退溪全集』을 발간하였는데, 학자들은 이를 기본으로 국내에서 복간한 퇴계전집과 도산전서로 연구에 몰두하고 있어 많은 논문들이 발표되고 있다. 저서로는 1971년에는 阿部 교수가『日本朱子學と 朝鮮』을 출판하였는데, 퇴계에 관한 연구가 중심이다. 그는 '동양인의 행동과 사상 제1집'으로『李退溪』를 썼고, 같은 책명으로 友枝 박사도 써내었다. 筑波大學의 高橋進 박사는『李退溪の敬の哲學』이란 대저를 내어 주목을 받고 있으며, 특히 성학십도 연구에서는 세계적인 권위를 갖고 있다. 阿部 박사는 퇴계연구로 문학박사 학위를 東京大學에서 획득하였다. 이것은 퇴계학이 일본학계에서 어떤 자리를 차지하고 있는가를 시사하는 보기이다.

이렇게 퇴계의 학문이 현대에도 높이 평가되고 있는 까닭을 高橋 박사는 다음과 같이 退溪像의 인식면에서 찾고 있다.

1) 주자는 공자이래 제일인자이고, 퇴계는 주자이후 제일인자라는

점,
2) 인간적인 면에서 주자보다 퇴계를 더 尊崇하고 있는 점,
3) 이퇴계의 학문을 통해서 주자학과 유학을 江戶시대 초기에 정착했다는 점,
4) '敬' 외곬으로 유학을 보급한 점,
5) 학문은 人道를 배우는 것, 도학의 강조,
6) 오륜과 五常을 중시한 점,
7) 자기확립과 세상인간을 구제하기 위한 의식계도,
8) 명치유신의 원동력이 되었다는 점.

이와 같은 학자들의 주도에 의하여 퇴계의 연구와 존숭은 앞으로도 끊임없이 이어나갈 것은 자명하다.

7. 일본인이 생활화한 퇴계의 언행

이 분야의 연구를 위해서 1년간 체류하여 일인학자와 공동연구를 할 계획을 세우고 추진했으나 여의치 않아서 보류하고 말았다. 본 연구는 1년으로 단축하고 전에 東京에서 14년간 체류하면서 연구하고 얻은 견문을 정리하여 몇 가지만을 논술하기로 한다.

7-1. 誠·敬의 일상화와 생산에의 연장

日本人은 지나칠만큼 친절하고 예절이 바르며 규율을 잘 지켜 규격화되었다고 한다. 日本人이 서로 헤어질 때는 세 번 이상 절하는 것을 본다. 길흉사, 남의 집 방문, 모든 생활이 의식화(儀式化), 규격화하고 있다. 이것은 경의 습성이고 체질화한 생활이다.

日本人이 일을 맡아서 하는 것을 보면 모든 면에서 성실하다. 그들이 만든 물건은 철저한 검사를 거쳐 성실하게 생산되고, 또 사후의 서비스도 잘 되고 있다. 이것은 誠의 생활화 산업화이다. 도덕과 윤리론을 들출 것도 없는 儒學의 敬·誠 생활이다.

7-2. 폐 안끼치는 日本人의 체질

日本 佐藤수상의 생활신조가 "人に迷惑をかけない(남에게 폐안끼치는 것)"였다. 日本人은 남에게 폐를 안끼치는 것을 가장 큰 도덕률로 삼고 있다. 가정교육에서 가장 중시하는 것이 집밖에 나가서 남에게 폐를 끼치지 않도록 하는 단련이다. 남에게 스치는 일, 불편하게 하는 일, 손해끼치는 일을 안하도록 가르친다. 가정교육, 학교교육, 사회의 모든 교제에서 폐 안끼치는 것을 강조한다. 주부들은 퇴근한 이웃집 아저씨가 시끄럽다고 오후 6시 이후 아이들을 길거리에 내보지 않고, 옆집이 시끄럽다고 방밖으로 말소리가 나가지 않도록 소리를 낮추라고 가르친다.

퇴계는 평생 除弊와 勿弊를 사생활과 공직생활에서 지켰고 가르쳤다.[11] 퇴계의 제폐, 물폐 생활은 일본에서 철저히 실천되고 있다.

7-3. 자기집을 방문한 사람과 초대한 사람은 반드시 차나 음식대접을 하고, 초대한 손님에게는 가족을 위해 음식물을 준비해 뒀다가 들려보낸다. 받은 물품만큼 갚는 것도 퇴계의 사수법과 같다. 그들은 누구한테 배운지도 모르고, 그들 선배가 받아들인 知行을 돈독하게 지켜가고 있다.

7-4. 日本人의 文章作法은 퇴계로부터 받은 영향이 크다고 그들 학자는 증언한다. 闇齋는 책 서문과 발문을 짓는 서식을 퇴계로부터 배웠고, 글의 형식을 그대로 본뜨고 있다.[12] 또 일본학자가 퇴계의 저술을 즐겨 읽은 것도 한문 문장의 매력 때문이라고 말하기도 한다.[13] 현재의 日本 국어교육자 중에는 日本의 편지 격식과 어구도 퇴계의 簡牘을 그대로 답습해오고 있다고 편지 緖頭글과 末尾의 '不一'같은 예를 들어서 설명한다.

7-5. 靜坐修養法은 程明道가 사람을 가르칠 때 썼다. 伊川은 사람이 정좌하는 것을 보고 李延平과 함께 평소 인륜생활을 함양 궁리함에 있어 유불의 분기점이 默坐澄心의 방법에 있음을 깨달았다. 延平과 朱

---

11) 졸저, 『예던길』 제4장과 『李退溪家書의 總合的 硏究』 제5장 참조.
12) 전게서, 『日本 朱子學과 朝鮮』, p.242
13) 동상, p.235

子의 이 수양법은 퇴계에 와서 靜坐法으로 확립되어 수양 때만이 아니
라 일상생활의 앉음새로 굳어졌고, 절하는 기본자세로 갖추어졌다. 퇴
계의 靜坐法은 일본으로 전래되어 闇齋가 그 의의를 唱導하였고, 그
교화는 日本人의 생활습관으로 전통화시켜 오늘에까지 이르고 있다.
日本人은 꿇어 앉아 八자형으로 손을 짚고 절을 한다. 安東文化圈과
退溪學 影響圈에서는 모두 이와 같이 절을 한다. 퇴계의 예법 원형이
日本에서 그대로 지켜져서 잘 전해지고 있음을 주목할 필요가 있다.

8. 결 론

한국 유학이 日本에 전수된 것은 3세기 말경 삼국시대로 거슬러 올
라간다. 17세기 초 오교오소라이(荻生徂徠)라는 주자학자이며, 古文辭
學者가 나오기까지 加點 訓讀法 개발과 新注學을 전습하는데 學僧이
오랜 세월을 보냈다. 16세기 江戶시대에 들어와서 惺窩가 姜沆을 만남
으로써 注學과 訓點法의 통일을 가져왔고, 신유학을 받아들여 사상에
대전환을 이루었다. 임란 때 가져간 한국의 책과 인물교류를 통하여
退溪儒學을 이해하였고, 惺窩 門流의 학파에서 闇齋가 퇴계의 저술을
숙독함으로써 더욱 존숭하게 되었다. 熊本에서도 退野 학파가 퇴계학
연구에 몰두하더니 퇴계의 도학과 인간본성의 교육에 경도되어 마침내
上總 道學을 일으켰다. 幕府시대에 日本 여러 지역에서 죽순같이 일어
난 퇴계학 존신자가 퇴계의 저서를 연구하고 體認에 감흥을 받아 온
나라가 수용하고 오늘날까지 그 학풍이 온존하고 있다. 18·9세기에는
대의 명분을 앞세운 국가도덕관을 확립해서 국민도덕을 실천하는 근대
국가로서의 정신사상을 이끌어 내었다. 유교교의가 도덕관념과 국민교
화에 크게 영향을 끼쳐 실업가에 보급되고 평민 도덕의 기준이 되어,
인격을 형성하고 敬誠을 심법으로 체질화시켜 日本式 국민생활과 문화
를 구축해갔다. 日本의 현대교육은 서구학술을 강구하면서도 國漢文의
古典을 修身爲主의 학문으로 숭상한다. 그래서 퇴계학은 명치유신의

第3章 退溪 儒學이 日本 國民性과 文化에 미친 影響　243

원동력이 되었고, 그후도 수양하는 실천문학으로 면면히 이어오며 연구회를 여러 곳에서 조직하여 연구에 몰두하고 있다. 서구사람이 日本의 문화와 경제성장을 탐색하여 르네상스를 일컫게 되었고 동북아의 잠재력을 유학에서 근저를 찾으려 한다. 현재의 日本哲學者들이 퇴계상을 거듭 평가하고 인식하는 면에서는 그들의 선배에게 못지 않는다. 日本人의 국민성과 생활문화를 분석해보면, 誠・敬의 일상화, 公私간 勿弊, 예절과 물품사수, 심지어 文章作法에까지 退溪의 實行儒學을 그대로 답습하고 있음을 볼 수 있다. 우리가 잊고 잃어서 낭패된 것을 日本은 지켜 이어온 덕으로 아시아에서 드문 윤리 도덕생활과 산업경제의 부를 함께 누리게 되었다.

第4章 聖學十圖의 中國頒傳

I

聖學十圖에 대한 연구는 최근에 와서 韓·中·日·美 4국의 학자에 의하여 매우 활발하게 전개되고 있다. 일찍이 退溪의 聖學十圖에 대한 관심과 연구는 한 시대의 儒學者들의 연구 대상이 아니었고, 退溪 沒後 끊임없이 註釋하고 분석하고 解義하고 응용한 微妙 難澁한 學界의 연구 과제였다. 琴章泰 교수가 밝힌 바에 의하면, 성학십도에 대한 논의와 주석을 하거나 십도를 응용하고 圖를 그린 학자만도 33명에 이른다고 한다. 그중에서도 퇴계의 문인 艮齋 李德弘(1541~1596)과 芝山 曺好益(1545~1609)이 있고, 금세기의 유학자로서는 널리 알려진 四未軒 張福樞, 後山 許愈, 秀山 金秉宗, 省齋 權相翊, 恭山 宋浚弼, 欽齋 崔秉心, 陽泉 丁大秀, 重齋 金榥 같은 분들이라 한다.[1]

최근에 學術的으로 깊이 연구한 학자로는 국내에 朴鍾鴻, 李相殷, 金斗憲, 柳正東, 尹絲淳, 安炳周, 琴章泰 및 書誌的 硏究의 尹炳泰 諸敎授가 있고, 국외에도 日本의 友枝 龍太郎, 高橋進 敎授와 中國의 張立文, 美國의 Michael Kalton 교수들이 있다.

이 중에서도 琴章泰교수는 구조 분석에 이어 圖의 硏究史를 시도하였고, 退溪 沒後에 있었던 造屛, 作帖, 印本에 대한 刊行史와 經筵에서의 강의에 관한 조사까지를 하여, 후세 역대 조정이 유학을 振興시키고 보급한 내용을 학계에 밝혀 놓음으로써, 성학십도가 韓國哲學史

---

1) 琴章泰, 「聖學十圖 註釋과 朝鮮後期 退溪學의 展開」, 『退溪學報』 第48輯, pp.6-22, 1985, 退溪學 硏究院

에 끼친 영향과 功績을 살피는데 큰 도움을 주었다.[2]

II

聖學十圖의 내용과 전술한 학자들의 연구결과는 本論題와 직접 관련이 없으므로 생략하며 當該 論著를 考覽해 줄 것을 부탁드리고, 聖學十圖의 연구에서 아직 전혀 손을 대지 않고 있는 중국에의 頒傳과 製進에서부터 初刊 印行까지의 간행 과정에 관하여 논술하기로 한다.

먼저 성학십도를 제작할 때까지의 과정을 살펴 보면, 太極圖說에서부터 夙興夜寐箴까지 읽은 연대와 공부한 요령을 퇴계가 일일이 써 놓은 기록이 없기 때문에 추정에 불과한 것이지만 1519년(기묘)부터 1568년(무진)까지 50 년의 肄學과 연구에서 이루어졌으리라는 것은 의심할 여지가 없다. 이 십도 중에서 心統性情圖, 心學圖, 夙興夜寐箴 셋을 제외하고는 모두 朱子와 만나고부터 시작되어 朱子學을 완전 洞徹하고 난 뒤에 이루었다 할 수 있겠다.[3] 退溪가 太極圖說을 처음 대한 것은 19세인 1519년이고 性理大全 首卷에 있는 이 圖說을 이해하기 위하여 周易 공부를 하고 小學을 읽은 것도 바로 이 해의 일이었다. 그러므로 第一, 三圖의 제작을 위한 학문의 發端은 弱冠으로 거슬러 올라간다.

그리고 第一, 西銘圖, 第四 大學圖(太極圖說에서 靜에 대해서만 말하고 敬에 대해서는 말하지 않았으므로 朱子의 註에 의하여 敬을 補充함), 第五 白鹿洞規圖, 第七 仁說圖, 第九 警齋箴圖는 모두 주자의 이해를 수용하였거나 그에 의하여 논리를 전개하였으므로, 이것은 23세

---

2) 同上.
3) 李相殷 : 退溪先生 圖說「聖學十圖解析」, 1982, 퇴계학연구원.

때 成均館 游學時 朱子大全을 처음 입수해 읽은 때로 거슬러 올라간다 하겠다.

또 心學圖(第八)에 관해서도 성균관 유학 시절에 黃進士로 부터 빌어 읽고 연구를 시작한 것으로 보이고, 第十圖 夙興夜寐箴圖에 관해서는 언제 처음 읽었는지를 알 수 없으나 1558년(戊午)에 26인 88箴 · 銘 · 贊을 모아서 古鏡重磨方을 纂輯하고 題詩를 읊은 것으로 보아 그 이전에 이미 읽고 愛頌했던 것으로 보인다.[4]

특히 주자의 白鹿洞規와 南塘 陳茂卿의 夙興夜寐箴은 지금도 陶山書院 典敎堂에 學規로서 退溪 親筆로 板刻하여 걸어두고 있으며, 書院 享禮 때에는 讀約하는데 禮安鄕約과 呂氏鄕約에 앞서 洞規를 꼭꼭 읽고 있다.[5] 따라서 후학이 宗師의 箴規를 끊지 아니하고 승계해 오는 것으로 미루어 보아서 退溪 在世時에도 講磨 指針으로 삼았음을 이해할 수 있다.

이렇듯 68세 때까지 50년간에 걸친 연구 결과는 이 십도로서 構造化되고 도설로서 조직체계화시켰지만, 屛帖으로 粧製를 한 것은 어디에서 영향을 받았으며 어떤 동기에서 이루어졌는지 의문이 없을 수 없다.

---

4) 「古鏡重磨方」: 퇴계선생 편집, 寒岡 鄭逑 後識.
  「吾家錄」:〈古鏡重磨錄에 「自警屛銘」爲壽姪作 退陶先生,「屛銘」爲金士純作〉을 추가한 책, 李正鎬 後識.
5) 도산서원 향례 때에는 독약 행사가 있다. 제1일(乙日)에 立齊하고, 제2일(丙日) 正齊日 아침 행사로서 有司(齋, 別)가 새벽에 香謁을 하고, 朝食後에 典敎堂에서 開坐한 후 分定을 한다. 이때 院長(首任) 이하 亞, 終, 分獻官은 동쪽에 열좌하고 白鹿洞規, 鄕約이 걸려 있는 아래), 執禮, 祝官, 齋有司, 別有司 및 執事者가 남북으로 나누어 서열대로 堵列해 앉는다. 坐定이 끝나면 齋有司가 洞規와 鄕約을 쓴 帖子를 가지고 헌관 앞에 나아가 공손히 앉아 맨 처음에 白鹿洞規를 읽고, 다음에 禮安鄕約을 읽은 후 이어서 藍田呂氏鄕約을 읽는다. 이 때는 전원이 꿇어 앉아 재임의 독약에 따라 이 規 · 約을 마음 속으로 誦讀하며 儒生으로서 깊이 새겨 실천할 것을 다짐한다. 이 시간은 꽤 오래 걸리지만 靜坐 생활에 익숙하지 못한 執事들이라도 엄숙한 분위기에 몰입하여 잘 견디어낸다. 독약이 끝나면 罷坐하여 헌관은 전교당 서쪽의 원장실에, 祝官과 執禮, 有司는 東齋인 博約齋로, 執事는 西齋 弘毅齋로 정해진 처소에 간다. 그 후 행사는 조식후에 제2일 때와 같이 典敎堂에 開坐하여 전일과 같이 앉아 飮福禮를 올린다. 예가 끝나면 다시 자리를 바로잡고 독약을 한다. 讀約이 끝나면 이로서 享禮를 마치게 되고 罷坐한다.

退溪는 성학십도의 進箚에서 분명히 밝히고 있다. 자신의 작도와 선현의 창조를 확실히 밝혀 昔之賢人君子 明聖學而得心法 有圖有說 以示人 入道之門 積德之基者 見行於世 昭如日星 玆敢欲乞 以是進陳於左右 라 하였다. 그리고 12월의 엄동에 70 고령의 隆老로서 손은 떨리고 눈은 어두워 行字 均排가 准式치 못하였으므로 글씨 잘 쓰는 사람을 시켜서 쓰이고, 經筵官들의 論訂을 가하여 差舛된 점은 補足하도록 乞奏하였다. 그리고 精寫한 후 正本을 만들어 해당 司曹에 맡겨 御屛 一坐를 만들어서 淸燕之所에 펴두게 하고, 따로 작게 粧帖을 만들어 几案 위에 놓아두고 상시로 俯仰 觀省 警戒하라고 왕에게 당부하였다.[6]

入道之門과 積德之基로서 宣祖에게 聖學을 밝혔고, 心法을 얻게 하려고 십도를 제진하여서는 箴規삼아 공부하도록 屛帖을 제작시킨 것은 참으로 효율적인 方案이라 아니할 수 없다. 이 造屛 作帖과 활용 및 효능에 대한 실험은 退溪 자신의 경험으로 얻은 결과로서 왕에게도 권한 방법이라고 생각된다.

참고로 말하거니와 日本에서는 오늘날까지 글씨나 文圖를 가지고 屛風을 만들지 아니하고 그림이나 금박지로만 造屛한다.[7]

그들이 임란 이후 우리 문화를 泊來品으로 直輸入하고 모방하였지만 書屛 문화는 본뜬 것이 없다. 日本人은 오늘날 우리 반도를 거쳐 流入된 문화를 바르게 설명하거나 가르치려고 하지 않는다. 隋唐으로부터 渡來하였거나 遣唐·遣隋使에 의하여 수입한 것으로 改作해 가고 있다. 日本의 이러한 상황에서도 서병문화는 아직까지 없다. 그들 말대로 중국으로부터 모든 문화가 東漸 流入하였다고 한다면 중국에 書屛 文化가 있어야 한다. 따라서 日本에 書屛이 없다면 중국에도 서병문화

---

6) 「進聖學十圖箚幷圖」『退溪先生文集』卷七, 張 4~9
7) 일본에 書屛이 없다는 것은 東京教育大學의 金子孫市 教授와 筑波大學의 高橋進 教授의 證言에 의한 것이다. 전자는 한국의 모교수가 십도를 보내어 필자를 시켜 조병 전달할 때 직접 들은 이야기이고, 후자는 退溪學研究院이 제작하여 제8회 退溪學國際學術會議場에 전시할 때 高橋 教授와 여러 일본학자에게 들은 이야기이다.

가 없었기 때문에 日本이 전래할 수 없었던 것으로 되고, 나아가서 우리나라에서 가져가지 못하였기 때문에 서병의 士俗은 日本에 싹틀 수 없었다는 결론에 이른다. 장황하게 설명을 늘어놓는 까닭은 임란 때 저렇듯 문화침탈이 심했음에도 왜군은 병풍을 보지 못하였고, 또 가져 갈 것이 없었기 때문에 서병문화가 일본에 건너가지 못하였다는 말을 하기 위해서다. 換言하면 16세기에는 우리나라에서도 서병은 대중적으로 실용화하지 않았다는 말이다. 이론의 비약일지 모르나 궁중내에 설치한 聖學十圖屛風 一坐 이외에는 없었다고 推斷할 수도 있다. 兵火로 말미암아 燒燼된 십도병은 왜적의 눈에 띄었을 리 없고 민간에 그 類를 찾아 볼 수 없었으므로 日本에 전래할 까닭이 없다. 따라서 서병은 임란 당시에 우리나라에서도 흔하지 않았던 물건이다. 이에 대한 깊은 연구는 다른 분야에서 할 것이므로 줄이거니와 십도 조병은 꽤 흥미 있는 연구 과제이다. 퇴계가 64세(1546년·甲子)때 읊은 「端居」시의 주에는 병풍 이야기가 나온다.

耕也無端餕自纏　　柴門常覺畏人偏
杯停六藝難知味　　屛玩三圖未契天
竹入容中存性命　　梅歸春末誤風姻
箇中所樂知何事　　静對遺經獨喟然
家有六藝杯 有短屛 寫河圖 洛書 太極圖 所居地寒 藏竹以容 梅至暮春乃發
〈端居〉[8]

이 시에 의하면 退溪가 기거하고 있었던 寒棲庵('家有' 운운이므로 陶山精舍나 溪上書堂은 아님)에는 河圖와 洛書, 太極圖를 각각 그린 작은 병풍이 있었던 것이 분명하다. 退溪가 그려서 만든 것인지 타인이 만든 것을 입수하였는지 주에 밝힌 바가 없어 더 이상 알 수 없으나 이것은 書屛의 端初가 된 동시에 성학십도의 母體로 되는 것이다.

---

8)『退溪先生文集』〈內集 권 3, 장 57〉
　拙著,『退溪의 燕居와 思想形成』, P.111. 1989, 浦項工科大學校 敎養學部

아무튼 退溪가 宣祖에게 병풍을 만드라고 권할 때 이미 그는 학문의 眞粹를 縮約 圖化하여 병풍을 만들어 그를 들여다 보며 잠심 연구한 체험가임을 증언해 준다. 결국 성학십도 圖屛은 退溪의 실험적 소산물 이고 최초에 만든 것은 아니라는 것을 알 수 있다.

III

이제 聖學十圖의 製進과 印刊에 관하여 논할 차례가 되었다. 십도의 제진 일자는 두 가지로 전한다. 退溪의 年譜에는 1568(戊辰)년 12월 16일(庚寅)로 기록하였고 宣祖實錄에는 12月朔(1)일로 적혀 있다.[9] 筆者가 쓴 生活實事에는 12月 1日로 說明하고 16日說을 괄호로서 附注 해 두었으나[10] 近刊의 退溪家年表에는 12월 16일 조에 연보 기록을 취 하여 修譜해 두었다.[11] 十圖 製進과 箚子 附署의 時差가 있었는지 아 니면 실록 편찬 때 임의로 하였는지 알 수 없기 때문이다.

退溪가 올린 箚子(進)에는 屛帖을 만드라는 말은 있어도 간행하라 는 말은 없었다. 그러나 宣祖는 12월 26일 屛帖을 만들도록 하명하고 또 여러 臣僚들에게 頒帙을 위하여 印刊케 하고 夜對 때에는 진강하도 록 명하였다. 이러한 경위는 손자인 蒙齋 李安道의 「蒙錄」과 鶴峰 金 誠一의 「實記」에 소상히 적혀 있다.

> 戊辰十二月二十六日 命以所上聖學十圖下政院曰 此十帖 作屛風以進 又 一件體小作帖以入可也 傳曰 卿所上十圖 甚切於爲學 謹當作屛 展於左右以 自警焉〈蒙錄〉[12]

---

9) 『宣祖實錄』〈卷三, 張39〉, 『朝鮮王朝實錄』 通卷 21冊 P.220, 所載
10) 拙著, 前揭書 『예던길』 p.330
11) 拙著, 『退溪家年表』 p.536, 여강출판사, 1989. 12.25
12) 『退溪先生言行通錄』〈권4, 장14, 후면〉, 蒙錄

進聖學十圖 上乃命作屛 又印頒羣臣 後上嘗於夜對 令進講是圖 侍經幄
者 莫有能闡明其義者 皆以不知對 遂不果講聞者 莫不恨之〈鶴錄〉[13]

鶴峯의 기록에 經筵官들이 십도를 이해 못하여 밝혀 進講할 수 없었다 한 것으로 미루어 보아 夜對 進講은 退溪가 서울을 떠난 己巳年(1569) 3월 4일 이후에 있었던 것으로 생각된다.

3월 11일 夜對 때에 弘文館의 具思孟, 辛應時, 趙廷機, 尹承吉, 洪渾 등이 성학십도를 가지고 들어가 進講하려 해도 그들은 학문이 精深치 못하여 진강할 수 없다고 아뢰면서 '退溪가 재경 중에 下問했었더라면 좋았을 것'을 하고 한탄한 내용이 堂后日記[14]에 있는 것을 보면 造屛 보다 진강은 늦었던 것으로 추측되고, 印刊 사업은 退溪의 낙향 중에 계속된 일이라 하겠다.

宣祖가 印刊을 하명한 典據는 오직 鶴峰의 實記에 적힌 위의 기록밖에 필자가 읽지 못하였으므로 매우 귀중한 자료로 삼는다. 그 밖에는 退溪가 손자 安道에게 보낸 가서에서 편편 掇拾 정리하는 수밖에 도리가 없었다.

퇴계가 서울을 떠난 7일후의 堂后日記에는

己巳三月十一日 傳曰 夕玉堂持聖學十圖……況館中 時未及校正 何敢易言

이라 한 기록이 있다. 이에 의하면 홍문관에서는 교정을 11일까지 미처 끝내지 못한 것 같다. 退溪가 귀향 도중인 3월 15일 丹陽에서 보낸 手札과 印刊 對校는 손자와 潛齋 金就礪를 시켜 하도록 하였다.[15] 이러한 사실들로 추정한다면 退溪가 귀향할 때는 이미 간행 사업이 추진되고 있었음을 알 수 있다.

---

13)『同上』, 鶴錄.
14)『同上』; 張 14~15, 堂后日記.
15)『陶山全書』3책 p.217,〈與安道孫乙巳〉

인간 과정에 있었던 일은 가서에서 그 片鱗을 수습할 수 있는데 이 내용은 성학십도의 간행과 이해를 하는데, 또 금후 십도를 模寫함에 있어서도 退溪의 뜻을 계승하는데 필요하겠기에 몇 가지 소개해 놓고자 한다.

① 第一圖(太極圖)之病 將爲時學誤入之堦梯 爲恨耳 『陶山全書』四, p.301.〈答安道〉

② 圖印一張 來者校送 但 其句點 兩圈處 必皆因元本 誤圈處而兩加之 不知元本是何本 乃有此多誤耶 可怪 畢刻後 改作小樣 固知爲難 故已告而精難改矣[16)]

③ 心學圖一幅 其上下兩傍 隋 青仡狹而長也 作之圈 體小而相去之 間疎體小故 其中塡字 不得不小 間疎故看玩地際 目力散漫 不相聯屬 此圖最不善作 可恨[17)]

④ 今他圖 旣難從小改作 得改此一幅 幸矣 如欲改之 只依心經本圖模樣而作 稍展而大之 使與諸圖之體相稱 則必無如前之失矣 此則不須煩白於諸公 只汝與而精金就礪中 招李明光以吾言 詳細指教 使之改刻 宣無所不可也 若明光託以難自爲之 乃告於外 館主掌官而圖之 亦可也[18)]

⑤ 十圖之四 已附黃東萊之行去矣 但 其進圖箚子 不幷刻耶 不則大欠 須問而處之[19)]

⑥ 十圖未來者二張 而精寄來 故校勘送還 但 箚子最末一張 今亦不來 何耶 旣已畢刊 一時送來校去則可[20)]

⑦ 十圖末一張 雖不送來 別無疑處 須令而精 或汝持進于奇承旨大升 勘過後 印出爲當 不可每以校正之故 千里往復 以重延退也[21)]

⑧ 十圖 而精力圖印粧而送 感荷不可言[22)]

⑨ 十圖 已粧入啓否 金而精印粧一件 又送三處 其意甚勤[23)]

---

16) 『陶山全書』4책, p.302, 「答安道孫」
17) 『上揭書』동상.
18) 同上
19) 上揭書, p.303, 「答安道孫」
20) 同上
21) 上揭書, p.304, 「寄安道孫」
22) 上揭書, p.305, 「答安道孫」
23) 上揭書, p.306, 「答安道孫」

⑩ 十圖 改作小樣事 金士純誠一 欲與禹景善性傳 圖爲之 已面言而去 今送小樣影式一張及塡書一張 以付士純 今此與景善 審度可否而善處之 仍須不煩 爲佳 士純近堂上去耳[24]

이상의 書簡을 통하여 다음과 같은 사실을 窺知할 수 있을 것 같다.

① 印刻은 서울에서 李明光이 맡아서 새기고 초판 인쇄한 것을 陶山에 보내어 退溪가 일일이 교정을 직접 하였다.
② 처음에는 箚子를 인각치 않으려 하였는데 退溪의 지시로 하게 되었다.
③ 進上한 처음 影式과 다른 小樣의 십도가 있고, 그 影式과 십도에 그린 篆書(塡)는 모두 退溪가 손수 쓴 것이다.
④ 木版刻으로 刻字 印刊하였고, 心學圖는 잘 되지 않아서 재차 인각하였다. 李明光의 능력으로 새기지 못하면 외부에 시켜 새기도록 하고 홍문관의 首任이 그려서 새겼다.
⑤ 십도 중에 마지막 인각한 箚子 한 판의 교정은 高峯이 하였다.
⑥ 간행 중에 원본과 刷圖의 對校와 印糚 進上 및 연락은 문인 金潛齋가 맡았다.
⑦ 退溪가 초판 인본을 교열한 후 수정해 서울에 부치면 손자 蒙齋가 일일이 高峯에게 아뢰도록 하였다. 그 후 개각하는 일은 高峯이 맡아 하였다.

이와 같이 복잡하고 까다로운 과정을 거쳐 인간이 끝난 것은 7월 하순이었다. 退溪에게 올린 高峯의 7월 21일자 서간에는 文昭殿에 관하여 稟議하고, 이어 성학십도의 인각이 거의 끝나간다고 보고하였다.[25] 인간을 끝낸 십도는 8월 중에 褙糚을 하여 병풍을 만들어서 9월초에 圖帖과 함께 宣祖에게 진상하였다. 그리고 宣祖가 羣臣에게 십도를 頒賜한 것은 9월 초4일이었고 그 頒帙處는 40餘 기관이었다.[26] 그 후에 慶尙監司 鷺渚 李陽元이 지방에도 인간・반포하기를 退溪에게 稟하

---

24) 同上,「寄安道孫」.
25)『高峯全書』,「왕복서, 권3, 장20, 己巳七月二十一日書」.
26) 前註 9.

第 4 章 聖學十圖의 中國頒傳 253

였으나 退溪가 정지시켰다.

간행된 십도가 判中樞府事인 退溪에게 하사된 것은 이듬해 경오년 봄이었다. 퇴계가 손자에게 답한 다음 서간으로서 알 수 있다.

　　　十圖頒賜一件 樞府送來 而樞府答狀 但 言受藥不言受十圖 樞府若仇叱同
　　(下人名) 須以忘未入答之意 通于宋都事 爲可[27]

이상이 인간과 간행 후의 경과 개황이다. 그 후 追刊과 지방(星州, 海州, 咸興, 榮川, 平壤, 順天, 南原)간 및 校書館刊에 관해서는 尹교수의 「退溪書誌의 연구」에 상세하고, 重刊에 대해서는 琴章泰 교수가 조사 보고하였다. 그에 의하면, 병풍, 서첩, 인간은 光海君 2년(1610) 과 5년(1613), 仁祖 원년(1623), 肅宗 6년(1665), 英祖 31년(1755), 正祖 때(1799년) 있었다고 한다.[28]

IV

다음은 이 성학십도가 이웃나라 특히 유학의 宗主國인 중국에는 언제 頒傳되었던가에 대하여 기술하고자 한다. 이에 관해서는 별로 주목하는 학자가 아직 없는 것 같고, 그래서 보고된 연구 결과도 없다. 금년 10월에 退溪學 國際學術會議를 중국의 수도인 北京에서 개최할 정도에까지 이르렀는데도 퇴계학이 중국에 언제 전래되었으며, 程朱學을 再集大成한 退溪가 중국에서는 어느 정도로 인식되었는가에 대해서 연구가 전무하다.

필자가 『퇴계가연표』의 기사년 10월조에 "성학십도가 중국에 傳播되다"하고 수보하였으나 금반 北京大會에서도 십도의 중국 반전에 대해

---

27) 『陶山全書』 4책, p.309, 「答安道孫」
28) 前揭 琴章泰 敎授 논문 주, 3.

서 論攷가 없었다는 소식을 듣고 晚時之嘆이 있으나, 북경대회가 있은 금년을 넘기기 전에 연표의 補足를 겸하여 이 논문을 급히 起稿해야 할 필요를 느꼈다. 『퇴계학보』에는 61집에도 중복 발표를 하였고 또 편집자의 의견도 있어 부득이 해를 넘겨 명년 秋季 博約會 學術大會 때에나 발표할까 하던 차에 慶北大附設 退溪學硏究所長 金光淳 博士로부터 17호 연구논문집에 請稿의 惠蒙을 입어 감히 이 小攷를 기고하게 되었다.

우리 나라에서 中國의 허다 유학자들을 알고 있는만큼 中國에서는 우리 나라 학자를 평가하지 않는 탓인지 20세기의 淸朝 以前에는 退溪를 거론한 典據가 없는 모양이나 전거가 있어도 연구를 않기 때문에 숨겨져 왔는지 알 수 없다. 퇴계가 중국에 알려지고, 성학십도가 중국 땅에 널리 전파된 것은 神州國粹公定國寶 제1호로 결정된 이후라고 국외 국내 학자들은 믿고 있다. 通說에 의하면 淸末(1920년경)에 尙德女子大學의 기금 조성을 위해서 십도를 국보 제1호로 공정하고 간행하였다 한다. 辛亥革命(1911년) 때 革命軍 首領이었으며 1916년에 제2대 대통령으로 취임한 黎元洪은

  中華之所以異於夷狄 人類之所以異於禽獸

  중화가 오랑캐와 다른 까닭이나
  인류가 금수와 다른 까닭이 여기에 있다.[29]

고 성학십도를 禮讚하였고, 또 청말 變法維新派의 대표적 사상가인 梁啓超가

  巍巍李夫子 繼開一古今 十圖傳理訣 百世詔人心
  雲谷琴書潤 濂溪風月尋 聲敎三百載 萬國乃同欽

---

29) 前揭 拙著, 『예던길』, p.337

높디 높으신 우리 이선생님
옛잇고 후세 열어 고금을 꿰뚫었오.

열폭 그림 속에 理學要訣 전하시어
百世에 길이길이 人心을 열으셨오.

글과 거문고는 주자를 따르셨고
풍월 같은 그 금회는 염계에 비기었오.

높은 德性 넓은 教化 三百年에 미치시니
온 누리 사람들 뉘아니 공경하리오.[30]

하고 읊어 십도와 아울러 반포한 이후에 퇴계와 성학십도는 중국에 널리 알려졌고, 退溪의 학문적 명성이 高揚되었다. (이 중국판 십도를 가지고 온 분은 독립지사 陶庵 丁敦燮이다. 그는 愚潭集을 孔子後孫인 孔祥霖에게 보내었고, 퇴계문집과 십도도 가지고 갔다는 설이 있으나 아직 확인치 못하였다.)

근년 중국에서 간행한 이 성학십도를 입수하여 퇴계학연구원에서 복사 頒傳한 이후에 국내 학자는 물론 이를 구득한 외국 학자들까지도 이젠 완전히 청말에 성학십도가 건너 간 것이라 믿게 되었고, 중국이 퇴계를 알게 된 것도 이 때부터라고 굳게 믿고 있다. 그리고 중국에서 간행한 성학십도의 원본은 언제 건너간 것이며 누구에 의하여 전달되었을까에 대한 究明에는 아직 별로 관심을 두지 않는 것 같다.

V

필자가 연구한 바에 의하면 성학십도는 이보다 약 350년전에 이미

---

30) 同上

중국에 傳播되었고, 그것도 退溪의 재세시이며 문인의 손으로 직접 中國의 性理學者에게 전파되었다.[31] 그때 전한 십도가 淸末에 간행한 원본인지 아닌지는 알 수 없으나, 국내에서 인간한 지 1개 월 후에 中國에 전달되어 陶山에 낙향해 있는 退溪보다 오히려 中國 學者의 손에 먼저 頒傳되었다.

1989년 11월 27일에 退溪學 國際學術賞을 수상한 辛冠潔, 蒙培元 교수를 만나 이 사실을 말하였더니, 驚愰罔措하고 중대 사건의 발견이라 하였다. 동석한 韓國學者도 그들과 같이 청말에 십도가 중국으로 유전된 것이라 믿고 있었으므로, 이에 그 出典과 함께 분명히 밝혀 두기로 한다.

1569년(己巳) 10월에 西厓 柳成龍은 서장관으로 聖節上使 靑蓮 李後白과 함께 燕京으로 갔다. 그곳에서 吳京(字·仲周)을 만나 학술을 논하고 성학십도 1건을 전달하였다. 西厓가 詣闕을 하려고 잠깐 동안 宣治門 안에 머무르고 있을 때에, 몰려든 수백명 太學生들에게 白沙와 陽明의 학문의 異端을 說破하고 薛敬軒(名·瑄, 字·德溫, 諡·文淸, 世稱 薛夫子)의 학문을 찬양한 후 薛文淸으로 宗師를 삼아야 한다고 주창하였다.[32]

28세의 젊은 西厓가 白沙·陽明學의 隆昌期에 바로 중국 수도 그 현지에 들어가 中原학술의 汚舛을 지적하고 정론을 펴 偏闢된 邪說을 꾸짖고 排斥하였다. 西厓의 자신에 가득찬 논리는 스승 退溪로부터 전수한 이론이겠지만 그 용기와 기개는 우리나라 유학사상에 높이 평가되고 기록해야 할 일이다. 그리고 도산 문하의 嫡傳中에 큰 한 맥으로 숭앙받는 것도 바로 西厓의 이 正論 通達과 陶山學을 中國에 이입한 이 공적이라고 필자는 보고자 한다.

태학생이 宗師로 삼는 중국 대사상가를 이단으로 규정하여 배척하고

---

31) 『西厓先生年譜』: 己巳·先生二十八歲 十月 以聖節使 書狀官 兼 司憲府監察 赴京 (이때 正使는 靑蓮 李後白이었다.)
32) 同上 雙注 참조.

師門(斯文)의 正學을 儒敎 宗主國에다 逆輸出하였다. "白沙는 道를 보는데 精微하지 못하고, 陽明의 학문은 두 禪에서 나왔으므로 나의 생각으로는 薛敬軒으로서 종사를 삼아야 할 것이라"는 간명하며 조리 정연한 논리를 전개하여 吳京으로 하여금

  요즈음 학문하는 방법이 汚舛되었기 때문에 학자들이 목표를 잃어서 태학생들의 對答이 白沙와 陽明을 宗師로 믿게 되었다.

고 시인하게 하였으며, 西厓의 이단 배척에 공감을 넘어 감복하게 까지 하였다. 그리고 西厓는 明의 당시 국법이 잘못되었음도 서슴없이 喝破하여 序班과 禮官으로 하여금 고치게 하였다.

 詣闕 때 西厓가 지적한 구체적인 내용은 이러했다. 序列에 따라 차례로 줄을 섰을 때 道士와 중들이 그들의 복장을 하고 五品의 서열에 끼어 있는 것을 西厓가 目擊했다. 서애는 태학생들에게

  그대들이 선비의 衣冠을 하고 저들의 뒷줄에 서 있는 것은 무슨 까닭이냐?

하고 물었다. 이에 太學生들은

  國法이 그러하므로 어쩔 수 없습니다.

하였다. 西厓가 그 말을 듣고 序班에게

  우리들이 비록 外國人이라 하지만, 禮服을 갖춘 신분인데 道士와 중들의 아래에 설 수 없는 법 아니오!

하고 나무랐다. 그러자 서반이 예관에게 말하여 그들은 사신의 뒷줄에 물러나 서게 하였다. 이 순간 도열해 선 모든 사람이 크게 놀라와 하였다.

 뿐만 아니라 그 당시 우리 나라 사신을 업신여긴 중국 사람들은 東閣 宴會 때에 불량배가 와서 연회장의 음식을 약탈해가도 말리지 아니하고 그냥 내버려 두는 것이었다. 사신이 좌정하면 떼강도가 달려들어

음식물을 약탈해 가서 연회가 제대로 끝난 적이 없었다. 이를 알고 있는 西厓는 연회장에 들어서기 전에 序班을 불러

> 듣자하니 차려주는 음식물이 불량배한테 약탈 당한다던데, 그리되면 황제께서 하사한 것이 떼강도의 손에 들어가는 것인데 그렇게 되어도 좋단 말이오. 이 점 불쾌하기 짝이 없으니 아예 들어가지 않는 게 낫지 않겠소.

하고 연회에 참석 않으려 하였다. 그제야 말뜻을 알아듣고 부끄러운 표정을 하며 들어가 예관에게 알리고 얼마 후에 다시 나와서

> 이번에는 절대로 그러한 일이 없을 것입니다.

하고 인도하였다. 이날은 지정된 좌석에서 조용히 음식을 들고 무사히 연회를 마칠 수가 있었다.[33]

나중에 西厓가 묵고 있는 玉河館으로 吳仲周가 찾아와서 은근한 정을 표하였다. 그때 西厓가 印本 聖學十圖 一件을 보여 주었다.[34] 기록은 이까지 씌어 있으나 그 십도를 보이기만 하고 도로 가지고 오지는 않았을 것이다. 국내는 이미 판각이 있고 인본도 頒賜되었으므로 稀貴하지 않으므로 吳京에게 선사하였을 것은 현대인의 외교 감각으로도 충분히 이해되고, 西厓가 가지고 간 이상 중국 땅에 전파하기 위하여 주었으리라는 것은 의심의 여지가 없다. 이리하여 성학십도는 西厓의 힘으로 중국 燕京에 전달되었다.

서애가 돌아올 때에 吳仲周는 序를 쓰고 詩를 읊어 전송하였으며, 두 분의 교제는 사신과 인편을 통하여 그 후에도 계속되었다. 그 때 吳仲周는 송별시를 이렇게 읊었다.

遙持使節謁楓宸　　譯誤何勞詢問頻
已訝玄譯開麗日　　却憐手度發陽春

---

33) 同上 雙注 참조
34) 同上

窺鳥班鵠立情難訴　　鴨水鴻飛恨轉新
別後音書那可得　　　神嵩夢寐獨傷神

　이로써 聖學十圖의 中國 頒傳이 退溪 역책 1年前인 1569年(己巳) 10月에 이루어졌다. 시기가 명백하고, 전달자는 西厓이며 전수자가 吳京임도 불명해졌다. 그리고 陳白沙, 王陽明의 學問이 융성했던 16세기 말의 명나라 학풍과 생활상의 한 모습도 명확하게 파악할 수 있게 되었다.

　앞으로 退溪의 理學要訣인 성학십도가 중국 학계에 어떻게 傳播되었으며, 성리학은 퇴계로부터 어떠한 영향을 받았는가 하는 문제는 吳仲周에 대한 연구가 이루어짐으로써 실마리가 풀려나갈 것으로 보이나, 현재로서는 필자의 능력이 미치지 않는다. 西厓가 다녀온 이후의 16세기 末葉과 17~19세기의 중국사상사를 穿鑿하고 吳門 系統의 학문을 연구한다면 결코 불가능할 것도 아니다. 이것은 금후의 과제로 삼는다.

VI

　西厓는 서장관의 임무를 끝내고 귀국하여 忠清監司로 清州에 계시는 부친 立嚴 柳仲郢에게 근친을 가서 師門 退溪에게 귀국 보고를 하였고 퇴계는 이에 답장을 보냈다. 1570年(庚午) 4月 하순으로 짐작되는데 退溪는 답장에서 '燕京에 간 사람은 많은데도 그들을 만나 논리를 세워 말한 사람은 몇이나 있던가, 공은 수백제생을 만나 능히 정론을 폈으니 쉽지 않은 일이다.[35]' 하고 서애를 칭찬하였다. 그리고 吳仲周에게

---

35)『退溪先生文集』卷三十五, 張 36「答柳而見」.
　　數日前 傳聞好還 不及修賀 而適奉珍緘 來自西原 備悉途中諸況(中略) 今以辱示觀之 京師西方之極 聲名所華 士習學術 汚舛如彼 不知是天然耶 抑人實爲之 以今云云揆前日 尹子固問答 及魏時亮諸說 陸禪懷襄於天下 及如是 令人浩歎不已 然入燕者數多 能遇此等人 作此等話頭者 亦無幾 公能遇數百諸生 發此正論 略點其迷 不易得也 第吳京欲相送 與之相違 是果爲恨事矣 啓蒙翼傳 今始刊於星州 若後行賚來 則其闕板 猶可追補刊也

정이 가서 西厓와 吳公이 서로 송별하려던 일이 어긋났다는 글을 읽고 그 점을 퇴계가 자신이 겪은 듯이 못내 한스러워 하였다. 退溪의 이 답장은 西厓를 위로하였을 뿐 아니라 스승의 학문을 陸禪으로 懷襄된 中原天下에 펴고 왔음을 크게 치하한 것으로 보인다.

  退溪는 역책 8개월 전에 그의 학문이 중국에 전달되었음을 확인하였고, 西厓는 28세의 젊은 나이로 先生學을 儒學 宗主國에 심고 온 최초의 宣揚 道統 傳授者가 되었다. 이로써 퇴계학은 420년전에 이미 중국 북경에 전달되었고, 또 약 350년 후에 百世詔人心, 萬國乃同欽이라 경앙을 받았으며, 가까이는 臺湾, 香港의 국제학술회의에 이어 금년 1989년 10월에 退溪 歿後 418년만에 다시 北京에서 宣揚하게 된 것이다.

第 5 章 嶺南地域의 退溪學 淵源攷

第 1 節 尙州지방의 退溪學 淵源家

1. 초고를 시작하면서

博約會 제9차 1991(辛未)년 가을 대회를 尙州에서 개최하게 되었다. 상주는 湖西에 인접한 경북의 가장 서편에 자리잡고 있어서 인아 척당과 세의가가 없으면 좀 먼 곳으로 느낄지도 모른다. 자주 다닐 기회가 없었던 분은 생소한 고장으로 짐작할 듯하다. 대구에서 간다면 안동·포항·청송·김천 등지와 엇비슷한 거리이다. 박약회를 개최하는 인연으로 가까운 상주가 되고, 회원은 그 곳 친구를 많이 사귀어서 다음 방문 때 안내를 받을 수 있었으면 좋겠다. 상주는 옛 沙伐(弗)國의 故土이며 慶尙道의 語源이기도 한 新羅의 州, 高麗의 州牧, 節度使, 按撫使, 朝鮮의 觀察使, 兼任 牧使, 또 鎭을 두어 右道兵馬 副使까지 겸했던 우리 나라 八牧中의 하나인 雄府이다. 그래서 이곳 목민관엔 유명인이 많고, 慶尙 고을을 산 官員은 監司와 卿大夫로 많이 승진했다.

이곳 출신 名賢에는 교육과 학덕, 절의와 기개로 일세에 그 聲華가 떨친 분이 많다. 그런 까닭으로 義氣 忠節의 고장이라 했던가! 이 名鄕에서 박약회 창립 5주년을 기념하고 한 해의 마감잔치를 하는 것은 더 없이 의의있는 일이며 이를 계기로 會報를 창간함은 會의 역사에 한 마디(節)를 굳히는 장한 일이라고 생각한다.

회의를 거듭해오는 동안에 회원들의 취향이 강연과 연구 발표를 듣는 것도 중요하지만 이에 못지 않게 선인들이 古宅과 遺蹟地의 답심을 바라는 이가 더 많은 것도 알았다. 그곳 출신 현존 인물은 노력만 하면 사귈 수가 있지만 옛날에 살다 가신 고인은 傳言故事와 문헌이 아니면 접할 수가 없다. 그래서 관심이 더 있는 듯하다. 몇 해 동안 경험했듯이 한더위에 땀과 비로 옷을 흠뻑 적셔도 書院 謁廟와 古家 尋訪 때는 뜰을 가득 메웠고 차가 비좁았다.

관광 유람이라기보다는 門戶를 구경하고 서구식 도시화해가는 시대적 변질상황에 처하여 守城과 爲先하는 법을 본받고자 하는 儒家 후손의 報本 孝心 때문에 그렇게도 열성이 비쳤던 것이다. 요즘 관광과 개발은 뜯어먹고 먹히는 利ㅅ속 때문에 공해는 극에 이르렀다. 보존해야 할 先代의 유물이나 장구소가 거리낌 없이 훼손되고 不敬하고 不飭한 행위가 서원이든 분묘이든 남의 마을 곁에서든 수치심 없이 행해지는 滅文化 시대에 도달했다. 짧은 생애에 개인의 욕심을 챙기는 비국민 때문에 무궁무궁 지켜야 할 寶(민족의 우수한 문화 특질)와 財(문화유산)가 모두 파괴 당하고 있다. 가난할 때 조상을 위하는 일이라고 자손들이 푼푼·粒粒穀을 거두어 마련해 놓은 석물이나 건조물들을 넉넉하고 豪華浮放하게 살게 되자 재주껏 배운 기술과 연장(動力)을 가지고 마구 훔쳐가고, 額書·刻板도 닥치는 대로 떼어다가 개인의 庭園과 酒肆 紅樓用으로 쓰는 판국이니 양심이 있고 조상이 있는 후손이 사는 나라인가! 온 국토를 유흥장으로 만들어서 문명 국가에서는 세계 어느 구석에서도 볼 수 없는 酒席·雜技場(화투노름, 춤, 猥褻의 남녀게임)으로 바꾸어 놓았다. 樂山 樂水의 의미는 커녕 자연과 자아의 관계도 알 바 없다. 이제 이 나라 강토에서는 養眞 參同하고 幽貞修煉할 곳은 어느 곳에도 없다. 先進國을 만들면서 이런 짓 이런 施策을 대통령과 정부 정당들이 主導해 왔다. 先進國이란 예절과 민도가 앞선 나라이다.

그대로 건드리지 않고 둬야 비록 風磨雨洗가 되더라도 흔적 속에서 역사의 眞迹을 찾을 수 있는데 조상의 이름과 얼굴을 바꾸는 일이 되는데도 아무렇지 않다는 듯 개조 변형을 밥먹듯 해서 선대의 양질문화의 진가를 무원칙하게 저하시켜가고 있다. 이러한 때에 유적지를 답심하고 남의 문중이 위선하는 모범과 도리를 직접 보고 익혀 배운다는 것은 바른 길을 걷는 자세라 아니할 수 없다.

경상지방의 여러 문호며 유적을 다 볼 수 있다면 이보다 더할 盛事가 어디 있을까마는 하루 일정으로는 도저히 어렵다. 상주대회의 추진위원들이 세운 계획에 따라갈 수밖에 없다. 이 점은 회원 여러분이 너그럽게 이해해 주리라 믿는다.

이에 필자는 회보를 통하여 상주지방과 인연있는 옛 인물의 지상 탐방을 위하여 본고를 집필키로 하였다. 그 지방 출신자를 여러 활동 분야로 나누고 여러 각도로 소개해야 마땅하겠으나 필자의 才學으로는 감당할 수 없는 일이다. 이런 일은 잡지사나 언론계의 기획 기사라든지 향토문화원에서 할 일이므로 언급을 삼가하기로 한다. 다만 본인은 분수에 걸맞게 전공하고 있는 退溪學의 기본작업의 一役인 退溪學脈과 연원을 찾아 그 학풍과 교육이 이 지역에 미친 상황을 파악하고자 한다. 이 조사에 쓰인 자료는 『嶠南誌』를 바탕으로 했고 金石文과 狀·識·記·跋 등 소장하고 있는 자료의 한도내에서 원안을 초하여 동학 선배의 자문을 받아 게재하는 것이다. 앞으로 다른 지역도 이 같은 방법으로 다음 篇을 엮어갈 작정이다. 회원 여러분의 조언과 자료 제공이 있기를 바란다.

2. 槪觀

尙州 咸昌에서 태어났거나 이곳 목민관으로 와서 인연을 가졌던 분은 『嶠南誌』 尙州篇의 인물조인 官案, 文科, 逸薦, 蔭仕, 生進, 文學 난에 다 실려 있다.

각 인물에 대한 소개 내용은 本貫, 字, 號, 顯祖와 아무의 동생, 아들, 조카, 손자, 小·大科 及第와 그 연도, 학문과 업적, 관력과 贈褒, 저술과 文集 유무 등 비교적 자세하다. 특히 師事(受業) 門庭을 밝혀 두었기 때문에 여간 다행한 일이 아니다. 앞으로 퇴계선생의 門人錄과 제자의 修契帖을 두루 구하면 더 완벽한 것이 될 것 같다.

어느 지방에서든 마찬가지로 퇴계에게 배운 사람이 아니고 퇴계와 同楊 수학했거나 관직생활을 함께 한 이 곳 출신의 친구를 첫째 꼽을 수 있다. 또 門親, 先代世誼, 婚姻結事, 戚族으로서 이 곳 長官을 지낸 분을 들 수 있다. 이들을 한데 모아 交友部라 부르기로 한다.

다음은 이 곳 출신이 아닌 사람으로서 退溪와 친구이거나 문인 또는 家人中에서 상주 고을을 살았거나, 벼슬과는 관계없이 이 곳 출신의 후학을 한 類로 묶어서 及門部라 한다.

셋째는 퇴계의 학문을 私淑·傳承闡揚하였거나, 특히 숭모한 사실이 남다른 분을 景陶諸賢이라 하고 별도로 살핀다.

끝으로 退溪의 三大 門下의 대연원과 穌齋, 月川, 柱峯, 讓潭, 權景龍형제, 堂姪인 李潔 등을 도표로 계보화하여 淵源圖라 하고 맨 뒤에 붙인다.

각 계보의 특징과 學問 繼開의 評傳은 작업상 시기 상조이므로 약하고 후일을 기약한다.

(1) 交友

道義 交遊가 있었던 분을 셋으로 나누어 설명한다.

첫째 상주 출신인 친구로서 교우가 깊은 丁應斗, 洪春年, 姜士尙, 金貴榮 제공을 들 수 있다.

丁應斗(자·樞卿)는 1534년 과거에 同榜 甲科 삼인 중 제2인으로 급제하여 같이 벼슬길을 지냈다. 혼담도 있었고 아들(胤禧)은 陶門에 수업하였다.

洪春年(자·和仲)은 湖堂에서 함께 지냈다. 같이 벼슬길에 있으면서 「赴京春秋官」, 「權冲齋林錦湖洪和仲東湖泛舟」 등의 시를 읊어 준 사이였다. 洪公은 賀淵 李仲樑 뒤를 이어 강원감사를 지냈고 나중에는 吏曹判書에 이르렀다.

月浦 姜士尙(자·尙之)은 후배인데 경상감사로 도임해서 여느 전임감사와 같이 도산서당을 순시하고 갔다. 退溪는 月浦가 떠난 뒤에 言

志 七言一絶을 읊어 가지고 雲巖 金明一과 예안 현감에게 보이면서 심회를 털어놓았다.

   寒事幽居有底營 藏花護竹攝羸形
   慇懃寄謝來尋客 欲向三冬斷送迎
        〈言行通錄, 年譜補遺, 문집 '山居四時吟'〉

東園 金貴榮(자·顯卿)은 시와 술로써 情曲을 서로 나눈 사이였다. 乙卯年(55세)에는 佐郎인 金東園이 호당으로 술을 들고 와서 밤들이 놀며 시를 읊었다. 한 번은 退溪가 하향한다는 소문을 늦게 듣고 배에다 술을 싣고 와서 전송하였는데 楮子島에서 시를 읊으며 헤어졌다.

둘째 상주출신이 아닌 목민관으로서 남다른 交誼가 있는 분으로 柳仲郢, 金就文, 李仲樑, 金彦琚, 洪春卿 등이 있다.

立巖 柳仲郢(자·彦遇)은 豊山 河回 출신인데 문하의 謙庵 柳雲龍과 西厓 柳成龍의 아버지이다. 황해감사로 있을 때에 海州本, 平壤本, 朱書節要를 간행했다. 退溪는 河隈(回)圖 十幅의 屛題를 써 줬고 왕복 서찰도 있다.

久庵 金就文(자·文之)은 인품이 고결한 친구였는데 청송부사로 재임중에는 아들을 보내어 薰陶를 받게까지 했다. 詩交가 많았다.

賀淵 李仲樑(자·公幹)은 팔촌척이며 성균 유학을 같이 하였고 문과도 同榜으로 급제했는데 丙科 第八人이었다. 留京出仕中에는 聾岩의 退歸 下鄕 때와 雲岩 金緣의 歸覲 때 향인끼리 전송했다. 귀향 중에는 낙동강에서 같이 泛舟 遊山을 많이 했다. 禮安 汾川 출신이다.

灌圃堂 金彦琚(자·季珍)는 近邑 宰守를 지내는 동안 자주 방문하였고 시를 읊었다. 退溪는 詩·書와 詩集跋을 써주는 기회를 이용하여 金公에게 언행을 기탄없이 훈도하였다. 灌圃도 退溪의 말씀은 주저없이 수용하였다.

石壁 洪春卿(자·明仲)은 洪春年의 형이다. 선배지만(4년장, 6년 먼저 試中) 벼슬길에서 잘 어울렸고 詩交가 많았다.

다음 咸昌의 退齋 權敏手(자·叔達)와 桐溪 權達手(자·叔通) 형제 하고는 結事한 查頓間이다. 桐溪의 손녀가 退溪의 맏손자 李安道의 부인이다. 임란 중에 媤祖父의 유품과 서책을 보존하여 오늘에 전했다. 부인은 取養한 아들 嶷(生父詠道)을 成娶시켜 子婦 成氏가 입문한 이튿날 밤에 당신이 없어야 양자가 壽를 길게 할 수 있다고 家法과 열쇠를 새 며느리에게 전하고 그날 밤에 自盡한 열녀이다. 現 上溪의 宗宅의 烈女門 主人公이다.

桐溪는 갑자사화 때 적소에서 寃逝하였고 생시에는 退溪가 岐亭十詠을 읊었다. 岐亭은 뒷날 退齋의 아들인 纘이 호로 썼다. 桐溪의 부인 鄭氏는 부군을 返柩하면서부터 絶穀하고 60일 만에 순절하여 가장의 뒤를 따랐다. 旌閭閣은 咸昌과 白岩 間의 노변 들판에 서 있다.

權紹는 李安道의 장인이다. 파직과 승진 때 慰賀의 예를 비롯하여 情話가 서찰에 많이 전한다. 李安道가 咸昌 밤실(栗谷)로 초행한 이튿날 退溪가 보낸 醮禮辭는 오늘날의 모든 郎閨가 읽고 지켜야 할 부부의 大經 大法이다. 權紹가 安東府使로 있으면서 太師廟를 增修할 때 退溪에게 增修記를 부탁하였다. 文峯 鄭惟一에게 典籍을 섭렵하게 하여 『安東府三功臣廟增修記』를 지어 주기도 하였다.

1566(丙寅)에는 여기 栗谷에서 金蘭契會를 修契하였는데 後人들의 世誼를 생각해서 참고로 적어 놓았다.

權景龍·景虎 형제, 曺繼益, 光益·希益·好益·謙益 형제, 李愈·應 형제, 鄭元忠·元沈·元黙·元健 형제, 玄璞, 姜士弼, 金訊, 李景欽, 洪秀民, 李安道.

虛白亭 洪貴達과 그 아들은 모두 갑자사화를 입었다. 彦弼은 조졸하였고, 彦昇(居昌縣監), 彦邦(자·君美, 박사), 彦忠(자·直卿, 호·寓庵, 文章四傑의 一, 四挽詞로 유명), 彦國(호·訥庵, 文章節行) 4형제 중에 퇴계가 흠모하고 남달리 여긴 분은 寓庵이다.

退溪가 13세 때에 형제 종반이 청량산에 들어가 공부한 일이 있다. 이 때 숙부 松齋가 시 12 수를 지어 주면서 勸學하였는데 그 가운데 한 시제가 「安中寺洪彦忠黃孟獻」이다. 寓庵은 淸涼山 安中寺에서 松齋와 함께 독서를 하여 오랜 세의가 있다. 송재시를 참고로 적어 둔다.

　　安中寺裏洪黃我　丙午年中事已遼　存沒人間一怊悵　亂松風雨夜簫簫

(2) 及門

문인 중에서 이곳 상주목사를 지낸 분으로는 栢谷 鄭崑壽(초명·逵, 자·汝仁), 錦溪 黃俊良(자·仲擧), 西厓 柳成龍(자·而見), 栗里 李熹(자·子修), 斗谷 高應陟(자·叔明) 竹牖 吳澐(자·大源)이 있다.

顧庵 丁胤禧(자·景錫)와 南峯 鄭芝衍(자·衍之)은 이 곳 출신의 문인이며 목사를 지냈다. 南峯은 처음 履素齋 李仲虎와 花潭 徐敬德에게 가서 사사하고 나중에 수업을 했다. 退溪의 천으로 世子師傅가 되었다고 전한다.

문하에서 배우지는 않았지만 退溪의 손녀서 雲川 金涌도 이곳 목사를 지냈다.

(3) 景陶諸賢

후학으로서 인연이 닿은 분을 들자면 皓隣 姜世昌을 들 수 있다.

姜公은 正祖 때 陶山科 別試에서 장원을 하였다.

南溪 康應哲은 疏를 올려 五賢 陞廡를 청원하였고, 晦齋와 退溪를 辯誣하는데 힘을 다하였다. 淸臺 權相一은 한 평생 理氣論을 연구하여 퇴계의 理氣說을 闡明하고 正統理學의 本流를 승계하였다.

3. 상주지방의 퇴계학 연원도

퇴계학 연원도와 계보는 물론 門徒錄도 아직 완전 무결하다고는 할 수 없다. 그 이유는 同門修契錄이나 退溪가 손수 초해 놓은 제자록이 없기 때문이다. 겸손한 退溪는 배우러 오는 제자에게 스승되기를 사양하였고 가르치고서도 스승을 자처하지 않으려 애썼다. 시골집(兄舍, 蝸舍, 양진암, 한서암, 계상서당, 도산서당)과 서울·丹陽·豊基 등 임

尙州地方의 退溪學 淵源圖

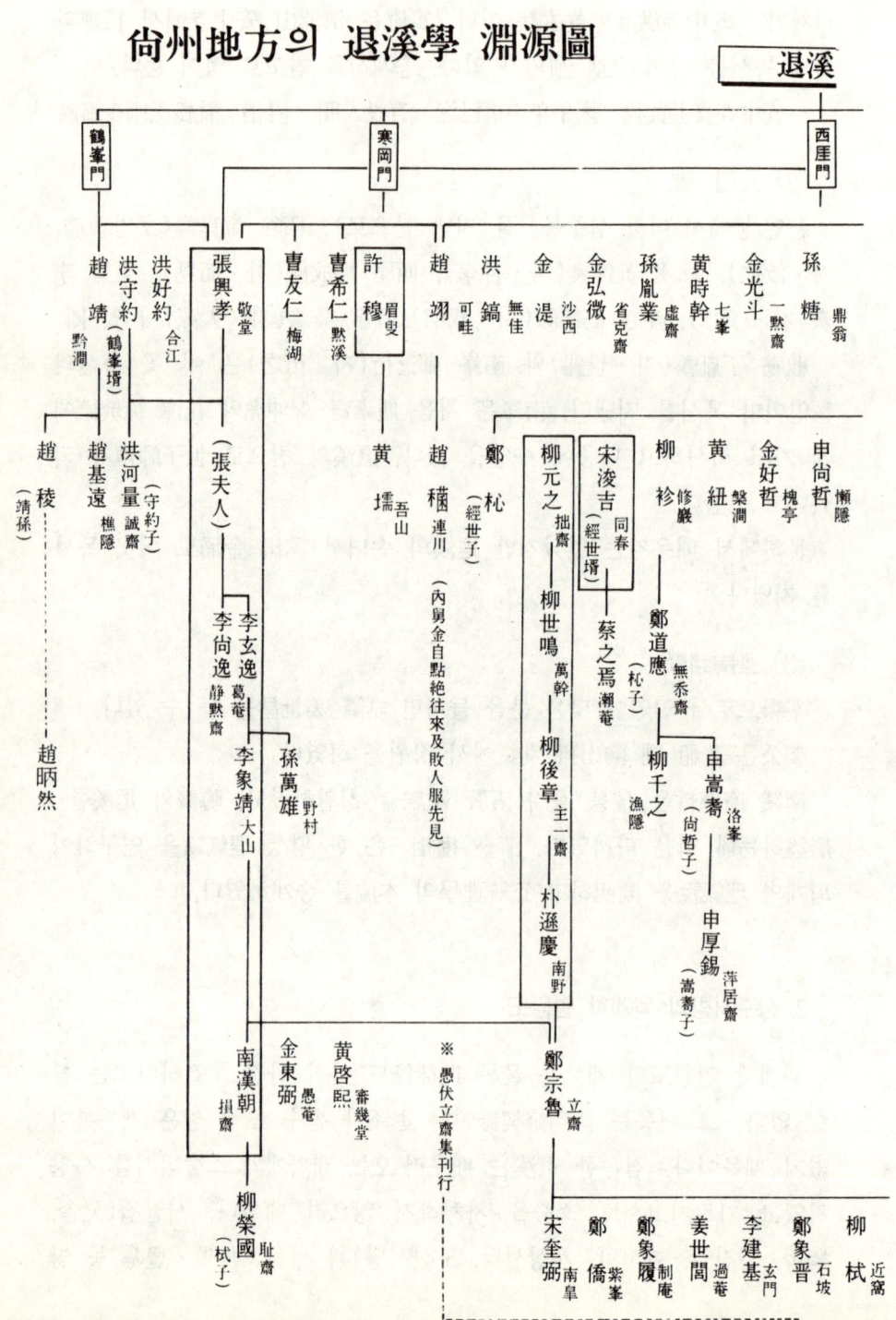

第5章 嶺南地域의 退溪學淵源攷 269

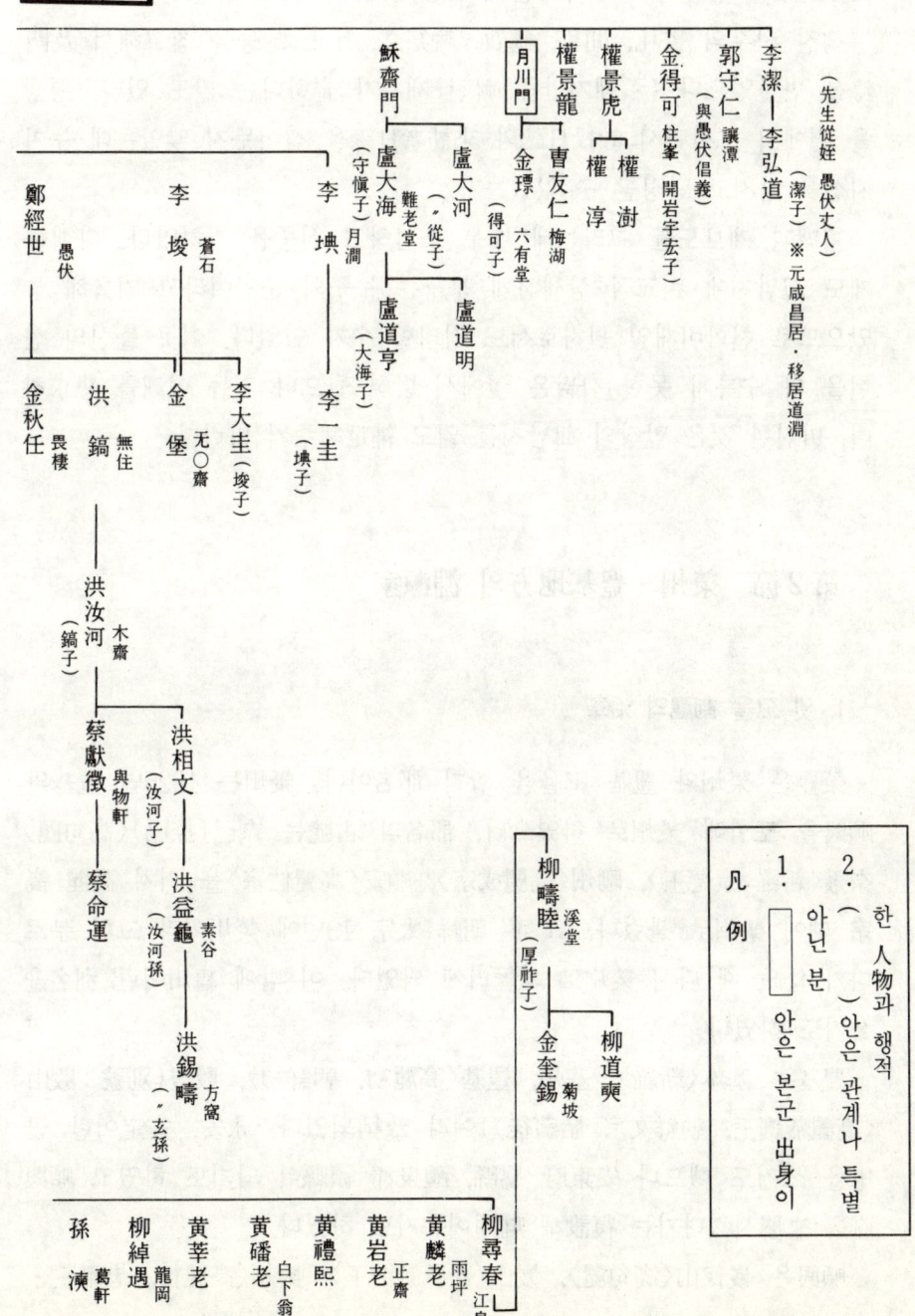

지에서 訓誨, 敎誨, 講學을 계속하였음에도 麗澤의 益友로 대접했고, 後生之業을 삼간다고 물리치면서 立志 奮勵 등 勸學에 힘을 더 썼다.

생전 사후의 書札, 問目, 講質, 輓祭文, 斥正文 등을 참고해서 及門錄을 만들었으나 든 제자만큼 빠진 제자가 숱하다는 말도 있다. 평생을 곁에서 모시면서 敎授日誌와 來訪者日錄을 적어두지 않았는데 누가 자신을 가지고 단정할 수 있겠는가.

학맥과 계보도를 그리는데 매우 조심하고 신중을 기하였다. 다행하게도 교남지에 비교적 상세하게 누구는 누구의 문인이라고 기록해 놓았으므로 천학비재인 필자로서도 정리할 수가 있었다. 이곳 출신의 선현을 다 수록치 못한 까닭은 앞에서 밝혀 뒀으나 거듭 이해를 懇求하며, 미진한 것은 앞장의 교남지를 읽고 補足해주기 바란다.

第2節 榮州·豊基地方의 淵源家

1. 셋 고을 割屬의 沿革

榮豊은 榮州와 豊基 고을을 합친 郡名이다. 榮州는 1925년 豊基와 順興을 포함해 榮州로 하였으나, 郡名의 古號는 奈已(捺已)〈高句麗〉奈靈〈新羅 景德王〉, 剛州〈高麗成宗〉, 順安〈高麗仁宗〉을 거쳐 高麗 高宗 때에 榮州로 불렀다. 그 후 朝鮮 太宗 13년에 榮川이라 고쳐 부르다가 倭政 때 다시 榮州로 되돌리게 되었다. 이 밖에 龜川이란 別名을 쓰기도 하였다.

豊基는 基本〈新羅〉, 基州, 豊基〈高麗初, 朝鮮初〉, 殷豊(別號 : 殷山〈高麗恭讓王, 朝鮮文宗 胎藏後〉)이라 改稱되었다. 永安, 安定이란 군명을 쓰기도 했으나 安東府 屬縣, 醴泉郡 領縣이 되기도 하였고 順興府를 來屬시켰다가는 復設해 떼내어주기도 하였다.

順興은 岌伐山〈高句麗〉, 岌山〈新羅景德王〉, 興州〈高麗初, 忠肅王·

忠穆王 때 陞府〉, 順政〈高麗 成宗〉, 興寧〈忠烈王〉, 順興〈都護府 : 朝鮮 太宗, 肅宗代에 復陞〉으로 改稱되었는데, 高麗의 忠烈王, 忠肅王, 忠穆 王들의 安胎로 知郡, 陞府되기도 하였고, 大田 李甫欽과 錦城大君(李 瑜)의 端宗 謀復 사건으로 豊基郡, 榮州郡, 奉化縣으로 割屬 廢府돼 버렸다. 오늘날에는 順興은 面으로 豊基는 邑으로, 榮州의 中心部는 市 로 되고 그 밖은 榮豊郡이다. 1995년 行政區域 변경에 의하여 榮豊郡 은 다시 榮州市로 바꾸었다.

기나긴 歷史를 거쳐오는 동안 수많은 人物의 哀歡과 聲華가 뒤바뀌 었으나 이곳 出身의 退溪先生 淵源 學脉은 현금에도 그분들의 後孫에 의하여 名門과 文雅를 維持承繼하고 있으며, 先生이 이 고장에서 牧民 敎學한 治績은 현대적 尙德 再照明으로 化民成俗에 많은 영향을 미치 고 있다.

2. 榮州地域의 連互關係

榮豊과 退溪先生은 修學, 仕宦, 敎育, 京鄕往復行次, 連姻接族 등으 로 곳곳에 발이 닿았고 많은 사람을 만나고 사귄 고장이다. 緣臂緣査 는 先生의 선대로부터 結緣되었고, 先生 三代가 醫院과 居接을 통하여 修學한 곳이다. 私學의 正規敎育은 白雲洞書院에서 시작하였고, 伊山書 院을 創設하여 書院敎育의 規模를 確立하게 되었다. 豊基郡守의 在任 이 비록 1년을 다 채우지 않았지만 治敎에 있어 官紀와 私敎育의 典 範을 樹立해 놓았다. 그런 過程에서 詩文과 生活歷의 記錄을 많이 남 겼으며 榮川 人物들과의 說話는 다른 어느 地方에서보다 풍부하다.

(1) 連姻接族

先生의 四兄 溫溪(李瀣)公은 遠岩洞 延安金氏門에 장가 들었고, 先 生은 榮州市에 隣接한 오늘날의 祖岩洞(사일, 草谷)에 贅居한 許氏(諱 ·瓚, 號·黙齋)宅에 장가들었다. 先生의 장인은 딸만 두분을 둔 文滄

溪公(諱・敬仝)의 맏사위가 되어 宜寧에서 榮州로 寓居하여 살았다.
滄溪公은 淸風郡守 在任中 官衙에서 別世하였는데 사위인 許黙齋公이
運櫬해서 末岩(멀암＝遠岩)에 幽宅을 모셨다.

　선생이 장가간 것은 바로 1521년이었고 그때 선생의 年歲는 21세였다.
　선생의 妻姨母인 滄溪公의 둘째 따님은 金光의 張應臣公에게 出嫁하
였다. 그래서 果齋 張壽禧는 先生의 妻姨從이 된다. 先生夫人 許氏가
別世(27세 때인 1527년)하자 滄溪公 墓後 同原에 埋葬하고 李・張 兩
門이 外孫奉祀를 해 내려오고 있으니 末岩(遠岩)과 先生 家門과 許黙
齋는 榮州에서 没하였고 뒷날 아들 士廉(號・蒙齋, 進士)이 母夫人 文
氏를 모시고 宜寧으로 還鄕하였지만 榮州에 있을 때 몇 집 家門과 結
緣해 놓고 떠났다.

　先生의 처남인 許進士(딸만 둘)는 같은 푸실(草谷) 谷內이자 사일
건넌마을 寒亭里의 嘯皐 朴承任의 맏아들인 朴漉(號・醉睡軒)을 사위
로 맞았다. 嘯皐는 선생 문인으로만 世人이 알고 있지만 처남의 査頓
이기도 하다.

　吳澐(號・竹牖)은 咸安(오늘날의 墻內, 옛 村名은 茅谷 또는 後谷)
에 살았는데 先生 從姊兄 吳彦毅公의 孫子이다. 竹牖 또한 許進士의
女婿로서 초년과 만년에 영주 사일에서 살았고, 没後에는 영주 시외
祖岩洞 동쪽에 歸葬되었다. 妻父母를 모시느라 고향쪽 宜寧에 가서 살
았다. 壬亂 때 忘憂堂과 同時 義擧하고 陣中에서 함께 싸운 것은 南道
에 돌아가 살았기 때문이며, 外家(郭氏) 妻家(許氏)로 해서 忘憂堂과
竹牖는 남남이 아니었다. 竹牖 宗家(冑孫吳柱鎬)는 高靈郡 雙林面 松
林洞에 있지만 현재까지 몇 집은 사일에 그대로 살고 있다.

　金士文(자・質夫)은 知心의 친구이자 龍壽寺와 成均館의 榻友인데
張應臣의 사위가 되어 先生과는 妻婿從 同堵인 聯衾의 誼가 있다. 따
라서 栢巖 金玏은 先生의 妻姨從姪이고 문인이다.

　先生 伯氏 李潛公의 딸이 榮州 文殊面으로 出嫁하였는데 閔蓍元이
姪女壻이고 閔應祺(號・尤叟) 閔應祿은 從外孫이자 門人이다. 閔公은

分袊을 따라 溫惠로 移居한 일도 있다. 그 뒤는 絶孫이 되었으나 門族이 지금도 文殊面 萬芳里에 살고 있고 博約會에 몇 분이 參加하고 있다.

野翁堂 全應房과 伊山書院 創建時에 董監을 한 全應壁, 七里奧 全應參은 兄弟間인데 先生과 外系로 8寸間이다. 野翁의 外祖父 金哲友公과 先生 祖母氏와는 從娚妹間이다. 榮州의 沃川 全氏 三兄弟분 後孫은 上代에 모두 連姻 관계로 맺어져 있다. 선생의 孫女는 高靈朴氏에 出嫁하여 朴欖의 夫人이 되었다. 朴大齡은 先生 친구이자 査頓間이다.

先生의 從子 遠岩 李寯는 先生 在世時에 外家 곳인 遠岩으로 移居하여 後孫이 仍居하였고, 五兄 莘野 李澄公의 後孫은 일찍이 榮州로 많이 가 살았다. 後代에 와서 先生 後孫은 말할 것 없고 莘野公 遠岩公 後孫들이 世居 結緣하여 榮州는 可謂 世世 接族의 族鄕이다.

3. 三代 遊學의 고장

옛 鄕風으로 봐서 榮州에 醫科大學이 없고 敎育都市로서 發達하지 못하고 있음을 筆者는 매우 안타깝게 생각하고 있다. 白雲書院, 伊山書院의 創學 精神은 새삼스레 들출 필요가 없다. 功令文 修練學堂이지만 그 이전의 私設 講學機關인 居接과 醫學講習을 한 學風은 後代에 와서도 그 傳統을 계승할 가치가 높다고 생각한다. 退溪先生은 19세 때 榮州 醫學機關에서 講習을 받았다. 先生이 醫員처럼 진맥하고 鍼을 놓진 않았지만 당신과 家人을 위해 藥을 和劑하였으며 家人 健康을 藥方文으로 治病하였으니 記憶해 둘만도 하다. 또 선생의 손자인 蒙齋 李安道를 비롯해서 陶山 門學 여럿이 그 의원에서 공부한 사실도 기록 전수될 만하다.

그리고 선생의 長子 李寯公은 榮州 居接에 가서 공부를 하였다. 道學에 별 도움이 되지 않아서 이내 그만 두었지만 科擧 준비 공부인 功令文 修練에는 榮州가 꽤 유명하였고, 專門的이었던 것 같다.

특히 선생이 베푼 白雲洞 教育과 庶民을 차별하지 않은 평등교육은 褒純의 先生 鐵像鑄造와 三年蒙喪 사실로 오늘날까지 順興面 褒店里에 전해오고 있지만(道指定 文化財 第279號) 後任 郡守, 白雲書院 諸生, 地方의 友人, 監司에게 올린 狀啓 등에서 들어나 있듯 先生의 人材養成에 대한 의지와 이 지방 출신의 인물에 대한 여망이 컸음을 알 수 있다. 뒤에 붙인 淵源圖에 들어나 있지만 많은 後進들에게 先生의 期望이 크게 영향을 미치었음을 알 수 있다.

4. 文義 人物傳

榮州와 先生의 人間交際는 連姻接族을 떠나서도 人物 接觸이 많았다. 京鄕 往復과 同榻修學에서 만난 사람이 있는가 하면, 試官으로 가서 만난 사람, 出仕하여 同官 僚友로서 사귄 사람들이 文籍에 記錄되어 있는 사람만하여도 그 수를 헤아릴 수 없다. 詩文 書柬에서 들어난 사람을 적어 先生의 交義 人物을 정리해 보고자 한다.

琴梧(字·大材·伯材, 號·竹窓)는 先生 子婦의 伯父이니 査頓인 教授 琴梓의 伯氏이다. 1551(辛亥)年 12月 1日에는 姪婿인 閔蓍元과 閔子敬(名·?)을 데리고 술병을 들고 上溪 溪上書堂에 와서 놀다가 달밤에 간 일도 있다. 先生은 〈並轡凌寒忽見臨 酒兼清濁味山禽 悟言不覺虛堂夜 月滿前階霜滿林〉을 읊어 감사했다.

琴椅(字·仲材, 號·海村)는 先生 子婦의 仲父이다. 文科에 올라 翰林院에 뽑혔고, 奉侍教官과 青松府使를 지냈는데 豊基郡守는 先生보다 먼저 歷任하였다. 先生이 준 편지 몇 편이 文集에 전한다.

先生의 査頓인 琴梓는 외내의 雲巖 金緣 監司와 媤妹間인데 妻家마을에 贅居해 살았고 伯仲氏는 榮州에 살았다. 先生의 長子 李寯은 烏川으로 장가갔다. 그래서 烏川 七君子라 하면 李寯의 妻娚인 琴應夾(號·日休堂)과 琴應壎(號·勉進齋)도 포함되는데 이는 琴教授와 李僉正(寯)이 모두 烏川으로 장가 들었음을 밝혀주는 증거이다. 鄭飛石

의 「退溪小傳」에 적은 琴氏家門과 혼인해서 괄시 당했다고 하는 수모 說話는 虛無孟浪하게 造作한 虛構이다. 이 기회에 밝혀 두거니와 先生이 琴氏 며느리를 맞기 이전에 벌써 退溪家에서는 同鄕 禮安에서 琴氏 따님 두 분이 入門하고 있다. 先生의 맏조카 李寅은 琴致韶公의 셋째 딸을, 五兄 李澄은 넷째 딸을 娶했다. 그 분들은 모두 惺齋 琴蘭秀의 姑母들이다. 先生 曾孫婿인 惺齋아들 琴憘까지를 합치면 李·琴 兩門의 通婚 관계는 10여 명에 이른다.

琴軸(字·大任, 號·南溪)은 榮州 남쪽에 살았다. 先生과는 成均館에 함께 留館도 하였고(次韻琴大任 在泮), 上京 길에 榮州에서 만나 詩를 읊기도 하였다.(寄南溪 : 卜築南溪三十年 龜城閒臥雪欹顚 我心苦待無消息 山月如今幾缺圓) 또 先生이 豊基郡守 在任中에는 榮州에서 小科를 보일 때 試官으로 갔는데 龜岩 黃孝恭과 만나 詩를 읊었다.

先生이 南溪한테 보낸 편지가 8편 傳해 오는데 4편이 豊基在任 時의 것이지만 親交가 남달랐다. 南溪는 臨淵齋 裵三益 監司의 丈人이다.

金鸞祥(字·季應, 號·甁庵)은 順興에 산 淸道金氏이며 大司諫을 지냈고, 高節 剛直한 분으로서 先生의 知友였다. 대쪽 같은 諫言을 한 때문에 奸凶 李芑에게 몰려 海南에 安置되었다가 1566년에 丹陽으로 移配되었다. 先生이 上京 길에 丹陽에서 묵을 때 직접 訪問하여 위문은 하지못하고 편지를 받아 읽은 뒤 詩를 보내어 相憐之懷와 虛怗의 心襟을 달래기도 하였다.

〈病中得金季應書二絶〉은 丙寅(1566) 丁卯年間의 편지와 함께 嘆惌을 消化시킨 情曲이 담겨 있다.

        碧海星霜十九年   丹山缺月又將圓
        神明在處能扶護   莫嘆惌和偶一然

        謫裏聽鷄方就睡   旅中聞鴈示無眠
        五僑患多在思慮   盍把虛怗養寸田

先生이 甁庵에게 준 詩는 3題 7首, 書는 8篇이 文集에 전한다. 金甁庵은 先生의 조카 李喬의 妻姑母夫이니 琴悌筍, 義筍의 姑母夫가 된다.

閔龜瑞(字·長卿)는 先生 24歲 때 龍壽寺에서 聯作詩를 함께 읊었고, 閔某(字·子敬)는 先生 姪婿 閔著元과 함께 溪堂에 出入한 분이다. 萬芳里 寒井골 閔氏 門親이라 推測되나 譜牒이 없어 상고하지 못한다.

朴永俊(朴大齡父)은 先生의 오랜 親舊이며 査頓이다. 京鄕 往復間에 자주 들렀고, 先生이 丹陽郡守 移任 때는 怪石 2개를 가지고 오다가 朴公이 갖기를 원해서 1개를 주었다고 전해지고 있다. 그 돌을 後孫들이 소중하게 간직해 오다가 倭政 때 警察이 貪해서 뜰에 묻어 숨겼다는데 오늘날 그 遺地는 찾을 길이 없다(李家源 博士 證言). 先生은 朴公을 자주 만나는 기회에 그 孫子의 行止를 눈여겨 두었다가 뒷날 孫婿로 삼았다. 그가 勿齋 朴欓(初名 朴樑, 字·天擎, 改字·居中, 改名의 깊은 뜻을 써보낸 편지가 遺集에 전한다)이니 뒷날 嘯皐 門下에 보내어 修學시켰다. 婚姻 凡節을 改革하고 親迎, 奠鴈, 交拜의 儀式을 새로 改新한 것도 孫婿인 朴勿齋를 맞아 婚禮를 거행할 때였다. 床花와 世俗을 바꾸는 先生의 뜻에 同調한 것을 보면 朴公의 뜻도 世上 汚濁을 어지간히 싫어했던 모양이었다. 結事한 두 君子의 意氣投合은 先生의 新制變禮한 結果로써 꿰뚫어 볼 수 있는 일이다.

朴珩(字·和之)은 嘯皐의 父親이다. 여러 아들을 先生에게 보내어 修學케 하였고 先生의 岳丈과 結事한 것을 보면 여간 친한 관계가 아니었던 듯하다. 先生은 朴公 逝後에 挽詞를 하였고 그 夫人 金氏의 挽詞도 지어 보냈다.

朴民獻(字·希正, 號·㯖軒)은 學問的으로 아주 親熟한 사이었다. 先生은 㯖軒으로부터 『延平答問』을 얻어 연구하고 校正하여 李龜岩(名·楨)을 시켜 淸州에서 刊行까지 할 수 있었다. 1568年 召命을 받아 入京하는 길에 先生은 忠州에서 時任 牧使로 있는 㯖軒에게 서로 그리운 懷抱를 다음과 같이 읊었다.

```
    二嶺參天割域區    中原雄勝異偏隅
    浮雲往事空無迹    泛梗連年到豈圖
    舊病新秋如赴約    淸風溽暑奈辭乎
    滯留日日思公意    題在藤牋不愧蕪
〈淹留州館時主牧朴希正以王事入京書悔留贈〉
```

孫韻(字・叔蕃)도 龍壽寺에서 詩聯作을 한 榮州 知友이나 後孫을 만나지 못하여 상고할 길이 없어 자세히 적지 못한다.

安公信(字・大寶, 號・梅潭)은 豊基 出身이다. 文科에 登第하였고 刑曹正郞 재직시 先生(舍人벼슬 때)과 함께 休暇를 얻어 歸鄕하는 聾巖 李參判을 禮安 出身 在京 官僚들이 會餞할 때 同參한 분이다. 1542年의 일이나 그 뒤의 往復 詩文은 없다.

安瑞는 榮州郡守로 있을 때 榮州의 接과 醫院을 統合하여 伊山書院을 創建한 功勞者이다. 先生에게 書院 創建에 대하여 많은 자문을 받은 분이다. 伊山書院 院規는 그 뒤 全國 書院 儀節의 標準이 되었고, 順興의 安氏, 금광의 張氏, 무섬의 金氏, 그리고 李氏, 琴氏, 全氏, 賓氏 門中에서 協力 經營하여 많은 人材를 輩出하였으며, 先生이 敎化한 德을 崇仰해서 先生을 獨享하는 書院으로 하였다. 地方에서는 처음으로 書院에서 聖學十圖를 刊行하고 그 板刻도 守藏하였다. 그 板刻이 오늘날 어디 가 있는지 알 수 없으나, 1569년에 宣祖 御命으로 刻板印刷하여 十圖를 各 官廳에 頒布하고 學問을 獎勵한 그 板刻이 壬亂 兵火로 燒失되고 없는 점을 감안할 때 伊山書院의 十圖 板刻은 榮州官民과 士林이 어떤 方法으로든지 찾아다가 書院을 復元하고 所藏하면서 文化財나 寶物로 指定받아야 한다. 榮州에 들르면 安瑞 郡守 같은 城主가 왜 나타나지 않아서 敎育과 國學의 옛 名鄕을 復興시켜 주지 못하는가 하고 한탄되고 張果齋, 全應壁 같은 人傑이 나와 書院 復舊事業을 하여서 書院 院規를 揭示해 놓고 이웃 나라에서 찾아오는 韓國學

學徒에게 失望을 끼치지 않았으면 한다. 筆者와 交分이 있는 日本 武藏大學 渡部 學 교수가 韓國 書院史를 연구하면서 儀禮의 正本과 書院의 構造를 밝히려고 榮州에 들러 伊山書院이 湮滅되어버린 사실을 目睹하고 크게 놀랐다 하였다. 다른 어느 書院과 달리 그 書院은 꼭 再建되어야 한다고 자기 나라 일 같이 熱을 올리는 것을 보고 筆者는 부끄러움을 금하지 못하였다.

이 밖에도 榮州에는 表蹟 守護해야 할 永世不忘의 遺址가 또 하나 더 있다. 文滄溪公의 草谷 遺址이다. 그곳은 許黙齋(先生丈人)가 贅居했고, 張應臣(果齋의 先子), 退溪先生, 醉睡軒 朴漉, 竹牖 吳澐 들이 장가든 遺緖 깊은 庄墅址이다. 諸賢이 初夜를 지낸 신방자리는 다행하게도 철길에 물렸지만 남쪽으로는 스무여 평 삼각형 모양으로 남아 있다. 일본인 아닌 한국사람의 설계로 철로를 깔면서 그 집터를 이 지경으로 만든 것은 누구의 책임일까. 겨레 정신문화 의식이 한심스럽다. 金海許氏, 眞城李氏, 仁同張氏, 潘南朴氏, 高敞吳氏가 뜻을 모으고 힘을 합치면 滄溪의 遺墟는 外孫의 袗式으로 世人의 崇仰을 받을 記念碑的 터전이 될 것이다.

黃孝恭(字·敬甫, 號·龜巖)은 中宗 辛巳年에 殿策試에 登第한 후 校理, 金山郡守, 漢城庶尹, 司諫院司諫, 春秋館 編修官을 지냈고 書狀官으로 明나라를 다녀오기도 하였다. 그러나 官의 폐단을 보고 仕路에서 물러나 大龍山에 들어가 學問硏究에 專心하였다. 易範圖를 만들어 先生에게 問質하기도 하였고 跋文을 받아붙였다. 현재 紹修書院에는 그 易範圖가 所藏되어 있으나 낡아서 읽기에 힘든다. 文集 別冊으로 刊行이 되어 전한다.

先生과는 學問으로 親했고 詩文의 交酬가 많았다. 詩로는 〈孟夏廿五日 入龍壽寺 馬上寄黃敬甫〉〈辛卯秋 龜巖黃敬甫 赴燕京 余有詩一首贈別 至今十有七年而余被召 道經龜城 敬甫出詩示之 且次韻見贈 余亦和之〉(16年前 先生의 贈別詩는 전하지 않는다) 〈寄龜巖〉,〈黃小小賤寄龜巖南溪鐵津 各四十枚幷呈一絶求和 見敬甫大任於龜院 夕向郡馬上端午〉

4수가 있는데 友誼 넘치는 詩內容을 이들 詩題로서 충분히 느낄 수 있다. 書束은 3篇만이 전하는데 遺集에 실려 있다.

金潤石(字・仲睟〈粹〉)은 金欽祖의 아들인데 咸陽郡守로 있을 때에 先生이 지나는 길에 들려 詩를 읊었다. 金郡守는 本貫이 義城이고 先生은 禮安이 故鄕이므로 小白山南의 故里를 생각해서 歸夢鄕談을 切切하게 읊었다.

  天嶺逢春氣已酣 故人喜作故鄕談
  我今多病君猶甚 歸夢同懸小白南 ※ 天嶺은 咸陽 旧號이다.

李勉道(字・伯強)는 先生 宗中 사람인데 豊基에 살았다. 李公이 溪莊을 찾았을 때 詩 4首를 읊었다. 詩中의 〈竹溪書院盛絃歌 知是朝家振德多〉,〈武陵當日望郡深 龜玉寧無恐毀心〉句에 담겨 있는 두 분의 情款을 더듬어 보면, 白雲書院에서의 先生 教育과 治政에 李公의 協贊助力이 적지 않았음을 알 수 있겠다.

張應樑(字・昌秀)은 先生과 文科 同榜 丙科(第九人) 及第者이다. 1544年(甲辰) 7月 中旬에 咸鏡道로 赴任할 때 〈送張昌秀赴關北幕〉을 읊어 送別하였다. 이 事實은 親筆本 甲辰日記 7月 14日조에 기록되어 있고 詩는 遺集 卷1 外篇 10張에 실려 있다.

李碩幹(字・仲任, 號・草堂)은 公州人이다. 曾祖父 李畛이 榮州에 와서 삶으로서 始居하였다고 전한다. 父 李諴(緘:權氏世譜)은 進士(李氏譜에는 生員)試에 올랐고 冲齋 權橃의 妹夫이다. 草堂은 生員試를 거쳐 參奉을 지냈으나 權奸의 忤逆을 보고 棄官 隱遁하였다. 草堂의 世系와 兩代 官職은 權氏譜와 墓表가 거의 一致한다. 草堂은 先生과 交分이 두터워 자주 만나 榮州 소식을 전하기도 하였다. 冲齋와 先生의 관계를 미루어 볼 때 草堂과는 남다른 投分을 상상케 한다.

文敬仝(號・滄溪)은 先生의 妻外祖父이다. 成均 司成을 거쳐 淸風 郡守 在任時에 別世하였다. 梁山 고을을 살았을 때는 宜寧에 들러 先生의 妻祖父와 사귀었고 松齋・聾巖과는 莫逆한 사이로서 安東 愛蓮堂

에서 함께 詩를 읊었다. 生時에 先生이 되실 기간은 1 년이 못되었지만 先生의 子孫은 貞敬夫人 許氏墓가 末岩(오늘날에는 미륵당이라 함) 同負에 있으므로 外孫 奉祀로서 永世 守護 奠香하게 되었다.

金仲文(자·彦彬, 호·對影堂)은 白雲洞 書院일을 맡아본 사람이다. 先生이 豊基를 떠나서도 이듬해(1550년)에 5篇의 書札을 주어 書院에 諸子들이 많이 모였으나 가서 가르치지 못한 恨歎, 普照禪師의 詩卷을 부치는 일, 文成公 廟祭笏記를 改定해 보내는 일, 周愼齋의 遊小白山錄에 관한 일, 書院에 왔다가 諸生이 돌아간 일들을 金公에게 낱낱이 물었다. 일설에는 初代院長이었다고 하나 有司 所任만을 맡은 것 같다.

朴賢逢은 그 출신을 알 길 없으나 先生의 草谷 農庄을 監農하였다.

5. 及門 諸賢

榮州는 隣接한 고을이자 白雲洞書院에서 先生이 직접 敎育을 하였고, 京洛 來往 때에 자주 머물면서 知友와 만나는 동안에 많은 門人이 찾아와 受業하였다. 그 名單을 無順으로 記錄하고 先生에게 받은 書簡도 숫자로 表示하여 참고에 資한다.

黃俊良(號·錦溪, 86), 黃遂良(號·錦澗, 2), 黃應奎(號·松澗), 張壽禧(號·果齋, 1), 張謹(號·潛齋), 吳澐(號·竹牖), 孫興慶(號·鳴巖), 朴承侃(號·忍齋), 朴承倫(桐原), 朴承任(號·鐵津, 嘯皐 13), 朴櫂(號·勿齋, 9) 裵純(先生 鐵像을 만들었고 三年服喪함), 閔應祺(號·景退齋, 尤叟, 2), 閔應祿, 文命凱(號·省克齋), 李德弘(號·艮齋, 49), 李善承, 南夢鰲(號·三松堂), 郭𣪘(號·獬溪, 1), 金玏(號·栢巖, 2), 金隆(號·勿巖, 3), 金夢得(號·下巖:邑誌에 적혔음)

6. 榮州·고을을 다스린 人物

官案에 전하는 先生과의 관계있는 人物을 적어 治敎의 遺德을 살피는데 參考케 한다.

1) 榮州郡守案
李賢輔(七寸叔), 李楨(門人), 金緣(子婦의 外叔父), 琴椅(곁사돈), 郭越(忘憂堂 父親, 從同壻), 權文海(門人), 李詠道(孫子), 趙纘韓(奇高峯의 孫壻), 盧大海(穌齋의 아들)

2) 豊基郡守案
琴椅, 周世鵬(先生이 愼齋文集인 武陵藁를 編輯, 白雲書院 敎育을 完成) 張應璃(先生後任), 韓琦(先生을 敬慕한 분이고 遞任되자 仍居함), 朴承任(門人), 裵三益(門人), 金復一(門人), 柳雲龍(門人, 再任함), 安霽(門人), 權泰一(再傳弟子), 李埈(再傳弟子), 李龜星(先生八世孫)

7. 榮州地方의 退溪學 淵源圖

榮豊地方의 淵源圖를 그려 그 系譜를 살핀다.

榮豊地方의 退溪學統淵源系譜

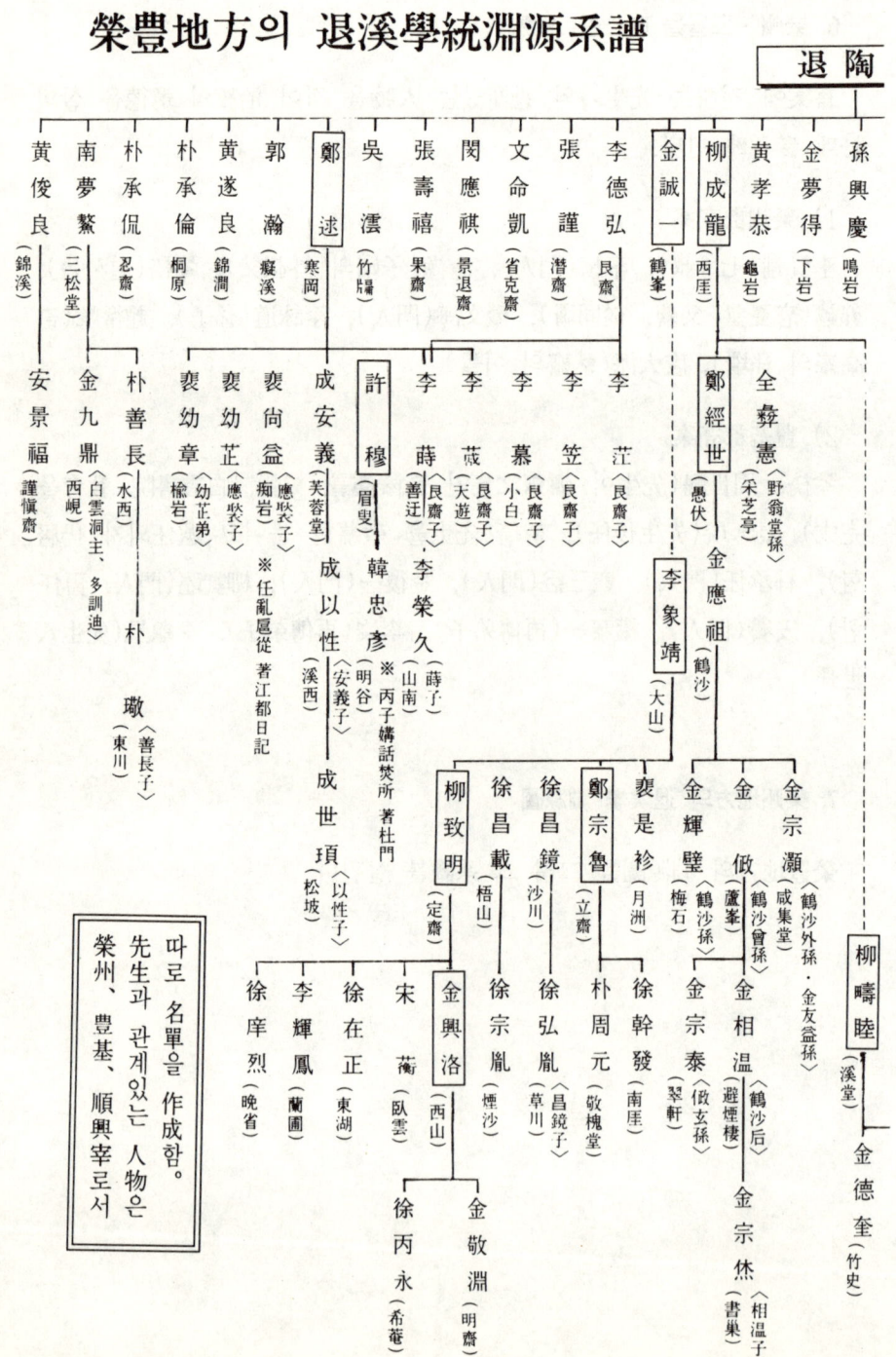

第5章 嶺南地域의 退溪學淵源攷 283

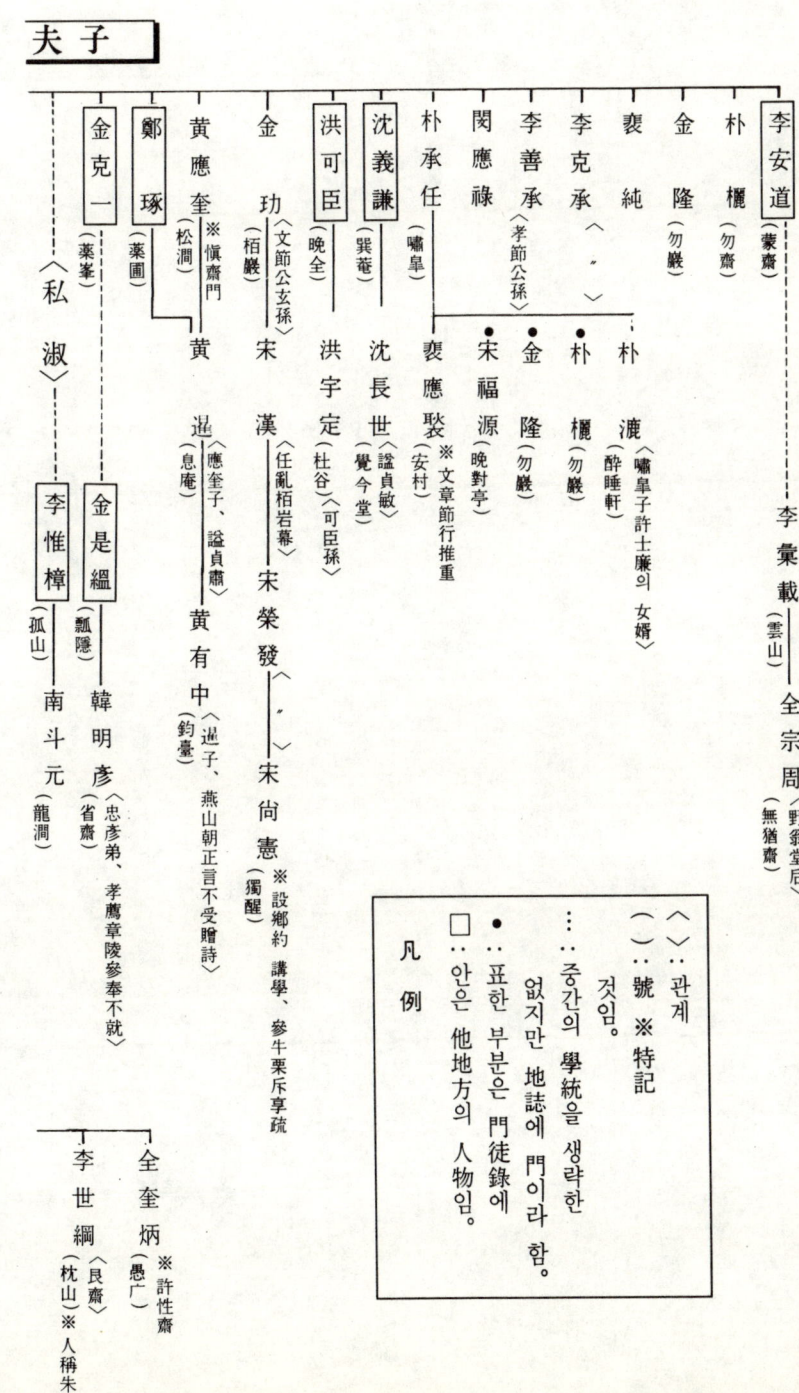

第4篇 百世之師 評傳의 日記와 紀行錄

第1章 退溪의 所傳日記와 그 形態

第1節 日記의 會成 作業

　退溪先生은 평소 日記를 계속 쓴 것 같다. 오늘에 전하는 일기는 몇년치 밖에 안 되지만 牛溪 成渾의 말에서나 그 밖의 군데군데 日錄에 관한 기록을 보면 날마다 책을 읽고 의문을 푼 내용, 이치를 깨달은 것, 허물을 고친 것, 사특해지려는 마음을 수양한 것, 言行에 대하여 조심한 것 등 그 날의 日課와 독실히 學問에 힘쓴 일들을 모두 적었던 것이다.[1] 이와 같은 逐日箚錄 외에 退溪先生은 紀行을 詩로 쓴 行錄, 公務出張(御史行) 중에 召命과 辭退를 거듭한 道病錄, 日常生活과 家庭이야기를 쓴 日記 등 그 이름이 전해오는 것만도 여남의 종류가 된다. 그러나 그 일기·行錄·日錄이 先生의 手稿本이나 寫抄·印本으로 전하는 것은 안타깝게도 秘藏되고 있을 뿐 세상에 나타나지 않았다.
　先生 日記가 그대로 전하는 것으로는 1554년의 『甲寅日錄』이 있는데 이 일기는 書院 光明室에 소장되고 있는 唯一한 手稿本이며, 柳正

---

1) 宗宅光明室本 『年譜補遺』;甲寅 先生 五十四歲條 「二月別有日錄」. 拙著 『退溪溪家年表』 p.295. 2月條.

東博士에 의하여 활자로 인쇄되어 세상에 공개되었다. 柳 博士는 私生活을 가장 정확하게 말해 주는 것은 일기라고 전제하고서 이『甲寅日錄』에 대하여 다음과 같이 소개·평가하고 있다.

　　전해 오는 退溪先生의 일기는 54세 당시의 8개월 분이 있을 뿐이다. 즉 1554년 2월부터 6월까지, 10월부터 12월까지의 부분이 보존되어 있을 뿐이다. 기록되지 않은 날도 많고 또한 기록한 날이라고 하더라도 간략하게 표시되어 있기는 하나 先生의 생활태도라든지 학술사상의 발전의 자취를 역연하게 알아볼 수 있음이 다행한 일이라 생각된다.〈중략〉
　　退溪先生의 54세는 李芑, 尹元衡 등이 일으킨 乙巳士禍로 인해서 政局이 흐려진 때인만큼 退溪先生의 정치생활에 대한 의욕은 감퇴하여 갔고 반비례해서 學問 연구에 열은 더욱 굳어간 시기로 보인다. 3月 17日字 일기에 '內重外輕 學以終身'이라고 기록된 것을 보면 學으로 終身할 결심이 뚜렷했던 것이다. ……사양하다가도 끌려나오는 退溪先生의 모습을 비난하는 사람도 혹 있었지만 退溪先生께서는 결코 야욕이 있어서가 아니라 日記에서 읽을 수 있는 것처럼 學問을 사랑하고 道學 연구에 대한 결심으로 인한 것이었고, 또 그 생각이 생애를 마칠 때까지 연면하게 계속된 탓이라고 생각함이 타당할 것으로 보인다.
　　退溪先生의 사상을 理와 敬으로 집약해 볼 때 奇高峯과의 오래도록 논란된 理發문제와 연면하게 흘러 온 敬에 관한 집념의 자취를 엿볼 수 있다. 氣發을 주장해 오는 高峯에 대하여 끝내 理發을 굽히지 않았고 이러한 論理 구성의 흔적을 일기에서 찾을 수 있다. 4月 24日字 日記에 의하면 朱子가 鄭子上에게 답하는 글 중의 한 구절이 기록되어 있어 後人들에게 退溪先生의 尊理 사상의 성장 자취를 보여주고 있다.……'理有動靜 故氣有動靜' 日記 중의 이 표현은 朱子가 鄭子上에게 답한 말이기는 하지만 이 구절에 대한 공감이 깊었고 또 鄭之雲의 天命圖를 改訂해 준 다음 해의 日記라고 생각할 때 退溪先生의 理發說은 이미 이 당시에 굳어져 있었던 것 같이 보인다.[2]

甲寅日錄 중의 극히 집약된 몇 줄의 기록으로서 柳 博士는 退溪先生

---

2) 柳正東,『退溪의 生涯와 學問』, pp.268～272 博英文庫22. 원문을 장황하게 그대로 옮긴 까닭은 日記의 중요성을 이로써 引證하려 하고, 柳博士의 論文을 읽을 기회를 제공하기 위해서이다.

의 처세지향과 理發說의 확정 시기를 규명하고 있다. 九牛一毛로 전하는 이 일기가 얼마나 힘있고 뜻깊은 論證을 하고 있는가를 이로써 충분히 설명을 대신할 수 있다.

분명히 甲寅日錄 외에도 어딘가 先生의 日記가 傳해오고 있을 것만 같은데 소장가들이 공개하기를 주저하는 듯하다. 退溪先生의 생활 모습과 사상형성 배경을 연구하고자 하는 學者들의 목마른 소망은 아랑곳 없이 家寶로 秘藏하여 개인의 소유욕이나 충족시키고 있을 것같아 80년대 말에 이르러 필자는 하는 수 없이 日記搜探 작업을 포기하고 日記文型 관계 자료들을 가지고 日記 再構成에 착수하였다. 지나친 모험이고 만용이었다. 詩를 근거로 답사와 관계 자료의 대조・고증을 수년간 해나갔다. 그 결과에 이루어진 것이 未洽한 것이지만 癸巳(1533) 南行錄과 西行錄, 壬寅(1542)년의 忠淸・江原 御史日記, 丙寅(1566) 道病錄 등을 再構成할 수 있었다. 이 日記들은 1989년에 간행한 『退溪家年表』의 해당 연도에 맞추어 짜 엮었다. 언젠가는 先生의 手稿 日記 원본이 나타나 주기를 기원하면서 그 때 修正・補足할 것을 전제하고 간행한 것이다.

年表를 印刊한 후 再版 권유와 함께 先生의 著作譜 편찬도 독촉을 받고 있다. 가벼이 年表에서 추려 모아 先生의 著作을 정리하면 한권 著作譜는 만들어진다. 그러나 필자가 경험한 바 先生의 著作은 세상에 다 드러나지 않고 어디엔가 비장되고 있다고 믿었다. 더 기다려야 하고 끈질기게 發掘 搜探에 힘기울여야 한다. 또 이러한 작업은 논문을 써서 학회와 학회지에 발표하는 일로만 그쳐서도 안 된다. 退溪學에 관심이 있고 退溪先生을 숭모하여 세상에 道學을 널리 천양하도록 바라는 분들에게 알림으로써 협조를 얻을 수도 있는 것이다.

필자는 『癸巳南行錄』을 논문 형식을 빌어 구성한 것을 단국대학교 부설 퇴계연구소가 간행하는 『퇴계학연구』 제5집에 발표하고, 그 後篇인 『癸巳西行錄』을 儒敎文化硏究會가 주최한 1991년 12월 6일의 대구 향교 정기 講演會에서 발표하였고, 『儒敎文化』 第9輯 (1992년 11월

발행)에 실어 두었다. 이제 退溪先生의 33세 때 행력과 148 수의 詩卷이 吟成 순서와 紀行 일정에 따라 편성된 셈이다. 이제까지 전혀 알지 못하고 있었던 先生 出仕 1 년전의 志行을 비로소 소연하게 알 수 있게 되었다.

이 癸巳西行錄 발표는 꿈에도 생각지 아니한 奇蹟을 가지고 왔다. 발표를 마친 2주 후인 12월 20일에 年末 問安도 드리고 재구성한 西行錄의 校閱도 받을 겸 李源胤翁을 찾아가 뵈었다. 발표 이야기 끝에 癸巳南行錄과 道病錄, 讀書錄, 家曆日記 등에까지 말이 미쳤다. 手稿日記가 傳來되지 않아서 五鳳이 참담함을 무릅쓰고 방자하게 새로 편성했으나, 언젠가 眞本이 발견되면 訂正할 계획과, 또 막 편집을 끝내어 인쇄에 맡긴 『退溪詩大全』의 吟成順序, 특히 使行 日記의 日課와 道程에 대한 고민, 退溪學 연구에 있어 이러한 기초 작업이 아직까지 마무리되지 않아서 여러 모로 어려움이 많고 체계적인 연구가 이루어지지 못하고 있음을 한탄하였다.

그때 西行錄 발표 원고를 보면서 잠자코 듣기만 하고 있던 李源胤翁께서 "6代祖(梅竹軒 李宅淳：1744~1810) 때부터 世傳 家寶로 지켜온 大祖의 日記가 큰댁에 있는데 연구에 혹 참고가 될지 보고 싶으면 내가 빌어다 둘테니 세후에 와서 한 번 보라"고 하였다. 다른 사람은 누가 가도 내놓지 않을 것이므로 내가 직접 가져다 둘 것이라고 하였다. 그 때의 고마움과 기쁨은 필자의 무딘 글재주로는 감히 표현할 방도가 없다.

1992년 1월은 퇴계선생의 달로 정했고 여러 가지 추모·기념행사도 하였다. 서울·안동 행사에 이어 1월 27일의 영주 강연회도 무사히 끝마쳤다. 그 전날 26일은 順興 裵店里에 가서 선생의 鐵像을 鐵造하여 모셔놓고 공부하다 역책하신 후에는 3 년 복상을 한 문인 裵純公의 旌閭碑가 매몰 위기에 직면한 것을 京鄕에서 모인 회원과 함께 살피고 왔다. 강연 때 裵公에 관하여 周知시키고 移建 守護를 호소해 놓았다. 며칠 지나면 퇴계 선생의 달은 다 지나가버리는데도 도로 공사를 추진하는 행정기관에 나서서 절충하고 건의해 줄 사람은 나타나지 않았다. 정려비와 배순의 이야기는 배점리 마을 사람 밖에 알지 못하고 守護도 그들만이 해왔다. 退溪의 書院 平等 敎育(우리 나라 최초의 서원 교육의 모습)의 徵證과 賤民 出身으로서도 弟子職을 다하여 이 나라에 오직 하나만을 남겨놓은 師恩報德의 顯彰 旌閭碑가 관광길 확장 공사의 흙더미에 묻혀버리게 되었다. 자손은 흩어지고 동민은 힘이 없다. 군내의 관민은 그런 유적이 있었는지도 모르고 있었다. 영주·풍기·순흥 유림은 퇴계와 배순 師門의 이 偉蹟을 기억하는 이가 드무니 대수롭게 여길 까닭이 없다. 몇 가지 문헌에는 '충신 배순' 전설만이 적혀 있을 뿐이다. 부도덕한 오늘날의 한국 교육풍토에서 退溪先生의 平等敎育의 師道와 裵純의 師恩報答의 弟子職은 모든 교육자와 생도의 사표이다. 배점리는 본질적이고 순수 교육의 발상지이므로 모든 스승과 제자가 한번쯤은 敬訪 必式해야 할 유적지이다. 이 유적지가 인멸하게 되었다. 체면을 무릅쓰고 정황을 써서 1월 30일 매일신문에 투고하였다. 柳時憲 朴鍾奉 兄의 은덕으로 31일에 보도가 되었다. 그 원고를 전한 뒤 그동안의 일도 아뢸 겸 투고한 날에 白洲翁을 찾아 간 것이다.

先生의 壬寅·癸卯·甲辰日記 手稿 眞本을 만지고 본 날이 바로 白洲翁을 찾은 이 날이다. 너무나 감격스럽고 기뻐서 책장을 넘기는 것까지 잊었다. 몇 장을 읽다가 가장 必要로 하는 그 御史日記를 만났다. 선생을 뵙는 것 같았다. 이렇듯 잘 전해져오고 있을 줄이야! 행운을 감사했다. 이 日記를 직접 볼 수 있게 하기 위해서 그 동안 여러 가지 일들이 짜이고 맞물려 전개되고 있었구나 하는 생각에 눈시울이 뜨거워졌다.

필자는 이렇게 하여 애써 찾으려던 壬寅·御史日記와 더불어 癸卯·甲辰日記도 찾아 읽게 되었다. 그 순간 소장하신 분의 孝心과 屢代의 성력을 찬양 위로함을 겸하여 세상에 널리 알려서 연구에 쓰이게 했으면 하고 방법을 강구했다. 그 동안 몇 개월을 보내면서 所藏者로부터 公表해도 좋다는 승낙을 얻어냈다.

　이제 이왕에 전하는 일기와 그동안 재구성한 行錄도 함께 概觀 紹介하기로 하고, 새로 探索한 忠清·江原 御史行錄인 壬寅日記와 癸卯·甲辰일기를 學報에 影印하여 連載하기로 하였다.

第2節　所傳 日記와 그 形態

　廣瀨 李野淳公이 撰한 『退溪先生年譜補遺』에는 先生의 日記文을 그대로 적지는 않았지만 日記類의 記錄名을 年條에 紹介하고 있다. 補遺에는 牛溪 成渾이 先生의 自課的 學問方法으로서 낱낱이 生活을 記錄하였다는 評을 옮겨 전하고 있다.

　　　牛溪 成渾云 退溪先生 逐日之下 記看某書 破某疑 見某理 改某過 修某愿 謹言謹行一一書之 以自課焉 其篤實之學 老而愈篤知此 眞可爲百世之師

　차제에 「補遺」의 引用文에 대하여 辯釋을 해놓고자 한다. 『牛溪先生文集』續集 卷6 18張 B面에는 다음 글이 실려 있다.

　　　前月 朴濟大濟來訪 道退陶先生日記錄曰 先生記事 自陰晴寒暑之節 讀書講論之實 靡不詳載 非但此也 逐日之下 記今日看破某書某疑 見出某書某理 改某過 修某愿 謹言謹行一一書之 以自課焉 其篤實之學 老而愈篤如此 眞可謂百世之師也 書之于此 時閱而歎 慕之言之不足 繼以喟然也

　이 글은 廣瀨翁이 傳寫한 抄錄文에서 보지못한 牛溪의 感通까지를 읽을 수 있다. 그리고 先生이 쓴 老境의 日記를 牛溪는 직접 보지 못했다는 사실도 확실히 알 수 있다. 牛溪를 訪問한 朴濟가 1568년경에 先生이 쓴 日記를 보고 전하는 말을 듣고 牛溪가 文章으로 정착시켜 流傳한 것으로 믿을 수 있다. 한편 先生 晚年에 入門한 朴濟의 말을 듣고 〈老而愈篤如此〉라고 적은 사실로 미루어 보아 牛溪도 선생이 젊을 때부터 日記를 쓰는 것을 본 적이 있었음을 추정할 수 있다. 젊을 때 쓰는 것을 보지 못하고서는 "늙어서는 더욱 篤實하다"란 말을 할 수 없기 때문이다. 牛溪는 日記生活을 가지고도 先生을 百世의 스승으로 尊崇하였다. 牛溪가 이 글을 쓴 까닭은 書之于此하여 時閱而歎하되 慕之言之로도 不足하여 繼而喟然해 자기를 반성하고 나아가 從師慕仰하기 위하는 데 있었던 것이다.

朴濟는 字를 大濟(汝顯도 썼음)라 하고 號는 雲皐로 썼다. 1548年에 나서 61年을 享壽한 咸陽朴氏로서 義城에서 살았으며 先生의 門下에 入門한 것은 1568年 이후이다. 易東書院에서 受講하였고 入侍한 지 10여 일만에 先生喪을 당해서 많은 가르침을 받지 못했음을 한탄한 기록이 있다. 易東書院은 1568年에 完成을 보았고 先生이 書院에서 弟子를 가르친 것은 1568年부터 1570年 5月까지였다. 길어도 3年 아니면 1570年 5月의 강의를 들은 정도였다. 入侍 10여 일은 病患中에 侍湯한 것을 말하는 듯하다. 〈老而愈篤如此〉가 의미하는 것은 牛溪의 先生日記에 대한 인식과 朴濟의 傳言을 묶어 先生은 한평생 日記를 썼다는 證言으로 보아 무방할 것이다.

다음으로 牛溪의 글에는 日記의 具體的인 記事에 대하여 示唆해 주는 것이 있다. 世間에 전해오는 옛 사람의 日記와 별다른 차이는 없다. 흐리고 맑고 춥고 더운 日候와 讀書 講論한 것을 빠짐없이 다 적은 일기이다. 날짜 아래 오늘은 어느 글을 읽고 무슨 의문을 풀었으며, 무슨 이치는 어느 책에서 찾아 내었고, 어떤 허물을 고쳤으며, 무슨 사특한 마음을 바로잡았다는 등 言行을 조심한 내용까지 일일이 썼었는데 日記 쓰기를 日課로 삼았다고 牛溪는 先生의 日記生活을 글로써서 傳해 주고 있다. 실로 牛溪의 글은 先生의 日記生活評이 아니라 言行錄의 寶典이라고 높이 評價할만하다. 先生이 쓴 生活日記를 總體的으로 정리해 놓았고 그 글로써 生活의 歷程과 내용을 後世까지 소상하게 전해주고 있기 때문이다.

牛溪의 日記論이 있음에도 日記文은 近年까지 세상에 그 眞本이 전혀 모습을 들어내지 않고 있었다. 오직 1554年 『甲寅日錄』을 日記라고 발표한 柳正東 博士의 論文이 있어 書院 光明室에 日錄이 所藏되고 있음을 알았다. 柳 博士가 日錄을 日記라고 紹介함으로써 日記에 대한 관심을 불러 일으켰던 것이다. 학자들이 先生의 日記를 더 探索하고 연구한다는 情報를 필자는 들은 바가 없었다. 日記의 重要度에 대한 認識不察인가 아니면 探究할 가치조차 없다고 度外視했는가 또는 철학사상 연구에 밀려 매력을 느낄만큼 연구의 필요성이 없다고 보고 아예 무시해 버렸는지 필자는 많은 의문을 가지고 있다.

차제에 成牛溪가 日記의 文獻的 價値에 대한 所論을 새겨 들어보기로 하자. 牛溪는 日記를 매우 重要한 著作으로 규정하고 文集과 輕重을 同一視하여 栗谷 李珥의 문인 朴汝龍에게 한 편지에서 이렇게 주장하였다.

> 渾方閱先生(栗谷을 지칭함) 日記狀事 時未起草 文集則時未分門 未知爲幾卷 以愚思之 則文集日記無輕重 文集可以先刊行而不至有害 日記則最多格言 可以垂之于後白世之下 可以見斯人之爲靑天白日 極爲關係 然登木則必至流傳 恐致大禍 只欲分寫數十本 藏于諸友之家 待數十年之後 刊于精舍 然傳寫之力亦難 誰能辦之 可悶可悶 乙酉仲秋〈與朴舜卿 汝龍〉『牛溪續集 卷四張4』

이 글은 牛溪가 栗谷 没後 1年만에 栗谷 門人들이 文集을 編輯刊行하려는 데 관하여 자문과 日記狀事의 未草事를 써 보낸 편지 내용이다. 文集은 아직 分門을 하지 못했으나 곧 엮어서 먼저 刊行해도 무방하다고, 日記는 刊行을 뒤로 미루는 것이 옳다고 가르쳤다. 그리고 또 이글 가운데는 매우 중요한 牛溪의 日記觀이 씌어 있다.

첫째는 日記와 文集을 가지고 비교할 때 어느 것이 더 중요하고 덜 중요하다고 잴 수 없을만큼 日記가 所重하다는 것을 주장하고 있고, 둘째는 日記에는 敎訓이 될만한 내용이 많이 적혀 있는데 그것을 몇백 년까지 전할 수 있으며, 쓴 사람의 생각과 생활의 眞面目을 靑天白日 같이 후세에 알릴 수 있다고 말하였다.

이 밖에 刊行에 주의해야 할 말도 써두었다. 日記는 쓴 사람이 죽은 후 바로 刊行하는 것은 삼가야한다고 했다. 日記 내용 때문에 大禍를 불러일으킬까 하는 우려 때문이다. 栗谷의 日記草稿에 어떤 내용이 씌어 있어서 牛溪가 이렇게 경계했는지를 알 수 없으나, 牛溪가 한 말은 日記에 대한 普遍性을 말한 것이라고 본다.

栗谷의 日記 出刊 課程은 이와같은 牛溪의 校勘을 거쳐 문집간행 후에 이루어졌다.

退溪先生의 日記도 文集에 실린 다른 어느 글에 못지 않게 또는 그 이상으로 소중한 著作임이 牛溪의 日記論에서 명백히 論斷되고 있다. 특히 先生의 生活史를 연구하는데 있어서는 더없이 귀중한 기본자료의 하나가 日記이다. 그럼에도 先生의 日記가 手筆本이나 傳寫本이 세상에 모습을 들어내지 않는 것은 牛溪가 염려했던 〈恐致大禍〉 때문에 그런 것인가, 아니면 모두 逸失하고 말았는가?

이에 대하여 『甲寅日錄』의 내용은 明白한 해답을 준다. 또 先生의 日記에 대하여 牛溪가 "진실로 百世의 스승이므로 慕之言之하고 喟然繼之했다"고 한 感應의 말은 格言이 되지 못할 禍根은 결코 記錄해 놓지 않았다는 證言이다. 牛溪가 感仰한 이 記錄으로서 退溪의 篤實한 學問方法과 百世達尊의 師表됨을 알 수 있으며, 老境에 이르러서도 더욱더 열심히 日記를 쓴 사실을 알 수 있다. 그러나 안타깝게도 現存하는 日記는 몇 편밖에 있지 아니하다.

年譜補遺에는 戊戌日課(1538년), 讀書謾錄(1541년), 關東日錄(1542년), 丙寅道病錄(1566년), 戊辰西行錄(1568년), 家曆日記(1570년 11월 13일 絶筆) 등이 있었음을 적어 놓았다.

필자는 遺集의 〈夢中得一聯覺而足之并序〉의 後叙[3]를 읽고 紀行詩日

---

3) 右南行錄 一百九首 西行錄 三十九首 并一百四十八首 余平生不工詩 顧嘗嗜之 凡寓目興懷 輒癢此技 吟諷不絶於口 旣成人之見者 或欲睡棄 余猶不知怍 以是得嗤笑於人非一 而膏肓之癖 迨不能藥 直可笑也 是歲癸巳春 余南遊宜春 其夏西入泮宮 往返所得 裒作一秩 藏之篋中 以資臥遊之興 聞者當絶纓 見在當掩口〔遺集卷二, 外篇, 葉22~3의 西行

記인 南行錄과 西行錄이 있음을 알았다. 이 紀行日記는 先生 出仕 以前 藏身準備期이며 魚灌圃와의 交遊에서 退溪先生다운 特徵的 儀表가 비쳐졌을 것 같아서 整理 構成하지 아니하고는 그냥 지나칠 수 없었다. 柳西厓 撰『退溪先生年譜』는 出仕 以前의 기록에 疏漏가 甚하다. 文集에도 33세 때의 詩부터 편집하고 있는데 元集에는 이 때의 詩가 3편 밖에 실리지 않았고, 148 首의 南行錄 중에는 吉冶隱, 崔孤雲, 叔父 松齋와 인연이 있는 矗石樓 詩만이 採擇되었으니, 이로서는 退溪先生의 젊은 때의 生活과 思想은 도저히 이해할 수 없는 것이다. 이를 補充하기 위해서는 紀行錄이 꼭 再編成되어야 했다. 여러 차례의 實地 踏査를 거친 끝에 文集에 散在한 詩를 찾아 엮어서 紀行詩 行錄을 재구성하였다. 南行錄은 檀大研究所刊『退溪學研究』 제5집에, 西行錄은 『儒教文化』 제9집에 발표하였다.

眞本 手稿 壬寅・癸卯・甲辰日記를 합하여 그 이름이 전하는 日記 (行錄)까지를 모아 정리하면 다음에 제시한 표와 같다.

年　度	나이	日記名	쓴　內　容	形態	參　考
癸巳 (1533: 1월~4일)	33	南行錄	往復旅行, 詩109首	紀行詩	遺集, 拙著 年表, 退溪學研究 제5집
癸巳 (1533: 4~7)	33	西行錄	往復旅行, 遊泮宮 詩39首	紀行詩	〃
戊戌 (1538)	38	讀書錄	戊戌日課	逐日 箚錄	年譜補遺
辛丑 (1541)	41	讀書謾錄	讀書堂 賜暇讀書 日記	〃	〃
壬寅 (1542)	42	御史日記 〈手稿眞本〉	忠淸・江原 御史日 錄, 使行詩	〃 紀行詩	〃(關東日錄) 先生手稿眞本 遺存 ※本稿 附錄影印

第1章 退溪의 所傳日記와 그 形態　295

年　度	나이	日記名	쓴　內　容	形態	參　考
甲辰 (1544)	44	日記 〈手稿眞本〉	日課	〃	〃
丙午 (1546)	46	手錄	還鄕三月 日錄	〃	退溪家年表 p.142
甲寅 (1554)	54	日錄 〈手稿眞本〉	逐日日箚錄(古昔要 語, 自家日用箴省)	〃	書院所藏本 柳正東 紹介(論文)
丙寅 (1566)	66	道病錄	應召 道病 還家(榮 州, 豊基, 醴泉, 廣 興寺, 鳳停寺)	紀行詩	年譜 補遺 年表 p.482
戊辰 (1568)	68	西行錄	家庭日記	逐日 箚錄	〃 年表 p.519
庚午 (1570)	70	家歷日記	11月 13日 絶筆	〃	〃 年表 p.575

　이 日記는 크게 두 부류로 분류하면 紀行詩 形態와 逐日箚錄으로 나눌 수 있는데, 紀行詩에 속하는 것은 癸巳南·西行錄, 壬寅御史日記 외의 使行詩, 丙寅 道病錄 등이고, 逐日 箚錄으로는 戊戌 讀書錄, 辛丑讀書謾錄, 壬寅御史日記, 癸卯日記, 甲辰日記, 丙午手錄, 甲寅日錄, 戊辰西行錄, 庚午家曆日記가 있다.

第3節　日記 原文과 概要

1. 癸巳 南行錄

1) 概要

　先生의 平生 事業을 그 성취 진행에 맞추어 연대 구분을 한다면 크게 셋으로 나눌 수 있다.

　　出仕 이전의 藏身期〈準備期間〉, 出仕 후의 仕宦期〈奉仕期間〉, 吾

業(事) 實現期〈理想成就期間〉등이 그것이다. 제1기는 南行錄과 西行錄을 쓴 33세까지이고, 제2기는 豊基郡守를 버리고 陶山에 돌아가 寒棲庵을 짓고 定居한 50세까지이며, 제3기는 51세 溪上書堂을 지어 朱夫子를 스승으로 삼고 敎育과 著述을 시작하여 陶山書堂에서 人材를 길러 聖學(당대에 필요한 實學)을 보급하여 인간과 사회를 변화시키는데 몸을 바친 末年까지이다.

癸巳南行錄은 제1기의 마지막 해인 동시에 제2기를 준비하는 重要하고도 의미가 깊은 해에 쓴 行錄이다. 平生事的 의의가 있고 退溪先生 生涯 三分의 一 전반부를 이해하는 데 귀중한 자료인 것이다.

先生은 이때 大科 初試에 合格한 시기임에도 30여 세가 많은 騷壇 大先輩 灌圃 魚得江으로 부터 招請을 받아 가서 査丈인 吳竹齋(諱·碩福: 從姉壻 吳彥毅의 父)하고도 優許 遊覽을 하였고, 詩老들과 記遊唱酬를 하여 詩作能力을 마음껏 발휘하였다. 元集 文集에는 몇 首 밖에 실어놓지 않았지만 南行錄을 새로 편성해 놓고 보니 선생의 本格 詩作生活이 이 때부터 비롯되었음을 알 수 있다.

특히 평생 처음 읊은 〈梅花詩〉를 비롯해서 灌圃의 〈東州道院十六絶次韻詩〉와 〈過吉先生閭〉, 〈月影臺〉, 〈蠹石樓〉, 〈鼻岩示同遊〉, 〈寄魚灌圃〉 등의 百數十首는 先生을 大詩人의 자리에 올려놓았고 文集의 첫머리를 장식하였다.

뿐 아니라 南行은 治·敎 兩全의 가능성을 발견하는 기회가 되었다. 32세 壬辰年에는 文科에 應試하고도 參榜을 보지 않고 귀향하여 官界에 나갈 뜻을 버린 바로 그 해다. 灌圃를 만나고 東州道院詩를 次韻하면서 官界에 나가도 道義高揚과 興學敎化의 可能性이 있음을 참고하여 장래를 설계할 수 있었던 것이다.

南行錄은 위의 세 가지 큰 의미를 갖는 외에도 여러 詩篇과 그 附注 叙跋을 통하여 茅屋을 만들어 煙霞에 묻혀 살고 싶어하는 素心, 儒佛에 대한 人世觀의 定立, 旅行探勝의 趣味, 風流的 吟風詠懷, 남을 曉諭하는 雄辭宏辯, 人情이 豊富한 悅親和의 家政, 鄕黨人의 純粹한 人

間像이 드러나 있다. 南行錄은 이제까지 연구해 밝힐 수 없었던 30대 초반의 先生 모습을 생생하게 證言해 주고 있으므로, 모두 갖추어 귀중하게 엮어 보존해야 한다. 그런, 逸詩目錄에 제목만 전하는 詩도 있고 題目마저 잃고 만 詩가 17首 있는데, 언제라도 찾아서 補完할 날이 있기를 기다린다.

2) 南行錄 詩篇

西行錄, 詩〈夢中得一聯覺而足之〉序에 의거하여 南行錄을 編集하였고, 1987년 5월에 필자가 南行錄의 旅路를 踏尋考證하였다.

二十九日襄陽(醴泉)道中
我行襄陽道 早春下旬詩 東風動官柳 鵝鴨散川池 郡城高蒼蒼 樓觀鬱參差 家家好修整 簾幕半空垂 此地神繁華 凶歲猶若玆 習藝誰家郞 鬣身擠且馳 冶遊小兒女 歡笑何委蛇 汝輩愼驕淫 天災寧不知 富者苟朝夕 貧者已流離 路中僵仆人 不救妻與兒 長官豈不憂 廩竭知何爲 每見情懷惡 佇立久嗟呑 我行已草草 馬尫僮僕飢 晚憩聊自慰 來尋驛亭詩 沙川遠以徵 落日風更吹 作客知處困 渡稿思防危 人谷投人家 猶能供暮炊
　　注 : 29日은 正月(早春)29日이다. 　　　　〈『遺集』卷二, 外篇 葉1〉

晦日登觀水樓
萬頃鷗波白點靑 春風如對彩雲屛 倚欄回首斜陽裏 默數長亭與短亭
　　注 : 觀水樓는 옛 洛東(尙州), 오늘날 義城郡丹密面 洛東江 東岸
　　　　　　　　　　　　　　　　　　　　　　〈同上, 葉2〉

登尙州觀水樓 樓在洛東江東岸○癸巳
鑿道緣崖北 飛樓翼岸東 試登槎上漢 久立腋生風 野帶浮嵐逈 江含落照紅 方知塵世□ 回首羨漁翁
　　注 : 缺字는 手本에〈苦〉라 하였다. 　　　〈『續集』卷一, 葉1〉

過吉先生閭 癸巳
朝行過洛水 洛水何謾謾 午憩望鰲山 鰲山鬱盤盤 淸流徹厚坤 峭壁陵高寒
有村名鳳溪 乃在山水間 先生晦其中 表閭朝命頒 大義不可撓 豈曰辭塵寰
千載釣臺風 再使邀東韓 扶持已無及 植立永堅完 丈夫貴大節 平生知者難
嗟爾世上人 愼勿愛高官

   注 : 閭는 현재의 善山郡 高牙面 鳳漢里에 있으며 孝子 裵淑騎, 烈女 藥氏
      (趙乙生妻)를 함께 表旌하여 三綱閭라 부른다. 後世에 無分別하게 합
      친 것 같다. 鳳溪里를 왜정 때 잘못 적어 鳳漢里가 되었다. 金陵郡의
      鳳溪里와 구별해야 한다. 〈『內集』卷一, 葉1〉

星州馬上偶吟
曉天霞散初昇日 水色山光畫裏誇 馬首吹香渾似雪 泣殘珠露野棠花

〈『別集』卷一, 葉 6〉

三日渡伽川
四野蒼茫欲雨天 南行今始渡伽天 地靈猶是神仙境 歲塾寧知旱魃年 遠歲依依
汀樹際 平分漠漠野中烟 馬啼穿得香林過 翠羽飛鳴却自然 伽川 西岸 有林名香
林

   注 : 3日은 2月 3日이다.

〈『遺集』卷二, 外篇 葉2〉
〈이하 줄임〉

第 2 章 癸巳 南行錄이 갖는 退溪의 平生事的 意義

I. 序 言

 退溪의 年譜 33歲 癸巳(1533)年條에는 成均館에 遊學하여 館生(流輩)들로부터 敬服을 받았고, 가을에 故鄕으로 돌아가는 길에 冲齋 權橃과 함께 驪州 梨湖村에 들려서 罷職되어 退居하고 있는 慕齋 金安國에게 正人君子論을 들었으며, 慶尙道 鄕試에 赴擧하여서 第一位로 合格한 事實만이 修譜되어 있다.[1]
 退溪의 平生事 卽 生涯史的 側面에서 이 癸巳年의 志行을 注意 깊게 살펴보면 매우 意味있는 事實들을 發見하게 된다. 河西 金麟厚로부터 "夫子嶺之秀 李杜文章 王趙筆(선생은 嶺南에서 빼어난 분이외다. 문장은 李白과 杜甫 같으시고, 글씨는 王羲之와 趙孟頫를 비기리다)"이라는 極盡한 敬慕의 讚辭를 받은 것을 筆頭로 하여[2] 大司諫을 지낸 老詩人 昆陽郡守(現 泗川郡) 灌圃 魚得江의 招請을 받아[3] 봄에 南行하여 109 首나 되는 紀行詩를 읊은 일[4], 親戚과 先賢遺

---

1) 『年譜』 十二年 癸巳·先生 三十三歲條
2) 『河西年譜』, 十二年 癸巳, 先生二十四歲 時經己卯士禍 士氣沮喪 諱言道學 而先生一見 退溪 深相契合 源源講磨 甚有麗澤之益 未幾退溪還鄕 先生以詩贈別有 夫子嶺之秀 李 杜文章 王趙筆之句
3) 『遺集』 卷二 外篇, 14~15葉 「寄魚灌圃」, 憶我去年冬 再拜得公書 開緘長跪讀公書 招 我遠遊勿懷居 新春作意向南行 千里宜春來駐驢……. 이 詩는 南行한 癸巳年 詩이고 詩의 "去年冬"은 退溪 32歲 때 壬辰年 겨울을 가리킨다. 〈東州道院次韻〉第14. 注. 去年冬公以書招滉 勸遊雙溪寺云云

跡[5] 및 名勝을 探訪하고[6], 南道의 여러 搢紳 章甫들과 交流를 하였으며[7] 특히 實存 人物을 만나고 나서는[8], 浮薄한 風潮를 改革할 수 있으리라는 可能性에 對하여 自信을 얻은 일, 그래서 여름에 뜻을 품고 西行을 한 事實들을 들 수 있다.[9]

그때 世情은 바로 己卯士禍를 겪은 다음이라서 선비들은 꺾여 있었고 道學은 입 밖에도 낼 形便이 아니었기 때문에[10] 退溪는 成均館에 들어가서 몇 달을 채우지 못하고 곧 斷腸의 襟懷를 읊고서는[11] 下鄕을 해버렸지만 京試를 外面했을 뿐[12] 完全히 물러나 있을 생각은 아니하였다.

退溪의 平生事에 있어서 이 癸巳年은 그의 文學的 位置, 立社, 出身, 26歲 때의 平生志願[13] 장차 실천하고자 決斷을 내린 중요한 시기였던 것이다.

---

4) 《遺集》卷三 外篇, 21~22葉〈夢中得一聯覺而足之 幷序〉의 後叙.〈右南行……是歲癸巳春余南遊宜春 其夏西入泮宮 往返所得裒在一秩 藏之笥中……嘉靖十二年 孟秋望前二日 靈芝山人 書于善補堂〉에 이렇게 詳記해 두었다.
5) 《內集》卷一, 1葉〈過吉先生閭〉. 月影臺.…孤雲遊跡總成煙 只今唯有高臺月……〉,《遺集》卷二外篇 4葉〈仲春望日與吳仁遠曺敬仲陪宜寧遊月影臺〉《別集》卷一, 3葉〈過青谷寺, 叔父를 따라가, 3,4兄이 여기서 讀書를 한 곳〉
6) 《遺集》卷二 6葉,《續集》卷一 1葉〈登尙州觀水樓〉,《內集》卷一 1葉〈矗石樓〉,《別集》卷一 6葉〈昆陽…遊鵲島是日論潮汐〉,《遺集》卷二 14葉〈浣沙溪餞席〉外. 이 때 親戚을 訪問한 곳은 宜寧 妻家에 가서 白岩東軒과 梅花詩를 읊었고, 茅谷(後谷)에서는 從姉兄 吳彥毅와 査丈(宜寧縣監. 號三友臺)을 뵙고 詩를 唱酬했으며《續集》卷一 1葉 次吳仁遠偶吟韻,《遺集》卷二 5葉 十六日 宜寧 竹齋對月小酌, 外 數篇), 檜山(現·昌原)에 가서는 從姉兄과 從甥姪과 더불어 詩를 읊고(檜山曺敬仲壽母生辰次敬仲韻) 함께 觀勝하였음.
7) 이때 交遊한 人物로 魚灌圃를 위시하여 安注書, 姜晦叔, 余琛, 鄭紀南, 釋惠忠이 있음.
8) 《別集》卷一 3,4葉〈昆陽次魚灌圃得江 東洲道院十六絶詩 및 序와 詩注〉
9) 前揭注 4參照
10) 前揭注《河西年譜》
11) 《續集》卷一 3葉〈葵花〉, 同上 2葉〈泮宮〉,《遺集》卷二 20葉〈將東歸對月吟懷〉詩等.
12) 《年譜》十三年 癸巳 先生三十三歲條.
13) 《別集》卷一 10葉 芝山蝸舍詩의 첫 首, 拙著『退溪家年表』pp.55~56 참조.

그런데도 年譜에는 南行 記錄이 전부 빠져 있다. 뿐만 아니라 河西 金麟厚와의 契合 講磨 事實을 河西年譜와는 달리 10年 前의 癸未年條에 收錄하고 있고,[14] 南行錄詩는 109 首中 元集 內集에는 단 3 首[15]만이 실려 있고 그 밖에 印刊된 別集과 續集에 26 首가 輯錄되어 있으며, 筆寫本인 遺集에 47 首 目錄에 약 16 首가 있음을 헤아릴 수 있다. 나머지 17 首는 詩題마저도 알 길이 없다.

特히 南行錄의 여러 詩注와 序跋은 西行錄 詩의 〈夢中得一聯覺而足并序〉[16]의 後跋과 함께 退溪의 臥遊와 더불어 癸巳年의 行歷을 자세히 읽을 수 있는 더 할 수 없는 所重한 文典임에도 불구하고 文集에 編輯되지 못하였고 年譜에도 실리지 않아서 及第·出仕 卽前인 33歲의 生活과 思想을 把握할 수 없게 하고 말았다.

이 結果는 後世에 큰 影響을 끼쳤다. 오늘날 退溪學을 硏究함에 있어서도 生涯와 文學 및 思想硏究에 있어 癸巳年 以前의 文學(吟詠 動機 및 詩作史)과 思想形成 및 生涯의 方向 設定 같은 具體的인 事實 究明에는 깊이 接近을 못하고 있다. 年譜上에 나타난 事實 이외에 詩文 著述을 通한 方法論에는 別로 關心을 보이지 않았고 또 試圖된 바도 없었다.

退溪의 詩에 담겨져 있는 思想과 그 詩의 序·跋·注에서 밝히고 있는 平生事는 年譜 안에 收錄된 內容보다 더 豊富한 자료를 提供해 주고 있다. 이에 대하여 筆者는 이미 拙著「退溪家年表」에서 整理 編述해 놓았거니와 平生事的 意味가 적지아니 크기 때문에 癸巳 南行錄을 敢히 詳述하여 退溪學硏究의 資料로 補俾코자 이로써 請稿에 答하기로 했다.

本稿에서는 壬辰, 癸巳年의 南行 前後의 生活相을 살핀 다음에 南行

---

14) 《年譜》二年 癸未, 先生 二十三歲條
15) 《文集, 內集》卷一 1葉에 癸巳年에 읊은 3首만이 맨 처음에 실려 있을 뿐이다.
16) 《遺集》卷二, 外篇 21~22葉, 詩는 七言絶句 1首이고, 長文의 詩序와 後跋이 있다.

의 動機, 南行日程과 寄旅, 南行錄(詩) 再編輯, 平生事的 意味를 附注·考察하는 순으로 論述하려 한다.

이 南行錄은 路程을 좇아 筆者가 1987年 7月과 1989年 2月의 2次에 걸친 現地 踏尋을 通하여 遺蹟地의 保存 狀態와 湮滅된 곳의 遺址도 探索하였으므로[17] 論述해가는 사이 사이에 踏尋錄을 敷衍하기로 한다.

退溪의 癸巳年 南行錄이 遺存하고 있거나 文集 元集(內集)에 모두 실려 있다든지 年譜에 그 사실(南行日가 南行 唱酬詩)이 修譜되어 있었더라면 이미 누군가에 의하여 硏究 公開되었을 것이고, 出仕 1年前의 行歷이 平生事의 重要한 一部로서 世上에 알려졌을 것이다. 그러나, 南行錄은 失傳하였고 年譜에 빠져버렸기 때문에 지금까지 湮滅되어 世上이 전혀 알지 못한다.

南行 事實이 記錄된 詩序와 後跋이 있는 詩가 內·外·別·續集 어느 文集에라도 실려 있었더라면 진작 刊行이 되어 世間에 알려졌을 텐데, 筆寫本인 遺集에 編輯되어 있었던 까닭으로 樊南에 秘藏되어오다가 陶山全書가 印刊됨으로써(癡翁 李彙溥에 依하여 1869年 告成하였고, 宗宅 光明室, 溪南, 樊南에 各一帙씩 所藏해 왔는데, 完本인 樊南本이 李源弼代까지 遺傳돼 온 것을 1980年 12月에 精神文化硏究院에서 刊行) 世上에 公開된 것이다.

이렇게 된 까닭은 文集을 編纂할 때 編纂者의 意識에는 退溪가 젊었을 때에 읊은 詩는 壯年期에 읊은 詩들에 比하여 道學的으로나 文學的으로 덜 圓熟하다고 認識하였고, 또 詩의 量이 浩瀚하여 모두를 싣지 못하고 選擇을 하면서 晩年의 詩에 무게를 더 두어 編輯한 까닭이라 생각한다.

---

17) 1987年 1次 때는 宜寧 中心의 踏査를 하였고, 1989年 2月 2次 踏査 때는 退溪가 南行했던 時期에 맞추어 路程에 따라 探索하였다. 이 때 晉州, 馬山(昌原郡 熊川, 乃而浦 ; 薺浦) 泗川(昆陽), 昌原(合浦, 會原, 檜山, 檜原), 咸安, 宜寧 等地의 길 引導는 蓮庵工專 李源綱, 慶尙大學校 許捲洙 두 교수가 해 주었고, 그 밖에는 探問踏査를 하였는데 鄭錫胎, 許捲洙 두 교수가 三嘉, 陜川, 高靈, 伽川, 星州 等地를 隨行해 주었다.

第 2 章 癸巳 南行錄이 갖는 退溪의 平生事的 意義   303

그 까닭은 退溪의 初期 靑少年 때의 詩가 立志와 思想 發展 過程을 立證하는데 必要한 資料로서 年譜에 收錄되었거나, 나중에 刊行된 續集에 실린 三隱의 한 분인 吉冶隱(諱·再)의 旌閭를 보고 느낌을 읊은 〈過吉先生閭〉와 昌原(檜原) 從姉氏를 가볍고 從甥姪 曺允愼, 允懼 兄弟와 함께 馬山(薺浦)에 가서 孤雲 崔致遠이 詩를 읊은 月影臺에서 孤雲의 遺蹟을 읊은[18] 〈月影臺〉詩를 內集 첫머리에 실어놓은 것으로 미루어 보아 충분히 짐작할 수 있는 일이다.

高麗의 隱者이고 金江湖(諱·叔滋)의 師門인 冶隱先生에 對한 詩이고, 羅末 儒家의 한 분이며 文詞鉅匠으로서 絶世 隱遁하여 濟世 抱恨으로 生涯를 끝낸 孤雲先生에 關係되는 詩이기에 33歲 때의 百數十首 가운데 〈矗石樓〉詩와 더불어 三首만을 採輯한 것으로 볼 수 있다.

文集을 編纂할 當時의 編纂者들 생각에는, 早期에 円熟한 退溪의 詩文學과 灌圃 魚得江의 東州道院 詩의 次韻에 담겨져 있는 平生事(治敎兼全)的 意味라던가, 老詩家 灌圃先生에게 招請을 받아 昆陽(山)에 가서 詩를 和韻 唱酬하리만큼 言志와 抒事詩의 大家인 退溪에 대해서 理解하려 하지 않은 것으로 判斷된다. 大科의 覆試를 마치기도 前에 退溪를 魚灌圃가 招聘하여 交遊하면서 詩를 唱和하였다는 事實은 退溪의 生涯史的 意味로 보아 작은 事件이 아니다. 特히 魚灌圃의 詩를 次韻한 詩와 그 뒤의 行歷에는 注目할 일이 많다.

다음으로 南行錄이 現存하지 못한 狀況에서 癸巳 南行錄을 筆者가 再編輯하는 要領에 關하여 먼저 說明을 해놓을 必要가 있다. 文集(內, 外, 別, 續, 遺集)의 詩卷과 逸詩目錄 中에서 南行錄 詩라고 認定되는 詩는 南行 事實을 記錄한 詩序, 附注, 後跋에 依하여 于先的으로 찾아

---

18) 오늘날 慶南大學校 入口에는 崔孤雲의 遺跡碑가 碑閣과 함께 서 있다. 그러나, 退溪가 崔孤雲의 故事를 詩로 읊었음으로써 月影臺가 世人에 注目받고 傳해진 점에 대해서는 言及이 없을 뿐 아니라 退溪의 月影臺 吟詠에 대해서는 어느 곳에도 記錄해 놓지 않았다. 退溪의 月影臺詩로 말미암아 崔孤雲의 遺蹟地가 世上에 들어났음을 적고 退溪의 月影臺詩도 그곳에 새겨놓아야 事跡이 올바르게 전달된다.

뵙고, 다음으로는 詩題에 記錄한 年月과 詩卷에 表示해 둔 癸巳年部의 詩中에서 南行 時期와 그 季節이 一致하는 內容의 詩를 찾아 내었다. 끝으로 退溪의 南行 記錄 中에는 中年에 읊은 詩도 많이 있는데 주로 宜寧 妻家와 再娶 妻父母가 한 때 寄寓한 安陰 迎勝村(慶南 居昌郡 渭川面 迎勝里)에 가서 읊은 것이고, 中途인 三嘉 等地에서 읊은 詩도 있으나, 宜寧과 中途에서 읊은 詩는 內容과 時期를 嚴密히 分析하여 南行錄과 區分하였다. 그리고 극히 微妙 애매하고 未信다운 詩는 억지로 包含시키지 않았으며 앞으로 새로운 典據와 資料가 나타나거나 새 情報를 얻으면 添削 改編할 것이다.

II. 南行 前의 事錄과 藏身

33歲 癸巳年 以前인 辛卯, 壬辰年 事錄이 年譜上에는 極히 簡單하게 記錄되어 있으므로 意味性이 不足하여 關係있는 內容을 26歲 丙戌年부터 年譜와 拙著『退溪家年表』안에서 拔萃하여 整理해 본다.

- 26歲(丙戌, 1526)
  - 四兄 貞愍公(名·瀣, 號·溫溪)이 成均館에 入學하자 母夫人을 모시기 위하여 兄舍로 入舍하다.
  - 吾事, 吾業(平生事)을 表明한 山居詩를 읊다.

    高齋瀟灑碧山傍　　祇有圖書萬軸藏
    東澗遶門西澗合　　南山接翠北山長
    白雲夜宿留簷濕　　淸月時來滿室涼
    莫道山居無一事　　平生志願更難量

    往在丙戌歲 家兄遊泮宮 余侍親在兄舍 嘗於西齋吟律…以寄兄兄亦和之

第2章 癸巳 南行錄이 갖는 退溪의 平生事的 意義

○ 27歲(丁亥, 1527)
　＊秋赴慶尙道鄕解進士試居首生員第二
　　十月子寀生
　　十一月七日夫人許氏卒
○ 28歲(戊子, 1528)
　＊春中進士會試二等
　● 6月에「淸凉山白雲庵記」를 짓다.
○ 29歲(己丑, 1529)
　● 碧梧 李文樑과 함께 聖泉寺에서 讀書하다. 詩「聖泉寺示李大成」을 읊다.
　● 金澤卿, 南敬仲과 함께 淸凉山에 가기로 하였으나 눈 때문에 길이 막히고 또 病이 나서 못가다.
　　往在己丑金澤卿南敬仲同遊淸凉山余有追尋之約而氷雪路阻病不得往以詩寄謝云〈逸詩目錄〉
○ 30歲(庚寅, 1530)
　＊聘夫人權氏 奉事礩之女
○ 31歲(辛卯, 1531)
　● 月瀾寺에서 讀書하다.
　　(丙午年의 詩「寓月瀾僧舍書懷・十五年前此讀書」가 있다)
　＊六月子寂生
　● 靈芝山麓의 暘谷에 芝山蝸舍(뒷날 暘谷堂이라 부름…李國樑에게 준 後)를 新築하여 分居하다. 堂名은 善補, 號를 靈芝山人이라 하다.
　● 傍字韻의「芝山蝸舍」詩를 읊다.
　　卜築芝山斷麓傍　　形如蝸角祗身藏
　　北臨墟落心非適　　南挹烟霞趣自長
　　但得朝昏宜遠近　　那因向背辨炎凉
　　已成看月看山計　　此外何須更較量　〈文集 別集, 卷一, 葉10〉

• 가을에 龜巖 黃孝恭이 燕京에 가므로 詩를 읊어 送別하다.
○ 32歲(壬辰, 1532)
  ✽先生自中司馬試 無意擧業 兄大憲公白母夫人赴擧 是年文科別擧初試 居第二自京還鄕 宿路邊村舍 夜中遇盜 同行驚惶失措 而先生凝然不動
• 겨울에 昆陽郡守 灌圃 魚得江으로부터 招請을 받다.
  (이 招請典據는 癸巳年 南行 詩에 읊은 「寄魚灌圃」詩의 」「憶我去年冬 再拜公得書 開緘長跪讀公書 招我遠遊勿懷居 新春作意向南行 千里宜春來駐驢 昆山相望不可見 幾回欲去仍躊躇 慕公日日誦公詩……」이다.)
○ 33歲(癸巳, 1533)
  • 봄에 南行하여 詩 109 首를 짓다.
  〈위의 略譜 머리의 符號中 ✽는 年譜에 실려 있는 記錄이고 •는 筆者가 追補하여 年表에 整理해 둔 事錄이다.〉

이 사이 退溪의 生活에는 變化가 많았다. 家族의 生卒과 喪配, 續絃이 있었고, 侍養과 乳母(筆者는 第二子인 寀가 出生後 한 달 未滿에 夫人 許氏가 歿하였으니 母夫人 侍養과 兼하여 乳母를 들여 앉힌 것으로 보았고, 이 夫人이 寂의 母親인 側室이라고 推定한다. 第三子 寂의 出生이 權氏夫人 入門後 그리 오래지 않은 6月에 있었고, 또 權氏夫人을 맞아서는 三栢堂 兄舍에서 母夫人과 두 아들을 養育하면서 한집에 同居하지 않고, 곧 芝山蝸舍를 지어 別居케 한 事實로서도 判斷이 可能하다) 맞이 等 어려운 고비를 겪었다. 分家했던 집을 버리고 兄舍에 들어가서 安住하지도 못하고 5人 家族을 둔 채 別舍를 卜築해 兩家를 오가면서 治家해야하는 煩雜한 家庭 生活도 退溪는 감내했었다.

그런 渦中에 退溪는 進士, 生員試와 進士會試에 合格했고, 癸巳年 바로 전인 壬辰年에는 서울에 가서 文科 別擧 初試에 登科하였다.

그 어려운 家事 形便에도 拘碍 받지 아니하고 聖泉寺, 月瀾寺, 淸凉山 같은 곳에서 讀書를 하였다.

退溪의 이러한 苦難 克服의 一以貫之하는 힘이 어디에서 나왔는지를 여기서 조금 記述해 둘 必要가 있다. 灌圃가 아직 만난 적이 없고 及第도 出仕도 아니한 젊은 退溪를 招請한 緣由를 理解하기 위해서는 꼭 밝혀 두어야 할 必要가 있다.

서울에서 文科 初試 別擧에 合格하고 歸路 村家에서 도둑을 만났을 때 凝然不動할 수 있었던 雄邁膽氣의 姿望이 30代 初의 亂·靜을 超克한 退溪像으로 보이거니와, 그보다 앞서 20代 後半에 읊은 山居詩는 그의 平生事業의 꿈과 襟度를 表白한 것으로 意味가 深長하다.

退溪의 心像과 思想은 일찌기 少年期로 부터 읊은 〈石蟹, 野塘, 安彦驛板上韻, 風雪, 朱子馬上雪韻, 西齋〉[19]詩 等에서 잘 나타나 있으나 出仕 前인 退溪의 聲華를 灌圃가 어떻게 熟熟히 알고서 退溪를 招請했던가 하는 問題이다. 따라서 다음은 灌圃 魚得江이란 人物에 대해서 좀 言及할 必要가 있다.

Ⅲ. 灌圃 魚得江과 退溪의 交遊

魚得江은 1470年(庚寅, 成宗 1年)에 나서 1550년(庚戌, 明宗 5年)에 卒하여 81歲를 享壽하였다. 字는 子舜, 子游라 하고 號를 灌圃, 또는 渾沌山人이라 했다. 지금의 慶南 泗川(옛날은 昆陽 또는 昆山이라 하였음) 出身이다. 本貫은 咸從이고 父親은 文孫이다. 成宗 23年 (1492, 壬子) 進士試에 合格하고 燕山 1年(1495, 乙卯)에 式年文科 丙科에 及第하여 內職으로는 掌令(1510), 獻納((1518), 校理(1521), 大司諫(1529)을 지냈으며, 外職으로는 永川郡守, 興海郡守, 昆陽郡守, 咸陽郡守 等을 歷任했다. 明宗 4年(1549)에는 嘉善大夫에 陞次하여 上

---

19) 拙著, 『退溪家年表』 p48, p51, p53, 別集, 卷一.

護軍이 되고 여러 要職에 薦名되었으나 나아가지 않았다. 1542年에 副司果로서 書肆의 설립과 各道別로 初試를 실시하라고 上疏를 하기도 하였다. 文名이 뛰어난 분으로 그의 詩는 退溪가 "於詩尤自於律 而絶句往往有杜少陵(甫)之節拍 奇古凌厲豪健頓挫 無世俗腥腐塵埃之氣"라 評하였다. 그가 卒한 8年 뒤인 1588年(戊午)의 灌圃의 詩集(文은 冥鴻亭上樑文 一篇 밖에 실리지 않음)을 刊行할 때 退溪가 跋文을 지었는데, 淸要職인 金馬玉堂도 싫어하고 山水烟霞를 즐겨, 농사짓고 소금 만드는 시골 생활을 부끄럽게 생각하지 않았다고 하였다.[20]

退溪의 灌圃評은 沒後의 評이었으나, 그의 在世時에 交遊한 人物로 보아서도 士林中에 重望을 받았던 사람이었음을 알 수 있다. 晦齋 李彦迪과는 자주 詩를 唱酬하였으며 道契를 맺은 사이였고[21], 慕齋 金安國과도 酬唱 交義를 하였으며[22] 文章이 뛰어나고 剛直했던 寓菴 洪彦忠과 또 創造性이 남달랐던 愼齋 周世鵬과도 가까운 處地였다.[23]

退溪의 南行錄 詩에서 詳述되겠지만 灌圃가 興海郡守로 在職中에도 官衙에서 郡民의 敎化(育)에 힘을 기울인 業績은 높이 評價되고 記錄해 둘만한 일이다. 退溪가 灌圃의「東洲道院十六絶」에 次韻하면서 그 業績을 기리었는데 灌圃集을 一名 東洲集이라 한 것만 봐도 詩工 쪽보다 實踐道義面의 功果가 더 값진 것이었음을 알 수 있다.

이러한 魚灌圃가 退溪를 招請해서 自己의 詩에 和答케하고 昆山地方의 文士를 招致해 鵲島, 浣紗溪 等을 찾아 함께 遊覽하면서 詩를 읊고 從遊한 것은 무슨 까닭이었을까? 詩를 잘 하고 司馬試를 거쳐 大科 初試를 마친 젊은 退溪와 함께 方丈山과 雙溪寺 같은 곳을 찾아 마음껏 詩를 짓고 싶은 것은 그의 山水癖이라 하더라도 大司諫을 지냈고 現職 郡守인 63歲의 노인이 30歲나 年下이며 아직 及第 前인 退溪를 만나

---

20)『灌圃集』〔跋〕. 灌圃魚先生 生有拔俗之標亂 不令退治 不求進之 以玉堂金馬非喜也 居之 州縣 米鹽非恥也 漢陰之忘機 東方之詠諧 有山水烟霞之癖 而終享其樂 其爲人何如耶.
21)『灌圃集』, 四十四葉「送李復古參議尹全州」同 追錄一葉「奉呈晦齋道契」
22) 同詩集, 五十七葉「和呈慕齋」

고자 한 것은 思慕의 情이 어지간 하고서는 書簡을 보내어서까지 만나려하기 어려울 것이다. 이것은 灌圃가 詩를 좋아한 文學的 藝道 때문이었다 하더라도, 그가 退溪를 만나보려한 戀慕가 두터웠을수록, 招請이 積極的이었을수록 그 時點의 退溪의 學問과 詩의 水準에 對한 評價가 높았음을 明證하는 것이 된다.

다음은 灌圃가 退溪를 어떻게 알고 그렇게 招請하기에 이르렀을까 하는 疑問에 答해야 하겠다. 두 분이 주고 받은 書札이나 郵信을 利用한 詩의 唱酬도 壬辰年까지는 없었다. 在朝 在野에서 相互間에 通情의 痕跡이라고는 전혀 나타나지 않는다. 灌圃의 故鄕이 昆山이고 退溪의 妻家가 宜寧이며 從妹家 두 집이 檜原과 咸安이었으므로 間接的으로 서로 先聲은 들을 수도 있는 處地에 있었다. 退溪가 詩에서 '慕公日日誦公詩'라 한 것을 보아도 어떠한 經路를 通해서든지 灌圃의 詩를 이미 읽고 있었다.

間接的으로 灌圃가 退溪의 이야기를 들을 수 있었으리라는 推理는 다음 몇 가지 根據로서 可能하다. 灌圃가 大司諫으로 있을 때인 1529年 頃에 退溪의 妻伯祖 訓鍊院判官 松窩 許元弼의 墓碣銘 幷序를 撰한 일이 있다. 이 때 退溪는 榮州 沙日(現榮州市 祖岩洞)로 장가간 지 9년째 되는 해이다. 榮州와 宜寧과 昆山, 또 灌圃가 出仕하고 있는 서울까지는 너무도 떨어져 있는 거리이다. 그러나, 退溪의 丈祖父 進士 禮村 許元輔는 固城에서 宜寧으로 寓居하였지만 松窩 後孫인 맏집은 世居하던 固城에 그대로 있었다. 固城과 昆山은 指呼之間이라 魚, 許氏 兩門은 서로 密接한 交分世家로서 서로의 家門에서 일어나는 일들을 잘 알고 있을 處地에 있었다. 따라서 灌圃에 退溪가 紹介된 것은 退溪의 妻家 쪽의 通路였음이 明確해진다. 그렇다면 退溪는 婚姻後 10年 未滿에 妻家 許氏家門으로부터 相當한 期望을 받고 있었다는 이야기가

---

23) 同 三葉「次洪直卿」, 同五十三葉「次直卿」
   同 四十一葉「寄昆山守周景遊兼諫挺然」, 同 五十葉「周景遊」

된다.

　退溪가 灌圃에게 紹介될 수 있는 또 하나의 通路가 있었다. 『灌圃集』에 보면 『書曹舜卿詩軸·名致虞』[24]이란 詩가 있다. 이 詩의 主人 曹致虞는 退溪의 叔父인 松齋 李堣의 査頓이다. 松齋의 壻君 曹孝淵은 曹致虞의 아들이고 退溪의 從姉兄이다. 曹公은 檜原에 살았으므로 南道 士大夫들로서 서로가 交分이 있고 曹公은 翰林(號·浄友堂, 大邱府使와 翰林을 歷任함. 翰林 曹末孫의 子, 監司 雲巖 金緣의 妻三寸임) 벼슬을 지냈기 때문에 灌圃와의 詩交가 잦았을 것으로 推測된다.

　曺浄友堂은 査下生인 退溪를 熟知하였을 것이고 鄕會나 灌圃와 만나 자주 退溪에 대하여 서로 이야기했을 것이다. 退溪가 南行 길에서도 宜寧과 咸安, 檜原을 거쳐 晉州를 다녀 昆陽에 간 것도 미리 魚灌圃에 대한 豫備 知識을 가지고 갔으리라는 것도 推測할 수 있다.[25] 그리고 退溪가 査丈인 浄友堂과 從姉兄에게도 許愛와 重待를 받고 있었다고 짐작할 수 있다. 退溪의 人物評이나 人間像을 論할 때 지금까지 흔히들 少時 때에 母夫人의 警戒와 松齋의 遺託, 伯仲叔氏의 學試 勸諭 等 家族의 말만을 引用해 왔는데, 南行錄과 灌圃와의 만난 事實을 究明해 보면 妻家와 姻戚의 重望도 이와 같이 남달랐음을 알 수 있다.

Ⅳ. 退溪의 南道 紀行과 南行錄

1. 日程과 寄旅

　南行(遊) 日程은 시작부터 끝나는 날까지 詩題나 附注에 記錄된 것을 土臺로 推定하는 外에는 方法이 없다. 退溪가 손수 日錄을 썼는지

---

24)『灌圃集』, 五十九葉,「書曹舜卿詩軸 名·致虞」
25) 後述 南行錄 日程

第 2 章 癸巳 南行錄이 갖는 退溪의 平生事的 意義   311

詩만을 日程에 따라 지었는지는 手錄이 없어서 確實함을 斷定할 수 없다.

　日字가 分明한 것을 追跡해서 整理해보면 대략 다음과 같은 日字와 路程을 再構成할 수 있다.〈(　)안은 詩題임〉

　1月 20日 醴泉「二十九日 襄陽道中」

　襄陽은 江原道에도 있으나 여기서 醴泉 古號로 봤다. 退溪가 江原道에 간 것은 42歲 때인 1542年(壬寅) 3月 19日에 忠淸道 救荒御史로 拜命을 받아 일을 마친 후 江原道御史로 出道한 것은 그 해 8月이었기 때문이다. '二十九日'을 1月로 보는 理由는 이 詩의 둘째 句에 "早春下旬時"가 있기 때문이다. 따라서 첫 句의 "我行襄陽道"와 詩題의 「襄陽道中」은 「醴泉으로 가는 길에서」 이 詩를 읊은 것이고, 南行錄에 이어서 西行(서울)을 하고나서 西行錄 後跋에 쓴 "…是歲癸巳春 余南遊宜春……"과도 一致한다.

　그리고 南行을 시작한 날은 1月 27, 8日로 보고자 한다. 陶山에서 出發을 27日에 하면 安東에서 자거나 무리를 해서 豊山을 지나 高子坪 姉氏宅까지 갈 수 있다. 高子坪까지 이틀 日程을 잡았다면 27日에 出發했을 것이고 하루 日程을 세웠다면 28日에 登程한 것이 된다. 아무튼 高子坪 누님宅을 떠나 醴泉길에 오른 것은 1月 29日이다. 醴泉 누님댁에 退溪가 들러 묵고 갔음을 推理할 수 있는 根據는 退溪의 友愛心(老境의 姉氏에게 반찬을 보내고 극진히 모셨다는 記錄)이 깊고, 66歲 때는 工曹判書를 辭退하고 還家할 때도 묵었기 때문이다.

　1月 30日 尙州 洛東(登觀水樓;지금은 慶北 義城 比安面이 되었고 在日僑胞 義城出身 篤志家가 樓를 重建했으며, 退溪의 詩板과 많은 詩를 새로 새겨 걸어 놓았다) 筆者는 1990年 2月 18日에 李源奭과 함께 가서 重建工事가 進行中임을 보고 왔고, 그해 7月 13日에는 鄭錫胎, 李世東과 함께 가서 竣工한 觀水樓에 올라 보았다.

2月 3日 星州「三日渡伽川」

 伽川을 건너 高靈, 陜川을 지나 宜寧 妻家 마을에는 3,4日 後인 6,7日頃에 도착했을 것이다. 日字가 注記되지 않아서 安東을 經由할 때와 宜寧에서 묵을 때 읊은 詩는 癸巳年 南行詩와 그 뒤에 갔을 때에 읊은 詩와의 分別이 어려워서 南行錄에 包含시키지 아니하였다.

 退溪 詩作史上 저 有名한 最初의「梅花詩」는 이 때 읊은 詩이다.[26]

2月 11日 宜寧 丹岩津(十一日渡丹岩津)

 咸安 茅谷(後谷;素地名・뒷골)의 從姉兄家에 들러 査丈인 前 宜寧 縣監 竹齋 吳碩福과 從姉兄 吳彥毅(字・仁遠)를 만났다. 거기서 咫尺之間에 있는 또 하나의 從妹家인 檜原(지금의 昌原)의 曺孝淵家에 가서 姉氏 內外를 뵙고 從甥姪 曺允愼(字・敬仲), 允懼(字・誠仲)를 만났다. 이로부터 咸安의 吳彥毅와 檜原의 曺氏 兄弟하고는 同行하는 길동무가 된다. 어느 집에 언제 가서 며칠씩 묵었는지 자세히는 알 수 없다.

2月 15日 馬山 遊覽「仲春望日與吳仁遠曺敬仲陪宜寧 査丈吳碩福 遊月影臺」
  〃 「月影臺」
  〃 昌原「日暮自臺前泛舟抵檜原」

 馬山에서 구경을 마치고 저녁에 배를 타고 昌原으로 건너갔다.

  〃 「次吳宜寧記遊韻」

 昌原에서 하룻밤을 쉬면서 査丈 吳竹齋가 읊은 記遊詩韻으로 次韻하여 읊었다.

2月 16日 茅谷(十六日吳宜寧竹齋對月小酌)

 竹齋를 모시고 다시 茅谷 妹家로 돌아가서 밤엔 술을 들며 月夜의 感興을 읊었다. 이 밖에 여러 詩를 읊다.

---

26) 拙著,『退溪의 燕居와 思想形成』p.173. 附注 鄭錫胎編「退溪先生의 梅花詩譜」參照.

3月 3日 宜寧「三月三日」

이 날 밖에 나가 溪潭을 찾고 闍崛山에 올라 白岩도 구경하였다. 菩提寺까지 갈 계획을 했다가 해가 저물어 中止하고 合流한 姜氏 二人 (名不明)이 갖고 온 술을 岩下의 아름다운 泓澄壁에서 流觴曲水를 즐기며 마셨다. 退溪는 이 날 여기서 意味深長한 心定을 했을 뿐 아니라, 그 重要한 決心을「三月三日出遊」詩에다 적어 놓았다. "靑雲白石穹幽探"의 得意를 얻은 것은 다행이었고, 麋鹿과 함께 무리되어 사는 것은 본래 뜻이라서 "買斲烟霞結茅庵"할 작정이라 했다. 退溪의 結茅庵은 芝山蝸舍가 시작이 아니었고(그것은 再娶 分家를 위한 方便이었다), 養眞庵과 寒樓庵의 結屋이 진작부터 지녔던 素心임을「出遊」詩에서 보여준다. 妻家에서는 보름 이상을 묵으면서「宜寧寓宅東軒韻」,「東軒池上雨」,「白巖新東軒臨池酌」,「樓上醉吟」,「次韻友人見韻」 등을 읊으며 여러 詞友들과 사귀었다. 十年餘 사귄 余琛이 苦窮을 克服하면서 學業을 精進했으나 病患으로 廢業하고 있음을 안타까이 여기어「贈余國珍 幷序」詩로 위로하기도 하였다.

3月 12日 宜寧「送山人惠忠 幷序」

이 詩는 元來 10章이었으나 遺集에는 4章이 남아있다. 序文에는 어떤 僧侶가 찾아왔기에 맞이해보니 보통 사람이 아니고 마음을 터놓고 말할 수 있어서 序를 쓰고 詩를 지어 주었다 하였다. 또 살을 태우고 人倫을 끊으며 衣·食·住, 言 等의 法은 儒佛이 相反되는데도 儒家가 老佛을 欽慕崇尙하고 즐겨 相從하는 것은 괴이하나 그 까닭이, 凡人은 處身 心術이 物質에 誘惑되어 精神을 빼앗기는 慾心에 있다고 分析하였다. 老佛은 思精專, 識高明하는 心思求道에 있으므로 우리들 마음은 말을 하지 않아도 먼저 터득할 수 있는 것이므로 하물며 말을 하는데도 그 뜻을 터득하지 못할 사람이 있을까하고 忠師에게 精進을 당부했다.

3月 18日 咸安 茅谷「茅谷次吳宜寧韻」

1989年 2月 16日 茅谷(現洞名·葛田里)을 探訪했으나 吳竹齋의 遺跡은 發見할 수 없었다. 서쪽 골안 담안(茅谷里, 墻內)에는 載寧李氏 落南以後(麗末, 茅隱 李午가 入鄕祖)의 宗宅과 遺跡(高麗世庄紫薇園과 亭子, 友竹軒, 景茅堂)이 잘 保存되어 對照를 이루었다. 洞口에는 茅隱公의 둘째 孫子인 栗澗 李仲賢의 遺墟碑와 함께 退溪의 장구소에 景陶壇碑가 서 있었다. "昔在嘉靖癸巳 吾先君退陶先生南遊中 三友臺吳公碩福於咸安之茅谷里 公卽先生從姉壻彥毅之大人也 臺在竹間 小齋之隙地 而累不築之 取李白詩對影成三人之句 因以爲號者也……"를 響山 李晚燾가 짓고 安商說이 써서 1911年 9月에 碑를 세워두어 그 옛날 退溪의 南行을 記念해 두고 있다. 竹齋의 孫子 吳守盈(號·春塘)과 曾孫 吳澐 (號·竹牖)은 退溪의 門人이다.

3月 20日 昌原「二十日曺敬仲齋舍與仁遠諸人待金綏之(名·綏·濯淸亭, 曺致虞의 兄 致唐의 女壻인 金緣의 弟이며, 아들로는 山南 富仁, 養正堂 富信, 雪月堂 富倫이 있다.) 書懷」

〃 馬山「是日綏之來薺浦期明日會于此綏之竟不至」
〃 馬山 舞鶴山「是日與仁遠敬仲誠仲散步至鼻巖」
〃 馬山 舞鶴山 鼻巖「鼻巖示同游」

前에 月影臺를 보노라고 馬山에 갔었지만 이날은 烏川에서 새로 오는 濯淸亭 金綏와 함께 鼻巖에 오르기로 한 날이다. 濯淸亭이 오지 않아서 曺公 兄弟와 종남매가 함께 鼻岩에 오르기로 한 날이다. 舞鶴山에 올라서 南海를 展望하는 것도 浩然 壯觀이려니와 3월 20일경에 산 서쪽 鼻岩一帶에 群林하여 피는 참꽃 진달래는 賞花遊山客에게는 더할 수 없는 佳景이다.

筆者는 두 번 시도하여 千萬 僥倖으로 鼻岩을 알고 있는 唯一의 馬山 老丈(沈基柱翁)을 만나 '부처바위'로 그 이름마저 바뀌어버린 鼻岩(코바위)을 1989年 2月 12日에 探索해 놓았다. 一行 50餘名(安東, 尙州,

浦項, 釜山, 馬山, 金海, 晉州, 昌原 等地에서 모인 **會員**) 중에 겨우 12名이 진달래의 密林을 뚫고 들어가 鼻岩에 이르러서 退溪의 詩를 펴 들고 絶景을 觀賞한 후 鼻岩稧를 組織해 두었다. 每年 3月엔 여기를 찾기로 다짐하였으며 다시는 湮滅하지 않도록 바위에 이름을 새기든가 장구소의 標識를 咸安과 馬山 쪽에 세워두기로 하였다.

3月 21日 咸安「二十一日次仁遠」
이 날 이후 晉州의 路程에 들어선 것 같다.

3月 26日 晉州「三月二十六日訪姜晦叔姜奎之同寓法輪寺路上作」
法輪寺로 가서 두 姜公과 함께 머물 약속을 하고 절로 가면서 읊은 詩다.
　〃　晋州　法輪寺「到法輪寺晦叔奎之皆不在是夜獨宿西窓雨竹蕭蕭 絶有淸致悵然賦此」
法輪寺에 이르렀으나 두 姜公이 없어서 비오는 날 밤 홀로 자면서 쓸쓸함을 읊었다.

3月 27日 晋州 法輪寺「明日晦叔奎之鄭紀南偕來會同宿」
이 날은 두 姜公과 鄭紀南이 와서 함께 자고 詩를 읊었다.
1989年 2月 15日에 筆者가 이 法輪寺址를 찾아갔더니(文山面 副面長 許潤氏 안내) 그곳엔 무덤과 논뙤기로 변해 버렸다. 標識도 없고 옛날에 있었다는 13層 塔은 杜芳寺로 옮겨버려 자취마저 없어졌다.

3月 28日「又明日與晦叔偕向昆陽別奎之紀南兩同年」
30日(또는 4월 初1日)에 姜晦叔 等 晋州 사람과 함께 昆陽을 向해서 出發했다. 29日 하루는 晋州에서 머물은 것이 된다. 矗石樓와 月牙山 靑谷寺는 모두 이 동안에 觀勝하고 다녀왔다고 보아진다. 法輪寺와 金山의 靑谷寺는 다 晋州에서 가까운 位置에 있다.

以後 날짜가 적힌 詩는 없다. 3月 그믐이거나 4月 초순에 昆陽으로 가서 灌圃를 만나고 鵲島를 구경하며 詩를 읊고 浣紗溪에서 作別할 때까지 며칠이 걸렸는지 알 수 없다. 그리고 回程에 관해서는 安彦驛에서 읊은 詩 한 首만 있어서 더 이상 밝힐 수 없다. 全體 日程은 正月 下旬에 出發하여 4月 初旬에 灌圃를 만나고 回程한 것으로 보아진다. 記錄이 없어서 確實한 것을 댈 수는 없으나 이 때 金綏의 從姑母夫인 枕流亭 金萬鈞이 丹城을 거쳐 智異山까지 갈 計劃이었는지 모른다. 그러나 더 이상의 旅行은 取消가 되었다.

3月 18日 茅谷에서 받은 鄕書가 곧 回程하라는 連絡인 것 같다. 東州道院 詩注에 적은 灌圃의 雙溪寺 勸遊도 "因事竟不果"라 했고, 靑谷寺 詩注에서 溫溪가 歸覲해 있다고 한 것과 「寄魚灌圃」詩의 "鄕書昨到毋賜環"을 보면 四兄으로부터 成均館에 遊學을 勸督받고 昆陽에서 南遊를 끝맺은 것으로 판단된다.

昆陽 동쪽 浣紗溪의 餞席에서 灌圃에게

浣紗溪水鏡光淸　　落日誰家一笛聲
太守送人人亦去　　滿汀芳草不勝情

을 읊어 作別을 告한 후 急急 宜寧을 거쳐 北上 回程한 것으로 推測된다. 歸家後 退溪는 溫溪와 함께 上京하는데 4月 23日에는 西行 길에 올라 榮州에 가서 머물고 있다.

2. 南行錄 再編成

退溪는 癸巳年 4月 上旬에 南行을 끝내고 곧 이어 그 달 20日 頃에 從弟 壽苓과 함께 歸鄕했던 四兄 溫溪 李瀣(正言)를 따라 上京해서 成均館에 遊學하였다.[27] 그러나 浮薄한 士習과 太學이 學問하는 곳이

---

27) 拙著,『退溪家年表』p65, 行3-27,『遺集』卷二 外篇, 16葉「四月從正言兄西行二十三日龜城次金質夫見戱」

아님을 보고 3個月 未滿에 「泮宮」等 여러 詩를 읊고 7月 上旬에 歸家해 버렸다.[28]

이 西行 時에 읊은 39首를 退溪는 西行錄이라 부르는데 대하여, 1月 末부터 4月 上旬까지 南遊 紀行하고 읊은 詩를 南行錄이라 하였다. 南行錄이란 이름과 함께 그 解題도 되고 本項의 序章이 되겠기에 7月 12日에 읊은 「夢中得一聯覺而足之」一首와 13日에 쓴 幷序와 後跋을 머리에 原文 그대로 옮겨 놓기도 한다.

夢中得一聯覺而足之
 癸巳秋七月 余東來杜門閑居 十二日夜夢 余與景明兄 從王京東出 行一日抵處 山水淸麗 臺館儼然 若離宮廢苑 王侯第宅之 而無主不加禁鐍 而其御侍器玩供億之具 頗有存者 始自西廂 而入童子一人在側 又有美丈夫數人 侍女數人 迎慰笑語 俄而翩然不見其處 於是廻廊別院 無不周覽 最後到一處 花木芬芳 簾櫳冏晃 便於軒上氈坐啜茶 愈覺神婚灑脱 余吟一職云云 方欲綴其下吟諷之頃 回視北岡則 兄已在其上矣 余從而登焉 東南騁目則 天高地濶 雲日微茫 飛鳥滅没 遙岑低櫬 莽蒼寥沉 不可具狀 而俯視深谷 窈窕樹石 玲瓏其間 有樓臺飛翼然 采色炫爛 門窓戶闥 歷歷可見 兄扶而顧余曰 此許某之所遊也 余不知許某之爲何人也 未及問而忽欠伸而寤 旣覺了了可記 余頗怪之因叙其事 而足成其聯爲絶句一首 他日之覽云

 一帶茶烟隔翠屛　　淸臺花發夢魂煢
 何人院落深如許　　一笑渾如到玉扃

 右南行錄 一百九首 西行錄 三十九首 幷一百四十八首 余平生不工詩 顧賞嗜之 凡寓目興懷 輒癢此技 吟諷不絶於口 旣成人之見者 或欲唾棄 余猶不知愧 以是得嗤笑於人非一 而膏肓之癖 迨不能藥 直可笑也 是歲癸巳春 余南遊宜春 其夏西入泮宮 往返所得裒在一秩 藏之篋中 以資臥遊之興 聞者當絶纓 見者當掩口

---

28) 上揭『年表』pp67〜69

嘉靖十二年 孟秋 望前二日 靈芝山人 書于善補堂

南行錄 詩의 所載 狀態와 詩體를 表로 整理하면 다음과 같다.

文集＼詩體	五絕	五律	五古	七絕	七律	七古	序	跋	計
內			1-1	1-1	1-1				3-3
外									
別		1-1		1-1	4-19	1-1	2		8-23
續		2-2(1)			1-1				3-3(2)
遺	1-2	5-5(4)	1-1	20-26	9-10	3-3	3	1	39-47(38)
計	1-2	8-8(6)	3-3	25-46	12-13	4-4	5	1	53-76(51)
備 考	① 앞의 숫자는 詩題, 뒤의 숫자는 詩首를 가리킴. ② 遺詩 題目과 詩首는 여기서 省略함. ③ 南行錄 詩 收捨에는 差錯이 없지 않을 것이므로 계속 補訂함.								

이제 이 南行錄을 旅程에 맞추어 全篇을 原文대로 編輯하지만 差錯이 더러 있을 줄 믿는다. 追後 補訂을 覺悟하고 退溪學 硏究의 資料 擴充을 위하여 間或 注釋을 붙여서 南行錄 編成을 試圖한다.

[이 編成 南行錄은 筆者의 別著本 『退溪先生日記會成』에 실려 있으므로 여기서는 생략한다.]

3. 逸詩 目錄에 보이는 南行錄

卷一에서 「歸自宜寧道過金烏山」, 卷二에서 「渡鼎巖津」, 「次吳宜寧月影臺二首」, 「次友人見寄(이 詩는 '次友人見贈'과 重疊일 듯도 하다)」, 「(曺敬仲齋舍與仁遠諸人待金綏之書懷四首(一首는 遺集外篇에 있고 앞에서 보였다)」, 「次仁遠」「八莒縣」 等 10首는 題目과 目錄 編輯 形態로

짐작을 할 程度이다. 退溪詩 中에서 題目은 傳하나 詩를 잃어버린 數는 略 1430 首에 이른다. 이 中에서 『遊春詠野塘』,『詠懷』『奠參贊權先生墓』『拜權奉事公墓』같은 詩는 年譜 또는 다른 곳에 傳하여 찾아낸 詩이다. 逸詩目錄의 모든 詩가 傳했더라면 退溪를 더 가까이에서 對할 수 있을 텐데 하는 아쉬움을 금할 수 없다. 南行錄에서 빠진 10 餘首를 마저 갖추어 읽을 수만 있다면 33歲의 退溪를 더 자세히 理解할 수 있으리라 생각된다. 이에 再編成한 南行錄의 目錄을 만들어 끝에 붙인다.

南行錄 再編 目錄
二十九日(癸巳正月) 襄陽道中
晦日登觀水樓
登尙州觀水樓
過吉先生閭 癸巳
星州馬上偶吟
三日(二月) 渡伽川
望伽倻山 癸巳
陝川南亭韻
南亭次許公簡韻
    附·原韻「許士廉陝川南亭韻」
梅花詩
十一日渡丹巖津 詩將訪仁遠
茅谷吳宜寧公竹齋 宜寧命賦
前宜寧吳公竹齋 咸安後谷
宿仁遠書齋
檜(會)山 曺敬仲(允愼) 壽母生辰次敬仲韻
仲春望日與吳仁遠曺敬仲陪宜寧遊月影臺
月影臺

日暮自臺前泛舟抵檜原

次吳宜寧記遊韻

十六日吳宜寧竹齋對月小酌

白巖東軒濯纓金公韻

吳仁遠將之安陰過宿于白巖

仁遠還自安陰

三月三日出遊

宜寧寓宅東軒韻

白巖新東軒臨池小酌

次韻友人見贈

樓上醉吟

東軒池上雨

贈余國珍 并序

送山人惠忠

十八日茅谷次吳宜寧韻

吳宜寧公三友臺

二十日曹敬仲齋舍與仁遠諸人待金綏之書懷

是日綏之來薺浦期明日會于此綏之竟不至

是日與仁遠敬仲誠仲散步至鼻巖

鼻巖示同遊

二十一日次仁遠

三月二十六日訪姜晦叔姜奎之(應奎)同寓法輸寺路上作

到法輸寺晦叔奎之皆不在是夜宿西窓雨竹蕭蕭絶有清致悵然賦此

明日晦叔奎之鄭紀南皆來會同宿又明日與晦叔偕向昆陽別奎之紀南兩同年

矗石樓

過青谷寺

昆陽次魚灌圃 得江 東州道院十六絶

附；原韻「東州道院十六絶」
昆陽陪魚灌圃遊鵲島是日論潮汐
鵲島次安注書韻 注書以養病不赴是會以詩來寄
次鄭舍人遊山後贈同遊韻 是時舍人遊智異初還
浣紗溪餞席
宿安彦驛曉起次板上韻
次吳宜寧見寄
寄魚灌圃

附：逸詩目錄
　歸自宜寧道過金烏山
　渡鼎岩津
　次吳宜寧月影臺二首
　次友人見寄
　曺敬仲齋舍與仁遠諸人待金綏之書懷四首中三首
　送山人惠忠十章中六章
　次仁遠
　八莒縣

V. 平生事的 意義

　앞의 序言에서 年譜 癸巳年의 行蹟 네 가지를 들었는데, 이것은 모두 南行後에 있었던 일이며 南行 事實이 年譜에 記錄되지 않았음도 이미 밝혔다. 太學에 遊學하여 館生에게 敬服을 받고 慕齋, 冲齋, 河西와 交義하고 鄕試에 應擧하여 合格한 일들도 重要하고 意味가 있는 履歷이지만, 그 앞에 있었던 4월까지의 南道 紀行은 平生事的 觀點으로 볼 때 決코 輕視되거나 年譜에 收錄아니하고 감추거나 무시할 일이 아니다.

退溪는 長期間의 旅行을 通하여 많은 것을 經驗했다. 그가 30歲에 이르기까지 內面世界를 이처럼 果敢하게 外部에 펼쳐 보인 적이 없었으나, 先輩들의 優許를 받으면서도 省察과 節制의 限界는 벗어나지 않았다. 自己 實現의 可能性에 對하여 檢討해 보았고 未來 設計도 굳혀 나갔다. 그 具體的인 事例를 들어보자.

첫째 魚灌圃의 招請에 應한 일이다. 騷壇 老長의 招致에는 必然的으로 詩의 唱和가 있을 것임을 알고도 이를 避하지 아니하고 가서 詩로서 對應한 ──自己實體를 보인── 것이다. 또 한 분 先輩인 吳竹齋와의 記遊 唱酬에 있어서도 그는 寓目興懷와 吟諷詠賦의 詩作 能力을 十分 發表하였다. 나중의 西行錄 跋文에 記錄해 둔 바와 같이 이 南道紀行은 詩(以資臥遊之興)를 쓰는 契機로 삼았던 것이다.

退溪가 일찍이 한 期間을 두고 이렇듯 많은 詩를 읊은 일은 없었다. 退溪의 本格的인 詩作生活(文學)은 이로부터 비롯했다고 해도 過言은 아니다.

特히 平生 처음 읊은 〈梅花詩〉를 비롯하여 灌圃의 「東洲道院次韻詩」와 「過吉先生閭」, 「月影臺」, 「矗石樓」, 「鼻岩示同遊」, 「寄魚灌圃」 等 百數十首는 그를 大詩人의 자리로 올려놓게 되었고, 그 詩들은 文集의 첫 張을 장식하였다.

둘째 南行은 治・教 兩全의 可能性을 認識하게 하였다.

32歲 때인 壬辰年에 文科에 應試하고도 參榜을 보지 않고 下鄕한 退溪가 灌圃에게 東洲道院의 이야기를 듣고 兼全의 가능성에 對하여 感(昆陽吏非吏, 機靜官家即道家)을 잡은 것이다. 灌圃에게 興海의 道院을 昆陽에서도 移行(昆之間僻 不減於興 則道院之稱 移之於昆) 하도록 勸할만큼 宦路에서도 道義高揚과 興學 教育이 可能함을 示唆 받았다. 여름에 西行하여 석 달 未滿에 돌아왔지만 그 뒤 科第를 거쳐 官界에 나아간 것은 이 때에 어떤 設計를 굳혔으리라고 믿는다.

셋째 養眞 結茅庵의 뜻은 이 때 벌써 다져지고 있었다. 「三月三日出遊」詩에는 茅庵을 만들어 煙霞에 묻혀 사는 것을 素志라고 읊었다. 後日의 養眞庵, 寒栖庵(靜習堂), 溪上書堂(六友園), 陶山書堂(玩樂齋, 岩栖軒)의 燕居生活은 出仕後 社會 經驗을 하고난 뒤에 작정한 것이 아니라 30代 初에 이미 그러한 趣向을 가졌고 結茅 養眞의 設計를 하고 있었다.

넷째로 山人 惠忠과의 邂逅는 老佛에 對한 理解를 깊이 할 수 있는 기회가 되었다. 그 때까지 退溪는 많은 僧侶를 接했고 山寺에 머물면서 讀書도 했다. 찾아온 惠忠師를 대하고 난 뒤에 그에게 준 詩의 序에 적은 內容은 世上 物情을 經驗하고 난 뒤의 人世觀의 再定立인 것 같이 느껴진다.

> 불교가 비록 살을 태우고 인륜을 끊은 것은 죄가 되는 것이지만, 속세에 구하는 것이 없고 사리사욕이 없으며, 그 심사가 고요하고 말 없이 도리를 터득하는 점 등은 장점으로 보았다.[31]

아마 이러한 생각은 속된 것에 汨没하고, 명예에 汲汲하며, 바깥만 보고 속은 들여다보지 못하며, 벼슬과 지위로써 귀천을 나누며, 窮・達로써 높낮음을 決定하는 世態觀照의 結論이라 보아진다. 아무튼 退溪의 佛教와 僧侶에 대한 태도의 面目이 잘 드러나 있음이 注目을 끈다.

끝으로 退溪는 探勝을 좋아하는 旅行家이며, 慕先 景賢과 謙遜 自律하는 後輩이며, 風流가 넘치는 詩人이며, 雄辭宏辯으로 남을 曉諭할 수 있는 스승상이며, 人情이 豊富한 悅親戚의 家庭人이며, 親和力 있고 溫柔敦厚한 鄕黨人이며, 徹底한 生活(實踐)記錄家란 人間像을 이 南行錄은 提言해 준다.

---

31) 李章佑, 「退溪詩와 僧侶」, 『退溪學報』, 68, pp132~133.
　　이글 이하의 번역문을 참조할 것. 原文은 再編한 南行錄의 32번에 있음.

Ⅵ. 結言

退溪의 生活에 對하여 平生 事業의 進行에 맞추어 年代 區分을 한다면 다음과 같이 크게 셋으로 나눌 수 있다.

出仕 以前의 藏身期(準備期間), 出仕後의 仕宦期(奉仕期間), 退溪의 吾業(事) 實踐期(自己實現 期間)가 바로 그것이다. 第一期가 南行錄과 西行錄을 쓴 33歲까지이고 第二期는 豊基郡守를 버리고 陶山에 돌아와 寒栖庵을 짓고 入宅한 50歲까지, 第三期는 51歲에 溪上書堂을 지어 朱子를 스승으로 삼고[32] 敎育과 著述을 시작하여 陶山書堂에서 人材를 養成하고 聖學(實學:當世에 必要한 바른 學問)을 펴 人性恢復과 社會 改革을 위해 몸바친 末年까지라고 하겠다.

따라서 第一期의 마지막 해인 癸巳年은 退溪의 生涯에 있어서 그 以前 어느 때보다 重要한 해이며, 그 해에 있었던 行歷 自體가 意圖的으로 意味를 부여하려는 듯 먼 旅行을 하면서 처음으로 많은 詩를 써 남겨 놓았다.

詩에 담아져 있는 退溪의 뜻이나 言語는 그의 三分의 一의 前半部 人生을 理解하는데 매우 貴重한 資料가 되므로 西行錄은 조금 뒤로 미루어 놓고 可能한 대로 모두 編輯하기 위하여 努力했다. 紙面 관계로 詩의 解釋은 손을 대지 못하고 簡單한 附注로 南行旅路를 再構成해 보았다. (이글에서는 詩南行錄을 생략했다)

退溪의 平生에 있어서 癸巳年의 南行이 어떤 意味를 갖고 있느냐에 대하여 몇 가지로 묶어서 要約했으나, 年譜에 실어놓은 이 해의 譜錄이 退溪 生涯의 나즈막한 재(峴)로 나타내었다면 南行錄은 높은 峻嶺 같은 脉을 찾고 큰 江河의 줄기를 찾는 것과 같은 志行의 境界에 뜻을

---
32) 拙著『退溪의 燕居와 思想形成』, pp.72~76.
　　拙著『退溪家年表』, pp.247
　　《退溪先生集》內集 卷二 葉5〈有嘆〉

第2章 癸巳 南行錄이 갖는 退溪의 平生事的 意義   325

붙여 明確하게 表示하는 作業이라 할만하다.

灌圃의 招請을 받은 事實로서도 當時 젊은 退溪像을 짐작할 수 있고, 聞達한 査丈과 妻家의 尊老들로부터 받은 重望으로 退溪의 人物評은 더 贅言을 必要로 하지 않는다.

退溪는 出仕前 33歲에 周圍로부터 注目받았고 그를 가까이에서 사귀고 아는 사람은 그 때 이미 凡俗 庸衆人으로 보지 않았다. 그것은 그의 詩題와 交遊한 人物로써 判斷이 可能하다.

이 論文의 補足를 위해서는 그 때 만난 人士들의 著述을 찾아 더 細密하게 硏究할 必要가 있다. 南行錄의 完璧한 再構成은 아직 더 오랜 時間을 기다려야 하겠고 西行錄과 더불어 읽으면 癸巳年의 退溪에 對해서 理解하기가 쉬울 것이다. 拙著의 退溪家年表에는 4月 23日 以後 芝山蝸舍에 돌아온 7月 13日까지의 西行記錄이 詩로 엮어져 있다. 退溪의 生涯와 學問을 이야기할 때 이 南行錄이 多少나마 參考가 되고, 退溪를 論할 때 南行의 意義를 忘却하지 않기를 바라는 마음 懇切하다.

第3章 日錄과 日記의 比較 新探

Ⅰ. 退溪의 日記

　退溪의 저술인 書簡·詩·疏·狀·啓·箚·序·記·跋 등 시문과 연보 언행록 및 志碣 같은 직접 자료와 후인에 의하여 논평된 글을 가지고 연구해 왔다. 퇴계의 著作은 실로 浩瀚尨大하여 다 독파하고 나서 학술이나 사상을 論斷하였다고는 보기 어렵다. 퇴계가 쓴 논저에는 유학의 通史的 典本인 『宋季元明理學通錄』, 新儒學의 要講인 『朱子書節要』 자신의 儒學特講인 『自省錄』 유학각론으로서 『禮說講解(家禮講錄)』『聖賢道學淵源』『讀書說解』經學의 注釋書로 『四書釋義』, 『三經釋義』, 『小學講學』 등을 하였고, 원론강의로서는 『啓蒙傳疑』와 『聖學十圖』를 만들어 組合하였으며, 기타 고증논문으로 『雜書考證』『太極圖說』 등 전인미답의 海涵한 학술을 개척해 놓았다. 이 모든 분야의 연구가 완성되는 날이 언제일지 실로 그날은 요원하다.

　이렇게 알려진 자료만을 가지고도 연구는 끝이 없는데 퇴계의 저술은 근간에도 秘藏本이 세상에 모습을 들어낸다. 이왕에 간행된 古板本과 간행의 影印本에 실리지 않은 退溪 親筆 手稿本이 새로 발견된다는 것은 퇴계의 著作이 아직 얼마든지 비장되어 있을 가능성이 있음을 뜻한다.

　새로 발견한 자료가 기간의 문헌보다 그 중요도가 낮으면 별문제가 없겠으나 비중이 높을 때는 자료발굴에 학계가 더 관심을 기울여야 한다. 자료를 무시하고 논단할 수 없기 때문이다.

　퇴계의 생활연구는 다른 어떤 영역의 연구보다 중요하다. 독일 함부르크 대학에서 열린 퇴계학 국제학술회의에서 대회장 스튬벨트 박사는 철학관계 제논문의 발표를 듣고 난 뒤에 "철학자 퇴계는 이제 충분히 알게 되었다. 철학자가 철학을 하게 된 생활의 바탕과 철학자로서의 생활을 나는 더 알고 싶으니, 앞으로 누가 좀 연구해 주기 바란다"고 부탁하였다. 哲學 그것도 중요하지만 그 哲人의 생활을 중시한 말이다.

퇴계의 생활을 구명하는데 문인들이 쓴 『言行錄』과 星湖 李瀷이 편집해 놓은 『李子粹語』가 있어 그 편모를 살필 수 있어 다른 어떤 학자들보다는 나은 형편이다. 그러나 이제까지 알려진 퇴계에 관한 逸話나 說話에는 荒誕이 너무 심하였다. 후손이 전승한 이야기에도 訛傳이 거듭되어 전혀 엉뚱한 이야기로 고착되어버린 것이 적지 않다. 특히 작가의 손에 의하여 假飾된 退溪小傳과 逸話選은 僻書로서 정전을 歪曲함이 너무 심하여 퇴계상을 잘못 인식시키고 있다.

1980년 말에 정신문화연구원에서 『陶山全書』를 간행하게 되어 『遺集』을 읽을 수 있게 된 것은 큰 다행이다. 이 유집에 실린 많은 가서가 퇴계 생활의 참모습을 증언해 주는데 큰 역할을 하였다.

필자가 쓴 『李退溪家書의 總合的 硏究』[2]는 퇴계가 子・姪・孫과 家兄 및 姻婭親戚에게 준 서간, 즉 가서 950여 편을 분석해서 연구한 책이다. 이 논문에 쓰인 자료는 기간의 문집에 실리지 않은 편지가 80% 이상 인용되었다. 그 가운데는 『陶山全書』에도 실리지 않은 편지가 20수편 들어 있다. 그러나 퇴계의 서간은 아직 다 취합되지 못하고 있는 실정이다. 필자가 현재 진행하고 있는 『退溪書集成』 편찬에는 그동안 필사본으로 비장해 온 『退溪先生全書』와 『退陶先生集』이 수록된다.[3] 이 두 草稿 필사본은 기간의 문집에 편입되지 않은 편지들인데 그 분

---

[2] 權五鳳 著 : 1991년 5월 30일, 日本 京都 中文出版社 刊, 924p.
[3] 1996년 5월 간행 예정으로 퇴계선생의 전서간을 쓴 연대순으로 개편 집성하고 있다. 기간의 문집 내집 속집 외에 필사본 2종을 합하고 기간 문집의 書札에서 刪去한 부분도 보완하고 있다.

량은 1,360여 편이고 전서간의 44 %에 해당된다.

　서간은 그 일부가 간행 때 넣지 않았더라도 문집 초고로서 필사본으로 전해오고 있으므로 필자가 편성한 『退溪詩大全』과 같이 拾遺 補塡하면 된다. 그러나 문집과 비길 생활 연구의 필수 기본자료인 일기를 보지 않고는 생활연구의 완벽을 기할 수 없는데도 일기는 전하는 것이 별로 없다. 퇴계일기는 집록된 책이 없을 뿐만 아니라 그 일기 원본이 어딘가에 비장되어 있을 듯하면서도 전혀 모습을 들어내지 않아 연구하는 사람으로서 안타까움을 금할 수 없다.

　퇴계의 일기로 알려진 것은 퇴계 54세 때 쓴 『甲寅日錄』이 手稿本 그대로 전하고 있다. 柳正東교수가 확신을 가지고 日錄을 日記라고 판정하고 나름대로 재구성하여 발표하였다. 세간에서는 柳교수의 논문 그대로 믿고 전혀 의심하지 않았고 이론은 물론 없었다.

　필자가 퇴계의 일기에 대하여 관심을 가지고 여러 해동안 搜探해오다가 1533년 퇴계 33세 때의 『南行錄』과 『西行錄』이 있음을 발견하게 되었다. 계사년의 이 일기는 생활일기가 아닌 紀行詩 형태의 詩文體임을 알았고 그 밖에 『道病錄』『讀書錄』『家庭日記』 등이 또 있었다는 사실도 여러 문헌을 통해서 발견하게 되었다. 근년에 와서 퇴계 40대 초년에 쓴 1542년의 『壬寅日記』와 1543년의 『癸卯』 1544년의 『甲辰日記』 등 手稿眞本을 찾아 읽게 되었다. 壬·癸·甲 3년의 일기는 생활을 적은 逐日 記事體 일기이다. 『甲寅日錄』과는 그 내용이나 쓴 형태가 전혀 다르다. 이에 日錄과 日記를 비교연구한 끝에 『甲寅日錄』은 일기가 아닌 日省錄이라는 결론을 얻고 그 논구한 바를 報告하고자 한다.

Ⅱ. 『甲寅日錄』에 대하여

　『甲寅日錄』의 원본인 퇴계의 草稿 手筆本은 陶山書院의 光明室에 소장

되어 있다. 『退溪全書』에 轉寫되어 영인 간행된 것을 먼저 살펴보자. 이 日錄을 日記와 동일시하면서 퇴계의 생애와 사상을 연구하는데 인용한 최초의 학자는 前成均館大學校 儒學大學長이었던 故 柳正東 博士였다.

류박사는 일록을 논문 『퇴계의 생애와 사상』[4]에서 다음과 같이 評價하였다.

> 이제 전해오는 退溪先生의 日記는 54세 당시의 8개 월분이 있을 뿐이다. 즉 1554년 2월부터 6월까지, 10월부터 12월까지의 부분이 보존되어 있을 뿐이다. 記錄되지 않은 날도 많고 또한 記錄한 날이라고 하더라도 간략하게 표시되어 있기는 하나 先生의 생활태도와 학술사상의 자취를 역력하게 알아볼 수 있음이 다행한 일이라 생각한다.

要旨는 퇴계일기는 54세 때의 이 일록 8개 월분 뿐이고, 매일 쓴 것이 아니긴 해도 간략한 표시지만 생활태도와 학술사상의 자취를 알아볼 수 있다고 하였다.

류박사는 그의 「퇴계의 생애와 사상」에서 日錄을 다음과 같이 재구성해 놓았다.

甲寅 2월
  10일…平心和氣, 養理去吝.
  17일…勿靠他人, 勿等後日.
  21일…觸處皆理, 何時不樂.
  23일…瞬存息養, 涵養從容.
  26일…頻復之厲, 頻巽之吝.
  23일…觀物生意, 私化仁得.
      (당일란이 좁아서 追記된 것으로 보임…류교수 註)

---

4) 『博英文庫』 第22輯, p268.

동 3월 (※ 日錄原文에는 3月이 적히지 않았음. 류교수가 임의로 기록함.)

3일…一念之邪, 和根斬斷.

4일…樞機之發, 榮辱之主.

5일…頤保精神, 暢舒志氣.

11일…隨時隨事, 勿忘勿助

12일…答仲擧書

　　○欣慕哀樂 不能自己.

17일…同上 內重外輕, 學以終身.

22일…朱書與時甫

　　○集義爲養氣之事, 居敬爲集義之本.

28일 鄭韓愼狂 藥塡汗壑 相規戒他 惑崇朱言(※ 필자가 삽입)

동 4월

1일…未歸言歸, 似不情請, 先行其言而後從之…答季珍書.

2일…語穽自口作, 狂藥從口入, 至戒財此.

3일…有能一日厓用其力於仁義好阿 如云一日⌒則一日之後似可輟非
　　聖人之意又我未之見也 又多阿吐非元太初.

4일…待人吹噓非丈夫.

5일…存亡進退, 陟降飛潛, 曰毫曰釐, 匪差匪繆.

6일…必中必正, 乃吉乃亨, 匪警滋荒, 匪識滋漏

7일…無求眞樂事, 有累必凡人.…答松岡詩.

9일…静時存應接物, 不覺失去曰敬義夾持久則內外打成一片.

10일…存心未久輒走作 力制則心羞曰只於非着意非不着意上用功熟惟
　　一.

12일…立脚能堅不轉機…答時甫詩.

13일…放開心胸, 平易廣闊, 徐徐旋看, 道理浸灌培養, 忌立己意, 把
　　捉太緊．…朱子答黃仁卿

15일…接而知有禮, 交而知有道, 惟敬者能守而不失耳, 謂飮食男女之
　　事.…朱子答伯逢

17일…持於此者足以勝乎彼則自然有進步處…朱子答潘叔昌.
19일…天地生物以四時運動, 學者常喚令此心不死則日有進.…朱子
20일…求放心不須注解只日用十二時常切照管不令, 放出即久久自見
　　　功效義理自明持守不費氣力也…朱子答李叔文.
22일…常日端的用工逐時漸次進步.…朱子答潘文叔.
24일…理有動靜故氣有動靜.…答鄭子上.
26일…鄭子上問和靖論敬以整齊　嚴肅然專主於內　上蔡專於事上作工
　　　夫　故云常惺惺法日二說離分內外皆心地上　功夫事上豈可不整
　　　齊嚴肅靜處　豈可不常惺惺乎.

동 5월
　　4일…呂伯恭曰學者須是專心致志絶利一源凝聚渟滀　方始收拾得上
　　30일…丈夫五十年, 要須識行藏.

동 10월
　　1일…○假使高聲一句　便是非過.
　　2일…○衿字罪過, 須按伏得.
　　3일…○要富貴要他做甚　尋討病根將來斬斷.
　　4일…○多着靜不妨.
　　5일…○儼若思時可以見敬之貌
　　6일…○聖人以愼言語爲善學君子之言聽之也.
　　7일…○厲須存這箇氣味在胸中朝夕玩味不須轉說與人. (원문은 6일)
　　8일…○先學文未有能至道
　　9일…○作簡請客如法是合做底只下面一句是病根得人道好於我何加.
　　10일…○投壺神中.
　　11일…○出門如見大賓, 使民如承大祭.
　　12일…○烏頭力去當如之何.
　　13일…○動容貌斯遠暴慢正顔色斯近信出辭氣斯遠鄙悖

14일…○毋以一第置胸中.

15일…○於人主宰相得稱譽因喪其所守者多.

16일…○胸中不可有一事, 非着意非不着意.

17일…○敏是得理之速, 明理而行不期而速.

19일…○正其衣冠端坐儼然自有一般氣象不知執事上尋便更分明.

20일…○靜坐.

23일…○晦黙.

30일…○遷怒.

同 11월

8일…○舊聞宗聖戒淵氷, 今悟程門印去衿

10일…心纔慢即理差而欲滋所以無時不戒懼戒懼即敬敬便欲消而理存.

16일…事之小不正者精之之多亦足以害吾之大正使吾至大至剛之氣日有所屈於中而德望威嚴日有所損於外, 與梁丞相書.

류박사가 再構한 일기는 앞에서 보인 바와 같이 6개월로 정리해 놓고 있다. "퇴계선생 일기는 54세 당시의 8개월분이 있을 뿐이다. 2월부터 6월까지, 10월부터 12월까지의 부분이 보존되어 있다"고 분명하게 밝히고서도 再構成한 日錄에는 다음 표와 같이 6개월치 밖에 나타내지를 못하였다.

〈표 1〉

월	2	(3)	4	5	10	11
날수	8	7	18	2	21	3
날짜	10,(12),(13),17,21,23,26,(23)	3,4,5,11,15,17,22	1,2,3,4,5,6,7,9,10,12,13,15,17,19,20,22,24,26	4,30	1,2,3,4,5,6,7,8,9,10,11,12,13,14,15,16,17,19,20,23,30	8,10,16

第3章 日錄과 日記의 比較 新探   333

월	2	(3)	4	5	10	11
날수	8	7	18	2	21	3
비고	(12)(13)을 추가했다.(23)은 30일이다.	퇴계가 쓴 일록에는 3얼이 없는 데도 적었다.		퇴계의 일록에는 6월이 있는데도 없앴다.		퇴계의 일록에는 12월이 있는데도 없앴다.

류박사가 '8개 월분의 일기'라고 센 것은 2, 3, 4, 5, 6, 10, 11, 12월인 것 같다. 그러나 앞의 표에는 6월과 12월의 일기가 없다. 결국 6개 월분으로 정리하고 6월과 12월분 일기는 잃은 셈이다. 일록 원본에 夏四月 五月 六月 冬十月 至月 臘月로 나타내어 적어놓은 유월과 납월을 없앤 대신에, 원본의 갑인 이월 한 달치 기사를 쪼개어 임의로 삼월치를 만들어 가지고 꾸며 놓았다. 8개 월분의 일기가 있다고 명백하게 밝혀놓고도 6개 월분 일기 밖에는 정리하지 못하였고, 퇴계가 '三月'은 적지도 않았는데 굳이 삼월분을 작성하였다. 퇴계가 쓴 두 달치는 없애버리고 나타내지도 않은 한 달치가 새로 생겨난 셈이다.

일록을 표 A, B, C로 略化하여 설명하기로 하자.

〈표 A〉

甲寅 二月	初一日	二日	三日	四日	十…	十・一日	十…七	……	二八日	二九日	三十日
상단			平養 心理 和去 氣吝				勿勿 靠等 他後 人日				觀私 物化 生仁 意得
하단			一和 念根 之斬 邪斷			隨勿 時忘 隨勿 事助	同上 內學 重以 外終 輕身				

〈표 B〉

夏四月	初日	二日	三日	四日	五日	六日	七日	九日	十日	十二日	十三日	十五日	十七日	十九日	二十日	二十二日	二十四日	二十六日	三十日
五月	○	○	○	○	○	○	○	○	○		○		○	○		○		○	
六月				○															○

〈표 C〉

冬十月	初一日	二日	三日	四日	五日	六日	八日	九日	十日	十一日	十三日	十四日	十五日	十六日	十七日	十九日	二十日	二十三日	……	三十日
至月	○	○	○	○	○	○	○	○	○	○	○	○	○	○	○	○	○ * 靜坐	晦默		○ 遷怒
臘月																	註가 下段에 걸침			

류박사는 표A에서 상하단에 적은 기사 중 상단은 2월치 하단은 3월 치로 정리하였다. 여기서 제목에 없는 삼월을 임의로 작성해도 좋을 것인지, 또 표B는 제목이 夏四月 五月 六月이고, 夏四月은 날짜에, 상단은 5월 곁에, 6월은 하단쪽에 적었고 4일과 30일의 기사만이 있다. 그런데 류박사는 상단은 모두 4월, 하단은 5월 4일과 30일로 정리했고 6월 기사만 없는 것으로 하였다. 표C의 동10월, 至(11)월, 臘(12)월도 B와 같이 하여 20일의 靜坐, 23일의 晦默, 30일의 遷怒가 상단에 있다고 해서 10월에 정리하고 12월의 기사를 없는 것으로 정리하였다. 특히 연말에 있어야 할 靜坐 修養과 반성의 晦默과 送舊迎新의 마음다스림 遷怒를 10월에 하는 생활로 보아서 좋을 것인지 필자는 이에 의

문을 가지고 일록을 검토하기 시작하였다.

때마침 퇴계의 수고 진본일기 3년분을 발견하고 비교 고찰한 결과 이 『甲寅日錄』은 圖式부터가 일기가 아니라는 확신을 가지게 되었다.

뒤에 다른 항에서 詳論하겠으나 우선 일기문체의 형식은 여기서 살펴두기로 한다. 다음은 진본 수고 퇴계일기를 抄해 옮긴 것이다.

壬寅
　正月
　　初一日壬午
　二月
　　初一日辛巳
　　十八日風雨蔽窓

癸卯
　四月
　　初一日乙亥雨
　　二日晴
　　三日風○儒生廷試
　　五日出官○晚陰○夜小雨○停蘇合元○種麥門冬

이 일기문이 퇴계의 일기문체이다. 逐日式이고 한 달치를 다 생략하는 경우라도 朔日(초하루)은 日辰과 함께 반드시 썼다. 생활력을 안 적은 경우라도 風·雨·陰·晴은 꼭꼭 적었다. 이 순수 일기문에 견주어 일록을 살펴보면 1년치를 통틀어 일기체 기록은 한 자도 보이지 않는다.

다음으로 류박사가 10月條에 정리한 靜坐·晦黙·遷怒이다. 필자의 愚見으로는 섣달 스무날부터 정좌에 들어가 한 칠동안 계속하다가 스무사흘날부터는 연말의 晦黙생활로 정진해 침묵과 自省自誠 끝에 그믐날에 가서 묵은 한 해를 遷怒로 보내면서 새해를 맞이하였다고 생각한다.

이와 같은 送舊迎新이 연말생활은 비단 갑인년 한 해에만 국한한 생활이 아니고 해마다 되풀이하는 생활일 것이다. 夏, 冬으로 표시한 계절은 夏3월 冬3월로 나눈 기별 구분으로 判讀하는 것이다.

 한편 춘추 두 자가 제외된 이유는 다른 각도에서 구명되어야 하겠으나, 정월과 3월은 생략하고 2월로서 봄을 상징했다고 가정한다 하더라도 제외한 가을철에 대해서는 쓴 기사만큼 깊은 의미가 있는 것으로 믿어진다.

 이러한 점을 종합해보면 『甲寅日錄』은 단순하게 1년치의 생활을 기술한 일기가 아니고, 오랫동안 퇴계가 涵養省察해온 연중생활을 甲寅(54세)년에 이르러 정리 편성한 生活箴惺의 저작이 아닌가 생각된다.

Ⅲ. 退溪의 生活箴誡와 自省錄

 퇴계가 쓴 일기에는 필자가 再構 編述한 1533(癸巳)년의 『南行錄』과 『西行錄』 같은 기행시 형식이 있고 40대 초기인 壬寅·癸卯·甲辰년에 逐日箚錄式 文體의 생활일기도 있다.

 이 『甲寅日錄』보다는 10년 또는 20년씩 먼저 쓴 일기이다. 따라서 일록은 수십 년 동안 일기를 써온 끝에 창조해 놓은 한 특수목적 아래 考案한 저작이라고 추정된다. 그것은 다른 일기가 보존되어 오지 않고 散逸된 데 반하여 유독 『甲寅日錄』은 서원 光明室에 소장되어온 사실로서도 일록은 예사 저작물이 아니라는 추측이 가능하다.

 일록이 하루하루의 생활을 적은 것이 아님은 壬·癸·甲년의 일기 문형을 보나 成牛溪가 말한 "先生記事 自陰晴寒暑之節 讀書講論之實 靡不詳載"에 비추어 명확한 것이다. 일록에는 天候가 일년 중 하루도 적힌 날이 없고, 기사한 것은 箴誡 뿐이다. 오직 省悟·省察·箴訓·箴警 만을 箴誦하고 있을 따름이다. 이 내용을 가지고 牛溪가 '靡不詳

載'라 하지는 않았을 것이다. 나날이 일어나는 일을 기록하는 것이 보통 사람들의 일기인데 퇴계는 읽은 책, 破疑, 修改한 過愆, 근신한 언행, 찾아낸 이치 등을 하루의 일과처럼 낱낱이 써두었기 때문에 선생의 학문방법을 독실하다 하였고, 참으로 百世의 師表라 한 것이다. 저 『甲寅日錄』일 년치를 가지고 한 말은 아니다. '老而愈篤'이라 하였으니 60년대 말까지도 변함이 없었다는 말이 된다. 그리고 다른 해의 일기도 이 일록과 같은 저작이었다면 함께 보존하지 않았을 리 만무하다.

그럼 『甲寅日錄』은 과연 무엇인가. 필자는 퇴계가 다년간 쓴 일기를 가지고 用功 箴誡가 될만한 기록만을 간추려 정리한 年間 箴誡 圖史라고 생각한다.

일기를 간추려 自省 箴誡 圖史를 만들었을 것이라 추정한 또 하나의 근거는 躬行 省察한 퇴계의 학문방법에 있다.

퇴계는 58세에 그 때까지 쓴 편지에서 대표적인 이론을 간추려 『自省錄』을 편찬하였다. 서간을 정리한 것이 『自省錄』이고, 일기를 간추려 정리한 『日省錄』을 퇴계는 「日錄」이라 이름하였다고 생각을 한다.

「日錄」에 관한 自敍는 아직 읽은 바가 없어 단언할 수 없으므로 『自省錄』의 後識를 읽고 퇴계의 箴誡生活을 살펴보기로 한다.

> 朋友와 더불어 편지를 주고 받으며 講究한 말들은 부득이하여 그리하였으나 새삼스레 부끄러움을 이기지 못한다. 이미 말해버린 것이지만 편지를 받은 쪽은 잊어버리지 아니한 것도 내가 잊었거나, 彼我가 함께 잊어버린 것이라 해도 기탄없이 말을 해버려 수치스럽고 두렵기만 하다. 사이로 찾아 써놓고 때때로 읽으면서 자주 반성하는 것이다.[6]

이와 같이 퇴계는 講究한 학문과 남한테 써 준 편지에 대해서도 '時閱而屢省'하는 학문방법을 취하였다. 『自省錄』은 퇴계의 名著로서 고금 동서의 학자가 한결같이 높이 평가하고 있다. 그것은 퇴계의 箴誡

---

6) 『增補退溪全書』 三, p.151, 「自省錄識」

自省하는 학문태도와 잊어버리지 말자는 箴誦의 학문방법에 대한 尊信이라고 생각한다. 퇴계가 일기를 써놓고 그 일기를 남에게 보이기 위해서가 아니라 자신을 箴警하기 위해서도 수십년간 쓴 일기에서 箴訓이 될 格言을 간추려 한 해의 圖史로 輯錄하였으리라 판단된다.

필자가 퇴계의 『自省錄』과 『甲寅日錄』을 같은 맥락에서 생각하는 것은 일록기사가 어느 특정일의 일과기록이 아니란 점을 중시하기 때문이다.

실제 다음과 같은 예가 있다. 夏三個月의 기사에서 卅日(그믐)의 '丈夫五十年 要須識行歲'는 50평생의 과거를 성찰한 箴悟다. 冬三月의 10일에는 '投壺神中'을 써두었는데 퇴계가 갑인년 한 해 동안에 오직 이 날 하루만 投壺하였을 리 만무하다. 冬季節 10·11·12의 旬日에는 投壺日로 정해놓고 '戒懼即敬 敬使欲淸而理存'하기 위한 年間 月中 特定 行事로서 선택해 놓은 修行일 것이다. 또 연말은 송년하는 과정으로서 섣달 스무날부터 靜坐를 시작해 23일에는 晦黙에 들어가고, 大晦日에는 遷怒하여 새해를 맞았다고 추측된다. 이러한 생활을 한 틀(圖式)에다가 54세까지의 지난 날의 箴警生活을 정리하고 乙卯(1555)년 이후의 實踐 箴訓 圖錄으로 저작한 年間 生活 圖史가 이 『甲寅日錄』이라 믿어진다.

다음 이 일록의 명칭에 대하여 살펴보면 단순하게 '日錄'으로 부르고 말 일이 아닌 것 같다.

퇴계가 편지로 쓴 학설 중 중요한 立論과 강록을 간추린 것이 『自省錄』이듯이, 破疑, 見理, 修慝, 謹愼言行한 省悟 箴諷을 節候 日期 별로 配列 圖錄한 것이 이 일록이므로 '日省錄'이라 불러야 합당할 것 같다.

Ⅳ. 手稿 壬寅 癸卯 甲辰日記

1992년 1월 30일에 壬寅(1532) 癸卯(1533) 甲辰(1534)년에 쓴 퇴

계의 親筆手稿 일기를 天佑神助로 찾았다.[7]

 퇴계의 眞本日記手稿가 어디 얼마나 遺存되고 있는지 현재로는 그 양과 소장처를 推斷할 방법이 없으나 이 3 년간의 일기가 세상에 그 모습을 들어냈으므로 퇴계의 일기는 세상 어디엔가 갈무리돼오고 있다는 것을 확신하게 되었다.

 또 비록 3 년치 일기이지만 퇴계의 일기문체의 正型이 밝혀진 셈이다. 특히 이 일기 중 『壬寅日記』는 문헌 정보상으로나 史實로서 稀貴珍本인 暗行御史錄이라는 점에서 그 가치는 높다.

 『壬寅日記』는 附錄으로 영인하였기 때문에 여기서는 癸卯・甲辰일기를 들어 설명하기로 한다.

癸卯
  正月
    初一日 丙午自丹城到山陰
    二日 咸陽病
    三日 安陰
    四日 到安陰迎勝村
    五日
    六日
    七日 發安陰迎勝村
  二十五日 初呈辭狀

  四月
    初一日 乙亥雨
    二日 晴
    三日 風○儒生廷試

---

7) 日記搜探報告는 『退溪學報』 78집에 실려 있으므로 참고하기 바람.

四日 盆池種蓮
五日 出官○晩陰○夜小雨○停蘇合元○種麥門冬
六日 始服大山芋元○小雨種松○送菊

九月
　初一日 壬寅

十月
　初一日 壬申

十一月
　初一日 辛丑

十二月
　初一日 辛未

甲辰
　正月
　　初一日 庚子奠于祠堂午往仁遠家夕浮羅村諸人來見
　　二日 聞城主來分川往將兼謁知事令公到廣峴聞城主不來乃還
　　三日 往分川謁知事城主亦到設酌于明農堂夕拜兄于邑內夜還
臘月
　　十七日 雪○館再上箚不允○臺諫辭職○入直
　　十八日 醴泉訓導兄是日喪逝○館三箚不允○入直○臺諫辭職
　　十九日 直
　　二十日 有 政兄爲禮曹參判出直歷拜兄任虎臣爲典翰
　　二十一日 許士廉來訂尙書
　　二十二日 吳仁遠奴還○趙均來訪○夜雪
　　二十三日 金淵來訪
　　二十四日
　　二十五日
　　二十六日 有 政李夢弼爲承旨

二十七日　有 政任虎爲直提
二十八日　豊山人來報來初八日將永窆○寓書報訓導兄訃
二十九日　有 政兄爲大司憲病未出○朝會哭於兄家
三十日　　除夕問安以私服不參○夕

일기 원본은 세로 28.3cm 가로 19.2cm의 楮紙本이다. 10行 혹은 11行, 1行의 자수는 15字가 표준이나 19字(갑진 10월 14일)를 쓴 긴 글줄도 있고 날짜만을 쓴 1行 3字의 짧은 行도 있다. 연월은 2항을 잡아 썼다. 年은 높이고 월은 가지런히 썼다. 연월일의 行間마다 한 줄씩 띄었으나 日日 行間은 띄우지 않았다.

板心, 魚尾, 花紋, 口罫는 없고, 분량은 42 장 83 면이다.

기사의 내용에 있어 한 달치를 다 못 쓴 경우라도 초하루만은 꼭 朔日 干支를 써 두었다. 逐日로 다 쓰지 않은 날이 많으나(임인·계묘년), 갑진년은 하루도 빠뜨리지 아니하고 1 년 355일을 전부 썼다. 하루의 기사가 여러가지 일 때는 ○를 쓴 다음에 이어 기록했다.

氣象天候를 쓰는 것은 원칙인 것 같다. 변화를 자세히 썼다. 연도에 따라 일기 기록이 두드러지게 차이가 난다. 임인년 기사는 忠淸道와 江原道에 御史로 출도하였기 때문에 使行錄이 중심이 되었고 癸卯年은 宜寧과 安陰(오늘날 거창) 두 처가를 다녀온 南行記와 병환에 관해서 쓴 기사가 많다. 갑진년은 京鄕 往還 出仕 政務의 立朝事實과 詩·書 作況 등을 자상하게 써놓고 있다.

1.『壬寅日記』

임인년 일기는 5월의 윤달을 합하여 모두 9개 월분이다. 이 가운데 3월과 8월 기사는 御史行錄이 중심이다.

전체 124 일간의 기록 중 날짜만 적은 것은 19 일, 날짜와 日辰을 쓴 것이 8 일, 기사가 있는 것은 모두 97 일이다.

4·5월은 하루도 빠지지 않고 모두 적었으나, 1·7·10, 11월은 초하루 朔日干支만을 적었다.

『壬寅日記』의 특성과 문헌적 가치는 어사일기인 湖西錄과 關東錄이라 말할 수 있는데, 3월 중순부터 4월 상순의 기사가 전자이고 8월 하순부터 9월 초순의 기사가 그 후자이다.

이 어사행록에는 사행시와 觀勝景物이나 興懷感傷 같은 표현은 전혀 기록되어 있지 않다. 어느날 어디를 거쳐 어느 곳에서 留宿하였다는 사실 외에는 發程 첫날에 적은 3월 19일의 "救荒擲奸御史受命 往忠淸道……", 8월 21일의 "災傷御史 往江原道娛賓", 歸還日 4월 4일의 "曉渡漢江肅拜" 9월 6일의 "入京肅拜"와 3월 23일의 "見監司", 3월 24일의 "見敬差官"과 4월 2일의 "見監司" 외에는 다른 기사를 발견할 수 없다.

公事記錄은 별도로 써서 보고했는지 알 길 없으나 일기에는 그 때 읊은 시도 적지 않았다. 필자가 어사행록에 맞추어 읊은 시를 재구성하여 기간 『退溪家年表』[8]와 『退溪詩大全』[9]에 編輯해 놓았으므로 본고에는 시를 생략하고 시제만 적어 둔다.

1) 壬寅御史行錄

三月

十九日 救荒擲奸 御史受命 往忠淸道 是日風雨 宿龍仁

＊中宗實錄 三月十九日 乙亥條

「任說 李滉 閔荃 金礑 等名下于政院曰 前者失農尤甚 名道遣御史摘奸 似太早也 今年饑荒 近古所無 三月望後 五月望前 救荒最緊之時 措置

---

[8] 퇴계의 조부, 부친형제, 퇴계형제, 子姪女의 가인의 狀·志·年譜를 총합한 가문전체의 연표이다. 1989년 5월, 여강출판사 간, 581p.
[9] 퇴계의 문집 5종에 실린 시와 새로 찾은 시를 포함해 음성순으로 개편한 퇴계의 시전집이다. 인명, 지명, 시제를 색인하였고, 인명·지명과 史蹟이나 遺蹟은 현재 남아 있는 실태를 일일이 찾아가 답사하고 그 사실을 주석으로 붙였다. 1992. 12, 여강출판사, 924p.

失宜 其害多矣 安士彥不勸救荒 故羅黜矣 然其餘不勤守令 固非一二
也 尤甚四道 以侍從人發遣 不可如暗行之馳突 凡徒從飲食 務從簡略
窮村僻巷 巡歷訪問 流離者幾人 餓死者幾人 賑救活命者幾人 饑餓殯
死者幾人 某守令誠心救恤 某守令不勤賑濟等事 大槪探問以來 則無
異於予之親見 而百姓亦知予軫念之深矣 命招此人等言之 遂遣任說于
全羅道 李滉于忠淸道 金礎于慶尙道 閔荃于京畿道

二十日 過平澤 宿牙山

二十一日 歷新昌德山 宿沔川

二十二日 歷唐津瑞山 宿泰安 ＊詩「泰安曉行憶景明兄 時兄賑恤敬差在
嶺南滉以救摘奸御史 往湖西」[10]

二十三日 歷海美洪州 宿禮山 見監司

二十四日 歷溫陽全義 宿公州 見敬差官任虎臣 ＊詩「全義縣南行山
谷人 居遇飢民 忠淸道荒擲奸御史時」[11] ＊「夜行入公州 二
十四日」[12]

二十五日 歷燕岐 宿淸州 ＊「早渡錦江次船亭韻擬寄任武佰虎臣」[13]

二十六日 歷文義沃川 宿報恩

二十七日 歷淸川淸安 宿槐山

二十八日 雨○歷延豊 宿淸風 ＊「宿淸風寒碧樓」[14]「月溪峽暮景」[15]

二十九日 歷堤川 宿忠州

三十日 歷陰城 宿鎭川 ＊「鎭川東軒」[16]「蓮亭小集」[17]

---

10) 『文集』內集 卷1, 張9, 景明兄은 넷째형 溫溪 李瀣이다. ＊표는 필자가 일기 원문에
없는 것을 추기한 것이다.
11) 『文集』別集 卷1, 張11.
12) 『文集』別集 卷1, 張11.
13) 『文集』別集 卷1, 張11.
14) 『文集』別集 卷1, 張9.
15) 『文集』別集 卷1, 張1.
16) 『文集』別集 卷1, 張9.
14) 『文集』別集 卷1, 張9.

四月

 初一日 辛亥 歷木川 宿天安 ＊「四月一日天安東軒」[18]

 二日 歷稷山 見監司 宿振威

 三日 過龍仁 宿果川

 四日 曉渡漢江 肅拜

 五日 昨謝前出仕啓下 是日出官于檢詳司

이상은 忠淸御史 差行 때의 일기와 전말을 밝혀주는 實錄 該條文과 어사로 나가 읊은 사행시를 적은 것이다.

다음 江原御史 使行錄과 읊은 사행시를 정리해 본다.

八月

 二十一日 災傷御史 往江原道娛賓

 二十二日 原州 ＊「原州憑虛樓有懷州敎金質夫次樓韻留贈 災傷御史」[19]

     ＊「蛾眉院示質夫」[20]

 二十三日 酒泉 ＊「酒泉縣酒泉石姜晉山韻」[21]

 二十四日 寧越[22] ＊「錦江亭」

 二十五日 平章 ＊「平昌郡東軒有角韻詩無暇續貂 二十五日途中用其韻紀所見 壬寅秋 江原道災傷御史」[23] ＊「題平昌郡壁 嘉靖壬寅仲秋過此」[24] ＊「金剛山」[25], ＊「鏡浦臺」[26]

---

18) 『文集』別集 卷1, 張12.
19) 『文集』別集 卷1, 張11.
20) 『文集』別集 卷1, 張24-25.
21) 『文集』別集 卷1, 張11-12.
22) 『文集』別集 卷1, 張12.
23) 『文集』別集 卷1, 張14.
24) 『文集』別集 卷2, 外篇, 張25.
25) 『文集』別集 卷1, 張16.
26) 『文集』別集 卷1, 張12.

二十六日　安興

二十七日　蒼峯

二十八日　洪川　＊「洪川三馬峴用景明兄竹嶺途中韻 幷序」[27]

二十九日　春川　＊「過淸平山有感 幷序」[28]

三十日　楊口　＊「過昭陽江次韻春日昭陽江行 八月三十日」[29]　＊「春川向楊口幾五六十里皆崖路傍江兩峽束立蒼波白石雜以楓林眞奇景也」[30]

　　　　　　　＊「午憩水仁驛」[31]

九月

初一日　戊申　狼川　＊「詠白茅 狼川山中」[32]

　二日　金化

　三日　留

　四日　留

　五日　楊州　＊「晚晴蹄石門嶺入楊州路上」[33]

　六日　入京肅拜　＊「逸題」；□□□□□□□　□□□東山水鞭　讀罷瓊詩多感慨　只應先得我心然

　　　　　　　與君同受御史之命　而君往湖南　桑梓所在　我往關東　則嶺外家鄉　邈不相及　使還得君行錄而讀之　悵然有感　書其後如右　君茂朱縣詩有　招我歸來想有篇之句　僕於關東紀行　亦多此意　故末句云耳

---

27) 『文集』內集 卷1, 張12.
28) 『文集』內集 卷1, 張12-15.
29) 『文集』別集 卷1, 張14-15.
30) 『文集』別集 卷1, 張15.
31) 『文集』別集 卷1, 張16.
32) 『文集』別集 卷1, 張16.
33) 『文集』別集 卷1, 張16-17.

客去湖邊獨自歸 靑燈照壁鎖仙扉 爲尋案上披佳什 淸夜琅琅□屑飛[34]

2) 『壬寅日記』의 意味

퇴계에 관한 逸話는 많다. 그러나 정계와 科宦에 관한 생활이야기는 별로 없을 뿐 아니라 거의 國政을 피했거나 벼슬을 하지 않은 듯이 알고 있다.

『壬寅日記』는 1년내에 두 도의 어사로 임명되어 兇荒地의 災民을 구제하고 지방관의 虐政을 擲奸해 다스리는 엄한 檢詳職을 수행했음을 증명해 준다.

『中宗實錄』에 의하면 京外 5도 중 任說(全羅道) 金磏(慶尙道) 閔筌(京畿道)은 한 고을씩을 檢察하였는데 退溪는 忠淸·江原 兩道를 맡아 春秋로 출사하였다. 이것은 왕의 信任과 御史 任務修行이 남보다 잘 하였다는 것을 뜻한다. 백성을 잘 구제하고 부정한 공직자를 잘 다스렸으며 민정과 饑民의 救荒政策을 왕의 뜻에 맞게 잘 처리하였다는 것을 웅변하는 것이다. 퇴계는 한 해 전 신해년(1540)에 京畿御史를 나간 일이 있다.

어사들이 기행과 비리공직자의 苛斂誅求를 시원하게 剔抉하고 饑民을 救恤한 仁說은 더러 牧民官의 龜鑑이 되고 있으나 퇴계는 삼도 어사를 지냈음에도 어사 야담은 전혀 없고 地名이나 거리이름에 남아 있어 옛자취를 더듬을 수 있었다. 이 『壬寅日記』로 말미암아 지명과의 연관이나 또는 전설 같은 것도 발굴할 수 있게 되어 퇴계의 생애연구에 큰 도움이 있으리라 생각된다.

이 일기는 퇴계의 공직생활의 근엄성이 청천백일처럼 들어나 있다. 『壬寅日記』는 公私分別과 公務處理를 冷嚴하게 구별한 진면목이다. 御

---

34) 『文集』遺集 卷1, 張11.
　　이 詩注에 등장하는 湖南御史는 任說이다. 前揭 『中宗實錄』에 "遂遣 任說于全羅道"라 하였다. 앞의 3 인보다 퇴계는 강원도의 어사를 가을에 더 하였다.

史行錄은 일정이 적혔을 뿐 治官 救民이나 소감은 전혀 나타내지 않았다. 공사를 극비로 하였음을 알 수 있다. 시를 읊지 않은 것은 아닌데도 일기에는 쓰지 않았다. 별도의 시첩에 기록한 것이라고 생각한다. 일기와 문집에 전하는 사행시를 주의깊게 살펴보면 王使로서의 公人處身과 시인 학자로서의 行道와 用心을 읽어낼 수 있다.『壬寅日記』는 퇴계 생애연구의 여러 측면에 정보를 제공하고 있다고 할 수 있다.

2.『癸卯日記』

이 일기는 어느 날에 무슨 일이 있었다는 것을 살필 수 있으나 자세한 생활을 알아보는 데는 별 도움이 되지 못한다.

초하루 삭일만을 적은 달이 넉 달인데 9, 10, 11, 12월이고 2월은 7일, 6월은 3일만을 적었다. 8월은 19 일분이 적혀 있고 29 일 이상을 쓴 달은 1, 3, 4, 5, 6, 7월이다. 전월을 쓴 것은 3, 4, 7월이지만 3월은 날짜만을 열하루를 썼고 일후까지 쓴 것은 8 일이다.

내용을 요약해보면 정월은 南行과 還京, 遷職(전근), 삼월은 병환과 子姪의 상경, 사월은 꽃나무 옮겨심기와 약먹기, 오월은 天候, 7·8월은 政廳에 출근한 일 등을 그달의 생활 특색으로 들 수 있다.

3·4월에는 병환이 깊어 醫院 柳之蕃과 朴仁誠의 來診을 받았으며, 大山芋元, 參蘇飮, 二黃元, 八味元, 鎭心丹, 三黃元 등 약을 복용하였다. 일기에 적은 이 약들 중에서 大山芋元, 參蘇飮, 鎭心丹 같은 약은 퇴계가 남긴 다른 문헌에는 아무데서도 볼 수 없는 약들이다.

7·8월 기사에는 사전에 나오지도 않고 典故에 쓰이지 않았으므로 宿儒元老에게 물어봐도 그 뜻을 풀이하지 못한다는 다섯 가지 어휘가 있다.

'著'이라는 말이 23 일간(7월 1, 2, 3, 7, 8, 9 10, 12, 14, 16, 17. 18. 20. 21, 23, 24. 25, 27, 8월 : 1, 4, 8. 11. 16일)이 적혀있고, '俱不坐'가 1일(8월 3일), '不現'이 1일(8월 9일), '俱不現'이 11일간(7월

: 5, 13, 22, 28, 29, 8월 : 2, 6, 9, 10. 12, 15일) 씩 기록되어 있다.
 임인년 기사는 使行錄이 중심이다. 그 밖에 出仕, 坐司, 合坐參謁, 直宿, 直出直, 仍直, 退直 등 當直에 대한 記事가 많다. 계묘년에는 著, 不坐, 不現이라는 말이 많이 적혀 있는데 출근과 관계있는 이 말 뜻을 바르게 파악해야 정확한 해독이 가능하다. 坐司 合坐라는 말이 있기 때문에 '不坐'는 廳司에 나가지 못하여 坐司나 合坐를 못한 것으로 유추할 수도 있다. 辭書로는 의미를 밝힐 수 없어 숙유 석학에게 물어봤으나, '著'은 출사의 뜻인 도착, '부좌'는 자리에 나가지 않은 결석, '불현'은 휴무로 해석하고 '俱不坐'는 모두 闕席, '俱不現'은 모두 쉰 날이라고 풀어본 필자의 소견에 동의하는 정도에 머물고 있다. 이 난해한 기사는 퇴계의 일기를 해독해야 할 금후의 숙제이다.
 『癸卯日記』의 또 한 가지 특징은 病歷이라 할 수 있다. 임인년의 두 어사행은 건강을 크게 해친 결과를 가져 왔다. 임인년 말 3개월의 일기는 기사가 없어서 병력을 자세히는 알 수 없지만 연말의 남행과 신년초의 상경 길이 쇄약한 건강에다 혹심한 추위 때문에 큰 병을 얻고 말았다.
 연말 연초에 걸친 남행은 次子 寀의 혼담 때문에 山淸을 가야 했고, 岳父 四樂亭 權磧의 회갑이 정월 초삼일이어서 내려 갔다. 宜寧에는 初娶 岳母 文氏夫人이 계셔서 연말에 問候를 드리고 正月 初一日 丹城에서 山陰으로 갔는데 咸陽에서부터 병을 앓기 시작했다.
 정월 칠일에 출발하여 상경하는 동안 줄곧 병을 앓았고, 그달 25일에는 끝내 辭狀을 올려야 하기까지에 이르렀다. 司憲府 掌令에서 宗親府典籤으로 이동했으나 보름 안에 다시 掌令으로 되돌아갔다가 또 10일만에 典設司守로 옮겨 앉는 등 건강 때문에 격무를 피하는 배려를 받았다. 그 후 3, 4월 두 달은 복약으로 病調攝이 일과가 되었고 5월에 가서야 정원을 돌보기도 하고 형댁을 방문하는 정도의 氣力을 회복했다. 6월은 한가롭게 보내는 듯하다가 7,8월에 가서 앞에 쓴 '著'(着), 不坐, 俱不坐, 俱不現' 등이 두 달 일기를 가득 메웠다. 그리고는 연래의 일기가 朔日만 적히더니 이듬해 갑진년 초는 고향에서 보낸 기사로 이어진다. 연보에 의하면 계묘 10월에 成均 司成을 배명하고 省墓하기 위해 휴가를 얻어 고향에 돌아갔다. 11월은 禮賓寺副正을 除授받고도 상경하지 않았고, 이듬 해 갑진년 2월 말 弘文館 校理로 소환할 때까지 고향에 있었다.

『癸卯日記』의 빈 곳은 연보로서 보완해 행력을 살필 수 있으나 7, 8월에 많이 적은 '著, 不坐, 不現'은 명확한 개념을 잡지 못하여 금후의 연구과제로 남길 수밖에 없었다. 이 일기는 政廳에 出動하는 옛 용어가 있어서 새로운 연구문제를 등장시켰다.

3. 『甲辰日記』

『갑진일기』는 1년 355일 完錄하였다.[35] 빠진 날짜는 하루도 없고 날짜만 쓰고 기사가 없는 날은 24일이 있다.[36]

이 한 해의 일기로 仕路에 나가 있을 때의 근무상황과 居鄕·滯京 때의 처신을 십이분 추찰할 수 있어서 『甲辰日記』는 퇴계의 立朝史蹟 중에서 그 소연하기가 映像같아 至寶的이라 할 수 있다.

특히 인물이 많이 등장하여 퇴계의 인간교제를 엿볼 수 있다. 만약 다른 일기도 다 찾아내기만 한다면 퇴계의 수많은 접인관계를 알아볼 수 있을 것이다. 여기 그 인물의 이름을 다 써둘 필요가 없어 생략하거니와 1년분 일기 안에서 다른 문헌에 전혀 나타나지 않던 새 인물이 80여 명 등장한다.

또 『甲辰日記』는 著作譜라 할만큼 詩題, 篇(首)數, 詩作動機가 소상하게 기록되어 있다. 일기를 보면 문집에 실려서 전해오는 退溪詩가

---

35) 대월(30일)이 7개월, 소월(29일)이 5개월이다. 음력임을 감안해야 한다.
36) 2월에 1일, 5월에 2일, 6월에 3일, 8월에 10일, 9월에 4일, 10월에 1일, 12월의 3일이 날짜만 적혔다. 그 밖에 忌, 留, 仕, 服, 病, 雨처럼 한자를 쓴 날, 國忌, 家忌, 初旬같이 두 자를 쓴 날이 있으나 그것 대로 중요한 의미가 있다.

63%이고, 잃은 시는 37%를 上回한다는 사실도 알 수 있다.『甲辰日記』에는 저작 실태가 많이 씌어있음을 특색으로 삼을 수 있다. 일기에 적힌 시와 문집에 실린 시를 표로 대비해 보자.

때			일기에 적힌 作詩 기록	문집에 실린 시 제목	文 集
년	월	일			종류는 卷 張
甲辰（一五四四）	1	26	山僧思允以詩軸來見	贈思允師 再次贈思允	逸 （逸詩目錄 卷2, 3）
	2	15	得士遂應霖簡詩 答士遂應霖簡詩	次韻答金應霖士遂在東湖見寄二首 甲辰 ○ 余癸卯冬下鄉 病未還朝 春兩君寄詩來	內-1-19~20
		27	諸親辭祠堂 歷拜知事(李賢輔) 宿甕泉	二月二十七日滉以弘文館校理被旨赴京 李知事示一絶 寵行到京謹次韻再拜送呈 甲辰	遺-1(외)1-12
	3	1	宿丹陽	丹陽東軒書懷	續-1-19
		12	士遂應霖機仲來會, 11日出書堂	次韻答林士遂金應霖 甲辰	續-1-19
		19	次東坡梅花盛開詩 作金榮期別詩	湖堂梅花暮春始開用東坡韻二首 春赴召後 送金榮期赴大同察訪	內-1-20~21 遺-2(외)-10~11
		20	復次坡梅惠院月夜詩 在堂將訪梅于望湖堂	湖堂晩起用東坡定惠院月夜偶出韻	內-1-21
		21	復次坡梅詩及修小池詩 在堂修小池		逸
		22	賦雨中監事詩 大雨		逸
		23	賦寄題濯淸亭韻		逸
		25	與台叟冒雨入城	與台叟聯轡入城湖上遇雨	遺-1(외)-10
	6	23	金質夫與榮川諸鄉人會于大諫宅 後同從安挺然 借觀武夷志	甲辰季夏病解臺務求補高城郡不得閒中作此擬從安挺然借看武夷志適金博士質夫與同鄉諸友要余遊南山中余往赴之過挺然家令人叩門投詩而去 挺然名 珽	

第 3 章 日錄과 日記의 比較 新探   351

때			일기에 적힌 作詩 기록	문집에 실린 시 제목	文 集	
년	월	일			종류는	卷 張
				甲辰季夏病解臺務求補高城郡	遺-1(內)-3~4	
				不得閒中作此擬從安挺然借看		
				武夷志是日圭庵宋眉叟訪挺然		
				留飮見拙詩因與挺然同和見寄		
				追此奉呈		
				次竹窓(安珽의 號)	續-1-21	
				次圭庵(宋麟壽의 號)	續-1-21~22	
	7	2	絶句六七首		逸	
		14	贈別禹彦確		逸	
			贈別張昌秀	送張昌秀赴關此幕	遺-1(외)-10	
				＊張의 名은 應樑, 退溪와 同		
				榜丙科出身이다.		
		15	卽事五絶	七月望日狎鷗亭卽事四首時書堂	內-1-21	
				有故稟啓 移寓於此		
				七月望日狎鷗亭卽事時書堂有移	別1-22	
				寓於此○ 甲辰		
		16	李希聖李伯喜尹士推挐舟來過	十六日早朝李希聖李伯喜尹士	遺-1(外)	
			後同遊上至暮三人入城	推乘舟來訪拉余登舟將遊奉	-21~22	
				先寺旣而返棹中流晚泊東湖		
				以仙桃盃酌巡無算希聖諸君		
				出示昨夜舟中所詠詩屬余和		
				之 詩；蝶夢緣君失湖舡 得		
				我開雲遊回(이하는 잃음)		
		19	禹彦確赴忠淸幕遣吏贈詩	宓姪來從問業	別-1-22~23	
			宓歸示詩			
		21	次金季瑱先生訪龍山詩	次龍山中大雪	逸	
					續-1-24	
		22	曉起述懷詩	夜起有感	內-1-22~23	
			送金季珍赴錦山詩		逸	
			夕三絶		逸	
					逸	

때			일기에 적힌 作詩 기록	문집에 실린 시 제목	文 集
년	월	일			종류는 卷張
		23	朝一絶		逸
			次明陽正賢孫晚步韻	晚步 明陽正 賢孫嘗有此詩偶讀而愛之用其韻	內-1-22
		24	朝大雷雨○作大雷雨行	大雷雨行	內1-23~24
			○戱李伯喜一絶	—	逸
		25	權君瑩寄謝巨勝詩	寄謝友人寄巨勝	續-1-23~24
		27	贈洪道原赴忠淸監司	—	逸
			＊道原名敍疇		別1-23
			題狎鷗亭	醉題狎鷗亭	
	11	15	初昏 昇遐(中宗) 罷漏詣闕		續-1024~25
			○夜在闕		
			辰時將襲 未時襲 ○入番○製 告訃 請諡兩箋 行狀撰集事大提學以下皆詣闕 仍與政府六曹判書處議	中宗大王挽詞 ＊朝鮮 11代王 李懌；1506~1544	

한편 일기에는 시작에 대하여 언급한 바 없으나 문집에 전하고 있는 시도 17 편이 있다.

    朴正子重甫(名・承任)携詩見過(續集), 寄関景說(續集) 景說夜坐韻(續集), 次覽寺住持信覺詩軸韻(續集), 士遂自書堂携印上人來請詩卷三首(續集), 乘曉出城路由書堂後山谷間抵書堂應霖獨在已而士遂亦至(續集), 病中李子發求藥(續集), 又吟(續集), 次韻士遂(續集). 登狎鷗亭後岡憶應霖士遂吉元四首(內集), 剪開檻外樹作(內集), 中秋月寄士遂用東坡韻(續集), 和景說次友人見寄韻(續集), 再用前韻答樂山齋主人(續集), 月下散步北園花樹下用肥仙韻寄南景霖病中聊以遣懷(續集), 奉贈圭庵宋眉叟以冬至副使赴京(內集), 次韻山中大雪(續集)

詩題에 등장하는 인물과 그 날 사건을 통하여 일기에 기재치 않은 의미를 살피면 일기의 성격을 구명하는데 크게 도움줄 듯하다. 이 해의 일기는 독서당 생활과 同堂 僚友들끼리의 酬唱이 주축을 이루고 있다.

일기는 퇴계의 건강 상태를 잘 증언해주고 있어 사직하고 떠나서 調養하려는 歸心을 이해하는데 도움을 준다. 또 가인과 관원의 京鄕邸를 출입한 동태를 환히 파악할 수 있으며, 특히 鄕第에 돌아가 있을 때는 姻親과 族人이 빈번하게 인사하고 돌아갔으며 때로는 술을 들고 와서 놀다가 함께 동숙하기도 하였다.

鄕第에 머물고 있을 때나 赴召上京하는 길가에 監司를 비롯해서 縣監, 官員, 察訪, 判官들이 溫惠와 旅路에 나와 맞고 전송했음이 상세하게 기록돼 있다.

가문의 喪故와 혼사도 일목요연하고, 가인의 官爵 승진 같은 내용도 자세하게 드러나 있다.

특히 연말에는 중종의 병환과 국상이 있었는데 이 일기는 어사행록과 함께 국상을 당했을 때의 조정의 움직임을 기록한 것이라 귀중하다.

10월 21일에 퇴계는 夕講에 나아가 중종의 未寧을 알았다. 24일 약방에 명하여 약을 지어 드림으로써 외간에 王의 병환이 알려지기 시작한 일부터 문안, 병세, 診療, 정부육조의 회의, 종묘와 산천에 기도한 일,[37] 입궐하여 대기한 일, 中宗을 昌慶宮으로 移御한 일, 王世子의 傳位, 昇遐, 襲斂, 告訃와 請諡箋을 지은 일, 造殯, 成服, 嗣位, 即位, 大赦, 春秋館日記考閱과 抄書, 百官의 衰服, 百官의 進香 進參, 王의 行狀撰集, 朔望俗節과 進香哭奠을 금한 일, 告訃 請諡하러 閔齊仁과 李浚慶이 燕京해 간 일 등 일련의 국상 진행 과정이 소상하게 기록되어 있다. 政院日記와 國朝實錄의 대본이 될 가치로운 文典이다.

이상의 임인·계묘·갑진일기의 기사와 『甲寅日錄』을 비교해보면 그 현격한 차이를 쉽게 발견할 수 있게 된다. 일기는 생활의 기록이고 일록은 日省錄이거나 箴省의 계획, 圖譜임을 확연히 분별할 수 있다.

---

37) 이때 퇴계의 四兄 온계공은 개성 송악산의 신수헌관으로 갔다.
38) p.106의 下段 甲辰年 日記 寫本 참조. 〈○夕〉으로 끊어져 있다.

『甲辰日記』의 마지막 글자가 '○夕'이다.[38] '夕'다음에 적혀 있을 말은 『乙巳日記』의 첫장에 이어져 있을 것이다. 이 한 글자로서 퇴계는 일기를 거의 매년 썼다고 추리해 볼 수 있고, 성우계가 평한 일기는 본론에서 취급한 일록이나 일기와 전혀 다른 내용이므로 퇴계의 일기 연구는 지금부터 시작이라 할 수 있다.

第5篇　退溪學 연구의 方法論

第1章　退溪先生에 관한 傳言說話 考論

第1節　머리말

　退溪先生에 대한 이해 양상은 갖가지이다. 학자들은 선생의 著述과 門徒들이 쓴 言行錄을 근거로 하여 학술적으로 論究하고, 일반 식자들은 학자의 論著나 작가들이 쓴 傳記類를 읽고 선생의 학문과 人間像을 접하게 된다.
　이 양자간에는 상반되는 두 측면이 있는데, 전자는 사실을 推究하여 직접 접근하고, 후자는 타인의 소론에 의하여 간접적으로 이해한다. 전자는 직접 자료인 典據에 의하여 객관적이고 과학적으로 사실을 구명하여서 책임 있는 결론을 도출하려 하는데 대하여, 후자는 수동적이고 피상적이며 무비판적으로 수용하기 때문에 책임을 지지 않는다. 또 후자는 학구적인 論著보다 小說形式의 傳記를 읽기 좋아하는 경향이 짙다.
　퇴계선생에 관한 이해가 傳言·說話 형식의 逸話나 野說을 통하여 그 인격을 파악하고 있는 데는 심각한 문제가 있다. 오늘날 退溪學이 국제화하고 있는 시점에 외국 학자를 접하는 우리 나라 사람은 상식적으로라도 바른 退溪像을 이해하고 전달하지 않으면 안된다. 외국인은 문헌을 중심으로 연구하고 있는데 이 편에서 근거가 없는 野說을 주게 되면 상대를 당혹하게 만들고 만다. 특히 退溪學硏究會에 참여하고 있는 회원들은 모두 외국학자에게는 자료인사로서 상대되기 때문에 책임을 느끼고 진실을 제공해야 할 의무가 있다.

선생에 관계된 口傳說話는 문자화하지 않는 채로 전승된 내용이 많은데, 그 始源이 누구로부터 생성되었든 간에 지금에 와서는 일화류 중 근거가 명확한 것은 빨리 辨析 考論하여 虛說과 謾語는 제거 시정하여야 한다.

본론에서는 定說처럼 굳어져 있는 몇 가지 逸話를 典據에 即하여 고론하고자 한다.

第2節 說話의 辨析

1. 第二子 寀의 부인 改嫁說

《說話의 梗槪》

(1) 寀가 결혼한 후 얼마 아니 되어 早卒한 뒤에 선생이 寡婦 며느리를 보호하던 중 어느날 밤 별당을 순시하다가 며느리의 애절한 소행을 문구멍으로 들여다보고 친정으로 보내어 개가케 했다.
(2) 그 뒤 상경 도중 鳥嶺을 넘기 전에 날이 저물어서 한 민가에 유숙하게 되었다. 그 날 저녁과 아침 식상을 받아보니 평소 선생이 즐기시던 반찬을 차렸다. 아침에 버선을 내어 왔는데 갈아 신었더니 발에 꼭 맞았다. 기이하게 여긴 선생은 며느리가 이리로 개가해 살고 있구나 하고 여겼다. 길을 떠나 동구에 이르러 마상에서 뒤돌아보니 素服한 여인이 수건으로 얼굴을 가리고 울고 있었다. 그제야 며느리가 이리로 개가해 잘 살고 있구나 생각하고 안심하였다.

《문제의 辨析》
첫째, 退溪先生께서 언제 둘째 아들과 동거를 했으며, 어디에서 그 며느리와 함께 지냈을까?

둘째, 오늘날도 혼자 된 며느리가 거처하고 있는 방 근처를 媤父가 밤중에 배회 순찰할 수 있을까? 더구나 別嫌之義에 철저하신 선생께서 이러한 거동을 하셨을까?

셋째, 지금 같은 사회에도 남의 방문 틈을 들여다 보거나 도청장치를 했다가는 부도덕한 행위라고 매도 당하는데, 하물며 그 시대에 그러한 거동을 선생께서 하셨으리라고 믿을 수 있겠는가?

넷째, 지아비에 대한 애모가 지극하고 家人이 모르게 追悼를 한다손 치더라도 사대부가의 부인은 紙榜을 써서 식상을 차려 추모했을 것이다. 巫女가 하는 짓과 같이 짚으로 인형을 만들어 세워놓고 上食 獨談을 했다는 것은 상상할 수 없는 일이 아닐까?

다섯째, 개가한 여인이 왜 色服하지 않고 그대로 素服을 하고 있었을까?

이와 같은 野說은 '改嫁法이 없는 당시대에 개가를 시켰다'고 미화함으로써 선생의 덕을 천양하고, 人本主義 思想에 투철한 선생으로 추앙하려 했다하더라도 결과는 선생의 인격에 큰 누를 끼친 패만이 되고 말았다고 생각한다.

《論據의 攷證》

1) 寀의 일생

眞寶李氏世譜(壬子譜)에 의하면 寀는 退溪先生의 제2자로 1527(丁亥)년 10월에 나서 1548년(戊申)년 2월 20일에 졸하였고, 慶尙南道 宜寧郡 宜寧邑 所也洞에 묻혔다. 필자가 답사했더니 所也洞 高望峯 外先塋 同原에 외조부 許進士(諱·瓚·號·禮村) 계하, 外叔父(諱·士廉, 字·公簡) 묘 위에 있었다.

寀는 모부인 許氏가 낳은 지 1개월 미만인 11월 7일에 별세하여 (貞敬夫人은 21세에 결혼하여 27세에 졸함) 유모의 젖을 먹고 조모 春川朴氏의 손에 자랐다. 그 뒤 청년기에 이르러 禮安을 떠나 外從祖父(諱·瓊) 댁에 가서 農監하고 奉祀하였다. 외종조부는 부농이었고 딸만 셋을 두었는데, 출가시킨 후 後嗣 없이 별세했기 때문이다.〈陶山·宜寧 兩家의 故事傳言에 依함. 寀의 伯從姨母는 忘憂堂 郭再祐 장군의 繼母이다. 寀沒後에 神主가 일시 玄風에 안치된 사실이 家書에 전한다.〉

2) 寀의 혼사

寀의 혼사에 관한 단서는 다음 가서에서 읽을 수 있다.

> 寀兒婚事 彼家以今月晦日爲定 不可進退 故二十日定向宜寧 但初意自彼還時 定向禮安拜省先塋而來 今則人皆曰 掃墳受由國禁未解 不可以禮安地掃墳之意上達 而受由旣不受由則 又不可枉道而行 事勢甚難 不勝痛恨 然則境內當量勢處之 適爲臺官故如此勢難 尤恨尤恨   『遺集』卷5, 外篇 葉17

이 가서의 연대가 미상이므로 寀가 어느 해 어느 달에 결혼했는지 알 수 없다. 다만〈晦日〉이란 날짜와 선생의 臺官으로 재임하고 있었던 사실, 또 掃墳受由를 금지하고 있었던 때임을 알 수 있을 뿐이다.

우선 선생이 司憲府에 재직하고 있었던 행력을 연보에서 추출해 보면

- 1540(庚子)年 4月 持平(入對經筵啓 減膳撤樂等事. 移拜刑曹正郞 旣而因事罷)9月叙用〈寀·14세〉
- 1541(辛丑)年 3月 入對經筵啓, 差京畿災傷御史(筆者補入), 4月持平. 5月 弘文館修撰. 赴義州(否文點馬)〈寀·15세〉
- 1542(壬寅)年 3月 忠淸道檢察御史. 8月 差江原道災傷御史. 12月 掌令〈寀·16세〉
- 1543(癸卯)年 2月 掌令(病辭·遞典設司守). 10月 乞假還鄕省墓〈寀·17세〉
- 1544(甲辰)年 4月 掌令. 6月 病辭 移拜成均館直講. 校理 病遞. 典籤〈寀·18세〉

이상과 같이 5년내 5회에 걸쳐 持平, 掌令으로 재임하였고, 寀도 혼인할 수 있는 시기이기도 하다. 그러나 14·5·6세 때에 농감을 하러 갈 수 있었을까 하는 의문이 적지 않다.

前示 書辭의 〈今月晦日〉의 '今月'은 婚節로 보아서 2월, 4월, 12월은 부적기는 아니다.

그런데 庚子년에는 持平으로서 經筵에 入對하여 陳啓한 것이 문제되어 파직당했고, 辛丑년 4월에는 持平을 拜命하였으나, 5월에 修撰으로 移拜되어 義州點馬로 분주하였으며, 그 해 3월에 독서당에 選入되어 독서를 충실히 하는 등 매우 바쁜 시간을 보냈었다. 壬寅년 12월과 癸卯년 2월, 甲辰년 4월에 다시 掌令을 제수하였으나, 이 시기의 선생 經歷으로 봐서 혼인을 치를 수 있었다면 寀가 17·8세되는 癸卯년 2월과 甲辰년 4월이 가장 유력할 것 같다.

그러나 유감스럽게도 이 사이에는 壬寅년 南行(日記)이 전혀 없다. 癸卯년 10월에 〈乞假還鄕省墓〉가 있으므로 그 전인 2월을 가장 주목할 만하다. 寀의 나이도 17세가 되었기 때문이다.

3) 寀의 죽음과 「婚幣等物推來」

癸卯년 2월 晦日에 결혼하였다면 寀는 17세에 성취하여 21세 2월까지 3년반 내지 4년간 부부 동거생활을 한 것이 된다. 그러나 다음 가서를 읽고나면 이러한 추리는 완전히 번복되어지고 만다.

> 寄寯
> 大抵 汝於亡弟家事 當以悲慘不忍之意 爲主於其所遺之物 則不可先有得之之心 必至於不得已而後 受之可也 (中略) 前日公簡書云 其婚幣等物推來 隨後送之 余答以此物吾何忍見之 但告於寯 勿告於我云云 今復思之 此物則汝受用亦所不忍 當留置其處 他日某條 用於亡者之事 或遷葬 或作齋舍等事之需 則庶幾無憾耳 孔子云 見得思義 禮云 臨財毋苟得 本國崔瑩之父戒瑩云 視黃金如土塊 如此等語 爲士者眞當佩服 終身在他猶然 況於至親死生之間乎 〈遺集 卷6, 葉8, 陶·全, 冊四 pp.93~94〉

선생이 宜寧 許士廉의 서찰을 받아 읽고 자제에게 보낸 가서이다. 요점을 번역 적기하면

"그(저 집에서) 婚幣物들을 물리쳐 되돌려 왔다면서 뒷날 형편 보아 보내주겠다고 한다. 내가 답하기를 이 물건을 차마 어찌 볼 수 있으랴!

다만 너에게 알리고 나에게는 말하지 못하게 하였다. 이제 다시 생각해 보니 이 물건을 너가 받아서 쓰는 것도 차마 못할 일이므로 거기 留置해 두는 것이 마땅할 것이고, 다른 날 망자의 일로 사용하되 이장이나 재사 짓는데 쓰면 괜찮을 듯하다."

라는 내용이다. 이 서찰에 연도는 있고 쓴 날짜가 적혀 있지 않으므로 월일은 알 수 없으나, 寀가 졸한 戊申년 2월 20일 이후에 쓴 것만은 분명하다.

내용은 전후 두 부분으로 나눌 수 있는데, 앞 부분은 宜寧 외가에 우거한 寀가 쓰던 유품을 형이라고 먼저 취할 마음을 갖지 말게 하였고, 반드시 그것을 갖고 와야 할 때가 되면 받아도 좋을 것이라는 선생의 가르침이다.

글의 뜻은 寀의 所遺之物과 婚幣之物 둘로 뚜렷이 구분되어 있다. 이 서찰을 읽고 생각되는 것은 寀의 혼인이 성례까지 이루어졌던가 하는 문제이다. 혼인해서 몇 해를 동거한 부부라면 왜 婚幣物이 外叔父(許公簡)를 거쳐 본가에로 돌아와야 하는가 하는 문제다. 喪夫한 부인이라면 가장의 사후, 가사문제를 媤父나 媤叔과 직접 상의할 일이 아닐까? 몇 햇동안 부부생활을 했다면 納幣한 婚需는 이미 사용되었을 터인데 물리쳐 되돌려 보낸다는 것은 도저히 이해하기 어려운 상황이다. 더구나 媤父인 先生과 양대가 함께 살았다면 선생과 舅婦 사이에서 의논하여 처리했을 터이고, 寀 졸후에는 부인이 喪主로서 服을 입고 있었을 것이므로 服이 끝난 후에라야 개가했을 것이다. 幣物이 推來된 상황은 納采 후에 寀가 졸하였으므로, 저쪽에서 幣帛을 되돌리고 파혼한 것으로 밖에 볼 수 없다.

4) 丙午, 丁未, 戊申 연간의 선생 行歷

선생은 丙午(1546)년 3월에 外舅 權磌(號·四樂亭) 공의 장례를 위하여 귀향하였다. 5월에는 병환 때문에 還朝하지 못하여 舊職(迎接都監郎廳)에서 해직되었고, 7월에 權氏夫人의 喪을 당하였는데 8월에 還葬하였고(溫溪公과 자제 형제에게 보낸 가서가 있음), 선생은 東岩

곁에 養眞庵을 마련하여 幽居하였다. 8월에 校書館과 承文院의 校理를 제수하고 11월에 禮賓寺正을 제수했으나 모두 부임치 않았다.

丁未년 7월에 安東府使로 임명되었으나 취임하지 않았다. 이 사이 寯은 繼母 權氏의 복상중이라 侍墓하고 있었는데 寯은 병환으로 從權開素하기도 하였다.

8월에 선생이 弘文館應敎와 전직을 승인받아 환조하였는데 부인의 祥期가 끝났으므로(大祥後 禫前) 응소한 것 같다. 이 때 선생이 상경하면서 자제에게 보낸 다음 답서가 있다.

    答子寯寀 丁未
    且中遞期 至今不來 傳聞吏曹不坐故未呈所志云 然則 我之在此 乃無緣退坐 甚爲未安 故不得已進去 今向豊基路中 若聞罷職則下來 若付京職 則仍上去 爲計 雖然我之仕宦 不可恃 家中秋事 不可忽也 且汝等學業 切不可以我不在而慢廢 更須十分勤讀奮勵 以期成功 日夜望之 汝等見有志之士 豈皆父兄從傍督責 而後做工耶 汝等皆近見效之地 而志氣怠惰 悠悠度日自棄孰甚焉 古人云 不進則退 汝等不知日進恐日退 而終爲庸衆人也 『遺集』卷五, 葉20, 陶四 p.265.

이 서찰은 선생이 상경도중 豊基를 향할 때 쓴 것이다. 父在母喪과 妻喪은 11월이 練이므로 5월의 丁·亥일(13월이 大祥)을 택하여 練祭를 지내고 7월 初忌日에 大祥을 지낸 뒤에 곧 상경하였고, 상경하던 도중인 8월에 應敎를 배명한 것 같다. 또 寀도 이때 溫溪나 養眞庵에 있으면서 執喪하고 제사후에 아직 머물고 있었던 것으로 推測된다. 서찰의 〈答子寯寀〉가 그렇게 생각할 수 있는 근거가 된다. 그 뒤 오래지 않아 寀가 상경하여 선생을 모시고 함께 유경하였고, 선생은 虛勞證勢와 國論이 시끄러워 經筵에 오래 나갈 수 없어서 사퇴할 뜻을 가지게 되었다.

寯에게 보낸 가서와 年譜를 보면

    寄子寯 丁未
    汝以一身 奉饋奠 修學業 而旁理家務 想未免有撓汨之時 正當隨宜順處 不

廢素志 與恒業爲可耳 若牽俗務 而廢志業者 終爲鄕里之陳人而已 可不戒哉
余與汝弟 時無他苦 但余虛勞等證 有時而發 勢難久於經幄行 當觀勢辭遞
人知我病如此 宜不至深怪也 『續集』卷7 葉3

이 서찰에는 〈途中開見〉三條가 있는데 그 중에는 宜寧에 한 번 가서 祠堂 지을 일을 빨리 끝내고 2월 안으로 돌아올 것과, 거기 가서 持身處事를 謹愼할 일, 喪人이므로 가례를 읽어서 상인의 도를 어기지 말도록 당부하였다.

이 서찰을 통하여 알 수 있는 몇 가지 중요한 사실로는 寀가 漢陽에 가 있음과 寯이 宜寧에 갔다가 이듬해 2월내에 돌아와야 함과, 寯이 喪身이었다는 점에서 禫祭를 아직 지내기 전인 9월경에 이 가서를 썼다는 사실이다(大祥後 제3월이 禫, 大祥後 1개월을 사이에 둠).

연보에는 12월에 '病辭 除儀賓府經歷'이라 하고 '時國論愈乖 兩司 弘文館 交章請罪鳳城君 先生知力不能止以病免'이라고 써두었다. 선생이 상경한 후에 應敎 벼슬로 출사하다가 12월 經歷(儀賓府)으로 옮기기까지 經筵에 나아가고 있었음을 알겠고, 앞의 서찰은 12월에 병사하기 전에 쓴 것임을 짐작할 수 있다.

그 뒤 선생은 戊申년 정월에 丹陽郡守로 나갔다. 李芑派의 한 통속 陳復昌이 詣闕까지 하면서 만류했으나 선생은 뿌리쳤다. 그리고 2월 20일에 寀가 졸하였으니 부자간의 永別은 禫祭를 지내기 위해서 寀가 귀향할 그 때였음을 확실히 알 수 있다.

寀가 服関 후에 혼인을 하였다면 10월에서 12월 사이에 成禮를 했어야 한다.

또 弘文館이 成宗 이후(成宗 9년)에 集賢殿 기능을 통합하여 언론기관으로서 三司의 하나로 성립되었으니 應敎도 臺官(왕의 자문)임에 틀림 없다. 따라서 '寀兒婚事' 운운의 가서에 '適爲臺官'이라 한 말은 이 때의 관직과 어긋남이 없는 것이므로 그 혼사시기를 丁未년으로 끌어내려와도 괜찮을 것 같다.

그러면 '今月晦日'의 금월을 언제로 볼 것인가, 12월 晦日은 불합한 것이고 10월과 11월로 밖에 추정할 수 없는데 당시의 政情을 살펴 보면 그렇게 간단하게 추단할 수가 없다.

壁書의 獄과 匿名書 등 사건을 일으켜 尹元衡이 尹任의 일당을 치던 때이며 그로 인해 鳳城君(岏)과 宋麟壽(자·眉叟, 호·圭庵)가 죽음을 당하는데 선생은 弘文館의 請罪를 홀로 말리다가 뜻을 이루지 못하였다. 이러한 중대사건이 발생한 시기에 중임을 자부한 선생이 평소 존모하던 宋圭庵의 명과 鳳城君을 구하는 일에 소홀할 리가 없다. 年譜에도 실려 있지만 '知力不能止'이었다. 12월에 遞職 病免되었으니 그 사이 宜寧으로 내려가서 寀를 成婚시키고 자부를 볼 수 있었을까? 저 '婚幣等物推來' 서찰은 이러한 정황으로 봐서 定婚 納采를 해 두고도 성례를 못했다는 증거로서 충분하다.

그래서 寀의 처인 둘째 자부에 관한 傳言 說話는 아무리 합리화시키려 해도 전후 사정이 들어맞지 않아 荒唐無稽한 詩說로 결론짓지 않을 수 없다.

따라서 이 類의 傳記와 逸話는 활자화한 책이나 口傳 그대로 믿고 지나칠 일이 아니고 典據를 찾고 出典을 밝혀서 사실대로 論考 是正하는 노력이 거듭되어야 하겠다. 퇴계학회 회원은 逸話를 蒐集하고 연구를 맡은 사람은 자손이나 학자에게 물어서 考證辦釋하는 데 서로 협력해 나가야 할 것이다.

2. 栗谷의 陶山書堂 入門說

李栗谷이 入門한 곳은 陶山書堂이 아니라 溪上書堂이다.

세간에는 金鶴峯, 柳西厓, 奇高峯 諸賢이 일착으로 陶山書堂 문을 두들겼고, 서당문을 연 지 몇 달만에 江陵에서 李栗谷이 선생을 찾아와서 獻詩·執贄하였으며, 며칠간 묵은 후에 箴言을 받았다고 전파하고 있어 모두가 그것을 사실인 양 믿고 그대로 수용하고 있다.

이 설화 역시 陶山書堂 建築史와 溪上書堂의 존재를 완전 무시하고 한 이야기들이며, 선생의 저술과 진실에 근거하지 않은 虛構의 浪說이다. 제한시간과 지면 관계로 원전을 예거하고 사실을 간단히 추적하는 데 그치기로 한다.

1) 溪上書堂 創建 設學과 遊門諸子

溪上書堂은 일명 溪堂이라 줄여서 부르는데 선생이 寒栖庵에 定居한 (1550년) 이듬해 辛亥년 정월에 문을 열었다. 溪堂에 來臨한 聾巖 李賢輔선생에게 읊어드린 시에 다음 시구가 있어 그 존재를 확인할 수 있다.

溪西茅屋憶前年　　溪北今年又卜遷　〈辛亥,『內集』卷2, 葉7〉

溪堂에는 松·竹·梅·菊·蓮(方塘에 심음)·己(선생자신)를 합한 六友園을 만들었다. 이 계당에는 紹修書院에서 執贄한 제자를 비롯해서 寒栖庵에 찾아온 문인들도 물론 계속 受業하였고 다음 諸賢이 처음 입문하였다.

權大器(1551), 金八元(〃), 金守一(1554), 金明一(〃), 金誠一(1556), 權文海(〃), 南夢鰲(1557), 金塽(〃), 李珥(1558), 李命弘(〃), 李福弘(〃), 金沔(1559), 金就礪(1560), 李國弼(〃), 金士元(〃), 柳雲龍(〃), 李堯臣(〃) 등이다. 門徒錄에서 입문 연도가 미상인 문도 중에 빠진 분도 더러 있음을 인정한다. 〈拙著:『退溪의 燕居와 思想形成』參照〉

① 設學 동기를 읊은 《有嘆》시

今世何人第一流 脊梁硬鐵擔千秋 須知少味還多味 若道無愁轉有愁
謝透利關緣事洛 胡明物漬爲從涪 自憐半百無歸仰 依舊人間寂寂儔

② 溪上書堂의 實在를 전하는 시
　○ 杜甫의 淸明韻을 차운한 시 「淸明溪上書堂二首」〈辛亥正月,『內集』卷2, 葉5~6〉

補過希前垂至戒　　令人長憶紫陽翁 (第二首 結句)

○ 溪堂前方塘微雨後作〈壬子(1552), 『內集』卷2, 葉13〉
　　○ 正月二日立春〈壬子, 『內集』卷2, 葉11〉

窓外東風料峭寒 窓前流水碧潺潺 但知至樂存書室 不用高門送菜盤
黃卷中間對聖賢 虛明一室坐超然 梅窓又見春消息 莫向瑤琴嘆絶絃

　　○ 立秋日溪堂書事三首〈丙辰(1556), 『內集』卷2, 葉32〉
　　○ 撤寒栖移搆小堂於溪北次老杜韻〈辛亥, 『內集』卷2, 葉5~6〉
　　○ 聾巖先生來臨溪堂〈辛亥, 『內集』卷2, 葉7〉

溪西茅屋憶前年 溪北今年又卜遷 第一光華老仙伯 年年臨到萬花邊

③ 溪上書堂의 상태를 전해 주는 시
　　○ 辛亥早春趙秀才士敬訪余於退溪語及具上舍景瑞金秀才秀卿所和權
　　　景受六十絶幷景瑞五律餘懇欲見之士敬歸卽寄示因次韻遣懷 시의
　　　제13

群疑未析千年上 萬慮纔消數盞中 巢拙夜床無處着 暮天歸袂恨牽風　溪堂草
創無溫房景瑞冒險夜歸 『外集』卷1, 葉13~17

　　○ 立秋日溪堂書事三首 제3에

小屋欹斜風雨餘 石牀蒲席自淸虛

④ 李栗谷의 溪上書堂 雨留三日
　　○ 李秀才珥 字叔獻見訪溪上雨留三日

早歲盛名君上國 暮年多病我荒村 那知此日來相訪 宿昔幽懷可款言

才子欣逢二月春 挽留三日若通神 雨垂銀竹捎溪足 雪作瓊花裏樹身
沒馬泥融行尙阻 喚晴禽語景纔新 一杯再屬吾何淺 從此忘年義更親
　『別集』卷1, 葉75

　　○ 贈李叔獻四首
　　○ 贈李秀才叔獻 戊午(1558)

歸來自歎久迷方 静處纔窺隙裏光 勸子及時追正軌 莫嘆行脚入窮鄉 『續集』
　　卷2, 葉20

⑤ 陶山書堂 건축약사

　○ 1554(甲寅)년에 계당이 서재로서 미흡하기 때문에 선생이 홀
　　로 丹砂(현 도산초등학교 소재지) 방면을 물색하다가 紫霞峯
　　기슭에 몇 간을 짓기로 심정하였다.

溪堂(溪上書堂) 久無主 窓戶之偸 非偸者之罪 (中略) 此堂則卜地未協 固
當改移 今歸意 欲搆精舍數間於霞山之麓 以寓余樂以今料後 恐亦如斯吾每
有此憂 而尋常未敢言 聊因此事而發之 切宜念之 『遺集』卷五, 葉14~15,
　陶四, p.251

　○ 1556(丙辰)년 봄에 문인들이 書齋를 마련하여 글을 가르쳐 달
　　라고 진언하였으나 허락하지 않았다.

此處立齋事 以此尤未安 欲固止之 時未知諸人之意如何耳『遺集』卷八, 葉
　6, 寄寓

　○ 再次 문인들의 간청이 있었으나 억지하고 파의시켰다.

書齋事 吾力止之 今已罷議 是則一幸也『遺集』卷八, 葉6~7, 答寓

　○ 그 해 가을경에 모든 사람이 파의했는데도 외내의 琴應壎들이
　　南溪之南 ("溪南有陶山 近秘良亦怪" 시구로 보아서 도산을 가
　　리킨다)에 서당터를 잡아 놓고 立齋 講學해 주기를 청하였다.

書齋已懇諸人而罷之 烏川爲應壎輩固欲小搆 終不能止 已排數間於南溪之
南 但予衰倦如此 不能督成後生之業 如是終有何益耶『遺集』卷8, 葉7,
　答寓

　○ 朱子書節要의 編纂에 착수하다.
　○ 1557(丁巳)년 3월에 선생이 홀로 가서 서당 자리를 살펴보고
　　만족히 여겼다.

詩「尋改卜書堂地得於陶山之南有感而作二首」;…陶丘南畔白雲深 一道蒙
泉出艮岑…… 萬花窮探吾豈敢 願將編簡誦遺音『內集』卷2, 葉39~40

○ 그 다음에 南夢鰲, 琴應壎, 閔應祺, 子·寓, 孫·安道 등을 데
리고 다시 도산에 가卜地하고 시를 읊었다.『內集』卷2, 葉40,
「再行視陶山南洞有作示 …」,『年譜』丁巳三月作樹谷庵記, 得書
堂地于陶山之南

○ 4월에는 太紫山에 유산하여 大方洞을 찾았다. 7월에는 啓蒙傳
疑의 저작을 완성하였다.

○ 1558(戊午)년 2월에 李栗谷이 溪上書堂을 내방하였다. 3월에
는 滄浪臺(현재의 天淵臺의 처음 이름, 집을 낙성하기 전에
대를 먼저 만들었다)를 쌓았다. 소명 상경도중 忠州(惟新)에
서 쓴 서찰에는 쌓은 대에 覆蓋할 것을 지시하였다.

就中 滄浪棚架若加椽覆以麻骨 則可經數年 不然遂爲樵者 偸盡奈何 而奴輩
牛隻困於輸穀 椽木難輸 俟村務皆畢 洞內諸宅及洞奴等處借得牛隻 輸椽木
圖爲盡覆 則無乃好否『遺集』卷8, 葉16;寄寓,『年譜』戊午三月築滄浪
臺 後改名 天淵

○ 4월에는 朱子書節要를 완성한 뒤 易東書院의 터를 잡기 위해
서 鼇潭에 나갔으며『年譜』戊午四月 遊鼇潭爲禹祭酒倬欲建院於
潭相其他〉 5월에는 自省錄을 편찬하였다. 윤칠월에 치사를 빌
었으나 不允하여 상경하였다. 10월에 大司成에 취임하였으나
11월에 病辭하였고 上護軍을 제수하였다가 12월에는 工曹參判
에 임명되었다. 네 번 병사를 청했으나 허락받지 못하고 취임
하였다. 재경중 서당 일을 지시한 서찰에는 다음 내용이 있다.

蓮僧 先燔瓦之計 本爲好矣 然今欲先造成 此亦不妨 吾意亦欲見成舍之功
不欲遲遲 但吾於二月內下去 則如此至好 若未及下去 則恐凡所排置未免有
後悔也 圖子兩樣送去 招右僧議定報來爲佳『遺集』卷8, 葉21, 答寓

法蓮이 처음 기와를 먼저 굽자고 하여 허락하였다. 또 집을 먼저 짓

자고 하여 그래도 무방하다고 하였다. 선생은 집이 먼저 서는 것을 보고 싶어 일을 늦추지 말기를 당부하였다. 설계도도 2종을 그려서 보냈으며 法蓮과 의논하여 결정하도록 寯에게 지시했다. 己未년 2월에는 꼭 돌아갈 작정을 하고 집의 배치에 대해서 깊이 생각하고 있음을 밝히고 있다.

그 뒤에 선생은 설계도를 다시 고쳐 그려 李碧梧(휘·文樑, 자·大成, 聾岩의 第二子. 黃錦溪의 外舅)에게 보내면서 法蓮을 불러 자제와 함께 의논하도록 하였다. 그리고 선생이 사직하여 내려가기 전에 寯이 관직에 출사 상경하면 法蓮의 계획이 이루어지지 못할까 봐 매우 안타까워 하였다.

陶山精舍 蓮意欲先造成云 圖子曾已寫送于汝 更思其圖未盡 更爲圖送于大成處 須招蓮與大成 同議處之 但吾未下去 汝又上來 蓮計恐未成 深恨深恨 『遺集』卷8, 葉25～27 ; 寄寯, 『年譜』己未二月 乞假歸鄕焚黃病未 還朝 上狀辭職不允, 五月又 辭不允 七月又辭上免許遞

○ 1559(己未)년 2월에는 焚黃祭를 위하여 귀향한 후 병을 이유로 還朝하지 않았다. 앞의 「寄寯」서를 보면 서당을 조성하기 위한 적극적인 계획임을 알 수 있다.
○ 1559년 연초에 건축 일을 맡은 法蓮이 입적했다. 法蓮은 慶州에 가서 建築 經理를 구해보겠다고까지 성의를 보였다. 그가 죽은 후에는 받은 물자를 되돌려 주었다. 다음 서찰과 시가 그러한 사실을 증언하고 있다.

二月間 必欲某條請退 舟行至丹山 作意寒食則似不可及矣 吾他證 或有進退 猶云前例 (中略) 法蓮死矣 精舍之計 似不諧可歎 大成欲求他僧 付其事未 知有之否 雖有孰能如蓮之自當其事耶 『遺集』卷8, 葉30～31, 『前揭年譜』 2월조
詩 贈沙門法蓮 幷書 : 余於陶山南谷 欲搆精廬 令龍壽寺僧法蓮幹其事 蓮 不以余不能資給而有難色 其志可嘉 拘迫世故今作西行 蓮來告云 欲往 鷄林有經理 書所感以與之

一畝儒宮一鉢僧 欲成吾志汝安憑 事同出羖雖非易 誠似移山詎不能
風月滿川須有主 雲霞入眼好爲朋 明年返我迷行駕 衡泌端居樂莫勝

蓮僧受物 皆已推否 此僧之死甚憐 而吾事無托奈何 李善同子僧 未知肯否
肯則使之爲可 但燔瓦定於何處 遠處衆共之便 反不如近處 獨辦之難也 但料
家中凡事不成 計活力不及 他幹僧又不如法蓮之獨當 則燔瓦亦恐不得也
『遺集』卷8, 葉32, 答寯

뒤의 서찰에 보면 法蓮의 뒤를 이어 李善同의 아들에게 일을 맡기려 하였으나, 法蓮처럼 공사를 獨辦하지 못할 것 같아 龍壽寺 중인 静一한테 맡겼다.

汝服藥次第皆當 雖差更宜愼調 時祭初四日 皆兼爲計 静一僧爲計如此 亦足
慰意
『遺集』卷8, 葉35, 答寯

- 선생은 귀향한 후에 서당건축에 전력을 기울이는 한편 저술에도 뜻한 바를 성취하였다. 白鹿洞規集解, 伊山書院記와 院中規約制定, 宋季元明理學通錄을 편찬하기 시작하였다.
- 1559년 봄에 시공한 이 서당은 庚申년 11월에 완성하였다.

庚申十一月 陶山書堂成 自是遇興輒往 或至數月而返……『言行通錄』卷
3, 葉19, 『蒙錄』(孫子 安道의 記錄)

- 1561(辛酉)년 선생의 환갑 해에 精舍까지 준공하였다. 서당건물이 반이 이루어졌을 때에 「陶山言志」를 읊었다.

自喜山堂半已成　　山居猶得免躬耕

이 「陶山言志」 시를 보면 집을 지으면서 造苑도 동시에 시작한 것을 알겠다.

植竹看看新笋生　　未覺泉聲妨夜静

1561(辛酉)년에 정사까지 모든 공사가 끝난 뒤에 11월에 「陶山記」

를 지었다. 그러나「陶山雜詠」은 舍屋을 짓기 전에 미리 지어놓은 것인데 시의 편집은 庚申(1560)년으로 되어 있다.

선생이 文峯 鄭惟一에게 한 답서에

<blockquote>
陶山詩作之太早 眞莊周所謂見卵而求時夜 蓋其屋舍皆未成 其言皆預擬者耳
『內集』卷25, 葉14~15, 答鄭子中
</blockquote>

미리 지었음을 이와 같이 밝혀두고 있다. 陶山記에 '爰有小洞 前俯江郊 幽敻遼廓岩麓梢傳 石井甘洌 允宜肥遯之所 野人田其中 以資易之 有浮屠法蓮者幹其事 俄而蓮死 淨一者繼之 自丁巳至于辛酉 五年而堂舍 兩屋粗成 可棲息也'라 하였으므로 공사를 시작하여 서당과 隴雲精舍를 다 짓는데 시간이 5년 동안이나 오래 걸린 것으로 생각하기 쉬우나, 앞의 가서 등의 전거에 의하면 丁巳년 3월에 복지하여 값을 치르고 그 땅을 산 시간으로부터 5년의 세월이 걸린 것을 알겠다. 실공사기간은 1559(己未)년 연초부터 1561(辛酉)년 11월까지 3년간이었다.

이와 같은 建築史를 살펴보면 李栗谷이 陶山書堂에 입문했다거나 高峯 奇大升이 陶山에 왔다는 말은 사실과 전혀 다르다. 金鶴峯은 溪上書堂에서 高峯은 재경중 京邸에서 執贄(『高峯 年譜』戊午十月中文科乙科第一人權知承文院副正字是月拜退溪先生于京邸)하였고, 柳西厓만 陶山書堂에서 집지하였다.

여기 한 가지 더 부언해 둘 일은 栗谷의 丈人 四印堂(휘·慶麟, 자·仁父, 1516년생)에 관한 이야기이다. 四印堂은 31세 때인 1546(丙午)년에 선생이 養眞庵에 幽居해 있을 때에 내방하여 시를 받고 문답을 하였다. 四印堂의 遊門은 이것이 처음이 아니다. 「四印居士盧仁父 見訪用前韻『續集』卷1, 葉28」이란 詩題로 보아 선생의 유경중 이미 遊門 受業했음을 알 수 있다.

四印堂은 1555년에 陳復昌의 모함으로 좌천되어 星州牧使로 내려와 있었는데 1557년에 22세의 栗谷을 사위로 맞았다. 1558년은 栗谷이 결혼한 이듬해이고 23세 때이다. 이해 星州 官衙에 가서 장인을 뵙고

江陵으로 가는 길에 四印堂의 인도로 禮安을 들려서 선생을 뵙고 江陵으로 갔다. 先生이 文峯에게 한 편지에 星州에 갔다가 陶山으로 왔다고 적고 있다.

　四印堂은 星州에 재임하는 동안 川谷書院(후일에 迎鳳書院이라 고침)을 창건하면서(1557년 8월 始工~1560년 落成) 서원의 儀禮, 서원의 記文, 配享과 位次를 선생에게 묻고 배워서 시행하였고, 기문을 받았다.

> 星山前牧盧仁父 作書院於迎鳳山 請記於滉 滉初不肯 再三往復 滉賞其誠懇 聊應之 其祠廟所祭 初以李兆年李仁復 稍未恰人意 久而未定 最後乃以金先生宏弼同祠 而其位次之 定儘有曲折 雖定而似不無後議耳(下略)『內集』
> 卷25, 葉13~14, 答鄭子中別紙

　유학실천가인 四印堂이 존모하고 師事하는 선생에게 壻君을 인도하였으리라는 것은 오늘날의 정의로도 충분히 생각할 수 있는 일이다. 星州에서 禮安을 지나 江陵을 가는 노정이며, 栗谷이 還俗해서 아직 연천한 때이기에 사인당으로서는 舅翁의 사랑으로 婿君에게 선생의 교도를 받게 하였으리라고 추측된다.

3. 虛說 三題

　그 밖의 전언 설화로는 文滄溪(諱·敬仝)가 許氏夫人의 묘터를 잡았다는 이야기, 權氏夫人이 선생의 버선과 두루마기를 색헝겊으로 기웠다는 이야기, 자부를 볼 때 상객이 앉은 자리를 査家에서 대패로 깎았다는 이야기들도 선생의 生活實事와 前後 事情을 모르고 지어낸 근거없는 이야기들이다.

　文滄溪는 1521(辛巳)년 6월 晦日에 清風郡守 재임중 선생이 장가간 그 해에 官衙에서 별세하였고, (선생이 지은「通訓大夫行成均司成文公墓碣銘幷序」) 權氏夫人이 색헝겊으로 두루마기를 기웠다는 것은 선생이 迎接使로 상경할 때 헌두루마기를 빨아서 기워입은 것(「家書」)이

訛傳된 것이다.

寫의 처가는 琴訓導公(휘·梓)이 烏川에 贅居하고 있었기 때문에 奉化 이야기는 성립될 수 없으며, 査頓(「通仕郞行禮安訓導琴公墓識; '奉化縣人寓居禮安烏川里'」)간에 있었다는 말도 허무맹랑한 조작이다.

선생이 琴梓公의 따님을 子婦로 맞기 전에 이미 혼인은 聯疊하였고 또 가까운 姻戚 사이였다. 선생의 다섯째 형수(琴致韶의 四女, 五兄 澄의 夫人)와 질부(長姪 寅의 夫人, 琴致韶의 三女)의 入門이 있었는데 이 夫人들은 惺齋 琴蘭秀의 姑母이다.

그리고 琴梓公의 仲氏 琴椅(字·仲材)公은 冲齋 權橃의 사돈(東美의 장인)이고 셋째 손자 詠道에게는 妻外祖父이며 外從祖父도 되는 셈이다.

그 上代에 올라가면 大禮에 밝고 沔川 郡守를 지낸 琴元福公은 先生의 外祖母가 그의 이모가 되며 또 琴公의 夫人은 先生의 姑從妹(金伸의 딸)氏이니 中表從 남매간이기도 하다. 그래서 선생이 墓碣銘까지 지었다. 이러한 世誼 至親인데 琴氏가 先生을 괄시하고 앉았던 자리를 대패로 깎았다는 말은 語不成說이다.

第3節 맺는 말

무릇 퇴계선생에 관한 일화와 야설은 전거를 바탕으로 考論되어야 한다. 言行通錄과 家書 등은 말할 여지가 없고, 선생의 저작이 국역완간된 후면 사실이 정확히 밝혀지겠지만, 事象에 대한 考證學的 수용이 필요하다. 관련 일화류를 흥미중심으로 받아들일 것이 아니라 선생의 학문과 도덕에 비추어 그 虛虛實實을 가려내고자 하는 眞實 追求의 자세가 갖추어져야 할 것이다. 결코 선생의 인간상을 그 이상도 이하도 미화하거나 과장해서는 안될 것이며, 盜聽偸視 같은 일이 잘못 후세인에게 비추어지면 선생에 대한 뜻하지 않은 貶毁는 물론 미지의 세대에게 그릇된 영향을 끼칠 것이다. 전시대의 생활에 대한 철저한 고증과 투철한 이해없이 함부로 역사물을 다루는 오늘날의 시대상을 감안한다면 작가의 손에 넘어가기 전에 謾誕이 안되도록 野說과 說話는 거두어 성심껏 고론을 거치는데 노력해야 한다고 생각한다.

第2章 變禮에 관한 退溪先生의 禮講

退溪先生의 禮의 통용에 관한 기본적인 原則論은 鶴峯의 「七·三戒齊」의 質疑에 답한 데서 가장 분명하게 드러난다.

鶴峯이

> 古禮에는 七日戒 三日齊라 하였는데 그렇게 시행해야 합니까?

하고 물었을 때, 退溪先生은

> 古禮에 七日戒 三日齊라 하였으나 大享禮가 소중하였기 때문에 그렇게 한 것이다. 그밖의 祭禮는 모두 그렇게 하지를 않았다. 前三日에 淸齊에 드는 것도 사람들이 어렵다고 하여 禮와 같이 다하지를 못하였다. 家禮에는 '前忌三日齊'라 하였지만, 忌日에 前期 一日齊戒만을 하였다. 종전에는 二日 齊戒도 있었다.

고 설명한 후 禮란 너무 복잡하거나 지나쳐서 누구나 실천하지 못할 때는 虛禮가 되고 만다면서

> 온 세상 사람 모두에게 언제까지든지 통용되고 시행될 수 있는 법이라야 참다운 예라 한다.(天下萬歲通行之法)『文集』卷34, 張14, 金鶴峯「問目」

고 강조하였다.
또 退溪先生은 變禮에 대한 개념을 鶴峯 問目에서 이렇게 밝혔다.

> 예를 바꾸는 것은 聖賢도 오히려 어렵다고 하였다.
>
> 내가 보건대 胸中에 理가 밝지 않고, 일의 제도나 법도에 대하여 권위가 없으면서도 망령스럽게 이같은 변례에 대하여 논하고 응답한다는 것은 張橫渠의 경계 말씀을 정면으로 범하게 된다.

일찍이 橫渠 張夫子의 말씀을 들으니 '學問이 未熟하여 예를 모르면서 바꾸자고 말하기 좋아하는 사람은 반드시 끝에 가서 환난이 있음을 알게 될 것이다. 變禮는 가벼이 말할 수 없는 것이고, 變禮를 무척 주장하는 사람은 操行과 心術이 바르지 못하다고 알면 된다'고 하였다.

이상의 퇴계 강론을 들어보면 制事 權度나 學未至者는 변례에 대해서 말하는 것이 아님을 알 수 있고, 조행과 심술이 바른 사람은 祖先의 예를 잘 따르면 되는 것이라 여겨진다.

禮의 變定에 관한 퇴계선생의 근엄한 태도는 潛齋 金就礪의 진언을 막은 데서도 나타나 있다.

1566년 11월에 金潛齋가 예에 관한 先生의 질의응답과 참고될 예설을 모아 책을 編定하자고 진언하였을 때 퇴계선생은,

> 이같이 아주 중대한 일을 감히 우리 두 사람이 할 수 있을 것 같으냐? 자네로 말할진대 학문이 미성한 데에다 명망도 드러나 있지 않고, 나로 말할 것 같으면 德은 더욱 떨어지고 식견이 또한 無知憒憒한 이러한 사람끼리 경솔한 생각으로 망령되이 보태고 덜어내는 예의 편정을 할 수 있다고 생각하느냐?(此何等重事 而吾二人敢爲之哉 自公而言 則學未成而名未顯 自滉而言 則德愈下而識愈憒 乃相與率意妄作增損乎)

이렇게 나무라고 중지시켰다. 학문과 명망과 덕과 식견이 두루 갖추어진 사람이라야 변례에 관해서 논할 수 있다는 선생의 논리이거니와 그 많은 問目에 응답을 하였지만 예설에 관한 專著를 편술하지 않았는데, 그 근본정신은 바로 여기에 있었던 것이다.

이러한 뜻을 가지고 있는 퇴계선생인데도 사실은 예를 깊이 연구하고서 變禮 改定하여 시행한 것이 많다.

待遇와 禮法에 불합리한 것은 자기의 판단으로, 通俗과 慣行으로 굳어진 것은 家禮에 맞추어 五禮儀나 禮典에서 자세히 밝혀지지 않은 것은 五先生禮說을 근거로 衍義하고 釋彙하여 문인도 가르치고 가인에게 알려서 충실히 시행하였다. 전부를 설명하는 것은 몇 가지 제약도 있고 해서 대여섯 가지만 여기에 들기로 한다.

1. 忌祭 不參時는 지방을 써붙여 배례하였다.

제자들이 퇴계선생한테 '선생님은 기차이시고 出仕하여 서울과 丹陽·豊基에 계셨습니다. 선생님의 효심은 남다르신데 親忌나 祖·曾·高祖 祭日이 되면 어떻게 하십니까?' 하고 물었다.

퇴계선생은 '내가 행한 것을 아무에게나 권할 일이 못되므로 발설치 않았는데 이렇게 물으니 대답하지 않을 수도 없구나' 하고 난 뒤 '나는 祖與父母의 諱日에 지방을 써붙이고 배례한 후 추모하네' 하였다.

陶山門人은 퇴계선생의 언행을 듣고 그냥 지나쳐버리지 않고 반드시 그 근거를 되물어서 확인하는 버릇이 있었다. 퇴계의 언행에는 반드시 성현의 말씀과 철학사상이 밑바닥에 깔려 있다. 그래서 이 일도 누구의 이론과 儀軌에 있는 것을 遵行하였는가 싶어 따지고 물었다.

퇴계선생은 '先生(朱子)께서 출사하셨을 때와 적소에 계실 때에 그렇게 하셨다'고 대답하였다.

（필자는 4대 主祀者이면서도 불효가 커서 부득이 10수 년간 日本에 유학하는 동안 기일에 망배를 하다가 선생의 글을 읽고 난 뒤부터는 지방을 써붙이고 玄酒를 받들어 焚香 拜禮하였다. 오늘날과 같은 국제화시대에는 재외타국자나 멀리 各在分居하여 參祭가 불가능한 사람들이 많다. 참재하지 못하여 미안하고 딱할 때는 闕祀하기보다 퇴계선생이 일반화시킬 수 없다고 홀로 시행한 이 禮制를 본받아도 무방하리라 싶어 필자의 경험을 감히 적어 둔다.）

2. 亡室, 亡妹를 故室, 故妹로 개서하였다.

이 禮講은 鶴峯과 天山齋(或은 山天齋라 하였다) 李咸亨의 問目에 답한 내용이다.

그때까지는 夫人이 죽으면 신주와 지방에 '亡室'이라고 썼다. 선생께서는 '亡'자를 쓰는 것이 부인에 대한 예우가 홀하므로 '故'자를 쓰는 것이 좋겠다고 하여 '故室'로 바꾸었다. 이 일은 퇴계선생이 처음 개정한 예법인데 오늘날 우리나라에서는 通行禮로 되었으나 누가 정하였는지 모르고 있다. '故室'이란 말로 처음 대접을 받은 여성은 우리 역사상 퇴계의 부인인 貞敬夫人 許氏와 權氏가 그 시초인 것이다. 퇴계선생의 女性 地位 遇待의 일면목이 나타나 있는 그 원문 예강은 다음 글이다.

亡欲代以故字鄙意. 其於妹亦然以右 例書故妹 　「김학봉에게 답합」
夫存妻死 則神主不顯妣 疑當云亡室 妻存無子而夫亡 未詳當何書 都下有一家書曰顯辟 蓋依禮記 夫曰皇辟之語也 未知是否
　　　　　　　　　　　　　　　　　　　　　　「李天山齋에게 답함」

禮記(朱子의 著라고 믿었지만)의 기록도 선생은 과감하게 고쳐서 施行한(亡欲代以故字鄙意) 例이다.

3. 忌日의 父母 兩位 合祭(合設)를 祭一位(單設)로 바꾸어 시행케 하였다.

이 禮藪에 관해서는 金潛齋就礪, 柳巴山仲淹, 鄭文峯惟一, 趙聾隱振, 鄭寒岡逑 제공이 질문한 예론이다.

퇴계선생이 질문에 응답한 요지를 묶어서 몇 가지로 정리하면 다음과 같다.

　① 忌祭에 부모를 합제하는 것은 옛날의 예법에는 없었다. 내 집에서도 선대가 이렇게 지내기 때문에 그대로 행한다. 다만 喪禮와 祭禮는 先祖들이 하던 대로 따를 뿐인데 우리 집에서도 종전에 하던대로 합제를 하고 있다. 지금 감히 경솔히 거론할 수가 없다.
　② 忌祭에 兩位 함께 行祀하는 것은 禮文을 따르지 않았기 때문이다. 종전에 집안 어른들의 뜻이 그랬고, 또 고치려 하지 않는 것을 감히 고친다는 것은 두려워서 그대로 시행하고 있을 뿐이다.
　③ 忌日과 三年喪中에 父母 並祭하는 일이 예가 아님은 의심할 여지가 없다. 풍속따라 그대로 행하고 있는데 싫다는 말이 없으니 忌祭에도 그대로 하고 있는 것 같다.

④ 忌祭와 三年喪內에 父母 同祭하는 것이 예에 맞는가 하고 묻지만 「家禮」의 '忌祭'에는 그 忌故를 맞이한 한 位를 모시라고 하였다. 삼년 상내에도 부모 兩位를 병설하라는 글은 없다. 오늘날 사람들이 「儀禮」는 돌보지 않고 정에 치우쳐 제 뜻대로 함부로 양위 합제를 하고 있을 따름이다.

⑤ 寒岡이 '單設 忌祭를 하고 싶은데 선생님의 뜻은 어떻습니까?' 하고 여쭈었더니, '나의 뜻도 역시 그렇다.'고 하였다.

퇴계의 뜻은 單設이었고 그 근거는 「家禮」에 두었다. 그러나 선조들이 古俗을 따라 행하던 예이므로 함부로 바꿀 수도 없다고 하였다.

그렇지만 선생은 당신 자손에게 단설을 하라고 분명하게 유언하였다. 큰댁에서 행하는 제례는 굳이 변개하지 않았다. 그래서 오늘날 眞城李氏 문중에서도 유독 선생의 자손인 先正派에서만 單位祭를 지내고 있다.

(愚意 ; 가례나 선생의 예론은 합리적이고 후세를 예견한 것 같기도 하다. 오늘날과 같이 가정의 개념이 희박하고 夫婦偕老가 쉽지 않도록 이혼이 심하다면 자손이 부모 합제를 한다는 것은 사실상 생각해 볼 문제다. 원수가 되어 헤어진 양친을 함께 모셔 祭事한다는 것은 孝도 아니요, 자손의 난처한 처지만 강요할 따름이다. 제사에 대한 철학을 옳게 지니고 있다면 婚姻夫婦의 생활은 건전할 것이다. 예가 곧 인간윤리의 기반임을 이로써 다시 더 생각하게 된다).

4. 生日祭와 忌日祭를 모두 지낸다 하나 우리 집안은 가난해서 지내지 않는다.

生忌祭에 대해서는 秋淵 禹性傳이 질문하였다.

오늘날 풍속을 보면 조상 생일날에 奠을 안드리는 사람이 드뭅니다. 저의 집에서도 남들이 모두 지내므로 免할 길 없어 지내고 있습니다. 선생님은 어떻게 생각하십니까?

퇴계선생의 대답은 이러했다.

근세에 와서 보이는 풍속인데 우리집 같이 寒貧한 가문에서는 거행할 수가 없네. 이제 말을 들으니 내 마음이 쓰리고 두렵구나. 감히 자네 말에 무어라고 망령되이 대답할 수가 없네.

이때의 문목 원문은 다음과 같다.

秋淵問；祖先生日 設奠擧俗 鮮有不行者 而性傳之家 亦未免有此事 但並設祠堂 又更潛亂 故出祭于寢 而出主行事 亦極無據 從此欲廢 而行之已久 遽然矯革在所難處 與其未安於瀆亂 寧失於遽改耶如何

先生答；生忌之設 出於近世 寒門所未擧行 今承垂問 怵然愴然 未敢妄有所對

禹秋淵과의 문답에서 퇴계선생의 예의 철학인 「天下萬世通行之法」을 또 한번 확인할 수가 있다. 빈한하기 때문에 生辰 祭祀를 아니 지낸다는 선생의 말은 빈한한 일반서민의 私情을 대변하고 있다. 忌祭祀도 지내기 어려운 형편의 백성에게 生辰祭까지 지내라고 하면 산 사람은 뒷전이고, 죽은 사람 위하다가 民生이 고통에 허덕일 것이다. 너무 복잡하고 번다하면 결국에 가서는 꼭 지켜야 할 의례마저도 버리고 말 것이다. 후기 朝鮮朝 禮論이 오늘같은 社會 規範 秩序와 家庭儀節을 버리는데 기여했는지 모른다. 재산형편이 넉넉한 사람이나 까다로운 예식을 알고 있는 사람들만이 시행할 수 있는 예, 그것은 이미 秩序(禮)도 規範도 아닌 것이다.

이런 까닭으로 퇴계선생의 禮哲學은 오늘날 우리 국민 모두가 배우고 받아들일 만한 가치높은 儀式이며 行動哲學이라 생각된다.

5. 생시에 즐긴 식물을 제물로 쓰는 것은 君子가 禁譏할 일이다.

鄭寒岡이 '祭酒는 淸酒와 단술(醴酒·甘酒)을 쓰고 있는데 혹 平生(平素) 좋아하고 즐긴 것을 쓰면 안 됩니까?' 하고 여쭈어 보았다.

퇴계선생은 寒岡에게 답하기를 "平生 즐긴 것을 쓴다는 것은 미안하고 두려운 일이다. 屈到〔春秋時代 楚나라 사람(蕩의 아들, 康王 때에 莫敖가 됨)는 마름을 즐겨 먹었는데 병이 위독하자 臨終에 門長을 불러서 '내 제사에는 꼭 마름으로 지내라'고 하였다. 사후 祥事나 忌祭에 마름을 썼음은 물론이다. 子建이 이를 보고 '君子가 사사로운 욕심으로 나라의 法秩序를 어기는 것은 있을 수 없는 일이다'라 하고 마름(芰)을 치우게 하였다⟨春秋左傳⟩]가 유언으로 즐긴 마름을 꼭 차리게 하였는데 군자가 할 일이 못된다"고 하였다.

    寒岡問: 祭酒 用淸酒 用醴酒 或用平生所嘗嗜 何如
    退溪答: 用平生所嗜 恐未安 屈到嗜芰 遺言要薦 君子有譏
                                  『文集』, 卷39, 帳6, 內面

    祭事에서도 철저하게 禮典을 준수하려는 준법정신이 나타나 있다. 禮는 國法과 社會紀綱을 바로 세우는 기본 규범이다. '나'와 '남'이 지켜야 할 법전을 '나' 한 사람의 사사욕심으로 지키지 않는다면 '나'는 '남'이 있는 사회에서 살아갈 수 없다. 오늘의 우리 사회는 '나'는 있고 '남'이 없는 사회가 되었다. '남'을 인정하지 않는 사회에서는 人本이니 人權이니 民主主義니 하는 것이 있을 수 없다. '나'만이 權·本·民主를 주장하고 향유한다면 '남'은 모두 '나'에게 隸屬되어야 하고 만다. 이것은 各人, 各家庭이 예를 무시하고 뒤섞어 범벅해 놓은 데 그 원인이 있다. 퇴계선생이 寒岡에게 垂訓한 '君子有譏'는 우리 모두에게 드리워 놓은 警句이다.

6. 墓祭는 墓城의 여러 분묘를 瞻掃한 뒤에 齋舍에서 지방으로 合祭하는 것이 옳다.

    고향의 선영 계하를 떠나 散之四方하여 生業 따라 살아가는 오늘날에는 묘사지내는 일이 누구 집 할 것 없이 여간 큰 일이 아니다. 伐域掃視도 힘들지만 各位 墓前 祭事하는 데도 또 문제가 있다. 젊은 사람들은 모두 객지에 가 있으니 祭需를 들고 지고 할 사람이 없다. 三獻할 사람이 없으니 單獻 無祝으로도 산하에 사는 노인은 여러 날 수고를 해야 한다. 오늘날과 같은 시대에는 퇴계선생의 예강대로 하면 참으로 능률적이고 합리적이며 조상도 혼령이 편안하실 것이고 자손도 수월하리라 여겨진다.

金潛齋가 同原의 墓祭는 함께 지내면 안되느냐 하고 여쭙자, 선생은 '同原의 여러 位 墓祭를 각각 지낸다는 것은 弊가 많다. 각묘를 掃視한 후에 齋舍에서 지방을 써붙이고 여러 위를 함께 합제하는 것이 좋고, 齋宮이 없을 경우에는 設壇을 하여 지내면 된다. 이렇게 하면 瀆弊도 면하고 神道의 歆享도 平安할 것이다' 라고 하였다. 〈原文『文集』卷 29, 張30, 내외면〉

결 언

이상 열거한 여섯 예강을 통해서 볼 때 퇴계선생의 禮哲學은 天下萬世通行之法이 일관돼 있다는 사실을 알게 된다.

안 지키고 있는 가례의 법은 자신만이라도 지켰고, 통용되고 있는 예라 할지라도 非合理的이고 민중에게 일반화시켜서 안 될 법은 과감하게 제거하였다. 비록 제사라 하지만 인권처우에 미안한 점은 前古에 없더라도 개정하여 시행하였고, 煩弊롭거나 사욕으로 질서를 깨뜨리는 非禮는 君子의 譏로 몰아 단호하게 배제해 놓았다. 星湖 李瀷이 喪禮는 퇴계선생 예설이 가장 합리적이라고 한 바 있는데 오늘날과 같은 무질서한 시대에 처하여 우리는 퇴계선생의 예강을 주의해 듣고 사려깊이 연구하여 社會正義와 秩序確立에 노력을 더해야 하겠다. 조선조 中葉의 無禮 天下에서 고례와 속례의 바탕 위에 五禮儀와 禮典에다 선생의 예론과 자신의 철학을 투입시켜 우리의 예속을 확립해 놓은 퇴계선생을, 李光奎 박사가 말한 대로(박사는 博約會 第3回大會에서 특별강연을 했음), 우리는 퇴계선생을 한국 예의 조상으로 받들고 배워야 할 것이다.

第3章   退溪 夢遊詩의 現存性과 特徵

第1節 序   言

　　北宋의 易學者 邵雍(1011~1077, 字·堯夫, 諡·康節)은 「憂夢吟」에서 聖人에게는 꿈(夢)도 없고 근심도 없다 하였다. 꿈은 잡된 想念을 많이 하게 하고, 근심은 많은 것을 소유하려 하기 때문이므로 憂夢을 버려서 수양에 힘써야겠다고[1] 自警吟으로 읊었다. 그러나, 그는 꿈 속에서 시를 읊었고[2] 낮잠을 자다가 20년만에 그리운 鄕關으로 가서 쓸쓸함을 맛보고 「晝夢」이란 시를 읊어놓고 있다.[3] 꿈(夢)으로 표현한 글자는 같되 이 경우의 전후자 꿈의 뜻이 다름을 邵公의 시로서 명백하게 분별할 수 있다. 전자는 空想과 욕망·기대를 말하는 것이고, 후자는 잠을 자는 동안에 보는 환상이나 장자가 말하는 蝴蝶으로도 되고,[4] 신선으로 化하여 환상의 세계로 갔다오기도 하는 것을 이른다. 白樂天(772~846, 名·居易, 號·香山居士, 中唐大詩人, 諷諭詩, 感傷詩에 뛰어남)은 후자까지를 멀리 하였는데도 옛일을 꿈에서 보고 그의 도교적 수행이 부족함을 「夢舊」라는 시에서 한하였거니와,[5] 大詩人은

---

1) 邵雍 : 〔憂夢吟〕擊壤集 권 18, 장 2, 「至人無夢 聖人無憂 夢爲多想 憂爲多求 憂旣不作 夢來何由 能知此說 此外何修」
2) 邵雍. 〔夢中吟〕·동상 권 12, 장 1 : 「夢裏常言夢 誰知覺後事 不知今亦夢 更說夢中詩」
3) 同上. 〔晝夢〕·동권 13, 장 16 : 「夢裏到鄕關, 鄕關二十年, 依稀新國土, 隱約舊山川, 身已煙霞外, 人家道路邊, 覺來猶在日, 一餉但蕭然」
4) 莊子. 齊物論 ; 「昔在莊周夢爲 蝶」·莊子가 꿈에 나비가 되어 彼我의 구별을 잊고 즐긴 우화인데 만물이 일체가 된 사람의 심경을 말한다. '인생의 덧없음'을 비유해서 쓰기도 한다.
5) 白樂天. 〔夢舊〕상게시집. 권 15, pp.502 「別來老大苦修道, 鍊得離心成死灰, 平生憶念淸磨盡, 昨夜因何入夢來」

꿈에 관한 시를 읊어야 시인의 경지에 오르는지 후자의 시를 많이들 읊고 있다.

꿈 속에서 만난 친한 벗과 헤어져 섭섭함을 노래했고,[6] 心中을 托意해서 풍의와 결백을 읊었는가 하면,[7] 꿈 속에 고향을 다녀와서 소원과 쓸쓸함을 나타내기도 하고,[8] 친구의 夢遊詩에 和韻도 하였다.[9] 蘇東坡는 꿈 속에서 만난 사람과의 시나 아우 子由와 함께 노닐다가 읊은 시 일부를 화답해서 몽중작을 하기도 하고,[10] 꿈 속에 시를 읊고 깨어서 그것을 적어 두기도 하여[11] 記夢詩가 많다.

그럼 退溪의 경우는 어떠한가. 退溪가 읊은 시는 중국의 최고 시인 杜甫보다 그 양이 많은데,[12] 王甦교수는 『退溪詩學』에서 퇴계시의 연원을 陶淵明, 杜子美, 蘇東坡, 朱晦庵에게 대어 陶情(淵明의 感情) 朱思(朱子와 같은 사상)를 지녔는가 하면, 杜律(杜甫의 格律과 體制) 蘇詞(蘇軾의 偉詞 麗句)도 바탕에 깔고 있다고 하였다. 그러나, 退詩

---

6) 白樂天.「夢亡友劉太白同遊彰敬寺」, 동시집 권 17, p.694.
   白樂天.「夢微之」, 동시집 권 17, p.683.
7) 韓昌黎.「記夢」, 韓昌黎集, p.79 ;「詩解題, 此詩蓋有託意, 公午執政, 左遷爲右庶子時作
   ……」
8) 杜小陵.「晝夢」, 杜小陵詩集 권 18, pp.95~96. '二月饒睡昏昏然, 不獨夜短晝分眠, 桃
   花氣暖眠自醉, 春渚日落夢相牽, 故鄕門巷荊蘿底, 中原君臣豺虎邊, 安得務農息戰鬪, 普天
   無吏橫索錢'
9) 白樂天.「和夢遊春詩一百韻幷序」동시집 권 12, pp.260~272.
10) 蘇東坡(1036~1101, 名・軾, 字・子瞻, 아우 子由・轍과 함께 唐宋八大家의 一人으로
    서 大蘇라 하는 文豪, 子由는 小蘇라 일컫는다.)
    「記夢」,『詩集』권25, pp.19~20.「紀夢」, 동 권5, pp.305~306
    記夢은 樂全선생(莊子・至樂에 나오는 得志. 여기서는 莊子를 가리키는 듯)을 꿈에
    보고 그가 보여주는 시 3편중 1편을 읊어서 기록한 것이고, 紀夢은 아우 子由와 꿈속
    에 南山을 노닐다가 子由가 읊은 10수중 1수를 화답한 시이다.
11) 蘇東坡,「夢中絶句」, 시집 권 45, pp.323~324 ;'楸樹高花欲揷天, 暖風遲日共茫然, 落
    英滿地君方見, 惆悵春光又一年'
12) 王甦 교수는 내・별・속집 시만을 집계하여 총 1814 수라 하였다.『退溪詩學』pp.
    178~179. 附表一「退溪詩統計表」. 外集과 유집의 시를 계산하지 않았다.
    필자는 內・外・別・續・遺集 시를 모두 합계하였더니 2127 수였다. 시는 잃었으나
    제목이 전하고 있는 逸詩 目錄의 1431 수를 넣어 집계하면 3558 수가 된다. 拙著『李
    退溪 家書의 總合的 硏究』, p.171.

의 경우는 일반 시인들의 시와 다른 면으로서 性理 탐구의 學問精神 때문에 사물을 만나 우러나오는 흥의 표현이 시이고, 그래서 지극한 정취와 오묘한 이치가 시에 담겨 있으며, 표현은 담박하나 맛이 깊고 幽人이 수양해 얻은 심오한 이치가 드러나 있다고 하였다.[13] 그리고, 왕교수는 退溪의 夢遊詩를 言志, 述懷, 山水, 感事, 詠物 등 다섯 가지 내용으로 분류한 가운데서 "山水"에 포함시켜 「記夢」詩 2편과 「夢中樂」을 들어 格·韻의 뛰어남과 인간 세계의 속된 티에서 벗어났음을 논하였고, 다른 시들 중에서 '꿈꾸었다, 꿈 속에서 생각했다, 꿈 속에서 살폈다, 꿈에 돌아왔다.'는 시구가 있는 시를 몇 수 들고 있으나,[14] 夢遊詩나 記夢詩를 다 찾아 고찰하지는 않았다.

　필자는 일찍부터 夢遊詩는 退詩의 일분야로서 연구되어야 한다고 생각하고 있었다. 中國詩人의 그것과의 情·思·律·行(筆者는 退溪詩의 특징인 생활시의 요소를 이렇게 말해 본다)의 차이, 그의 생애사와 사상 전개 과정의 연구적 측면에서 필수적인 부분이기 때문이다. 退溪의 夢遊詩는 立身前인 藏身期에 夢遊錄을 序로 하여 지은 시가 있고, 중년에 재경 중 꿈 속에 고향 산수간을 거닐다가 읊고, 그 몇 년 뒤에 꿈 속에 갔던 그 곳을 찾아가 집을 짓고 살 터전으로 정한다든지, 노후에 夢遊한 洞天을 찾아가서 실지 수행하고 그 곳 여러 臺를 읊으며 先賢의 養氣 涵養을 일일이 체험하였다. 퇴계의 記夢과 夢中作은 중국의 시인풍과 전혀 다르다. 퇴계는 꿈을 현실 생활에 현존시킨다든가 함양으로 연장시킨 면도 있다. 이상과 생활, 꿈과 현실이 일체가 되기도 한다. 몽유시에는 퇴계의 이러한 모습들이 구체적으로 形象化하고 있다.

---

13) 王甦, 『退溪詩學』, 退溪學硏究院刊. 1985. 2. p.24.
14) 『退溪詩學』, pp.96~98 : 「病中有客談關東山水愾然遠想-邇來夢想仙遊地」, 「寄題金綏之濯淸亭-夢裏每尋溪友約」, 「宿淸心樓-夢騎向鶴遊蓬丘」, 「次林大樹韻-夜來歸夢繞千山」, 「病中李子發求樂-靑山入夢覺難尋」

第2節 退溪 夢遊詩의 특색

퇴계가 50세 때 上溪에 寒栖庵을 짓고 정거하면서 어린 대(竹)를 옮겨 심어놓고는 邵康節의 高竹詩를 次韻하여 8수를 읊었다(移竹次韻康節高竹八首). 이듬 해 51세 때는 초당골에 溪上書堂을 마련해서 老杜의 '幽人·閒居' 시를 次韻하였고, 淸明日에도 杜小陵의 「溪上書堂」韻과 「出溪上書堂」韻으로 읊었다. 이처럼 邵氏의 竹君子를 雅尙하고 老杜의 서당 幽居를 흠모하고 그 格律 體制를 좋아하면서도 邵·杜의 「晝夢」은 본보지를 않았다. 그것은 퇴계의 함양과 학문방법이 저들과는 달랐기 때문이다. 퇴계는 낮잠을 자지 않았다. 그의 시는 思와 行 즉 철학과 생활의 기록이다. 居敬과 持義·誠正의 收斂에 바빠 晝眠할 틈이 없었다.

韓昌黎(768~824, 名·愈, 字·退之, 中唐文豪, 唐宋八大家의 일인, 白居易와 함께 당대 대표적 시인, 성인과 같은 뜻을 품고 있었던 인의의 사람으로 평했으며 憲宗에게 불교 신앙을 경계토록 간하다가 좌천되었다)의 志行을 높이 샀고,[15] 東坡의 시운을 많이 썼었지만[16] 記夢을 읊어도 托意하지는 않았다. 퇴계는 문도가 좌우에 붙여두고 경계하려고 좋은 銘을 써달라고 하면 붙여 두기만 하고 힘쓰지 않으면 안붙이기만 못하다고 함부로 써주지 않았다. 그리고, 그 자신도 좌우명을 방벽에 붙이는 것을 매우 삼갔다. 그런데도 白居易의 시에서 勤飭과 靜居를 읊은 시구는 마음에 들어 써붙여 두고 自省한 적이 있다.[17] 이것은 수양에 필요한 시는 수용했다는 이야기가 된다. 白樂天의 記夢詩

---

15) 『文集』 내집 권 2, 「秋懷十一首 王梅溪和韓詩有感仍用其韻」
16) 『文集』 내집 권 1, 「曉至溪莊偶記東坡新城途中詩用其韻二首」
   『文集』 별집권 1, 「酬途中遇雪見寄詩用坡韻」, 「杏下用東坡韻」
   『甲辰日記』(先生草稿本) 三月十九日·次東坡梅花盛開詩作金榮期別詩.
   『甲辰日記』(先生草稿本) 三月二十日·復次坡梅惠院月夜詩在堂將訪梅于望湖堂.
   『甲辰日記』(先生草稿本) 三月二十一日·復次坡梅詩及修小池詩 在堂修小池.
17) 『言行通錄』 권 5, 장 41, 「雜記」 李德弘錄 '補拙莫如勤 救煩莫如靜 逢人即有求 所以

는 다른 사람보다 많다.[18] 그는 꿈 속에서 벗을 만나거나 함께 몽유한 내용의 시를 즐겨 읊었는데 퇴계는 이러한 시를 읊지 않았다. 내용과 시작과정이 가장 유사한 시인은 역시 東坡 밖에 없다. 그 예를 東坡의 「紀夢」에서 들 수 있는데, 퇴계가 33세 때 읊은 「夢中得一聯覺而足之幷序」와 비교해 보기로 하자.

東坡는 아우 子由와 함께 南山으로 夢遊하였고, 퇴계는 넷째 형님 溫溪와 王京으로 夢遊한 것이 닮았다. 東坡는 꿈 속에서 子由와 읊은 3수의 시 중 1수를 차운하였으나, 溫溪는 시를 읊지 않았고, 東坡는 꿈 속에 시를 다 지은 것 같은데, 퇴계는 꿈을 깬 뒤에 꿈 속에서 읊은 시를 보주(補足) 완성하였다. 東坡는 夢遊를 오언율시에 모두 표현한 데 대하여 퇴계는 夢遊錄을 長文의 幷序로 나타내었으며 夢遊景을 칠언절구에다 압축한 점이 특이하다.

이 밖에 두 시인의 서로 다른 특징을 東坡의 칠언절구시 「夢中絶句」와 퇴계의 두 「記夢」시에서 또 찾을 수 있다.

東坡詩는 늦은 봄날에 낙화한 지상의 惆悵境을 지은 시임에 대하여, 퇴계가 읊은 「記夢」두 시는 천상 선경과 그윽한 지상의 洞天을 신선에 이끌려 들어가는 광경을 지었다. 퇴계의 몽유 장소에는 神仙과 美人·童子가 나타나는데 동파와 중국의 다른 시인의 시에는 이러한 등장 인물이 없다. 몽유와 기몽시가 앞에 든 중국의 시인들보다 퇴계작이 훨씬 많은 것도 들 수 있다.

퇴계가 私淑한 주자에게는 기몽이 전혀 없다. 淵源과 影響論을 할 논재가 없다. 기몽에 관한 한 퇴계는 독자적이며 창조적이다.

百事非 此四句嘗書坐側以自省, ○按雪月錄曰 先生嘗於座隅壁上 書樂天詩句曰 救煩莫如靜 救拙莫如勤 而無逢人以不二句
拙著,『李退溪家書の總合的 硏究』, p.612, 日本 京都 中文出版社, 1991. 8.
18) 白樂天의 記夢詩:「夢舊」,「夢微之」, 夢亡友劉太白同遊彰敬寺,「和夢遊春詩一百韻 幷序」.

第3節 퇴계 夢中作 二篇

33세 때 초가을인 1533년(계사) 7월 12일 밤에 읊은 「夢中得一聯覺 而足之 幷序」는 퇴계가 꿈 속에 읊은 최초의 기몽시로 전해온다. 이 시는 필사본 유집에 실려 있는데, 퇴계의 癸巳西行錄 맨 끝을 맺어 둔 시로서 西行과 무관하지 않다. 그리고, 이 시 뒤에 적은 後敍는 그 해 봄에 南行하고 읊은 南行紀行詩 109 수와 여름에 西行하여 읊은 39 수 西行錄과 합하여 148 수의 시작 과정과 자평을 기록해 두었기 때문에 퇴계 詩作史를 살피는 데 있어 매우 귀중한 자료이다. 이 글에는 또 雅號와 堂號가 副署돼 있어서 33세의 退溪 文風趣雅를 이해하는데 있어 반드시 읽어 두어야 할 중요한 글이다.

또 한 편의 夢中作은 42세 때인 1542년(임인) 2월 20일 밤 꿈 속에 고향 산수간을 노닐다가 '山後村'이란 村莊에 이르러 그곳의 아름다움을 一句 읊고 깨어서 七言絶句 1 수를 완성하여 넷째 형님 溫溪와 從姉兄 吳彦毅에게 보낸 시이다. 이 시를 지을 때 퇴계는 서울에 있었다. 몇 달 전에 경기도 어사의 공무를 마치고 돌아와 있었으나 溫溪가 慶尙道 敬 差官으로 내려가 賑恤하다가 한식 때 선산에 가서 墓奠을 하는데도 公 職에 매여 가지 못하고 혼자서 고향과 형님을 그리워하고 있을 때다. 이 시는 幷序라는 말은 없지만 시제 다음에 12 줄의 긴 序가 있다.

두 夢中作은 모두 꿈을 깬 뒤에 완성했고, 序文으로서 夢遊記를 詳 述했으며, 그 시를 읊기 이전의 생활과 밀접한 관계가 있다. 생활의 연장이나 다음 생활의 시발이라 할 수 있을만큼 機緣과 起点을 만들어 주고 있다. 구체적으로 시작 전후의 생활과 詩·序를 살피기로 하자.

1. 夢中得一聯覺而足之 幷序

'꿈에서 얻은 1 련의 시를 꿈깬 뒤에 첨가 보충했다'는 七言絶句를 먼저 읽어보자.

一帶茶烟隔翠屛　　푸른 병풍 둘러친 곳 온통 차내로 가득 찼고,
淸臺花發夢魂熒　　아름다운 그 집안은 꽃이 만발 현란터라.
何人院落深如許　　집임자도 모르고 中庭 깊이 나아가서
一笑渾如到玉扃　　옥경에 다다르니 위로하고 웃으며 맞더라.
　　夢中作帶露語似不響故追改(夢中에 지은 '帶露'란 말은 어울리지 않은 것 같아서 나중에 고쳤음)

28 글자로 나타낸 이 시로는 퇴계가 몽중에 유람한 광경을 그대로 자세히 아는 데 충분하지 못하다. 퇴계는 꿈이 하 괴이해서 서문을 쓰고 시를 주성(足成)하여 다른 날에 보기로 한다고 밝히고 있다. 시를 바르게 이해하기 위해서 이 서문을 먼저 읽어둘 필요가 있다.

　　계사(癸巳 : 33세의 해, 1533)년 7월 내가 서울에서 돌아와 출입을 전폐하고 있던 12일 밤 꿈에 넷째형님(瀣·溫溪)을 따라 서울 동문을 나가 하루만에 산수 아름답고 경치 좋은 한 곳에 이르렀다. 그 곳에는 장엄한 臺館이 있는데 天子의 別宮 같고 큰 화원은 마치 왕이나 諸侯의 邸宅 뜰 같았다. 주인은 없어도 자물쇠를 채우지 않아 그릇이나 진기한 보물과 일용 도구를 다 볼 수 있었다. 서쪽 행랑으로 들어서니 어린이 한 사람이 곁에 서 있고 또 잘 생긴 남자 몇 사람과 시녀 몇이 오는데 수고했다고 위로하며 맞는다. 웃고 말을 서로 하는가 싶더니 갑자기 사라져 버리고 그 곳에는 보이지 않았다. 이 때부터 회랑을 따라 별원(別院)으로 가서 두루 구경하고 마지막 한 곳에 도착하니, 꽃나무에서는 아름다운 향기를 내뿜고 있고, 발 드리운 난간은 환하게 밝고 빛나는데 퇴마루 위에 방석을 깔고 편히 앉아 차를 마시니 정신이 더욱 깨끗해지고 맑아져 깨달음을 얻었다.
　　나는 시 한 련을 뭐뭐 하며 읊고는 막 적으면서 그 아랫짝을 채우려 하다가 북쪽편 산등성이를 돌아보았더니 형님은 벌써 그 위에 가 있었다. 나도 따라 올라갔다. 동남쪽으로 눈을 돌려 얼른 보았더니, 하늘 높고 땅 넓은데 구름에 가린 해는 희미하고 새는 멀리 날아가더니 사라진다. 먼뎃 재 굽어보니 들판은 텅비고 쓸쓸한데 그 모습 세세하게 나타내지 못한다.
　　깊은 골을 내려다보니 그 밑이 깊은데 나무와 돌들은 아름답고 고왔다. 그 안에 서 있는 누대(樓臺)는 지붕 용마루가 날개돋쳐 날아갈 듯 하고 채색 단청은 울긋불긋 현란하게 그렸다. 문은 모두 열어젖뜨려 있

어 골고루 들여다 보았다. 형님이 나를 붙들고 돌아보면서 '이 집은 許아무개가 놀던 곳이다'라고 한다. 나는 許아무개가 누구인지를 알지 못한다. 미처 물어보지도 못하였는데 그만 기지개 켜고 잠에서 깨어버렸다. 깬 후에도 너무 선명하여(判然) 다 적을 수가 있다. 나는 하도 괴이한 꿈이라서 그 일을 모두 적고 꿈결에 읊은 시도 더 보태어서 絶句 한 수를 완성하여 다른 날에 보기로 한다.

《幷序 原文》
癸巳秋七月 余東來杜門閑居 十二日夜夢 余與景明兄 從王京東出行一日 抵一處山水淸麗 臺館儼然 若離宮廢苑 王侯第宅之狀而無主 不加禁鐍而其御侍器玩供億之具 頗有存者 始自西廂而入 童子一人在側 又有美丈夫數人 侍女數人 迎慰笑語 俄而翩然 不見其處 於是廻廊別院 無不周覽 最後到一處 花木芬芳 簾櫳冏晃 便於軒上甎坐輟茶 愈覺神魂灑脫 余吟一聯云云 方欲綴其下吟諷之頃 回視北岡 則兄已在其上矣 余從而登焉 東南騁目 則天高地闊 雲日微茫 飛鳥滅沒 遙岑低襯 莽蒼寥次 不可具狀 而俯視深谷窈窕 樹石玲瓏 其間有樓臺 飛甍翼然 采色炫爛 門窓戶闥 歷歷可見 兄扶而顧余曰 此許某之所遊也 余不知許某之爲何人也 未及問而忽欠伸 而寤旣覺了了可記 余頗怪之 因敍其事 而足成其聯 爲絶句一首 以爲他日之覺云

이 夢遊錄(幷序)을 읽으면 '俄而翩然不見其處(갑자기 사라져 버리고 그곳에는 보이지 않는다)'와 '未及問而忽欠伸而寤(미처 물어보지도 못했는데 그만 기지개 켜고 잠에서 깨어버렸다)'를 제외하고는 평상시에 퇴계가 형님과 함께 마치 관광 여행을 하고 와서 쓴 기행문과 같다.

퇴계의 꿈을 분석해 보면 꿈 속 동반자는 넷째 형님 溫溪[19]이며, 만난 인물은 어린 동자와 美丈夫·侍女 數人들이었다. 동반자는 자기가 데리고 간 것이 아니고 따라 갔다. 그가 그 시기에 형님의 인도를 받고 있었음을 비친 것으로서 실제 현상과 맞물려 宜兄宜弟의 우애를 잘

---

19) 名·李瀣, 字·景明, 1496~1550. 퇴계보다 5년 맏이이며, 叔父 李堣에게 함께 글을 배웠고, 進士는 퇴계보다 3년전, 대과는 6년 먼저 합격하였다. 퇴계에게 과거보기를 강력히 권유하기도 하였고, 바로 이 해에 남도로 여행가 있는 퇴계에게 편지를 보내어 成均館 入學을 권해서 데리고 가기도 했다. 退溪가 특히 받들어 형의 건강뿐 아니라 처세에도 많은 조언을 하였으며 시의 酬唱도 있다. 퇴계는 형을 思慕한 시를 많이 짓고 있으며, 형의 遭難과 死後에도 많은 보살핌을 하고 있다.

나타내 주고 있다. 美丈夫와 侍女(美女라고 보아도 좋을 것이다)는 王京 仙人이요 臺館에서 내방자를 맞아 안내하는 사람들로서 꿈의 場面 構成上 상냥하고 훤출한 佳人들이어야 한다. 그러나, 童子 한 사람이 기다리고 있었던 것은 무슨 의미일까. 광경 구성에 필요한 등장 인물로 보기보다 夢者의 때문지 않은 純粹의 表象으로 볼 수 있지 않을까 싶다.

꿈의 무대 즉 夢遊處는 전체로 봐서 王侯 第宅 같은 臺館이지만 구경한 곳은 두 곳이다. 크게 나누어 宮苑·別院의 館內 周覽과 北岡에 올라 眺望한 郊原(莽蒼)·樓臺의 外景 風光이다. 퇴계의 이 夢遊錄에는 인위적인 작품과 자연의 淸麗가 함께 모두 등장하고 있다. 방위로는 東南北과 天地, 境界로는 山水, 雲·日·岡·岑·深谷, 樹·石, 飛鳥, 屋甍, 花木, 簾櫳이 모두 등장한다. 꿈속에는 흑백으로 그려진다는 것이 일반적인 통설인데, 퇴계는 炫爛한 彩色을 목도했는가 하면 아름다운 냄새(芬芳)까지를 맡고 있다. 그의 동작은 웃는 소리를 들었고 차를 마셨으며, 높은 데를 올랐는가 하면 툇마루에 방석을 깔고 앉기도 하였다. 돌아보고(回視), 굽어보고(低憫, 俯視), 문마다 고루고루 들여다 보기까지 하였다. 그의 시점은 희미한 것(微茫)과 사라지는 것(滅沒), 환히 밝은 것(冏晃)을 분간해 보았다. 특히 그는 어떤 구속이나 제지를 꿈 속에서 당하지 않았다. 주인 없는 집, 잠그지 않는 문(不加禁鑰), 사람을 만나서도 위로하여 맞는 그런 飄然 自得의 遊覽을 하였다. 그는 이러한 경개 속에서 沒入 陶醉하여 정신이 더욱 깨끗해졌다. 이 시의 後序에 있는 말 '寓目興懷'처럼 이런 때에는 그는 시를 읊지 않고 견딜 수 없었던 듯 夢中作詩를 하고 미완성의 夢中聯句를 꿈이 깨면 足成해 놓는 것이다.

꿈 속의 집 임자를 '許某'로 잠정한 것이나 넷째 형님의 가르침으로서 알게 된 '허씨' 관계는 꿈 속의 꿈인 夢中夢의 二重構造인데 퇴계의 初娶와 무관하지 않은 것 같다.

요소를 들어 소박하게 분석해 보았다. 흔히 꿈은 환상이거나 현실 생활에서 겪은 사실의 재현이 아니면 욕망이 꿈으로 공상화한 것이라

한다.[20]

그럼 퇴계의 이 夢遊詩(記)의 경우는 위의 세 가지 꿈 중에서 어느 것에 해당되는 것인가를 살필 차례다. 모든 시평이나 해석·감상에 있어 그 시를 읊은 배경과 생활은 필수적으로 검토되어야 한다. 퇴계의 이 時期 生活 歷程을 고려에 넣으면 이 夢中作은 注 ②의 '現存과 같이 보이는 마음의 現象'이다.

퇴계의 33세 때 전반부의 행적과 생활은 이러하다.

癸巳년 1월말에 퇴계는 昆陽郡守 灌圃 魚得江의 초청을 받아 남행을 하였고, 醴泉, 洛東, 星州, 善山, 陜川, 宜寧, 昌原, 馬山, 晉州, 泗川 (昆陽·昆山) 등을 여행하는 동안 기행시 109 수를 읊고 이를 南行錄이라 하였다. 이 때 퇴계의 나이는 33세였고 문과 초시를 鄕試에서 거친 몸이었다. 30세가 많은 老詩人 灌圃가 南道의 명승을 구경하고 智異山 雙溪寺까지 함께 탐승하기를 청하여 퇴계가 응해서 그 해 1월 말부터 4월 상순까지 두달 동안 남유를 하였다. 퇴계는 이 남행에서 灌圃의 「東州道院十六絶」을 즉석에서 차운했을 뿐 아니라 출사하여도 政·敎를 병행할 수 있는 가능성을 탐지하여 그의 처세지향에 큰 분기점을 가렸다. 詩作中에서 그가 최초로 읊은 梅花詩를 꼽을 수 있고, 儒佛에 대한 차이점을 찾아온 승려와 담론하고 재정립한 人·世觀을 읊었으며, 幽居 結茅庵 생활의 취의를 굳게 밝힌 것이 주목된다. 퇴계는 이 여행을 처음 계획대로 마치지 못하고 急遽回程하여 4월 하순에는 넷째형님 온계와 함께 成均館에 입학하기 위해서 상경한다. 남행을 끝마치지 못한 것은 正言 벼슬로 나가 있는 溫溪의 권유 때문이었다.[21]

---

20) ① 夢·想像也[荀子:解蔽, 注], 夢·象也[論衡:死僞], 夢幻[阿陪吉雄『漢和辭典』]
② 자고 있는 동안 현재와 같이 보이는 마음의 現象[說文:夢·寐而覺者也], 夢·假借 爲寢[說文通解定聲]
③ 夢·臥而以爲然也[墨子:經上] 〈諸橋의『漢和大辭典』 권 3. p.361을 참고함〉. 空想 [阿部, 上揭辭典]
21) 拙稿『癸巳南行錄이 갖는 退溪의 平生事的 意義』『退溪學研究』제5집 pp.29~63. 檀國大學校 退溪學硏究所. 1991. 11.

다음은 바로 이 시를 읊고 夢遊하기 직전의 西行에 대하여 설명하기로 한다.

퇴계는 4월 하순에 온계를 따라 西行(禮安에서 竹嶺을 넘어 남한강의 뱃길을 이용해서 상경하는 것을 퇴계는 이렇게 말하였다.) 길에 올랐다. 상경 즉시 成均館에 입학하여 장차 있을 覆試를 위해서 열심히 학문에 전념하였다. 그는 공부에 힘쓸 뿐만 아니라 君子儒의 생활을 하였다. 그러나 퇴계는 이 留館 생활을 두 달만에 끝을 내고 훌훌 떠나와 버렸다. 이 때의 成均館 學風은 수학하는 곳이 아니고 飽嬉와 吚唔(책읽는 소리 — 공부를 하는 척 하지만 흉내만 내고 放蕩하고 노는 뜻으로 썼음 ; 퇴계시에 나오는 말)로 세월을 보내는 곳이었다. 오직 河西 金麟厚(퇴계보다 9세 연하, 24세)만이 퇴계를 좋아하고 從遊하면서 講磨에 힘을 썼다. 士風이 浮薄해서 館生들은 退溪와 河西를 보고 '顔子가 되려고 저러나'하고 嗤笑하였다. 형님이 권해서 또다시 遊學은 했지만 퇴계로서는 無爲를 느껴 鄕試에 응할 작정을 하고 從弟(李壽苓)와 고향 친구(李仲樑 ; 聾巖의 넷째아들, 金士文 ; 栢巖 金玏의 아버지)도 버리고 7월 초에 서울을 떠나 버렸다. 河西 金麟厚는 '夫子嶺之秀 李杜文章 王趙筆'이란 이별 시를 읊어주며 퇴계와의 이별을 서운해 했다. 퇴계는 어떤 마음에서인지 출근하고 없는 형님 집에 가서 시만 읊어놓고 얼굴을 대하여 인사를 하지 않고 떠나버렸다. 퇴계는 이 서행에서 읊은 시를 西行錄이라 하였는데 그 39 수 중에는 公堂 太學을 잘 먹고 노는 곳이며, 과거를 빙자해서 軍役을 피하려 儒生이 모여 있음을 읊은 「泮宮」시와 放恣하게 國論을 전횡하는 金安老 무리를 보고 憂國之誠을 담아 읊은 「葵花」시가 있다. 귀향을 결심한 동기와 退館의 결의를 다진 시가 많다. 西行錄 39 수도 남행록과 같이 여정과 吟成順에 맞추어 여러 문집(內·外·別·續·遺集)에 散載되어 있는 것을 필자가 再構成하고 논문과 강연을 통하여 발표하였거니와[22]

---

22) 졸고「癸巳西行錄과 退溪의 處世志向」儒敎文化硏究會 講演, 大邱鄕校, 1991. 12. 6.
『儒敎文化』제9집, 1992. 8.

몽유시는 바로 서행록의 마지막 편이다. 이 시의 후서에는 이해에 읊은 남행록과 서행록 148 수에 대한 作詩 顚末을 써 놓고 있다.[23]

> 右南行錄 一百九首 西行錄 三十九首 幷一百四十八首 余平生不工詩 顧嘗嗜之 凡寓目興懷 輒癢此技 吟諷不絶於口 旣成人之見者 或欲唾棄 余猶不知愧 以是得嗤笑於人非一 而膏肓之癖 迨不能藥 直可笑也 是歲癸巳春 余南遊宜春 其夏西入泮宮 往返所得 裒在一秩藏之篋中 以資臥遊之興 聞者當絶纓 見者當掩口 嘉靖十二年(1533) 孟秋(7月) 望前二日(13日) 靈芝山人 書于善補堂

퇴계의 연보이야기는 본론에서 벗어나지만, 이 해의 남행과 서행에 대하여 자세하게 기록해 놓지 않고 있다. 적은 내용도 癸未(1523)조에 실어 두어서 잘못 믿게 하였다. 뿐 아니라 후손이 追補한 『年譜補遺』도 틀린 것을 바로잡지 않아 오류(誤謬) 전철을 그대로 밟고 있다.[24] 정확한 보기(譜記) 정리와 차착을 바로잡는 일은 퇴계의 철학, 문학, 정치, 교육 등 모든 생활을 사실대로 이해케 하는 기본 작업이다. 이러한 연구가 선행되지 아니하고는 이 시나 「足(주)夢中作」[25] 같은 시의 이해를 바르게 할 수 없다. 본 夢遊詩는 필자가 수년 전에 몇 차례의 답사를 거치고 생애사를 연구한 다음(『退溪家年表』편찬) 작년에 남·서행록을 재편 구성하였기 때문에 앞에서 밝힌 바와 같이 시를 짓기까지에 있었던 생활과 作詩 배경을 설명할 수 있게 되었다.

이제 퇴계의 시작 전 생활과 夢遊錄을 관련지어 살피기로 하자.

첫째, 형님 溫溪와는 西行도 함께 하였다.

---

23) 『遺集』 권 2, 외편 장 22.
24) 『退溪先生年譜補遺』廣瀨 李野淳撰. 元草稿는 李東槩이 소장하고 있음, 초고를 정리 정서한 것이 李源胤本이며 啓大에서 영인한 원본임.(退溪學報에 국역 연재됨) 필자는 廣瀨가 최종 완성하여 宗宅 光明室에 납본한 책을 수정해서 『退溪家年表』에 수록해 두었음.
25) 文集 별집 권 1, 장 10, 1542(임인)년 작, 七言絶句一首, 退溪는 그 전년(1541)에 義州 諮文點馬로 갔다 왔고, 곧 이어 가을에는 京畿 御史로 다녀왔으며 그 때 형과 從姊兄에게 준 시가 있다.

둘째, 臺館, 樓臺는 성균관과 비슷하다. (서행록에는 「樓上小集」 시가 있으므로 다락은 성균관에도 있었다.)

셋째, 꿈 속에 본 器具珍物은 관중에서 보았거나 경중에서 유사한 것을 볼 수도 있었을 것이다.

넷째, 岡, 岑, 屋甍, 花木, 簾櫳軒上氍도 館內外에서 볼 수 있었던 것들 일 것이고

다섯째, 山水, 雲日, 樹石, 深谷, 飛鳥 들은 퇴계가 서울을 오고가는 동안에 南漢江 崖岸에서 寓目興懷를 가졌을 景界들이다.

여섯째, 臺館에 들어서서 만난 사람은 成均館에서 그런 경험을 했으리라고 생각하기는 어렵다. 이 일은 환상인 것 같다. 퇴계가 그리는 공상의 세계가 무엇인가를 보여주는 장면이다.

일곱째, 꿈에 간 그 집이 許氏의 所遊處로 許氏가 등장한 데는 현실과 무관한 일이 아니다.

○ 夢遊와 전후 실생활과의 비교

33세 때의 퇴계로서는 前夫人 許氏를 무척 그리워할 때였다. 21세에 같은 나이로 혼인한 부인은 寀를 낳고 한 달이 못되어 산고로 죽었다. 아기를 키우고 모친을 봉양하기 위해서는 하는 수 없이 궁여지책으로 乳母 겸 後室을 들여와야 했다. 4년 8개월 가까이 되어서 양육은 어느 정도 한숨 돌릴 수가 있었지만, 再娶한 權氏 夫人과의 新接 생활은 辛酸의 2년간이었을 것이다. 귀양 와 있는 四樂亭 權磧公의 청혼을 받아들여 魂迷한 부인을 맡기는 했지만 蝸舍에서의 新接 살이와 兩家의 복잡한 計活, 거기다가 잇달아 치뤄야 하는 小大科의 준비 등등, 心亂과 복잡한 생활은 그 사이 6, 7년의 고난과 역경이었다. 옛날 허씨 부인과의 단란했던 그 때로 되돌릴 수만 있다면 돌아가고 싶었을지도 모른다. 고난이 심하면 심할수록 허씨부인과의 안락한 때가 그리웠을 것이므로 몽매간에 상상으로 떠올랐을 것이다. 昏昏亂과 夢夢亂이 꿈이 되어 성균관의 모습과 경향 왕반 중에 본 산천 경계가 뒤섞여 퇴계가 평소에 좋아하고 즐기던 風光으로 재현되었으리라 보여진다.

꿈 속에서 만난 童子도 다름 아닌 이녁 아들 寀, 美丈夫와 시녀도 자신과 許氏夫人의 逆地 登場이라 보면 어떨지. 『正字通』에서 '夢'은 '無分別' 貌라 하였다. 피아가 분별되지 않고 神交하기도 한다.

이러한 해석을 하고 보면 퇴계의 몽유시는 경험한 현재 생활의 아름다운 것만을 조화 있게 조직 구성한 재현상이라 할 수 있다. 후서에서 밝혔듯이 눈에 띄어 興에 겨우면 詩로 나타내는 평소의 생활이 꿈에서도 그대로 현상화한 것이다.

이 시와 같은 경우는 반드시 그 詩作 전의 생활과 생각을 먼저 충분하게 알고 있어야 시의 내용과 숨겨진 뜻을 알 수 있을 것이다.

2. 足夢中作

이 시는 퇴계가 꿈 속에 禮安 산수간을 노닐다가 최후에 한 村莊을 얻었는데 그 마을을 '山後村'이라 하였다. 아름다운 경치를 두루 살핀 뒤에 '春晩山中別有花' 구를 읊고 잠에서 깬 뒤에 夢中作을 足成하였으니

霞明洞裏初無路	하명동 뒤에는 애초에 길이 없었다.
春晩山中別有花	늦은 봄 이 산중에 별별 꽃들이 다 피었네.
偶去眞成搜異境	우연히 가서 참으로 기이한 선경을 찾았기에,
餘齡還欲寄仙家	늘으막에 돌아가 신선 같은 집을 짓고 살으리라.

라는 시다. 퇴계는 이 시를 지어 온계에게 보냈다. 온계는 다음 시로 차운하여 우리 형제가 조만간 벼슬에서 물러나 고향으로 돌아와주기를 老松亭과 三栢堂[26]이 기다리고 있다고 읊었다.

---

26) 老松亭은 퇴계의 조부, 李繼陽이 새터를 잡아 이룩한 집이다. 퇴계 형제는 모두 이 집에서 태어났다. 오늘날 溫惠派의 종가이며 陶山面 溫惠里에 있는데, 이 집의 보존과 주손을 세워 문중을 일으키는데 퇴계가 온갖 정성을 들였다. 三栢堂은 온계의 집이다. 온계가 성균관에 가기 전에 분가해서 모친을 모시고 살았는데 留京을 하게 되자 퇴계가 들어가 모셨다. 둘째 아들 寀는 여기서 났고, 夫人 許氏는 이 집에서 세상을 떠났다. 지금 그 자리엔 가건물이 서 있고 위치는 온혜초등학교 서쪽 담 밖이다.

絶勝林巒窈窕處　경치좋고 아름다운 숲속 요조한 곳은,
無人開花幾春花　주인이 없는데도 꽃은 피고지고 몇 해를 보냈던가.
相期早晚歸休日　조만간 돌아가 쉬기를 서로 기약하면서
薄業溫溪有兩家　어서 돌아와 일을 하라고 온계 두 집이 기다리잖아.

42세에 지은 이「足夢中作」詩는 앞에서 고찰한「夢中得一聯」과 다른 몇 가지 특색을 지니고 있다.

첫째, 大科 후 7 년을 경과하였고 官歷도 쌓은 반면 고향을 떠나 객지 생활에 익숙해 있을 때라는 시기,

둘째, 앞의 시는 꿈 속에 일련을 다 짓고 극히 일부인 '帶露' 語不響으로 '一帶'와 換置한 것 뿐인데 이 시는 칠언일절 중에서 제2구만을 꿈 속에 읊고 주성 補句가 더 많은 작시 과정,

셋째, 이 시도 작시 전말을 시서로서 기록하고 있다. 시는 1구 얻었으나 꿈을 상서롭게 받아들이고 닥쳐 올 미래를 전망해 보는 꿈의 해몽,

넷째, 「夢中作」을 吟諷에서 끝내지 아니하고 그 꿈과 관계 있는 인물에게 보내어 화답을 받은 일,

다섯째, 夢中事를 꿈으로서 그치는 것이 아니라 그것을 실제 현실 생활 쪽으로 移轉시키는 喜夢 再現法,
　　　(이러한 꿈의 현실 이행은 66세 때에 지은 '記夢'에도 있었다. 꿈에 본 풍광을 그리며 七臺에 가서 수련하고 시를 읊었다.)

여섯째, 「夢中得一聯」보다 꿈과 실제 생활의 앞뒤가 매우 흡사하다. 꿈이 현실이고 현실이 꿈같은 寐覺不分의 非夢似夢 境地.

를 체험하고 있는 점들이다.

이 특색을 확인할 수 있도록 쓴 序를 읽고, 시작 전후의 퇴계의 생활을 자세히 살펴보기로 하자.

《足夢中作 序》
임인(壬寅, 1542 : 퇴계 42세 때)년 2월 20일 밤 꿈에 예안 산수간을 노닐다가 마지막에 이제부터 살 자리를 찾겠다고 재 하나를 넘었더니 한 마을이 있는데 이름을 山後村이라 하였다. 인가가 있으나 쓸쓸하게 울타리만 둘러있고 한가롭게 개와 닭만이 놀고 있었다. 못에는 물을 가득 채

워 놓았고 들엔 갓 모내기를 마쳤으나 삼은 아직 밭에 그대로 있어 햇볕을 받은 잎이 반짝이고 있다. 마을을 지나 산을 돌고 물굽이 트는대로 따라 들어가니 깊숙한 계곡이 있는데 골 안은 조용하고 깊었다. 햇볕이 밝고 맑게 쬐는 날씨에 풀과 나무들은 푸르고 영롱하였다. 복사꽃, 살구꽃, 진달래꽃들이 처처에 곱게 피었다. 시내 골짜기를 들낙거리다가 마침내 마음 내키는 대로 좋은 곳을 찾았다. 이어 시 1句를 읊으니 '늦은봄이 산중에 별별 꽃들 다 피었네(春晚山中別有花)'다. 꿈 속이지만 선명하게 (瞭然) 깨닫고 있어서 다음을 막 이어 적으려 하다가 갑자기 기지개를 켜고 깨어버렸다. 둥둥 오경을 알리는 북소리가 들려왔다. 이곳은 어디이고 이 꿈이 어떤 상서로운 일을 가져다 줄 것인지 알 수 없는 일이다. 시 일절을 마저 채워 만들어서 넷째 형님과 새형님(從姊兄 吳彥毅)에게 보낸다.

〈原文〉
壬寅二月二十夜 夢遊宣城山水間 最後自今卜居處 踰一嶺 得一村莊 名曰山後村 人家籬落蕭灑 鷄犬閒閒 陂塘水滿 稻秧新揷 剡剡然盈疇 過村而入 山回水轉 溪谷窈窕 洞府深邃 天日朗然 草木葱瓏 桃杏杜鵑花之屬 處處爛發 遂出入溪澗 恣意探討 因吟一句曰 春晚山中別有花 夢中自覺了了然 方欲綴其下 忽欠伸而寤 鼕鼕然五更鼓矣 余不知是何境 而是何祥耶 足成一絶以寄兩兄云[27]

○ 夢遊와의 전후 실생활과의 비교

퇴계가 꿈 속에 고향인 예안 산수간을 찾아간 것은 그 전에 있었던 일과 매우 관계가 깊다. 이 시를 지은 뒤에 읊어 놓은 다른 시의 긴 제목에 그 때의 정황이 잘 나타나 있다. 그대로 옮겨 보자.

형님께서 경상도 賑恤 敬差官(기민을 구하기 위해서 특별히 국왕이 임시로 보낸 왕사)으로 내려가서 한식날 선산(先山)에 묘제를 지내는데 나는 공무에 매여 서울에 머물고 있기 때문에 도울 수도 없고 참제를 못한다. 생각하니 작년 가을에는 내가 경기도 災傷御史로 나가서 연천

---

27) 文集 『別集』 권 1, 장 10 「足夢中作」 서.

(漣川 : 古號는 朔寧) 등지에 도착했을 때가 마침 9일이었었는데 그 때 시 3 수를 지어서 仁遠씨(從姉兄 吳彦毅의 字)에게 써보냈다. 나중에 仁遠씨가 그 시에 화답하여 서울에 온 것이 바로 한식날이었다. 시를 읊으며 이런 일들을 생각하니 정의와 그리움 때문에 견딜 수가 없다. 仁遠씨의 시로 화답하고 다시 본래 내가 읊은 시운으로 읊어 형님한테도 보낸다.

詩는 「天戒吾君德日昇……冷烟時節風和雨 回道天涯忘寢興」七絶 1首이다.

家兄以賑恤敬差官 往本道 聞寒食來家山澆奠 滉拘官在京 無計助參 因思去年秋 滉以京畿災傷御史 行到朔寧等處 値九日 作詩三首 錄寄仁遠 仁遠和詩來京 適値寒食 吟詩念事 情感倍劇 旣以詩答仁遠 復次元韻 奉呈家兄.[28]

이 詩題의 앞부분을 보면 41세 때인 작년 한식에는 형제가 함께 선영에 가서 성묘와 奠을 올리기로 하였다. 그러나 퇴계는 공무 수행 때문에 서울에서 떠날 형편이 못 되었다. 그런데 형님은 敬差官의 바쁜 임무 수행 중에도 묘전(墓奠=澆奠)을 올리는데 가 돕지를 못하였다. 고향에 내려갈 수 없으니 한식 성묘의 뜻을 이룰 수 없었다. 작년에 있었던 이러한 아쉬움과 금년에도 내려가지 못하는 정감이 엉켜서 꿈으로 假借 現象化한 것이다.

이 시의 足作 배경을 설명하기 위해서 辛丑(1541, 퇴계 41세)년의 퇴계 행적을 더 소상하게 살필 필요가 있다. 요약하면

- 3월 : 弘文館 校理로서 經筵에 나가 天人相應의 원리와 왕이 제문을 친히 지어서 棘城에 사람을 보내 제사를 지내도록 강의하였으며, 德臣인 江陵府使 具壽聃을 소환하여 禮曹參議로 임명해 쓰라고 하니 왕이 모두 따라 시행했다.
- 휴가를 주어 독서당에서 공부하게 하므로 『讀書謾錄』을 기록하면서 학문에 정진하였다.
- 이 때 퇴계는 호를 '芝山'으로 하였다.
- 4월초에는 晦齋 李彦迪을 首座로 홍문관 동료와 함께 〈一綱九目疏〉를 올렸다.

---

28) 文集 『別集』 권 1, 장 10 ~ 11. 시제가 바로 위의 이 긴 글이다.

- 5월에는 弘文館 修撰에 승진하였다.
- 외교문서 처리와 말을 점검하기 위하여 義州로 출장 갔다.
  副校理로 바꾸어 빨리 돌아오라고 귀환을 명했다가 10 리쯤 왔을 때에 중국에 갔다오는 團練使가 唐物을 많이 사 온다고 이를 적발하라는 摘奸使 명을 받아 다시 그 임무에 나아갔다.
- 摘奸을 마치고 오는 길에 빨리 와서 경연 강의를 하라는 왕명을 받았다.
- 6월 중순에 서울에 돌아와 독서당에서 공부하는데 東湖의 뱃놀이와 仙桃銀杯 하사의 恩典을 입었다.
- 7월에 형님 온계공은 귀향해서 성묘를 하였다.
- 9월초에 京畿道 災傷御史로 나갔다.
- 10월에 世子侍講院 文學을 겸임하였다.
- 11월에 司憲府 持平이 되었다.
- 12월에 병 때문에 사직원을 내었으나 허락하지 않고 成均館 典籍으로 옮겼다. 곧 이어 刑曹正郞으로 옮겼다.

이와 같이 퇴계는 이동안 玉堂의 翰官, 經筵의 講官, 東湖의 學問 연구, 摘奸과 災傷을 위한 御史, 司法府의 憲官, 世子宮의 補弼, 成均館의 司書, 法曹의 요직 등에서 바쁜 세월을 보냈다. 형님은 고향에 가서 성묘할 기회가 있었으나 퇴계는 공무에 시달리는 분잡한 생활을 하였다. 이어서 42세 때 연초의 재경 생활을 살펴보면

- 정월에 형 온계는 경상도 賑恤 敬差官이 되어 고향으로 내려갔다.(下三道가 큰 흉년을 만나서 백성이 심한 기근을 만났다. 국왕은 신임하고 있는 명신을 뽑아서 곡식을 거둬 나누어 救恤케 하였다.)
- 2월에 弘文館 校理, 成均館 典籍, 刑曹正郞을 다시 겸임토록 하였다.
* - 2월 20일 밤에 고향에 간 꿈을 꾸고「足夢中作」시를 지었다.[29]

퇴계가 예안 산수를 몽상에 그리게 된 까닭을 알 수 있고, 형님이 경차관으로 내려가서 한식에 省墓 致奠을 하는 경우와 자기는 그 형편

---

29) 졸저,『退溪家年表』pp.84~91, 1989, 12, 서울여강출판사.

이 되지 못하였기 때문에 情感倍劇하여 이러한 몽유 귀향을 하게 된 것 같다.

퇴계의 몽유시는 여기서도 볼 수 있듯이 고향과 조상을 그리고 형제 雁行의 우의가 꿈에 반영된 현상이라 할 수 있다.

○ 退溪의 꿈의 실현

퇴계는 이 몽중작을 읊는데 그치지 않았다. 뒷날에 이 곳을 찾아가 卜居를 시도하였다.

1543년(癸卯) 43세 때 10월에 成均館 司成으로 승진하고 몇 년만에 귀향하여 성묘를 하였다. 귀향 중인 11월에 禮賓寺 副正을 임명받았지만 부임하지 않고 고향에 머물면서 퇴거할 뜻을 굳혔다. 53세 때(계축·1533) 南冥 曺植에게 보낸 편지에는 그 때의 각오를 분명하게 전달하고 있다.[30] 12월에 奉列大夫로 승차시켜 司憲府 掌令으로 임명했지만 역시 나가지 않았다. 1544년 2월에 다시 弘文館 校理로 소명을 받아 서울로 갔으나 독서당 생활을 주로 하였다. 1545년에는 회의와 遠接使 從事官, 옥당의 인물 천거 모임 같은 중요한 일이 연이어 있었지만, 병을 핑계로 참석치 않았다. 辭職狀啓를 거듭하는 가운데 승진과 전근은 계속되었고, 두려움을 무릅쓰고 구국 충정으로 올린 〈請乞勿絶倭使疏(동료들이 해를 입는다고 말렸으나 두려워하지 않음)〉는 李芑 일파에 의하여 패기되고 도리어 파직을 당했다. 곧이어 복직은 되었지만 그 해 12월에 장인 四樂亭이 별세하자 이듬해 봄에 장인의 장례를 지내려 귀향했다가 무리 끝에 병을 얻어 요양하느라 눌러 앉고 말았다. 몇 달을 지낸 7월초 혼자 서울에서 기다리고 있던 權氏 부인

---

30) 文集 內集 권 10, 장 1~4, 「與曺楗仲」 '聖恩含垢虛名迫人 自癸卯至壬子 凡三退歸而三召還 已老病之精力 加不專之工程 如是而欲望……'
전게 『年表』 p.116, 「鄭惟一撰 言行錄」: '自癸卯始決退休之志, 自是以後 雖屢被召還常不久於朝'

이 갑자기 죽어 返葬을 하고 부인 묘소가 바라보이는 시내 건너 동암 곁에 養眞庵을 지어 幽居와 舌耕(교육)을 하기 시작했다.[31]

이 때부터 퇴계는 꿈에 보았던 山後村을 찾아 다녔다. 그 즈음 읊은 十一勝景의 探索·命名·詠詩는 〈足夢中作〉 시서에서 말한 溪澗 探討 바로 그것이다.[32]

퇴계가 養眞庵에 있으면서 그 곳 토계로부터 청량산까지를 탐승하는 길에 바로 곁에 있는 紫霞山에 오르지 않았을 리 없고, 낙동강변의 霞明洞을 시에 읊었기 때문에 몇 번이고 지나지 않았을 까닭이 없다. 그러나 이곳에 幽居하면서 처음 시로 읊은 것은 47세(정미·1547)의 봄 踏靑節(2월 2일)이었다. 그 시에 퇴계는 夢遊 來訪했던 이야기를 하고 있으며 꿈에서 본 그 異境에 자리를 잡아 농사짓고 전원 생활을 할 다짐을 하였다.

踏靑幽徑草茸茸　　來上霞山坐碧峯
萬樹欲花春漠漠　　一山將暮翠重重
舊遊京國渾如夢　　新卜田園只自農
曲水佳辰當遇密　　題詩回首涕霑胸
　　　　　　　　　〈踏靑登霞山 丁未〉[33]

위 시는 『足夢中作』의 내용을 제6 구까지에 다 집어 넣고 그 날의 등산 踏靑景도 모두 그려 넣었으며, 제7·8구에서는 序에서 설명했던 이야기와 형님의 詩心까지를 포함해서 저 4년 전의 몽유를 현존화시킬 수 있음을 가슴 뿌듯하게 여겼고 눈물이 나도록 흐뭇해 하였다.

퇴계는 다시 2년 뒤 豊基郡守를 버리고 돌아와서는 이 霞明洞에 卜地하여 앞으로 살 집을 지었다.[34] 건축 중에 魚梁이 가까워 자손을

---

31) 졸저 前揭 『年表』, pp.116~159.
32) 동상, pp.150~154.
33) 文集 『內集』 권 1, 장 30.
34) 퇴계가 집을 짓던 자취에는 遺址表石이 서 있고, 霞山은 후손들의 호에 많이 이용되었다.

교육하는 데 적지(適地)가 못된다 하여 버리고 대골(竹洞)을 거쳐 上溪 古藤岩 건너편에다 寒栖庵을 짓고 정거하였지만 養眞庵을 溪莊이라 일컬으면서 노후까지도 이용하였다. 이 하명동은 퇴계가 집지어 살지 않았지만 東岩, 七臺, 陶山과 함께 늘 다녔고, 그가 역책한 후 山城에 묻혀서 영원 무궁 내려다보고 있을 뿐 아니라 후손이 거기서 현재도 살아가고 있다.

『足夢中作』도 앞으로 夢遊詩와 마찬가지로 퇴계의 전생애를 이해한 바탕 위에서 그 해석이 가능함을 알겠다. 이 시는 吟詠으로 끝나지 않고 후세까지 '경'과 '상'이 退溪像으로 遺存되고 있는 것이 特徵的이다.

第4節 記夢 三篇

퇴계가 「記夢」이란 시제로 읊은 시는 세 편이 있다. 먼저 그 시를 읽은 다음에 꿈의 내용과 관련 있는 일을 살피기로 하자.

1. 47세 작의 「記夢」

虛窓寂寂夜如水	방안은 적적하고 밤은 물흐르듯 깊어 가는데,
一枕夢中千萬里	베개 베고 잠들자 꿈 속에 천만리를 달렸지.
流觀楚越窮岷峨	楚와 越을 돌아보고 岷山 峨嵋山에도 갔다가
掣帆江海連天河	돛단배에 몸을 싣고 강과 바다 은하까지 이어 갔네.
淸都館闕空中起	신선 도읍 큰 집들은 하늘 우뚝 솟아 있고,
玉皇高居五雲裏	옥황상제 사는 집은 오색구름에 가리었더라.
飛仙縹緲顔綽約	날개돗친 신선은 아르거리나 그 얼굴이 상냥하고
邀我共勸流霞酌	나를 보고 잔 권하며 함께 술을 마시자네.
下界塵緣一念餘	인간 세상 풍진을 잊을 수 없어서,
忽然下墜形蘧蘧	홀연히 돌아오니 그 모습들 간 곳 없다.

| 朝來市聲聒耳側 | 아침인가 저자소리 귓가에 시끄럽고, |
| 更憶淸都那易得 | 신선 도읍 그리우나 쉽게 다시 못얻으리라.[35] |

이 시에서의 夢遊 周覽處는 楚나라, 越나라, 岷山, 峨嵋山, 강, 바다, 은하, 신선의 淸都, 上帝가 있는 天上玉京이었다. 꿈 속에서 만난 사람은 상냥하고 고운 얼굴을 가진 飛仙이었다.

인간 속세를 잊지 못하여 꿈에서 깨기는 해도 꿈의 세계를 낱낱이 자각하면서 그리워 한다. 퇴계가 바라는 淸淨無塵 세계가 그 꿈으로 이루어졌는지 모른다.

이 시는 幻想의 세계인데 현존성과는 거리가 있다. 想像 夢幻의 꿈이라 할 수 있을 것 같다.

2. 66세 작의 「記夢」

我夢尋幽入洞天	내가 꿈에 깊은 골짜기를 찾아 들었더니
千岩萬壑凌雲烟	높이 솟은 천암 만학은 내에 감겨 있고,
中有玉溪靑如藍	거기 구슬 구르듯 흐르는 시내는 남빛처럼 푸르르며,
泝洄一棹神飄然	시원스럽게 배 한 척이 거슬러 올라가네.
仰看山腰道人居	산허리 중의 암자 쳐다보면서
行穿紫翠如登虛	허공에 오르듯 꽃과 풀 헤치고 올라가니,
迎人開戶一室淸	문 열고 사람이 나와 깨끗한 방으로 맞이하고,
矓仙出揖曳霞裾	청초한 신선이 읍하며 나와 옷자락을 끄네.
髣髴何年吾所遊	어느 핸가 내가 와서 놀았던 곳 바로 여기,
壁上舊題留不留	시 읊어 벽에 걸어둔 것 있는지 없는지,
屋邊刳木飛寒泉	집 곁에 홈통으로 끌어온 먹을 물은 날아 떨어지고,
團團桂樹枝相摎	계수나무 둥글둥글 가지 서로 얽히었다.
同來二子顧且歎	함께 온 두 사람도 돌아보며 감탄하여,
結棲永擬遺塵絆	집지어 여기 살며 속세 구속 벗으려네.
忽然欠伸形蘧蘧	얼떨결에 기지개 켜고 꿈에서 돌아오니,

---

35) 『文集 別集』 권 1, 장 30, 1547(정미)년작 : 퇴계는 이때 부인의 복을 입고 東岩 養眞庵에 유거중이며, 관직을 사퇴하고 있었다.

鷄呼月在南窓半 닭이 울 제 달은 남쪽 창 반만큼 가 있더라.[36]

　이 시의 바른 해석과 이해를 위해서 먼저 지은 연대를 밝혀 놓을 필요가 있다.『退溪先生文集』에는 詩 卷5 戊辰(1568)년 편에 편집되고 있어서 시를 68세작으로 보게 된다. 艮齋 李德弘의『溪山記善錄』에는 시를 손수 적어서 그에게 보여준 날짜와 그 때의 퇴계 行歷을 상기해 놓고 있다.[37] 후세에 와서 蒼雪 權斗經이『言行通錄』을 편찬할 때도 艮齋錄을 그대로 옮겨 놓았는데 시작 전후에 있었던 일들이 소상하다.[38]

　艮齋는 선생의 재향중 溪上書堂에서 평소 가까이 모셨고, 山水 遊賞 때는 비교적 배행을 많이 한 문인이다.[39] 艮齋가 문집을 편찬할 때 생존하였더라면 이 시는 丙寅年 편에 틀림없이 편집했을 것이나, 그는 문집 편찬 1 년 전에 세상을 떠났다. '선생께서 丙寅(1566)년 10월 어느 날 溪堂에서「記夢」시를 지어가지고 쓰셔서 德弘에게 주었다. 그 시에 이르기를《이 記夢詩》……이라 하였다'하고「記夢」시를 짓고 그것을 써주신 날이 丙寅 10월 모일이라 한 수록이 있는 이상 이를 믿고 좇을 수 밖에 없다. 또 艮齋는 月瀾行에 동행한 자기 외의 琴悌筍, 李純道(퇴계의 둘째 손자)까지 명기하였고, 이 시를 짓기 전에 퇴계가 꿈을 꾸었으며, 꿈을 시로 쓴 며칠 뒤 10월 24일에는 그 꿈을 체험하기 위해서 月瀾之行을 하여 야간에 考槃臺 土室을 찾아 參同契 修煉을 한 사실과 이 시를 지은 뒤에 칠대에 가서 七臺詩를 읊은 내용을 상세히 적어 놓았다. 詩作 前後의 一連의 정황과 거동이 빈틈없이 기록되어 있으므로 艮齋錄은 이 시의 제작 과정을 살피는 데 있어 필수적인

---

36) 文集『內集』권 5, 장 10~11
　　譯詩 : 李家源「退溪詩譯注」p.483, 李章佑『退溪詩學』p.99, 辛鎬烈『국역퇴계시·
　　II』pp.253~254.
37) 李德弘『溪山記善錄』권 2,「山水之樂」제7절 : '선생 병인 10월일 在溪堂 作記夢之詩
　　仍手書與德弘曰……'
38) 權斗經『退溪先生言行通錄』권 5, 장 53~55.
39) 李德弘은 이 때의 月瀾寺 遊宿을 비롯해서 太子와 大方洞, 伊溪, 孤山, 淸凉山, 靑溪
　　의 退溪 遊山에는 늘 陪從하였고, 溪堂 侍側과 侍病을 남달리 많이 하였다.

자료가 된다. 시 중의 '髣髴何年吾所遊 壁上舊題留不留'는 47세 때 거기 가서 읊은 「戱作七臺三曲」을 이름이고 '同來二子顧且歎'은 이 시를 지은 다음에 그 실험을 위해 데리고 간 艮齋와 赤巖 琴悌筍이다. 그 대개를 살피는데 참고 자료로서 記善錄을 다음에 注記하고 지은 시기를 丙寅(1566)년 10월 20일 경으로 추정한다.[40]

> 丙寅十月日 先生在溪堂 作記夢詩 手書與德弘 其詩曰 我夢尋幽入洞天 …… 鷄呼月在南窓半 不數日 先生忽作 月瀾之行 二十四日也 德弘與琴悌筍 先生待之 俄而先生上考槃臺 良久避風入庵 阿淳隨之 而未及便童子候渡水 安否 夜來黙然兀坐 移成而寢 僅子而起呼燈 讀朱子書 講論疑義 少頃就寢 乃與朝 德弘質心經天命及潛雖伏矣 誠其意等章 …… 是日 先生將歸扶杖下洞 德弘隨之 上馬回顧曰 何必下來 蓋記夢之詩驗矣

다음으로 이 시에 들어나 있는 先驗을 살펴보기로 한다. 시 제8·9구 何年吾所遊와 舊題留不留는 바로 19년 전 1547년 3월에 있었던 일을 말하는 것이니 그 내용은 다음과 같다.

퇴계는 46세 연말에 東岩 곁에다 養眞庵을 지어 幽居하였고, 이듬해 늦은 봄에는 霞明洞을 감고 흐르는 낙동강 川沙曲[41]을 건너 川沙村 서쪽 東峯 아래 있는 岩臺 위의 月瀾臺에 가서 寓居를 하였다.[42] 그때 朱子의 西林院詩韻으로 시 두 수를 읊었고, 또 七臺(招隱·月瀾·考槃·凝思·朗詠·御風·凌雲)와 三曲(石潭·川沙·丹砂)을 명명한 시 10 수도 읊었다.[43]

---

40) 艮齋錄에서 '手書與德弘 其詩曰 …… 不數日 先生忽作 月瀾之行二十四日也'라 하였으므로 24일의 不數日前은 20일이나 그 이후 가까운 날이다.
41) 川沙曲은 낙동강 윗쪽부터 예안고을을 흐르는 물굽이 淸凉曲, 孤山曲, 丹砂曲, 石潭曲, 汾川曲, 鼈潭曲, 雲岩曲 등 陶山九曲의 하나인데, 丹砂, 川沙, 石潭은 동시에 명명되었다.
42) 文集『丙集』권 1, 장 31,「和西林院詩韻二首寓月瀾庵」拙著,『年表』, p.160
43) 文集『丙集』권 1, 장 32~34,「戱作七臺三曲詩 月瀾庵 近山臨水 而斷如臺形者凡七 水繞山成曲者凡三」; 이 七臺의 위치는 필자가 1986년 5월에 李源武, 李根必과 함께 1차 답심하여 그 위치를 처음으로 대강 알아 두었다. 1991년 7월에는 퇴계가 具贊祿에게 한 편지를 가지고 李根必, 李垠鎬, 鄭錫胎, 李東翰과 함께 가서 2차 고증을 하여 분명히 밝혔다. 1993년 5월에 필자가 주선하여 遺蹟地 表石 건립을 마쳤고 同 8월에는『月瀾志』를 편찬 발간하였다.

다음에도 가서 月瀾臺 아래에 있는 考槃臺 하의 蒙泉과 居士 土室 자리를 찾아 시를 읊었고,[44] 4월에는 月瀾庵에서「心經」을 읽고 시를 또 읊었다.

퇴계가 이 여러 시들 중에서 벽상에 써 붙여 두었다는 시는 어느 시를 말하는지 알 수 없다.

艮齋의『記善錄』에는 끝에 '蓋記夢之詩驗矣'라고 분명하게 기록하고 있다. 記夢詩를 읊고 난 며칠 뒤에 그 시경을 찾아 실지 체험했다는 이야기인데 이것은 夢像의 실험이다.

아무튼 퇴계의 夢遊詩는 先驗이 재현된 現存性의 특징을 지니고 있음을 알 수 있고, 또 그 꿈을 현상화시키려는 蓋然性(Probability) 追求의 자각도 있다.

퇴계는 꿈을 夢想과 幻覺으로만 처리하지 않았다. 꿈에 선경험을 현존시켰고 꿈 뒤의 생활까지 연상시켰다. 그는 꿈의 세계도 정직하고 순수하게 받아들였다는 사실을 알 수 있다. 따라서 그의 평소 思惟는 邪慝을 멀리하는 문자 그대로의 思無邪의 경지였다. 그렇지 아니하고는 꿈 속의 夢遊와 꿈 뒤의 蓋然性 追求가 시로 기록되어질 수 없었기 때문이다.

3. 至月初八日夜「記夢」二絶

夢入天門近耿光　　꿈에 대궐에 가서 임금님 모시고,
血誠容許露衷腸　　물러남을 허락해 달라 지성껏 아뢰는데
團辭未半驚蝴蝶　　드릴 말씀 반도 못하고 그만 꿈을 깨었네.
月落參橫夜正長　　달 지고 별 기울어도 날이 새긴 멀었구나.

未竟危辭感慨多　　어렵스레 하던 말 못끝내 안타깝다.
不知能竟又如何　　끝끝내 몰라주면 또 저 일을 어쩌나.
起來依舊身痾絆　　기동해 왔지만 몸은 여전 병을 앓고,
其奈洪恩若海波　　어쩔꼬! 바다 같은 임금님의 큰 은혜를.[45]

---

44) 졸저,『年表』, pp. 160~163.
45) 文集『內集』권 4, 장 31.

이 시는 「至月初八日」이라고 記夢 날짜를 시제로 쓰고 있다. 작시 시기의 중요성을 은연 중 시사하는 것 같다. 퇴계의 저간 행력을 알면 그 의미를 절감하게 된다.

퇴계는 65세 12월에 다음 傳敎의 특별 소명을 받았다.

《王의 傳敎》[46]

　　내가 총명하지 못하고 어진 이를 좋아하는 정성이 모자라 전부터 여러번 불렀으나 매양 늙고 병들었다 하여 사양하므로 내 마음이 편하지 못하노라. 경은 나의 지극한 심회를 알고 빨리 올라오라.〈역문『국역 퇴계집』〉

이 특별 소명을 거역할 수 없어서 퇴계는 66세가 된 정월에 西行 길에 올랐으나 병환은 가볍지 않았다. 榮州에 도착해서 사면장을 올리고 豊基에 가서 왕명을 기다렸으나, 불허의 有旨가 내리고 각읍 守令에게는 잘 호송하라 하였다.

《王의 有旨》[47]

　　경의 사장(辭狀)을 보니 짐의 마음이 쪼개지는 듯하다. 사퇴하려고만 말라. 여러 번 부르는 정성을 저버리지 말고 잘 조리해서 올라오라.

內醫에게 약을 가지고 가서 문병하라고 명하였다. 퇴계는 有旨를 받고도 나갈 몸이 못됨을 아뢰고, 눈 쌓인 죽령을 피해 조령으로 방향을 바꾸어 醴泉에 이른 후 또다시 부디 병든 몸을 놓아달라고 狀啓를 올렸다.

그래도 국왕은 윤허를 아니하고 工曹判書와 藝文館 提學으로 승진시켜 소명을 내렸다. 퇴계는 이번에도 사장을 올려 나아가지 아니하고

---

46) 『年譜』, 先生六十五歲, 12月條(1565. 12) 以特命召 傳曰 '予以不敏 乏好賢之誠 自前累召而每辭以老病 予以不寧 卿其體予至懷 斯速上來' 且許乘馹〈復拜同知中樞〉
47) 『年譜』, 先生六十六歲, 正月條(1566. 1) ;有旨 '觀卿辭狀 予心缺然 宜勿辭善調上來 毋負累召之誠' 宜命下路各邑護遺 令內醫賫藥問病

절간에서 기다렸다. 왕은 윤허는 커녕 弘文館·藝文館 大提學과 成均館 知事에다가 經筵과 春秋館 同知事까지 겸임시켜 상경하도록 독촉하였다. 이상은 그 해 3월까지 거듭된 소명과 사직 장계를 올린 내용이다.[48]

그 뒤 4월에 올린 퇴계의 장계를 대신들이 보고, 六卿 자리를 오래 비워 두어서는 안 된다고 윤허를 주청하여 中樞府知事로 체직하게 되었다. 7월에 가서 퇴계는 資憲大夫와 中樞職도 해직하여 致仕토록 사장을 올렸으나 허락치 아니하고 병이 낫는대로 상경하라는 명을 받았다.

그런 후에도 國王은 퇴계를 잊지 못했음인지 독서당에서 공부하고 있는 유신들에게 「招賢不至歎(賢人을 불러도 오지 않음을 탄식함)」이란 제목을 내려서 近體詩를 짓도록 했고, 宋寅을 도산에 보내어 陶山圖를 그려오게 하여 그림 위에 「陶山記」와 「陶山雜詠」을 써서 屏風을 꾸며 寢殿에 쳐두고 보기까지 하였다.[49]

퇴계는 10월에 晦齋 李彦迪의 行狀을 짓고 문집을 교정했으며, 心經後論을 지었다.[50] 이렇듯 왕명을 받고 辭하면서 병중의 몸으로 竹嶺과 鳥嶺 아래까지 나갔다가 객사와 사찰에 寓居 療養을 거듭한 끝에 도산으로 돌아와 11월 초8일에 꾼 夜夢을 이 시로 읊은 것이다.

---

48) 1565년 4월 20일, 同知中樞府事 狀啓, 允許『年表』, p.463.
　　1566년 1월 14일, 同知中樞府事 召命 有旨『年表』, p.468.
　　1566년 1월 14일, 同辭免召命狀. 二『年表』, p.468.
　　1566년 2월 10일, 召命 有旨, 內醫(延聘壽) 藥問病『年表』, p.471.
　　1566년 2월 13일, 辭免 召命狀. 三『年表』, p.472.
　　1566년 2월 25일, 資憲大夫 工曹判書 兼 藝文館提學 召命『年表』, p.475.
　　1566년 3월 1일, 辭免工曹判書 召命狀. 一『年表』, p.477.
　　1566년 3월 13일, 鳳停寺에서 有旨와 承政院의 書狀을 받음『年表』, p.479.
　　1566년 3월 14일, 辭免工曹判書 召命狀. 二『年表』, p.479.
　　　陶山에 돌아온 뒤, 兩館 大提學, 成均館事, 同知經筵春秋館事 召命을 받음『年表』, p.482.
　　1566년 4월 17일, 知中樞府事로 체직, 병이 낫는대로 상경하라는 有旨받음『年表』, p.482.
49) 年譜. 六十六歲, 七月條: 上於先生佇待深切 先生屢辭不至 而聖意猶勤 以招賢不至歎爲 題 令讀書堂儒臣 各製近體一首 以進又畫先生所居陶山 令礪城君宋寅 書陶山記及 雜詠於其上 爲屛風 張諸臥內云.
50) 졸저『年表』, pp.486~487.

이 「記夢」 二絕은 사면을 반복한 1년간의 압축된 생활의 影像이다. 天門·耿光에 나아가 衷腸에 가득 찬 血誠을 團辭 陳啓치 못한 감개가 첫 수에 그려져 있고, 힘들여 어렵사리 올린 말을 왕이 들어주지 않으면 어찌하나 안타까운 심정이 다음 수에 나타나 있다. 바다 같은 王恩을 병든 몸 때문에 보답하지를 못하고 있는 시름을 시 마지막에 덧붙였는데 그 말 속에는 왕의 과분한 총애가 도리어 민망하다는 뜻도 포함되어 있다.

이 시에 담겨져 있는 내용은 假想이나 幻夢이 아니고 실제 있었던 장기간의 생활 실상이다. 진실과 진정의 표백이다. 따라서 이 시도 생활과 고뇌가 꿈으로 影像된 現存性의 한 형태라고 볼 수 있다.

第5節 夢中樂과 夢遊 淸凉山 二首

이 시는 퇴계가 47세에 읊었다.

我夢携我友	나는 꿈에 내 벗과 함께
扁舟泛湖江	쪽배 타고 호수와 강에서 논 것을,
靑山揷兩岸	푸른 산은 양쪽 물가에 거꾸로 꽂혀 있고
綠水無濤瀧	물결이 일지 않아 물빛은 더 푸른데,
飄颻凌萬頃	넓은 수면 위를 바람은 스쳐 지나고,
浩蕩白鷗雙	갈매기 짝을 지어 제멋대로 날고 난다.
籊籊弄釣竿	쭉뻗은 낚싯대 강심에 드리우고
盈盈對酒缸	가득찬 술항아리 마주 대하니,
寒襟頓蕭爽	옷깃이 차갑도록 시원하고 상쾌한 것
眞境超鴻厖	진실로 그 경계가 높고 넓고 컸더라.
了知夢中樂	꿈속의 즐거움 깨닫고 보니
不用金石撞	금석[51]을 두들길 필요가 없다.

---

51) 金石은 쇠와 돌, 永久不變, 音樂, 不老長生藥 등으로 일컬어지나 韓退之詩 「文章自娛 戱 金石日擊撞」을 취하여 鐘磬을 두들기며 즐기는 음악의 뜻으로 풀이하고 '금석' 그대로 옮긴다.

葦間有老父	갈대 숲 사이의 저 늙은이가
令我意甚降	내 마음을 심히 사로잡아 끌기에,
泝洄欲問道	거슬러 저어가 도를 묻자 하였더니,
欻去入空谾	홀연히 깊은 골짜기로 들어가 버리네.
霜風振古木	서릿바람 불어와 고목을 흔들기에
驚回仍故邦	놀라서 돌아보다가 현세로 되왔네.
姮娥如相慰	달빛은 꿈깬 나를 위로해 주듯,
粲然窺我窓	싱글벙글 웃으면서 창문으로 들여다 본다.[52]

이 시를 臺湾의 王甦 교수는 산수시에 넣어서 퇴계의 賞適之樂으로 다루었다. 이 시를 읊은 시기에 퇴계는 七臺와 霞洞에서부터 淸凉山까지 洛東江을 따라 올라가면서 11勝景을 명명하고 題詩하는 山水之樂을 즐겼다. 4-(1)에서 언급한「記夢」시와 같은 시기에 지은 시인데 그 시상은 서로 닮은 데가 많다. 樂山 樂水의 眞樂境이 夢像에 現存 再現한 것도 같고 脫俗의 仙景이 비슷하다.

그러나 차이가 전혀 없는 것도 아니다.「記夢」에서는 淸都와 玉京에 갔으나 이 시는 江·湖에서 泛舟를 하였고, 전에는 혼자 갔으나 이번에는 벗과 함께 갔다. 飛仙을 만난데 대하여 老爺를 보았고, 술은 양쪽에 다 등장하였지만 후자에는 낚시가 더 첨가되었다. 꿈을 깰 때도 저자소리와 霜風으로 인한 차가 있긴 하지만 거의 흡사하다 하겠다.

이 시의 가장 핵심이요 특색은 了知夢中樂으로부터 欻去入空谾이다. 꿈속의 즐거움을 퇴계가 말하고 있는데 유의할 필요가 있다. 不用金石撞이란 의미 심장한 말을 쓰고 있다. 韓退之의 시 文章自娛戱 金石日擊撞[53]과 무관한 것 같지 않다. 金石은 나날이 두들겨 쳐야 한다는 즉 樂을 날로 일구어야 한다는 뜻인데 퇴계는 金石撞을 소용으로 하지 않는다 하였다. 葦間에 있는 늙은이(道를 닦고 있는 이, 수양하고 있는 사람)에게 푹 마음이 끌리었고 그 老爺에게 도를 묻고자 적극적으로

---

52) 文集『別集』권 1, 장 32~33, 王甦『退溪詩學』pp.96~97. 李章佑譯.
53) 韓昌黎 시에 있는 시구이다.『康熙字典』p.383. 中華書局 香港分局刊.

찾아가는 '派洄欲問道'에는 현실과 꿈 속에 퇴계의 추구가 그대로 드러나 있다. 퇴계는 꿈 속에서 본 그 老爺-道學者를 만난 것이 즐거웠던 것이다. 그래서 시제도 '了知夢中樂'에서 '夢中樂'을 끌어 쓴 것이리라. 이 시를 통해서 퇴계가 무엇을 찾고 있었으며 어떤 생활을 설계하고 있었던가를 짐작케 한다. 따라서 이 시를 단순하게 산수를 즐긴 시라 하기에는 부족함이 있을 것 같다. 王교수가 논문에서 了知夢中樂 이하 10구를 끊어 버리고 설명한 것에 고의는 없었다 하더라도 시제와 거리가 있는 해석을 하고 말았다는 말을 듣게 되었다.

퇴계가 그 즈음 읊은 「月瀾庵下有臺曰考槃臺下得泉曰蒙泉其上有居士土室舊基丁未」의 끝에는

林下臥寥寥	山中來漠漠	誰肯同臭味
遺芳玩經籍	蒙泉發天秘	感歎中自惡
洗耳非吾事	飮瓢何所樂	結茅幸不違
知非慕伯玉[54]		

이라고 하였다. 飮瓢, 結茅를 하되 洗耳는 吾事가 아니고 經籍 속에서 遺芳을 찾아 즐긴다는 결심을 한 때이므로 賢哲 君子에게 道를 묻기 위해서 배를 거슬러 오르고자 한 것이다. 그는 꿈에서 시간상의 遡及을 空間上의 派洄로 夢覺한 것이다. 퇴계는 꿈에서나마 자기가 찾고 있던 도를 아는 인물을 만난 것이 즐거웠던 것이다.

2. 「夢遊淸凉山」二首

이 시는 퇴계가 가장 나중에 읊은 66세 작인데 서울에서 꿈 속에 청량산을 다녀와 지었다. 13세부터 노년까지 자주 가서 독서를 했고 수렴 공부도 한 퇴계가의 家山이었다. 선대의 學問 道場이기도 했고 여러 명인이 은거한 산이다.

---

54) 文集 『內集』 권 1, 장 27~28.

泉石烟霞事未寒	청량산 천석 연하 찾을 맘 안 버렸더니,
暮年身誤入槐安	늙은 내가 잘못하여 꿈결에 입산했네.
那知更藉遊仙枕⁵⁵⁾	어찌 알았으랴 새삼 꿈의 도움 입고서,
去上淸凉福地⁵⁶⁾山	신선 사는 청량산에 올라갈 줄이야.
身御冷然禦寇⁵⁷⁾風	이 몸이 列禦寇의 시원한 바람을 타고
千岩行盡一宵中	하룻밤 사이에 온 산을 다 다녔네.
老僧贈我田家笠	늙은 중이 나한데 농부 삿갓 주면서
勸早歸來作野翁	얼른 돌아와서 야인되라 권하는군.⁵⁸⁾

이 시도 다른 夢遊詩와 마찬가지로 현존성을 물씬 풍기고 있다. 淸凉山에 퇴계가 처음 들어가서 공부한 때는 13세이다. 그 때 叔父 松齋公(名·李堣, 字·明仲)은 사위와 자질을 함께 보내 공부시켰다. 퇴계는 그 뒤 淸凉寺, 文殊寺, 金生寺, 風穴臺, 致遠臺, 安中寺, 白雲庵, 夢想庵 등에서 공부하고 수련도 하였다. 뒤에는 숙부가 그를 인도하였듯이 家人을 보내어 공부시켰고, 함께 제자와 입산하여 樂山 樂水와 학문을 강의했으며, 유산의 妙法도 가르쳤다. 많은 중들의 소청을 받아들여 시를 읊어 준 일도 있다. 퇴계가 청량산에서 수련한 일화는 많은데 중들의 수도 고행보다 그 정도가 더 엄했다고 한다. 하도 많이 유산을 하여 4계절의 풍경과 구름의 움직임, 바람의 방향, 산이 우는 소리까지 다 알고 있어 제자들끼리 갈 때는 일일이 가르쳐서 보냈다. 청량산은 퇴계가 수양·독서한 곳이자 가장 좋아 한 산이라 朱子의 武夷山과도 비길 수 있다.

67세 때 6월에 퇴계는 명나라의 登極使 應接 召命을 받고 상경했다. 몸이 아파 肅拜를 못하고 있던 3일째 明宗이 승하하였다. 퇴계는 병중

---

55) 遊仙枕 : 龜玆國進奉枕一枚 其色如瑪瑙 溫潤如玉 製作甚工 枕之寢 則十洲三島四海五湖 盡在夢中 帝因立名爲遊仙枕「開元天寶遺事」
56) 福地는 신선이 사는 곳 : 神鄕福地.
57) 禦寇 : 列子를 尊稱하여 列禦寇라 한다. 戰國時代의 道家, 淸虛無爲를 說破하다.
58) 文集『內集』권 5, 장 8.
   졸저,『年表』, pp.519~548.

에도 국상 초에 명나라에 보내는 詔書 回狀과 明宗行狀을 지었다. 禮曹判書에 임명되어서 日本의 書契 修答까지 끝내고 判書 3일만인 8월 1일 사장을 올리고 그냥 귀향해 버렸다. 그 때 奇大升을 위시해 여러 사람과 出處之義에 관한 討論 交信을 하였고 朝臣들의 비판도 들었다. 11월에 특별 소명이 있었으나 禮安의 龍壽寺에 머물고 움직이지 않았다. 그 해 연말과 무진년(68세 때) 정월에도 明나라에서 사신이 오므로 응접하라는 有旨와 書狀을 계속 보내고 상경을 재촉하였다. 3·4월 중에 올린 사직소는 불허 대신에 5월에 이르러 右贊成과 判中樞府事의 崇品으로 승진 소명하였다. 6월 25일에 올린 「乞改正崇品狀」이 받아 들여지지 않자 할 수 없이 서울길을 나섰다. 상경 도중 第二·三狀을 계속 올렸지만 올라간 崇品位는 낮추어지지 않았다. 7월 24일 입궐하던 날에 사장을 올리고 8월에 들어가서도 계속 치사와 품개를 도리켜 달라고 상소했으나 불윤하였다. 이렇게 지내고 있던 어느날 밤에 고향 땅 청량산으로 몽유를 한 것이다.

시구의 去上清凉福地山과 勸早歸來作野翁은 서울에서 떠나고 싶어하는 퇴계의 심사가 비쳐진 몽상이다. 꿈이 현실이요 현실이 꿈으로 轉移한 現存性을 지니고 있다.

이상 보아온 바와 같이 퇴계의 몽유시는 젊은 30대에 지은 시나 만년의 작이 한결 같이 先驗과 추구가 일체화한 특징을 지니고 있다.

퇴계의 몽유는 『說文』에서 풀이한 寐而覺과 假借爲夢으로서 現存과 같게 보이는 마음의 現象이 두드러지는데, 그는 꿈을 즐겼고(夢中樂), 또 꿈의 현상을 실험에 옮기는 순수함이 있었다. 이것은 퇴계의 正直性과 純粹性, 修道者的 修行과 그가 추구하는 最高善의 蓋然性이 결합된 養性과 養德의 결과에서 얻어진 것이라 할 수 있다. 퇴계는 꿈을 그냥 버리지 않고 그 꿈을 수양의 자료로서 더욱 자기 策勵에 이용하고 있었던 것이다.

第6節 퇴계의 解夢과 高峰 記夢詩의 和韻

퇴계는 두 사람의 문인으로부터 記夢詩를 받아 읽고 解夢과 차운하여 답해 보낸 일이 있다. 퇴계의 꿈에 대한 觀과 화운을 통해서도 교육을 한 자취가 보이므로 논급하기로 한다.

1. 龜巖 李楨의 夢得 心·時 各四字

龜巖(1512~1571, 字·剛而, 宋麟壽에게도 배움)은 泗川 사람인데 榮川郡守로 있을 때에 퇴계에게 와서 수업한 제자이다. 그는 퇴계의 학덕을 매우 숭앙하여 학문 전수에 힘을 기울인 사람이며 性理學에 一家를 이루었다.

寒暄堂 金宏弼을 欽慕하여 景賢錄을 편찬해서 퇴계의 校勘을 받았고, 淸州牧使로 있을 때는 퇴계가 교정한 延平答問錄을 간행하였으며, 慶州府尹 때는 퇴계의 가르침에 따라 西岳精舍를 창건하였다. 고향에 龜巖精舍를 세워서는 퇴계에게 居敬齋, 明義齋, 大觀臺, 不欺堂의 명명과 題詩도 받았다.[59] 퇴계와 사제간의 왕복 서찰이 많다.

퇴계는 龜巖이 편지에서 心字 넉 자와 時字 넉 자를 꿈에서 얻었다는 글을 읽고 解夢詩와 당부하는 시를 지어 보냈다.

> 解夢
> 귀암이 보내온 글을 '일찍기 꿈에 마음심 자와 때시 자 각 네 글자씩 얻었다'하기에 이 한 절구로 풀이하다.
>
> 千里巖栖豈易尋   천리 먼길 서당까지 어찌 쉽게도 찾아왔지.
> 夢中書札亦論心   꿈속에 논한 心자 편지로 보냈구나.
> 此心操攝無餘法   이 心을 가지고 닦음에는 딴 방법 없느니라.
> 念念時時著一欽   생각하고 또 생각하되 공경함을 잊지 말 것.[60]

---

59) 文集『內集』권 5, 장 30~31.
60) 文集『內集』권 5, 장 31.

又次龜巖夢見四心字時字一絶却寄
또 귀암의 꿈에 본 네 개의 심자 시자를 두고 절구 한 마리를 차운하여 부치노라.

吾心明似鏡光寒　　내 마음이 밝아서 거울 빛과 같지마는,
自恐磨治力易闌　　갈고 닦아 힘부칠까 스스로 두렵구나.
賴有故人同此意　　다행하게 자네 있어 내 뜻과 같이 하니,
夢中相勉亦忱肝　　애 간장 정성 쏟아 꿈 속에도 힘을 쓰네.[61]

이 시에는 퇴계의 夢觀과 더불어 여러 측면을 살필 수 있다. 龜巖이 心자를 꿈에서 얻은 데 대해서 무척 기쁘게 여기고 있다. 평소 龜巖이 心法에 대해서 많은 연구와 수양을 하고 있기 때문에 현몽을 한 것이고, 꿈을 꾼 후에도 心學을 깊이 파들어가려는 태도에 감심하고 있는 듯하다. 꿈의 現存性의 추구도 자기와 같은 점에 흐뭇함을 느낀 것 같다.

옛 性理學者들의 夢·覺에 관한 관념을 이 解夢詩로써 그 일단을 알 수 있거니와 퇴계는 이를 교육의 기회로 삼았고 龜巖은 학문의 硏鑽에 이용하였다. 꿈을 스승에게까지 알려 묻고 배운다는 것은 통신·정보 수단이 극도로 발달한 오늘날에도 어려운 일인데 그 머나먼 길을 무릅쓰고 사제간이 시서로 왕복했다는 사실은 사문(師門)의 경앙과 믿음은 물론이고 학문의 진지함을 느낄 수 있다.

꿈의 심자와 시를 넉 자씩 얻었다는 것은 龜巖이 그 즈음에 퇴계의 심경 강의에 心醉하고 있었다는 증좌인데, 퇴계는 '著一欽'이라는 '敬' 공부에 전념하도록 읊어줌으로써 귀암의 期望에 답하는 동시 그리되어 줄 것이라는 蓋然性을 기대하고 있다.

「又次 一絶」의 夢覺 일체화는 곧 퇴계의 夢觀이요 꿈의 생활화인 동시 마음의 操攝法이다.

---

61) 상동.

2. 高峯 奇大升의 「夢見退溪先生」과 退溪의 答韻

고봉과 퇴계와의 관계를 四端七情論으로서만 이해하는 것은 1을 알고 99를 모르는 것과 다름이 없다. 더구나 '論爭'이란 말을 써서 대립적 관계로 보는 시각은 日本人 學者의 의도적인 作僞에서 기인한 것이지만, 후세에 이르러서도 流派로 분류해 正鵠에서 어긋난 학맥론을 꾸며대는 것은 빠른 각성과 시정이 요청된다.

高峯과 退溪 사이는 학문과 道學 授受의 理想型인 사제 관계다. 서로의 인격과 학문 존중, 知와 識의 인정, 講磨 토론의 自在, 心中을 들어내 보임, 스승의 기탄 없는 훈계와 제자의 循容, 스승의 重愛와 제자의 仰慕, 스승의 依托과 제자의 약속, 家間 情況의 교환, 師弟 상호간의 실체 파악에 있어 退·高 師門은 당대 뿐 아니라 후세에도 그 유례가 드물다.

高峯은 32세 10월 문과에 급제한 후 서울에서 퇴계 京第를 찾아가 처음 뵈었다. 그 후 재경 중의 퇴계에게 자주 가서 배우고 관계에 나가서도 공사간 퇴계를 따랐고, 경향에 떨어져 있을 때면 서찰을 통해서 학문을 質講하고 政情도 알리며 出處를 의논했다.

관계를 떠나 학문과 收斂에 힘쓰라,[62] 술을 조심하라, 病藥에 힘쓰라, 養身養德 하라 등등의 훈계[63]와 증손이 夭折한 소식을 전하면서 애석함을 토로하는 인간적인 관계,[64] 一室三卓의 文昭殿 廟圖를 그려 보내 직무를 돕고,[65] 聖學十圖의 印刊事業을 監務케 하고,[66] 부친의 墓碣文에 나를 가리켜 쓴 '先生'(退溪를 指稱한 것)은 私義에 미안하므로 文章作法上 실수이니 고치라 하고,[67] 일방적으로 주입시키는 방법

---

62) 詩「得見存齋中興洞佳句秋思難禁吟和見意奉呈一笑」와 「病中偶記前日無字韻和句錄呈存齋」에서 은영중 가르침.
63) 졸저. 『연표』, p.568 : 퇴계 70세 4월 17일 高峯이 편지에서 약속하다.
64) 졸저. p.571.
65) 졸저. p.559.
66) 졸저. p.559.
67) 졸저. p.565. 70세 2월 21일조.

을 피해 8년의 긴 세월을 끌면서 올바르게 이해할 때까지 서신을 주고 받으며 논변한 四端七情論,[68] 無不到說, 心統性情圖(聖學十圖中) 改正論에 있어서의 新意와 小改, 平生 '無흔極太흔極'으로만 해석해 오던 '無極而太極'을 생애 마지막에 쓰는 편지로서 제자의 의견인 '極이 無ㅎ티 太흔 極'을 좇아 죽기 한 달 전에 시정해 보내고는 다른 문인에게 '其言極是'라고 高峯을 칭찬했고,[69] '원하노니 내 마음 밝은 저 달을 따라가, 환히 비춘 뜨락에서 그대 실컷 보았으면'[70]하고 시를 읊어 보낸 것은 스승인 퇴계였다. 퇴계는 마지막 서울을 떠나던 날 밤에 宣祖와의 獨對에서 국정과 학문에 대하여 많은 것을 對啓했다. 선조가 학문이 깊은 인물을 천거해 달라고 간청하자 몇 번 사양하다가 고봉을 천거했다. 收斂 공부가 아직 좀 모자라지만 글을 많이 읽었고 理學에 造詣가 뛰어나며 通儒한 사람이라 하였다.[71] 퇴계가 고봉을 알고 아낀 정도를 이로써 충분히 추측할 수 있다.

다음은 고봉이 퇴계를 어떻게 모셨느냐에 대해서 또 살펴보자.

퇴계가 明宗 승하 후 도산에 돌아와 있을 때 고봉은 편지를 보내어

> 선생님의 出處之義는 여러 번 듣고 배워서 익히 알고 있습니다. 임금의 慕用之情이 저렇듯 지극하시니 민망하기 그지 없습니다. 출사해 주시면 좋겠습니다.

---

68) 졸저. 『退溪의 燕居와 思想形成』, pp.152~154.
　　文集 內集 권 5, 장 8~9, 「次韻奇明彦贈金而精二首 : 勸學」
　　譯詩 : 李家源, 『退溪詩 譯注』, p.477(35)
　　　이 시에는 오랜 세월을 보내면서 퇴계가 어려움을 무릅쓰고 편지를 이용하여 시간을 끌면서 이해할 때까지 학문을 깨우친 것을 들어내 놓고 있다. 「我哀厭志篤 言學有未墾 胎書每苦口 努力相推輓 歲月今幾何 來看禾樹田……」
69) 졸저. 『年表』, pp.573~574.
70) 文集 『內集』, 권 5, 장 17. 「次韻奇明彦二首」의 나중 시
　　湖嶺相尋只夢魂　　영·호남에서 서로 만나기란 꿈에서나 이룰런지,
　　覺來明月滿山門　　꿈에서 돌아오니 산문에는 달빛이 가득하구나.
　　願將心事隨明月　　원하노니 내마음 밝은 저 달을 따라가,
　　寫向君庭不作煩　　환히 비춘 뜨락에서 그대 실컷 보았으면.
71) 『연보』, 先生六十九歲 三月四日(무신) 「詣闕謝恩入對夜對請乞退許之 ; …… 上又問學問之人 對曰此難言也…… 如奇大升 多見文字 亦於理學 所見超詣 乃通儒也 但收斂工夫 少耳」

하고 부탁했다. 그래도 퇴계가 상경하지 않으니까 '二憂二悶'을 들어 올라 오시라고 졸랐다. 고봉의 근심과 민망스러움(憂悶)은 퇴계에 대한 극진한 존경과 믿음으로 가득 찬 내용이었다.

> 1悶 : 지금 임금께서 선생님을 뵙고 싶은 생각이 간절합니다. 옛 성인과 같이 흠모할 뿐 아니라(不啻如慕古人) 끝내 나오시지 않으면 임금께서 억울해 하고 권태하여 다른 계획을 하게 된다면 그 얼마나 애석한 일입니까!
> 2悶 : 선생님께서 오셔서 우리 임금을 잘 이끌어 주시고 모든 군신간의 일을 잘 키워 놓으시면, 한 때의 다행이 아니라 동방 만세의 다행이 될 텐데 선생님은 이 일을 또 아니하시려 합니까!
> 1憂 : 사퇴를 더욱 거듭하시고 생각을 너무 근념하시다가 만에 하나라도 임금님이 꼭 한 번 모시어 벼슬을 시키신다면 선생님이 끝내 어찌 처신할 작정이십니까.
> 2憂 : 세상이 너무 사치에 빠져 있고 인심은 헝클어져 있어 무슨 일이라도 저지르게 된다면 극난에 빠질 듯합니다. 하물며 주위에서 살피고 있는 무리들이 세력을 돌이켜 못되게 설치면서 겉으로는 임금을 잘 받드는 척하고 속으로는 물리쳐 밀어낸다면 선생님께서 오신다 하더라도 어떻게 수습을 하실 수 있겠습니까.[72]

퇴계는 고봉에게 出處之義를 가르쳤고 학문을 위해 벼슬을 버리고 물러나 收斂工夫하기를 권했는데 대하여, 고봉은 퇴계가 나와서 나라를 바로잡아 달라고 민망함과 근심을 간추려 저렇듯 청했다.

퇴계의 서울 사저에는 식용 국화를 시와 함께, 도산에 돌아와 있을 때는 鳳尾扇[73]과 朝報를,[74] 乾川洞에 남겨두고 간 쓸쓸한 梅盆은[75] 인편에 배로 날라 보냈다. 어려운 政務와 文義解釋 등에 부딪칠 때마다 스승에게 물어 처리하고[76] 조정 공론과 정정을 서찰로 아뢰었다. 퇴계

---

72) 『高峯集』「往復書」권 2, 장 56.
73) 졸저. 『年表』, p.557.
74) 졸저. p.561, 12월조.
75) 『高峯續集』권 1, 장 37, 「賦退溪先生乾川洞寓第盆梅」: 三月初四日 追拜奉恩仍書呈.
76) 졸저. 『年表』, p.557, 6월조.

의 가르침대로 따라서 벼슬을 그만 두고 光州로 돌아가 정자를 짓고 들어 앉아 病藥, 禁酒, 養身養德 했으며,[77] 딸의 병이 위독해서 合家를 못하고 있는 가정 所措까지 낱낱이 알리는가 하면, 고향으로 내려가면 선생님을 지근에서 모시기 어렵고 嶺湖南이 서로 막혀 편지 올리기도 어렵게 되었으니 종신토록 쓸 수 있게 「中庸大文」을 써 달라고 공책을 보냈으며[78] 聖學十圖의 印刊 사업이 거의 끝날 무렵인 1569년 7월 21일에는 文昭殿에 관한 품의와 함께 보고하여 선생을 안심시켰고,[79] 비문(退溪父親 贊成公)에 쓴 '先生'은 문인이 선생이라 부르는 것은 禮에 어긋나지 않는다고 끝내 퇴계의 是正令을 받아들이지 않았다.[80] 學論에 있어서 四端七情論과 物格與物理之極處無不到說은 스승의 논리를 나중에 깨닫고 수용 승복하면서도, 心統性情圖의 개정과 無極而太極 해석에 있어서는 "極이 無호디 太흔極이라"고 선생이 수정할 때까지 굽히지 않았다. 그 스승에 그 제자란 말은 退·高의 師弟 관계를 이야기할 때 쓸 수 있는 말인 것 같다.

퇴계가 마지막 서울을 떠나던 1569년(己巳) 3월 4일 밤과 5일 새벽은 고봉이 乾川洞과 東湖를 헤매며 퇴계를 찾은 날이다. 私第에 갔더니 潛齋 金就礪가 갖다드린 盆梅만 외롭게 방을 지키고 있기에 이 밤이 샐새라 급히 달려 東湖의 夢賚亭(宋麟壽, 字·眉叟, 號·圭庵의 정자임)으로 가서 선생을 찾아 사제가 함께 그 밤을 보냈다. 5일 아침에 배로 한강을 건너 奉恩寺로 가려는데 퇴계가 떠난다는 소식을 듣고 朝臣과 사림이 강가로 몰려 왔다. 떠나는 퇴계에게 忍齋 洪暹이 '白鷗波

---

77) 졸저. 『年表』, p.569, 4월 17일, 5월 9일조.
78) 『年表』, p.563, 高峯의 편지 : 就達悚息 小空册敢封上 伏望 先生閑餘爲寫中庸大文以惠 如何 欲爲終身之用 祈切甚至 伏惟鑑納 且嶺湖彌阻 信耗難續 所冀盛德 有相以覆後學幸甚 庚午二月初六夜 後學大升拜上 (퇴계는 70노경에 眼昏手腕乏力하여 써주지 못했음)
79) 『年表』. p.559, 7월 21일조.
80) 『高峯續集』 권 3, 장 30, 「或多泛稱而先生字 乃後學宗師先覺之稱 以此微有不同 然其言之也 各有所當 而非有抑揚高下之殊也 大升於門下 禮合稱以先生 不敢以下公之於河相自比 玆不得承敎 悚仄實深」
　○退溪가 碑를 세울 때는 高峯이 선생이라 난발한 말을 모두 修正해 새겼다. 「墓碑文」

浩蕩한데 萬里誰能馴할꼬'하고 읊자 '尙戀終南山하니 回首淸渭濱이외다'
하고 답해 뒷일을 부탁하였다.[81] 드디어 일행이 배에 함께 오르려 할
때에 고봉이 다음 시를 읊으면서 스승과의 영이별을 애닮아 했다.

  江漢滔滔萬古流 밤낮으로 흐르는 한강수야.
  先生此去若爲留 선생님 행차를 네가 좀 말려다오.
  沙邊拽纜遲徊處 강가에 매인 닻줄 풀기가 싫어 일부러 어정대며 시
         간을 끈다.
  不盡離腸萬斛愁 폐부에 심어 주신 오만 근심은 결단코 가신 뒤에도
         안 잊으리이다.[82]

 퇴계를 이렇게 떠나보낸 후 고봉은 盆梅詩를 비롯해서 여러 번 시를
짓고 편지를 보내어 안부를 물으며 서울 소식을 전하곤 했다. 선생이
그리워서「陶山記」跋文[83]도 짓고「陶山雜詠」을 차운하기도 하였다.[84]
 귀향 후 거의 넉 달이 되었을 때 고봉은 그립던 스승을 꿈에서 뵈
었다. 이 꿈을 읊은 시가 바로 고봉의「夢見退溪先生」이다.

  前夜依俙杖屨陪 전날밤엔 메투리에 지팡이 짚고 나들이하시는 선생
         님을 모셨고,
  今宵款曲笑談開 오늘밤은 관곡하고 뜻깊은 말씀 들려 주셨습니다.
  分明一念猶憂世 담소 가운데 분명한 것은 한결 같은 나라 근심,
  可識先生不著梅 매화보러 가심이 아님을 저는 알고 있습니다.
   此絶一題 奉別以來 頻得夢中之拜 戱爲一絶 倂此仰呈(이 시 1절을 선
   생님과 이별한 후 자주 꿈에서 뵈었기 때문에 시 한 절을 自戱로 읊
   어서 올립니다.)[85]

---

81) 졸저,『年表』pp.548~549, 졸저·『예던길』·再版本 p.322.
82) 『高峯年譜』·先生四十三歲, 三月條(江漢이 漢水로 되어 있다.)『高峯續集』권 1, 장 37.
83) 『高峯續集』권 2, 장 34,「右陶山記文一篇及 逐處記事七言十八絶 …… 庚午之歲五月日」
84) 『高峯續集』권 2, 장 46~49. (이 차운의 발문은 퇴계 몰후 2년 5월이지만 지은 때는
  生存時이다.「余旣爲此詩 欲以呈稟先生 未敢遽」라 함.
85) 『高峯續集』권 1, 장 40 : 이 시의 후주에는 "선생님이 말씀하기를 '도산매화는 아직
  안 피었을 텐데 이제 돌아가면 꽃이 피겠지'하셨다. 내가 시골에 계시는 것과 서울에
  계시는 것하고 어디가 다릅니까" 하자 서로 웃었다. 그 일로 끝 구에다 매화이야기를
  썼다.

그리고, 퇴계가 이 시를 화운한 시가 「奉和奇明彦頻夢韻」[86]이다.

明庭鵷鷺[87]日追陪	조정에서 여러 동료들과 예와 같이 잘 모시며
夢裏歡顏得我開	꿈 속에 날 만나 기뻤다고 내 맘까지 깨우쳤네.
漆室[88]有憂公識取	물러와 있는 나의 근심 자네가 알고 있구나.
知音[89]不用得山梅	도산 매화 있다 해서 지기마저 버릴 줄 있으랴!

七絶 한 수, 28자의 시 하나를 이해하기 위하여 참으로 장황하게 이야기를 여기까지 끌어왔다. 和韻한 原韻을 알아야 하겠고 그 原韻을 읊은 作者考를 비롯해서 화운한 인물과의 인간 관계도 깊이 상고해야 한다. 퇴·고의 관계는 더욱이 한 가지 學說을 가지고 세상을 오도하여 왔기 때문에 그 학설 이외의 사제 사이에 있었던 일들을 끌어와 구체적이고 과학적인 자료를 제시한 뒤에 객관적으로 결론을 내려야 하므로 설명이 길어졌다. 이것이 바로 記夢詩의 難解性이고 또 바른 해석을 하는 한 방법이다. 해몽시도 똑같은 맥락에서 처리되어야겠지만 기몽시와 화운은 한 사람도 아닌 두 사람의 관계를 소상하게 이해하지 못하면 그 자구 해석이나 시어의 고사 풀이로서는 그 시에 담겨진 시인의 말뜻을 알아낼 수가 없다. 이것이 기몽시 화운의 해석상의 문제점이고 難解性이다.

짧은 시구 속에 얼마나 깊은 사연과 행적이 압축되어 있는가. 퇴·

---

86) 文集·권 5, 장 17.
87) 완로(鵷鷺) ; 조관의 행렬이 완로와 같이 질서 정연하다는 말로 쓴 것, 조정 신하, 즉 동료. 隋書〈音樂志〉에 「懷黃綰白 鵷鷺成行」(누른 印 품고 흰 띠를 완로처럼 줄을 이었네)라 한 글이 있다.
88) 칠실우(漆室憂) : 魯나라 칠실 고을에 시집 못간 처녀가 기둥을 잡고 휘파람을 부는 것을 보고 이웃 부인이 '시집가고 싶으냐'고 물었다. 처녀는 '아닙니다. 魯君은 늙고 태자는 어립니다.'하였다. 부인이 '大夫가 근심할 일을 네가 왜?'하였다. 처녀는 '그렇지 않아요, 나라가 어지러워지면 君臣, 父子가 욕을 당할 터인데 그러면 저의 집들은 장차 어디를 가야 합니까. 걱정이 안되나요.'하였다. 漆室憂는 「나라를 근심하는 하잘 것 없는 백성」이다.
89) 지음(知音) : 春秋時代의 鐘子期가 伯牙가 뜯는 거문고 音色을 듣고 그의 심경을 잘 이해하였다는 고사가 있다.[列子·湯問]이 고사를 끌어 자기를 가장 잘 이해해 주는 사람을 '지음'이라 한다. 知己와 親舊.

고 和吟詩의 경우 수십 년의 공사간 이야기와 두 사람만이 알 수 있는 知音이 숨어 있다. 記夢詩의 특징이기도 하지만 몽유시와 마찬가지로 그 인물의 생애사와 사상을 알고 있지 않으면 시는 결코 이해될 수 없다. 고봉의 「夢見退溪先生」과 퇴계의 「奉和奇明彦頻夢韻」은 앞에 쓴 장황한 이야기를 읽고나면 더 해석할 필요를 느끼지 않는다. 이래서 이런 꿈을 꾸었고 이 시를 받아 읽고 왜 저런 말로 시를 지어 화답하였는지에 대하여 간단 명료하게 이해를 하게 된다.

고봉의 杖屨陪, 笑談開, 猶憂世, 不著梅는 그가 평일에 서울에서 자주 모시고 世論과 學論을 마음 터놓고 깊이 한 이야기이고, 자기 혼자만이 선생의 心中과 運身을 알고 있다는 말이다. 그것이 꿈에서 이루어졌으니 꿈이 아닌 평소에는 어떠하였을 것이며, 어느 정도 정깊은 사이였던가를 짐작하게 한다.

退溪詩의 '漆室'은 陶山野人인 退溪이며 그의 나라 근심하는 憂國之誠이니 그것이 얼마나 컸던가를 짐작할 수 있거니와, 그 때 이러한 퇴계를 바르게 이해를 하고 있었던 인물이 고봉이었음을 이 시는 그 증거로서 독자에게 전달될 것이다. 知音不用待山梅는 첫 구에 있는 明庭日追陪에 걸려서 고봉이 있기 때문에 믿고 물러나 있을 수 있다는 말이다. 퇴계가 고봉을 依托하고 愛重한 마음이 어느 정도 컸던가를 이로써 알 수 있으며, 高峯이 短命으로 세상을 떠나지 않았으면 더 큰 일을 할 수 있었을 것 같다. 고봉이 50을 넘기지 못해 퇴계의 기대를 저버렸고, 국가적으로 큰 손실이었구나 하는 아쉬움이 이 시를 읽으면 여운으로 남는다. 星湖보다 더 많이 퇴계학을 발전시켰을 것이고 고봉학을 일으켜 政·敎·學·道에 지대한 공헌을 했을 것으로 상상된다.

第7節 結 言

꿈을 想像, 夢幻, 空想으로만 볼 수 없는 것이 퇴계의 夢遊詩와 記

夢, 龜巖의「夢得心時四字」, 고봉의「夢見退溪先生」에서 들어났다. 퇴계의 기몽 중에는 그가 읽고 修煉한 參同契와 養生을 한 세계가 전혀 없는 것도 아니나, 그도 전혀 생활과 무관한 것이 아니고 자신이 仙景에서 道人과 같은 修行·養性·養德을 한 것이 꿈으로 나타났다.

퇴계의 夢遊詩 전체에는 『說文』에서 꿈을 解義한 現存性이 일관되게 나타나 있다. 그가 자고 있으면서도 현존 현실적인 마음 현상이 흐트러지지 않고 있다. 흡사 꿈이 현실 같고, 현실에서 추구하는 이상적 세계가 꿈으로 이루어져 있다. 이것은 그의 일상 생활을 알고 있어야 이해가 가능하다.

퇴계는 꿈의 現存性 追求에 그치는 것이 아니라 유지 보존을 위해서 실험 과정까지를 거치고 있다. 퇴계는 바라는 것과 실천이 誠實과 正直, 純粹와 必然에서 벗어나지 않아 꿈의 蓋然性을 믿는 진지한 수용 태도가 있는데 이것이 그 특징이다. 이러한 결과들은 그의 思無邪, 母不敬의 修養과 愼其獨, 母自欺의 躬行自得에서 얻은 夢·覺 현상일 것이다.

퇴계는 夢覺을 일체화하고 꿈에서 본 사실을 생활화시키며 마음 操攝法으로서 奮勵 自勉하는 夢觀을 가지고 있었다.

고봉의 꿈을 퇴계가 받아들이는 데서 보았듯이 꿈을 전혀 허사로 勿視하지 않았다. 그의 생활과 심법이 그래서 그런지 꿈을 事實의 延長線 위에 놓고 생각했다. 꿈 앞에 생활이 있었고 꿈 뒤에 개연성 내지는 그 유지를 위해 노력을 했다. 꿈을 꾸고 꿈을 이루려는 생활이 뒤따랐다. 고운 꿈을 꾼다는 것은 좋은 실천이 있어야 하고 꿈의 세계를 현실로 옮겨 놓는다는 것은 초인적인 능력 즉 수양이 따라야 한다. 이것을 도모한 것이 퇴계의 몽유시이자 중국의 대시인들이 읊은 기몽과는 다른 특색이고 특징이다. 퇴계의 몽유시도 그의 여느 시와 마찬가지로 생활시이다.

끝으로 기몽이나 夢遊詩, 解夢, 記夢, 答韻들은 해석이 어렵다는 것을 들고 싶다. 꿈을 꾸기 이전의 생활을 철저하게 파악해야 하고 그 뒤의 실천에까지 탐색되어야 해석이 가능하기 때문이다. 이왕의 이러한 시의 譯詩는 생활 내용과 동떨어져 있거나 아니면 誤譯으로 그치는 예가 있었다. 退·高의 경우에서 보았듯이 한 쪽 시만 보아서는 무엇을 이야기했는지 알 수 없고 양 쪽 시를 다 갖다놓고 읽어도 그 시의 字句 解釋이나 故事 譯注만으로는 이해가 불가능하다. 이것이 記夢·和韻詩가 가지는 또 하나의 특징이다. 화운의 경우는 작자 두 사람의 평생 관계를 풀고 사상과 지행의 교류 전부를 탐구 파악하지 않으면 안 된다.

일단 퇴계의 몽유시를 모아서 정리해 본 셈이다. 몇 년전에 『退溪의 燕居와 思想形成』을 쓸 때 시를 주자료로 하였고, 그 뒤에 또 『退溪家年表』에다가 詩作譜를 合錄하면서 시작 전후의 퇴계 생애사를 어느 정도 파악하고 있었기 때문에 초고해 보았다. 이 방면의 논문을 과문 탓으로 접하지 못하여 생경(生硬)한 술어가 많다. 心理學의 무식에도 불구하고 접근을 시도한 것이 恣慢이고 무리였다.

퇴계시의 한 분야로서 한데 묶어서 읽어야 하고 특징과 성격을 구명해야 했다. 필자로서는 퇴계의 생활을 여러 측면에서 조명하고 사상 전개 과정을 알고 있어야 하기 때문이다. 그래서, 現存性과 그 保存이나 蓋然性 쪽으로 지나치게 치우쳤는지 알 수 없다. 퇴계의 詩·文 著作에는 일관성있게 誠實, 正直, 純粹, 敬義가 관통하고 있었으며, 생활에서 벗어난 風流나 戲娛를 찾아보기 힘들기 때문에 장황한 감이 있어도 시 한 수를 해석하기 위해 행적을 자세히 들추지 않을 수 없었다. 제현의 이해와 叱責을 바란다.

第4章 退溪詩大全의 發凡

第1節 文集刊行과 詩의 編制

1. 文集刊行小史

退溪先生文集은 先生의 역책 30年 後인 庚子(1600)年에 內·外·別集이 刊行되었다. 庚子本은 뒤에 部分的으로 校正하여 補刻本을 印刊하였는데 擬庚子本·庚子覆刻本·甲辰重刊本·癸卯校正重刊本 等으로 거듭 刊行하였으나 冊의 編次만은 後刊本에서도 그대로 維持되었다.

續集은 丙寅(1746)年에 庚子初刊 147年만에 續刊한 冊이다.

遺集은 續集 刊行 122年 後인 己巳(1869)年 3月 27日에 傳寫를 끝낸 退溪先生全書 追補篇이다. 遺集은 旣刊의 印本에 실리지 아니한 글을 內·外篇 各 10篇으로 나누어 엮었다.

1980年 12月에 韓國精神文化研究院이 退溪先生全書를 影印할 때 樊南本을 定本으로 하고 內·外·別·續·遺集을 叢刊하였다. 編次는 退溪先生全書를 따랐고 冊名은 陶山全書로 바꾸었다.

2. 詩의 編制

內集中 卷一부터 卷五까지가 詩卷이고 여기에는 總 775題의 詩를 실었다. 目錄에는 「挽盧君」, 「憶陶山梅二首」, 「送李而盛淸風郡任」, 「寄趙士敬」, 「梅下贈李宏仲」이 빠졌으나, 卷五 本文에는 들어 있다.

外集은 詩만 한 卷으로 엮은 冊인데 總 98題이다. 目錄에는 「心經絶句次琴聞遠韻」, 「次李公幹韻」이 빠졌으나 本文에는 들어 있다. 또

一本에는 目錄에「曾和洪上舍應吉遊山錄中二律余錄呈以博笑」,「挽洪上舍應吉」이 빠졌고, 다른 庚子重刊本에는 收錄되어 있다.

　別集도 詩만을 一卷으로 엮었는데 모두 254題이다. 目錄의「十六日雨」는 詩가 안 실렸기에 除外하였다. 內集 卷二의 첫머리에 같은 詩가 있으므로 重疊을 避한 듯하다.

　續集 卷一·二는 모두 詩卷이고 206題의 詩가 실려 있다. 目錄과 本文은 一致한다.

　遺集에는 內篇 卷一에 212題, 外篇 卷一·二에 147題의 詩가 실려 있다.

　以上의 內·外·別·續·遺集에 실린 詩題를 모두 合하면 總 1502題에 達한다.

3. 逸詩에 對하여

　陶山全書 冊四의 맨 뒤(542首-482首)에「退溪先生全書 目錄外集逸」이 붙어 있는데 傳하지 않는 詩의 目錄이다. 거의 吟成順에 맞추어 955題를 九卷으로 整理하였으나「野池」,「詠懷」,「玉堂憶梅」는 外集에 실려 있고 續集과 遺集에도 十餘篇이 散載하고 있어 이를 除外하면 逸詩는 約 940篇이 된다. 이 逸詩目錄은 行歷을 살피고 著作譜를 編撰할 때 꼭 參考해야 할 자료이다.

　逸詩 中에서 辛丑(1541)年에 읊은「石蟹村」과 壬寅(1542)年에 읊은「霞明塢」는 1988年에「退溪家年表」를 編撰할 때 이미 修錄하였다. 또 丙戌(1526)年에 읊은「山居」詩는 이제까지「芝山蝸舍」詩로 誤認되어 그 첫 首로 알려져 왔는데 이번에 떼어서 李家源 博士의 意見을 좇아「山居」라 題하고 分離 編集하였다.

4. 吟成年代의 表示

　內集에는 退溪先生이 33歲 前에 읊은 詩는 한 首도 싣지 않았다.

第4章 退溪詩大全의 發凡　427

癸巳(33歲)年의 詩 3首를 시작으로 庚午(70歲)年에 읊은 詩까지를 실었는데 當該 年度의 첫 詩題 아래에 干支를 細字로 注記하고 吟成年度順으로 編輯하였다.

外集에는 年代를 附注하지 않아서 大部分 알지를 못하나 或 詩題와 注記 또는 序跋에 時期를 적어둔 詩가 있다.

別集은 癸巳(1533)年부터 己未(1559)年까지 읊은 詩를 吟成順으로 配列하였고 題下에 干支를 注記하였다.

續集은 吟成年代順으로 編輯하는 形態를 취하고는 있으나 整然하지 못하고 原則이 서 있지 않다. 첫머리에 실은 「次吳仁遠偶吟韻」은 年代 未詳이지만 그 다음에 실은 15歲作 「石蟹」보다 나중에 읊은 詩임은 分明하다. 乙亥(1515)年 作부터 主로 癸巳年 以後 丙寅(1566)年 作까지를 年代順으로 싣고 題下에 干支를 注記하였다.

그러나 卷一에서 辛丑(1541)年부터 壬寅(1542)年 作까지의 詩-「陽智縣淸鑑堂南景霖韻辛丑」부터 「寄題四樂亭幷序」, 「次韻」 등 27篇 가운데는 甲辰(1544)年 作과 乙卯(1555)年 作이 끼어 있고, 辛·壬 年間의 詩가 뒤섞이기도 하였다. 卷二에서 壬子(1552)年부터 乙卯 (1555)年 作까지의 配列 중에서도 甲申(1524), 己丑(1529), 庚寅 (1530), 癸巳(1533), 甲辰(1544)年의 詩가 많이 실려 있는데 그 중에도 癸巳年의 南遊 紀行詩인 南行錄이 主軸을 이루고 있다. 이 期間의 詩는 時期가 詩題와 序 또는 後注에 밝혀져 있는 것이 特徵이고 吟成順序와 關係없이 編輯되어 있다.

第2節　吟成順으로 改編해야 할 必要性

1. 退溪詩의 特徵과 體系化의 必要

退溪詩에 있어서의 文學性, 道德性, 風流性, 思想性, 體律·詞句에 對하여 많은 學者들이 論議하고 硏究해 왔으며, 文學的 側面에 있어도

淵源, 敎化, 內容, 體式 等에 關한 硏討가 끊임없이 이루어졌었다. 이와 같은 硏究가 吟成順과는 相關 없이 斷片的으로 遂行될 수 있었던 것은 詩를 主題別로 任意 抽出 分析해서 結論을 내릴 수 있었기 때문인데, 그것은 先生의 平生事的 設計나 生活史 卽 生涯의 展開過程과는 無關하다고 보거나 介意치 않았기 때문이다.

先生의 詩를 文學的 側面으로만 보는 데는 問題가 없지 않다. 다음 詩들을 읽고 그 境遇를 살펴보고자 한다.

高齋瀟灑碧山傍　　祇有圖書萬軸藏
東澗遶門西澗合　　南山接翠北山長
白雲夜宿留簷濕　　淸月時來滿室凉
莫道山居無一事　　平生志願更難量
　　（丙戌(1526)年 26歲에 읊은 「山居」詩）

이 詩의 7·8句「莫道山居無一事 平生志願更難量」은 先生이 한 平生 이룩하고자 한 志願(設計)이 表明되어 있다. 이 詩를 읊은 26年 뒤인 辛亥(1551)年은 官界에서 떠나 溪上에 定居한 이듬해이고 私學(書堂) 敎育을 시작한 해이다. 先生은 溪上書堂에서 앞의「傍」字 韻에 次韻해 온 門人에게 다음 詩를 읊어서 그 때의 志向을 보였다.

舍舊遷新此水傍　　君尋巢拙謂堪藏
蘷蚿本不知多少　　鳧鶴寧須較短長
萬卷芳塵吾有慕　　一瓢眞樂子非凉
因思卄六年前事　　東海添愁浩莫量
　　（辛亥年에 읊은 「次金惇叙所和李庇遠見和傍字韻律詩」詩）

小科 前에 設定한 이 志願(理想)을 實現하고자 甲午(1534)年 以後 18年間 公職生活을 하였다. 26年 뒤인 50代 初에 이르러서도 20代 末에 設計한 志願에는 변함이 없을 뿐 아니라, 오히려 뜻을 펴지 못한 愁心이 東海보다 더 컸음을 이 詩에다 읊어놓고 있다. 이와 같이 退溪 詩는 出處할 때의 志行과 事業을 展開한 全 生涯가 叙事(說)的으로 吟咏되고 있음에 注目해야 한다.

또 退溪詩는 生活의 實踐 記錄이며 理想 實現의 過程을 壓縮 点綴해 두고 있다는 사실을 看過해서도 안된다. 例를 든다면 大部分이 遺集에 실려 있는 33歲 癸巳(1533)年의 南行錄 詩 109首하고 그 해 여름부터 초가을에 걸쳐 읊은 西行錄詩 39首나, 京畿·忠淸·江原道의 摘奸과 災傷을 目的으로 御史行次하여 읊은 使行錄, 또 66歲 때의 丙寅道病錄 같은 詩는 모두 生活의 日錄이며 거기 적힌 序·後叙·附注들은 年譜에 譜注로 補足해 두어야 할 行歷인 것이다.

15歲에 읊은 「石蟹」

負石穿沙自有家　　前行郤走足偏多
生涯一掬山泉裏　　不問江湖水幾何

는 少年期의 宇宙觀이 드러나 있고, 19歲의 「詠懷」

獨愛林廬萬卷書　　一般心事十年餘
邇來似與源頭會　　都把吾心看太虛

에는 源頭 理會와 太虛 認識을 闡明한 詩이다. 뿐만 아니라 더욱 重大한 事實은 젊은 時節에 읊은 이 詩와 卒年인 庚午(1570)年 九月 陶山書堂에서 生涯 마지막으로 啓蒙을 講義하고 읊은 詩와는 脉絡이 貫通하고 있다는 点이다. 19歲作인 「詠懷」를 읽고 그 詩를 記憶한 後 70歲 때 門人에게 읊어준 「巖栖讀啓蒙示諸君二首」

白首重尋易學書　　幾多疎謬共修除
方知麗澤深滋益　　慮到先天一太虛

七十居山更愛山　　天心易象静中看
一川風月須閑管　　萬事塵涯莫浪干

의 意味를 새겨보면 50年 동안에 걸쳐 硏鑽한 宇宙觀과 그동안 바른 學問과 敎育事業에 生涯를 바친 熱情을 分辨하게 된다. 따라서 後期의 詩를 理解하기 위해서는 初期의 詩를 먼저 읽고 記憶해 두어야 하고, 初期詩를 먼저 읽지 않고서는 後期詩의 詩心을 解得해 낼 수가 없다.

退溪詩는 이와같이 關連性을 지니고 있는 前後詩가 많은 것이 特徵이다. 그러므로 그 特徵을 알고 읽을 수 있게 吟成順序에 맞추어 編纂해 둘 必要가 切實하다. 年代別, 季節順, 月日次로 可能한 限 系統化 體系化해 두면 事業의 進行, 思想의 展開, 生活의 變化, 敎育의 過程을 昭然하게 理解할 수 있고, 理想 成就의 分期 區劃도 쉽게 할 수 있다.

2. 詩文集 統合 整理의 必要性과 改編

古典 漢籍의 國譯은 한글 專用化와 漢文 敎育의 塗敗的 文化敎育政策 때문에 民族文化 命脉 維持의 名分을 가지고 겨우 推進되고 있다. 先進 民族文化 遺産의 保存 承繼와 漢文 文化圈에서의 文盲孤立을 막기 위해서 消極·劣惡한 政府 支援下에서도 民族文化를 사랑하고 國家 將來를 걱정하는 有志者에 依하여 苦難을 무릅쓰고 譯刊事業을 해가고 있다.

退溪先生 文集도 財團法人 民族文化推進會가 詩文·雜著의 一部를 뽑아서 飜譯하여 古典國譯叢書 21로 刊行(1968·8)하였고, 社團法人 退溪學硏究院에서 國會의 議決을 거친 政府支援으로 叢書 刊行 (1989·12)을 시작하여 1992年末에 詩 內集 五卷(李家源博士 譯注)과 書 44卷의 譯刊까지 마쳤으며, 韓國精神文化硏究院에서도 院外人士 (辛鎬烈)에게 依囑 飜譯하여 1990年 9月에 詩編 內集 다섯 卷을 譯刊하였다. 이에 앞서 個人的으로는 最初로 李家源 博士가 退溪學報를 통하여 詩譯注를 揭載하였고, 1987年 11月에는 正音社에서 李家源全書 第24輯으로『退溪詩譯注』라 題하여 內集 第5卷까지의 詩를 譯注하여서 刊行하였다. 한편 嶺南大學校 李章佑 博士는 退溪學報 第52輯(19)부터『退溪詩譯解』를 連載하기 시작하여 현재 21回까지 完了하였다. 大漢學者인 위 세 분의 譯解는 우선 詩集 5卷까지라도 譯解하는데 있어 難澁한 詩의 고리를 풀어 주었기 때문에 그 功績을 높이 기려야 하겠다. 한편 이들 譯注에 앞서 蘆厓 柳道源의『退溪先生文集攷證』과 廣

瀨 李野淳의 『要存錄』의 先行 注釋이 退溪詩(學) 硏究나 譯注에 많은 도움을 주었다.

(1) 內·外·別·續·遺集 統合 整理의 必要性

앞에서 밝힌 바와 같이 詩集 譯注는 어느 譯刊이든 현 時点에는 內集 5卷까지 進行되지 못하고 있다. 遺集이 行于世하고 있고 內集 詩의 飜譯만으로는 滿足할 수 없기 때문에 內集 외의 詩도 譯注者가 繼續 飜譯을 推進하고 있을 줄 믿는다. 『要存錄』에는 外·別集까지 注釋이 되어 있는데 續·遺集의 注釋은 今人에 의하여 譯注가 이루어져야 한다.

그런데 이미 이루어진 譯解 注釋은 모두 文集 編次順에 따라 飜譯을 해 놓았다. 그렇기 때문에 年代順으로 吟成한 詩作 過程이 전혀 考慮되지 못하고 있다. 따라서 生活의 一代記的 探究와 思想의 變化, 敎育의 展開過程을 系統的으로 理解하는 데는 여러 가지 問題가 있다. 具體的인 事例를 들어보면,

첫째 33歲 때의 南·西行錄詩 148首 중에서 內集 첫머리에 실은 「過吉先生閭」, 「月影臺」, 「矗石樓」 외의 詩도 內集 卷1에 吟成順으로 適宜 編成해야 하고 그 전에 읊은 15歲의 「石蟹」, 18歲의 「野池」, 19歲의 「詠懷」, 24歲 때 龍壽寺에서 읊은 聯作句, 26歲의 「山居」, 29歲의 詩들을 차례대로 33歲作 앞에 編集해 놓아야 修學 藏身期의 生活思想을 體系的으로 理解할 수가 있다.

둘째 文集에는 같은 때 같은 題·韻으로 읊은 聯詩가 內集에 1首, 續刊集에 몇 首씩 흩어져 실려 있는 경우가 여러 篇 있는데 이들 詩는 모두 찾아 合編해야 하고,

셋째 重複 登載된 詩도 몇 篇 있는데 疊詩는 골라내어 刪去해야 하며,

넷째 吟成 時期가 다른 「山居」 詩가 「芝山蝸舍」 詩 第1首로 合編된 것과 같은 경우는 詩題를 붙이고 그 자리에 맞게 分編해야 하며,

다섯째 目錄에는 실렸으나 詩가 없고 詩는 실렸으나 目錄에 빠진 경우는 둘이 일치되게 정리를 해야 한다.

(2) 逸失한 詩의 收錄과 季節·月日順 改編

많지는 않지만 旣刊 文集에 실리지 않았거나 逸失目錄에 詩題는 실렸지만 그 詩가 文集 외의 文獻이나 다른 詩의 序에 記錄되어 있던 詩는 함께 收錄해야 한다.

詩中에는 年·月·日·節候를 詩題로 쓴 경우도 있고 혹은 後叙와 詩의 附注로 밝혀 놓은 경우도 있다. 外·遺集에는 吟成 年代順으로 編集되어 있지 않지만 餘他의 詩卷은 그런대로 그 順序가 維持되고 있다. 各各의 詩卷을 따로 떼어 볼 때는 큰 불편이 없으나 다섯 詩卷의 詩를 통합 改編하는 경우에 있어서는 時期에 맞게 編輯하는 것이 매우 중요하다.

본 改編에 있어서는 먼저 月日을 밝혀 놓은 詩를 基準으로 하고, 다음으로 詩 本文을 통해 그 節候를 규명해서 四季를 맞추었으며, 때가 分明하게 나타나지 않는 送迎詩와 挽詞나 題詠 같은 詩는 先生의 行歷을 基準으로 하고 當該 人物의 行狀을 搜聞 採錄하여 그 時期에 맞추어 配列하였다. 文獻 資料의 부족과 後孫의 所在不明으로 攷證을 다하지 못한 一部는 그 해 末尾나 大全 後尾의 年代 未詳篇에 실었다.

3. 改編한 九種의 實際

○ 文集 統合 整理의 原則

文集의 刊行 順次 대로 內集·外集·別集·續集의 順으로 하고, 時期를 분명하게 記錄해 둔 詩는 그 날짜 차례로 配列하였다. 文集 刊行에 있어 外集과 別集은 거의 동시에 編刊한 것 같다. 吟成 年代를 아는 詩는 別集에 실어 먼저 묶은 것 같고, 나머지는 外集에 묶다가 그 후 追加 收集된 詩도 합쳐둔 것으로 생각된다. 內集이란 말을 쓰기 앞서 元集이라 부르다가 元集의 續集을 만들 때에 續內集이라 함으로써 최초에 編纂한 元集이 內集으로 改稱된 것 같다. 그 編輯의 時間的 차이는 약간 있으나 李家源 博士에게 諮問을 받아 內·外·別·續·遺集으로 順序를 定했다. 時期 未詳의 詩 配列에도 이 원칙은 適用되었다.

○ 主要 改編詩의 例
① 合編의 部

病慵〔內集·卷 2 張 15, 別集·卷 1 張 70〕

이 詩는 乙卯(1555)年作이고 같은 詩題 같은 韻〈「嘱」「慵」〉이다. 內·別集 順으로 配列하였다.

次韻黃新寧仲擧〔內集·卷 2 張 28, 別集·卷 1 張 71~72〕

이 詩도 乙卯年作이고 같은 詩題에 韻도 같다. 內·別集 순으로 配列하였다.

遊太子山盤石〔內集·卷 2 張 39, 別集·卷 1 張 73~74〕

이 詩는 丁巳(1557)年作이고 韻은 다르나 詩題는 같다. 內·別集 순으로 配列하였다.

答仁仲〔內集·卷 2 張 43, 別集·卷 1 張 75〕

이 詩는 戊午(1558)年作이고 別集에 「和仁仲」으로 題하였다. 內·別集 순으로 配列하였다.

家兄以賑恤敬差往本道聞寒食來家山遶奠滉拘官在京無計助參因思去年秋滉以京畿災傷御史行到朔寧等處值九日作詩三首錄寄仁遠仁遠和詩來京適值寒食吟詩念事情感倍劇旣以詩答仁遠復次元韻奉家兄〔別集·卷 1 張 10~11, 遺集·卷 1 外篇 張 8(一首見別集)〕

이 詩는 壬寅(1542)年作이고 遺集에 「一首見別集」이라 하였다. 別·遺集 순으로 배열하였다.

三月三日對雨次韻答黃仲擧仲擧時奉使到長髻〔別集·卷 1 張 47, 續集·卷 2 張 6(一首見別集)〕

이 詩의 續集 詩題는 「次韻答黃錦溪奉使到長髻見寄」이고 두 詩의

「翁」과 「通」韻은 같으며 續集에는 「一首見別集」이라 하였다. 辛亥 (1551)年 作이고 뒷 詩題는 號를 썼기 때문에 字를 쓴 앞 詩題를 취하고 別·續集 순으로 배열했다.

　　黃仲擧回自平海溫井靑松李公幹以十絶邀之近公幹來觀余往見之仍同侍月川之會暮歸過汾川公幹出詩辱示追次韻奉寄兼呈大成大用　〇七八兩絶見別集[別集·卷 1 張 52, 遺集·卷 2 外篇 張 28~29]

이 詩는 壬子(1552)年作인데 別集의 詩題는 소략하게 「次韻答李公幹」으로 되어 있고 7·8 두 絶이 실려 있으므로 遺集의 소연한 詩題를 취하고 그 詩도 앞에 실었다.

　　白巖東軒濯纓金公韻[續集·卷 1 張 1, 遺集·卷 2 外篇 張 5]

이 詩는 같은 韻 같은 詩題이므로 遺集의 詩題는 없애고 續·遺集 순으로 배열하였다.

　　次韻琴大任[續集·卷 1 張 2, 遺集·卷 2 外篇 張 17~18]

이 詩도 題·韻이 같다. 遺集의 詩題는 없애고 續·遺集 순으로 배열하였다.

　　漾碧亭次趙季任韻[續集·卷 1 張 12~13, 遺集·卷 1 外篇 張 12(二首見續集)]

이 詩의 題·韻도 같다. 遺集의 詩題를 없애고 續·遺集 순으로 배열하였다.

　　古里店(岾)下得泉石佳處名曰靑溪戲題[續集·卷 2 張 16, 遺集·卷 1 外篇 張 19(一首入續集)]

이 詩는 後者가 「店」이 「岾」으로 되어 있고 續集에는 五言律詩 一首, 遺集에는 七言絶句 一首가 실려 있다. 後者의 詩題만 없애고 續·遺集 순으로 배열하였다.

二十日喜士敬來訪雪中因次其近寄五言律詩韻二首〔續集·卷 2 張 32, 遺集·
卷 1 內篇 張 6〕

이 詩는 遺集 詩題에「韻二首」가 詩 아래 더붙어 있어서 遺集의 詩題를 취하고 그 詩도 앞에 실었다.

② 聯編의 部

같은 때에 다른 題·韻으로 읊었거나 같은 詩題 하에서 다른 律格으로 읊은 詩는 한 곳에 모으고 이어서 編集하였는데 다음 詩들이 이 部에 속한다. 이 경우에는 詩題를 그대로 두었다.

贈別應順〔內集·卷 2 張 34〕, 丙辰(1556)年作
　　昧道龍鍾我可吁　君今年少莫功疎　來窮象數雖臻妙　去入宮牆恐落虛
　　千聖源流閩洛學　六經堦級魯鄒書　由來此事難容躐　萬里行從一步初
贈別應順 金命元 ○丙辰〔別集·卷 1, 72〕
　　羲文千古意何如　林下婆娑樂有餘　此日送君吟細律　他年思我寄長書
　　窮通久識盈虛妙　學問多慙敬義疎　大業必從勤苦得　忍同流俗一生虛

奉酬南時甫見寄〔內集·卷 2, 張 34〕丙辰(1556)年作
　　與君不相見　時序去堂堂　綿延各抱病　寂寞兩韶光　所希在往躅
　　所服曾迷方　解牛有餘地　摧苗斯自傷　相思欲相勵　關嶺阻風霜
　　緘辭寄歸鴈　悵望西雲蒼

奉酬南時甫彦經 見寄〔別集·卷 1, 張 72〕
　　聖門言達不言悟　功在循循積久中　旣道無爲便說誤　如何自說落禪空

歲終琴聞遠琴壎之金子厚將歸示詩相勉亦以自警警安道三首〔內集·卷 2, 張
　　42〕丁巳(1557)年作
　　翰墨爭名已喪眞　那堪擧業又低人　可憐往日如奔駟　來歲工夫盡日新
　　科目焉能累得人　學通諸理可兼伸　如何滿世英才美　一落終身未轉身
　　生爲男子不訾身　此事何須讓別人　齷齪無成應坐懦　從今怒力競時辰
歲終齋生琴聞遠琴壎之應壎金子厚堞將歸示詩相勉亦以自警警安道〔別集·卷
　　1, 張 74〕丁巳(1557)年作
　　科目掀飜失友朋　寂寥林下坐如僧　況君所業非吾長　來往相從愧莫勝

舟中示南時甫己未○春東歸時甫追及於大灘同舟而行〔內集·卷 2, 張 46〕(己未
(1559)年作)

晩靄濃仍晩　春山遠欲無　江湖生錦浪　林野著屏圖　物理何曾隱
人情自未符　歸舟深載病　白日照襟孤
舟行東歸南時甫追至大灘同行有絶句次韻 己未〔別集・卷 1, 張 77〕
　　學到能尋考亭緒　方知河伯謾誇河　我曾用力嗟無得　心切還堪愧老婆

次韻金舜擧見寄三首〔內集・卷 3, 張 36〕辛酉(1561)年作
　　近歲衰門理頗茫　祖先流慶訝空長　寧知六七聯中表　併捷科名慰在亡
　　躬敎我雖慙慶建　賀詩君擬學蘇黃　諷吟斗覺光增戶　春氣融融發顯商右
舜擧以孫兒安道參蓮榜稱慶故云
　　詩思超然接混茫　謀生雖拙興何長　名登仕籍身前郤　粟在官倉食繼亡
　　處世豈能容季孟　游心常欲反羲黃　病夫向壁經三日　始信言詩許賜商
　　少年求道指淳茫　白首窮經意更長　我自病閒非世棄　人由欲汩豈心亡
　　霜淸漲潦凝寒碧　葉滿山林爛赤黃　安得與君同賞詠　春容金石協宮商
次答金龍宮舜擧〔內集・卷 5, 張 25〕
　　白髮趨朝意緒茫　患深梟鶴短兼長　虛名縱被曾成誤　苦節猶思晚補亡
　　天地有恩寬老疾　巖廊多事辨驪黃　兩詩來慶雖堪荷　只愧褒言太欠商
　　夢裏春歸已杳茫　思君長夏奈愁長　居窮正似韓延座　遇病還如孔瞰亡
　　魚樂本無分物我　木生那更願靑黃　君看競利人間者　不恥要錢子母商

豊基館答趙上舍士敬時士敬寄詩來頗譏余行適聞其有恭陵參奉之命故詩中戲云〔內
　　集・卷 4, 張 10〕丙寅(1566)年作
　　有鳥辭林被網羅　林中一鳥笑呵呵　那知更有持羅者　就擇渠巢不柰何
病留豊基時士敬寄詩頗譏余行而適聞其恭陵參奉之除故詩中云〔遺集・卷 1,
　　內篇, 張 6〕

　　不作區區巧剪縫　經綸誰繼古人風　願當泰運猶防患　竟使畸人自屛傭
　　自愧屠生不滿隅　病中嚴召每難趨　君方笑我爲狼狽　未識君無狼狽無
　　唐虞事業等浮雲　手著應殊耳所聞　莫說源頭吾已辦　恐君當局亦將紛

丹山贈金季應〔內集・卷 4, 張 27〕丁卯(1567)年作
　　雲容浩浩雨浪浪　盡日軒窓攪別腸　好待龜城重握手　中秋月色正如霜
冒雨踰嶺抵丹山見金季應於校樓叙意說病以虛憊怯風不能久坐別來郡館枕上
聞雨悵然三絶句 一首見元集〔遺集・卷 1, 外篇, 張 18~19〕
　　遷客佇聞恩赦日　病臣強赴誤徵時　相逢卽席還相別　感淚無端各欲垂
　　一別俄驚二十年　白頭同病自相憐　因思昔日相從友　幾在人間幾下泉

③ 疊載의 部

聖泉寺示李大成 己丑〔遺集·卷 2, 外篇, 張 26〕
　食罷歸來丈室淸　床頭書冊亂縱橫　良辰易過若風雨　好客同來如弟兄
　顧我獨悲多外事　如君豈合久無名　落花啼鳥愁如海　那得春醪萬斛傾
己丑春與李雲長同在聖泉寺作〔遺集·卷 1, 內篇, 張 8〕
　＊詩는 오른쪽의 外篇 詩와 같음

이 詩는 己丑(1529)年 作이다. 外篇의 詩題를 취하고 內篇 詩題를 없앴다. 李大成(名·文樑, 號·碧梧, 聾巖의 二子)과 李雲長(名·元承, 號·靑巖, 碧梧의 子)은 父子間이며 29歲의 先生과 17歲 아래인 靑巖이 聖泉寺에서 함께 합숙 讀書했다고는 보기 어렵다. 李家源 博士도「好客同來如弟兄 顧我獨悲多外事 如君豈合久無名」의 詩句로 보아서 聖泉寺에는 碧梧와 함께 있었으며 外篇 詩題를 취하는 것이 옳다고 하였다.

寄李雲長 庚寅〔遺集·卷 2, 外篇, 張 26〕
　鷄黍從前約歲殘　我行還愧月虧團　江天雪裡逢僧處　惆悵難尋鶴駕山
　立馬江邊風雪摧　遇逢僧者說山回　早知說到乖逢事　何似和山莫□來
　龍宮來路逢鶴駕僧聞雲長在其山作詩送之
龍宮路中附鶴駕山僧寄山中李大成〔遺集·卷 1, 內篇, 張 7〕
　＊詩는 오른쪽의 外篇詩와 같음

이 詩는 庚寅(1530)年 作이다. 外篇의 詩題를 취하고 內篇 詩題를 없앴다. 後者의 內篇 詩題는 外篇詩의 後注를 改作한 것 같다. 李家源 博士의 校堪에 따라 後注를 중시하여 靑巖에게 부친 詩라고 假定하나 의심이 없지 않다. 前年度에 碧梧와 함께 聖泉寺에서 讀書하였기 때문이다.

④ 分編의 部

山居〔內集·卷 1, 張 10〕丙戌(1526)年作

이 詩는 內集 卷 1 張 10에「芝山蝸舍」詩의 第1首로 合編되어 있는 것을 辛亥(1551)年 作「次金惇叙富倫所和李庇遠見和傍字韻律詩」의

詩序에 의거하여 吟成年條에 맞추어 分編하고 詩題는 李家源 博士의 案대로 「山居」라 하였다.

  * 元所載와 分編 考據

    芝山蝸舍 〔內集・卷 1, 張 10〕
      高齋瀟灑碧山傍　祇有圖書萬軸藏　東澗遶門西澗合　南山接翠北山長
      白雲夜宿留簷濕　淸月時來滿室涼　莫道山居無一事　平生志願更難量

이 첫 首를 「山居」로 하고 分編한다. 〔丙戌(1526)年作〕

      卜築芝山斷麓傍　形如蝸角祇身藏　北臨墟落心非適　南把烟霞趣自長
      但得朝昏宜遠近　那因向背辨炎涼　已成看月看山計　此外何須更較量

이 詩만이 「芝山蝸舍」 詩로 남는다. 〔辛卯(1531)年作〕

    次金惇叙富倫所和李庇遠見和傍字韻律詩 〔別集・卷 1, 張 50〕 辛亥(1551)
      往在丙戌歲　家兄游泮宮　余侍親在兄舍　甞於西齋吟一律　高齋蕭洒碧
      山傍云云以寄兄　兄亦和之　辛卯　余有小築於芝山之麓　又用傍字韻以
      紀事　自始至今　已二十有六年　其間存没悲歡　無所不有　而余移三徑
      於退溪　庇遠不以芝築爲隘　就而居之　又得余前後兩律詩　粘置齋壁
      昨惇叙聞遠往訪　則和其韻示之　惇叙亦次韻　幷携以見示　攬今追昔
      不勝慨嘆　爲之奉和　以呈庇遠　兼示二君云
      舍舊遷新此水傍　君尋巢拙謂堪藏　蘷蚿本不知多少　鳧鶴寧須較短長
      萬卷芳塵吾有慕　一瓢眞樂子非涼　因思卄六年前事　東海添愁浩莫量

⑤ 索詩의 部

    石蟹村 〔上溪宗宅光明室所藏 年譜補遺〕 辛丑(1541)年作
      秋山欲瘦溪水淸　照日楓林霜後明　村童訝客未曾見　肖立黃花無送迎

이 詩는 京畿災傷御史로 出使한 41歲作인데 漣川 石蟹村에 들렀을 때에 읊은 것이다. 逸詩目錄에 들어있는 것을 1988年에 著者가 찾아 『退溪家年表』에 싣고 이번에 編入하였다.

    霞明塢 〔上溪宗宅光明室所藏 年譜補遺〕 壬寅(1542)年作

第 4 章 退溪詩大全의 發凡   439

  出世嗟身病 歸田幸累輕 霞明符昔夢 天齋相新營
  水近桃花漲 山邀契會英 但無違素志 眞箇得平生

이 詩가 《年譜補遺》에 傳하고 逸詩篇에도 目錄에 들어 있으나 壬寅年 2月 20日 밤 夢中에 얻은 「山後村」 詩와 꿈을 깨고 完成한 「足夢中作」 詩하고 混線을 일으켜 진작 編入시키지 못하고 있었던 듯하다. 關係 있는 詩와 詩序를 附記하고 霞明洞 卜地 由來를 적어 둔다.

  足夢中作序. 壬寅二月二十夜 夢遊宣城山水間 最後自今卜居處 踰一嶺得
  一村莊 名曰山後村 人家籬落瀟洒 鷄犬閒間 陂塘水滿 稻秧新挿 刻刻然
  盈疇 過村而入 山回水轉 溪谷窈窕 洞府深邃 天日朗然 草木葱瓏 桃杏
  杜鵑花之屬 處處爛發 遂出入溪澗 恣意探討 因吟一句曰 春晚山中別有花
  夢中自覺了了然 方欲綴其下 忽欠伸而寤 鼕鼕五更鼓矣 余不知是何境
  而是何祥耶 足成一絶以寄兩兄云 霞明洞裏初無路 春晚山中別有花 偶去
  眞成搜異境 餘齡還欲寄仙家 〈壬寅 2月 21日〉

이 詩를 받아 읽고 四兄 溫溪公은 다음 次韻詩로 和答했으나 兄 한 분은 누구였는지 알 수 없다. 伯氏 潛과 叔氏 漪는 旣没이므로 仲氏 河와 五兄 澄 중 한 분일 것이다.

  絶勝林巒窈窕處 無人開落幾春花 相期早晚歸休日 薄業溫溪有兩家 〔溫
  溪先生文集〕

이렇듯 歸還의 懇切한 望鄕 끝에 얻은 詩 夢中作과 霞明洞을 뒷날 歸鄕 때 實地 踏尋하여 卜定하고 霞明塢 詩를 읊게 되었다.

  早春由豊基沿牒到郡用軒韻 〔內集・卷 4, 張 11~12〕 己酉(1549)年作
  庭院高明竹柏靑 春寒猶自透簾旌 一杯笑說從前事 來往浮生似泛萍
  病中猶未息波瀾 客路塵埃撲馬鞍 何似襄陽醉李白 銅鞮爭唱滿街間

이 詩는 지었던 己酉(1549)年篇에 실리지 아니하고 18年 後인 丙寅 (1566)年篇에 「十三抵醴泉再辭待命呻吟之餘見軒有己酉經行拙句有感二絶」 詩의 附錄으로 실어 놓았다. 詩題가 말하듯이 「早春由豊基沿牒到郡(醴泉)」은 己酉年의 重要한 事蹟이다. 그냥 둬서는 行迹도 不明하고

丙寅年詩를 읽을 때에야 읽게 되며 經歷도 알 수 없기 때문에 제자리를 찾아 옮겼다. 더구나 이때 星州의 都會 考官으로 가는 길에 들려서 읊은 詩이므로 그 앞의 두 詩도 함께 아울러 읽어야 한다. 이제까지 譯詩者들은 豊基郡守인 先生이 왜 醴泉에 들렀는지에 대하여 그 까닭을 밝히지 않았는데 그 原因은 詩의 元編集 때문이라 보여진다.

  次朴和叔韻 〔思菴文集·卷 1, 張 33., 諸賢護送出京關〕
   許退寧同賜玦環 諸賢相送指鄕關 自慙四聖垂恩眷 空作區區七往還

이 詩는 1569年 3月 先生이 마지막 서울을 떠날 때 渡江에 앞서 思菴 朴淳이 읊은 詩에 和答한 詩이다. 詩題에 「東湖舟上奇明彦先有一絶」에 이어 「朴和叔繼之」라 하고 詩二絶을 聯編해 두었기 때문에, 奇·朴公이 送別詩를 읊은 것은 알 수 있으나, 先生詩는 어느 詩가 누구에게 答한 詩인지 分別이 쉽지 않다. 思菴에게 준 詩를 떼어서 詩題를 붙이고 이어 편집한다. 思菴의 詩「送退溪先生還鄕」詩 '鄕心未斷若連環 一騎今朝出漢關 寒勒嶺梅春未放 留花應待老仙還'도 함께 실었다.

  次梅鶴亭韻 〔善山 孤山의 梅鶴亭 詩板에서〕
   和靖風流百歲前 一生梅鶴伴湖邊 天香自是同孤潔 雲翮由來謝縶牽
   已慕嘉名君得地 欲求勝景我尋船 胎仙莫恨梅花瘦 弄筆張顚樂趁年

이 詩는 孤山 黃耆老의 祖父 橡亭 黃璞의 梅鶴亭 原韻을 次韻한 詩이다. 1992年 6月 15日에 善山郡 高牙面 禮江洞 江亭 寶泉 위에 있는 梅鶴亭에 著者가 직접 가서 詩板을 寫草해 와 실었다.

  次後凋堂韻 〔善山邑誌〕
   孝於百行是源頭 遺澤能令世嗣休 況有高亭來牧伯 籠題前後壁間留

이 詩는 善山郡 山東面 夢臺里 後凋堂 朴英美의 詩를 次韻한 詩이다. 1992年 7月 6日 龜尾文化院 申基道가 求해준 善山古邑誌에서 찾아 실었다.

 ⑥ 行狀 考據의 部

第 4 章 退溪詩大全의 發凡　441

內集에도 詩에 登場하는 人物의 行狀과 相差되게 編載해 놓은 詩가 더러 있다. 또 外·別·續·遺集의 吟成 時期 不明詩는 行狀에 依據하여 改編하였으니 다음 各詩가 그 例이다.

　　湖南卞成溫秀才字汝潤來訪留數日而去贈別五絶〔內集·卷 3, 張 34〕

이 詩는 辛酉(1561)年에 실려 있었으나 아래와 같이 第二首의 附注에 그 時期를 明記해 두었기 때문에 이를 根據로 하여 庚申(1560)年 篇에 옮겼다. 河西 金麟厚의 卒年은 庚申年이다.

　　河西蓬館舊同遊　炎去修文白玉樓　今日逢君門下士　話君終夕涕橫流 河西
　　金厚之汝潤嘗從游厚之今年下世

　　寄湖西監司閔景說二首〔內集·卷 3, 張 35~36〕

이 詩는 辛酉(1561)年에 실려 있었으나 己卯(1555)年篇에 옮겨 실었다. 閔箕字景說가 忠淸監司로 在任한 때는 己卯年이다.

　　次韻朴監司見寄二首〔內集·卷 5, 張 11〕

朴監司의 名은 啓賢이고 丁卯(1567)年에 慶尙監司를 지냈다. 戊辰(1568)年에 실려 있던 詩를 丁卯年 篇으로 옮겨 실었다.

　　聾巖李相公招滉同游屛風庵 庵在汾川上絶壁〔別集·卷 1, 張 29~30〕

이 詩가 丁未(1547)年에 실려 있었으나 聾巖年譜의 己酉(1549)年 9月條에 根據하여 己酉年 篇으로 옮겨 실었다.

　　聾巖年譜., 丁未條　三月與退溪遊箭水上　七月與退溪及仲擧泛舟遊簟石
　　　　　　　　　　八月送退溪上京
　　　　　　　　己酉條　九月與溫溪退溪遊屛風岩　因泛舟汾江　時溫溪自湖管
　　　　　　　　　　　退溪自基川還鄕　是日先生子仲樑　以三陟來觀

　　病中贈別洪同知太虛謝恩赴京〔續集·卷 1, 張 13〕
　　　東海病人須藥物　玉皇聘使達詩書　春風不及都門別　悵望星槎指紫虛

이 詩를 辛丑(1541)年에 실어 두었으나 洪太虛(名·曇, 1509~1576) 가 謝恩使로 明京에 간 것은 乙卯(1555)年 正·2月이기 때문에 乙卯 年篇으로 옮겨 싣는다.

題子中關東行錄〔外集·卷 1, 張 26〕

外集에 실려 있어서 年代未詳이다. 子中은 文峯 鄭惟一의 字이고 다음과 같은 行略에 依據하여 乙丑(1565)年篇에 編入하였다.

行狀., 蒐輯鄕中諸言行文詞　爲閒中筆錄　江原佐幕時　記其山水樓臺之勝
　　　爲關東錄
　癸亥　眞寶縣監
　乙丑　江原都事
　丙寅　成均直講, 司諫院獻納
　戊辰　禮安縣監
　己巳　榮川郡守

謝伯榮送靑石硯〔外集·卷 1, 張 3〕
　靑石硯從遼地産　麟山遠寶寄陶山　方知老筆如神助　鶴海天風入座寒

伯榮은 山南 金富仁의 字이며 己巳(1569)年 2月에 平安道 昌城府使로 出宰하였다. 靑石은 遼東에 있는 靑石嶺이고 麟山은 義州에 있다. 이 詩는 山南 行狀에 依據해서 己巳年 篇에 編入하였다.

挽金上舍可行〔外集·卷 1, 張 3~4〕
　名薦芙蓉榜　人間四四年　不嫌身晦約　叵耐病纏綿
　棣夢長辭樂　芝蘭未畢緣　最傷終訣語　歷歷在人傳

이 詩의 主人公인 進士 金可行은 烏川의 金富信이며 丙寅(1566)年 10月 23日에 卒하였다. 卒年에 맞추어 丙寅年篇에 編入하였다.

答朴豫叔時爲忠淸監司(庚子)〔續集·卷 1, 張 4〕
　竹嶺巉天翠欲流　遙知玉節望中留　詩來說著東湖別　無限新愁帶舊愁

詩의 主人公인 朴豫叔의 名은 素立이고 咸陽人이며 逍遙堂 朴世茂의

아들이다. 乙卯(1555)年에 登科하여 庚午(1570)年에 忠淸監司로 있었다. 이 詩는 詩題下에 「庚子」라 細注하였으나 「子」는 「午」의 誤記이므로 庚午年篇에 編入하였다.

十月日奉贈李季雅令公出按嶺南 〔遺集・卷 1, 外篇, 張 12〕
嶺海雄都號劇繁　分憂深覺睿心存　當年身作布衣謫　今日人迎□□□

이 詩의 主人公인 李季雅의 名은 淸이고 韓山人이며 李德潤의 子이다. 辛丑(1541)年에 慶尙監司로 出按하였기 때문에 辛丑年篇에 編入하였다.

贈別李大成赴平陵 〔遺集・卷 2, 外篇, 張 28〕
官銜元自不關人　幾作人心鏡裡塵　聞道碧梧驚昨日　主人御馬官轉新

詩의 主人公 李大成의 名은 文樑이고 號는 碧梧와 松筠이다. 平陵은 江陵府의 驛路名이며 庚申(1560)年에 平陵察訪으로 在任하였기 때문에 庚申年篇에 編入한다. 그 때 妹夫인 山南 金富仁은 江陵判官으로 勤務하였다. 江陵에 駭怪罔測한 倫喪事件이 일어나서 觀察使, 府使, 判官, 察訪이 同時에 罷職되는 바람에 이내 물러났다.

挽朴上舍 珩 〔外集・卷 1, 張 11〕
大節潘南後　冲然秀氣鍾　斂華無慕外　守道儘安窮
謝寶庭階列　于門駟駕通　忽聞封馬鬣　衰淚落秋風

詩의 主人公 朴進士 珩은 嘯皐 朴承任의 父親인데 嘯皐年譜 己酉(1549)年 6月條의 「丁外憂」에 依據하여 己酉年篇에 編入하였다.

⑦ 序・注 依據의 部

陶山送鄭子中赴關東慕 時子中以眞寶縣監陞除 〔外集・卷 1, 張 25~26〕
憶衣搜災史　關東只傍西　瀛洲無夙分　魂夢奈長迷　雪嶽臨瑤海　銀湖帶玉溪　臥遊吾晩興　憑子好評題　往在壬寅歲奉命檢災于關道所檢五邑皆在嶺西遂使義之長抱岷嶺之恨故云乙丑季夏陶山病逸叟書

이 詩는 外集에 無順으로 실려 있지만 詩題下 細注와 後注가 仔細히 달려 있다. 注에 依據하여 乙丑(1565)年 6月에 編入하였다.

朴顯哉將行求言聊道所感幸勿爲外人云也〔遺集·卷 2, 外篇, 張 23~24〕

이 詩는 竹川 朴光前에게 준 五首 聯作이다. 遺集詩는 吟成時期에 關係 없이 混載되어 있고, 竹川行狀에도 先生한테 求言한 記錄이 없으나 詩의 맨끝에 「嘉靖丙寅臘末溪上病叟草」라 注記해 두었으므로 이에 依據하여 丙寅(1566)年末에 編入하였다.

⑧ 本文(詩句) 依據의 部

(1) 李君浩寄五絶病未盡和奉酬三絶云〔遺集·內篇, 卷 1, 張 4〕
百枚乾柿見來希　金橘幷吹香霧霏　欲把墨君酬遠惠　筆端還愧鈍鋒機

(2) 君浩來宜春訪舊有詩遠寄且餉柿橘云〔遺集·內篇, 卷 1, 張 8〕
孝友因心不有希　那知海蜃氣昇霏　朝家賞典來窮巷　感發鄕閭幾善機

(3) 謝李君浩見寄〔遺集·內篇, 卷 1, 張 8〕
記我曾遊地　聞君獨到時　訪人驚鬼錄　得句寄漁磯
共想年顏改　何嗟鬢髮稀　珍投愧南産　報答只空詩
千挺琅玕子所憐　軒窓日對坐無眠　歲寒堪笑吾鄕事　窖裡思君却惘然
君即此君也吾鄕地寒栽竹難活每歲作室謹歲之來詩言對竹相思意故及之
虛名不辨作人豪　善利應難冒一毫　六十六翁身百病　不堪多口臥農陶

이 詩의 年代 推定은 詩 (3)의 「六十六翁身百病」에 依據하여 丙寅(1566)年 66歲篇에 실었다. 詩 (1)(2)는 비슷한 詩題이나 韻과 內容으로 봐서 처음에 和韻한 二絶이다. 그러므로 (2)의 詩를 먼저 싣고 (1)의 詩題는 떼어서 맨 뒤에 붙여 後注로 삼았다. (3)의 詩와 앞의 詩가 若干의 時間差는 있으나 「李君浩寄五絶」에 和答한 詩이므로 幷列 編集하였다. 詩의 主人公 李君浩의 名은 源이고 號는 淸香堂이며 先生과 同庚이다. 慶南 山淸郡 丹山面 培養里에 살았고 先生과 같은 宜寧이 妻家이므로 거기서 만나 知友가 되었다. 조카인 竹閣 李光友를 陶山에 보내어 受學시켰다.

月夜示子中景瑞子强子精而精〔內集·卷 5, 張 13〕
不覺春回近上元　客窓心緒久忳忳　那知昔日山中友　共款今宵月下門
叵耐世途難九折　其如學海渺眞源　故應偸暇相從處　不及林間得細論

詩題의 人物 子中은 文峯 鄭惟一, 景瑞는 栢潭 具鳳齡, 子强은 德溪 吳健, 子精은 藥圃 鄭琢, 而精은 潛齋 金就礪인데 當時 先生 在京中에 모두 出仕 留京中이었다. 詩句의「客窓」,「那知昔日山中友」는 바로 그 때의 情狀을 말하는 것이다. 戊辰年에 편집되어 있었으나「不覺春回近 上元 客窓心緖久忡忡」句로서 己巳年에 읊은 詩임을 알 수 있다.

이 詩가 戊辰(1568)年에 실려 있으나 先生의 行狀과 詩句「不覺春 回近上元」(新年正月十五日前)을 맞추어 보면 己巳(1569)年 新春 正 月十日 以後 보름 전에 읊은 것이 분명하므로 己巳年篇에 옮겨 싣는 것 이 옳다.

  ＊ 戊辰·己巳年間의 先生 處所
  戊辰 正月~五月 在陶山
    六月 出發 上京
    七月 以後 居京 出仕
  己巳 三月三日 深夜까지 詣闕 最後 陳啓 辭退, 東湖 夢賚亭에서 留宿
    三月四日 離京 渡江 出發
    三月六日 楊州 無任浦 着
    三月十八日 陶山 到着

⑨ 年代未詳의 部

以上의 어떤 方法으로서도 吟成年代를 推定할 수 없는 詩는 不得已 年代未詳으로 處理하였다. 다음 詩는「庚子」라고 분명하게 題下에 附 注하였으나 先生이 庚子年에는 한 번도 歸鄕한 일이 없기 때문에 年代 未詳으로 돌렸다.

  三月十六日謁權判書江亭〔續集·卷 1, 張 4〕

  次明農堂韻〔遺集·卷 2, 外篇, 張 27〕

   朝市山林豈一隅　行藏隨處兩難無　孤雲出岫有時返　恰似明農堂裏圖

이 詩는 聾巖 李賢輔 先生이 甲戌(1514)年에 읊은 明農堂 題下에 次韻한 詩이다. 이때 先生이 次韻했다면 現存 詩中에서 最年少作인 14 歲 때의 詩라고 할 수 있으나, 聾巖의 詩序에「幷續和」란 말이 있고,

續和 詩中에는 雲巖 金緣과 溫溪 李瀣의 詩가 있어 聾巖이 末年에 退歸 後 지은 듯하며, 聾巖과 先生의 年令差가 34歲나 되므로 題詩 때 합석해서 次韻했다는 것은 무리가 있다고 해서 年代未詳篇에 싣는다.

한편 이 詩를 先生 14歲作으로 볼 수 있다는 見解는 叔父 松齋詩와 退溪詩는 內容이 符合하고 詩序에 「追和」(聾巖年譜에는 「追和」라고 쓴 譜注도 몇 군데 있음)라 쓰지 않는 点을 들고, 또 한 편 있는 「次明農堂」은 先生이 後日에 지은 詩(42歲〈壬寅〉)이기 때문에 推定도 可能하다고 한다. 年令上으로 보아 詩才가 뛰어나면 戚黨間이므로 叔姪이 함께 가서 지을 수도 있다는 見解이다. 금후의 硏究 課題이다.

이 詩와 關聯있는 資料를 添付해 둔다.

九年甲戌先生48歲三月陞通訓大夫密陽都護府使冬受暇省親題詩明農堂 詩書曰 戊辰秋 余以秋部郞 悶親老乞補永陽 往來無虛月 遂得隙地鑿池作堂 其上畵以歸去來圖 意有在焉 更以密城宰來覲之 壁間之圖畵無恙 而五斗之折吾腰 猶古能無羞愧乎 爺孃在堂勢不得任便 姑吟絶句留題壁上云 龍壽山前汾水隅 菟裘新築計非無 東華十載霜侵鬢 滿壁虛成歸去圖 松齋李公堣 雲巖金公緣 溫溪李貞愍公瀣 退溪李文純公滉 幷續和〈聾巖年譜〉

松齋詩〔松齋詩集, 卷之 2〕
　　病人宜退舊山隅　君亦言歸信有無　何日紋枰亭上對　從君一覘壁中圖
雲巖詩〔雲巖逸稿, 卷 1, 張 2〕
　　次李聾巖明農堂韻
　　小堂臨水架南陽　疊嶂長林隱有無　今日始償□老計　歸歟欣副壁間圖

溫溪詩〔溫溪集・卷 1, 張 14〕
　　次明農堂韻
　　百年形役行休耳　於我浮名豈有無　獨有小堂幽賞足　喜今心事愜前圖

第3節　人名과 地名의 附注

漢詩를 바르게 解讀하자면 詩를 지어본 경험이 있고 많은 詩를 외우고 있을수록 좋다고 한다. 그러나 故事로써 事物과 思想感情을 摸像托意하여 표현을 한 경우에는 中國의 典故를 博覽强記해서 出處는 물론 응용하는 作者의 意圖를 분별할 수 있는 識見이 없지 않으면 안 된다.

先生詩의 解讀에 있어서는 이 밖에 또 다른 負擔을 지니고 있다. 첫째 先生의 生涯 全般을 槪觀하고 있어야 하고, 다음으로 그 詩에 표현된 狀況이 生平事的으로 어떤 過程에 처하고 있는가를 分揀하지 않으면 안 된다.

緖頭에 언급해 둔 바와 같이 退溪詩는 生活과 思想 展開過程의 記錄이기 때문에 前後 生活과 그때마다 읊어둔 詩를 대강은 알고 있어야 한다.

實例로서 丙午(1546)年에 읊은 「晨至溪莊偶記東坡新城途中詩用其韻二首」(一冊에는 詩題의 「溪莊」을 目錄에다가 「溪庄」으로 썼는데 先生이 50歲에 寒棲庵을 지어 定居하면서 「溪庄」으로 썼기 때문에 구별되어야 하므로 이는 誤記이다)를 가지고 살펴보기로 한다. 이 詩에 있어서 人名, 地名, 故事의 理解와 注釋은 바로 退溪詩 譯解에 있어 무엇에 力点을 두어야 하는가 그 方法을 提示해 주고 있다고 본다.

먼저 詩를 읽어 보자.

觸熱朝天病未行　ⓐ溪莊回蠻趁鷄聲　雲山正似①盟藏券　身世渾如戰退鉦②
雨過洞門林氣爽　風生石竇潤音淸　ⓑ山翁笑問ⓒ溪翁事　只要躬耕代舌耕③
朝從溪上傍溪行　纔到ⓓ溪莊聞雨聲　里社行誇宰分肉　詞壇曾笑將鳴鉦
寬閒南野麥浪徧　翠密西林禽語淸　聖主洪恩知不棄　只緣多病合歸耕

이 詩를 바르게 읽고 解釋할 수 있게 하기 위해서는 詩題에 나오는 溪莊・東坡・新城을 비롯해서 詩의 ⓐ溪莊, ⓑ山翁, ⓒ溪翁이란 人・地名을 풀어주어야 하고 다음으로 ①盟藏券, ②戰退鉦, ③舌耕을 釋義하지 않으면 안된다.

여기서 이들 注釋을 必要로 하는 말 중에서 어느 말이 더 중요하고 덜 중요한가의 輕重을 따져보기로 하자. 溪莊은 作者의 居處인 地名에 속하고 新城은 中國 地名이다. 人名에 있어서는 東坡는 中國人이고(詩

를 읽거나 지어본 사람은 蘇軾임을 알고 있음) 山翁과 溪翁은 作者이 거나(溪莊의 村夫로서 現地에 住居하는 人物) 그 곳의 村夫이므로 이 詩의 主人公에 해당하는 人物이다. 擬意語로 쓴 盟藏券과 戰退鉦 및 舌耕은 다같이 故事에서 끌어다 썼지만 前者의 두 말은 過去事를 叙事한 것이고 後者의 舌耕은 未來事를 期約한 宣言的 言志요 呼訴이기 때문에 이 詩 이후에 展開되는 生活과 連繫性을 가지고 있다. 따라서 詩를 읽어서 作者를 알려면 地名(舍名도 地名에 包含시켰다)과 함께 人名도 作者의 것을 把持하는데 重點을 두지 않으면 안된다. 따라서 이 詩에 있어서 가장 중요한 註釋語는 溪莊, 山翁, 溪翁, 舌耕이다. 만일 이 말들을 바르게 理解하지 못한다면 先生과 이 詩는 遊離되고 詩의 主題를 잡을 수 없게 된다. 따라서 이 詩가 가지는 退溪 詩史的 의미는 完全 喪失하게 되고 先生 스스로 밝힌 바 있는 '내 詩는 枯淡하지만 뜻(맛)이 있다'는 詩精神을 알지 못하게 된다.

　注解에 있어 東坡와 新城, 盟藏券, 戰退鉦의 注釋에만 置重하고 溪莊과 舌耕을 輕視해버리면 이 詩가 갖고 있는 主題에서 벗어나고 만다. 溪莊과 舌耕을 한글로 옮겨 놓거나 文字解釋 程度로 直譯하는데 그치면 先生의 生活史와 經營한 事業은 전혀 밝혀지지 않고 退溪라는 人物을 詩에서 뚜렷이 浮刻시킬 수 없게 된다. 더구나 作者 自身을 形象化시켜 놓은 山翁이나 溪翁의 人物을 具象化시키지 않으면 이 詩가 가지는 技法上의 絶妙나 强한 意味性을 놓치고 만다.

　漢詩譯에 있어서 一般的인 傾向이 中國의 故事는 辭書가 豊富하기 때문에 譯注가 詳細하고 지나칠 정도로 親切하다. 反面에 本國의 人·地名은 不備한 辭典類 때문에 한글로만 바꾸어 오히려 原形과의 거리를 더욱 멀게 하는 경우가 적지 않다.

　이 詩에 있어 溪莊은 先生의 庄屋變遷과 그 造成史를 두루 涉獵하지 않고서는 注釋이 不可能하다.

　先生의 庄屋造成史는 平生事業과 思想形成의 脈을 같이 하는 것으로

第 4 章　退溪詩大全의 發凡　449

莊屋	時期	重要記事	關聯詩外	考據
出生家 (老松亭)	一~二〇	淸凉山, 龍壽寺, 月瀾庵, 鳳停寺에서 讀書, 榮州肄業	○石蟹(15세) ○野池(18세) ○詠懷(19세)	
溫溪兄舍 (三栢堂)	二六~三〇	許氏夫人卒, 再娶權氏夫人, 進士·生員合格	○山居., 莫道山居無一事 平生志願便難量	
芝山蝸舍 (善補堂)	三一~四五 (32) (34~35)	文科別擧初試 號 靈芝山人·南行外 西行, 入太學 及第出身	○芝山蝸舍 ○南·西行錄 148首 ○三月三日出遊., 靑雲白石窮幽探 同群糜鹿我素志 ○將東歸對月吟懷	
*京廬	(41) (42)	入讀書堂, 號·芝山 京畿·忠淸·江原 御史	○足夢中作 ○三月病中言志 ○原州憑虛樓有樓州敎金賀次樓韻留贈., 思君坐數同樽樂 祇在山中耦古耕	
養眞庵 (溪莊) *京居 *丹陽 *豊基	四六~四九 (47) (48) (48) (49)	權氏夫人卒, 耕柏枝山, 號·退溪(溪翁), 十一景探勝 弘文館應敎 丹陽郡守 豊基郡守·紹修書院敎育	○溪莊偶書 ○東岩言志 ○晨至溪莊偶記…用其韻二首 ○溪村卽事 ○修溪 ○修泉	
寒栖庵 (溪庄, 退溪 草屋, 靜習 堂, 溪舍)	五〇~七〇	定居 造苑五種 (松·竹·梅·菊·瓜.)	○溪居雜興 ○寒栖病後居事 ○移草屋名曰寒栖 ○和陶集移居韻 ○和陶集飮酒二十首 ○退溪草屋喜黃錦溪來訪 庚戌罷郡歸鄕後 ○溪庄喜黃錦溪惠訪迨客	

莊 屋	時 期	重 要 記 事	關 聯 詩 外 考 據
溪齋		琴應壎, 琴輔의 茅屋	溪齋, 琴生結茅棟 在我南溪曲
溪上書堂 (溪堂, 草堂, 溪莊)	五一~七〇 (60)	・無溫房・石牀・蒲席 ・屋一間 ・六友園(松・竹・梅・菊・蓮・己) ・入門諸子(松, 具, 權, 李, 琴, 南, 柳 外 諸公) * 著述(講解・教材 編纂) * 陶山書堂 建築進行 (54세~60세)	・清明溪上書堂地得於陶山之南有感而作二首 ・贈琴士任溪齋 鶴巖先生來臨姿堂 年 溪北今年又卜遷, 溪堂偶興十絶 松竹梅菊連已爲六友 小屋斗斜風雨餘 石牀蒲席日 清虛 ・立秋日溪堂書事三首, 小屋竹 斜風雨餘 ・李秀才叔獻見訪溪上同留三日 ・答黃仲舉「山間不知燈, 節縈華事 晨坐溪齋…(1552) ・有嘆
陶山書堂 (山堂, 山堂, 精舍, 陶舍, 陶翁, 陶庵, 精盧)	六一~七〇 (70)	54세 精舍 曰 物色 55세 門人入曰 書齋造成과 講學 早터 56세 琴生들 南溪之南卜地 57세 陶山尋卜 承諾 建築 시작, 造苑 59세 60세 陶山四言 61세 가을 書堂落成 「陶翁・陶叟・陶山病叟・陶山騎 人」 70세 12月 역질	○書改卜書堂地得於陶山之南有感而作二首 ○再行視陶山洞有作示南景祥琴埙之関應胁兒子寓孫 兒安道 ○陶山雜詠 ○陶山記 ○陶山言志 ○山居四時吟 ○陶山訪梅 代梅花答 ○次韻金士純陶舍四絶目投予和其三 而得萬精舍四絶得奏月答天淵臺五絶 ○秋日獨至陶舍盛中得陽土敬詩次韻遣懷 余贈詩謂維員陶梅於彼亦有次韻遣懷 彼遇信來訪溪上壓陶舍梅枝捐特甚者梅花未可必余閒 之將信將疑陶壮云自置目以示儕道君二首 ○嚴栖讀陳察寫示諸君二首

서 詩의 解釋에 앞선 出處의 깊은 硏究가 必須이다.「溪翁」또한 先生의 雅號 사용과 文雅意趣를 表象하는 것으로서 언제부터「溪」字를 號로 썼느냐에 대한 究明이 따라야 하며,「舌耕」도 先生의 前後 行歷을 알지 못하고는 그 意志를 明辨할 수 없다. 筆者가『退溪의 燕居와 思想形成』에서 이미 究明해 놓은 것을 整理해서 參考하기로 한다.

先生은 莊屋을 改造할 때마다 蝸舍(善補堂), 養眞庵(溪莊), 寒棲庵(溪庄, 静習堂, 退溪草屋, 溪舍), 溪上書堂(溪堂, 草堂, 溪窩), 陶山書堂(山堂, 精舍, 山舍, 陶舍, 陶社)으로 稱하고 詩·書·記·序·跋 等에 뚜렷이 區別해서 記錄해 두고 있다. 또 雅號도 靈芝山人(33세) 芝山(40代初) 退溪·溪翁(46세) 陶叟·陶山病叟·退溪老人(60세이후) 陶山畸人 等으로 바꾸거나 添加해서 썼다.「舌耕」은 42歲 때 이미 金質夫(名·士文)에게 준 詩에서 썼고 教育은 37歲(喪中) 때부터 蝸舍·京邸·養眞庵·紹修書院·寒栖庵·溪上書堂·陶山書堂에 이어오면서 講學해 왔다.

이러한 先生의 住居 變化와 經營事가 詩에서도 反映되고 있으며 思想展開過程으로서 貫通되고 있다. 따라서 詩를 解釋하는데 있어 이와 같은 連繫的인 흐름과 生涯史的 側面에서 選擇된 詩語와 先生의 意圖를 把握하려고 譯者나 讀者가 努力해야 할 것이다.

「溪莊」은「養眞庵」으로, 舌耕은「講學」即「教育」이란 말로 옮기고,「溪翁」은 先生 自身을 指稱하는 말로 飜譯해야 하고 注釋도 몇 歲에 어느 집을 造成했으며 거기서 무엇(舌耕)을 했다고 分明하게 해 두어야 한다. 이러한 觀點에서 다음 詩句는

溪莊回轡趁雞聲.　養眞庵에 가고자 새벽 길을 나섰다.
纔到溪莊聞雨聲.　養眞庵에 닿자마자 빗소리가 들려온다.
山翁笑問溪翁事　마을 노인 웃으며 '退溪 할 일 뭣이요' 묻기에
只要躬耕代舌耕.　'농사 일도 중요하지만 나는 교육으로 대신하겠소.'
只緣多病合歸耕.　病 깊은 이몸은 돌아와 교육함이 알맞으리.

와 같이 飜譯하여야 옳지 않을까 생각된다.

先生이 46歲 때 養眞庵에서도 講學하였지만 2年 후 8月에 夫人의 祥期를 마치고 上京해서 未久에 丹陽宰를 거쳐 豊基에서 書院教育을 本格的으로 개시한 事實이나, 郡守의 處地에 있고서는 行政과 教育 양쪽을 兼全하기 어렵기 때문에 公職에서 벗어나고자 三辭 棄職하고 돌아와 溪上에 定居하자 그 明年에 서둘러 溪上書堂을 建造하고 教育에 精進한 것은 이 舌耕 言志의 實現인 것이다.

그러므로 先生의 46歲를 象徵하는 「溪莊」과 教育事業의 宣言的 의미를 含蓄한 「舌耕」은 다른 어떤 詩語보다 분명하게 解義하고 賈逵의 故事를 附注해 두어야 친절하리라 생각된다.

本『退溪詩大全』에 있어서의 下段의 人名과 地名의 附注는 이러한 意圖에서 試圖된 것이다. 中國의 人·地名에 優位를 두지 않고 先生의 陶山 生活圈과 詩에 登場하는 人物의 名·字·號의 注記에 힘을 썼다. 上段의 影印 下部에 맞추어 附注하여야 하므로 行歷과 紹介를 仔細히 적지를 못하였다. 詩本文에 나오는 人·地名은 힘자라는데까지 찾아서 索引에 넣었으나 여러 譯注本이 있기 때문에 讀者의 考覽에 맡기고 詩題와 附注 안의 人·地名만을 取扱하였다. 詩에 있어서 人物과 背景인 地名과 樓臺亭榭의 位置와 沿革은 詩를 理解하는데 있어 중요한 요소이다. 資料 未備와 踏査가 끝나지 않아서 다 밝히지 못한 아쉬움이 있으나, 이것은 本大全의 讀者와 共同 協力으로 장차 解決되리라 믿는다.

第4節 三種의 索引

1. 詩題의 索引

이 大全은 吟成 年代順으로 改編하였기 때문에 文集에 실린 詩 原典이 모두 統合 混載된 셈이다. 改編詩의 目錄은 머리에 있으나 읽고자 하는 詩의 吟成年代를 모를 경우는 目錄을 다 읽어봐야 한다. 刪去, 合編, 分編한 詩가 적지 않기 때문에 旣刊의 文集에 실린 詩의 詩題를 찾아 내는데도 번거로움이 없지 않다. 그래서 漢字音의 한글 字母音順 으로 全 詩題를 配列하여 詩를 찾아 읽는데 便하게 索引을 만들어서 붙였다.

2. 人名의 索引

人名은 여러 곳에 나온다. 詩題, 詩本文, 詩序, 間注, 後注와 後叙 等에 多樣하게 적혀 있다. 詩本文의 人名은 下段 注釋을 아니하고 詩 題의 人物은 下段에 簡單하게나마 注釋을 붙였다. 索引에는 可及的 名・字・號를 詩原文에 쓴 그대로 넣었다. 幷記한 人名 卽「趙季任士 秀」는 그대로 쓰고 따로 떼어서 쓴「季任(字)」이나「趙士秀(名)」, 「松岡(號)」도 獨立 別個項으로 取扱하여 索引에 넣었다. 이로써 先 生과 酬唱 和答한 人物과 典故에 나오는 사람 모두를 把握할 수 있 을 것이다.

3. 地名의 索引

詩題의 地名은 注釋해서 下段에 적고, 本文의 地名은 注解하지 아니 하고 詩題의 地名과 함께 索引에 넣었다. 行政地名, 素地名, 亭臺樓閣, 官府驛郵, 堂舍齋室, 河川江津, 峯嶺山谷 等도 取扱하였고 別稱도 모두 넣었다. 이로써 詩의 背景은 어느 정도 把握될 것이다.

第5章　退溪 書簡의 集成 大意

第1　文集刊行과 書簡의 編制

1. 文集 印刊史와 槪要

先生 역책 후 30年 庚子(公紀 1600)에 文集 內·外·別集이 刊行되었다. 外·別集은 全編 詩集이고 書簡은 內集에만 실려 있다. 庚子 初刊本의 第9卷부터 第40卷은 書卷이고 118人에게 준 與答書 776篇이 실려 있는데 受書者와 篇數는 後刊本 重刊이나 校正 重刊本에서도 그대로 維持되었다.

初刊本과 重刊 復刊本의 차이를 굳이 찾는다면 書題에서 年干支와 名을 쓰고 안 쓰고가 다르다. 干支 앞에 名을 追記했거나 字에 名을 附注한 受書者는 聾巖을 위시해서 42人이고 ②④⑥⑦⑧과 같이 修正한 것이 있을 뿐이다.

初　　刊　　本	重　　刊　　本
① 答 聾巖 李相國 己酉	答 聾巖 李相國 賢輔 ○己酉
② 答 李仲久：書尾의「不能一」	〃　　　　「不能一一」
③ 與 林士遂	與 林士遂 亨秀
④ 答 盧仁甫 慶麟 ○庚申	答 盧仁甫 景麟 ○庚申
⑤ 答 崔見叔 問目	答 崔見叔 應龍 問目
⑥ 答 奇明彦 非四端七情分理氣辯	答 壽明彦 論四端七情第一書
⑦ 與 金而精	問 金而精
⑧ 答 鄭靜而 之雲 ○庚申	答 鄭靜而 之雲 ○庚申

書狀 글의 增減은 앞에 든「答 李仲久」의 書尾〈不能一〉을〈不能一一〉로 고친 외에는 별로 發見되지 않는다. 書頭와 書尾 또는 글 중간 부분을 잘라버린 刪文도 前後刊에 있어 차이는 찾을 수 없다.

續集은 庚子 初刊 후 147年만인 丙寅(1746)年에 續刊한 鑄字本인데 卷 3부터 卷 7까지 書簡 284篇, 受書者 延 309人이 실린 文集이다.

遺集은 속집간행 122年 후인 己巳(1869)年 3月에 傳寫를 끝낸 退溪先生全書 追補篇인데 書簡은 外篇에 실려 있다. 1980年 12月 韓國精神文化研究院에서 全書를 影印 刊行할 때 正草本인 上溪本에 闕落帙이 있어서 副寫本인 樊南本을 底本으로 쓰고(그래서 卷次와 張數가 未備돼 있고 目次가 맞지 않은 것이 있으며, 여럿이 급하게 베끼어서 書體가 多樣하다) 冊名을『陶山全書』라 하였다. 內集 續集에 실은 書簡도 全部 실어 두었는데, 특히 이 全書에는 內·續集 刊行 때 글의 머리, 중간, 끝부분을 刪去한 原文이 그대로 保存되어 있다. 유집에 처음 실린 書簡은 총 688 편이고, 편지받은 延人員은 790人이다.

이 밖에 先生文集 筆寫本이 傳해 오던 것을 啓明漢文學研究室에서『退溪先生全集』이란 冊名으로 1990年에 10冊 全帙로 影印刊行하였다. 가장 많은 1,067篇이 실려 있다.

또 先生이 四兄(3篇)과 아들에게 준 家書만을 엮은『退陶先生集』이 있는데 297篇이 실려 있다. 이 書簡은 아들 寯公이 편지 받을 때 있었던 곳과 날짜가 明記돼 있는 筆寫本이며, 12年(丙午, 庚戌, 辛亥, 壬子, 癸丑, 甲子, 乙丑, 丙寅, 丁卯, 戊辰, 己巳, 庚午)間에 쓴 것이지만 甲子年 以後의 晚年書가 많다.

2. 書簡의 編制와 年代表示 및 刪去

編輯의 순서는 受書者의 年齒와 地位를 考慮한 것 같으나, 徹底하지를 못하였다. 岳父인 碧梧 李文樑 앞 아홉번째에 그의 사위인 金箕報가 실려있고, 年長者인 龍巖 朴雲이 嘯皐 朴承任 보다 훨씬 뒤에 나온다. 아우인 錦澗 黃遂良(敎授)이 그 兄 錦溪 黃俊良(文科·牧使) 보다 무려 24人 앞에 편집된 것은 地位와 年齒를 별로 괴념하지 못한 編纂이다. 南冥 曺植과 淸香堂 李源은 先生과 同庚 辛酉生인데도 淸香堂은 南冥보다 아홉째 뒤에 나온다.

年干支는 與答某 아래 小字로 적혀 있는데 同年代는 첫번 書簡에 注記하고 다음 年度까지 생략하였다. 書尾에 적었던 先生 手稿의 年月日 表示가 高峯 奇大升과 潛齋 金就礪와 靜存齋 李湛에게 준 書簡에 많이 保存되어 있는데 內集에는 書題 아래, 遺集에는 書尾에 적었다.

書簡 內容上 編輯의 特徵을 보이는 것으로 文集 內集 庚子本을 보면 問目과 學術論文은 卷 16에서 卷 27, 卷 28에서 卷 32에 集中돼 있음을 알 수 있다. 卷 16~18에는 高峯에게 준 41篇(集成에는 87篇)이 실려 있는데 四端七情論 第 一, 二, 三書, 改本, 後論, 後說, 總論, 圖論과 7篇의 別紙 등은 退溪 哲學의 核心을 읽을 수 있는 書簡들이다. 卷 19~20에 실린 錦溪의 54篇(本集成에는 87篇) 龜巖 李楨의 56篇(本集成 139篇), 卷 23의 月川 趙穆의 53篇(本集成 155篇), 卷 24~27의 文峯 鄭惟一의 79篇(本集成 174篇), 卷 28~30의 潛齋의 52篇(本集成 86篇), 卷 31~32의 秋淵 禹性傳의 24篇(本集成 40篇)은 退溪學의 中核的 論文이라 보아 좋을 것이다. 이 밖에도 書簡數는 이에 미치지 못하지만 여러 弟子와 學者들에게 答論한 問目과 別紙 형식의 書札에 退溪學論이 많이 담겨 있다.

가장 긴 書狀은 日休堂 琴應夾에게 答한 『古文眞寶』의 問目인데 84頁(面)의 長文이고, 그 다음은 禹秋淵에게 答한 65頁(面)의 「啓蒙問目」이다. 한 卷의 冊이 되는 問目 答書이다.

가장 짧은 書狀은 8字, 그 다음은 10字의 一行文이 있다. 家書는 대체로 짧은 글이 많고 問目은 거의 長文으로 씌여 있다.

文集刊行 때 刪去한 글 중에서 가장 많이 잘린 글은 「格物物格俗說辯疑答鄭子中」 113行이고, 「答李剛而問目」 朱書〉는 모두 100行의 글이 잘려 나갔다. 月川의 問目도 82行이 잘려나가 대체로 問目이 많이 刪

去되었음을 알 수 있고, 圖가 印刊되지 않은 例가 잦았으니 月川과 金潛齋에게 준 「白鹿洞規圖」, 王魯齋 「敬齋箴圖」와 「天命圖」의 校正圖 削除가 그것이다. 比率面으로는 83%가 刪去된 「答鄭子中 戊辰」이 가장 높다. 先生의 手稿는 12行文이었으나 書頭 1行과 書尾 9行을 잘라버렸기 때문에 印刻으로 남은 글은 단 2行文 뿐이다. 일반적으로 刪去된 글은 앞쪽 書頭보다 뒷쪽 書尾가 더 많은데 3字 또는 3, 4行은 보통이다.

第2 旣刊 書卷을 改編해야 할 必要性

1. 書簡 集成 編纂의 緊急性

木刻本, 鑄字本, 筆寫本들이 보여 주듯이 元·續·遺集, 全集, 家書集 등으로 重疊 登載 또는 全文保存, 一部 削去로 말미암아 실지 先生書가 몇 篇이 전하고 있는지는 알 수 없었다. 增補 退溪全書 4冊(成均館大學校 大東文化硏究院刊)과 陶山全書 4冊(精神文化硏究院刊)이 標題는 모두 全書라 하였으나 書札이 다 蒐集된 것은 아니다.

啓明漢文學硏究室에서『退溪先生全集』10冊으로 全書를 影印하여 이제 先生의 書札이 세상에 全貌를 들어내 놓았다. 그러나 이로서도 先生의 學問을 理解하고 硏究하는 資料整理의 基本作業이 完成되었으냐 하면 決코 그런 것은 아니다.

지금까지의 退溪學 硏究論文은 成均館 大學校刊『增補退溪全書』를 主資料로 쓴 것이 많고 그 뒤에 나온 續刊文獻은 아직 깊이 涉獵하지 못하고 있는 실정 같다.

前後刊의 異同을 對照하거나 새로운 사실을 探究해 내는 데는 여간 많은 힘이 들지 않기 때문에 外面하고 있다. 硏究者를 생각해서 資料를 整理하고, 活用에 편하도록 文集을 文體別로 改編 集成하지 않으면 안될 정도로 혼란하다. 이 사업은 文集을 새로 編輯하는 일과 같은 大

工作이다.

先生이 언제, 누구에게, 어떤 내용을, 어느 편지에서 어떻게 理論을 開發해 나갔는지 그 글들을 한데 묶어 輯錄해 놓아야 體系的으로 읽을 수가 있다. 읽기 쉽게 편집되고, 索引化되어 있어야 바르게 硏究할 수 있으며 硏究하기가 편해야 硏究層이 더욱 擴大될 것이다.

그리고, 이와 같은 基本工作은 改編方法 그 自體가 우리나라에서는 硏究의 開拓事業이다. 지금까지는 그 많은 書簡이 여러 책에, 거듭된 文集刊行의 目的에 따라 散載돼 있어 왔다. 이것을 같은 主題와 書成 年代 順으로 묶어 聚合하기란 前人未踏의 原始林에서 山行 引導者 없이 혼자 길을 찾아내는 것과 비슷하다. 이를 解決하고자 하는 硏究作業이 改編 事業이다.

退溪先生의 文集改編에서 가장 緊急 緊要한 것이 詩卷과 書卷의 改編集成이다. 詩는 1992年에 『退溪詩大全』에다가 吟成順으로 改編하였고, 人·地名, 詩題를 索引해서 附錄했기 때문에 이젠 硏究에 뜻만 있으면 退溪詩에 대한 硏究는 다른 수 많은 文集을 들추는 수고와 時間 浪費를 아니하여도 된다. 書卷은 詩보다 더 복잡하고 많은 時間과 人力이 所要된다. 質量 어느 면에 있어서나 先生의 學은 書簡에 있다. 그리고 年代紀的 改編工作은 그래서 더 뜻이 있고 工作은 그만큼 더 힘이 든다. 또 合編集成하여 刊行한다는 것은 巨額의 出版費가 所要되므로 뜻이 있어도 여간해서는 함부로 손댈 수 있는 事業이 아니다.

2. 書成 年代別 改編의 必要性

癸巳(1533)年에 처남 許士廉(字·公簡)에게 보낸 「與 許公簡」書가 先生의 所傳 書札로는 최초의 것이다. 40代는 年平均 15·3篇, 50代엔 58·7篇으로 3倍가 늘었다. 60代에는 207篇, 70歲엔 254篇을 썼다. 年代未詳 書 105篇은 제외한 통계이다. 60代 이후는 3일에 2篇씩 썼음을 헤아릴 수 있다.

先生의 書簡은 先生이 必要해서 먼저 보낸 與書는 얼마되지 않고 後生과 學者들의 질의에 應答한 答書가 大部分이다. 長文의 問目과 別紙가 많은데 그것은 儒學史에 잇어서 중요한 學術論文이며, 當時代에 있어 동아시아의 가장 중요한 儒學의 關心事와 學的 問題를 提起하고 또 討論한 글들이다.

文集에 登載된 10面(頁)이상 80面에 이른 긴 글들은 여러 날에 걸쳐 썼을 것이다. 60歲 이후에 쓴 57篇의 긴 講述 問目과 20여 篇의 補足 論文인 別紙를 씀에 있어 오늘의 學徒가 Card化하고 抽出한 자료를 가지고 論文을 엮듯 그렇게 썼다면 先生은 그 浩穰한 學術을 다 展開할 수가 없었을 것이다. 無不席捲한 讀書가 있었고, 超人的인 記憶力으로 知識을 蘊藏하여서 合理的이고 體系的으로 論理化해서 所信 哲學에 의해 著作하였다. 先生의 書簡은 寫錄만을 하는 데도 數年이 所要되고, 읽어서 解得하는 데는 한 平生을 기울여야 할 것이다. 이렇게 많은 양의 어려운 論文이 書札이다.

先生의 學은 年條가 깊어질수록 높게 쌓여 갔고 묻는 弟子도 해를 거듭해갈수록 比例上昇하였다. 後學들의 날카로운 反覆 질문과 함께 先生의 理論은 深化되고 先人未踏境을 開發하였다. 따라서 人名別로 編輯해 놓은 旣刊의 文集은 그 一個人에 한해서는 前後說을 分析할 수 있어도 다른 여러 사람과의 討論한 내용하고 比較하기란 간단치 않다. 또 人物에 따라 講論한 同異說의 對照도 쉽지 않고, 같은 主題를 가지고 몇 사람에게 어떤 方法으로 論理를 展開하였는지도 比較 判讀하기가 쉽지 않았다. 그래서 이에 書成紀年順으로 改編하여 ①先生學의 前後說과 開發 過程, ②講論의 同異說과 共通主題, ③學界의 關心事와 時間의 中心論題, ④共同關心事에 대한 合意와 ⑤先生學의 結論을 把握하는데 便利하게 接近시키고자 하는 것들이다. 浩汗한 자료를 散漫하게 두고서는 正確한 結論이 導出되도록 기대한다는 것이 無理다. 이번 改編이 끝나면 索引과 함께 活用하기가 편해서 누구나 쉽게 硏究에 임할 수 있을 것이다.

3. 集成의 重要性

(1) 既刊文集과 筆寫本의 改編 統合 整理

文集 刊行 때마다 聚稿된 글을 실어 놓았기 때문에 같은 人物에게 준 書札의 量이나 내용에 대해서 把握하기가 쉽지 아니하다. 이렇게 散載된 많은 書札이 한 책에 年代別로 統合 整理되지 아니하고는 全體 內容은 도저히 把握할 수 없다. 다음 표를 읽어보면 어느 文集을 中心으로 연구하는 것이 옳을지 망설이게 될 것이다. 좀 진지하고 성의가 있는 讀者나 硏究家는 전 書簡을 讀破해야 되겠다는 생각을 갖게 될 것이다.

受書者	內集	續集	遺集	全書(필사)	本集成	筆寫本의 書札比
李文樑(碧梧)	22	14	2	108	146	73.97%
奇大升(高峯)	41	6	8	32	87	36.78%
黃俊良(錦溪)	54	14	2	17	87	19.54%
李 楨(龜巖)	56	34	·	49	139	35.25%
趙 穆(月川)	53	18	5	79	155	50.96%
金就礪(潛齋)	52	1	5	28	86	32.56%
禹性傳(秋淵)	24	2	1	13	40	32.50%
具鳳齡(栢潭)	7	8	1	45	61	73.77%
李德弘(艮齋)	29	5	4	16	54	29.63%
琴蘭秀(惺齋)	16	7	1	27	51	52.94%
計	354	109	29	414	906	內集은 集成의 39.07% 筆寫本全書는 集成의 45.70% 內·續集은 集成의 51.10%

이 表는 學術上 중요한 主題를 論하였거나 問目과 書簡 篇數가 많은 10人을 나타낸 것이다. 刊行 文集의 書보다 未刊 筆寫本에 寫錄된 書가 많은 분이 4人이나 되고, 錦溪 외는 거의 3分의 1 밖에 既刊 文集에 실리지 않았다. 중요한 論文과 關心 높은 글은 刊行 文集에 실려 있긴 하다. 그러나, 先生의 生活과 學問世界의 周邊情況을 아는 데는 筆寫本의 簡札이 輕視되거나 소외되어서는 안된다. 새로 言行通錄續編

을 編纂하거나 年譜를 다시 補修한다면 筆寫本에서 實際에 더 가깝고 豊富한 資料를 얻게 될 것이다.

다음의 人物(家人)에게 준 書簡은 遺集과 筆寫本에 거의 실려 있어서 先生의 學術 外의 生活과 治人(新民)에 대해서 알려면 內·續集보다 筆寫한 影印本 遺集과 全書의 書를 읽어야 한다.

受書者	內集	續集	遺集	筆寫本 全書	集成〈〉는 共覽者書	先生과의 關係
柳仲淹(巴山)	10	4	·	20	34〈3〉	妻姨姪壻, 聾岩孫子 李元承의 女壻
權好文(松巖)	8	6	1	15	30	甥孫(姪女·權穉의 子)
崔德秀	·	2	20	2	24〈3〉	姪壻(四兄澄의 女壻)
閔蓍元	·	·	46	·	46	姪壻(兄潛의 女壻)
申湜	·	1	31	·	32	甥姪壻(姊氏·辛聃의 女壻)
李完(企庵)	6	1	3	27	37〈1〉	姪(仲兄 河의 長子), 入宗 承嗣
李寗(遠巖)	4	1	·	25	30〈7〉	姪(四兄 澄의 三子)
李寯	4	38	208	28 (297)	575	長子, 297의 숫자는 退陶先生集이란 筆寫本에 실려 있다.
李安道(蒙齋)	11	10	101	31	153	孫(長孫)
朴櫚(勿齋)	·	·	13	·	13	孫壻(初名·朴樑, 字·天擎)
計	43	63	423	445	974〈14〉	內·續集 刊本에 실린 書札은 10.88%, 筆寫本 遺集, 全書, 退陶先生集엔 89.12%가 실려 있음

위의 10人은 子·姪·孫과 甥·壻 등 至親의 家人이다. 이들에게 준 家書와 準家書의 一部인 10.9%가 旣刊 印本에 실렸고 大部分은 筆寫本 遺集, 草稿本『退溪先生全書』, 家書『退陶先生集』에 실려 있다. 따라서 先生의 日常生活과 家庭人으로서의 眞像을 알려면 이 筆寫本을 꼭 읽어야 한다. 그래서 筆寫本을 다른 모든 書札과 함께 統合 編輯하였다. 그리고 또, 書成 年代順으로 編成하여 先生이 家庭과 鄕黨, 地域社會, 民風과 儀禮 등 規範文化를 어떻게 變改하였으며, 儒家의 家道를 어떤 단계로 定立하였고, 苦窮에 處해서는 所措克服을 어떻게 堪當하였는지 把握하는데 完璧하도록 一篇 一行文의 글도 빠뜨리지 아니하고

모두를 裒輯하는데 힘들였다.

(2) 削除 刪去文의 復編 附注

筆寫本 『退溪先生全書』와 『陶山全書』에는 先生의 草稿原文이 刪去前 그대로 실려 있다. 原典을 읽으려면 『陶山全書』에 실려 있는 筆寫影印文을 읽으면 된다. 그러나 書簡을 集成하는데 있어서는 『陶山全書』를 正本으로 할 수가 없다. 文集刊行史와 書誌的 側面을 고려해서라도 權威 있는 庚子本 이후 復刻本과 續集을 底本으로 삼아야 했다. 但 書頭 書尾 또는 書中 곳곳에서 刪去된 글은 『陶山全書』의 原文에서 찾아가지고 이 책의 下段 附注欄에 影印하여 다시 編入하는 方法을 취했다.

研究하는 分野와 關心讀者에 따라서는 刪去 削除文이 오히려 더 중요한 資料일 경우도 있다. 특히 問目은 많은 內容이 刪除되어 버렸다. 圖와 解說文을 削除한 까닭은 文集을 刊行할 당시 글의 내용을 疏忽히 다룬 것이 아니고 印刊作業과 工費를 勘案하여 외람을 무릅쓰고 할 수 없이 줄였으리라고 생각했다. 그래서 이번 集成 機會에는 可能한 限 모두 찾아 下段에 그 전말을 略記하고 附注하기에 힘을 들였다.

第3 改編 統合의 實際

1. 書成順 年代別 改編

文集 書卷의 첫째 卷인 〈卷第九〉의 目錄을 먼저 살펴보자.

答聾巖李相國	上沈方伯
答李相國	答權相國二
答洪判書退之	答洪贊成退之
答洪相國退之三	答洪退之
答閔判書	與任判決
答任方伯	與宋台叟
答宋台叟	與宋台叟

第 5 章 退溪 書簡의 集成 大意   463

答宋台叟四　　　　　　與宋台叟
答宋台叟三　　　　　　答朴參判
答沈參議　　　　　　　　　〈表 一〉

이 目錄을 보면 相國, 方伯, 判書, 贊成, 判決事, 參判, 參議 등 官爵과 年齒 등이 編目順에 參酌되었음을 쉽게 발견할 수 있다. 「與宋台叟」가 세 번 「答宋台叟」가 세 번 거듭 적혀 있다. 한데 묶지 않고 나눈 까닭은 年條가 다르기 때문이다. 이를 다음 표에 정리해서 書卷의 改編 趣旨를 分明하게 說明하고자 한다.

編　　目 受　書　者	所 載 文 集				干　支 原集의 年代	本集成 篇 數	
	原集	續集	遺集	사본全書			
答韓巖李相國	1	·	·	1	己酉(1549)	2	사본 退溪全書의 1편도 己酉年 書임
上沈方伯 通源	1	·	·	·	—	1	
答李相國 浚慶	1	2	·	·	己未(1559)	3	續集 2편은 壬戌(1562), 己巳(1569)年에 각 1편씩임
答權相國 轍	2	·	·	3	丙寅(1566) 戊辰(1568)	5	사본全書의 書는 戊辰 2편, 丙午 1편
答洪判書退之 暹 (贊成, 相國)	6	·	·	4	丙寅(1566)二 戊辰(1568)四	10	사본全書의 書는 丁卯 4편임
答閔判書 箕	1	·	·	·	丙寅(1566)	1	
與任判決 虎臣 (答)(方伯)	2	·	·	·	— 丁未(1547)	2	
與宋台叟 麒壽 三 (答) 〃 八	11	9	·	25	壬子(1552)~ 庚申(1560)	45	壬子에서 庚申까지의 第2篇이 內集에 실렸고, 續集에는 丁卯年까지 年 1편, 사본全書에는 庚午年까지 年 2, 3편 정도.
答朴參判 淳	1	·	·	·	丙寅(1566)	1	
答沈參議 義謙	1	·	·	·	庚午(1570)	1	

〈表 二〉　※ 이하 생략

書卷 머리의 目錄 10人은 先生과 親近한 분 중에서도 높은 官爵에 오른 분들이다. 書成 年代를 보면 40代 後半에 쓴 「答聾巖李相國」과 「與任判決 虎臣」외에는 대개 60代 이후에 쓴 書札이다. 60代 後半의 晚年의 書가 대부분이다. 또 이들 높은 官職을 가진 人物에게 보낸 書는 先生의 進退와 관계 있는 내용이라는 것을 읽지 않아도 짐작할 수 있다. 先生의 立朝事蹟과 朝廷 重臣들이 先生의 出仕를 慫慂한 이야기들은 이글을 읽어야 알 수 있다. 그러나 그러한 內容이 先生을 알고자 하는 가장 중요한 사건은 아니다. 당시의 文集의 目錄 體裁가 그러했지만 이렇게 '與答' 信만을 나타내고 字銜과 官爵을 적어 두어서는 그 書札의 主題와 內容을 얼른 把持하기 어렵고 또 必要한 書札을 찾아 읽을 수가 없다. 때문에 책 目錄의 技能과 書簡의 資料的 活用性을 깊이 고려해서 元集, 續集, 寫本全書 全部를 統合해서 書成 年代順으로 다음과 같이 書題(受書者) 옆에 그 書札의 主題(內容을 들어내는 中心語句를 나타낸 경우도 있음)를 幷記하여 書目으로 들어내어서 編纂하였다.

　　三十三歲 (癸巳・1533)篇
　　　與許公簡 士廉。清凉山 入寺 讀書
　　三十八歲 (戊戌・1538)篇
　　　與完姪。儕友 千萬愼處
　　四十歲 (庚子・1540)篇
　　　與吳仁遠 彦毅。還鄕길의 위로
　　　與子寯。立志讀書 (外 5篇 省略)
　　四十一歲 (辛丑・1541)篇
　　　答寯。查頓 琴梓 龍宮訓導됨을 알림
　　四十二歲 (壬寅・1542)篇
　　　答完姪。掃墳과 家廟守護 (外 4篇 생략)
　　四十三歲 (癸卯・1543)篇
　　　答完姪。忠順兄일 주선 (外 6篇 생략)
　　四十四歲 (甲辰・1544)篇
　　　答權章仲 好文。金緝 金福謙答簡 송부

第5章 退溪 書簡의 集成 大意   465

答權章仲。律賦는 文體 아니지만 擧子는 읽는다. 守令의 所爲
與宋台叟 麒壽。入直에 관하여
答李君浩 源。嘉麗(禮)家의 設祭 隨宜措圖
答李君浩。護喪 당부 (外 7篇 생략)

〈表 三〉

이를 表로 정리해 보면 編次 輯目한 大意가 더욱 分明해진다.

編　目	受書者	書의 主題	所載文集 原	續	遺	寫本全書
33歲(癸巳·1533)	與許公簡 士廉	淸凉山 入寺讀書			○	
38歲(戊戌·1538)	與完姪	齊友千萬愼處				○
40歲(庚子·1540)	與吳仁遠 彦毅	還鄕길의 위로	○			
	與子寗	立志讀書		○		
	答寗	査頓 龍宮訓導 除授알림			○	
	答寗	山寺讀書 권유			○	
	答寗	來京 만류			○	
	寄寗	山寺에서 堅猛做工하라			○	
	答子寗	國禁 掃墳受由			○	
41歲(辛丑·1541)	答寗	上京 때 宓과 同行하라			○	
42歲(壬寅·1542)	答完姪	掃墳과 家廟 못지킨 한탄				○
	答寗	안부 ※ 短文 一行 3字			○	
	寄寗	上京時 榮州家穀 가지고 오라			○	
	寄寗	歸路 慰勞, 山南에게 弔狀			○	
	答寗	負笈上寺讀書, 別試不應 나무람			○	

〈表 四〉

2. 編目과 目錄

旣刊文集에는 編目이 없었다. 文集에는 卷次數와 文類(體形)가 적혔으니 《退溪先生文集》은 다음과 같다.

   目錄上
 第一卷
  詩
   過吉先生閭
   月影臺
  目錄下
 卷第八
  辭狀 啓辭
   辭豊基郡守 上監司狀三 第二狀 闕
    ⋮
 卷第九
  書 ※〈表 一〉에서 보임
   答聾巖 李相國
   上沈方伯
   答 李相國二
   答 權相國二
    ⋮
 卷第四十
  書
    ⋮
   與溫溪洞內
 卷第四十一
  雜著

위 例擧와 같이 書卷은 卷9에서 卷40까지 32卷이 모두 書簡이고 內集의 書簡의 총면(頁)수는 2557面이다. 〈表 一〉과 같이 차례를 벌여 놓은 이 目錄으로서는 〈表 二〉에 밝힌 내용을 전혀 알아볼 수가 없다. 〈表 三〉의 原集年代의 干支를 보면 受書者別로는 書成 年次를 알 수 있으나 全體 즉 退溪의 글 쓴 年譜(著作譜)는 전혀 고려되지 않고 있어서 學說이나 生活과 事業의 前後, 變改, 進行過程을 알 수가 없다. 이에 책의 卷數로 묶지 아니하고 先生 生涯의 紀年을 編目으로 엮어서 〈表 三〉과 같이 目錄을 짰다. 그리고 書目은 受書者 姓名(字·爵名)을 한글 子母音順으로 벌이고 先生家人은 姓을 쓰지 않은 原題(子寫, 完姪, 安道孫, 宗道라 하였음)에 맞추어 名의 子母 順으로 書題를 벌였다.

3. 書目에 主題 幷記

文集의 目錄 書題는 與答과 官職과 年代의 區別 밖에 나타나 있지 않다. 〈表 一〉을 參考로 살펴보면, 洪退之(名·遲)의 경우는 判書, 贊成, 相國의 官職別, 丙寅(1566), 戊辰(1568)年의 次別로 엮었다. 宋台叟(名·麒壽)의 例는 與答과 壬子(1552) 2, 乙卯(1555) 3, 丙辰(1556) 2, 丁巳(1557) 1, 己未(1559) 2, 庚申(1560) 1篇 順으로 엮었다. 비록 目錄이라고는 했으나 이 書目을 보고서는 어떤 內容을, 무슨 用件을, 뭣에 대하여 썼는지 읽어 낼 수가 없다. 다만 누구에게 언제 몇 번 편지를 주고 받은 편지에 答狀을 썼다는 사실 밖에 알 수 없다. 책의 내용은 一瞥 目錄(次)으로 읽어낼 수 있어야 한다. 그래서 目錄은 內容의 索引的 機能과 早見表의 性格을 아울러 갖고 있다. 그 說明을 〈表 四〉로 대신하거니와 이 集成의 改編工作의 目的이 여기 置重되었고, 다시 이 書目의 主題는 索引으로 編成되어 내용을 찾아 읽고 연구하기에 편하도록 하였다.

이젠 退溪先生이 쓴 書簡을 33歲로부터 70歲까지 누구 누구에게 어떤 내용들을 써 줬는가를 目錄만 보고도 알 수 있고, 또 細細한 書目은 索引에서 그 主題를 쉽게 찾아 실린 갈피를 펼쳐 읽을 수 있다.

4. 改編의 實際 事例

(1) 重疊書의 部

　　寄子寫〈遺集卷五 外篇 張 23, 辛亥 1551, 退陶先生集 275~276頁〉
　　　　看山等事已了 卽可上寺讀書……於本宅勿設一勺漿飮 可也

이 글은 『退陶先生集』의 글이 鮮明치 못하여 遺集을 취한다.

    寄寯兒 辛亥五月卄五日 烏川 〈退陶先生集 288~289頁, 續集卷七 張 5〉
      二奴及行具遣去 照數收納 …… 母爲老病憂也

이 글은 續集에서 書頭 三行과, 書中「在宜寧 亦必毋忌讀習 …… 屬琴君速傳爲可」가 刪去되었으므로 續集을 버리고 退陶集을 취한다.

    寄子寯〈續集 卷七, 張5, 退陶先生集 辛亥五月十五日 寄寯兒〉
      到接凡事 千萬畏愼 所業第一勤篤 …… 到彼聞知 因書示之

이 글은 『退陶先生集』에 실린 글의 一部分이므로 續集을 버리고 退陶集을 취한다.

    寄子寯〈遺集卷四 外篇 張 17~18・壬子 1552, 退陶先生集 303~304頁〉
      寯奴齎書 尋當見矣 …… 汾川溫溪等書簡 速急傳上 不可遲滯

이 글은 遺集의「寯奴 …… 士彦氏」를 버리고『退陶先生集』十月初六日 書를 취하며〈月初二日〉이하는 遺集의 글을 이었다.

    答趙士敬琴夾之〈退溪先生全書卷三十一 張 16~17, 丁巳 1557〉
      貴蒼頭來傳辱書承 僉履佳勝 …… 餘付惇叙 不多及 謹復

이 글은 續集에 실려 있으므로 除外하였다.

    寯寄簡 十日夕〈退陶先生集 355頁 甲子 1564〉
      臨去 忘未盡言 洪知事若見爲致問安之意 …… 凡事更加詳愼

이 글은 退溪先生全書〈卷五十七 張1~2〉와 중복 등재해 있다. 全書의 글을 취하고 退陶集을 버린다.

    寄子寯〈文集內集卷四十 張18 乙丑 1565〉
      卒哭除服事 禮安城主 亦遣吏來問 …… 急須通于府中爲可

이글도『退陶先生集』402頁~403頁〈寯再寄書 安奇 乙丑七月二十七日〉와 중복되므로 除外하고 內集을 취한다.

答子寓〈續集 卷七 張18~19, 己巳 1569〉
　　就中 汝之行止 非但汝欲速來 吾意亦然 得縣之事 且當置之慶外而已 ……
　　…… 吳兪宋一時辭入 此何意耶 殊未安也

이 글은 『退陶先生集』 部洞李主簿 八月初 541頁~543頁〔答子寓〕의 書頭 6行文, 書間 6行文 書尾 5行文을 刪去한 글이므로 全文이 다 갖추어 있는 退陶集을 取하고 續集 글을 버린다.

答子寓〈續集 卷七 張19, 己巳 1569〉
　　就中 官中凡事何如 國穀固不可不催納 …… 若出於乾雄所取之 餘亦所謂 非宜者也

이 글은 『退陶先生集』己巳 十一月十五日의〔答子寓〕의 書頭 9行文을 刪去한 글이므로 續集을 버리고 退陶集을 취한다.

寄子寓〈退溪先生全書 卷五十七 張4~5, 己巳 1569〉
　　前二書 旣已答付官人矣 初二上官後來 過忌之計 至當 …… 初四日上任爲慮耳 只此

이 글은 退陶先生集己巳十月二十六日「再寄寓書」와 중복이므로 全書를 버리고 退陶集을 취한다.

(2) 完文과 刪去文 처리

答柳希范 仲淹 ○ 癸亥〈內集卷三十七 張 1, 癸亥 1563〉
　　所喩草木太多 …… 意思不至 斷絶爲佳耳

이 글은 書頭에「別後懸想無已」로 시작해서「此非小患耳」까지 4行 7字와 書尾에「病倦不能縷悉 …… 後便示及爲望」三行文이 削去되었다. 內集의 복사가 흐리고 刪去가 많아 削去하지 않는 陶山全書의 完文을 취하였다.

答柳希范〈文(內)集 卷三十七 張 1, 癸亥 1563〉
　　祠賢之議 不啻如聚訟 …… 終何以破其惑耶

이 글은 앞 뒤에 削去가 文集에 실린 글보다 많고 복사된 底本이 흐린데다가 遺集에 完文이 있으므로 이를 취하였다.

(3) 年譜, 行狀, 文辭에 의한 年代 考證 改編

與鄭子中 庚申 〈文集 內集 卷二十五 張 9~10〉
溪上別後 闊於追問 示知何日入都 槐院權仕 世稱共若……惟知務植 立 莫自鹵莽

이 글은 〈庚申〉年에 編入되어 있으나 文峰鄭惟一이 承政院權知正字로 出仕한 것은 〈戊午〉年이므로「文峯年譜」에 依據하여 옮겨 싣는다.

與琴大任 〈遺集 卷二 內篇 張 20, 己酉 1549〉
昨蒙僉墜和絶 且感且慰 發孤笑也……使過後偕轡見臨是幸 謹白

이 글은 權公馬匹 聞其可否而送之 何如 迎使之時 欲得馴騎라는 내용에 따라 己酉(1549)年에 싣는다.

答子寓 〈續集 卷七 張 4~5, 退陶先生集答寓十五日 庚戌(1550)〉
汝有非輕之病 況瘧疾 本因脾胃受病……盖爲病開素不得已 從權故耳

이 글은 續集 丁未年下에 실려 있으나 退陶集에는 〈十五日〉의 日字가 적혀 있고 書頭에「余往溫溪… 煎聞不已就中」3行文이 살아있다. 開素는 叔父(溫溪公) 喪을 당했기 때문에 素食을 해야 할 터인데 瘧疾病을 앓아서 開素하라 하였다. 溫溪가 李芑의 私怨으로 罪人으로 몰려 杖殺 직전에 遠流의 길 미아리에서 逝世한 것은 庚戌年이다. 遠巖 李喬가 지은 庚戌日記에 史實이 자세하다.

答子寓 〈續集 卷七 張 7~8, 乙卯 1555〉
近日汝安否 司中公務稍可堪當否……回謝之事太遲緩 亦深未安

이 글은 續集의 年代가 不明하다. 濟用監에서 僉正公이 勤務한 것은 乙卯年이기 때문에 맞추어 編入하였다.

與趙士敬〈退溪先生全書 卷 三十三 張31, 丁卯 1567〉
　　近爲況何如 某苦被病昏 然比之都下日稍個人可耳…… 觀其辭始知其難容

이 글은 乙丑年에 들어 있으나 明宗이 昇遐하고 行狀을 撰한 사실이 있기 때문에 丁卯年으로 編入한다.

與趙士敬〈退溪先生全書 卷三十二 張37, 戊辰 1568〉
　　來路累見除目 去卄七日君除孝陵參奉…… 寫兒書兼見政草則 君換集慶殿 猶可謝恩赴任…… 病暑昏燈眼暗 不一

이 글은 乙丑年에 들어 있으나 月川이 戊辰年에 慶州 集慶殿 參奉을 除授하였다고 神道碑銘에 적었으므로 戊辰年에 改編한다.

答趙士敬〈退溪先生全書 卷三十二 張38, 戊辰 1568〉
　　曾見在州寄書 又得禮安寄書深慰…… 僕漸不耐寒 將作尸素之人 愧不可言 餘未一一 惟珍愛是望

이 글도 「曾見在州（慶州）寄書 又得禮安寄書 深慰 別後之思 後書 云 將還任所 想今已在彼矣」에 依하여 戊辰年에 편입한다.

第4 索引 附錄

1. 主題(◎)의 索引

　書의 題目은 與答 某(字銜)로 적었다. 이를 目錄으로 하면 같은 題目이 겹쳐서 그 書의 내용을 쉽게 구별할 수가 없다. 그래서 이 集成은 人名書題에다가 그 書簡의 主題를 幷記한다. 書에 따라서는 主題가 여럿 있는 경우가 있는데 거듭되거나 重要度가 낮은 것은 두고 中心主題를 取하여 索引하였다. 여럿을 列記할 때는 ○를 쓰고 添記했다.
　이 主題 索引은 硏究者의 硏究 테마 設定에 직접 活用될 수 있고,

比較精讀의 指針役割도 하며 書簡 內容의 早見 役割을 하게 된다.
특히 先生의 前後 學說과 學問開發의 과정을 이해하는 데 크게 도움될 것이며 主題 그 자체만으로도 節要的 機能을 하여 읽고 싶은 글을 容易하게 選讀할 수 있다. 本集成의 編纂目的의 가장 큰 核心이 여기에 있다.

2. 人名(○)의 索引

人名은 下段 注釋欄에 注記하되 거듭 나올 때는 '前出'(以下같음)로 표시한다. 本國 人物과 中國人을 구별하지 아니하고, 名, 字, 號, 別稱을 모두 獨立項으로 取扱하였다.
다음을 그 實例로 적는다.

　李文樑(名), 大成(字), 碧梧(號), 松筠(又號), 筠翁(號의 別稱), 昌陵
　公(爵名), 昌陵郵官(昌陵察訪)

3. 地名(●)의 索引

書簡에 나오는 地名은 本國과 中國을 구별치 아니하고 모두 注釋해서 下段에 적는다. 行政地名, 素地名, 官府, 驛郵, 河川江津, 峯巒山谷을 모두 索引 項目으로 내세웠다. 많이 나오는 것은 10회로 제한한다.

4. 書名(*)의 索引

書中에는 出典을 밝혀 引用하고 歷覽書를 밝혀 놓았다. 勸讀을 위해 先生은 많은 책을 소개하였다. 그 書冊을 注釋하여 索引하였다. 두드러진 이론의 學說을 書名(*)으로 둘어낸 것도 있다.

第6篇 遺蹟調査와 資料探索 報告

第1 유적지 踏尋과 자료조사

1. 陶山 近隣 地域

(1) 三柏堂, 寒栖庵, 溪堂址, 芝山蝸舍址, 七臺三曲, 淸凉과 孤山亭, 十一勝景을 찾아가다.

筆者가 여러 해 동안 考證踏査를 거듭했지만 그 때마다 짧은 放學期를 利用한 歸國 硏究 旅行인지라 번번히 뜻을 이루지 못하고 미루어 둔 몇 가지 힘드는 宿題가 있었다.

  山 속에서 산다고 할 일 없다 말을 마오
  平生 하고픈 일 헤아리기 어려웨라

  （莫道山居無一事 平生志願更難量）

이 詩는 退溪先生이 兄舍에서 읊은 詩다. 〈26살 때(丙戌年), 형님이 成均館에 유학을 가자 어머님을 모시러 형님댁에 들어가서 老松亭(西齋)을 읊음〉

이 詩를 읊은 兄舍가 지금의 어디메쯤이며, 그 때를 前後한 先生의 住居와 家庭形便이 어떠했던가를 把握하는 일이 그 첫째이며,

둘째는, 栗谷이 先生을 처음 찾아가 뵙고 비 때문에 3日間 머문 書堂(栗谷은 '瑣言'에서 '余留二日而別'이라고 2日間 머물었다고 했으나, 退溪는 '李秀才 珥, 字叔獻 見訪溪上雨留三日'이라고 題한 詩에서 '挽留

三日若通神'이라 하였고, '贈 李叔獻'에도 '三日霡霂變玉華'라 읊었음으로 退溪詩를 取信함)은 陶山書堂이 아니고 溪上書堂이었으니 先生이 50세에 寒棲庵을 마련하여 溪上에 定居했다가 이듬 해에 溪北에 小構한 書堂으로 다시 옮겨 弟子들을 맞아 가르친 그 書堂자리가 지금 어딘가를 찾는 일이고,

셋째는, 艮齋가 每日 問候하고 글을 배우던 중 先生이 홀연히 2日間 行方을 감추자 追跡探訪 끝에 修煉中인 先生을 만났다는 그 招隱, 月瀾, 考槃, 凌雲, 凝思, 朗詠, 御風 등 七臺를 아는 人士를 모시고 함께 가서 臺 위에 올라 굽이쳐 흐르는 落水 三曲(石潭曲, 川沙曲, 丹砂曲)을 한 눈에 바라보는 일,

넷째는, 先生이 淸凉山 文殊庵에서 靜居修養하던 어느 날, 그 庵子의 중이 새벽 일찌기 先生이 房 밖에 나간 것을 알고 찾아가 보니 찬 바람을 맞으며 건너편 巖盤臺上에 靜坐하고 있더라는 그 절과 바위를 찾아 深山幽谷에 어울어져서 잠시나마 自然 속에 파묻혀 보는 일,

다섯째는, 先生이 49세 때 豊基郡守를 그만 두고 돌아와서 退溪의 東巖 곁에 養眞庵을 짓고, 바위에 言約하면서 未來를 設定한 後, 洛東江上을 探勝하여 十一勝景(孤山, 日洞, 月明潭, 景巖, 寒粟潭, 白雲洞, 彌川長潭, 丹砂壁, 川沙村, 葛仙臺, 高世臺)을 얻어 命名하고 詩를 읊으며 賞適한 그 江邊 길을 걸으면서, 先生의 詩境과 精神世界(思想的背景)야 理解하든 못하든, 예대로 남아 있다는 그 臺·巖·潭·壁들을 직접 한 번 가서 구경하고 位置나마 確認해 두는 일이었다.

職場에 매이고 나면 여간해서 자유로운 긴 時間을 얻기가 어려울 뿐 아니라 지난 날 꿈같이 다녀 온 堤原, 淸風, 丹陽, 驪州에 다시 가봐야 하고, 順興, 浮石, 小白山, 竹嶺도 行步로 밟아야 하며, 先生이 御史로 다녀온 京畿, 江原, 忠淸道와 中心生活圈이었던 慶尙道 遺蹟地를 두고두고 遍踏해야 하므로, 때마침 얻은 한가한 시간을 살려 勿失好機 가벼운 차림으로 4月末부터 陶山探査에 나섰던 것이다.

이번 踏査의 成果를 記錄하기에 앞서, 여러 날 동안 宿食과 交通便宜

의 提供은 勿論, 地名만 대면 직접 그 곳을 引導해 주며, 資料를 찾고 사람을 求해서 協力케 하는 등 온갖 努力을 다 쏟은 聖幼(李根必의 字) 兄의 따뜻한 配慮, 身恙中임에도 別饌, 補身食, 밤참을 대접하며 研究者의 健康에 정성을 기울여 주던 聖幼의 令夫人에게 이 紙面을 빌어서라도 感謝를 表해야 하겠다.

그리고 또 한 분에게 鄭重히 감사의 인사를 올려야 한다. 七旬 老軀를 무릅쓰고 기꺼이 案內役을 맡아 주신 遠浦翁(李源武)은 이제까지 七臺三曲을 찾는 이를 만나지 못했다면서 그 傳授者를 찾았다는 기쁨으로 수고를 아끼지 않았다. 『龍山集』에서 龍山(李晚寅)이 次韻한 臺曲의 詩까지 引證攷閱하여, 丹砂曲, 王母城, 觀魚臺(石), 虎岩, 川沙村, 月瀾寺를 옷을 벗고 江을 건너야 하는 險路임에도 앞장을 섰고, 15年 前엔가 다녀온 淸凉山 踏山은 이번 길이 生涯 마지막 길이 될 것이라면서 삶은 계란으로 점심을 싸고 外孫 金聖珉君을 앞세워 지팡이에 의지하면서도 새벽 길을 나서 준 그 感激的인 모습, 研究와 景賢에 남다른 誠意를 갖고, 先生의 遺蹟地를 소개하며 記錄(『吾家山誌』, 「眉叟踏山記」를 參考하여 정리한 『淸凉山錄』을 寫抄했고, 『聞達錄』 等 其他 抄錄多有)를 保存하는 데 心血을 다하면서 水沒地區의 一族이 故鄕을 떠나 빈 마을이 되다시피 한 故土(遠村)에 남아서 先事守護에 餘生을 바치고 있는 翁에게 머리숙여 感敬하며, 勞苦에 못미치나 감사하는 뜻을 이 글에 나마 밝혀 두고 싶다.

이번 기회에 새로 얻은 稀貴한 文獻은, 悟堂 李源鐸翁이 구해 줘서 복사한 官簿 『宣城誌』(鏘鳴瀨의 位置와 花岩台를 알게 된 典籍임)와 奉化琴氏 門中에서 所藏하고 있었다는 『浮羅事蹟』 및 李東燮이 所藏하고 있는 龍山翁의 門徒錄인 『竹洞稧帖』을 들 수가 있다. 무엇보다도 값진 收獲은 溫溪洞契의 實行錄(扶助記錄)을 所藏하고 있는 人士를 알게 되었다는 事實이다.

그리고, 松齋先生 山所에 省墓하고는 墓碑文 「松齋先生眞城李公之墓」를 알고 깨달은 일, 柏枝山 貞敬夫人 權氏 山所에 가서 轉寫해 온

墓碑文과 僉正公이 侍墓한 자리에 서 있는 響山의 柏洞書堂의 사진들은 筆者의 論文 追補를 위하여 매우 귀중한 자료가 된 것이다.

安東市內에 자리한 松齋先生 宗宅 愛蓮亭(主人은 宗孫 李鼎洛)을 찾아가서는 여러 해 동안 수소문하고 찾던 先生의 親筆 額書 '松堂'을 宗孫이 거처하는 사랑방 문 앞에서 만날 수가 있었다.(松堂과 松齋에 관한 이야기는 先生이 從姪인 憑에게 준 書札에서 그 分別을 자세히 밝혔고, 堂名을 써서 懸板으로 하라고 보낸 바로 그 글씨임) 景福宮의 모든 懸板을 先生이 썼으나 壬亂 때 灰燼되어 남은 게 없고, 東大門의 懸板인 「興仁之門」을 六堂 崔南善이 退溪의 글씨라고 記錄하고 있을 뿐, 先生書의 懸額이라 하고 傳하는 숱한 글씨가 論難이 있어 그 眞否를 못가리는 이 때에 '松堂'의 遺存은 '光明堂', '愛日堂' 현판과 함께 珍貴한 寶物 가운데서도 한층 소중한 현판인 것이다.

① 先生이 分家해 나간 집은 芝山蝸舍(一名 暘谷堂)이며, 溫溪公이 세간 나간 집과 같다는 말이 傳한다. 그리고,『文集別集』卷一 葉十에 「芝山蝸舍二首」라 題한 詩는 前後 5년의 時差가 있고, 詩作의 場所가 다른 두 詩를 한 데 모아 두었기 때문에 '蝸舍'의 槪念과 규모가 모호해지고 '莫道山居無一事 平生志願更難量'은 언제 어디서 읊은 詩인가 不分明해져 있다. 이 문제를 解決해 주는 글이『文集別集』, 卷一 葉五十의 '次金惇叙(富倫)所和李庇遠(國樑)見知傍字韻律詩'의 前註小叙이다.

　　往在丙戌(先生 26세)歲 家兄(溫溪)游泮宮余侍親在兄舍 嘗於西齋吟一律 '高齋蕭洒碧山傍'云云

前述「芝山蝸舍二首」中의 앞의 詩는 先生이 26세 때 母夫人을 모시기 위해서 兄舍(東쪽에 있는 三栢堂)에 들어가 西쪽에 있는 큰 댁 老松亭(西齋)을 '高齋蕭灑碧山傍……莫道山居無一事 平生志願更難量' 하고 읊었고, 뒤의 一首는 31세 때 辛卯年에 읊은 詩로서 '次金惇叙云云'의 題詩 叙文인 '辛卯余有小築於芝山之麓又有傍字韻'에 의거하여

卜築芝山斷麓傍	形如蝸角祇身藏
北臨墟落心非適	南挹烟霞趣自長
但得朝昏宜遠近	那因向背辨炎凉
已成看月看山計	此外何須更較量

詩만을 蝸舍를 읊은 詩라 斷定하는 바이다. 그리고 暘谷 李國樑과 雪月堂(金富倫)의 傍字韻詩에 次韻한 '舍舊遷新此水傍 君尋巢拙謂堪藏…… 因思卅六年前事 東海添愁浩莫量' 詩는 溪上書堂에서 敎育할 때의 51歲時(辛亥年間)作이라고 믿어진다.

이로써 다음 몇 가지는 辨析할 수가 있게 된다. 先生이 分家해 나간 집은 三栢堂도 芝山蝸舍도 아니며 母夫人이 계신 三栢堂에 들어가기 전의 다른 집이 있었다는 것이 確實하고, 三栢堂까지는 初娶許氏夫人과 함께, 30세 再婚한 뒤는 權氏夫人과 芝山蝸舍에서 棲居했음을 알 수 있다. 許氏夫人이 媤家에서 寀公을 낳았다면 別世한 집도 三栢堂이었을 것이다.

文典을 基礎로 한 踏査의 結果, 三栢堂(溫惠初等學校 西便에 옛터를 지키기 위하여 溫溪 宗孫이 最近에 住宅을 지어 놓았음)과 老松亭의 東西齋는 詩와 一致하였고, 老松亭에서 본 '東澗遶門西澗合 南山接翠北山長'과 蝸舍터 暘谷에서 본 '北臨墟落心非適 南挹烟霞趣自長'의 境界는 바로 그림을 그린듯 山川을 寫實한 詩句임을 알 수 있었다.

前後 26年間 先生의 思想變化를 表現한 '平生志願更難量'과 '東海添愁浩莫量'에서 不變의 大志와 事業을 推斷할 수 있고, 經世哲學의 孕胎와 實踐을 直感할 수도 있지 않을까 싶다.

② 寒棲庵과 溪堂은 다르다.

두 집을 對比하면 여러 가지 意義가 깊은데 特히 栗谷이 退溪를 찾은 곳이 溪上書堂이었기에 더욱 뜻이 깊은 곳이므로 기어코 찾아 내고 싶었다. 溪堂과 寒棲庵에 對한 연구는 다른 기회에 發表하기로 하고, 于先 그 위치를 現在의 心證대로라면 古藤庵 뒤의 草堂골이다. 李東昇 敎授가 알려준 草堂골을 聖幼의 證言에 의거하여 몇 차례 올라가 보았다. 溪堂에는 六友園과 蒙泉이 있어야 하고 方塘자리는 가장 중요한 遺跡(蓮塘)이고, 位置는 溪北에 있어야 한다.

　5月 8日날 아침 6시, 筆者가 草堂골의 方塘자리에 들어서자 푹푹 발이 빠졌다. 지금은 묻혀 버렸지만 어디선가 「蒙泉」이 있어 물이 흘러내려 거기 괴어 있었다. 골에는 흐르는 물도 水源도 없건만 서너坪 될까 싶은 方塘 蓮밭에는 못이었을 네모흔적이 뚜렷하게 남아 있다. 그리고 階段식 園址는 세 뙈기가 층층이 벌여 있다. 이만하면 둘레의 松林과 書堂을 합하여 竹·梅·菊·蓮 등 六友園을 이룰만 하다. 寒棲庵에서는 陶潛의 詩에 和韻하였고, 溪堂에서는 杜翁詩를 次韻한 뜻을 알만도 하다. 또 古藤岩 위의 臨省臺는 溪堂앞에 있어서 때때로 나가 土溪의 물을 내려다 보며 '臨流日有省'할 수 있었다. 特히 栗谷이 비에 갇혀 三日間 머문 곳이라서 土溪流를 내려다 보았더니 長霖 때에는 강물이 불어 흐르면 꼼짝 못하고 갇혀 있어야만 할 곳이었다.

　③ 七臺에 올라서 봐야 陶山을 안다.

　遠浦와 聖幼를 따라 七臺에 올라간 것은 5月 6日이었다. 사진기 두 종류를 가지고 臺上에 올라 멀리 淸凉, 國望, 祝融, 冠帽 諸峯과 龍頭, 搴芝, 靈芝山을 바라보며, 북고개, 소리재, 송티재, 孝子庵을 찾고 난 뒤 山城, 金生窟, 王母城의 說明을 들으면서 石潭, 川沙, 孤山, 淸凉曲 등 洛東江上流의 물굽이와 靑霞, 紫霞를 한 눈에 내려다 보는 景致는 아무리 사진에 담아 오려 해도 不可能하였다. 가보고 그 絶景을 맛보는 외에 나로서는 說明할 재간이 없다. 아무튼 거기 마을 가까이 두고도 七臺와 三曲을 알지 못하고 잃어버려, 찾는 사람에게 인도를 맡아 줄 人士가 없을 뻔 했던 때에 遠浦와 聖幼가 授受傳承한 것은 큰 多幸이라 하겠다.

　④ 淸凉山 文殊庵 터에서 瓦片을 줍고, 淸凉庵의 '壽'字기와 조각으로 探査慾을 채우다.

　先生과 退溪家가 淸凉에 인연을 갖고 있는 것을 모두 說明할 겨를이 없다. 一名 吾山堂인 淸凉精舍에 投宿해서 한 一週間 머물 계획이었으나 如意치 못해서 內外淸凉을 하루에 다녀 오고 말았다. 松齋가 子姪을 榻居시켜 가르친 由來와 先生 兄弟 叔姪, 祖子孫 三代의 家塾이 있었던 寺庵을 돌아보고 金生, 孤雲, 義湘, 恭愍王 등의 遺跡을 모두 찾고 先生이 門徒와 遊山하여 詩를 읊었던 곳이며 周愼齋先生이 記錄한 대로 淸凉絶勝을 다 밟아보려면 別途 登山計劃이 있어야 하겠기에 淸凉寺, 文殊庵址, 金生窟, 風穴臺, 聰明水, 致遠臺, 外淸凉의 庵子를 돌아, 蓮花峰, 白雲峰, 義湘峯, 山城峯, 滿月臺, 般若臺, 仙舞臺를 바라만 보고 왔다.

夜間에 先生이 나가서 巖盤 위에 靜坐하고 修養했다던 곳은 文殊庵 절터였던 바로 곁이었고, 100여 길 臺下 空谷은 내려만 봐도 肝이 서늘해지는 것 같다. 오른편에 아련히 淸凉寺가 보이는데 한창 僧堂 增築에 木工의 손길이 바쁘다. 文殊庵 뒤의 巖壁은 깎아 세워 100m도 넘어 보이고 그 아래 石泉은 물이 차다. 모두 先生이 詩로 表現해 놓았고, 범의 出現을 경계하라고 門人을 깨우친 그 어느 곳엔가 先生과 猛虎가 氣槪를 겨누며 눈싸움하던 자취가 지금도 남아 있을거라 想像해 봤다.

淸凉寺를 改修할 때 천장에서 나온 先生 글씨의 書板을 몰래 빼돌려 팔아먹은 俗工이 되돌아와 가람도 짓기 전에 죽고 말았다니, 資工이 없어 來歷은 알 수 없거니와 어딘가 흘러가 있을 그 書板은 꼭 다시 되돌려지기를 빌고 싶다. 淸凉山의 寺庵에 修道한 僧侶의 이름과 절이름을 적은 文籍이 함께 그때 나왔다는데 主持스님이 때마침 上京中이라 考覽할 수가 없었다. 不得己 다음에 다시 올라와 묵으면서 연구하는 方法 밖에 없었다. 年末쯤이면 靑松, 蔚珍으로 通하는 國道 觀光路가 틔어서 한층 오가기가 편하리라고 기대되나 비닐휴지 한 장 없는 淸凉 溪谷이 汚染되어 濁瀆로 바뀌어질까 두렵다.

⑤ 丹沙壁에서 月明潭까지 探勝하다가 한 곳을 '盤松臺'라 命名하고 勝景에 沒入했다.

5月 26日, 遠浦翁이 令夫人의 病患治療 때문에 大邱로 가고 안계셔

서 無理하게 聖幼가 길인도에 나섰다.

'丹砂南壁葛仙臺'를 廣角사진기(렌즈)로 바짝 잡아 당겨서 찍고, 彌川長潭, 白雲洞, 景巖, 寒粟潭, 日洞, 孤山亭, 月明潭을 차례로 거슬러 가면서 踏査했다.

彌川長潭에서는 맑은 물 속에 잉어떼가 노는 모습을, 닥밭골(楮田谷)에서는 多情한 夫婦가 감자밭을 매는 모습과 農牛母子가 平和롭게 풀을 뜯고 있는 風景을 그림같이 감상하고 걷다가 淸風金氏의 맹계마을 못가서는 老松과 바위가 어우러져 盤松을 이루고 있는 自然美에 취해 우리도 先生의 趣意를 배워 '盤松臺'라 부르기로 했다.

가장 어려운 것은 '景巖'을 찾는 일이었고(確實치 못해서 江邊의 巨岩을 모두 필름에 옮겨 놓았음), 안타까운 것은 두 鶴巢臺에 鶴이 자취를 감춘 일이다.

올미재에서는 樹令 300年이 넘었다는 밤나무가 구멍난 흔적이나 상처하나 없이 壽를 자랑하며 밤을 열어주고 洛江의 哀歡을 지켜보고 서 있다. 日洞의 檜 나무와 함께 天然記念物로라도 指定해서 保護해 주었으면 싶은 衝動은 鶴을 잃은 新舊臺의 쓸쓸한 모습을 보자 더욱 그러했다.

日洞(佳松洞)에 이르러 허기진 배를 빵과 우유를 사서 饒飢하고, 高山藥圃를 줄을 매어 오르내리며 特用作物을 耕作하는 農夫의 殖産執念에 歎服을 했다.

惺惺齋 琴蘭秀先生의 孤山亭에 陶醉했다. 亭子 앞의 깊고 푸르게 깔려 있는 月明潭의 맑고 고운 물빛, 그 위의 嚴臺, 孤山亭 뒤의 鶴巢臺와 쓰러질 듯 휘어진 老松이 바위 틈에 뿌리가 잡혀 있고, 對岸의 奇巖絶壁은 亭子를 지키듯 내려다 보고 서 있다.

退溪先生과 같은 名詩人이나 이곳 主人인 琴惺齋 같은 분이 아니라면 이곳 名勝은 樂山樂水하는 哲學 속에 다 수용하기 어려웠으리라.

시골길 10 리라는데 구불구불 江을 돌고 山을 오르내리면서 30 리는 더 걸었다. 피곤한 몸은 더 이상 무리할 수가 없었다. 근근히 國道까지 발을 끌고 나와서 1시간 반을 길가에서 기다리다가 오후 5시 반 淸凉山 入口에서 나오는 버스에 몸을 실었다.

2. 小白山下와 南道 地方

여름방학이 시작되자 東京에서의 孤獨에서 벗어나고 祖國의 그리움을 달래며 연구를 進行하려고 半年間 벼르던 踏査 길에 나섰다.

7月末까지의 日程을 짜서 忠北 丹陽, 慶北 北部, 慶南 西南部를 向해 떠났다.

所期의 目的을 다 達成하지는 못했어도 몇 가지 貴重한 資料와 數百年間 未確認된 채 文獻上에 傳承되온 事實을 考證 探尋할 수가 있었다. 紙面 關係로 簡略하게 整理하여 同學諸彦에게 資料로 提供하고자 한다.

(1) 資料 發掘

① 退溪書節要는 保存되고 있었다.

봄에 族兄 井南翁(權五根·豊山佳日出身)께서 求해 주신 恕軒集 안에서「退陶書節要跋」을 읽고 이 册의 遺存을 搜所聞하는데 1個月이 걸렸다. 學友 宋浚兌·浚觀 兄弟의 極盡한 努力으로 所藏者를 알아낸 것은 6月中旬이었다. 6月 28日 浚觀甫의 도움으로 梅軒公 8代孫 宋武善을 찾아 節要가 秘藏되어 온 까닭을 알았다.(그는 1995年에 作故했다.)

이 節要는 梅軒 宋命基(1680~1755)가 編著한 册인데 刊行한 적이 없는 草稿本七册이다. 230여 년간 戰禍와 숱한 世波를 겪으면서도 無事히 傳해 온 것은 後孫들의 至極한 孝心 때문이었다.

또 跋文과 梅軒行狀을 쓴 恕軒 李世珩의 文集이 刊行 遺傳되지 않았던들 오늘날까지 그 所從來를 알 수 없었을지 모른다. 이제 賢裔들이 刊行을 圖謀하고 있으므로 學者들에게 活用될 날도 멀지 않을 것 같다.(10년째인 1996년 2월 8일에 五鳳이 跋을 붙여 6帙을 景印하였다.)

② 退溪先生家書 草稿本一部 遺存

退溪가 斂正公에게 寄答한 家書를 後孫이 整理해서 엮은 手寫本(覆寫) 3冊을 嶺南大學校의 李完栽 敎授가 入手하여 다시 覆寫해 筆者에게 준 冊이다.

總 10年分(庚戌·辛亥·壬子年間과 甲子~庚午年間)인데 날짜가 적혀 있고, 內容面에서는 先生孫子와 曾孫 敎育에 關한 記錄이 特히 參考할만 하다. 또, 寂公의 行歷, 溫溪先生 墓地 決定(燕子谷), 孫壻勿齋 朴欏의 婚事와 改名時期, 曾孫 昌陽의 卒日(筆者는 庚午年 3月로 推定했으나 5月 23日임을 알게 됨), "床花世俗 不必盡從世習"은 孫女婚姻(朴欏夫人)때 하신 말씀, 斂正公의 行歷의 一部를 具體的으로 把握할 수 있다는 點에서 筆者에게는 매우 貴重한 資料이다.

冊 머리에 "退陶先生集 卷之"로 시작한 것으로 봐서 文集을 만들 때 先生의 家書를 手寫한 冊인 듯하고, 여러 冊中에서 이 3冊이 누군가의 손에 依하여 傳受 保存된 것 같다. 旣刊된 遺集(『陶山全書, 四』)에 一部 또는 全部가 실린 글도 있다. 所藏者의 落款이 있어 거의 眞本임을 믿을 수도 있으나 硏究를 要한다.

李 敎授는 이 覆寫本을 踏査歸路에 安東에 들렀다가 入手했다면서 筆者에게 所用될 것 같다고 건네주었고, 原本所藏者의 追跡과 硏究를 下囑하였다. (全帙은 1996년에 刊行한 『退溪書集成』에 실었다.)

③ 重刊 松溪集 購得

石洲와 함께 權門 兩大詩人으로 이름난 松溪의 文集이 重刊되었다. 稀貴本으로 알려져 있고, 退溪에게 致奠한 12字 祭文은 世上에서 가장 짧은 名文章이므로 이 文集을 求해 읽는 데 熱과 誠을 안 들일 수 없었다.

博約會 關係로 安東에 갔다가 情報를 入手하고 太師廟에 들러 權在永翁으로부터 頒帙의 幸運을 얻었다. '남에게 못주는 限이 있어도 자네에게는 꼭 줘야지'하며 松溪 硏究에 관심을 가졌다.

(2) 文典의 事實 確認

① 燕谷 野池와 溪上書堂址 標識 세우기

7月 1日 陶山書院에서 硏究報告會를 갖고 博約會創立 發議經過를 지난 號『退溪學界消息』에 알렸기 때문에 그 詳細한 內容은 省略한다.

標木을 세웠으나 標石은 좀 時間 餘裕를 가지게 될 것 같다. 古老들께서 確認 踏査를 할 움직임을 보이고 있기 때문이다.

② 竹嶺 消魂橋 遺蹟地 再踏査(『退溪學報』54號 p.99, p.101, 下段~p.104 上段 參照)

1549年에 退溪와 溫溪 兄弟분이 離別한 竹嶺 遺址에 간 것은 7月 17, 18日이었고, 李東薰 支部理事長과 李源奭 事務局長이 同伴하였다. 『陶山全書(四)』의 遺集에 退溪의 矗泠臺詩 二首가 傳하며 溫溪集에는 또 和答한 詩 二首가 실려 있다.

東臺를 棧雲, 西臺를 矗泠, 골을 鴈影峽, 다리를 消魂橋라고 退溪가 命名하였는데 그 이름은 兪㵢溪의 「竹嶺行」, 金佔畢齋의 「頭流山遊山詩」, 杜甫의 詩, 江淹의 「別賦」에서 딴 것이다.

兄弟분께서 景致 좋은 이 곳을 擇하여 作別하였는데, 退溪가 豊基郡守를 그만 두고 물러나려는 것을 溫溪가 明年에 이 곳에서 다시 作別할 수 있게 떠나지 말라고 勸한 內容이 詩에 담겨 있다. 이 해에 兄弟분은 詩文에서 期約했지만 永訣하는 離別이 되고 말았다.

一行은 喜方橋 위의 無名橋가 消魂橋임을 考證確認했다. 긴 골에 물이 淸泠하게 흐르며 詩와 序에서 밝힌 東西 兩臺가 우뚝 서 있고, 또 골을 건너는 다리가 있는 곳은 竹嶺 全體를 두 번 넘으면서 살펴봐도 이곳 뿐이기 때문에 우리는 斷定했다.

이제 이곳에는 遺蹟碑를 세우는 일이 남아 있다. 中部高速道路라도 擴張하는 날 名賢의 遺蹟地를 保存하지 못하고 破壞해 버린다면 後世人에게 '文化遺跡을 살리지 못한 非文化的 祖上'의 非難을 免치 못할 것이다. 退溪의 遺蹟地라서가 아니라 오늘날 많은 先人 名賢의 遺墟가 毁損 破壞되어 民族將來에 永久히 傳해야 할 곳이 그 흔적도 없어진 곳이 얼마나 많은가! 此際에 先人 遺跡 發掘 및 保存을 위해서도 標石과 다리 이름은 새겨져야 하겠다. 筆者의 念願을 하늘이 도와주어 未久에 이루어질 機微가 보이므로 기쁘기 한량 없고, 지난 8月 30日에는 官民 40餘人이 鴻儒를 모시고 消魂橋를 찾아 再考證했다고 하니 이제 한시름 놓아도 좋겠다.

③ 裵純 旌閭碑를 찾았다.(『退溪學報』 54號 p.99~p.100 關聯)

順興府의 대장장이 裵純이 退溪에게 글을 배우고, 退溪가 떠난 후도 鐵像을 만들어서 景慕 獨學하였으며, 師門의 沒後에는 三年喪服을 입었으며 祭祀지냈다는 記錄은 『年譜補遺』와 『陶門錄』에 傳한다. 筆者는 記傳故事를 어떻게든지 確認하고 싶었다.

두 가지 理由 때문이다. 退溪가 身分의 上下를 가리지 않고 敎育한 '一切敬之'의 人權尊重思想의 實證을 確認하는 일과, 또 하나는 敎育者의 權威가 땅에 떨어져 구르고, 스승에 對한 尊慕가 바래진 지금 世上에 退溪와 裵純 師弟의 德音을 오늘에 되살려 師道와 弟子職을 바로 세우고 싶은 欲望 때문이다.

7月 19日 消魂橋 踏査 歸路에 順興에서 一泊하고 白雲洞과 順興鄕校를 돌아 裵店里를 찾아갔다. 竹溪九曲으로 들어가는 入口의 돌너덜 마을, 바로 裵店初等學校가 있는 그 동네가 裵店里였다. 順興에서 4.5km는 되는가 싶다.

學校에 들려 竹溪에 관한 說明을 듣고, 白根壽 敎師의 인도로 校門에서 50m 떨어진 당나무 아래 碑를 찾아갔으나 嚴氏의 頌德碑였다. 이 마을에서는 忠臣碑로 알려져 있는 또 하나의 碑가 있다고 했다. 다시 거기서 50m 떨어진 果樹園 모퉁이에 있는 조그만 碑閣으로 갔다. 白敎師도 이 곳에 처음 와보므로 어떤 忠臣인지 잘 모른다고 했다. 뛰다시피 가보았더니 조그만 돌비에 「忠臣百姓裵純之閭 服 宣祖大王三年喪」이란 碑文이 새겨져 있고 碑閣은 땅에 붙은 듯 작으며 정성들여 管理하는 것 같지는 않았다. 裵純이란 두 글자를 보는 瞬間 가슴이 울렁거렸다. '여기 있었구나!' 快哉를 외치고 一行을 불렀다. 搜所聞하기를 3年餘, 이제 내발로 걸어와서 돌로 化한 實存人物 裵純과 만난 것이다. 참으로 반가웠다. 天道가 無心치 않음을 느꼈다. 學問과 禮節(仁)을 좋아한 그 人物, 그를 버리지 않고 가르친 退溪의 人間愛, 恩義를 重히 여길 줄 알고 鐵像을 鑄造해서까지 섬기고 師恩에 報答한 至高至純의 弟子職은 人道를 깨우치기 위해서 不虧不滅 끈질기게 버티어서서 찾아오는 後學을 기다리고 있지 않는가!

旌閭碑 앞면 碑文을 어떻게 썼을까 궁금했더니 '忠臣'이라 顯彰되어 있었다. 退溪에 대한 이야기와 鐵像에 관한 記錄은 없나보다 하고 內心 失意에 빠졌다. 碑石과 뒷담이 한 자(一尺) 사이도 안되게 딱붙여 집을 지어 놓았다. 전등을 비추면서 간신히 碑文을 배껴내었다. 아랫쪽은 보이지 않아 点字를 읽듯이 손으로 더듬어 읽었다. 目的을 가지고 애써 찾지 않으면 碑陰記가 없는 줄로 알 것 같다.

陰記中에서 「退溪先生服三年 設鐵像以祀之」(퇴계선생의 3년상복을 입고 철상을 모시며 제사를 지냈다)' 했다는 글을 찾아내었다. 側面에 적힌 「萬曆四十二年 五月 日立旌閭」라는 記錄을 通해서 1614年 光海 6年에 세운 事實도 알았다.(『年譜補遺』에는 1613年 萬曆 癸丑으로 傳함)

이제 모든 記錄은 事實임을 確認한 셈이다. 1649年 3月에 孫子 裵種이 墓碑를 세운 후 다시 세웠고, 1695年 3月에 外七代孫 林晚維가 改立했다는 記錄을 根據로 하여 後孫과 裵純墓를 찾는 일이 또 남았다. 前面 碑文에 관해서는 여러 가지 疑問이 있으나 言及을 保留한다.

(3) 訛言과 訛傳
① 浮石寺에 聚遠樓가 없어졌다.
浮石寺에 간 目的은 退溪가 누구 詩를 次韻하여 「次聚遠樓 樓在榮川郡浮石寺」詩(矗成雲砌繚虹欄 奔走神工偉覽看⋯⋯感慨古今歸一貉 尊前休說官途難)를 읊었으며, 또 「浮石寺聚遠樓鄭湖陰贈僧韻」詩(鬼役天成萬古樓 風雲一任洗新秋 夜深獨對高僧榻 唯見長空月似鉤)가 있으므로

湖陰(鄭士龍) 詩와 함께 걸려 있을 여러 詩를 寫抄해오기 위해서였다.
　그러나 아무리 찾아봐도 聚遠樓는 없었다.(1956년에 이 절에 들렸을 때는 다락의 현판이 聚遠樓였었다고 기억한다.) 僧侶에게 所在를 물었더니 이 절에는 그런 樓가 없었다고 한다. 詩題로 미루어 보아 1549年頃에는 樓가 分明 있었다. '萬古樓'란 詩句가 있는 것을 보면 오래 되었고 큰 樓임에 틀림없을 텐데 없었다니 理解가 되지 않는다. 가장 높은 一番樓에는 李承晩 博士가 쓴 浮石寺 懸板이 걸려 있었다. 聚遠樓 현판이 浮石寺와 바뀐 것이 분명했다. 勢道가 文化財를 破壞한 模型이다. 宗敎가 權力에 초연하지 못하고 阿諛苟容한 殘傷이 여기에 들어났다.
　祖師堂에 걸려 있는 仙秘花詩(擢玉森森倚寺門 僧言卓錫化靈根 杖頭自有曹溪水 不借乾坤雨露恩)를 收集하기 위하여 혼자 헐떡이면서 뛰어 올라 갔더니 이 詩板도 온데 간데 없다. 이 詩는 遺集에 실려 있다. 退溪가 寺庵에서 자주 起居했기 때문에 僧侶들이 請하면 題詩나 記文 또는 屛銘을 써 주기도 했었다. 『淸虛堂集』에는 西山大師가 써서보낸 書簡과 詩가 실려 있다. 僧侶에게 준 詩나 文을 모아야 退溪가 禪을 收容한 자취를 알 수 있기 때문에도 寺刹에 전하는 詩를 確認하는 이 作業은 꼭 해야만 한다.
　'感概古今歸一貉, 尊前休說官途難' 等의 詩句를 解釋해봐도 忌諱 當할 아무런 까닭이 없는데 近來 寺刹 淨化는 어느 方向으로 돌아가고 있는지 알 수가 없다. 梵魚寺 祖室의 李俊嘉 스님의 말에 依하면 20年 前에 韓國宗敎協議會를 만들어서 宗敎的 偏見을 解消하고 相互間 交流와 討論을 促進하며 共同使命의 意識幅을 넓혀 나가는 運動을 展開하였다는데, 現實은 오히려 宗敎와 宗敎團體의 偏見 對立이 尖銳化해가고 있는 傾向이 激甚해지는 것 같다. 宗敎로 因한 個人間의 不和, 集團間의 摩擦이 마침내 民族의 意志를 分裂시키게 될 때 이는 重大한 內憂로 發展하리라 豫想하니 至極히 근심스럽다.
　몇 해 전 鳳停寺에 들렸을 때 主持僧이 '儒敎가 佛敎를 彈壓한 過去

를 생각하면 退溪의 詩뿐 아니라 누가 왔다간 것도 記憶하기 싫고, 設使 무슨 자취가 있다 손 치더라도 우리는 모두 없애버린다'는 怨聲이 머리에 떠 올랐다. 俊嘉禪師에게 浮石寺와 鳳停寺에서 있었던 이야기를 했더니 浮石과 鳳停은 큰 잘못을 저지르고 있다고 嗟嘆했다. 俊嘉禪師에게 退溪와 寺僧관계를 간단히 이야기했다. 平素 退溪를 尊慕하고 있었다는 그의 말을 間接的으로 傳하고 『淸虛堂集』을 빌려주겠다는 示唆가 있었다.

② 景濂亭 原韻도 行方不明

寺刹은 그렇다치고 紹修書院에는 왜 退溪의 景濂亭 原韻 懸板을 없앴는지 알 수가 없다.

筆者가 1956年에 갔을 때는 退溪의 '草有一般意 溪舍不盡聲 遊人如未信 蕭洒一虛亭' 詩가 分明히 걸려 있었다.

그 때에는 紹修中學校에서 管理했다. 謁廟를 할 때 庫直夫人이 引導하였고 자리 없는 맨 흙바닥에서 절을 할 수 밖에 없었다. 壁에 걸린 周愼齋 영정과 그 밖의 安公 影幀도 보았다. 땅바닥에 놓아두어서 썩어가는 册을 보는 순간 서글픈 感懷를 억제할 수 없어 돌아가 大邱의 某 新聞記者에게 紹修書院 守護狀況을 傳한 일이 있었다.

지금은 晦軒 祠堂이나 愼齋影閣이 새로 지어져서 未安하지 않게 잘 모셔져 있으므로 그 동안 文化財管理를 맡은 분들의 精誠과 勞苦가 컸었음을 알겠다. 그런데 退溪의 景濂亭 詩板은 왜 없앴을까! 도둑을 맞았으면 다시 새겨서라도 걸어야 할 텐데, 後人의 詩는 模造해서 즐비하게 걸어놓고 있으니 어떤 曲節이 分明 있을 것 같아서 한심하게 느껴졌다.

退溪先生이 1549년에 豊基郡守로 오지 않았다면 紹修書院 사액은 내리지 않았고 私敎育의 萌芽인 서원 교육이 興學되지 않았다. 白雲洞書院은 그 뒤 創院만으로 영영 끝날 조짐이 柳敬長 郡守로부터 나타났는데 영주 군민이나 순흥 지방은 退溪의 업적과 사업에 대해서 잘 모르고 있으니 背恩忘德이랄 수 밖에 없다. 愼齋가 시작한 書院事業을

계승발전시켜서 오늘에 이르게 한 것은 退溪先生의 功德임에도 地方
儒林은 白雲書院의 歷史와 維持에 대해서 알려 한 것 같지도 않고 관
심이 깊지도 않은 것 같았다.

　景濂亭 아래 溪谷의 岩壁에 새겨진 '白雲洞'과 '敬'字 글씨를 撮影하
고 있는데 書院管理職員이 와서 親切하게 說明을 해 준다. '저기 보이
는 글씨는 周世鵬 先生과 退溪先生의 共同作입니다'라고. 愼齋는 1542
年(壬寅)에 白雲洞書院을 創建하여 安文成公珦, 文貞公軸 文敬公輔를
奉享했으며, 1545年(乙巳)에는 成均館司成으로 漢陽에 還朝했다. 1548
年(戊申) 10月에 退溪가 豊基郡守로 赴任했을 때 愼齋는 閏 9月부터
左副承旨로 在任했고, 이듬 해 1549年(己酉)에는 都承旨, 戶曹參判을
거쳐 黃海道監司로 赴任한 후 海州에 또 書院을 建立했다. 이 해 年末
에 退溪가 豊基를 떠났으므로 두 분이 岩刻 글씨를 함께 製作했다는
말은 訪問客에게 대하여 너무나 實 없는 虛言 訛傳을 준다 싶어 苦笑
를 머금었다. 오늘날 遺跡地와 史跡地의 紹介가 여기 뿐만 아니라 偏
見과 先入見에 依하여 我田引水格으로 解說되고 있는 事實은 決코 지
나쳐 버려서는 안 될 문제다. 鄕土史家나 官民이 다 함께 眞實을 밝히
려는 姿勢와 眼目이 必要하다.

　順興을 떠나오면서 退溪의 「途中」 詩 '水流沙渚漫無聲 山上雲低雨
欲冥 野鳥隔林歌互答 田家勞苦慰丁寧'의 뜻을 뇌면서 잘 가꾼 人蔘
밭과 들일하는 農夫의 거짓 없는 꾸밈을 通해서나마 옛 情趣를 想像
해 보았다.

　回路에 草谷〈先生 妻家 마을〉 사일 건너편을 지날 때 平恩川 河童
의 모습을 보고 晩草兄(李東薰氏號)이 一句를 읊조리자 雅亭兄(李源
奭氏號)도 輒對하여 句를 맞추었다. 筆者가 이를 놓치지 않고 記念하
기 위해서 다음과 같이 成文化하였더니 呵呵大笑하면서 버리라 했으나
그럴 수가 없어 附記해 둔다.

　　　晩草路上一句曰 "平恩溪川 喜遊河童" 雅亭輒句曰 "晩尋遺躅 感悵愾
　　同" 丁卯七月十九日兩李公禮訪于其先祖退溪先生醺行田廬草谷歸路感賦.

③ 迎勝村 四樂亭 主人은 누구

7月 22日에는 山陰 迎勝村에 갔다. 退溪의 丈人 奉事權礩公이 禮安에서의 17年 귀양살이에서 풀려나 休養하러 가있던 妻家마을이다.

「寄題四樂亭幷序」(文集 續集卷一)에 依하면, '全氏 世居하는 마을 溪上에 亭子를 지었는데 경치가 幽絶하다. 外舅 權公이 謫所에서 풀려나 家族을 데리고 南으로 내려와 이 마을에 寓居하여 이 亭子를 얻었다. 서울에 편지를 보내 亭名을 지어달라고 하시므로 이름과 함께 詩를 지어 보내드린다…亭名을 四樂이라고 지었다.'고 되어 있다. 退溪가 자주 問安도 갔고 다른 次韻詩도 지었다. 四樂亭의 禮安 謫所는 어딘지 알 수 없고, 學業을 닦은 豊山 佳日에 있는 仙原講堂은 수년 전에 踏査를 마쳤기 때문에 꼭 찾고 싶었던 곳이다.

마침 이 날 全氏와 姜氏 두 老人이 亭子에 와 있었으므로 몇 가지 물을 수가 있었다. 全氏老人의 말을 들은즉, 12代祖 全轍의 亭子인데 號가 四樂亭이라고 한다. 宗孫은 12代孫인데 族譜와 退溪集을 갖고 있다고 한다. 中年에 重建하여 亭額도 새것으로 걸었고 先生이 奉事公에게 지어드린 農桑漁樵 五言詩「寄題四樂亭幷序」'……有全氏世居之 舊構亭溪上 頗幽絶 外舅權公自謫所歸携家南往寓居……惟農桑漁樵四者爲然故名亭四樂而係以詩'를 全公에게 지어 준 詩라고 믿고 걸어 놓았다. 幷序는 안 새겨져 있었다. 全轍은 退溪 妻外三寸이며 벼슬은 없으나 學德이 높아 退溪가 號와 詩를 지어 주었고 親하게 從遊했다고 한다. 權氏가 이 亭子에 와 있었던 일이 없었느냐는 물음에는 端的으로 그런 일은 없었다고 한다. 退溪의 丈人이 누구냐고 슬쩍 물어봤더니 宜寧에 妻家가 있어서 來往 길에 全公을 만나러 자주 들렸던 것이라면서 許氏가 아니겠느냐고 한다. 참으로 기가 막히는 허황한 이야기들이다.

踏査所感과 闡明은 여기 쓸 가치가 없다. 너무 사실을 왜곡하고 진실에서 벗어나 있기 때문이다.

④ 退溪先生의 晋州 琴湖 遺蹟碑

退溪가 33歲 때 晉州 月牙山 靑谷寺에 들려, 27年 前에 두 형님이

叔父松齋先生을 따라와 공부한 일을 느껴서 읊은 詩가 있다. 이 詩는 退溪文集,『松齋集』, 靑谷寺門樓, 琴湖池邊의 遺蹟碑에 記錄되어 있다.

退溪文集에는 '金山道上晚逢雨 靑谷寺前寒瀉泉 爲是雪泥鴻跡處 存亡離合一凄然'이라고 실려 있는데『松齋集』에는 '琴湖道上'과 '謂是雪泥'로 바뀌어져 있다. 이래서 靑谷寺 近處에 가서 金山과 琴湖의 地名을 考證하고 싶었다. 月牙山이 있는 곳은 옛날 金山縣이 있었고, 절에서 나오는 길에 右廻하여 晋州市內로 가는 곳에 琴湖池가 있다. 地志上으로는 거기가 거기이므로 괜찮은데 退溪의 元詩가 어느 것인지 疑問이다.

泉谷寺 懸板에는 또 다르게 琴山道上으로 시작하고, 謂是雪泥는『松齋集』과 같다. 세 詩가 모두 다르다. 金山縣이 있었다니 文集의 '金山道上'을 좇는 게 옳을 것 같다. 1978年 4月에 세운 琴湖池邊의 碑는 文集의 詩를 새겨 두었기 때문에 다행스러웠다. 泉谷寺 懸板과『松齋集』의 詩는 바로 잡아 마땅하겠다.

다음은 琴湖池邊의 遺蹟碑에 문제가 또 있다. 註가 문제다.
'註蓋其叔父淸海君墸爲牧使 時先生與兄瀣同遊靑谷寺故也'가 잘못이다. 退溪와 溫溪가 叔父 松齋公을 따라 간 것으로 적은 것이 잘못된 點이다. 松齋公이 데리고 간 조카는 三兄 漪와 溫溪였다. 退溪의 詩註에 '往在 丁卯年間 叔父牧晋陽 家兄彦章景明以孤幼從之 讀書于此寺至今二十七年…'이라 적혀 있기 때문에 事實을 分明히 알 수 있다. 彦章은 大竹으로 外孫奉祀를 간 三兄의 字이다. '淸海君'도 削勳되었기 때문에 쓰는 것은 곤란할 것 같다.

退溪는 6세 때 여기를 간 것이 아니고 大科 及第 前年에 魚灌圃(諱·得江)의 招請을 받고 갔다가 泉谷寺에 들려 詩를 지었다. 이 때 三兄은 別世했고 溫溪는 漢陽에서 벼슬을 하고 있었기 때문에 '存亡離合一凄然'이라 하고 別懷를 읊었다.

(4) 結 論

傳言故事와 標石이나 새겨놓은 현판 글들이 왜 이렇게도 虛言訛傳되는 것인지 참으로 奇異하다. 요새는 退溪文集이 흔한데도 불구하고 原典考證을 이렇게 疏忽히 하는지 알 수가 없다. 一字一句라도 考究에 徹底치 못하면 많은 사람에게 폐를 끼친다는 事實을 깨달아야겠고, 特히 原作者에게 悚懼스러움을 느껴야 한다. 첫째 原因은 學問에 있어서 털끝만큼도 거짓이 있어서는 안 된다는 眞實性이 問題이고, 다음은 索引이 없는 탓이라 하겠다. 또 하나는 權威 있는 機關이나 碩匠에게 묻는 謙遜과 誠實性이 있어야 하겠고 猝速을 피해야 하겠다.

끝으로 踏査考證의 意味가 더 한층 높게 認識되어지기를 期待하면서 紙面관계로 1個月間의 踏査 內容中 極히 그 一部만을 보고하게 됨을 안타깝게 생각한다.

3. 湖 西 錄

丁卯年(1987)의 마감과 戊辰(1988)年 構想을 兼하여

小 序

退溪先生의 思想을 정확히 알고자 한다면 먼저 우리는 그의 生涯와 行跡 등을 정확히 알지 않으면 안될 것이다.

浦項工大의 權五鳳 敎授는 그동안 退溪先生의 行跡을 단지 書籍을 통해서만이 아니라 꾸준히 「발과 눈으로」 調査해 왔으며 그 成果를 本誌 NO. 25·26號에 《踏査餘滴》으로, NO. 37·38號에 《續 踏査錄》으로 報告해 왔었다.

이번 號에는 발길을 湖西地方으로 돌려 이 地方을 스친 退溪先生의 足跡을 追跡하여 그 結果를 本誌에 알려왔다.

冬節의 踏査는 筆者의 健康 사정 때문에 거의 避하고 있었다. 그러나, 今年 歲暮는 天惠의 暖冬과 해를 넘길 수 없는 몇 가지 볼일 때문에 過歲次 上京 길을 踏査 旅程으로 잡았다.

10月以後 退溪詩 改編編輯을 하면서 分析整理上 踏査의 時急을 더한층 느껴온 터라 年末年初라도 時間을 아껴 쓰지 않으면 안되었다.

退溪詩를 體系的으로 再編集을 아니하고는 斷片的이고 文學的인 理

解 밖에 期待하지 못하는 게 實情이다. 退溪學의 硏究는 이러한 基本的 資料整理 事業이 이루어지지 않고는 언제나 겉돌게 마련이다. 特히 文集內容의 體系的 分類 整備 註釋은 모든 硏究에 于先되어야 한다. 이제 李家源 博士가 詩 譯注를 마쳤기 때문에 李章佑 敎授의 注解를 아울으면 詩語의 注釋과 故事 一分野는 難關을 해결한 셈이다. 이제 남은 문제는 同一 詩篇의 統合, 吟成別 整理, 本國地名攷, 人物 및 實史의 紀年體 서술, 索引分類作業 等이 남는다. 筆者가 學報에 連載하는 著作年譜(『退溪家年表』에서)는 退溪의 生涯를 硏究하는 基本資料로서는 아직도 未洽하여 보다 세밀한 統合·分析作業이 없고서는 안된다.

車中에서 생각하고 遺跡보고 깨닫는다.

書齋와 硏究室에서는 雜多한 冊과 일로 因하여 새로운 史實이 보이지 않고 들리지 않는다. 詩集目錄을 들여다보거나 詩를 읽어도 退溪의 當時代로 끌어다 주지 못한다. 詩題만 갖고도 現場에 가면 詩의 背景과 詩人 退溪의 人物像을 어렴풋이나마 찾을 수 있다. 山川景槪와 地域風情을 通해서 時代의 狀況과 詩的 情況에 接近할 수가 있다. 踏査는 問題를 連鎖的으로 解決해 주고 새로운 事實을 提供해 준다.

奇緣五題

「夜行入公州」아닌 午行入公州

12月 26日 問喪後 博約會 發起人의 한 분인 忠南女高의 汝直(鄭煥正: 日本 東京韓國學校에서 수년간 함께 근무하기도 했다)兄을 찾았다. 王朝實錄에서 史官의 人物評을 추려 硏究하고 있는 그에게 退溪評錄을 정리해서 發表토록 하기 위해서였다. 잠시 만난 후 淸州를 거쳐 忠州로 가려던 日程이었으나 그도 미루어 왔다면서 退溪는 「夜行入公州」(詩題)"하였으나 함께 午入公州行을 하자는 것이었다. 그가 자주 들린다는 酒肆에 들려 동동주를 마시다가 그만 발목을 잡히고 말았다.

27日에 그가 運轉하는 車로 公州에 갔다. 외진 公州는 이런 奇緣이 아니면 쉽지 않다.

公州는 退溪가 忠淸道救荒摘奸御史로 간 곳이다. 退溪가 全義縣에서 南行하다가 山谷에서 飢民을 보고 이렇게 詩를 읊었다.

  屋穿衣垢面深梨 官粟隨空野菜稀 獨有四山花似錦 東君那得識人飢

 때묻은 누더기옷 입고 다 부서진 집에 사는
 飢民은 얼굴이 배꽃같이 창백하고, 가는 곳마다 官穀은 바닥이 났구나.
 들에는 나물도 없는데 四方 山野에는 비단을 깐듯 꽃이 피어 있으니,
 東君이야 어찌 백성이 주리고 있음을 알리오.
    全義縣南行山谷人居遇飢民 忠淸道 救荒擲奸御史時.
  東君：太陽을 가리킨다. 여기서는 昏荒의 西戎國 東王公을 이름이니 百姓을
    다스리는 治政官을 뜻함

그 달 24日 退溪는 同行 御史 任虎臣과 함께 밤에 몰래 公州에 들어갔다. 이 날에 읊은 「夜行入公州」詩는

  長路悠悠欹倦馬 暗溪閣閣吠羣蛙 王城暫別春還暮
  錦水將經夜更賖 未心能紓九重念 驅馳空覥爾民何

 먼 길을 오노라 말도 한 숨 쉬며 축 늘어지는데,
 어두운 시내에선 개구리떼만 꽉꽉 울어대고 있네.
 公山城에도 봄은 왔으련만 새봄도 잠깐인듯 금강물은 깊은 이밤 어디론지 흘러가고
 九重 궁궐 임금의 뜻 백성에게 안미쳤네.

民情을 몰래 살핀 退溪一行은 이 때 收奪奸官인 公州判官 印貴孫을 摘奸治罪하고 報告한 記錄이 實錄에 얹혀 있으니 退溪와 任武伯이 謹嚴하게 다스렸음을 알겠다. 떠나올 때 退溪가 任公에게 지어보인 詩,

  垂柳有情遮客路 落花多情遶帆杠 何緣共載臨明鏡 笑撥春愁盡一缸

 늘어진 버들개지 정겨운 듯 길을 막고,
 꽃잎이 떨어지며 돛을 감고 붙드는군,
 어쩌다 인연을 얻어 마음 서로 거울 같고,
 춘궁에 입은 시름 웃음으로 흩날렸네.

에 依하면 公州 백성은 退溪와 任公 때문에 잃었던 봄을 찾은 것 같다.

이러한 公州이기에 언젠가는 찾아야 했던 곳이다. 汝直도 公州는 그리 밝지 않았다. 우리는 우선 武寧王陵을 보고파서 宋山里 古墳群으로 갔다. 王陵을 둘러보고 百濟의 香氣 높고 화려한 藝術을 살핀 후 公州 東軒을 찾아 발걸음을 옮겼다. 東軒을 못찾으면 公州山城에나 오를 心算이었다. 門을 나서려다가 管理事務所에 들렸더니 젊은 職員이 반가이 맞아 주었다. 東軒 所在를 물었더니 稀罕한 奇緣이 여기서 기다리지 않는가!

東軒을 헐어 移建重修하려고 近處에 옮겨 놓았다고 한다. 案內員이나 招請人도 없이 갔는데 이렇게 쉽게 찾을 수가!

주춧돌도 거기 있고 建物의 破材와 벗겨다 둔 기와가 잘 쌓여 있었다. 丹靑의 기둥과 사다리(階段)를 보고 누워있는 登梯지만 退溪의 모습을 그리며 올라 서 보았다. 이 뜯어 놓은 집에서 印判官을 꾸짖었을 情景을 생각하며 앞의 詩들을 뇌다가 기왓조각 한 개를 들고 발을 옮겼다.

退溪의 詩에는 '早渡錦江次船亭 …'과 「錦江亭」이 있다. 그 때 건넌 錦江 나루가 어딘지도 알아야 한다. 職員에게 물어 보았더니 오늘날의 新舊 錦江大橋가 걸린 곳은 아니고 곰나루(熊津)라고 한다. 禮山으로 나가는 나루라 한다. 그 옛날에는 天安, 鳥致院으로 가는 나루도 거기였다 한다. 時間이 없어 가 볼 수는 없고 公山城에 올라 살피기로 했다. 城은 宋山里 맞은 편에 있다. 오르는 길에 즐비하게 선 20여 柱 不忘碑와 淸德碑를 자세히 살펴보았다. 舊韓末의 觀察使와 判官이 大部分이고 暗行御史 李範祖의 頌德碑와 申櫶觀察使의 碑가 함께 서 있었다. 거기서 國史事典의 人物이 드문 것을 보고 놀랐다. 牧民官의 頌德碑를 세운 뜻을 알만하였다.

城에 올라가 錦江이 굽이쳐 돌아흐르는 地勢를 살핀 후 瓦片 한 개를 줍고 바위 이끼를 뜯어 내려왔다. 石苔는 여름에 竹嶺 鴈影峽에서 주어다 둔 蠹泠臺像 壽石에 심어 가꿀 作定이다. 이끼(苔)야 地域感

情이 없을 것이며 退溪가 나라사랑한 遺志를 좇아 嶺南·湖西의 接觸이 어김없이 이루어지리라.

汝直과는 天安으로 트인 길과 忠州로 이어진 길을 거쳐 大坪里에서 午饒를 한 후 博約會 創立 때 다시 만나기로 하고 分手作別하였다.

淸州에 닿은 것은 午後 3時 半이었다. 忠北大學의 李東翰 敎授에게 電話했더니 기다리고 있었다. 李 敎授는 다음날 上京할 計劃이었다. 이 또한 奇緣이다. 그가 없으면 淸州 近方의 예비 踏査는 無爲로 끝나는 것이다. 먼저 國際退溪學會 忠北支部의 張暎德 理事를 찾았다. 張理事는 活人心方을 硏究하여 그의 漢醫術에 適用하고 特히 中和湯을 普及하는 手指鍼術家이다. 張 理事를 通하여 退溪의 中和湯은 널리 傳播되어 淸州地方 사람은 善德治療의 效를 크게 보고 있다고 한다. 24日 聖幼와 李光必 社長이 中和湯을 飜譯하고 그 由來를 풀이하여 陶山訪問客에게 記念物로 나누어 주고자 그 譯解를 下囑하였는데 張 理事의 譯文을 빌리면 今方 쓸 수 있게 되었다. 이 또한 奇緣이 아닐 수 없다. 李 敎授와 함께 곧장 西原鄕校에 갔다. 李栗谷이 「西原鄕約」을 만들어서 治政에 實用했기 때문에 그 版本을 볼 수 있을까 해서이다. 또 李龜巖(諱·楨)이 淸州牧使로 있으면서 退溪가 跋文을 쓰고 校正한 延平答問을 刊行하여 國內에 폈으므로 그 版木이 所藏되어 있으리라 생각해서였다. 退溪 詩에 '謝淸州李剛而印寄延平答問書(壺月傳心一部書 因君東海印行初 病夫尙著緣毫力 生世終須不作虛)'가 있으나 我邦에서는 이 册이 淸州에서 最初로 發刊된 由緖깊은 곳이다. 退溪는 朴希正에게 『延平答問錄』을 빌어 읽고 소경이 눈을 뜬듯, 목마른자 물을 얻은 듯 하였다(如盲得視 如渴得飮)고 했다.

日暮가 가깝고 鄕校에는 所任이 退廳하고 없어 물어 보지도 못하고 발길을 돌리며 課題를 李 敎授에게 떠넘기었다. 집에서 하룻밤 留宿하라는 李 敎授의 强權을 뿌리치기에는 민망했으나 茶房에 들려서 鎭川의 位置와 그곳 東軒 保存을 물은 후 떠났다.

淸州와 鎭川은 가깝고 仙遊洞도 忠州가는 길목에 있으며 尤奄先生의

萬洞廟址도 바로 이웃해 있다 한다. 來年計劃에 넘길 수밖에 없다.

　仙遊洞은 鎭川東軒과 함께 御史行次 때 들른 곳으로 詩가 있다는데 文集에는 실리지 않았다. 岩壁 어디엔가 詩가 새겨져 있을지 모른다. 글씨와 함께 꼭 찾아 내어야 할 戊辰年 宿題로 남는다.

　位置를 把握하고 課題로 남긴채 李東翰 敎授의 서운함을 뿌리치고 발길이 바빠 淸州는 數時間만에 떠났다. 李 敎授가 博士學位論文을 쓰느라 健康을 해쳤더니 論文을 通過하고 新春에 學位를 받을 날이 가까와 옴에 조금은 蘇復이 되었으나 그래도 아직 초췌하여 더 以上 그를 괴롭힐 수 없었다. 더구나 그는 술을 입에 대지도 못하는데 終夜客談의 벗이 되었다간 翌日 上京은 못할 것 아닌가.

　28日 硏究院에 들려 理事長 兄弟분의 重制禮葬의 慰問(12月 10日 祖母喪을 당함)을 하였다. 金奉建 編輯長이 新年 첫호 『退溪學界消息』 에 실을 글이 없는가 묻기에 이 踏査記를 草할 것을 마음 먹고 29日 에 計劃한 忠州의 踏尋길을 혼자서 나섰다.

　忠州는 退溪와 因緣이 깊은 곳이다. 33歲(癸巳) 때 成均館 遊學을 마치고 歸鄕길에 들러 지은 「忠州午憩」 詩, 暗行御史 때에 夕陽에 萬景樓에 올라가 읊은 「暮投忠州萬景樓」와 忠淸監司로 지낸 溫溪公 歿後에 忠州가 惟新縣으로 바뀌었을 때 들려서 읊은 詩等 老少期의 詩가 많다.

　惟新縣 때는 慶延樓에도 올라가 詩를 지었다. 監司로 있는 兄을 만나러 가서는 監營東軒에서 함께 자리한 일도 있었으리라 推測이 된다. 또 丁卯(1567)年間에는 退溪가 마지막 出仕길에 忠州에 머물면서 벼슬을 固辭하고 辭職 狀啓를 올린 곳이기도 하다. 또 한 곳 可興에서는 큰 여울 때문에 배를 바꾸어 타야 하므로 上下行길에 반드시 이곳에 내리거나 묵어야 했었다. 이곳 可興에서는 東岡 南彦經(字:時甫, 추천으로 參奉·縣監이 되었고 全州府尹을 지냈으며 뒷날 西人에 속했음)에게 여러 편의 詩를 주어 진한 사랑과 기대에 부푼 교육을 하였다.

　이러하므로 退溪의 遺蹟을 찾는 湖西紀行은 忠州를 첫손으로 꼽아야 한다.

　비가 오리라는 일기예보 때문에 머뭇거리다가 正午에 出發하였다. 2時間半이나 걸리는 路程인 줄 모르고 나섰다가 往復 5時間을 길위에서 消費했다. 그러나, 여기서도 奇緣과 幸運이 기다리고 있어서 午後 7時半에는 서울에 되돌아 올 수 있었고 踏尋은 引導할 人物을 選定해서 대기시켜둔 것처럼 時間 漏失없이 잘 이루어졌다.

　忠州에 내려 택시를 네번째 골라 탔는데 技士 金海赫氏는 희생적으로 筆者를 실어나르고 사진을 찍어 주었다.

　처음 찾은 곳은 忠州監營 東軒 淸寧軒이었다. 前에 市廳으로 쓰다가 지금은 公園을 만들었고 建物은 修理하여 깨끗이 保存하고 있다. 樓閣은 없지만 執政官의 廳舍는 朝鮮初 옛모습대로 잘 保存되고 있는 듯했다. 溫溪公의 風度를 軒上에 그리면서 수없이 사진에 담았다.

　退溪가 夕陽에 忠州에 들러 萬景樓에 올라서 暮炊傍水西郊外　强策蹇驢指府城 … 萬景樓前孤館裏　露蛩烟草若爲情을 읊었고, 慶延樓에 올라서는 一時頑梗掃區區　形勝依然壯地隅 … 誘奪只今多所歷　莫令心地有塵蕪로 읊어 忠州와의 因緣을 맺었다.

　樓閣의 所在는 더 더듬지 못하고 金技士의 車로 可興倉에 갔다. 技士가 可興이 어딘지는 알고 있으나 倉址는 알지 못한다. 5,000원 차임 길이니 꽤나 먼 곳이다. 달내강(達川)과 南漢江의 合流點을 벗어나 彈琴臺를 뒤로 20여 분을 速力을 내어 달렸다. 中原郡 可金面 可興里였다. 동네 入口에 可興倉址 案內板이 있고 1,000여 m를 西北으로 가면 과수원 쪽이 倉址라고 씌여 있다. 技士는 가흥식당 마당에 차를 대었다. 인기척이 없는 집의 문을 두들겼더니 母子가 나와 맞았다. 倉址를 아느냐고 물었더니 저기 江가의 어디에 있다고 하더라면서, 아들을 시켜 바깥 主人을 불러 왔는데 安桂喆이라는 분이다. 이런 怪異한 인연이 또 어디 있나! 바로 전에 자기가 농사짓던 밭이 倉址이고 주춧돌이 많았는데 들어내거나 깊이 묻었단다. 年前에 팔아서 지금은 남의 所有가 되었다고 한다.

번지를 물었더니 地籍圖를 갖고 나와 자세히 가르쳐 준다. 可興里 193의 1과 192의 2가 그곳이라 한다. "창밭, 창지"로 부르고 있다. 技士도 신명이 나서 뛰고 安氏 父子도 함께 뛰어서 現場에 갔다.

安氏는 45세인데 30年전만 해도 저 여울에는 영월에서 내려오는 뗏목이 강을 가득 메웠으며 저 여울에 내려 올 때 바닥에 깔린 바위에 걸려 부수어지기 일수였다고 한다. 그 뗏목을 "돼지우리"라 불렀으며 아이들이 모여 큰소리로 "영월 떼강아지 돼지우리 싣고 내려오네"하고 외쳐 댔단다. 그 소리를 들으면 뗏목이 파선하므로 뗏목군은 그리도 싫어 했다는데, 옛날 可興에는 1,000여호의 부자가 살았고 倉庫가 수없이 강변에 있었단다. 1972년의 洪水로 마을가까이 둑을 쌓았고 밭들은 그 밖에 있다.

江바닥을 보았더니 바위가 즐비하게 솟았다. 큰 여울이다. 南漢江과 新川에서 내려오는 배가 여기를 지날 수 없을만큼 바위가 많고 얕은 큰나루(大灘)였다. 그러니 배를 대고 物量을 下船하여 保管할 수밖에 道理가 없겠다. 忠淸道의 稅穀과 慶尙道 榮豊 쪽 곡식을 여기까지 날라다 倉庫에 쌓아 둬야 할 까닭을 알겠으며, 여주에서 올라오는 배와 내려오는 배가 可興에서 짐과 사람을 내리고 싣고 乘換할 수밖에 없는 河床條件이다. 이만하면 所期의 踏尋目的은 成功한 셈이다. 필름 1권을 다쓰며 사진을 찍고 기와조각 3 개를 주워서 되돌아섰다.

南東岡에게 준 詩

舟中示南時甫 己未春東歸 時甫追及於大灘同舟而行
舟中東歸南時甫追至大灘同行有絶句次韻

의 "大灘"은 바로 달내강물과 南漢江(丹陽에서 오는 물)물이 합쳐 물은 많아졌지만 可興 앞에서는 江幅이 넓고 바위 바닥 때문에 배에서 下船하여 머물러야 하였으므로 '追至' 同行하기에 充分했을 것 같다.

또 詩는 잃어버리고 傳하지 않지만 「宿忠州可興倉奉次監司兄 江陰助邑倉見寄韻」 詩題로 可興倉 마을에서 宿泊하였음도 알겠다. 可興에를 다시가 助邑倉을 찾아야 할 일이 생겼다. 배와 곡식과 뗏목과 사람이 이곳에 얼마나 많이 모였으며 그 時節에 繁昌했을 盛市를 나는 日本 大阪의 淀川에 비겨 상상해 봤다. 忠州는 堺市처럼 번창했을 듯도 싶었다. 1984年 8月 18日에는 豚兒 3兄弟(赫商, 赫亮, 奇泰)를 데리고 老村 李九榮兄의 인도를 받아 忠淸道踏査를 했음에도 寒水面의 黃江 나루만 조사했을 뿐 이곳에 들르지 못했던 아쉬움이 이제는 말끔히 가셨으나, 丹陽을 찾아가 忠州湖 바닥을 다시 들여다 볼 수 없음이 한스럽다. 漢江 나루 江心에 나룻배를 저어가던 그 때의 사진을 다시 들여다 보며 기억을 더듬을 수밖에 없다.

언젠가 榮州 稅穀을 可興倉에 納入하고 거기서 자고 師弟가 만나고 헤어졌다는데 찾아야겠노라고 했더니 嶺南大學校의 丁淳睦 敎授는 榮州市에 있는 可興이라고 하였다. 丁博士의 말을 信取 아니하고 詩題를 注釋해 내기 위해 끝까지 발로 연구한 보람이 있었다.

옛이야기이지만 退溪가 南東岡에게 준 詩句 몇 節을 되새기며 이 해의 踏尋記를 마치려 한다. 끝으로 1987年의 踏尋은 奇緣 때문에 意外의 成果를 얻었으며 竹嶺 消魂橋畔에 세워진 退溪 遺蹟詩碑를 今年의 記念碑로 삼는다. 1988年에는 湖西와 慶北 北西地方의 踏査를 繼續할 것을 約束하며 끝없이 奇緣이 이어지기를 讀者의 幸運과 함께 빌어본다.

第2 「消魂橋, 鴈影峽, 棧雲臺, 蠹泠臺」探索과 詩碑 建立

竹嶺은 太白山脈이 南으로 내달아 小白山脈을 西南으로 굽어 꺾는 뿌리이며, 嶺湖地方을 가르는 地境이 된다. 옛날 嶺南에서도 特히 順興(豊基), 榮州, 奉化, 英陽, 蔚珍, 安東, 靑松, 軍威, 義城, 寧海, 盈德, 永川, 慶州, 迎日 等地 即 小白山脈 以南의 東部地方 선비들이 漢陽에 科擧를 보러, 또 벼슬하여 오르고 落鄕해서 내려간 宿命의 上京길이 竹嶺 잿길이었다.

이 잿길은 숱한 사연이 묻혀 있고 嶺南人의 哀歡이 서려 있는 길이다.

저 高麗 以前에는 京師인 慶州 서라벌이 가까와 地近의 南·東으로 올라가면 되었지만, 도읍이 開京과 漢京으로 바뀜에 따라 嶺南人은 西行을 해야만 했다. 西·南에서 上京하는 사람은 鳥嶺을 넘어서 忠州로 들어갔고, 東·南·北 사람들은 竹嶺을 넘어 丹陽에서 배를 타고 南漢江을 내려가 忠州에 이르렀다.

慶尙道 北·東사람이 稅馱를 몰고 竹嶺을 넘어서 배에 옮겨 싣고 忠州 可興倉까지 稅穀을 대던 不便한 交通 길을 지금 回想하면 어안이 벙벙하고 기가 차진다.

그러나, 이 길을 올라가 科擧에 入格하고 벼슬을 살며 큰 業績을 남긴 名賢達官이 그 얼마나 많았던가. 朝鮮朝 歷史를 左之右之했고 國運을 이끌고 나라를 지켜온 巨木들이 모두 이 고갯길을 오르내리신 분들임에 竹嶺길을 생각하는 또 다른 感懷가 있다.

晦軒安珦, 圃隱鄭夢周, 易東禹倬, 三峯鄭道傳, 愚齋孫仲敦, 花山權柱, 寶白堂 金係行, 晦齋李彦迪, 聾巖李賢輔, 冲齋權橃, 愼齋周世鵬, 退溪

李滉 先生과 陶山 門徒等 濟濟한 嶺南人物이 擧業, 出仕, 落鄕 때 이 재를 넘었고, 尤菴宋時烈, 茶山丁若鏞 先生도 이 재를 넘어 귀양을 갔다.

宿儒 名達한 분 中에는 벼슬을 꺼리고 굳이 仕路를 避해 이 고개를 넘지 않은 이도 있었고, 成均 留學을 위해서 또는 父兄의 陪行으로 이 고개를 넘은 이도 허다하였다.

江界 謫所에서 돌아가신 晦齋를 潛溪 李全仁이 運櫬해온 고개도 이 竹嶺이었고, 溫溪李瀣의 屍身을 漫浪 李肇 兄弟가 모시고 넘어온 길도 바로 이 고개였다.

竹嶺의 九折羊腸의 고갯길은 바로 太白山 精氣를 받은 嶺南人物의 哀歡과 歷史의 갈림길을 떠맡고 뿌리친 가름의 길이다. 이 곳 出身 人物外에도 얼마나 많은 守令과 宰臣이 넘나들었던가.

端宗을 復位하려던 錦城大君의 使者도, 韓末에 獨立을 찾기 위해 故鄕을 떠나 中國과 露領 땅으로 건너간 國務領 石洲 李相龍이나 東山 柳寅植. 一松 金東三 그리고 義兵 等의 行路도 모두 이 竹嶺고갯길이었다.

이러한 歷史의 자취가 저 언덕 저 바위에 서려 있고, 그 옛날의 風情이 峯巒溪谷에 엉켜 있으련만, 어찌 된 영문인지 道界以南에는 그 遺緖를 傳하는 痕迹이라곤 전혀 찾아 볼 수 없다. 다만 最近 喜方寺를 觀光俗世化한 후 入口의 다리를 喜方橋라 이름 붙인 것이 고작이다.

이에 筆者는 退溪先生이 끼친 詩와 그 序文에 依하여 退溪先生이 그 넷째 兄님인 溫溪先生을 마중하고 餞送하였던 곳을 踏尋하고, 命名한 곳의 다리와 臺, 峽을 밝혀서 이 名所를 保存하는 일에 힘을 쓰고 先人의 遺蹟地가 紀蹟되기를 바라면서 다음과 같이 報告한다.

退溪先生文集遺集 外篇 七葉에 矗泠臺(촉령대) 詩 二首가 실려 있다.

```
爲破天荒作一臺    鴒原棠茇送迎來
泠泠恰似悁情溢    矗矗眞如別恨堆   (一)

鴈影峽中分影日    消魂橋上斷魂時
好登嶺路千盤險    莫負明年再到期   (二)
```

첫 首에는 棧雲臺와 蠱泠臺를

  천지 개벽할 때 축대를 만들어서
  우리 형님 감사행차 맞이하고 보내노라
  영령한 물소리는 반가운 정 넘치는 듯
  우뚝 솟은 봉우리는 이별 한을 쌓는고야

라고 읊었고, 다음 首는 東臺(棧雲)와 西臺(蠱泠) 사이의 골짜기 鴈影峽과 그 峽에 놓여 있는 消魂橋를 읊은 것이니

  안영협 이 골에서 나누어진 두 그림자
  소혼교 위에 애끊는 그 때 심정
  구비구비 험한 재를 부디 잘 넘으시고
  명년 다시 오실 언약 저버리지 마옵소서

라는 뜻이다. 퇴계는 이 때 풍기군수를 그만 두려 했고 溫溪先生은 사퇴말고 명년에 다시 또 여기서 만나자고 했다. 兄弟의 보내고 헤어지는 友愛의 情과 官界를 떠나려는 退溪先生과 말리는 溫溪先生의 對話를 애틋하게 推測할 수 있다. 또 그 兄弟間의 진정 위하고 사랑하는 道義를 오늘에 되살리고 싶다.

그리고, 또 退溪先生이 命名하고 詩를 읊어둔 바로 그 자취가 더욱 우리에게는 由緖 깊고 의미 있는 遺跡地로 여길 만하다. 그 자리를 오고가는 어떤 길손이든 한 번은 자기 형제간의 모습을 생각해 보게 하고 싶다.

헤어지는 아쉬운 정이 쌓여 바위처럼 뭉게뭉게 쌓이고, 다리 위에서 작별하는 그림자를 골짜기에서 찾으며, 끝간 데 없이 兄과 아우를 사모하는 人間愛, 어찌 오늘에 되살리지 않고야 우리 동방 禮儀의 나라 後孫이 되랴!

이곳을 찾는데 오랜 歲月의 考證이 必要했다. 첫째로 文獻에서 明確한 根據를 찾아야 했고, 둘째는 典故가 確實해야 하므로 그 資料를 찾고 踏査하는데 많은 時間이 들었다.

文典은 詩의 幷序에 있는 것을 자료로 했고, 典故는 退溪先生이 豊

基郡守를 그만 두게 된 事實(『年譜』49歲 己酉年 條와, 「家書」'上四兄', 「辭免狀啓」慶尙監司에게 올린 辭狀)과 옛 官長은 그 고을(任地) 안에서 손님을 보내고 맞는 規則을 따져 위의 消魂橋와 峽, 臺의 位置를 찾은 것이다. 그리고 數次의 現地踏査를 거쳐서 確認했다.

1. 位置에 대하여

竹嶺을 豊基 쪽에서 오르면 喜方寺로 들어가는 골짜기에 첫 다리가 놓여 있다. 이 다리는 喜方橋라고 씌어 있고 東西臺가 없다.

喜方橋를 지나 다음에 나타나는 다리가 無名으로 있는데 이것이 消魂橋이다. 東臺와 西臺가 우뚝 높이 섰고 그 위는 臺가 分明하며, 鴈影峽은 위 아래로 길게 뻗어 退溪先生이 幷序에서 記錄한 대로 골짜기와 東西臺를 합쳐 '得一勝地'라 할 만하다. 西臺는 矗矗한 바위가 있어야 하고, 골짜기는 泠泠한 물이 흘러야 한다. 詩와 幷序를 함께 現場에 펼쳐 놓고 보면 누구도 疑心할 餘地가 없다. 이번 踏尋一行은 異口同聲으로 단번에 指目했다.

이 밖에는 재를 넘어서 忠淸道 쪽에 한두 골이 더 있고, 다리도 걸린 곳이 있으나 한 쪽에 臺가 있으면 한 쪽에는 臺가 없고, 다리가 있어도 큰 골짜기가 없고, 골짜기가 있는가 하면 東西에 臺가 없다. 嶺을 넘어서까지 餞送할 리 없으므로 論外라 치고 于先 景勝이 이번에 찾은 消魂橋가 있는 그곳 만한 絶勝이 없다.

退溪先生의 詩를 받아 읽고, 뒷날 溫溪先生은 다음과 같이 읊었다.

神輸鬼役築層臺　　一夜能成待我來
眼力只應天陝覰　　暫時劘破白雲堆　　(一)

西日晻晻苦不遲　　躊躇橋畔酒闌時
雲山聽我丁寧說　　好待明年來有期　　(二)
　　　　　　　　〈次舍弟景浩矗泠臺韻二首：溫溪集〉

귀신이 돌을 날라 층대를 쌓았던가
밤 새 완성하여 우리 오기 기다렸네
하늘이 감춘 절경 눈여겨 살펴보니
잠시동안 깨고 쪼아 흰구름을 쌓는다.

라고 東西臺와 鴈影峽의 佳景을 읊었고, 이어 다음 수에서는 형제의 이별과 再期 約束을 詩로써

지는 해는 뉘엿뉘엿 발걸음 재촉하고
消魂 橋畔에서 술 끝나도 못떠나네,
'雲山아 너 정녕 내 말 들었것다.
明年 이 때 우리 兄弟 다시 오기 기다려라.'

단단히 하였다. 그러나, 退溪先生은 그해 年末에 棄官(監司가 三辭에도 不拘하고 辭表를 受理하지 않으므로)하고 故鄕 陶山으로 물러났다.
  두 분의 詩에 보이듯 竹嶺 고갯길에서 가장 絶景이 아니면 안 되고, 또 丹陽 쪽이 아니라 豊基 쪽에 그 곳이 있어야 한다. 消魂橋는 찾아올 것을 기다린 듯 아직도 이름이 안 적힌 無名橋로 있었다. 그 다리에 이름을 새기고 가까운 橋畔에 退溪先生 兄弟분의 詩를 새겨 遺跡을 保存할 必要性은 自然保護와 文化遺蹟發掘 政策에 바로 符合하는 일이다.

2. 退溪先生의 命名 典故

  東臺인 棧雲臺(잔운대)는 潘溪 兪好仁先生의 詩「竹嶺行」에 있는 百盤棧雲邊의 棧雲을 그 臺名으로 삼았다.
  西臺인 矗泠臺(촉령대)는 佔畢齋 金宗直先生의「遊頭流山詩」에 나오는 '雲根矗矗水泠泠'에서 矗과 泠을 取하여 矗泠臺라 命名했다.
  골짜기는 杜甫의 詩 '鴻鴈影來連峽內'에서 鴈影峽을 取하여 이름지었고, 그 골짜기에 걸친 다리는 江淹의 別賦 句節 '黯然消魂者惟別而已'에서 따서 消魂橋라 命하였다. 退溪先生의 矗泠臺詩 二首의 幷序에는 다음과 같이 그 命名의 緣由를 적고 있다.

家兄湖西節 受由來鄕 滉時叨守豊郡 送迎皆于竹嶺 始於腰院之下 得一勝地
闢爲兩臺 其東曰棧雲 取兪潘溪(好仁) 竹嶺行 百盤棧雲邊之句而名之也
其西曰矗泠 取佔畢齋遊頭流山詩 雲根矗矗水泠泠之句而名之也 峽曰鴈影
卽杜詩所謂 鴻鴈影來連峽內之意也 橋曰消魂 卽江淹別賦 黯然消魂者 惟別
而已之語也 臨別 兄爲滉曰 汝無去郡 明年吾當復來 奉杯於臺上矣 其翌日
追寄兩絶

옛 名賢들이 쉬어간 자취도 그곳을 記念하여 名勝으로 만드는 게 自然을 保護하고 山河를 아끼는 뜻이 된다. 先進國家나 文明이 오랜 나라일수록 옛 자취를 보존하여 찬양하고 훌륭한 사람이 있었음을 자랑한다. 그 많은 人材가 往來한 竹嶺길에 이렇다 할 遺蹟이나 故事의 痕迹이 없음은 무엇인가 허전한 사연이라 하겠다. 山河와 溪曲, 나무와 숲에도 故人의 情과 恨이 서려 있고 民族의 心靈이 깃들어 있다.

돌과 흙이 그대로이되 詩와 文이 남아 있으면 그 木石 溪水에 命脈이 살아 흐른다. 祖國의 山河를 죽은 양 말못한다고 깎고 헐고만 할 게 아니라, 退溪先生이 遊山의 目的을 '草木이 生長하는 데서 人間이 살아가는 法을 배운다'라고 한 말과 '山川景槪에 아름다운 이름과 詩를 읊어 意味를 賦與함으로써 그 價値를 드높인다'고 한 思想은 오늘의 國土學에 있어서도 先驅者的 粹言임에 귀 기울일 만하다.

이름이 없으면 그 누구든지 이름지을 必要性이 크거니와, 이제 退溪先生이 命名한 消魂橋와 矗泠臺, 棧雲臺, 鴈影峽은 標石을 세우고 길손이 모두 알고 自然과 함께 어우러져 옛선비의 自然愛와 人間의 삶을 理解할 必要가 있다. 그런데, 矗泠臺 一部가 어느 때 道路工事로 말미암아 毁損된 것은 유감스럽다고만 탓할 것이 아니라 다시는 헐지 말아야 하겠다.

1987年 7月 20日

3. 退溪先生 竹嶺遺蹟碑 建立

국제퇴계학회 慶北支部, 竹嶺 中腰 矗泠臺下에서

국제퇴계학회 慶北支部에서는 지난 11月 29日(日) 午前 11時 30分

일찌기 退溪先生께서 '得一勝地'라 일컬었던 竹嶺中腰 矗冷臺下에서 先生의 詩碑를 세우고 除幕式을 가졌다.

　이곳은 明宗 3年(1548) 退溪先生께서 豊基郡守로 在任時 당시 忠淸 監司로 在任하고 있던 先生의 四兄 溫溪先生과 서로의 任所를 境界해 있던 곳으로서 두 분은 이곳 竹嶺에서 만나 형제간의 友愛를 나누며 서로 詩文으로 和答하던 由緖가 서린 곳이다.

　鴈影峽을 사이에 두고 棧雲臺, 矗冷臺의 東西 兩臺가 벌린 듯이 서 있고 溪谷 위에 놓인 消魂橋에서 형제분이 作別하며 再會를 約束하였으나 그것이 永訣이 되어버린 아쉬운 逸話가 남아 있는 곳이다.

　溪谷과 臺峽橋의 이름은 退溪先生께서 命名한 것이지만 그 후 失傳하여 오던 것을 이번에 浦項工大 權五鳳 敎授의 硏究考證과 發掘로 이 날 遺蹟地를 確認하고 詩碑를 세우게 된 것이다.

　除幕式 行事에서는 國民儀禮가 있고나서 詩碑를 除幕하였으며 그리고 이번 遺蹟碑 建立에 각별한 協贊이 있었던 李相培 慶北知事와 崔祥鍾 榮豊郡守에게 本 退溪學硏究院 李東俊 理事長이 感謝牌를 贈呈하였고, 榮州國道維持建設事務所 金榮煥 所長에게 국제퇴계학회 慶北支部 李東薰 理事長이 感謝牌를 각각 贈呈하였다.

　그리고 遺蹟地를 發掘하여 先賢의 숨결에 다시금 오늘의 우리들을 薰沐되게 할 뜻깊은 이날의 行事를 慶賀하여 國際退溪學會 慶北支部長 丁淳睦 敎授로부터의 式辭와 慶尙北道 李相培 知事로부터의 致辭, 그리고 榮豊郡守 崔祥鍾, 榮州文化院長 朴亨進, 榮豊郡 鄕土史硏究會 李宰賢 會長, 退溪學硏究院 李東俊 理事長 諸氏의 祝辭가 있었고, 마지막으로 이번 行事를 준비하여 온 主體였던 국제퇴계학회 慶北支部 李東薰 理事長의 謝辭로서 行事를 모두 마쳤다.

　이날 세워진 詩碑(사진)에는 上端 頭部石에 退溪先生의 七言律詩 「矗冷臺」 「消魂橋」 두 首를 번역과 함께 실었고, 下端 支柱石에는 退溪先生 竹嶺遺蹟碑文을 실었다.

碑　文

矗泠臺(촉령대)

爲破天荒作一臺　　鴿原棠芨送迎來
泠泠恰似懽情溢　　矗矗眞如別恨堆

　天荒을 개척하여 축대 만들어서
　우리 형님 監司행차 맞이하고 보내노라
　영령한 물소리 情이 넘쳐 흐르는 듯
　우뚝 솟은 봉우리는 이별 恨을 쌓았는 듯

消魂橋(소혼교)

鴈影峽中分影日　　消魂橋上斷魂時
好登嶺路千盤險　　莫負明年再到期

　안영협 골짜기서 나누어진 두 그림자
　소혼교 다리 위에 애끓는 그 때 심정
　구비 구비 험한 재를 부디 잘 넘으시오
　明年 다시 오실 언약 행여 잊지 마옵소서

退溪先生 竹嶺遺蹟碑

　退溪先生께서 豊基郡守로 계실 때 형님이신 忠淸監司 溫溪先生을 이 竹嶺에서 迎送하셨는데, 그때 골짜기를 鴈影峽, 東쪽을 棧雲臺, 西쪽을 矗泠臺, 다리를 消魂橋라 命名하셨다. 지금 臺와 峽은 그대로이되 다리의 옛 자취는 찾을 길 없다. 自然의 神秘境에 지극하신 兄弟愛를 읊으신 先生의 詩를 이 돌에 새겨 길이 保存하고자 慶尙北道 知事의 協贊으로 退溪學會 慶北支部가 세우다.

第3 舞鶴山 鼻巖의 詩址 表蹟記

1. 表蹟과 山路 開拓

退溪가 1533년 3월 20일(음력)에 從姉兄 吳彦毅(字·仁遠, 號·竹塢)와 從甥姪 曺允愼(字·誠仲, 號·魯齋), 曺允懼(字·敬仲) 형제와 함께 馬山 舞鶴山 鼻巖에 遊山하여 詩 2首를 읊은 지 460년 만인 바로 그날 1990년 4월 11일(음력 3월 20일) 오후 4시에 表蹟을 하였다.

先生의 詩는 『遺集』卷 2, 張 12에 전하는데 다음과 같다.

    共君隨意踏春山　　不厭行穿翠巘間
    會向山中得奇絶　　清泉白石好開顔
              〈是日與仁遠 敬仲誠仲散步至鼻巖〉
  ＊(昌寧曺氏世譜에는 曺孝淵의 長子 允愼의 字가 誠仲이다)

    盤石平如掌　　清泉走似蛇　　吟詩翠潤草　　携酒問山花
    春晩羈吟苦　　雲移暮景多　　耳邊山鳥語　　喞哳柰愁何
                 〈鼻巖示同遊〉

이 詩를 새겨서 紀蹟을 하려면 돌이 커야 한다. 760여 m의 上山峯을 거쳐 가파른 비탈길의 登山 難코오스인데다 거리가 멀고 시간도 많이 걸려 詩碑는 아직 엄두도 낼 수 없어 筆者가 벼룻돌만한 花崗石에 '退溪遺蹟地 鼻巖(코바위)'이라 써 새겨서 배낭에 넣어 갔다. 鼻巖에 올라서면 잘 보이는 남쪽 바위 몸에 시멘트를 붙였다. 또 높이 1 m 30㎝의 2치 반 각목 세 개를 만들어 가서 咸安 감천 쪽 鼻巖을 쳐다볼 수 있는 곳에 하나 세우고, 舞鶴山頂과 山頂에서 시루봉으로 내려가는 중간지점 鼻巖으로 들어가는 入口에, 陶山書堂 山門의 谷口岩 같은 巖石으로 山門을 만들고 그 곁에 또 하나를 세웠다.

　表木은 芝山宗孫 曺寧穆이 준비했고 筆者는 退溪先生 鼻巖詩古址入口라 前面에 썼다. 함께 遊山한 吳竹塢, 曺魯齋 兄弟분도 다른 면에 쓰고 遊山한 날짜는 남은 면에 적었다. 休日이면 수 천 등산객이 오른 舞鶴山에 古老 山歷을 가진 이라야 몇 사람 알고 있던 俗稱「부처바위」가 옛날의 제 이름인 '코바위'를 이제야 되찾았다. 自然 그대로의 怪巖 奇絶은 누가 뭐라 한들 말은 아니 하였겠지만 460 년 전의 코바위 이름과, 大賢이 와 그 이름을 詩題로 하여, 손바닥 같은 盤石과 그 아래를 뱀이 기어가듯 흐르는 淸泉을 읊어 生命을 부여해 준 옛일을 간직하고, 긴긴 역사를 참아오다 오늘에야 表蹟과 함께 山의 主人이 되살아났음을 기뻐하리라. 退溪, 竹塢, 魯齋 형제분의 後孫은 表蹟에 동참하여 慕古 興感하고 460 년 전의 祖上을 이 자리에서 뵙는 듯하다고 不勝感慕하였다. 이날 그들의 모습은 앞으로 永遠히 이 遺蹟地를 保存 守護하리란 굳은 다짐으로 보였다. 술을 올리고 表石에 배례를 하기까지 했으니, 비록 咸安과 昌寧에 竹塢, 魯齋 후손이 옛과 같이 살고 있지 않는다 하더라도 退溪先生 후손과 함께 舞鶴山의 주인이 된 것은 틀림없다. 또 후손은 아니된다 하더라도 性情을 기르고 자연의 妙法을 배우며 聖賢의 樂山樂水 心法을 體得하고자 하는 이는 이 산에 올라 風韻의 先生을 만날 수 있을 것이다. 앞으로 舞鶴山에 오르는 登山 後輩는 先輩 退溪先生의 遊山 哲學을 傳受하리라 믿으며, 그 사이 4년 동안 表蹟에 이르기까지 수고를 아끼지 않은 여러 山友의 勞苦가 헛되지 않고 영원히 記憶되어질 것이란 自信도 해 보는 것이다.

2. 第一次 鼻巖 詩址 搜勝

　表蹟까지의 經過는 退溪詩學이나 紀行 및 日記硏究 등에 참고될 내용이기에 간추려 두는 것이 有用할 것 같다.

　退溪先生은 1532년에 昆陽 魚得江 郡守의 초청을 받고 그 이듬해

正月에 출발하여 南道紀行을 하였다. 그 때 읊은 詩가 109首인데 이를 南行錄이라 한다. 妻家가 있는 宜寧과 둘째 從姉氏가 있는 咸安 茅谷 (오늘의 山仁面 墻內)과 맏 從姉氏가 있는 昌原(檜原)을 방문하고 晋州·昆陽(현 泗川)을 두루 여행하였다. 필자가 선생의 旅路와 그 시기에 맞추어 詩를 답사 연구한 것은 1989년 2월이었고, 연구에 동참한 사람은 연암 공전 李源綱, 경상대학 許捲洙, 포항공대 鄭錫胎 교수들이었다.

馬山에서 月影臺를 답심 촬영하고 지목없이 바위가 많이 보이는 書院 골에 가서 鼻巖을 찾았으나 아는 이는 아무도 없었다. 入口의 澗石 (마산시 교방동)을 이리 저리 돌아다니며 사진으로 層巖과 바위산을 촬영하던 중 建材가게(한우절재)에서 金永元씨가 나와 왜 이렇게 소란한가 물었다. 비암(코바위)을 찾아 왔으나 아는 이가 없어 이렇게 사진에 담았노라고 하였더니 그도 모른다 하였다. 그 때 가게 안에 있던 沈基柱라는 74세의 노인이 나와서 코바위를 아는 사람이 있다니 참으로 놀라운 일이라면서 비암의 위치를 알려 주는 것이었다. 그는 登山 전문가이며 오랜 山歷을 가지고 있지만 馬山에서 비암을 아는 사람은 만난 적이 없고, 전국 名山을 안 가본 데 없는 同好人 鄭東洙(당시 71세), 林采煥(당시 62세), 李淳永(당시 61세)도 마산에 살지만 부처바위는 알아도 코바위는 알지 못한다고 하였다.

退溪先生의 踏山詠詩 故事를 이야기했더니 이젠 그의 무식에 그가 놀랐다. 그리고 그 유명한 비암이 역사에 묻혀버렸음을 嗟嘆하고서는 무학산에 올라가는 코오스와 山頂의 高原, 사루봉으로 가는 등산로, 비암의 위치를 그림 그리듯 설명했다. 처음에 온 나그네가 무학산의 山形과 재너머의 위치를 어찌 알 수 있으랴. 해는 日暮 가까운 오후 6시였다. 우리 一行은 한 달 후를 기약하고 鄭, 林, 李 山人이 同行해 주기를 간청하였다. 그는 快히 승낙했다. 天佑神助, 이를 두고 奇蹟이라 했던가! 이때도 晋州, 泗川, 馬山에 이르는 동안 暴雨 때문에 거리를 우산받고 다녔는데, 늘 목적지에 다다르면 비가 그쳐주어 踏尋촬영을 무사히 끝낼 수 있었다. 沈山老를 만나 비암을 찾게 된 것은 그야 말로 奇想天外였다.

3월 12일을 정하여 부산 퇴계학연구회와 밀양 조씨문중에 동참해 줄 것을 통고하였다. 그 때 참가한 일행 명단을 여기 기록하여 鼻巖 搜尋을 영구히 기념코자 한다.

洪鍾旭(85세, 부산)	金晋漢(79세, 부산)	金性泰(76세, 부산)
許俊寧(74세, 부산)	尹基煥(73세, 부산)	許曾道(72세, 부산)
朴永濟(70세, 부산)	吳秉洛(69세, 부산)	尹漢錫(67세, 부산)
趙萬元(67세, 부산)	權寧于(66세, 부산)	李昇勳(65세, 부산)
李重鎬(64세, 부산)	李大坤(62세, 부산)	尹世柱(62세, 부산)
辛聲八(61세, 부산)	李 燮(60세, 부산)	朴聖浩(59세, 부산)
李承熙(58세, 부산)	金載亨(56세, 부산)	李敬洙(55세, 부산)
權永說(51세, 부산)	李昊植(49세, 부산)	李重信(46세, 부산)
李在教(45세, 부산)	琴鏞斗(41세, 부산)	李舜林(41세, 부산)
李源喆(74세, 창원)	南点盛(60세, 창원)	李源綱(64세, 진주)
許捲洙(진주)	曺喜鵬(밀양)	曺宜鎬(밀양)
曺鍾達(밀양)	曺憲鍾(밀양)	曺吉鍾(밀양)
曺正鍾(밀양)	曺萬鍾(밀양)	沈基柱(74세, 마산)
鄭東洙(71세, 마산)	林采煥(62세, 마산)	李淳永(61세, 마산)
金永元(마산)	權五鳳(60세, 포항)	鄭錫胎(32세, 포항)

무학산 아래 校坊洞 서원골(寒岡 鄭逑先生이 後學을 가르친 곳인데 옛날에는 선생을 모시고 儒生이 공부하기 위하여 檜原書院을 設院하였다. 高宗 때 훼철되었고 지금 그 자리에는 觀海亭이 서 있다)에 모인 분은 이렇게 45명이었으나 老齡으로 山에 오르지 못한 분, 또는 코바위가 險路를 올라 峻嶺 너머 있는 줄 모르고 평상복 차림으로 왔던 분은 中途에서 내려 오거나 처음부터 파의한 분이 많았다. 30수 명이 시루봉 줄기까지 갔으나, 끝내 鼻巖에 이른 사람은 12명이었다. 3월 12일에 12사람 밖에 못 들어간 것은 우연이지만 기의하였다. 남쪽 산줄기를 탄 사람은 철쭉 숲에 막혀 헤어나지 못하였고, 북쪽 시루봉 가는 능선에 모인 사람들은 樹林을 보고 기가 질려 머뭇거리고 있을 때, 부

처바위에 가 본 有經驗者 鄭東洙, 林采煥, 李淳永씨가 바위에 올랐을 때 먼 곳에서 지휘하고 있던 沈基柱씨가 그 곳이 코바위라고 가르쳐 주고 철쭉 숲에서 進退를 못하고 있던 우리 일행을 불렀다. 上天 左右를 분간 못하는 중에서도 우리 일행은 목소리만 듣고 그리로 뚫고 들어 갔다. 얼굴이 할퀴고 옷이 찢기면서 千辛萬苦 끝에 목적지에 이르렀다. 그때의 그 感興과 선생 일행의 옛날 옛적 그 산행을 상상한 것은 各樣各色! 선생이 오른지 456년만에 盤石平如掌에 자리를 같이 한 사람은 12명, 150년에 4명씩 있는 셈이다. 복사해 간 詩를 바위 위에 펴 놓고 수백길 아래를 내려다 보면서 奇絶을 觀賞하고, 감산 쪽으로 흐르는 냇물의 走蛇表現에 탄복하였다. 때가 일러 철쭉은 아직 망울채 다물고 있고, 바위를 찾느라 소란을 피워서 그런지 산새는 조잘대지 않았다. 林采煥氏가 가지고 온 소주를 기념으로 돌려 가면서 한 모금씩 마시다가「携酒問山花」句의 꽃이 피는 시기를 물었다. 先生詩의 寫景技法을 敬嘆하다가 詩의 次韻에 不及함을 한탄하였다. 다음에 이곳에 오면 한 수씩 읊도록 시를 공부하자고 다짐도 하였다.

이제 여기를 잃어서는 안 된다. 절대로 잊거나 잃어서는 안 된다. 12일에 12인이 목적을 수행한 기념으로 우리는 즉석에서 契를 修契하였다. 언젠가는 여기 바위에「鼻巖」이라 새겨 놓던지 詩碑를 세워야 한다고 그 중요성을 確認하였다.

鼻巖契員은 다음과 같다.

朴永濟(70세, 密陽人 居・釜山 巨堤里, 退溪學 釜山研究院 理事)
趙萬元(67세, 豊壤人 居・釜山 수정동 퇴계학 부산연구원 會員)
李源綱(64세, 眞城人 居・晋州 연암공전 교수)
林采煥(62세, 羅州人 居・馬山 산호동 踏尋 안내인)
李淳永(61세, 固城人 居・馬山 산호동 답심 안내인)
權五鳳(60세, 安東人 居・浦項 포항공대 교수 踏査)
李敬洙(55세, 咸安人 居・釜山 초읍동 퇴계학 부산연구원 理事)
李昊植(49세, 眞城人 居・釜山 전포동 퇴계학 부산연구원 회원)
李重信(46세, 眞城人 居・釜山 사직동 퇴계학 부산연구원 회원)

李在教(45세, 眞城人 居・釜山 대연동 퇴계학 부산연구원 회원)
琴鏞斗(41세, 奉化人 居・釜山 대연동 퇴계학 부산연구원 회원)
鄭錫胎(32세, 東萊人 居・浦項 포항공대 답사추진 총무)

　修契를 한 후 契의 대표를 필자로 지명하여 每年 등산하기로 하고 그 추진을 一任하였다. 여기까지 끝내고 여러 곳에 있는 一行을 山頂으로 모아 下山하였다. 시간은 오후 6시가 되었다. 오르지 못하고 山下에서 지겹게 기다린 부산 퇴계학연구원의 여러분과 合流해서 馬山의 名物 아구찜 집으로 가서 탁주와 저녁을 푸짐하게 들면서 鼻巖을 찾은 이야기를 제각기 신나게 들려 주었다. 그 때 그 분위기는 한 달 후에라도 다시 찾아야 할 氣勢였다. 回路 부산까지 가는 차 안에서 필자는 退溪先生의 南遊 紀行에 관해서 자세하게 강연하였다. 강연이 끝나는 시간에는 이미 부산에 와 있었다.

　그 다음 1990년 봄에는 趙萬元, 李大坤氏들로부터 鼻巖 再登山의 재촉을 여러 번 받았으나 博約會 일과 新學期의 강의에 겹쳐 施行하지 못하였고, 해가 지날수록 봄일이 더욱 바빠 뜻을 이루지 못하였다. 年老하신 분은 氣力이 쇠퇴해지고 그 중에는 仙化한 분도 있다는 소식을 들었다. 3년을 묵히고 나니 죄책감에 짓눌렸다. 특히 처음에 비암을 가르쳐 준 沈翁 在世中에 한 번 더 올라가야 하고 이번에 간다면 꼭 表識를 해야 한다는 責任과 强迫感 때문에 몇 해의 봄은 春來不似春이었다.

3. 第二次 鼻巖遊山과 表蹟

　1993년 봄 참꽃이 필 때는 꼭 踏尋하기로 李源綱, 鄭錫胎와 약속하고 추진하였다. 12회 博約會 총회를 마친 후 3월 4일 부산에 가서 부산대학교의 李東英 교수와 李昊植, 李在教 회원을 목화호텔에서 만났다. 李昊植 회원은 친절하게도 13・4일 경에 현지 답사를 하여 路程과 시간을 책정하여 안내도를 작성해서 보내주기로 하였다.

李昊植 회원은 3월 14일에 혼자 함안 감천쪽으로 가서 등산길을 강구하였으나 험하고 잡목 수림 때문에 도저히 등반이 불가능함을 확인하고, 접근할 수 있는 데까지 접근하여 남쪽 巖臺 위에서 구멍이 둘 뚫린 코바위와 감천에서 본 山勢를 촬영하였다. 그리고 서원골 동쪽 능선(학의 왼쪽 날개 형국)을 오르는데 걸리는 시간과 코오스의 난이도를 踏査하였다. 시루봉으로 가는 중간 길에서 그는 코바위로 들어가는 입구를 찾지 못하고 몇 시간을 헤매다가 힘겹게 성공한 뒤에, 길표지를 붉은 리번을 수십 그루 나무에 묶어 놓고 돌아왔다. 팔둑 크기의 잡목을 휘어 눕히며 길을 내다가 튕기는 나무에 눈을 다쳐 며칠을 고생하였다.

3월 8일에 李회원의 전화를 받고서 눈이 얼마나 다쳤는지 마음이 아팠다. 혼자 감천쪽 深山 險谷에서 苦生하는 모습을 상상도 하고, 同行이 있어도 위험한 登攀 길에 路程을 표시하고 險惡한 巒間을 뚫고 되돌아 온 그의 强行軍을 생각하니, 고맙고 한편으로 退溪先生을 景仰崇慕하는 그의 정신에 가슴이 뭉클해졌으나 전화로 다 위로 할 수는 없었다.

처음은 4월 4일을 날잡았다가 筆者의 私事일로 11일로 연기 擇日하여 通文과 등산로 略圖를 그려서 팩시밀로 보내주도록 부탁하였다. 李회원은 즉각 회신을 보내왔다. 이리하여 별지 通文을 成案하여 각처에 보낸 후 전화로 참가 여부를 물어서 사전 준비를 하였다. 회원수를 파악하여야 점심 도시락을 준비할 수 있는데 당일까지도 그 수는 확실치 않았다. 40명 안팍으로 예상할 뿐 그 수는 구름잡기였다. 부산쪽은 李昊植회원이 취합하고, 밀양·서울·진주·대구·안동·포항·고령은 필자가 연락했으나 참가를 약속한 분이 당일에 빠지기도 하고 의외로 수가 늘기도 하므로 인원파악과 집합 시간을 맞추어 한 자리에 모일까 근심하였다.

점심 주문은 李昊植 회원이 맡았다. 필자는 4월 9일에 포항 석물공장에 가서 벼룻돌 만한 돌에 '鼻巖'을 써서 새겨주도록 주문하고, 曺寧

第 3 舞鶴山 鼻巖의 詩址 表蹟記 515

穆에게 가서 表木할 것을 의논하였다. 바위에 刻石을 붙이기 위해서는
세멘트 모래 꽃삽이 있어야 하고 길을 다듬기 위해서는 톱과 전지가위
와 낫이 있어야 하며, 標木을 세우기 위해서는 괭이가 필요하다. 물은
충분히 있어야 하나 산에 가서 길어 가기로 하고 준비를 분담하였다.
각목 表木은 한 개를 부탁했는데 그는 3개를 준비하고 괭이, 톱, 삽을
준비했다. 4월 10일에 각목에 「退溪先生鼻巖詩古址」와 吳竹塢, 曺魯齋
兄弟(諱도 씀), 1533년 3월 20일에 遊山한 그 日字를 각면에 쓰고 준
비를 마쳤다.

전일 포항에서 출발하여 昌原에 간 사람은 曺寧穆(芝山宗孫), 鄭錫
胎, 筆者와 서울에서 온 李必善 넷인데 국제호텔에 함께 留宿하였다.
崔晳晚 課長(호텔 심사과)의 歡待는 뜻 밖이다. 宿泊料, 식사대, 차대
가 모두 無料였다. 曺寧穆 회원의 덕이 컸다. 吳柱鎬(竹牖 宗孫) 회원
은 전일 馬山에 와서 留宿하였다.

4월 11일 9시 30분 서원골에 모인 회원은 다음과 같다.

 曺喜鵬(밀양시군 文化院長 T.0527-354-2196)
 曺永詔(밀양군 초동면 오방리 78 T.391-3740)
 曺道鍾(밀양군 무안면 연산리 668 T.53-1539)
 曺喜淑(밀양군 초동면 신포리 408 T.391-5836)
 曺漢奭(밀양군 초동면 오방리 106 T.391-1269)
 趙萬元(부산시 동구 수정 5동 437 T.051-476-9243)
 李昊植(부산시 부산진구 전포 1동 687-14 T.802-6784)
 李東浩(부산시 동래구 명창동 138-40 T.522-7776)
 李在學(부산시 남구 대연 4동 796-4 T.624-1255)
 李舜林(부산시 동래구 연산 1동 332-2 T.867-4367)
 李永弼(부산시 남구 문현 1동 390-58 T.646-7940)
 李必善(서울시 강남구 삼정동 7-2 T.02-540-4938)
 吳柱鎬(고령군 쌍림면 송림동 T.0543-955-1214)
 曺寧穆(포항시 죽도 2동 671-6 T.0562-83-9868)
 權五鳳(포항공과대학 T.0562-79-2025)
 鄭錫胎(포항공과대학 T.0562-79-2727)

崔相俊(포항공과대학 4학년 남학생 T.0562-79-3766)
金成姸(포항공과대학 1학년 여학생 T.0562-79-3735)
沈基柱(마산시 교방동 277-3 T.0551-42-2215)

이 중에서 沈基柱翁은 78세 고령이라 이날 일찍 나와 일행을 맞아 길을 안내하였으나 산에 오르지는 못하였다. 진주 경상대학의 許捲洙, 金德鉉, 李相弼, 崔錫起 교수 일행 4명은 미리 올라가 기다리고 있다가 일행의 도착이 늦은 관계로 表蹟 전에 下山하였다.

4. 鼻巖 遺蹟保存會 結成

이리하여 이날 表蹟 登山에 참가한 회원은 모두 23명이다. 일행 全員이 頂上의 한 자리에 모여 점심을 든 것은 오후 2시였다. 그 자리에서 年例 賞花 遊山과 鼻巖 遺蹟 保存을 위한 會를 조직하였다. 名稱은 鼻巖遺蹟保存會라 하고 每年 4월 제3주 일요일에 실시하도록 합의한 후 任員을 선출하였다.

會　長 : 趙萬元
副會長 : 李昊植, 曺漢奭, 吳海根
총무와 재무는 부산 회장단이 임명하도록 위임하고 회칙 만드는 일도 일임하였다.

점심 후 高原에서 지름길로 산허리를 거쳐 시루봉으로 가는 중간에서 李昊植 회원이 찾아 둔 길을 뚫고 비암으로 들어 갔다. 들어 가면서 입구부터 나뭇가지를 치고, 길이 되게 나무를 베어 눕히기도 하였다. 바로 山門에는 바위를 옮겨다 놓고 거기 標木 한 개를 세웠다. 모두 열심히 길을 닦았다. 이미 李昊植 회원이 개척해 놓은 길이라 들어가기 쉬웠다. 鼻巖에 들어간 것은 오후 3시였다. 表石을 붙이고, 기념 촬영을 하고, 絶勝과 先生詩를 감상하고, 갖고 간 소주잔을 기울이고, 제마다 하는 일이 바빴다. 그 중에도 表石을 붙이는 일에는 정신이 한데 모아졌으며, 460년 전 바로 오늘에 여기와 시를 읊은 退溪先生을

從師學道하려는 追念에 肅然하였다. 山岩의 萬古心은 丹訣을 안 배워도 自得한 듯, 養氣法은 講論이 없어도 절로 그 妙法을 얻은 듯, 一行의 氣脈은 親和와 敬慕로 뭉쳐졌다. 이날의 기념촬영도 표석과 함께 오래오래 記蹟될 것이다. 오후 4시 20분에 鼻巖을 떠났다. 舞鶴山 마루에 올라서 마지막 標木을 세우고 下山하여 서원골 入口에 닿은 것은 오후 6시 30분이었다.

저녁을 먹고 헤어졌어야 하는데 아쉬우나 내년을 기약하고 갈길이 멀어서 폐회를 하고 해산하였다. 밀양, 진주, 공대생들은 앞서 귀로에 올랐고, 吳柱鎬, 李必善은 부산으로 가서 이튿날 돌아가기로 했다. 모두 무사히 回程하였다가 명년 춘삼월에 또 다시 반갑게 모일 것을 기원하면서 이 글을 맺거니와, 제3회 때는 더 많은 회원이 동참하도록 기대한다.

1993년 4월 12일

第 4 月瀾七臺 表蹟記

先賢杖屨所月瀾七臺表蹟 發起文

月瀾七臺는 宣福 先賢이 講學 歌詠하시고, 道義를 講磨하며 性情을 怡養하신 杖屨所로서 陶山學의 發祥地라 할 수 있습니다. 特히 이곳은 退陶夫子께서 最初로 朱子 西林院詩를 和韻하여 從師學道를 宣言한 뜻 깊은 곳입니다. 그후 諸賢의 幽棲 質學과 躑躅 賞遊가 繼續되었습니다.

退溪先生은 47歲와 66歲 때 月瀾寺에서 幽居하시면서 七臺(招隱·月瀾·考槃·凝思·朗詠·御風·凌雲臺)를 命名 題詩해 두셨습니다. 聾巖, 退溪, 錦溪, 月川, 惺齋, 赤巖, 坤齋, 晚翠堂, 蒙齋, 艮齋, 聾隱, 天山齋, 勿齋 같은 先賢이 寓寺한 由緒가 文獻에 傳해오고, 그후 後學들이 仁智 承誨한 詩歌도 많이 있습니다. 오늘날 衰殘한 儒道를 돌이키고 彛倫을 回復하는 데 있어 이 곳처럼 좋은 道場은 없을 것입니다.

七臺를 探勝하고 養眞을 하기 위해서나, 先師의 敎法을 알고 復明發揮하기 위해서는 臺의 位置를 明確히 알아야 함에도 不拘하고 아는 사람이 없었습니다. 1986年 여름에 李源武, 李根必, 權五鳳이 踏尋하여 그 位置를 探索하였으나 分明치 못했더니 『退溪先生文集』(內集 卷 36, 張 21)에 실린 具松顔公에게 보낸 先生 書札로 그 位置를 分明히 確認할 수 있게 되었습니다. 1991年 7月 26日에 李垠鎬, 李根必, 權五鳳, 鄭錫胎가 再次 踏尋하여 그 位置를 마침내 밝혀내게 되었습니다.

이 七臺는 先賢의 講學處로서 山月映衾의 往事를 尋眞할 수도 있지만, 淸凉, 祝融, 國望, 龍頭, 靈芝 等 禮安五岳과 陶山九曲 및 靑霞, 紫霞 等 禮安 全景을 한 눈에 眺望할 수 있는 곳이기 때문에, 陶山을

訪問하는 學人은 누구나 꼭 한 번 들러 仙氣를 맛보아야 할 勝地입니다. 그러나 案內板이나 標識가 없는 그 곳에 가서 臺의 位置를 찾거나 故事를 理解하기란 無理입니다.

  이에 뜻깊은 이 곳을 永久 湮滅시키지 않으려고 簡潔하게나마 글을 새겨 月瀾臺 앞에 紀蹟함으로써 先賢 遺蹟地를 恒久的으로 保存코자 합니다. 表石 建立을 獨負擔하겠다는 이가 있으나, 先師 後孫과 私淑하는 後學이 보다 많이 參與하는데 더 뜻이 깊고, 後學이 先賢의 遺蹟을 合力保存하면서 斯文의 憂患을 함께 하는데 더 意義가 있을 것 같아 敢히 알려드립니다. 이 發意에 贊同하시는 분은 修契에 納名하고 獻誠錄에 記入해 주시기 바랍니다.

                        1992年　2月 20日

                        眞城 李根必
                                    疏上
                        永嘉 權五鳳

月瀾七臺紀蹟碑建立推進委員會 通文

新春을 맞이하여
尊體度 淸晏하심을 仰祝하옵고 삼가 아뢰옵니다.

  陶山 東翠屛 三峯下 月瀾庵(현 月瀾亭) 근처에는 招隱, 月瀾, 考槃, 凝思, 朗詠, 御風, 凌雲 等 七臺가 있습니다. 저 옛날 이 곳은 聾巖, 退溪, 錦溪, 月川, 惺齋, 赤巖, 坤齋, 蒙齋, 艮齋, 赤巖, 晩翠堂, 松顔, 聾隱, 天山齋, 勿齋 같은 諸先生을 비롯하여 禮安과 安東의 여러 先賢께서 講學, 修鍊, 躑躅賞花, 遊山詠歌를 하셨던 杖屨所입니다. 그러나 수백년 세월이 지난 지금은 文獻上에만 詩文이 전해올 뿐 先賢의 道德 講明과 性情을 怡養하신 遺風을 이어가지 못하고 있어 한탄스럽습니다.

  丙寅(1986)年 이래로 몇 사람이 先賢 遺蹟地를 搜尋해 오다가, 陶

山 講學의 發源地임을 알게 되자, 이 곳에 紀蹟碑를 세워 湮没을 막고 諸賢의 遺詩 編刊을 통하여 遺芳을 表章하고, 나아가 心法과 氣脈을 闡發하는 곳으로 삼고자 준비해 온 지가 1년이 되었습니다.

이에 推進委員會를 構成하여 碑 建立과 月瀾志 編刊을 의논하고자 다음과 같이 모시오니 부디 參席하여 주시기 바랍니다.

○ 때 : 1993年 3月 28日 11時
○ 장소 : 安東市 文化會館 201號室

1993年 3月 15日
月瀾七臺紀蹟碑建立 發起人一同

月瀾庵七臺紀蹟碑銘 幷序

月瀾庵 在陶山東翠屛之腰 庵有 招隱 月瀾 考槃 凝思 朗詠 御風 凌雲 七臺 退陶夫子所命名 而復繫之以詩者也 自是宣福諸賢 杖屨相尋 講學於 斯 歌詠於斯 更數百載殆無虛歲矣 今嶺中諸彦 有時禮訪 夫子播馥之地 磨以道義 怡養情性 無幽不到 及於此庵 竪此小石 寓宗仰之忱 銘曰 莊誦遺詩 感慨繫之 水月宛在 歌斯詠斯

文學博士 眞城李家源 謹識

國譯月瀾庵七臺紀蹟碑銘 幷序

月瀾庵은 陶山 東翠屛의 산허리에 자리잡고 있다. 암자 주위에는 招隱·月瀾·考槃·凝思·朗詠·御風·凌雲의 일곱 언덕(臺)이 있으니

退溪 李夫子께서 명명하시고 시로써 노래하신 곳이다. 이로부터 禮安과 安東의 여러 선현들이 여기를 찾아 더불어 강학하고 시가를 읊조린 것이 수백 년 동안 거의 빠진 날이 없었다. 지금 영남의 여러 선비들이 선생께서 향기를 남기신 자취를 더듬어, 도의를 강구하고 성정을 함양함에 찾지 않은 곳이 없더니 드디어 이 작은 돌을 세워 우러러 사모하는 뜻을 기탁하였다. 銘에 이르기를,

    남기신 노래 호연히 읊조릴 제,
    무량한 감개 솟아 오르니.
    노니시던 자취에 완연히 남은 자연,
    노래하고 읊조리며 길이 사모하리.

    文學博士 眞城 李家源 삼가 짓다.

第7篇　退溪學 研究 論著 序・跋文

第1　『李退溪家書の総合的 研究』 日本 中文出版社刊

序

筑波大学教授 文学博士 高橋 進
（現 目白大学長）

　本書の著者である權五鳳氏が、筑波大学に学位請求論文を提出し、審査委員会の審査の結果これに合格し、文学博士の学位を取得されたのは、一九八六年の三月である。權氏は当時日本に在住し、教職にある傍ら、実に十数年に亘って専心退溪学の研究に没頭し、遂に所期の目的を達成して「李退溪研究－家書を通して見た李退溪の人間像と思想－」と題する学位論文にまとめられた。
　この論文は、李退溪が家門の人人に与えた全家書の內容を網羅的に分析精査し、もって李退溪の人格と人間像を明らかにするとともに、彼の日常生活における修己、儒者としての斉家、郷土生活と社会改造運動、人材育成（教育）、儒学の研究集成事業、政治活動等について詳細に解明し、更にその背景ないし基盤となっている思想構造を、家書に表れた事実関係を通し、それに即して究明したものである。
　著者もいうように、従来の李退溪研究は主として彼の哲学思想、書院教育、文学等に限られており、彼の日常生活、斉家、郷土生活等等の身辺をめぐる諸実態の解明に及ばず、特に退溪が

重視した書簡のうち、家書については全く研究資料から度外視されていた。従来、東洋では、思想家・文人等の家書は、当人の思想や文学の内容を直接且つ具体的に解明し、あるいは表出された思想・文学の内容の裏付けや背景を究明するために必要不可欠の資料と目されてきた。そこで著者はこの反省に立ち、李退溪の遺した九四〇篇に近い家書及び関連資料の網羅的な分析精察を通して、退溪の人間像、人格、思想及びその基盤をなす生活実事を総合的・構造的に究明したもので、かかる研究は、内外に未だその例を見ることなく、学界に貢献するところ極めて大である。具体的にいえば、李退溪関係資料に録された書札類は2,000篇に達するが、著者はその中から家書を選び出しながら、退溪家門の新旧族譜によって家書に該当する人物を割り出し、書簡の字（あざな）と本名とを照合し、その間柄の究明、生卒年、行跡、墓所、姻戚関係等を探索し、別に「退溪家書集」を編輯したこと、また、本論文作成に当たった、家書及び関係資料の分析精査のほか、実地の踏査、伝言故事収集のための退溪子孫及び姻戚の後裔数十人との面接を行って、事実究明の典拠としたこと、李退溪年譜の錯誤を修正し、これに退溪家門の人人の生卒・行事等を補充して新たに総合的な「退溪家年表」を作成し本論文末に付したこと等、これらの基礎的作業だけでも多大の時間と労力とを要するもので、著者の長年にわたる精励がなければ、本論文のごときは完成され得なかったであろう。

個個の研究内容としては、次の諸点が注目される。第一に、資料の分析考察に当たっては、多くの統計的処理を施し、事実関係を判明ならしめていること、第二に、論述はすべて具体的資料に即して克明になされ、まず事実関係を明らかにして退溪の人間像や思想傾向の解明に努め、憶断や推論を極力排していること、第三に、退溪が立志と篤行により、好学端重な人格形成に努め、

また克己と居敬によって窮理体認の実をあげたことを明らかにしたこと、第四に、彼の存養省察論は、具体的には「寡慾と静居」の心法に基本があり、これをもって日常生活を律し、思想形成をしたとしていること、第五に、退溪斉家の基本精神を恩義・廉潔・救恤にありとし、家政の具体的な方針と実践状況を究明し、またその経済生活の根本思想は、利殖を慎しみ、富財は天に俟つとするところにあったことを事実に即して論証したこと、第六に、退溪は伝統的古礼と俗礼とを取捨して独自の礼説を講じ、朝鮮朝中期の礼制創設者として位置付けられることを論証していること、第七に、郷土礼安における退溪の生活実態を精察し、彼が儒教的道義の確立と社会改善に努めたこと、郷立約条制定以前に族契を定めて実験した事実を初めて明らかにし、また、それらの内容と基本思想を解明したこと、及び退溪の「吾事」の内容を考察し、その学問的・思想的・社会的意義を明らかにしたこと、等等である。これらの諸点とその論述内容、知見等は本論文における特に注目すべき学術的成果といえよう。

とはいえ、一個の人間の学的営為は、たとえその全生涯を費やして為されたとしても、決して完全であることはできない。特に人文学においては、それが「個性記述的」性格といわれるが故に、尚更に十全たり得ない。著者のこの研究についても、李退溪の生活や行動の実態と彼の哲学思想との有機的関連性を更に詳細に追究すること、家書の背景にある歴史的事象、当時の社会状況等との比較検討を試みること、等等の方法によって一層客観的な論述を目指すことが考えられるが、しかしこれは望蜀の感なきにしもあらずで、むしろ著者の今後の研究に俟つというべきであろう。

顧みれば、著者が私の研究室や拙宅に、ほぼ月一回研究状況の報告や質疑に来られ、退溪学について長時間の議論をし始めてか

ら論文完成まで、九年以上に及んでいる。不屈の精神と篤学の情熱なくしては、他に教職を有する人が、かかる研究を完成することはできなかったはずである。著者の学的蓄積は、既に著書をして次次と退溪学研究の斬新な成果を産み出さしめている。ここに改めて、權五鳳博士が多大の犠牲を払ってかかる大著の刊行に漕ぎ着けられたことを衷心より慶祝するとともに、今後更に斯学の発展のために一層の精進をせられることを切に祈念する次第である。

一九九〇年 六月

あとがき

自 叙

　本著は出刊予定が一九八七年であったが四年も遅れて世に出ることになった。それにはわけが二つある。一つは著者の足りない文章力ともう一つはその間行った補充的な研究である。草稿の校正は韓国語を直訳した文章をまともな日本文に書き直すためには文章が両国語共に熟達した人でないと頼めない。

　学位を取って帰国した後いつの間に二年が過ぎでもそんな人には会えなかった。高橋進教授から「折角かいた論文だから出版せよ」と勧められた時、言葉で表現できない自責の念を痛感した。

　文章は第二の問題として内容に不満な点が多く、一九八六年以後の研究部分をどう追加するかに悩んだ。しかしこれ以上遅らせるわけにはいかないので草稿の校正を東京の昔の同僚小林忠雄氏に頼んだ。彼は親切にこれを引き受けて半年かかって今年の一月にその作業を終えた。彼の労苦は生涯忘れることができない。心から感謝している。

　つぎはその後の研究結果を補正追加する問題である。一九八六年四月に帰国して以来資料調査を絶え間なく進めてきた。退溪の経歴と詩文とに関係のある所にくまなく足を運んで得た収穫は大きいものがあった。陶山では芝山蝸舍と溪上書堂の遺緒ある遺址を発見し、西行錄と南行錄に詠われた詩の紀行路を踏査しては三十三歳の退溪の人間像が今だに残っているのを知り、「年譜補遺」を入手して門弟裵純の旌閭石碑を探尋しては退溪の鉄像が彫刻されたことと貴賤の差別なく教育をした事実を発現した。一九八八年から進めている退溪詩集の再編集の過程では彼の行迹と思想形成に関す

る貴重な論拠を発見した。

　一九八八年には「退渓先生の生活実事」(副題、歩んだ途)、一九八九年 五月は「退渓の燕居と思想形成」(主に研究は詩に資した)、同年十二月にもともと本著の附録であった「退渓家年表」を単行本として出版した。　これらの著作はその間の研究結果をまとめたものであるが本書にその一部を如何に追加増補するかが問題であった。

　附録の「退渓家年表」は韓国退渓学研究院の要請にこたえて退渓学報に連載した。　十回目になった時退渓学研究叢書刊行委員会(委員長李家源博士)から出刊を勧められて詩・文を追加し去年の末刊行した。この度は早見表式「陶門弟子便覧」を作り「文科同榜録」と「湖堂修契録」を含めて「私淑諸子録」を合わせ「参考編」と名付けてこの本の附録にした。　この附録は本書を読む際人名辞典として使ってほしい。

　この本に追補された重要内容の中には退渓の舎屋建造史、聖学十図の中国頒伝、日本の徳川幕府と学者から退渓文集の寄贈要請と退渓学受容、思想形成過程の一部論及と附録の各編が含まれている。　別著の内容をもっと多く追加できないのは残念だが紙数を考慮すれば仕方がない。

　本を書くということは至難である。　学位論文である以上出版する義務がある。　内容の充実と万全を期することができずに拙著を学界に出するようになったことをまことに恥かしく思う。

　これまでの研究に多くの方方の協力と支援をいただいた。　秘蔵していた稀貴珍重な資料を提供していただき、踏査の案内を喜んで受け持ち、宿泊その他色色な便宜を図ってもらい、昔からの言い伝えや故事をこまかに語っていただき、校訂や訳文を助けてくださった。　多年様様な形で助言と援助をしていただいた方方に心から御礼をのべたい。　特に浦項工科大学の金浩吉学長と金基赫

博士をはじめ 李東恩、權五根、李東國、李源武、故許萬準、李桂煥、李根必、權大英諸氏は芳名をここに記して謝意を表する。

　拙著の内容については家書外の一般書簡の研究や新しく資料が発見されれば書き改める部分が少なくないと思う。読者諸賢の遠慮ない指摘と教示を期待する。

一九九〇年 庚午 初度日
於 学溪堂　著者　識

Abstract

The present work is a comprehensive study of the family letters of Yi T'oegye(1501~1570), the great sixteenth-century scholar who brought the study of Neo-Confucianism in Korea to an unprecedented new height and who has ever since been universally revered as the leader of Korean Neo-Confucianism. T'oegye's scholarship and fame spread widely not only in Korea, but to Japan as well, exerting a profound and lasting influence in both countries. Moreover, they also reached China where T'oegye has long been known as Master Li.

T'oegye's scholarship showed both originality and seriousness of purpose because he had developed his ideas and views on the basis of a thorough knowldege and understanding of Neo-Confucian metaphysics(性理學) and of the learning of the mind-and-heart(心學). His philosophy was rooted in the concept of mindfulness(敬) and in the identification of man with Heaven(天人相應). T'oegye developed his concept of mindfulness by constant striving and practice in everyday life. It is therefore impossible to understand it without studying his personal life.

The richest documentary source for studying T'oegye's personal life is his family letters(家書)-letters he wrote to members of his family and close relatives. Of some 2,000 of T'oegye's family letters known today 940 are such family letters. An analysis of these family letters enables us to gain an understanding of his feelings and emotions, his actions, education, and scholarship as well as his career in public service, his writings, his management of family affairs, and the residences and other structures he built for his family and himself. In my analysis of these family letters I have classified them according to Confucian categories, such as the cultivation of self (修己), the ruling of family (齊家), the governance of state (治國), and the ordering of the world (平天下).

Chapter I of the present volume is a general review of T'oegye's family letters, which contain detailed accounts and descriptions related to his personal life, his image as a man, his learning and philosophy, his pedagogic activities, his services to state and society, and the composition and activities of his family.

Chapter II examines how T'oegye strove to exercise self-discipline and self-control, where and how he lived and studied, how he endeavored to improve his learning and his health, how and why he accepted or rejected personal gifts and presents, and how careful he was in adhering to rules of propriety in delicate personal relationships.

T'oegye was born and grew up in most difficult and unfortunate circumstances. But under his mother's loving care and strict discipline, he overcame hardships and pursued his studies with resolution and carried forward the tradition of his family. Good-natured, talented, and fond of learning, T'oegye strove daily to cultivate and practice personal virtues, such as reverential demeanor, honesty, quietness, fairness, perspicacity, and loyalty, in order to improve his character. He was ever mindful toward all people and all things in dealing with matters in daily life, such as family home, personal conduct, clothing, and food. Exercising self-discipline and self-control, T'oegye sought to put into practice in everyday life what he learned in his studies.

T'oegye completed his scholastic education and training already during his early youth. He had no teachers or friends in particular and pursued his studies alone at remote mountain temples. He struggled against illness and poor health throughout his life. He perused Neo-Confucian works, such as *Chu Tze ta-chuan* (朱子大全), the *Heart Sutra* (心經), *Ch'amdonggye* (參同契), and *Hwallinsim* (活人心). He practiced *zen* and other methods of physical exercise, including indoor callisthenics, in order to restore and maintain his health. He studied herb medicine and prepared his own prescriptions. T'oegye strove to preserve his innate mind and heart (存養) and scrutinize his thought (省察) by maintaining mindfulness (持敬) and practicing self-abnegation self-abnegation (克己).

Chapter III examines how T'oegye presided over his family, managed his family property and finances, conducted ancestral rites and family rituals, and constructed and maintained family residences and halls.

In ordering his family, T'oegye strove to fulfill moral duties and to practice kindness. He preached that in marital life a man must act according to the rules of gentlemanly conduct and fulfill his moral responsibilities. He endured an unhappy marriage and set an example in "treating one's marriage partner as an honored guest" (相對如賓). By carrying on his ancestral tradition T'oegye saw it to that no un-Confucian customs and practices ever touched or influenced his family and clan.

Convinced that the size of family wealth and fortune was determined by the will of Heaven, T'oegye renounced greed and followed the dictate of duty and righteousness and did not seek material profit and wealth. The fundamental principle he followed in economic activities was that one must not engage in any conduct that was contrary to the dictate and principles of moral duty as a man. He consistently strove to uphold his dignity as a Confucian.

For his knowledge and views on *or li* (禮) the rules of propriety (禮), T'oegye won respect as the leading authority of his time. He answered numerous and frequent questions from public officials and private individuals alike regarding *li*. Though he did not leave any work devoted exclusively to this subject, his views were expounded in his letters to various individuals. While upholding the views of the ancient Sages, T'oegye advised people to follow the indigenous traditions and customs best suited to Korea. As for his own family's ancestral rites and daily rituals, such as the construction and maintenance of family shrines, ancestral tombs and stelae, he conducted them in a simple, austere, and dignified manner with a deep sense of reverence and gratitude for his ancestors.

The residences T'oegye built for his family had a close relationship with the development of his philosophy. They changed according to his principal interests and pursuits in the successive stages of his life, such as the period of bureaucratic service, the period of academic or scholarly pursuit, and the period of pedagogic endeavor. The Chisan Wasa he built during his thirties, the Yangjin-am he built during his forties, the Hanso-am and Kyesan Sodang he built during his fifties, and the Tosan Sodang he built during his sixties were all built in fulfillment of the plans he had made during his youth for his life work.

Chapter IV examines his pedagogic activities for the education of members of his family and relatives under different categories, such as the object and content of pedagogy and guidance for preparation for the government examination and bureaucratic service. The pupils he taught included not only his direct and collateral descendants, but also youth from matrimonial relatives and in-law families, numbering some 80 persons. The basic training consisted of certain fixed subjects and subsequent studies varied according to the ages of pupils and students. Emphasis was placed on self-resolution(立志); the ultimate goal was the attainment of sagehood. Specifically, ethics, the precepts of moral duty and principles, rules and customs for members of Confucian families, and correct conduct were stressed. In the light of his own personal experience T'oegye did not forbid his students to take the government examination, but did not encourage them to pursue a bureaucratic career, hoping that they would rather follow scholarly pursuits.

Chapter V deals with T'oegye's activities for the promotion

of local culture and education in his native district, under separate categories, such as care for the populace, attitude toward officials, and enlightenment of customs. Residing at his native village T'oegye chose the district of Ye'an as the geographical extent within which he would put into practice his ideas on the governance of state. He tried to educate the local populace and set an example by endeavoring to put into practice such ideals as love for the neighbor, egalitarianism, the concept of people as the foundation of state, respect for human rights, cooperation and harmony, and mutual respect and assistance. He set a personal example in community improvement and social reform by refraining from any action that might inconvenience or burden local officials and inhabitants and by striving to improve official discipline and popular mores. He thus succeeded in making Ye'an a district where morality and the rule of law prevailed. Having successfully experimented with a social covenant in his clan, T'oegye creatively expanded the same principles and rules into a district covenant and applied it to the district of Ye'an. Having seen that the public education system of the day overly emphasized the value of worldly success, T'oegye taught men of talent at his private academy, thereby succeeding in putting into practice the ideas of educational reform which he had failed to implement during his tenure as the president of the National Confucian Academy (Song-gyun-gwan).

Chapter VI deals with T'oegye's preparation and passing of the government examinations and his bureaucratic career, his views on public service to and remonstrance with the throne, his studies on the Sages, and the fulfillment of his life work and mission.

During his bureaucratic career, which began when he was 34 years old, T'oegye received a total of 140 appointments to some 90 different posts and positions. He petitioned to decline 79 of these appointments, but his petitions were granted only on 40 occasions. T'oegye served in key positions in the State Council, the Six ministries, Office of the Censor General, Office of the Inspector General, Office of the Special Counselors, the Office of Veritable Records, the Office of Ministers Without Portfolio, and the Office of Royal Lecturers. However, he always humbly resigned from these prestigious positions, pleading incompetence and illness. T'oegye resigned from government posts because he felt that he could not fulfill his personal goals if he remained in the forefront of national politics. He always cherished in his heart his goal in life, which he defined as "my work," "my mission," or "my life work." His goal was the restoration of morality and social improvement in his country.

T'oegye's ideals of public service consisted of the concept of "sincerity and faithfulness" and of that of "purity and honesty." Eschewing fame and wealth, he put into practice the principles of purity and honesty in public service and endeavored to avoid any action that might burden or inconvenience public officials or private individuals.

T'oegye's memorials to the throne were filled with a genuine sentiment of loyalty and patriotism. He urged his sovereign to promote discipline, happiness, and harmony within the royal family, to exert himself in his studies as ruler, and to purify the hearts of his subjects with his royal learning and virtue. T'oegye's important memorials include one entitled "An Entreaty Not to Terminate the Japanese Embassy," in which he stressed the importance of peaceful relations with Japan; and another entitled "A treatise on the Employment of Men," in which T'oegye urged the monarch to appoint men possessing the four essential virtues of propriety, righteousness, honesty, and sense of shame to positions for which they were best qualified. T'oegye's "Ten Diagrams on Sage Learning"（聖學十圖）was intended to impress upon King Sonjo the importance of princely education. It showed T'oegye's sincere wish to repay the honors and benefits the state had bestowed upon him. In it he explanied in an easily understandable diagram form the method of self-cultivation, the philosophic concept of mindfulness（敬哲學）, existentialism and world views, and the question of the mind and human nature.

Regarding his own life work（吾事）, T'oegye stated that "how could I know about the future generations when I have not reaped the fruit of my work now." But posterity has called him Master Yi and the Confucius of Korea. Today his scholarship and philosophy are admired and studied by scholars all over the world as "T'oegye Learning" or "Third Confucianism." He is regarded as the foremost authority among all the East Asian thinkers and philosophers who performed the finishing task of synthesizing and systematizing Neo-Confucian concepts and theories. T'oegye consummated his scholarship and philosophy by studying and putting into practice all his life the teachings of the Sages and philosophers who had preceded him. I may add that it is for this reason that I have studied his family letters, a source which offers rich records on his personal life.

第2 退溪의 生活 實事 『예던길』

序

　儒家에 태어난 사람으로서 過去 退溪에 관한 일화를 들어보지 못한 사람은 한 사람도 없을 것이다. 儒家에서는 退溪를 학자로서 보다는 聖賢의 표상으로서 마음가짐과 行動을 본받아야 할 분으로 존경하였다. 그러나, 현대에 와서는 退溪를 단지 朱子學者로서 退溪의 學者的 業績에 논의가 치중되고 聖賢으로서의 退溪의 實像을 알리는데 소홀한 감이 없지 않았다.

　孔子의 가르침이 行有餘力이어든 則以學文으로서 行이 根本이며 學文은 末事에 속한다. 退溪先生의 學問的 業績이 위대하지만 退溪先生의 生活實事를 통해서 先生의 人間의 眞面貌를 밝히는 것이 實은 學問的 業績을 밝히는 일보다 더 중요한 일일 것으로 생각된다.

　權五鳳 博士는 退溪學을 家學으로서 이어 받았으며 積年 退溪學硏究에 心血을 기울였었다. 權 博士의 關心硏究는 退溪의 生活實事에 있으며 硏究方法으로서 先生의 家書를 中心으로 했고, 또한 遺蹟地를 두루 답심하여 文獻에 있는 事實을 確認하였다. 格致誠正을 通한 修身이 가장 잘 나타나는 것이 治家에 있으며 400年後에 治家의 實相을 아는 方法은 家書를 通해서 보는 길 뿐일 것이다. 權 博士의 硏究는 退溪學硏究라기보다는 退溪學의 바탕이 되는 退溪硏究라 볼 수 있고 바로 先人들이 관심을 가졌던 聖者的 면모를 밝히는 일이다.

　筆者는 儒家에서 태어나 初等學校를 陶山에서 마치게 된 緣故로 退溪와 退溪學에 관하여 平素에 관심을 가지고 있었다. 그러나 專攻을 하지 않는 사람으로서 文集을 직접 읽기에는 學力이 모자라고 좀더 쉽게 쓴 退溪學入門書가 있었으면 하고 바랐었다. 權博士의 本著書 '예던 길'은 現代에 나온 어떤 著書보다도 깊이 있는 退溪研究書이며 同時에 筆者가 기대했던 退溪學入門書로서 훌륭한 册으로 생각된다. 學者로서 의 退溪만을 아는 사람들에게 先生의 眞面을 보여주는 册이 되겠다. 이 册을 通하여 道는 原來 高遠한 것이지만 至近한 데서 시작해야 됨 을 알 수 있으며, 知와 行이 부합되지 않는 現世에 知行이 一致하는 退溪像을 讀者들이 읽을 수 있으리라 믿으진다.

自然科學을 專攻하는 退溪學의 門外漢에게 權博士가 序文을 부탁하 기에 수차 사양했으나 끝내 強要에 의하여 펜을 들지 않을 수 없었다. 本著書『예던길』을 읽어본 결과 이 册은 退溪學을 전공하는 사람 뿐 아니고 退溪에 관심을 가지는 모든 사람에게 한 번 읽기를 권하고 싶은 책이며 특히 退溪를 尊慕하는 모임인 博約會 會員들에게는 必히 一讀 을 권하고자 한다.

本著書를 通하여 우리가 尊慕했던 退溪의 眞面이 밝혀지는데 도움이 될 것이며, 道義가 땅에 떨어진 우리 社會에 한 가닥 道學의 맑은 샘물 이 솟아나는 계기가 되었으면 한다.

1988年 7月 30日
理學博士 浦項工科大學長　金浩吉 謹識
博 約 會 長

後 叙

필자가 退溪學에 入門한 契機는 1951년 6월 1일 上溪 宗宅에 問喪을 가서 이루어졌다. 紊奉公(霞汀李忠鎬)께서 서세하여 春皐 李源殼, 圓臺 李源台 두 상주께서 執喪하고 계실 때다. 弔問後 秋月寒水亭으로 인도되 어 학문에 관한 많은 啓迪을 받았다.

38년전의 「記要」에는 後學에게 啓喩하신 8가지 내용이 적혀있다.

이 가운데 『童子禮』(退溪先生의 명을 좇아 鶴峯先生이 纂述한 童蒙教育書)를 연구하여 현시대의 아동교육에 활용하라는 연구과제가 들어 있다.

그런데, 필자는 지금까지 이 과제에는 손을 대지 못하고 있다. 이 기회에 두 어른의 啓喩를 어긴 懶怠를 緖頭에 밝혀서 삼가 죄사하려 한다. 書院 光明室에 소장되어 있을 그 珍籍을 입수하지 못했지만 연구에의 집념이 줄어든 것은 아니었다. 오히려 다른 분야에서 연구문제를 찾는데 一意專之하였다.

처음에는 후손들의 언행과 생활 속에서 선생의 道儀와 家範을 찾아내려고 많은 분을 만났고, 著籍과 世傳胎訓을 수집하고 유적지를 찾아다녔다.

연구의 방향은 齊家와 居鄕 쪽으로, 초점은 退歸와 교육의 목적에다 맞추었다. 최근에는 선생의 修齊治平의 실천과 哲學思想家로서의 구체적인 生活實事를 구명하는 데 연구를 집중하였다. 家人에게 보낸 선생의 手東을 주자료로 하고 문집에 실린 詩文 疏志 箚狀과 言行通錄을 分析 考批하여 결론을 끌어내었다.

退溪先生實傳을 쓰기에는 아직 한 5년이 이른 1978년의 늦은 봄날 春谷丈(李東俊)이 渡日했을 때에 筑波大學의 高橋進 博士를 소개받았다. 博士에게 연구한 내용 일부를 보였더니, 퇴계의 생활을 알고자 하는 학자는 많은데 연구하는 학자는 처음 만났다면서 당신만이 쓸 수 있고 당신에게 부하된 사명이므로 꼭 논문을 만드라고 권하였다. "한국사람은 退溪에 관하여 어느 정도 알고 있겠지만 외국인은 그 분의 생활을 전혀 모르고 있다. 당신이 연구한 결과를 보니 내가 만난 한국학자들이 잘못 알고 있는 사실도 있다."면서 생활연구는 退溪學에 있어서의 기본연구이고 이 연구가 이루어져야 비로소 다른 연구가 제대로 진행이 될 것이라고 평가하는 것이었다.

이리하여 筑波大學에 硏契를 맺었고, 쓴 논문은 「家書를 통해서 본 退溪의 人間像과 사상」이며 『李退溪硏究』라 題한 拙著이다.

학위취득 후 귀국하여 국역 출판하려고 동분서주했으나 情況은 생각과 달랐다. 草藁한 日本語 그대로를 覆寫하여 硏究院과 陶山書院에 기증하였다. 논문을 읽은 선생의 十六代胄孫이 書院運營委員會에서 출판을 맡을 테니 國譯해 달라고 慫慂하였다. 學術論文을 公刊도 하기에 앞서 飜案 發行하는 것은 論文 公表로나 學問의 行道에 어긋나므로 망설여졌고, 高橋 博士가 일반독자를 의식한 著作은 삼가라 하였기 때문에 더욱 난감한 처지였다.

그러나 訛傳과 曲學으로 선생에 대한 후세인의 그릇된 인식을 바로잡고, 선생이 '후세는 나를 알 것이라' 믿고 이룩한 平生吾事의 實相을 알리며, 오늘날 타락한 국민도의와 무너진 綱常을 恢復하기 위하여, 특히 후손과 眞城李氏는 교육서로서 누구든지 한 번 꼭 읽어야 할 책이므로 서원에서 출판하겠다고 서두르니 私自不顧 할 수밖에 없었다.

이에 圖免의 길이 없어 다른 곳에 飜案潤文을 시키는 조건으로 급히 논문을 直譯해 넘겼다. 그 뒤 出版社가 潤文을 버리고 직역한 원고가 낫겠다고 그냥 인쇄해버렸다. 驚惶罔措! 印本을 인수하여 반을 줄이고 읽기 쉽게 논문을 고쳐 校正과 刪注를 몇 번 했다. 論文編次대로 엮은 역문은 내용의 疊出과 어색한 문맥이 많은데 다 잡아놓지 못했다. 破版하고 싶으나 그 간의 형편 때문에 두려움과 부끄러움을 무릅쓰고 인쇄에 부쳤다. 다음 기회에 補訂할 것을 약속하면서 감히 독자 제현의 깊은 이해와 叱正이 있기 바란다.

硏究論文作成과 이 출판이 이루어지기까지는 오랫동안 많은 분의 가르침과 협력이 있었다.

筑波에 遊學의 길을 열어 연구를 성사시킨 李東俊 理事長, 국외에까지 問目에 답하고 책을 監修해 준 淵民 李家源 博士와 井南 權五根 선생, 연구와 논문을 직접 지도해 준 高橋 博士와 지성으로 후원해 준 李慶燮 博士, 또 교정해 준 吉田三郞 石川縣副敎育長, 함께 유적지를 답사해 준 陶山의 李源武, 堤原의 老村李九榮, 宜寧의 許萬準, 豊山의 權大英, 기본자료 수집과 考證에 협조가 큰 李庭植, 李源鐸, 李東國, 李

根植, 李源綱, 李桂煥, 李東昇, 李完栽, 李東均 제씨에게 가슴 깊이 새겨뒀던 감사의 뜻을 표하며, 끝으로 어려운 사정과 번거로운 과정을 감내하면서 이 책을 만들어낸 友信의 李光必 社長과 金榮柱 部長 및 編輯部 여러분의 노고에 감사한다.

1988년 무진 3월 25일
著者 敬識

퇴계선생 일대기 『가을하늘 밝은 달처럼』

『예던길』을 세번째 간행하게 되었다. 2쇄까지 하였으나 남은 책이 없고 찾는 사람은 많아서 부득이 새로 인쇄하지 않을 수 없다.

이번에는 인용한 한문 원문을 모두 없애고 어려운 한자 말은 좀더 쉽게 풀어 썼으며, 그 후 연구한 내용을 보태고 덜기도 하였다. 또 책 제목도 『가을하늘 밝은 달처럼』으로 바꾸었다.

처음 출판한 책은 퇴계선생 후손들의 교육과 퇴계학 입문서로 썼기 때문에 선생이 쓴 한문 원문과 제자들이나 선인(先人)들이 기록한 글을 사실 근거로 제시해 두어서 한문이 많을 수밖에 없었다. 따라서 한글 세대들이 읽는데 고충이 좀 많았을 줄 안다. 그러나 필자로서는 그렇게 하지 않을 수 없었다. 퇴계선생의 글이라도 원문을 옮겨놓지 않으면 필자가 소설처럼 꾸민 내용으로 오해하고 사실을 사실대로 믿으려 하지 않을 것 같았기 때문이다.

퇴계선생에 대해서는 후손들이 구구전승(口口傳承)한 이야기가 있고, 세간에 야담설화로 전파된 이야기도 많다. 야사에 실린 이야기가 있는가 하면 꾸민 이야기도 허다하다.

십수년 전에는 부정확한 사실을 전혀 고증도 하지 않은채 『퇴계소전』과 『퇴계일화선』이란 책을 소설가가 지어냈기 때문에 그 책을 읽은 독자들이 사실처럼 믿고 마치 퇴계를 모두 이해한 것처럼 착각까지

하는 경향이 있었다.

　필자는 『예던길』을 읽은 사람들로부터 많은 껄끄러운 질문을 받은 동시에 그동안 잘못 안 것을 수정하게 되었다는 얘기도 들었다. 따라서 하루 속히 『예던길』을 다시 쉽게 고쳐써서 세상에 내놓아야 되겠다는 책임을 느끼게 되었다.

　퇴계선생에 대해서는 연구하는 사람들이 많고 책과 논문도 수없이 많다. 그러나 학자들만의 교류관계로 일반인과 청소년이 접할 기회는 거의 없었다. 또 내용이 주로 철학과 학문 및 교육관계 연구들이어서 퇴계선생의 생애와 생활 전체를 아는 데는 부족함이 많았다. 더욱이 논문은 집대성되지 않았고 일상생활을 쓴 책도 나오지 않았으니 어쩌면 당연한 일인지도 모른다.

　이 책의 내용은 원래 전기를 쓰기 위해 엮은 것이 아니고 필자의 박사학위 논문 중에서 간추려 묶은 것이다. 퇴계선생이 한 평생 성현의 가르침대로 산 목적이 어디 있었으며, 그리하여 마침내 어떤 성공을 거두었는가를 이 시대의 독자들에게 전달하여 교훈으로 삼고자 한다.

　논문은 주관적이어서는 안된다. 철저한 자료 검증 위에 객관적이고 논리적이며 과학적으로 분석해서 쓰지 않으면 안된다. 이 책에 적은 내용은 모두 한문 원전(原典)에서 뽑아 쓴 것이지만 주(注)는 읽기에 번거로와서 생략하였다.

　어린이로부터 퇴계학에 뜻을 둔 성인에 이르기까지 쉽게 읽을 수 있도록 배려했으나 그래도 어려운 말이 많을 것으로 안다. 이러한 점은 지적해 주면 다음판에서 수정토록 하겠다.

　덧붙여 필자가 바라고 싶은 것은 퇴계선생을 알기 위하여 이 책을 읽을 것이 아니라 퇴계선생에게 배우기 위해서 읽어달라는 것이다. 외국 사람이 퇴계선생을 알고 있는 만큼 우리가 먼저 알아야 하겠고, 아는 것으로 그칠 게 아니라 오늘날 우리의 병이 무엇인가를 깨달아서 각자 자기 병을 고치는데 참고한다면 필자로서는 더이상 기쁨이 없겠다. 이것은 퇴계선생을 존모하고 학문과 행실을 사숙한 모든 옛사람들의 바램이요 기쁨일 것이다.

　끝으로 내용을 쉽게 써 새로 엮어 모든 제목을 바꾸고 신판을 내는 데 온 힘을 기울여준 포항공대의 홍보과 조현재 씨와 세상에 펴서 많은 사람이 읽을 수 있게 하고자 어려움을 무릅쓰고 책을 만들어 준 동인기획 신치웅 사장과 제작진 여러분에게 감사를 드린다.

　　　　　　　　1994. 9. 1.
　　　　　　　　　　　　　　지은이 삼가 씀

第3 『退溪의 燕居와 思想形成』

退溪의 思想은 20代부터 10年씩 5期로 나눠 遷居한 住居에 맞추어 그 時期에 읊은 詩를 分析하여 形成過程을 探索해 보았다.

처음에 이 論稿는 「退溪의 莊屋變遷과 思想形成過程」이란 題目으로 硏究를 着手하였으나 지금의 論題로 바꾸었다. 撫松 金基赫 博士의 助言과 關聯 硏究의 連繫性을 考慮하여 修訂하였다.

1987年 7月 1日 遺墟考證班의 確認 踏尋을 위하여 그 동안의 硏究 結果를 報告하였고 現地 踏尋에서 一致된 肯定 評價를 받았다.

1988年 8月末에는 第10屆 退溪學國際學術會會議의 發表 論文으로 그때까지 쓴 「三의 6」까지를 書面 報告하였다.

또 밝힌 遺址와 莊屋 變遷에 관한 一部 內容은 旣著『退溪先生의 生活實事』에 紹介했고, 三栢堂을 除外한 여섯 곳에는 작년 여름에 先生 後孫들이 遺址詩碑를 세웠다.

論文을 脫稿하기도 前에 發表와 記念 事業이 先行된 데에는 그럴 事情이 있었다. 그리고 이 論文을 2年次로 끌게 된 까닭은 筆者가 한 해 동안 病席에서 呻苦했기 때문이다. 計劃은 去年 上半期에 다 쓰려던 論文이었다. 數年來의 過勞가 一年間 모든 일에서 손을 떼게 했다. 간신히 健康을 回復해서 論文을 脫稿하고 나니 그 동안 治療를 위해 애써 주신 여러분의 恩功에 萬分一이라도 報答한 것 같다.

이 論文은 印刊하려고 쓴 것이 아니다. 大學 自體 硏究費로 硏究하였기 때문에 原稿를 提出하고 나중에 機會가 있으면 學術誌에 실을 豫定이었다. 脫稿後 報告 節次를 밟던 중 大學에서 出版을 맡아주기로 하여 未洽함을 무릅쓰고 이렇게 冊으로 刊行하게 되었다. 出刊을 豫期하지 못하여 量은 되도록 줄였고, 또 있는 資料도 일부러 다 取

扱하지 않아 아쉬운 感이 없지 않으나 다른 機會에 補足할 수 밖에 道理가 없다.
  退溪의 住居와 年代 區分 및 哲學 思想 形成 過程을 알고싶어 하는 많은 사람들로부터 質問을 받았다. '先生이 언제, 어디서, 무엇을, 왜, 그렇게 生活했을까?' 하는 疑問을 푸는데 이 論文이 조금이나마 도움이 된다면 筆者로서는 더할 수 없는 榮光이겠다.
  出版을 推進해 준 大學 硏究委員會 委員長 金英傑 博士와 硏究委員 諸位, 硏究管理課의 金元基·鄭炳潤 兩氏, 管理課의 咸守鎔 氏, 校正을 보아 준 鄭錫胎 助敎, 印刊을 맡아 준 明進의 金潤吉 社長의 配慮와 勞苦에 慰勞와 깊은 감사를 드린다.

               1989年 3月 27日
                    芝谷 石灘書屋에서 著者 識

第4 『退溪家年表』

　이 年表의 編述은「家書를 通해서 본 退溪의 人間像과 思想」이란 論文을 쓰기 위하여 家書를 分析하는 過程에서 시작되었다.

　退溪先生年譜는 先生의 孫子 蒙齋 李安道 公이 草稿한 底本을 가지고 西厓 柳成龍先生이 詩·書·疏·狀·啓·箚 等을 節要해서 撰述한 退溪學硏究의 基本書이다.

　先生의 事蹟을 알고자 하는 사람은 누구나 이 年譜를 考覽한다. 따라서 退溪學을 硏究하는 사람은 반드시 所藏해야 할 金科玉條의 典籍이다.

　그런데 筆者가 家書를 分析한 후 內容을 對較하다가 疑異處를 發見하고는 처음 무척 當惑하였다. 莊屋 遷居와 敎育 實事, 聖學十圖의 印刊過程, 先生 在世時에 十圖가 中國에 傳播된 매우 重要한 事實들이 빠졌거나 잘못 編載되어 있었기 때문이다.

　그래서 論文을 쓰기에 앞서 먼저 年譜부터 再編成하여야 할 必要性을 느꼈다. 더욱이 先生의 思想形成過程과 學問·出仕·進退·敎育의 背景을 究明하자면 退溪家 全體의 狀況을 把握하여야 하므로 年表型의 修譜가 切實해졌다.

　分析한 資料를 가지고 先生의 修學·出仕·進退譜, 莊屋變遷과 京鄕 移居歷, 處鄕·接人錄, 著作譜, 書札與答總覽, 物品辭受考, 先生의 婚姻·生卒·墓齋·仕宦·子孫 一覽, 先生과 家人의 疾病·喪葬·祭告譜, 家人의 出生·嫁娶·敎育·科第·出仕譜 等 9 가지의 早見表 式 細譜를 作成해서 活用하고 附錄으로 論文 末尾에 統合해서 실어 두었다.

　그러나, 先生 學問의 嫡傳에다 高弟의 한 분인 西厓先生께서 撰한

年譜를 菲淺한 後學이 修正을 加한다는 것은 지극히 僭濫한 일이라 敢히 誼播할 수가 없었다. 還國後 兩先生의 宗孫 柳寧夏 李根必 兄을 함께 만난 자리에서 이 일을 밝혔더니, '옛 어른들도 다 記憶하지는 못하였을 테고, 또 당신의 履歷이 아니면 關聯 資料를 모두 갖추기는 어려웠을 것이며, 더구나 學問方法이 다른 오늘날에는 必要하면 修訂을 하는 것이 當然하지 않겠느냐'하고 同調하였다. 그리고 李根必 兄은 廣瀨 李野淳 公이 撰한 『退溪先生年譜譜遺』까지 參考하라고 복사해 주었다. 이에 勇氣를 얻어 補遺本으로 參訂한 뒤에 『退溪家年表』라 題한 草稿를 編述하게 되었다.

이 稿本을 李完栽 敎授에게 보였더니 退溪學硏究의 必須本이므로 刊行하도록 慫慂하였고, 丁淳睦 博士는 당장 복사를 하였다. 한편 故 春谷 李東俊 理事長은 學報에 發表하라고 勸하면서 紙面을 주었다. 이래서 學界의 批正도 받을 겸 而後 4年間 12回에 걸쳐 投稿하였다. 連載中 國內外의 學者와 先生 子孫들로부터 揭載된 學報를 全部 求해 달라는 부탁을 더러 받기도 하였다. 그러나 進行中인 詩書의 分析 改編이 끝나야 더 補足할 수 있으므로 近年 이 作業을 마치는대로 빨리 增補 改訂本을 印刊하여 僉囑에 副應하려고 일을 서두르고 있던 참이었다.

그런데, 今年 봄에 叢書編刊委員會(委員長 李家源博士)에서 事業을 協議하는 자리에서 宋載邵 博士가 年表를 硏究叢書로 刊行하자고 提議하고 委員 모두가 贊成하여 갑자기 出版하게 되었다. 本人의 辭讓과 事情은 받아들여지지 않고 6月末까지 原稿를 써 내어야 하는 時限付 作業을 떠맡게 되었다.

完璧한 年表를 編述하려면 年代別 往復書札의 對照와 唱和詩의 分析이 끝나야 한다. 또 家人과 門徒와 交游 人士들의 年譜도 全部 詳考해야 滿足할 만한 年表를 쓸 수 있는데 不得已 이 일은 또다시 後日을 期할 수 밖에 도리가 없다.

微力으로나마 編刊事業을 돕고자 于先 學報에 連載한 年表에다 誤漏를 修正하고, 年次別로 詩文 著作을 增補하는 데 그쳤다. 序에 代하여

編述의 經緯를 밝히고 同學 諸賢의 忌憚 없는 叱正을 기다릴 뿐이다.
 研究叢書本으로 推薦해 준 編刊委員會와 出版費를 대어준 政府 關係 機關과 까다로운 組版 일에 誠意를 다 베풀어 준 驪江出版社의 여러분과 原稿 정리 및 校正에 애쓴 鄭錫胎 助教에게 深甚한 感謝를 드린다.

開天 4321節
浦項工科大學校 教養學部 研究室에서 著者 謹識

第5 『퇴계시대전(退溪詩大全)』

序

權君 五鳳은 일찍부터 退溪先生을 崇仰하여 몇 십년 사이 先生의 學 연구에 전념하여 마침내 勞著『李退溪家書의 總合的 硏究』로 日本에서 文學博士 학위를 榮獲하였으며, 또『退溪家年表』를 저술하여 凝然히 하나의 退溪學 硏究家로 등장되었다.

이제 또 이『退溪詩大全』을 엮어 출판에 이르렀다. 본서의 編纂作業은 지난 1989년으로부터 1991년까지 3년에 걸쳐 완성되었다 한다.

『陶山全書』는 內·外·別·續·遺 五集으로 되었고, 集마다 그 머리에 詩가 실려 있었다. 끈기있는 정성으로 대규모·細心法을 지닌 豊茂한 編纂書이다.

그러나 1年 1藁로 되어 있지 못했으므로 吟成의 年代가 明記된 부분이 전혀 없음은 아니었으나 명기되지 않은 부분도 없지 않다.

그러므로 그 初·中·晚年의 作品들이 서로 섞여서 구별하기가 어려웠다.

우리 先哲 중에는 地負海涵的인 방대한 著書를 남긴 이가 있고, 그 방대한 저서 중에는 수많은 學說이 실려져 있다. 그 학설들을 연구하는 후배에게 가장 어려운 일은 前後說의 同異에 갈피를 잡지 못함에 있었던 것이다.

朱子나 退溪의 性理說에 대한 후배의 論爭이 이제까지 쉬지 못함도 역시 前後說 撰成年代의 不明에 昏迷가 거듭되었기 때문이다.

이제 權君의 退溪詩에 대한 年代記的 改編工作은 실로 趙月川·李靑

壁 諸先輩의 뒤를 이어 가치높은 업적으로 평가하지 않을 수 없으리라 생각된다.

그러나 선생의 學은 詩보다 書에 있음은 널리 알려진 일이다. 權君은 이에서 한 걸음 더 나아가 장차 書卷의 연대적 改編工作이 있을 것을 충심껏 기대해 마지 않는다.

이제 權君이 不佞 家源에게 卷頭 一言을 責한다. 家源은 일찍부터 家學에 專心하지 못한 채 다만 資料提供에 급급하여 몇 편의 論考와 『退溪全書』編輯, 詩飜譯에 그쳤을 뿐 이와 같은 年代記的 改編에는 미처 착안하지 못했음을 깊이 부끄럽게 생각하며 감히 몇 글자를 적어 君의 賢勞에 答하는 바이다.

壬申 陽復月 初吉

文學博士 李家源 謹識

後 識

이『退溪詩大全』의 編纂作業은 1989년부터 1991년까지 3년간 大學 자체 研究計劃에 의하여 수행되었다. 專門研究機關에서 많은 인력을 들여서 장기간에 걸쳐 연구해야 할 과제를 鄭錫胎 研究員과 둘이서 겁없이 달라들어 좀 힘에 부치었고 결과는 목표한 데 이르지를 않았다. 吟成順과 人·地名 注釋에 미상이란 숙제를 남긴 것이 바로 그 결과이다.

未足한 연구이지만 大學研究委員會가 연구비 외에 1,800만 원이란 거액의 出版費를 대어 주어서 이 책이 세상에 모습을 드러낼 수 있었다.

退溪學 研究에 있어서 詩가 차지하는 비중은 크고, 退溪先生의 著述 중에서 量으로 상당한 분량을 차지한다. 그러나 여태까지는 주로 文學과 道學的 측면에서만 研究해 오고 있었다. 先生의 生活史나 思想展開 過程을 연구함에 있어서 으뜸 가는 기본자료임에도 불구하고 詩와 書

의 체계적인 改編作業-연구에 활용하기 편하도록 索引 分類 같은 基本 第1次 資料 硏究事業은 도외시되고 있었다.

詩는 難解性 때문에 연구자들이 함부로 접근하지 못하는 分野이지만, 退溪學을 연구하는 이는 누구든지 詩를 한 차례 읽지 아니하고 先生의 學問과 生活·思想을 논의한다면 언젠가 疎漏의 感을 느끼게 될 것이다.

退溪學 硏究에 있어서 제1단계 事業은 先生의 著述뿐 아니라 국내외의 직접 關聯人物의 著作을 비롯해서 後學 私淑 諸子의 論著까지를 정리 망라한 뒤에라야 본격적인 論究가 가능하다. 그런데도 先生의 學問과 哲學思想과 생활이 論斷되고, 심지어 비교될 자료가 없는 處地인 경우에도 상대적 比較硏究를 한다는 것은 合理性과 科學性에서 벗어난 趣利에 치우친다고 아니할 수 없다.

이 『退溪詩大全』의 人·地名 注釋과 吟成順 개편은 退溪學 硏究 資料 開發의 일분야에 지나지 않지만 硏究의 方向 造作에 기여되어지기를 바라는 마음 간절하다. 編者는 이로써 다음 작업인 著作譜와 退溪學人名事典, 退溪學紀行, 索引에 한 걸음 다가섰음을 自負한다.

編纂·刊行 作業이 4년에 걸쳐 진행되었으나, 現地를 踏査하고 資料 採集을 해 온 것은 수 십년의 일이었다. 그동안 소중한 文獻과 편지 또는 전화로써 친절하게 도와주신 많은 분을 일일이 다 記名하지 아니하고 이 자리를 빌어 감사하며, 특히 冊名과 序文을 짓고 刪定을 수시로 조언해 주신 李家源 博士께 謝禮하오며, 鄭錫胎 연구원은 論文 作成의 일환이라고는 하더라도 그동안 이 大全의 간행에 이르기까지 수고해 준 데 대하여 위로와 고마움을 표한다.

본 출판에 적극 협조해 주신 대학연구위원회 權景煥 大學院長 외 여러 교수와 사무처 직원에게 심심한 謝意를 表하며, 까다로운 출판을 맡아 주신 여강출판사 李順東 사장과 權聖淑 및 편집진에게 감사의 뜻을 여기 적어 길이 새긴다.

1992년 11월 10일

安東 權 五 鳳 謹識

第6 『月瀾誌』

月瀾誌序

　　宣城固山水鄉也 坏胎磅磚 淑氣停毓 名賢輩出 後先相繼 曰若 聾巖孝節公 爲汝南羣賢之首 退陶文純公 爲東方道學之宗 二先生 俱有山水仁智之樂 岡巒林壑擧被昭回之輝光 而至如月安寺後改月瀾 則在陶山數武許 東翠屛中腰 杖屨相尋 非止一再 孝節公嘗答退陶書曰 月瀾躑躅之會 爲我延退 吾則老除 曾有江山全付于君之簡 但此則舊約 扶病欲副云云 可見當時風流韻事 不徒兩家 後承之緬懷 興慕而已也 其後 文純公又以七臺三曲之勝 命名之輒有題詠 以寓西林之感懷 如趙月川 李艮齋 李蒙齋 金晚翠 諸賢多讀書于此 弄月觀瀾 亦足爲千古勝迹 後之人 其可忍任其湮廢 而不之尊尙乎 惟晚翠金公後孫 爲置精舍管領 風煙式至今日 其追先肯構之意良由以也 嗟夫 星霜貿遷 風異世變 綱紀陵夷 彝倫掃地 先天文物 無復影響 而況臺前一曲 爲政府水電堤防 河伯所驅盡入懷裏九原可作 未知如何爲懷也 可勝歎哉 權斯文五鳳 從事學部 敏於好古 嘗慨然于此 竊欲立石 以表章之 旣又廣搜當時事蹟 及諸家文獻 彙爲月瀾誌一册 偕李君根必 委顧弊廬 托以弁首之文 善乎其衛斯文 重其事之道也 自惟誶淺耄荒 固不敢下手於此 而其義則 斯林重事也 又何敢一例辭遜 不爲之相其役 而負其意哉 遂忘僭踰 强書如右 而拙訥之文 無所發明 第切愧窘 悚惶之私

後學 永陽 李龍九 謹序

第7 『退溪先生 日記會成』

發 刊 辭

　　退溪先生의 文集은 尨大하다. 그 많은 著作을 다 읽기란 쉬운 일이 아니다. 다 읽은 사람이 몇 사람이나 있었는지 의문이다. 그럼에도 先生의 著作은 아직 다 文集에 실리지 않고 있다. 물론 성질상 따로 편성되어야 할 日記이지만 아직도 刊行하지 못하고 있다. 刊行 이전의 收集이 안되었다. 日記는 文集과 그 輕重을 같이 한다. 牛溪 成渾先生은 '文集과 日記는 輕重이 없다'고 하였다. 후세에 끼치는 영향으로 봐서 靑天白日 같은 格言을 담고 있는 日記는 더할 수 없이 소중한 文獻임을 牛溪先生이 강조한 것이다.

　　이렇게 중요한 日記임에도 先生의 日記가 傳寫도 登木도 아니 된채 430수 년을 지내왔다. 한탄하지 않을 수 없다.

　　先生은 많은 日記를 썼다. 거의 빠짐 없이 한 평생 生活을 記錄한 사실이 文獻에 전하고 있다. 그런데도 1992년까지 甲寅日錄의 手稿와 傳寫만이 行于世해 왔다. 필자는 10수 년전부터 先生의 日記를 찾기 시작하여 牛溪先生이 '先生은 늙을수록 日記를 쓰면서 학문에 篤實하였기 때문에 百世의 스승이라'고 경탄한 저 日記를 찾아 세상에 발표하고 또 그 眞本을 後世에 전해야겠다고 결심하였다. 아직 先生의 '今日 看破某書某疑 見出某書某理 改某過 修某愿 謹言謹行 一一書之 以自課焉'한 日記는 찾지 못하고 있다.

　　이제 그동안 필자가 찾아 再編成한 몇 년치 日記와 이름만 전하는 日記의 해제에다 近年에 찾아 報告한 珍貴本 先生手稿 日記〈壬寅・癸

卯・甲辰〉를 影印하여 뒤에 붙여 上梓하는 바이다.

　先生의 學德과 生活을 연구하는 學者는 물론 尊慕하고 私淑 業儒하는 모든 분에게 이 日記가 크게 도움되기를 바라는 마음 간절하다.

　累代 家寶로 所藏하고 있었던 『退陶先生日記』를 빌려주신 李源胤公에게 이 기회에 또 한 번 감사를 올린다. 끝으로 여러 어려움을 무릅쓰고 出版을 맡아준 創知社 金東秀 社長과 社員 임직원의 노고에 대하여 위로말씀을 드린다.

1994년 10월 3일
編著者 謹識

第8 『退溪書集成』刊行辭

　退溪先生이 쓴 書札은 모두 몇 篇이었는지 알 수 없으나 이번에 集成한 內·續·遺集, 草本退溪先生全書와 家書 退陶先生集 등에 실려 보존된 書는 總 3,154篇이었다. 地負海涵으로 표현되는 尨大한 著作이고 선생의 학문이 이 書에 있음은 世所共知의 사실이다. 선생이 손수 『自省錄』을 抄編했고 趙月川은 『師門手簡』 帖을 만들어 書院에 所藏하였으며, 奇高峯 後裔는 「兩先生往復書」를 편찬해서 소중하게 전해 오고 있다. 私淑子 李星湖(瀷)는 『李子粹語』를, 鄭益齋(焜)·李大山(象靖)·宋梅軒(命基)은 「李子書·退溪書·退陶書節要」를 書簡으로 先生學의 精粹를 集約했으니 書야말로 陶山學의 科條인 것이다.
　陶山書院에서 元集 庚子本을 간행한 이래 啓明漢文學研究室에서 『退溪先生文集』을 影印 叢刊하기까지는 390년이란 긴 세월이 걸렸다. 後學 五鳳이 陶山全書(1980年 刊)에 실린 書簡으로 博士學位論文 『退溪의 人間像과 思想』을 쓴 1980년대만 해도 先生 書 전부를 한 차례 읽었다고 자신하고 있었다. 그러나 선생 晚年에 쓴 退陶先生集의 290여 篇과 筆寫本 全書의 1070篇은 啓明大學研究室刊 文集을 입수하고서야 未刊 先生書가 半分이 더 있었음을 알고서는 시급히 全書簡을 統合改編해야겠다고 뜻을 굳혔다. 已往에는 資料不全으로 硏究가 미흡했지만 돌이킬 수 없는 일이고 後學을 위해서는 이대로 둘 수 없는 일이다.
　이에 未刊의 書를 旣刊의 書卷과 통합하여 文體別 文獻 單本으로 集成하고, 先生學의 前後 同異說과 講論을 輯略簡撮할 수 있게 書成 年代順으로 改編해야 할 切實性을 느껴 수년간 改編工作을 해 왔다. 단독으로 不撤晝夜 無休日로 作業해 오던 차 癈疾에 걸려 病席에서 呻吟하고 보니 望七蔑學者의 畢生 大工作은 狼狽之境이었다. 그러나 절망

중에도 天佑神助는 있었다. 書狀의 句讀点 넣기, 主題 抽出, 編輯校勘을 前蓮菴工業專門大學校의 李源綱 敎授가 맡아서 해 주었다. 大學에서는 이 연구를 진행하는 동안 自體硏究費를 대어 준 것만해도 고마웠는데, 이『退溪書集成』의 出版費 중 5만불을 보조해 주었다. 世界 어느 大學에도 그 유례가 없는 學術振興의 大盛事이다.

浦項工科大學校가 硏究中心大學으로서 自然·基礎科學 部門 뿐만 아니라 人文·社會 科學의 硏究에도 깊은 관심과 많은 힘을 기울이고 있다는 사실을 이로써 證言해 놓는다. 작업을 분담한 李 敎授 成五兄과 출판을 성공시켜 준 대학의 張水榮 總長, 廉榮一 副總長, 鄭武永 硏究處長, 硏究委員 各位 이하 관계관 여러분, 그리고 책의 製作을 맡아준 大譜社의 朴道圭 社長과 編輯 印刷陣 諸位에게 마음 깊이 感謝의 뜻을 表해 적는다.

1995 乙亥年 549돌 한글날
信斯學堂에서 編著者 謹識

第9 『退陶書節要』景刊跋

  退溪書節要는 梅軒 宋命基 進士가 退溪先生文集 중 書札을 抄選하여 七册으로 묶은 手稿草本이다.

  宋梅軒의 貫籍은 冶城이고 漆谷 梅南里에서 生長하여 平生 退陶夫子를 私淑尊慕해서 陶山學을 準的 節而約之한 儒學者이다. 廣州 李恕軒 世珩과는 學術交義가 깊었으며 아드님 南村 宋履錫은 金霽山 聖鐸門下에서 受業한 陶山學案의 큰 선비이다.

  後學 五鳳이 이『退溪書節要』書名을 發見한 것은 우연한 인연에서였다. 1987年 5月上旬 大邱에서 井南 族兄(五根)으로부터 木版本 恕軒文集 重刊本을 얻어 이 책을 印刊할 때 붙일 「退陶書節要跋」文을 읽게 되었다. 그로부터 一個月間 搜探한 끝에 梅軒公 後孫의 世居와 草稿原本이 잘 所藏되고 있음을 알았다. 爾後 論著 몇 군데에다 節要를 紹介하였고, 私淑諸子錄에는 節要・粹語・言行錄・私淑錄을 쓴 諸賢과 함께 收錄하였다. 恕軒公의 跋文을 읽은 지 10年이 된 오늘 梅南 冶城宋氏八世家傳寶典인 退溪書節要草稿本에 恕軒公이 撰한 跋文과 梅軒公 行狀을 뒤에 編輯하여 景印에 부치게 됨에 無限感慨를 다 쓸 수가 없다.

  오늘까지 잘 保存되게 해 준 退溪, 梅軒, 恕軒 諸先生의 蔭佑와 宋門 賢裔의 極盡孝思에 感敬深謝하며, 이제 景刊에 이르기까지 協贊해 주신 梅南의 所藏者 故 宋武善公과 之善兄을 비롯하여 宋浚兌 浚觀 兩兄과 成均館大學校 宋載邵 博士에게 삼가 拜謝하는 바이다.

                    公紀 1996年 2月 8日
                        浦項工科大學校 教授 文學博士 權五鳳 謹識

第 8 篇 陶山學案

● 編目 ① 한글자모 가나다라…순으로 별였다.
    ② 전편은 「도산급문제현록」(陶山及門諸賢錄)에 실려있는 諸子이다.
    ③ 후편은 가서(家書) 금문(及門) 수업한 사람과 사님을 추정(推察)할 수 있는 인물을 저자가 추록하였다.
    ④ 참고편에는 과거 동방록(科擧同榜錄), 독서당의 수계록(湖堂修契錄)과 저자가 만든 사숙제자록(私淑諸子錄)을 실었다.

제 1 전편 : 陶山及門諸賢錄

● 門徒錄인 『陶山及門諸賢錄』을 저자가 한글 子母音順에 表式으로 개편하고 내용도 補充修錄하였다.

姓名	字	號	西紀生	壽紀	本貫	居	入門	科榜・官歷	要錄
姜文佑	汝翼				晋州			文科・判決事	能文章, 挽先生詩
姜翰	汝鷹	錦香			晋州	安東		司馬・訓導	
康籥						安東		司馬	祭先生文

562　第8篇　陶山學案

姓名	字	號	干支	生年	壽	本貫	居住	入門	官職	備考
高應陟	叔明	杜谷	辛卯	1631	75	安東	善山		文科·司成	精於理學, 百藝俱通, 自比康節, 先生書贈屏書
郭守仁									縣監	先生의 二兄 河의 孫壻, 玄의 사위
郭澣	大容	擬溪				玄風	豐基		司馬	李文斗의 사위
具鳳齡	景瑞	栢潭	丙戌	1526	61	綾州	禮安	弱冠(十九歲)	文科·入玉堂 吏曹參判	博學久美, 講論과 詩, 唱酬가 많음. 栢潭日記 있음.
具思孟	景時	八谷	辛卯	1531	74	綾州		始學眉巖門, 後遊	文科·贊成	嘗作四皓羽翼太子·論賁於先生, 先生有批語. 綾安府院君 祭先生文
具賁福	伯綏					綾州	禮安		部將	
具賁諴	汝膺	松顏	己卯	1519	77	綾州	禮安		縣監	小川眠鷲江上築滄顏亭以居, 先生書招隱操與之
權東輔	震卿	菁巖	戊寅	1518		安東		遊門	司馬·知郡事	冲齋櫟의 아들, 受忠定公行狀
權大器	景受	忍齋	癸未	1522	65	安東		早登	司馬	遊國學, 門答
權東美	子休	石亭	乙酉	1525		安東		兄弟 拜遊	郡守, 監察	屢典郡邑俱肇嶺, 菁巖의 아우, 先生의 孫子 詠道의 장인
權宣	公著	城谷	辛卯	1531	55	安東			文科·學諭	啓蒙傳疑無不精通, 忍齋의 조카.

第1 前編 陶山及門諸賢錄

權好文	章仲	松巖	壬辰	1532	56	安東	安東	弱冠	司馬		先生伯氏 潛의 外孫子, 樂山樂水論과 講論, 問目, 質疑가 많음. 淸涼遊錄을 썼고, 先生의 遊山과 言行을 기록함. 著大東韻府羣玉, 卒于京
權文海	灝元	草澗	甲午	1534	58	安東	醴泉	丙辰	文科	安東府使·承旨	
權伯麟	汝祥	眛軒	丙申	1536	52	安東	禮安			訓導	
權義叔	重嗣	梅溪	丁酉	1537	47	安東	安東	早遊		主簿	二兄 河의 女壻
權景龍	施伯		丁酉	1537		安東	咸昌	遊門	司馬		桐溪 達手의 孫子, 先生의 孫子 安道의 妻娚임.
權春蘭	彦晦	晦谷	己亥	1539	79	安東	安東	遊門	文科	・司諫	金允明의 義兵에 參加, 西厓와 疑義를 講究함.
權春桂	彦秀		甲辰	1544		安東	安東	遊門		教官	晦谷의 弟, 拜先生於陶山, 兄弟聯牀共磨
權崏	君晦	松窩	乙巳	1545	58	安東	安東	遊門		訓導	忠定公 橃의 從孫子 受心經啓蒙
權宇	定甫	松巢	壬子	1552	39	安東	安東	十八歲	司馬	・王子師傅 ・文科	忍齋의 아들
權洙	學源								司馬		詞章經學兼備
權士立									司馬		
權敏義		遯窩				安東	安東		司馬		先生與同榻於鳳亭寺, 見鳴玉臺詩序

姓名	字	號	干支	生年	享年	本貫	居住	登科	司馬	官職	備考
琴應石	景和	種善	戊辰	1508	75	奉化	禮安				尊甫 喬의 岳父, 先生之 嘉之 手書
琴應商	景翕	定省	壬申	1512		奉化	禮安				先生手書定省二字以贈之
琴 輔	士任	梅軒	辛巳	1521	64	鳳城	禮安	二十歲			築室于寒棲之傍, 日常先生侍側, 公爲肯, 筆法名世, 世稱宣城三筆, 書先生墓碑及神版, 先生從孫壻
琴卯聖	希道			甲申	1524	80		禮安			五兄 澄의 사위
琴應夾	灰之	日休	丙戌	1526	71	奉化	禮安	早登	司馬	·翊贊	先生子婦의 아우, 烏川一里無非君子
琴蘭秀	聞遠	惺惺	庚寅	1530	75	奉化	禮安	二十歲	司馬	·翊贊, 判官	先生以惺惺手寫編號, 浮浦洞豹을 만듬. 修養에 깊이 效合. 壬亂義擧
琴 憶	汝任	高嚴	癸巳	1533		鳳城	禮安	早遊			梅軒의 아우, 質論語·心經·近思錄·啓蒙, 壬亂軍功
琴鳳瑞	應休	廬江	戊戌	1538	67	奉化	安東	早遊	司馬		以文學負重一世, 與同門編輯先生文集
琴應壎	壎之	勉進	庚子	1540	77	奉化	禮安	早登			日休堂의 아우, 築室于集栖之傍, 陶山書堂卜地를 하고 講學을 요청效合. 日常先生侍側.
琴義筍	友卿	翠嚴	癸卯	1543		奉化	禮安			主簿	種善亭의 아들, 五兄 澄의 外孫胥
琴悌筍	恭叔	赤巖	乙巳	1535		奉化	禮安	弱冠			先生文集을 校正함.

姓名	字	號	干支	年度	壽	本貫	居住	入門	科擧	官職	備考
奇大升	明彦	存齋 高峯	丁亥	1527	46	幸州	光州	三十二歲	文科	・贈吏判	先生承召任京始就正於先生前後所論, 四七理氣論辯, 物格說等 講討가 8年間잇었음. 師弟의 書簡에는 家庭의 情況이 詳細히 함. 先生嘗求墓碣文, 先生의 明으로 (自銘後敍)을 지었음. 陶山記 跋文과 陶山雜詠을 次韻 하였음. 聖學十圖 刊行 때는 校正의 幹事를 하였음.
金就礪	士浩	訥齋	甲子	1504	74	安東	禮安	早登	司馬		訥言慎行
金富仁	伯榮	山南	壬申	1512	73	光山	禮安	早遊	武科	・兵馬使	時人比之朴松堂
金富弼	彦遇	後彫	丙子	1516	62	光山	禮安	早遊	司馬		觀察使 緣의 아들
金應生	德秀	明山	丙子	1516		慶州	永川				嘗往來門下, 有所講質隱居敎授
金廷憲	公度	訥巖	丙子	1516	58	安東	奉化	遊門	司馬		鄭・盧公共築紫陽村塾
金希禹	思儉	赤松	己卯	1519		金海	京	遊門	司馬		除參奉・教官不赴, 崔永慶의 叔母兄弟
金彦磯	仲盈	惟一	庚辰	1520	69	光州	安東		司馬		陶山院規參正, 西厓・藥圃・栢潭追隨講磨
金夢得	天賚	下巖	辛巳	1521		延安	延安			訓導	祭先生文
金克一	伯純	藥峰	壬午	1522	64	義城	安東	登門	文科	・星州牧使, 司成	青溪金璡의 長子

566 第8篇 陶山學案

姓名	字	號	干支	年	年齡	本貫	居住	遊學	科擧	官職	비고
金富信	可行	養正	癸未	1523	44	光山	禮安		文科	・監司	早卒, 先生挽公, 山南의 아우
金字宏	敬夫	開巖	甲申	1524	67	義城	星州	初遊南冥門	文科	・縣監	後移尚州, 七峯希參의 아들, 登第後遊先生門
金八元	舜擧秀卿	芝山	甲申	1524	46	江陵	安東	初學愼齋門	文科		門客, 詩人으로 이름이 높음. 제모시병과 시모로 시방을 선생이 받으심.
金樂春	泰和	百忍	乙酉	1525	62	順天	安東		司馬兩試		晚居開慶庸陽洞, 搆峽流亭
金富儀	愼仲	挹淸	乙酉	1525	58	光山	禮安	遊門	司馬		後凋堂의 아우, 易東書院初代山長, 渾天儀, 璇璣玉衡을 修訂혀 선생이 징찬한 科學者.
金猗甲	順初	毅齋	乙酉	1525	68	安東	京	來謁師事	文科	・原州牧使	金忠甲의 아우
金就礪	而精	整庵潛齋	丙戌	1526		慶州	安山	自京千里負笈從師	文科	・寺正	先生要, 以練布巾深衣成服以禮葬, 聖學十圖印刊粧吆, 答萬上土溪齋.
金守一	景純	龜峰	戊子	1528		義城	安東	遊門	司馬	・察訪	先生獎許 薦補察訪
金得礪	士任	潛溪	己丑	1529		光州	安東				早得依歸
金忠男	恕卿		庚寅	1530	89	安東	京		司馬・縣監		
金裘	景嚴	水村	辛卯	1531		熙川	京		文科	・校理	淸書七君子贊及箴銘
金富倫	惇叔	雪月	辛卯	1531	68	光山	禮安		薦	・縣監	富信의 아우, 言行箚錄을 지음

第1 前編 陶山及門諸賢錄   567

								縣監	詩詞之美, 李文樑의 사위
金箕報	文卿	蒼筠	1531	58	安東	安東	成德松門, 後遊先生門		
金明一	彦純	雲巖	1534	37	義城	安東		司馬	與弟文忠公誠一請敎於先生, 溪山錄(日記)을 지어서 스승의 言行을 전함.
金命元	應順	酒隱	1534	69	慶州	京	少登門	文科 ・左議政	讀易丁聽雲精舍, 王亂都元帥
金誠一	士純	鶴峰	1538	56	義城	安東	弱冠	文科 ・監司	王辰受鈇嶺南, 先生日行高錄을 지 精, 陶山言行錄을 實記이 書贈道統傳受屛銘, 道 合, 先生書贈道統傳受屛銘, 道 學傳受多有
金 璡	子厚	九峯	1538	38	光山	禮安	早遊		山南의 이름
金士元	景仁	晩翠	1539	63	安東	義城	庚申(1560)來謁		王辰亂鄕人推薦爲整齊將
金 玏	希玉	栢巖	1540	77	宣城	榮川	始學嘯皋, 後遊	文科 ・參判	王辰蘭安集使, 光國原從勳
金宇顒	肅夫	東岡	1540	64	義城	星州	南冥門, 後遊京邸	文科 ・遊玉堂	開巖의 아우
金 涌	志海	松庵	1541	52	高靈	高靈	弱冠	文科	王亂右道兵馬使
金復一	李純	南嶽	1541	51	義城	安東	弱冠	文科 ・司成, 府使	與鶴峰謁先生, 請問人心道心之 分, 璿璣玉衡之制
金允欽	汝敬	青巒晩悟	1541	32	順天	安東		司馬	文行이 있음
金孝元	仁伯	省菴	1542	49	善山	京	早遊	文科 ・府使	在臺閣正色直言

姓名	字	號	干支	年	나이	本貫	居住地	入門	科	官職	備考
金允明	守愚	松澗	乙巳	1545		順天	安東				金九欽의 아우, 壬亂에 義兵
金夢龜	汝休	華棲	乙巳	1545		英陽	英陽	拜謁岩栖			先生手修英陽金氏世系圖
金　暉	子昻	夢村	丁未	1547	79	安東	京	早從	文科	判中樞府事	壬辰慶尙監司, 夢村錄에 先生의 言行을 기록해 두었다.
金澤龍	施晦	操省	丁未	1547		禮安	禮安	始學月川, 遊門	文科	獻納	
金得可	大中	柱峯	丁未	1547		義城	安東	受業	司馬		開巖의 아들, 先生從姪의 사위
金　圻	止叔	北崖	丁未	1547		光山	禮安	總角受業		蔭縣監	及冠, 先生命學以貽之, 壬辰義兵
金　隆	道盛	勿巖	己酉	1549	46	咸昌	榮川	童丱曬韋門, 十八歲受業			先生에게 매일 通書圖解質疑 및 禮講訓이 있음. 集諸解를 지음. 算法・天文學 등 있음. 壬亂 때 義擧檄文을 지음. 孝行
金玄度	弘之	認軒	辛亥	1551		禮安	安東		文科・府使		鶴峯의 아들, 十三從文忠公諱 陶山先生撫頂, 先生의 슬하에서 道와 공부함. 丁卯胡亂義兵將
金　㴸	活源	愛景	戊午	1558	74	義城	安東	十三歲		洗馬	
金德龍		靜齋				禮安	安東	遊門	文科・大司憲		靜齋의 아우, 反復論武夷權歌
金德鵬	雲甫					安東	京	遊門	文科・兩司		
金泰廷	咸甫					光州	京	遊門	文科・觀察使		有要禮答問
金壽僴	享彦					瑞興	玄風	遊門	司馬・佐郎		寒暄堂 金宏弼의 曾孫子

성명	字	號	干支	生年	연령	本貫	居住	遊門	察訪(丞)	비고
金壽聃	以度	雲江				瑞興				壽聃의 아우, 先生 寄孫 安道書「義興金縣監來訪留其子壽恢任隨雲」
金 啓	晦叔									挽先生詩
金成璧	伯獻									時公讀啓蒙於山房, 先生贈詩
金彦琚	李珍	諷詠								詩作과 修養의 道를 배움
金弘度	重遠	南峯	甲申	1524	34	安東			文科·典翰	謫甲山卒
金伯起										
南彦經	時甫	東岡靜齋	戊子	1528	67	宜寧	忠州	初花潭門,負笈于陶山門	薦·莘砥平,工議	先生深加獎許, 公嘗病萬. 忠州先生任恂問, 朝鮮最初의 陽明學者. 〈人名辭典〉後程朱學
南夢鰲	景祥	三松	戊子	1528		英陽	榮川		司馬	早有文名, 謁先生于溪上仍陪住見陶山書堂址之定
南致利	義仲	賁趾	癸卯	1543	38	英陽	安東	弱冠		大加獎許, 溪門顔子, 斯文不幸 早卒
南彦紀	張甫	考槃				宜寧	京	遊門	司馬·別坐	東岡의 아우, 先生爲箴銘
南 溭		甁庵								
南彦文		操庵				宜寧	密陽	登門	參奉	講論疑義羲文象數之奧, 四子精微之蘊
盧守愼	寡悔	伊齋穌齋	乙亥	1515	76	光州			文科壯元·領議政	壁書사건으로 19년간 珍島流配. 人心道心辭를 지음.

姓名	字	號	干支	生年	壽	本貫	居住	師友	科	官職	事蹟
盧遂	汝成	小庵									建臨皐書院, 時先生在京, 公來謁先生以內賜性理群書一帙贈之, 識가 있음.
柳希春	仁仲	眉嚴	癸酉	1513	65	光州			司馬·文科	參判	乙巳謫濟州, 宣祖命撰儒先錄, 有眉嚴日記.
柳仲淹	希范 景文	巴山	戊戌	1538	34	善山	永川	初事慕齋, 晚遊門			有孔門顏氏之稱, 先生은 公의 妻姨母夫임. 眉嚴李元承의 사위. 朱書節要 定州·平壤本의 印刊에 關係함.
柳雲龍	而得 應見	謙庵	己亥	1539	63	豊山	安東	負笈登門	蔭	牧使	觀察使柳仲郢의 長子
柳成龍	而見	西厓	壬寅	1542	66	豊山	安東	遊門	文科	領議政	謙庵의 아우, 陶門正脈, 二十八歲 때에 書狀官 任務로 中國에 가서 數百人의 太學生에게 正論을 펴서 異端을 排함. 聖學十圖를 京에 가서 印本을 구해서 吳京에게 編撰을 請함. 先生의 年譜를 從叔巴山과 함께 編撰함. 朱書節要를 가지고 가서 海州에서 出刊하게 함.
柳根	晦夫	西坰	己酉	1549	79	晉州	京	總角遊門	文壯元·大提學, 左贊成		講問經傳疑義, 宣慰日本使玄蘇, 蘇等敬其儀止服詩章
柳洰	德原										
李寅賓	敬夫		壬戌	1502		眞城	禮安				先生의 長姪(伯氏 潛의 아들) 力學而夭

李 澹	仲久	靜存	庚午	1510	65	龍仁		文科・監司	與先生同入玉堂, 陶門의 이름 으로 數學者
李元海	孟明	東巖	辛未	1511	77	眞城		除參奉不就	先生族姪
李 楨	剛而	龜巖	壬申	1512	60	泗川	榮川守時入門	文科・壯元・榮川守, 建西岳精舍(後書院) 泗川守, 慶州尹 順天府使	論辯多,
李 完	子固	企庵	壬申	1512	85	眞城	受學	司馬・永川教官	先生의 조카(二兄河의 장자), 服習典訓, 文辭筆法
李文奎	景昭	文谷	癸酉	1513		眞城		司馬・參奉	先生族姪, 執要의 禮法을 明契함.
李 宏	大容		乙亥	1515	59	眞城			企庵의 아우, 移居禮泉
李閏樑	子構	杏巖	丙子	1516	74	永川		察訪	孝節公李賢輔의 아들
李國樑	庇遠	賜谷	丁丑	1517	38	永川	登門	文科・判事	孝節公의 손자, 菅爲先生所称 許俱・先生조카 寅의 사위(從孫壻)
李元承	雲長	菁巖	戊寅	1518		永川	早遊	司馬	孝節公의 손자, 隱居養性 初名鶴壽 先生의 同壻(權磧의 第三女壻)
李叔樑	大用	梅巖	己卯	1519	74	永川	早遊	司馬・王子師傅	聾巖의 아들, 筆法禮一時, 宣城三筆
李 宓	子昂		庚辰	1520	26	眞城	受業		四兄瀣의 長子, 「阿誠作奇男」 詩句와 先生의 祭文이 있음.

성명	字	號	干支	生年	壽	本貫	地域	受業	官	비고
李憑	輔卿		庚辰	1520	72	眞城	禮安	受業	斂正	叔父松齋의 孫子, 與弟沖同時受學
李愈	子愈	晚翠	壬午	1522		延安	醴泉	遊門	司馬	與弟熏應遊門下, 醴泉義兵將
李𥖝	廷秀	梅村	癸未	1523	61	眞城	禮安	日與門下	斂正	先生長子, 自幼服習庭訓, 陽鶚舊發, 公講柏洞書堂
李湯元	伯春	鷺渚	丙戌	1526	67	全州	京	登門	文科·領議政	光國功臣, 漢山府院君
李善承	士逃		丁亥	1527	60	豊基		受業	忠順衛	孝節公의 孫子, 與弟克承受業于先生門
李䔍	魯卿	漫浪	丁亥	1527	62	眞城	禮安	受業	司馬·縣監	沈의 아우, 以淸愼著名, 受遺命
李令承	彦述	東嚴	丁亥	1527	79	永川	醴泉	受業	部將	孝節公의 손자, 謁先生于寒栖庵, 叔父松齋의 孫壻
李潭	孝章	思峰	丁亥	1527	66	眞城	禮安	受業	直長	姪, 五兄 澄의 아들
李淳	子眞	山南	庚寅	1530	77	固城	星州	受業		早究性理學, 壬辰以召募將倡義旅
李克承	景述		庚寅	1530	65	豊基		弱冠受業	司馬	善承의 아우, 門客, 己酉(一五四九)春讀書白雲洞
李喬	君美	遠嚴	辛卯	1531	65	眞城	榮川	受業	蔭·縣監	조카의 아우, 先生贈自警屛銘, 庚戌日記를 지음. 講質問日이 많음. 榮川邊嚴에 이사함, 떠나올 때 이사함 선생의 詩가 있음.
李薰	子修	栗里	壬辰	1532		延安	醴泉	遊門	文科·校理	壬辰以太常僉正赴行朝, 卒遇害

姓名	字	號	干支	生年	享年	本貫	居住	受業	科擧	官職	事績
李希程	伊甫		壬辰	1532		眞城	義城				族孫, 留學于隴雲精舍, 移居義城
李中立	剛仲	龜溪	癸巳	1533	81	月城	安東	童後遊門	司馬	引儀	與徐嶰同受業, 詞翰名世
李純仁	伯生	孤潭	癸巳	1533	39	全義	京	遊門	文科	·參議	以詩名早知, 壬亂侍東宮, 卒于成川, 當代八文章之一
李仁福	聖能	虎溪	甲午	1534	82	眞城	禮安	早登			先生의 族孫, 壬辰赴火旺陣守城
李 寰	持國		甲午	1534	22	眞城	禮安	受業			先生의 조카, 文學夙成, 親喪廬墓三年
李宗道	士元	芝澗	乙未	1535	68	眞城	禮安	受業	司馬		企庵의 長子, 壬辰義兵副將, 編輯先生文集, 先生이 承宗시 기르게 맡음을 苦心을 겪으
李 俌	汝宣	篁谷	乙未	1535	66	星山	咸安	南冥門後遊門	司馬		盆聞古人爲學之道
李 珥	叔獻	栗谷	丙申	1536	49	德水	坡州	謁丁溪上書堂, 京第	文科	·判書	問主一應事之要, 撰先生遺事, 先生의 賜諡를 啓請, 聖學輯要擊蒙要訣을 지음. 先生이 朝廷에 계시면서 指導를 권장함. 담기고 先生의 간청함. 詩八首가 있음. 그의 장인을 養眞庵에 外舅 先生에게 講質함. 四印堂 盧慶麟이다.
李 應	子期	訒軒	丙申	1536		延安	醴泉	受業	司馬	·引儀	受業于陶山

574　第8篇　陶山學案

姓名	字	號	干支	年度	年齡	本貫	居住地	少遊門	科擧	官職	비고
李應進	子循		丙申	1536							早承退陶夫子訓
李福弘	成仲	蘆雲	丁酉	1537	55	永川	禮安	遊門		部將	廣輸李賢佑의 孫子, 李命弘의 아우
李閔道	靜可	過巖	戊戌	1538	72	眞城	禮安	受業	文科	正郎	築仙夢台, 先生手書扁額題詩寄之, 先生의 從孫, 玄의 아들
李誠中	公著	坡谷	己亥	1939	55	全州	京	拜京邸	文科	判書	質門疑義, 壬辰閹卒子咸昌縣, 完昌府院君, 壬亂守禦使, 恩從
李光承	君述	犁岩	庚子	1540		永川	禮安	遊門			孝節公의 令孫, 壬辰火旺城有扞禦之功
李士愿		竹堂	庚子	1540	52	永川	禮安	受業	將仕郎		孝節公會孫, 甲子(一五六四)公大人東巖令承詔公의 先生
李德弘	宏仲	艮齋	辛丑	1541	56	永川	禮安	登門	薦才九人中第四位・縣監		蘆雲의 아우, 講堂이 섰立 先生내세 전의 溪堂에서 侍藥을 맡음. 사후에 書籍의 整理를 맡음. 溪山記善錄을 지어서 先生言行을 엮음. 與李咸亨編集心經釋義, 오리 側近에서 先生을 모셨음. 壬亂에 扈從
李安道	逢原	蒙齋	辛丑	1541	44	眞城	禮安	日與門下	司馬・直長		先生의 長孫, 先生 年譜와 文集 草稿를 蒐集함. 先生手書四勿箴을 받았고 聖學十圖의 印刊을 幹事, 京鄕을 인닥하는 先生의 심부름 임무를 다함.
李敬中	公直	丹崖	壬寅	1542	44	全州	京	遊門	文科	吏郎・執義	坡谷의 아우, 慶尙道推刷御史

성명	號	字	干支	年	壽	本	居	관계	官/科	비고
李庭檜	松澗	景直	壬寅	1542	71	眞城	安東	受業	薦・橫城, 義興宰	先生族會孫, 草鵲山洞, 壬辰亂에 出征하여 長期間의 時情을 松澗日記로 써서 남김. 光國原從功臣
李逢春	鶴川	根晦	壬寅	1542	84	眞城	安東	登門	文科・直講	先生族會孫, 手東一篇
李雷		汝晦	癸卯	1543	36	眞城	禮安	受業	蔭・佐郞	先生의 조카, 薑의 아우, 八歲 孤先生取敎之, 文行超詣
李士純	芝窩	正粹	壬子	1552		永川	禮安	受業	蔭・都事	靑巖의 아들, 先生의 妻姨姪
李好閔	五峯	孝彦	癸丑	1553	82	延安		請業	文科・左贊成	入湖堂, 庚午謁先生于陶山仍留請業. 封延陵君
李庭栢	樂琴	汝直	癸丑	1553	48	眞城	安東	受業	司馬・參奉	松澗의 아우, 王卽義兵將
李純道	醉甫		甲寅	1554	31	眞城	禮安	日與門下		先生의 종제손자, 甲子(1563) 受先生訓
李挺男	松溪	嘉仲	丙辰	1556		安東	安東	受業	司馬・參奉	先生의 族孫, 壬辰倡義, 草鵲山洞
李詠道		宜伯	丁巳	1557		眞城	禮安	受業		先生의 從姪의 아들
李純	東巖	聖與	己未	1559	79	眞城	禮安	日與門下	蔭・牧使	先生의 셋째손자, 兒名은 阿慶, 先生嘗曰異日綿吾家世者必此兒也. 九歲受中庸于先生, 王亂安東倡義徵募穀之任, 宣武原從功臣
李咸亨	天山	平叔				全州	順天京	遊門		與民齋編輯心經釋義

姓名	字	號	干支	西紀	卒	地	關係	官職	備考
李命弘	仁仲					禮安			
李節臣	汝欽	坤齋			卒早	永川	遊門		忠武公李舜臣의 仲兄, 嘗拜先生於溪上因留受業
李養中	公浩	栗谷	乙酉	1525		德水	受業溪上書堂	牙山 牧使	丹丘의 아우
李國弼	裴參	泗川				全州	遊門	司馬・承旨, 縣監	
李 達	明淑	雲圃	辛酉	1561		咸安	遊門	武科・三道統制使	王亂晉州城防禦
李天機									先生有答論學書
李光軒						驪江			挽先生詩
李光友	和甫	竹閣				陝川 山淸	受業		(※ 後孫이 現在慶南山淸郡培養里에 살고 있음. 培山書堂에 先生과 曹植・李源 및 公을 享祠하고 있음).
李大潤									
李暘若									
李 賁					早卒	禮安	受業		先生의 三兄 滉의 아들, 先生曰方進而病廢早卒
李 苹	和甫					眞城	受業	司馬	宣의 아우, 少時與菁莪樓扁額, 有逸才能詩書, 金垓의 岳父
李 沖	思擧					眞城	受業	忠順衛	憑의 아우, 與兄同受業, 居醴泉
李宗仁					77	眞城	遊業		祭先生文, 嘗遊白雲書院

姓名	字	號	干支	生年	年齡	本貫	居住	關係	官職	備考
李衍樑						永川			司僕正	杏嚴의 아우
李憙	則文				71	眞城	禮安	遊門	參奉	宣의 아우, 服習庭訓
李善道	擇中	永慕				眞城	寧海	受業	主簿	初名 遵道, 先生命改名, 芝澗宗道의 아우, 嘗質論語疑義
李容	士寬	漁隱				固城		遊門	寢郞	左相 原의 玄孫, 嘗從先生
林芸	彦成	瞻慕	丁丑	1517	56	恩津	安義	受業		葛川薰의 아우, 留京公累造問難, 又來謁陶山嚴栖軒
林芑										會家目擊問迷惑
文緯世	叔長	楓庵	甲午	1534	67	南平	長興	十三歲遊門	司馬·參判	壬亂湖南義兵功, 宣武原從功臣, 楓巖聞見錄에 先生의 垂言을 남김.
文命凱	子安	省克				南平	榮川		文科·副正字	
閔應祺	伯嚮	景退	庚寅	1530		驪興	順興	受業	司馬·王子師傅	先生의 從外孫, 姪壻 閔箸元의 아들, 先生許其立志, 著庸學釋義
閔應騵	德明					驪興	順興	受業		景退의 아우
朴士熹		默齋	戊辰	1508	81	咸陽	禮安	負笈來謁	薦·授訓導, 不赴	以公沈默命曰默
朴大立	守伯	無違(息)	壬申	1512	73	咸陽		受業	文科·右贊成, 判府事	祭先生文, 判書에게 抗辭하는 訟事를 終決하여 沈連源에게 인정을 받음.

이름	字	號	干支	年度	壽	本貫/居地	師承	科	官職	備考
朴枝華	君實	守庵	癸酉	1513	80	密陽			吏文學官	先生書與鄭子中曰,學官朴枝華去年來見,其後去下道到此見留陶山,氣數學에 造詣가 깊음. 王亂入白雲山自決
朴篙	剛中	孤巖	乙亥	1515					宣教郞	著禮儀分類
朴民獻	希正	正菴 楓軒	丙子	1516	71	咸陽	初事花潭後遊	文科	觀察使,參判	祭先生文「顧我惷愚,幸得依歸」
朴承任	重甫	嘯皐	丁丑	1517	71	潘南 榮川		文科	大司諫	入東湖
朴世賢	公輔		辛巳	1521	73	務安	受業	武科	水軍節度使	先生姪壻,五兄 澄의 女壻
朴淳	和叔	思菴	癸未	1523	67	忠州 京	中年師事	文科	領議政	初學徐花潭,中年事先生 牛溪,栗谷莫逆,先生의 誌文을 씀.
朴承倫	公叔	桐原	癸未	1523		潘南 榮川	遊門		晚輔西樞	嘯皐의 아우
朴光前	顯哉	竹川	丙戌	1526	72	珍原 寶城	贄見	司馬・縣監		湖南薦七十五人以公爲首
朴愼	汝欽	無盡 晚悟	己丑	1529	65	密陽 密陽	遊門	薦・教授		先生書與「晚悟篤志」
朴漸	(景)子進	復庵	壬辰	1532		京	遊門	文科	監司	名太早實不淹尋常
朴䕺	彦秀	病柏	乙未	1535		咸陽 醴泉	早遊			後卒業于趙月川,諸君同杠顧溪齋

성명	字	號	간지	연도	나이	본관	사승	관직	비고
朴濟	大齊 汝顯	雲皐	戊申	1548	61	咸陽	受講于易東書院		侍先生凡十許日, 遭先生喪, 先生易簀公以不終厥業爲終身之恨, 與金惺齋特鳩著練布巾深衣 卒哭除之
朴權	居中	勿齋	辛亥	1551	42	榮川	出入門下	司馬·洗馬, 判官	初名·樑, 字·天擎, 先生의 孫女壻, 文學孝廉, 장가갈 때 婚禮를 그들에게 전하라는 범으로 고치셨 함. 專意禮學
朴雲	澤之	龍巖	癸丑	1493	70	密陽	授業松堂, 問質摯家	司馬	中年見朴松堂不覺絶擧子業, 意讀學心服, 公歿先生作碣銘, 孝疏, 問質摯家, 三侯傳, 衛生 景行 諸編
朴遂一	純伯	健齋	癸丑	1553	45	善山	十八來謁		請先生白鹿洞規解, 龍巖의 손자
朴仲章						善山			
朴敬章	士誠								李艮齋, 白惺軒, 同樓清凉
朴允誠	士誠								錦溪贈詩曰「狂如言忠點, 到起余商」
朴應烈									祭先生文
朴頤						京	穩十歲侍先生		
朴濟									
裵三益	汝友	臨淵	甲午	1534	55	安東	遊門	文科·監司	受心經, 詩傳, 先生書贈敬齋箴, 因興夜珠箴, 救荒中病歿
裵三近	汝勇		丁酉	1537	64	安東	弱冠	參奉	先生從孫壻, 臨淵齋의 아우

名	字	號	干支	生年	享年	本貫	居地	弱冠南冥後遊門	司馬	・參奉,教官	晚學進士,享道東書院別祠
裵紳(漸)	景餘	洛川	庚辰	1520	54	星州	玄風		司馬	・參奉,教官	晚學進士,享道東書院別祠
裵純							興海	順興	白雲書院遊門		匠人,鑄工	順興裵店里에 遺墟碑와 墓가 있음. (著者가 1987년・5에 찾아 1992년 2월에 도문화재 279호로 지정되었으며 제묘을 고 1993년 11월에 修墓效合, 鐵像鑄造, 別祠修心喪三年 服三年
白見龍	文端	惺軒	丙辰	1556	67	大興	寧海	早遊	司馬		聞心學之要, 壬辰倡義旅
卞成溫	汝潤	壺巖				密陽	湖南	早遊河西門,後遊			嘗往來就質于先生
卞成振	汝玉	仁川	庚子	1940		密陽	湖南	早遊河西門,後遊			始學金河西, 往來先生門, 講質經籍, 先生喪千里奔哭
卞成輅						密陽					隱居山林, 究蘩書易象
邊永清	開伯	東湖	丙子	1516	63	原州	安東	遊門	文科	・持平	與門下諸公講磨道義
徐嶰	鎮之	春軒	己丑	1529		大丘	安東	遊門 京邸	文科	・司藝	祭先生文「夙奉道義, 再造幽廬」
徐仁元	可成	博約	辛卯	1531	76	利川	永川	遊門		監司	遊於易學
徐嶰	挺之	涵齋	丁酉	1537	23	大丘	京安東	早遊		贈領議政	與李龜溪受學於先生, 以子滄貴贈職

成 渾	浩原	牛溪	士中	1535	乙未	64	昌寧	坡平	二十三歲 就拜	司馬	參贊	聽松成守琛의 아들, 龜峯先生의 詩文
成 洛					壬寅		昌寧	京	遊門	文科・承旨	入玉堂
孫英濟	德裕	鄒川		1521	辛巳	68	密陽	密陽	就門	文科・郡守(禮安)	講學問政于嚴棲庵, 書院建立有功
孫興慶	景餘	鳴巖		1542	癸卯	72	慶州	榮川		司馬	先生易簀, 心喪三年, 壬辰倡義同時金晩翠, 論治平
孫興禮	君立	三省		1548	戊申	31	慶州	安東	登門	司馬	以文章名世, 專心性理之學
宋 銤	台卿	梅園		1517	丁丑	40	冶城	星州	晬齋門, 謁京第	文科・承文正字	忠肅公 郞溪 末孫의 아들
宋福基	德久	梅圖		1541	辛丑	65	冶城	醴泉	始學嘯皐, 後遊		祭訪	甥姪 辛弘祚의 사위 壬辰假守醴泉鎭
宋言慎	寡尤	壺峯		1542	壬寅	71	礪山	廣州	師事	文科・吏判	宣武原從一等功臣
申元祿	李綬	悔堂		1516	丙子	61	鵝洲	義城	初同慎齋門, 後拜先生門	教授	謁於豊基百, 與趙月川金芝山諸賢, 仍棲白雲院藥湯進, 八公山數百里採藥茅簀問難, 先生易簀加麻心喪三年
申 漹	彥浩	高山		1530	庚寅	69	平山	靑松	遊門			萬曆壽守與蒋演, 金謹恭同楊
申 獲	叔涵			1531	辛卯		平山	安德			府使	有戊辰質正錄
申 演	仲浩	萬軒		1534	甲午	61	平山		遊門			高山의 아우
申 漥	叔正	用拙臨谷		1551	辛亥	73	高靈	淸州	從師	文科・大司憲, 工參	從先生問爲學之方, 立朝五十年史局, 申叔舟의 五代孫

582　第8篇　陶山學案

姓名	字	號	干支	生年	享年	本貫	居住地	學問	科	官職	備考
申乃沃	啓叔						高靈		司馬	·郡守	淸白吏, 靈川君
申溵	景活									縣監	先生의 甥姪婿, 有住復書
申詣	詣仲					鵝州	安東	遊門		縣監	申溵의 아우, 往來門牆
申潗		一竹					寧越		司馬	習讀	對策將擢第, 有一相抑師落第
辛乃沃	啓而	伊溪					寧越	受業			先生의 甥姪
辛弘祚	而慶						醴泉				從盧蘇齋又遊先生門
沈喜壽	伯懼	一松	戊申	1548	75		靑松	遊門	文科	相臣	挽先生詩「再謁終南宅, 一別廣津語」
沈義謙	方叔	巽菴	乙未	1553	53		靑松		文科	·大司憲	才氣過人, 早事栢潭 後遊先生門
安霽	汝止	東皐	戊戌	1538			順興	栢潭門, 後遊	文科	·博士	先生答公父緘書「令胤之來, 殊未專業, 多嘗辛苦, 不無動心」
安克誠	君實				65		龍宮			縣監	
梁子澂	明仲	鼓巖	癸未	1523	65		濟州 昌平	始師河西, 後就學		縣監	河西金麟厚의 사위, 河西의 行狀을 짓다.
呂世潤	國華	西巖					咸陽 京		司馬		有輓詩數十首
吳健	子强	德溪	辛巳	1521	54		咸陽 山陰	初從南冥, 河西, 後遊	文科	·銓郞	陶山見盃進, 以孝陞
吳守盈	謙仲	春塘	辛巳	1521	86		高敞 醴安	十六登門			松齋外孫, 算法精妙, 宣城三筆

姓名	字	號	干支	生年	享年	本貫	居住	入門	文科・官職	備考
吳澐	大源	竹牖	庚子	1540	78	高敞	榮川	二十五登門	文科・府尹, 參議	松齋外曾孫, 春塘의 으카, 著東史纂要, 壬亂義兵將, 按伴使
禹性傳	景善	秋淵	壬寅	1542	52	丹陽	京	受業	文科・大司成	論難義理, 尤用力於易象及禮學 壬亂有功, 「言行手錄」을 지어서 先生의 垂言을 많이 뒨이었음.
兪大修	思永		丙午	1546	41	杞溪		遊門	文科・安東府使, 寺正	祭先生文「追憶昔年, 承命勉留」
尹斗壽	子卯	梧陰	癸巳	1533	69	海平	京	謁京第	文科・判中樞	成聽松・李履素門, 丁卯(1566)謁先生, 光國・扈聖功臣.
尹根壽	子固	月汀	丁酉	1537	80	海平	京	受業	文科・大提学, 左贊成	十歲通孝經, 性理學, 文章, 書는 當代巨匠이 있음.
尹剛中	伯中	石亭				海平	海南	受業		公與胞弟欽中, 端中及表兄文緯世具受業於先生
尹欽中	仲一					海平	海南	受業		
尹端中	李正	石門	庚戌	1550	59	海平	海南	受業		壬辰成天卹嘏下
尹暾	汝昇	竹愍	辛亥	1551	62	坡平	京	受業	文科・工判, 禮判	早從高峯, 禹秋淵, 趙月川
尹卓然	尙中	重湖	戊戌	1538	57	漆原	漆原	受業	文科・判書	漆溪君, 使恩使, 光國功臣
尹興宗	起伯	採蓮				漆原	豐川			庚午與豪齋諸公讀心經于易東
任鼎臣	調元	西河	壬申	1512		豐川		縣宰時講賓	文科・禮安縣監, 監司	公挽先生詩「六載官城親炙久」
張壽禧	社翁	果齋	丙子	1515	71	仁同	榮川	六歲受業	蔭・禦侮將軍	先生之舘甥于草谷也. 先生의 妻姨從, 滄溪文敬仝의 外孫子

姓名	字	號	生年干支	生年	享年	本貫	居住	遊門	官職	備考
張謹	而信	潜齋	甲辰	1544	76	丹陽	榮川	遊門		監司公의 玄孫
全慶昌	季賀	溪東	壬辰	1532		慶山	大丘		殿力副尉	
全繼	景先	四友	丙午	1546	67	竺山	龍宮	登門	薦·參奉	早以詩表鳴於世
鄭之雲	靜而	秋巒	己巳	1509	53	慶州	高陽	遊思齋慕齋門後登慕齋講質	不仕居仕	先生萬居京中與公同坊, 因與之誤啓豪心經等書天命道說質正, 先生의 致祭慕文와 塞喝文이 있음.
鄭允良	元佐	魯村	乙亥	1515	58	延日	永川	遊門		與金應生設紫陽書塾, 創臨皋書院, 院中規模節目一遵先生所命
鄭芝衍	衍之	南峯	乙酉	1525	59	東萊	京	遊京邸	文科·右議政	文翼公 光弼의 會孫
鄭以淸	直哉	竹舍				淸州	安東		教授	藥圃의 叔父
鄭琢	子精	藥圃	丙戌	1526	80	淸州	安東醴泉	登門	文科·左贊成, 判·領府事	扈從功臣, 西原府院君, 奉朝賀
鄭惟一	子中	文峯	癸巳	1533	44	東萊	安東	早登門	文科·大司諫	著言行通述, 至閒中筆錄을 지어 師門의 言行을 담았음. 史稱真學士
鄭崑壽(逑)	汝仁	栢谷	戊戌	1538	65	淸州	星州	遊門	文科·判書	受心經, 開聖學治心大方, 西川府院君
鄭逑	道可	寒岡	癸卯	1543	78	淸州	星州	十二德溪門, 後南冥門, 成大谷門, 二十一謁先生門	文科·大司憲	禮論講質所最多, 著五先生禮說·家禮彙通·心經發揮, 豆司 先生의 禮學의 正脉을 이었음. 講質 때의 說話는 年譜에 담았음.

第1 前編 陶山及門諸賢錄

姓名	字	號	干支	年	齡	本	居住	入門	官職	備考
鄭士誠	子明	芝軒	乙巳	1545			安東	十七歲登門	司馬・縣監	居憂廬墓三年, 築室于芝山之陽, 「芝軒日記」가 있음.
丁胤禧	景錫	顧庵	壬寅	1542	263	淸州	原州	遊門	司馬而試・文科重試壯元, 觀察使	先生極加稱許, 立朝三十年無儲, 貰相應斗가 아듬.
趙 穆	士敬	月川	甲申	1524	83	橫城	禮安	十五歲受學	司馬・參奉	撰先生言行總錄, 書院常享祝文. 先生患中俳陽, 先生易簀後期年素食, 三年不入內, 不與宴, 先生에게 받은 편지를 모아서「師門手簡」이러 제목을 붙이되 書院 光明室에 保存함. 陶山書院에 配享하였음.
趙 振	起伯	鷺隱	癸卯	1543			楊州	從陶山	薦・工判	與民齋權雲精舍, 貧心經, 近思錄, 漢山君, 八十歲耆老所에 있음.
趙 摯								嘗遊權雲		讀易又質居廬祭祀之禮
趙 答	大宇					漢陽	京	遊門		靜菴의 아들, 靜菴의 行狀을 받으러 先生께 오다. 書와 屛書.
趙忠男						漢陽	京			靜菴從係, 先生有贈詩
曹光益	可晦	聚遠	丁酉	1537	42	昌寧	昌原	十三從門	文科・都事	講學心經, 松齋의 外會孫
曹好益	士友	芝山	乙巳	1545	65	昌寧	永川	十七登門	文科・持平	質朱子語類, 近思錄, 西厓訴公兒, 世稱關西夫子

姓名	字	號	干支	生年	壽	本貫	居住	事蹟	官職	備考
曹大中	和宇	鼎谷	乙酉	1549	42	昌寧	和順	初眉巖門,謁于京第	司馬	講論顏子克己復禮,先生曰某真通儒也,己丑瘐卒于獄
曹駿龍	雲伯								司馬	先生爲作「石江十詠」
曹 建	大而	愛松				昌寧	京	受業		來萬龍壽寺
曺 博	約之	龜峯	甲申	1524		尙州	漆原	受業	文科・修撰	慎齋의 아들, 先生의 愛護를 받다.
蔡承先	大述		甲戌	1514		禮安			司馬壯元	大司憲 沈의 아들
蔡應龍	雲卿	秋月	庚寅	1530		仁川	大丘		司馬	
蔡致遠		三一								先生有題堂額
崔應龍	見叔	松亭	甲戌	1514	67	完山	善山	早事松堂後遊	文科壯元・參判	
崔雲遇	時中	蹈景香湖	壬辰	1532			江陵	二十三負笈問道		縣監 群兒捉魚,公從放活
崔德秀	子粹						京	遊門		縣監 公將歸京,先生送子淸岭石,贈詩,姪胥,四兄饉의 사위
崔 顯	景肅	南江(岡)				朔寧		庚申(1560)趨門下	文科・參判	
崔聃齡	仲耳						京		司馬	與同門論先生禮葬時儀節
韓 修	永叔	石峯	甲戌	1514	75	淸州	京	遊門	司馬・持平・牧使	被薦擧行超拜持平
韓胤明	士炯	烔菴						遊門	薦・王孫師傅	

姓名	字	號	干支	年度	年齡	本貫	居住	遊門	官職	備考
許士廉	公簡	蒙齋	戊辰	1508		金海	宜寧	遊門	司馬・參奉	先生의 妻甥, 先生次公南亭(陝川)韻.
許千壽	耋卿	天山	己巳	1509	69	金海		受業	薦・參奉	
許忠吉	國蕃	南溪	丙子	1516		金海	京	遊門	文科・榮川守	於伊山書院, 聖學十圖刊行院中, 先生易策公有先奉安位版
許曄	太輝	草堂	丁丑	1517	64	陽川	京		文科・監司	三綱二倫行實編纂에 參加, 有先生往復書, 錄淸白吏
許筬	功彥	嶽麓	戊申	1548	65	陽川	京	始學眉巖門, 後遊	文科・吏判	草堂의 아들, 日本通信使書狀官, 性理學에 通達
許篈	美叔	荷谷	辛亥	1551	38	陽川	京	早遊門	文科・府使	入湖堂以書狀官遭明, 栗合彈劾, 入金剛山病殁
洪仁祐	應吉	恥齋	乙亥	1515	40	南陽	京	初事花潭, 後遊門	司馬・贈領議政	先生挽公詩, 盧思愼조 學問을 읓닞음.
洪可臣	興道	晚全・艮翁	辛丑	1541	75	南陽	湖西	初遊閔公純門, 後謁京邸	司馬・刑判	李夢鶴亂平定, 淸難一等功臣, 諸子百家詩・文・筆에 뛰어남. 寧原君
洪迪	太古	荷衣	乙酉	1549	43	南陽	京	二十二謁陶山	文科・舍人	恥齋의 次子, 學士全才라 일컬어짐
洪 胖								受業		讀書淸涼山寺, 嘗戒其用工坐忘見似老莊
洪仁祉	應休									恥齋의 아우, 留京時累有質問
洪益昌								受業		見雲巖溪山日錄

성명	字	號	干支	年度	나이	本貫	陽根		文科·官職	비고
洪享祉	渾元	時雨				南陽			文科·吏曹參議	壬亂때 成川에서 東宮扈從
洪聖民										草稿有答書
洪享翁	時可	拙翁	丙申	1536	59	南陽		初事花潭門 後遊先生門	文科·判書, 判中樞 大提學	錄光國勳二等, 入讀書堂
黃俊良	仲擧	錦溪	丁丑	1517	47	平海	豐基	受業	文科·牧使	宰新寧時創白鶴書院, 星州本末子書節要刊行, 先生撰公行狀
黃應奎	仲文	松澗	戊寅	1518	81	昌原	豐基	初事愼齋, 後遊門	文科·郡守	與李梅巖讀書于道谷, 鄕兵大將
黃忠老	合叟	孤山				德山	善山			有筆名, 構梅鶴亭, 先生題詩
黃彦良	君擧	錦澗				平海	豐基		敎授	錦溪의 아우

〈甲戌追錄〉許進壽公은 1990(庚午)年에 拙著「李退溪家書의 總合的 硏究」의 後編에 이미 入錄하여 出版했음.

성명	字	號	干支	年度	나이	本貫	陽根		文科·官職	비고
咸軒	可中	七峯	戊辰	1508		江陵		遊京邸	文科·禮賓正 參判	丘山書院 창건·院圖와 創院 記에 首末을 가지고 와서 記文을 부탁하다. 詩를 請하다.
南師古	景元	格菴	己巳	1509	63	宜寧	蔚珍	游門	天文敎授	海東 康節이라 일컫다. 易學을 배우다.
李順軒	仲任	草堂	己巳	1509	66	公州	榮川	遊白雲洞書堂·溪堂	南部參奉	溪上書堂에 자주 와서 白雲書院일을 자세히 물었으며, 의하여 알한 점같이 았었다.
車應周	斗擧	大峯	甲申	1524	63	延安		鳥嶺郵館에서 拜謁問道		努力崇明德 在心不在文이가 됨을 말다.
鄭澈	季涵	松江	丙申	1536	58	昌平 江華		從學京邸	文科·左相	先生東還時 廣津不及作詩가 전하다.

제 2 부록 : 及門受業者로서 諸子錄에 빠진 門徒

姓名	字	號	生	西紀	壽	貫	居	受業·師事	要 錄
閔箸元	慈卿					驪興	順興	義理와 處世를 많이 배웠다.	〈家書46篇〉
末遺慶							醴泉	処身을 밝혔다.	〈家書5篇〉 姪壻, 二兄河의 壻
盧慶麟(景)	仁甫(父)	四印	丙子	1516	53	谷山	海州	先生을 詩·楊柳春溪弄麴塵, 君來披豁見天眞, 林居意趣休同鄒律窟, 自足時隨龐歐人. 醒藉君同酌律麗, 能合寒合變壽融, 更聞誦說崔文憲, 絶數断文昉海東. 迎鳳(川谷)書院을 創建하였고, 先生의 記文을 받았으며, 配享, 位次 등의 規例를 定했다.	李瑀의 岳父, 陳復昌의 彈劾으로 星州牧使에 좌천, 1546年에는 東岩養眞庵에 와서 先生에게 質疑受業하고, 1568年 星州에서 卒하다. 사위 栗谷을 先生에게 就學시키다.
李全仁	敬夫	潛溪	丙子	1516	53	驪江	慶州	屛書를 주어 造屛시킴. 晦齋의 神主改題 碑建立, 行狀쓰기 등 유덤과 著作遺事 保存과 諸文字의 뜻을 위하여 대비시키다. 監司 君命, 中國의 요구에 碑文을 받들게 하다. 1561年 先生에게 碑文을 받게 하다.	先生의 書簡을 받았고, 公의 沒後에는 母夫人을 李應仁이 侍養토록 건의하였기 때문에 幽谷祭訪으로 전근하였다.

589

姓名	字	號	干支	生年	年齡	本貫	내용	비고
權應仁	士元	松溪				安東	詩의 斥正, 「再疊前韻奉左右伏希斥正」·「山居詩」· 先生의 次韻이 있다. 「上退溪先生文」 12字의 「祭先生文」이 松溪文集에 전하여 지금도 有名하다. 晩唐詩風	默庵 權應挺의 아우, 善詩, 權氏三詩의 一人
金謹恭	敬叔	惕庵				安東	「與兩君(申滉·演)萬楊贈壽」 「金生甚善甚善」「金秀才謹恭, 學識精詳, 必是佳士」〈家書〉	天命圖論을 修正하여 주었으며, 그 훌륭한 人格을 장하하여 孫子安道를 同樓讀書게 있다.
曹允愼	誠仲	魯齋	辛未	1511	61	昌原	家人으로서 家書에 등장한다.	松齋의 外孫子
曹允權	敬仲		甲戌	1514	62	昌原	孫子安道와 生員會試 同榜合格, 家書에 「三下高」云云	松齋의 外孫子
琛雲慶						永川	家人이고 家書에 등장한다.	松齋의 孫壻
曹希益	君望		壬寅	1542	38	昌寧	家人으로서, 聚遠堂과 芝山과 함께 修契行動하였다. 家書에 등장한다.	松齋의 外會孫
李宙	大宇		辛巳	1521	74	禮安	家書에 처세를 배웠다.	先生의 조카, 五兄의 澄의 長子
李潔						禮安	家書가 있다.	〈家書·5篇〉先生의 從姪, 鄭經世의 장인
李寀			丁亥	1527	21	禮安	兄弟 共覽의 家書가 있고 禮論을 배웠다. 日與門下	〈家書共覽二篇〉先生의 次男, 宜寧에 分居하다가 早卒하다.

姓名	字	號	干支	生年	壽	本貫	居住地	내용	비고
李寂			辛卯	1531		眞城	禮安	아들이므로 敎育을 받은 것은 당연하다.	先生의 三男 日與門下
李守道	介然		癸巳	1533	86	眞城	禮安	講質이 있고, 立志하기를 배웠다.	家書共覽二篇 先生의 從孫
許九廉	公美	竹隱	辛未	1511		金海	宜寧	母夫人의 侍養과 父親의 移葬 및 家政에 관하여 敎導를 입었다.	先生의 妻姪
李未							宜寧	義理를 배웠다. 軍官의 請囑을 거절하였다.	先生이 지은 장인 禮村의 墓碑文과 族譜舊本에 나온다.
朴漉	子澄	醉睡	壬寅	1542	91	潘南	榮川	孫安道와 榮川의 家人으로서 講質이 있었을 터이다. 「婚事朴漉柳雲龍處通簡耶」	姜姪壻, 贐皐朴承任의 長子, 許士廉의 女壻
朱汝能							醴泉	敎育用의 紙·筆墨의 迹을 배웠다.	〈家書四篇〉 家書에 나온다.
朱汝沃							醴泉	汝能과 함께 배웠다.	家書는 兄과 共覽
金極							安東	往來講質이 있었다.	孫安道와 月瀾寺에서 同楣讀書하였다.
徐子十	希遇	東園 應會	壬辰	1532	66	達成	禮安	賜谷의 사위인데 家人들과 함께 受業하였다. 「在此僑安道徐子十一閔應祺權好文琴蘭秀等皆中稍慰喜也」 〈与憑菴辛酉〉先生與書琴悝齋曰「白紙送去與徐子十一分用何如」之句	從孫壻李國樑의 女壻

성명	字	號	干支	生年	壽	本貫	事蹟	著述
許進壽	士瑞	瀌湖	壬午	1522	70	金海	「聞退陶李先生學明宗十七年戊午贄謁陶山始知爲學之要服膺師訓孜孜不怠先生歿赴哭溪上」 龍仁長髻	① 朴濟錄「瀌湖金海許公事行錄」 ② 李家源撰「遺碑銘文」
郭 赳	景靜	灌淸軒	庚寅	1530	40	玄風	抱淸軒實記에서 公의 行狀 및 遺事에 人이라하고 記錄함. 先生은 城主이므로 門人待遇를 아니함.	先生의 挽詞가 있다.
閔興業	擧叔					驪興	與李宗應 琴應燻郭守仁權洛中具贄饋同時受業 己巳八月進士試入格	
朴承侃	子悦	忍庵	戊辰	1508	84	潘南	左右道榜來閔興業郭守仁皆中爲喜. 閔應祺의 이름	左右道榜來閔興業郭守仁皆中爲喜. 閔應祺의 이름
						榮川	公不鄙外屑垂問字塊汗, 學問, 爵職에서 인도를 많이 받았음.	
權洛中						安東	與李宗道, 閔興業, 琴應燻, 郭守仁, 具贄饋 同時受業	先生의 與答簡札13編임.

例 3 同榜·修契錄

1. 文科同榜錄(中宗二十九年甲午三月行式年榜)

甲科 三人

幼學　李希聖　字·彦明, 丁卯生
進士　丁應斗　字·樞卿, 戊辰生
　　　金宅三　字·太宰

乙科 七人

進士　李滉　字·景浩, 辛酉生
生員　安忠達　字·季彦
進士　權轍　字·景由
　　　鄭希登　字·元龍, 丙寅生
幼學　玄玶　字·仲蘊, 丁卯生
　　　金浹　字·仁卿

594　第8篇　陶山學案

進士　李春齡　字・大年
幼學　朴自英　丙科　十六人
進士　李潤慶　字・重慶，（苦）戊午年
　　　尹　沈　字・太涵
　　　李世璋　字・道盛，丁巳生
　　　南宮孝　字・思宗
　　　未麒壽　字・台叟，丁卯生
　　　朱良佑　字・汝翼
　　　李仲樑　字・公幹
幼學　張應樑　字・昌秀，己卯生
進士　呂大防　字・德閒
訓導　高宗弼　字・局卿
幼學　柳　沫　字・仲沂
副司直　李敬長　字・欽仲
進士　趙德壽　字・仁七
教授　金禹弼　字・夏卿

進士　　　　　田汝霖　　字・士說
武壯　幼學　　蔡承先　　字・大述
　　　進壯幼學　陳　宇

2. 湖堂修契錄

號	姓名	字	本貫	事蹟
艮齋	崔演	演之	江陵人	生弘治癸亥, 庚寅夏賜暇, 乙酉司馬, 登同年乙科, 今中訓大夫, 守司僕寺正, 知製教, 兼春秋館編修官　〈李荇選〉 父中直大夫, 行庇仁縣監, 世楗
十省堂	嚴昕	啓昭	寧越人	生正德戊辰, 庚寅夏賜暇, 乙酉司馬, 登丙子式年甲科, 今朝散大夫, 守弘文館典翰, 春秋館經筵侍講院, 兼經筵侍講官編修官　〈李荇選〉 父鋪功將軍, 行忠佐衛左部將, 用和
秋坡	宋麒壽	台叟	恩津人	生正德丁卯, 甲午夏賜暇, 辛卯司馬兩試, 甲午春式年丙科, 今朝奉大夫, 議政府舍人, 知製教, 兼春秋館編修官　〈金安老選〉 父中直大夫, 行加平郡守, 世忠
竹崖	任說	君遇	豊川人	生正德庚午, 丁酉秋賜暇, 辛卯司馬, 登癸巳夏別試丙科, 丙申春重試乙科, 戊戌秋權英試乙科, 今奉正大夫, 行吏曹正郞, 知製教, 兼承文院校理　〈蘇世讓選〉 父宣教郞, 行南部參奉, 明弼

菊磵	尹鉉	子用	坡平人	生正德甲戌，戊戌春賜暇，辛卯司馬，登丁酉式年甲科一人，今通善郎，司憲府持平，知製教 父勵節校尉，鶴齡	〈蘇世讓　選〉
錦湖	林亨秀	士遂	平澤人	生正德甲戌，戊戌春賜暇，擧辛卯司馬，登乙未春別試丙科，今奉直郎，會寧都護府判官，兼兵馬節制都尉 父通政大夫，行穩城都護府使，畯	〈蘇世讓　選〉
松齋	羅世纘	丕承	羅州人	生弘治戊午，辛丑春賜暇，擧乙酉司馬，戊子別試甲科，戊戌秋權英試甲科 今奉列大夫，行弘文館校理，兼經筵侍讀官，春秋館記注官 父成均生員，彬	〈成世昌　選〉
芝山	李滉	景浩	眞寶人	生弘治辛酉，辛丑春賜暇，擧戊午司馬，登甲午春式年乙科，今通善郎，弘文館副校理，兼經筵侍讀官，春秋館記注官 承文院校理 父成均進士，埴	〈成世昌　選〉
萬齋	金澍	應霖	安東人	生正德戊申，辛丑春賜暇，擧辛卯司馬，登乙未別試甲科，今承訓郎，吏曹佐郎 父將仕郎，公亮	〈成世昌　選〉
尙德齋	鄭惟吉	吉元	東萊人	生正德乙亥，辛丑春賜暇，擧辛卯司馬，登戊戌春別試甲科一人，今承訓郎，吏曹佐郎，知製教 父通訓大夫，行加平郡守，福謙	〈成世昌　選〉

湛 齋	金麟厚	厚 之	蔚山人	生正德庚午, 辛丑春賜暇, 擧辛卯冬別試丙科, 登庚子冬別試丙科, 今從仕郎, 權知承文院副正 父幼學, 齡 〈成世昌 選〉
好學齋	閔箕	景說	驪州人	生正德甲子, 辛丑春賜暇, 擧辛卯同馬, 登乙未冬別試丙科, 今奉直郎, 行弘文館著作, 兼經筵說經, 春秋館記事官 父通訓大夫, 行漢城府判官, 世留 〈成世昌 選〉
汲古齋	李洪男	士 重	慶州人	生正德乙亥, 辛丑春賜暇, 擧辛卯同馬, 登戊戌春別試乙科, 今弘文館副修撰, 知製敎, 兼經筵檢討官, 春秋館記事官 父奉正大夫, 守公州牧使, 若水 〈成世昌 選〉

제 4 私淑諸子錄

1. 國內篇

姓名	字	號	生	西紀	壽	本貫	居	私 淑	實	贊
鄭熤	如晦	孟齋	壬寅	1602	56	東萊	醴泉益莊·英陽立岩	李子書節要를 編著하다. 參考學脈 退溪-[金誠一·柳成龍-鄭經世]-鄭榮邦-鄭熤	九代孫建模 叫에 刻板 印行하다.	
李惟樟	夏卿	孤山	甲子	1624	77	全義	安東	二先生(朱子·退溪) 禮說을 모아 勵之工而盡私淑公李滉之淵源[高宗八目(祠堂狀)에 정리되었다. 實錄卷四十一]	禮說을 一·二卷總五十八目(祠堂狀)에 정리되었다. 丁愍潭可든 神交之義있다.	

성명	號	字	干支	연도	나이	本貫	내용(漢文)	내용(한글)
丁時翰	愚潭	君翊	乙丑	1625	83	羅州	東邦儒學莫盛於退溪李子…甲乙互爭有似目之而惑共眞者眞者先生所诉接正路乃作四七辨證	星湖는 墓碣文안에서 愚潭은 傍親遺事에서 私淑한 사실을 밝힌 일이 있다.
李玄逸	葛菴	翼昇	丁卯	1627	78	載寧/安東	栗谷論四端七情書辨, 論理氣諸生文 館學諸生文 등으로 淵源正脈을 繼開하다.	退溪의 學論을 分析辨證한 功은 學統에서 가장 極大하다는 定評을 받고 있다.
林 泳	滄溪	德涵	己丑	1649	48	羅州/平澤京	退溪先生語錄을 짓다. 覽退栗文字, 深有得於理氣 四端七情之說 有所剳錄(滄溪先生年譜草甲寅條)	嘗失 退溪先生言行錄의 立言語錄을 찾아 만들어 立言垂範에 至大한 공이 끼쳤다.
權斗經	蒼雪	天章	甲午	1654	73	安東	退陶先生言行通錄과 溪門諸子錄을 編著하고 山南考亭 理學淵源을 짓다. 秋月寒水亭을 草月旁에 하다.	先生의 立言垂範의 繼開를 위하여 盡力하였고, 遺跡의 保護傳承을 위하여 平生을 다하였다. 遺存의 공이 가장 크다.
權相一	淸臺	台仲	己未	1679	81	尙州/聞慶	理氣辨을 짓고 退溪言行通錄凡例를 論하다. 尊性道學成己及物於是不如彼而老而先生法門於是焉[鄭宗魯撰文集序]	五十四歲에 陶山洞主를 지내다. 愚潭, 葛菴과 합쳐 退溪理氣辨證의 正論代表學者이다.
宋命基	梅軒	定夫	庚申	1680	70	星州/冶城	平生尊慕李先生者也. 遵先生節要朱書之規 抄選先生文集中書尺, 節而約之, 名之曰退陶書節要, 凡七册〈跋文〉	未刊原稿가 後孫에 의하여 전해오다 지난 1996년 2월 8일에 翌자가 景印開刊하였다.

第 4 私淑諸子錄   599

姓名	字	號	干支	年	나이	本貫/地	引用文	說明
李瀷	自新	星湖	辛酉	1681	82	安山 瞻星村/驪州	李子粹語를 編輯, 「書成而先生復命之曰李子粹語, 稱子者是後人尊慕之辭, 東人之尊慕吳過於退溪, 則李子之稱宜東人之無異辭也」〈李子粹語跋〉 「後遭大憲公不諱之歲, 欲追服已而退翁之於其先君, 亦如吾之所遭, 然退翁莫之行, 退翁吾師也, 豈敢過過焉」〈行狀〉	先生을「李子」「夫子」라 칭하다. 〈星湖集下〉 實用的 學問樹立에 盡力하다.
尹東奎	幼章	邵南	乙亥	1695	79	坡平	星湖의 粹語編輯事業을 함께 하게 되었다.	
李象靖	景文	大山	庚寅	1710	72	安東 韓山	退溪書節要와 屏銘發揮를 짓고 道統을 闡明하였다. 退陶夫子以朱子嫡傳 取而節要之 以嘉惠來後 今退陶之文 雖不若朱子之多 至其切於受用…… 先生又以退陶嫡傳 任開來學之責矣. [鄭宗魯 節要跋]	先生의 學統을 承繼하였다. 文集의 校注가 많다.
安鼎福	百順	順庵	壬辰	1712	80	廣州 堤川	李子粹語의 跋文을 지었다.	星湖와 함께 粹語를 찬하였다.
柳道源	叔文	蘆厓	辛丑	1721	71	全州 安東 水谷	自警其讀星賢之書必反之身體之… 所著有溪集攷證十卷, 四禮便考二册, 日省錄一篇 [行狀]	退溪의 考證學을 承繼한 第一人者이다. 溪集攷證은 退溪學의 가장 基本的인 硏究資料書이다.

姓名	號	干支	年度	年齡	本貫	居住地	著述內容	내용
李宗洙	后山	壬寅	1723	76	眞城	安東 日直	退溪詩箚錄과 退溪書節要箚疑를 짓다. 總角登(大山)門 親承旨訣 從容講貫…… 凡故事之援引 名物之出處 隨手箚識悉無遺 據明白 考覆精詳〔金道和跋〕	退溪의 詩·書 가운데 疑問이나 어려움을 쉽게 풀어서 讀者가 읽는데 便明하게 하였다.
丁若鏞	茶山	壬午	1762	75	羅州	廣州 白川	陶山私淑錄을 짓다. 先生의 學問은 經天緯地하고 事業은 繼往開來하였다고 敬仰하다	嶺南 人物考序와 擇里志跋文에서도 先生을 崇慕私淑한 記錄이 있다.
柳健休	大野	戊子	1768	67	全州	安東 水谷	溪湖學的을 짓다. 近思錄체에 總論, 致知, 存養, 力行, 出處, 齊家, 治道, 教人, 戒謹, 辨異端, 觀聖賢)에 맞추어 退溪와 大山의 學問的인 要旨를 摘取分類編成하였다.	退溪·大山의 旨訣을 받아 白首가 되도록 經書 工夫와 性理研究를 하여서 先生全書를 熟讀深思해서 精要를 拔萃編次하였다.〔柳致皜의 序〕
柳徽文	好古窩	癸巳	1773	60	全州	安東 水谷	聖學十圖問答, 傳疑瑣論을 짓다. 「退陶先生啓蒙傳疑一書與原書 相表裏闡發 四篇之本旨 辨析諸家之誤解者 無遺憾矣 王考所編 河洛指要 引證援例 多在是書 徽文奚敢家傳 積歲研究…」〔自序〕	退溪의 啓蒙傳疑論을 짓다. 과 比較辨釋하여 諸家의 誤解를 遺憾없이 풀어놓았다. 傳疑發闡의 學的功績이다.

柳致明 誠伯 定齋	1777	85	丁酉	全州	朱書彙要를 짓다. 退溪의 朱子書節要를 그 道體(21), 爲學(12), 主敬(3), 窮理(21), 力行(8), 出處(9) 등 總 七十四目으로 細分 編成하였다.	退溪의 朱書節要를 그 中에서 拔萃하여 七 編으로 分類體系化한 節이다. 晦菴退溪의 理學精粹를 傳受한 功이 至大하다.
李漢膺 仲模 敬庵	1778	87	戊戌	奉化 鹿洞	續近思錄을 짓다. 退溪의 文集과 言行錄에 據集하여 朱子大全, 語錄, 論語, 大學, 中庸或問, 南軒東萊集에서 採錄한 것과 합께 編輯하였다.	退溪의 粹語를 語論近思, 類에 收錄集的하여 退溪學으로서 特徵을 들어나게 한 功이 크다.

※ 이 私淑錄은 주셔에 나서 특히 私淑景仰이 남다르고 先生의 學을 纂輯·發揮·著作하였거나 論證辦疑한 功이 현저한 諸子를 修錄하였다.

2. 國外篇

外國人으로서는 日本人 중에 많다. 藤原惺窩(주자와다 세이카), 大塚退野(오오쯔가 타이야), 佐藤直方(사토오 나오가다) 등은 退溪의 校訂本, 著迹을 읽고 心腹이 되기도 하고 道學을 이어 崇奉傾向하였다. 本册 第3篇, 第3章, 4. 일본에 있어서의 퇴계학의 학계항(236쪽)의 學問을 傳承한 系統圖로서 대신한다.

著者 略歷

權 五 鳳(字·德汝, 號·靑民)

●學·經歷
· 嶺南大學校 大學院 國語國文學科 修了
· 日本 國立筑波大學遊學·同大學 文學博士
 (論文:李退溪硏究－家書를 통해서 본 退溪의 人間像과 思想－)
· 浦項工科大學校 助敎授, 副敎授, 敎授(敎養學部長)
· 初等에서 大學까지 敎育從事 42年 8個月(1952. 5～1996. 2)
· 社團法人 退溪學硏究院 理事
· 博約會 創立(1987. 7) 同副會長, 顧問
· 續月瀾躑躅會(聾巖·退溪先生의 옛 游山賞花) 창립(1993)
· 日本斯文會員
· 韓國孔子學會員
· 淡水會員
· 儒敎文化硏究會 理事
· 社團法人 아시아交流協會 理事
· 退溪學 國際學術賞 受賞(제3회)
· 훌륭한 스승상(포항공대 2회 졸업생)

●저서(著書)
· 退溪의 生活實事〈예던길〉(1988·우신출판사)
· 退溪의 燕居와 思想形成(1989·명진기획)
· 退溪家年表(1989 : 학술상수상본·퇴계학연구원)
· 李退溪家書の 總合的 硏究(1991·日本京都 中文出版社)
· 退溪詩大全－吟成年代順改編全集－(1992·여강출판사)
· 月瀾志－退溪의 제일교육장 구명－(1993·대보사)
· 가을하늘 밝은 달처럼(1994·동인기획)

- 退溪先生 日記會成(1994・창지사)
- 李退溪의 實行儒學(1996・학사원)
- 退溪書集成-書成順書簡改編總集-(1996・대보사)
- 한국인의 재발견〈퇴계 이황 편〉(공저・1993・문화부)
- 한국현대생활윤리총서Ⅱ〈韓國人의 家族倫理-퇴계선생의 가정윤리관〉(공저・1996・율곡사상연구원)
- 宋本 退溪書節要 刊行(發掘景印開刊・1996, 信斯學堂)

● 논문
- 退溪學硏究方法論序說
- 書堂敎育의 展開過程 外 多有

● 발굴탐색
- 芝山蝸舍址, 野池(塘)址(1986)
- 溪上書堂址, 七臺三曲과 十一勝景(1986)
- 竹嶺 矗冷臺 詩蹟(1988)
- 順興 裵純의 退溪鐵像 주조 사적비(1988)
- 馬山 舞鶴山 鼻岩 詩址(1989)
- 癸巳南行錄(紀行詩 日記) 여로와 유적(1989)
- 忠州 可興倉 詩址와 유적(1989)
- 壬寅 御史(忠淸・江原道) 노정(1989, 1991)
- 遺躅地 踏尋考證(퇴계시대전, 퇴계서집성의 인・지명주석자료) (1952~1995)
- 丙寅道病錄-榮州, 豊基, 醴泉 현지 답심(1992)
- 壬寅(御史記錄)・癸卯・甲辰 日記(1992)

● 기적(紀蹟)사업
- 竹嶺 消魂橋 시비건립(1988)
- 芝山蝸舍, 霞洞, 養眞庵, 寒栖庵, 溪上書堂址 시비건립(1988)
- 順興 裵純 정려비각 이건・도문화재 등록・279호(1992)
- 裵純의 墓 찾아 修墓 가토(1992)
- 七臺기적비 건립(1993)
- 馬山 舞鶴山鼻岩 詩址 표적(1993)

修訂增補版
李退溪의 實行儒學

1996年 3月 25日 初版發行
1997年 6月 30日 增補再刷

著　者：權　五　鳳
發行人：張　世　珍
發行處：**學　士　院**
주소/대구광역시 중구 동인 4가 505의 7
전화/(053)253-6967, 254-6758
등록번호：라120호
등록일자：1975년 11월 17일

ⓒ 권오봉 1997, Printed Korea
ISBN 89-8223-000-9 93190

● 이 책의 全部 또는 一部의 複製 및 磁氣 또는 光記錄
　媒體로의 입력 등을 일체 금합니다.
　　　　　　　　　　　　값 30,000 원